Katrin Hudey
China in der Literatur der Zwischenkriegszeit

Studien und Texte zur
Sozialgeschichte der Literatur

Herausgegeben von
Maximilian Benz, Kai Bremer, Walter Erhart,
Barbara Picht und Meike Werner

Band 163

Katrin Hudey

China in der Literatur der Zwischenkriegszeit

Studien zum deutsch-chinesischen Austausch
(1919–1937/39). Mit einer Bibliographie

DE GRUYTER

ISBN 978-3-11-221563-0
e-ISBN (PDF) 978-3-11-110490-4
e-ISBN (EPUB) 978-3-11-110725-7
ISSN 0174-4410

Library of Congress Control Number: 2023931184

Bibliografische Information der Deutschen Nationalbibliothek
Die Deutsche Nationalbibliothek verzeichnet diese Publikation in der Deutschen Nationalbibliografie; detaillierte bibliografische Daten sind im Internet über http://dnb.dnb.de abrufbar.

© 2025 Walter de Gruyter GmbH, Berlin/Boston
Dieser Band ist text- und seitenidentisch mit der 2023 erschienenen gebundenen Ausgabe.
Einbandabbildung: bauhaus1000 / DigitalVision Vectors / Getty Images
Druck und Bindung: CPI books GmbH, Leck

www.degruyter.com

Danksagung

Die vorliegende Arbeit wurde im Frühjahr 2022 unter dem Titel *Zwischen „gelber Gefahr" und „gelber Hoffnung". China in der deutschsprachigen Literatur der Zwischenkriegsjahre (1919–1937/39)* an der Neuphilologischen Fakultät der Ruprecht-Karls-Universität Heidelberg als Dissertation angenommen. Für die Publikation wurde sie geringfügig überarbeitet.

Meinen besonders großen Dank möchte ich an allererster Stelle Prof. Andrea Albrecht aussprechen. Sie hat nicht nur mein Forschungsvorhaben von Anfang an maßgeblich wissenschaftlich betreut und das Promotionsprojekt mit unzähligen Gesprächen bis zu seinem erfolgreichen Abschluss begleitet, vielmehr war sie bereits seit meiner Studienzeit als Mentorin stets an meiner Seite. Der intellektuelle und persönliche, motivierende und anregende Austausch hat sowohl das Projekt als auch meine wissenschaftliche Ausbildung in besonderem Maße geprägt und zu meiner persönlichen Weiterentwicklung beigetragen – ohne sie wäre ich heute nicht dort, wo ich bin. Prof. Dirk Werle danke ich herzlich für die Übernahme der Zweitbetreuung der Arbeit. Er hat das Projekt stets motivierend und mit großer Zuversicht unterstützt.

Zu ebenso großem Dank bin ich Prof. Wu Xiaoqiao verpflichtet, der die Arbeit von der Entstehung bis zur Drucklegung mit weiterführenden Hinweisen, kritischen Rückfragen und zahllosen Übersetzungshilfen begleitet und sie als Drittgutachter mitbetreut hat. Der Dank gilt zudem den chinesischen Kolleg:innen aus der Arbeitsgruppe von Wu Xiaoqiao und ganz besonders Prof. Liu Yongqiang. Sie haben meine beiden Forschungsaufenthalte in China zu einem großen Erfolg und zu einer unvergesslichen Erfahrung werden lassen. 谢谢你们!

Dankbar bin ich der Stuttgarter/Heidelberger Arbeitsgruppe für anregende Gespräche, kritische Anmerkungen, vertrauensvolle Diskussionen über Texte in Rohfassung, gemeinsames Denken und Zuspruch, Anschub und Motivation. Die fachliche und freundschaftliche Diskussionskultur hat einen wertvollen Beitrag zum Gelingen meines Projekts dargestellt. Ausdrücklich danken möchte ich an dieser Stelle Toni Bernhart, Christian Blohmann, Franziska Bomski, Annika Differding, Carl Junginger, Benjamin Krautter, Jens Krumeich, Qunyang Lou, Kristina Mateescu, Sandra Schell, Thomas Schmidt, Alexandra Skowronski, Jørgen Sneis, Malte Strunk, Tilman Venzl, Marcus Willand, Yan Zhu und Yvonne Zimmermann. Zu Dank verpflichtet bin ich zudem für die anregenden Diskussionen meines Projekts in seinen verschiedenen Entwicklungsstadien auf Doktorand:innenkolloquien und in gemeinsamen Seminaren mit Prof. Lutz Danneberg, Prof. Olav Krämer, Prof. Fabian Lampert, Prof. Carlos Spoerhase, Prof. Romana Weiershausen und Prof. Claus Zittel.

Ausdrücklich danken möchte ich der Friedrich-Ebert-Stiftung, die das Dissertationsprojekt mit einem Promotionsstipendium großzügig gefördert hat, sowie dem Verlag Walter de Gruyter, insbesondere Marcus Böhm, Julie Miess und Florian Ruppenstein für die Betreuung des Buchprojekts. Den Herausgeber:innen der Reihe danke ich für die Aufnahme.

Von Herzen danke ich meiner Familie, die mit ihrer Liebe, ihrer Unterstützung und ihrem Vertrauen stets an meiner Seite steht; leider durften sie nicht alle meinen Weg bis zum erfolgreichen Abschluss des Promotionsprojekts begleiten: Meine Eltern Monika und Rudi Hudey sowie Judy, Martin, Ludwig, Katharina und Anna. Und selbstverständlich habe ich der Liebe und der Unterstützung meines Mannes Josh Elwer von ganzem Herzen zu danken. Ihnen ist dieses Buch gewidmet.

Berlin, Heidelberg und Sulzbach-Rosenberg,
Katrin Hudey

Inhalt

Danksagung —— V

1	**Einleitung: Zwischen „gelber Gefahr" und „gelber Hoffnung"** —— **1**	
1.1	Deutsch-chinesische Verflechtungen, 1919–1937/39 —— **7**	
1.2	Problemfelder der Forschung und Desiderata —— **10**	
1.3	Untersuchungszeitraum und Methode —— **15**	
1.4	Textkorpus und Aufbau der Arbeit —— **19**	
2	**Historisches China und gegenwärtiges Deutschland** —— **25**	
2.1	Ein „dumpfe[r] Trommelwirbel der unterirdischen Revolution" – Alfred Döblins *Der Überfall auf Chao-lao-sü* (1921) —— **26**	
2.1.1	*Der Überfall auf Chao-lao-sü* —— **33**	
2.1.2	„China, how far are you !" – Schriftsteller im Staat —— **56**	
2.1.3	Bekenntnisse. Exemplarisches Erzählen und die Rolle der Intellektuellen —— **68**	
2.2	„unerhörlich aktuell" – Rudolf Brunngrabers *Opiumkrieg* (1939) —— **75**	
2.2.1	Zur Rezeption und Deutung des *Opiumkriegs* —— **80**	
2.2.2	Rudolf Brunngraber – ein politischer Autor? —— **84**	
2.2.3	Textentstehung und Vermarktung des Romans —— **89**	
2.2.4	Gattungsfragen. Der historische Roman im Nationalsozialismus —— **94**	
2.2.5	Positionen im *Opiumkrieg* – Die literarische Darstellung der Konfliktparteien —— **108**	
2.2.6	Parallelen zu NS-Deutschland und zur Zeitgeschichte —— **118**	
2.2.7	Marxistische Anachronismen – I schun-lin —— **123**	
2.2.8	„wenn der Nationalsozialismus Nationalsozialismus wäre" —— **129**	
3	**Die ‚Zäsur 1933' im Spiegel der deutschen Asienpresse** —— **131**	
3.1	„So blieb die alte Asia Major ein Torso" – die *Asia Major* als internationales Projekt —— **133**	
3.1.1	„Sie wird keine Nationen und keine Schulen kennen" – die *Asia Major* als internationales Wissenschaftsprojekt —— **136**	
3.1.2	„dem frischen Wind der neuen Zeit auch die Fenster der Ostasienwissenschaft" öffnen – Die Neue Folge der *Asia Major* —— **144**
3.2	„Das Verständnis und den Austausch […] fördern." Zur Zeitschrift *Sinica* —— **150**	
3.2.1	„damit das Trugbild von China […] endlich verschwinde" – Entstehungsgeschichte und Programm der *Sinica* —— **151**

3.2.2	Außenpolitische Aufgaben und Dialogpflege – Zur Herausgeberpraxis während des Nationalsozialismus —— **160**	
3.3	Die *Ostasiatische Rundschau* – ein nationalsozialistisches Propagandablatt? —— **170**	
3.3.1	Die „umfassendste deutsche Ostasienzeitschrift zwischen den Weltkriegen" – Entstehung und dem Aufbau —— **171**	
3.3.2	Kontrollierte Informationsvergabe und Konstruktion eines NS-deutschen Selbstbildes —— **175**	
3.4	Strategien und Motivationen der publizistischen China-Beschäftigung und die ‚Zäsur 1933' —— **190**	
4	**Reisen nach China – literarische Berichte und Reportagen —— 193**	
4.1	Colin Ross: Weltpolitische Neuordnung in ns-propagandistischen Reiseberichten —— **198**	
4.1.1	Chinas „Weg aus den Wirren": *Das Meer der Entscheidungen* (1924) —— **208**	
4.1.2	Chinas „Weg aus den Wirren" II: Die aktualisierte Neuauflage von *Das Meer der Entscheidungen* (1936) —— **219**	
4.1.3	Theoretisches Fundament: Rasse – Raum – Zeit und die globale Neuordnung um 1930 —— **224**	
4.1.4	Literarisch gestaltete Radikalisierung: *Das Neue Asien* (1940) —— **241**	
4.1.5	Exkurs: Visuelle Suggestionen – zu den Fotografien in Colin Ross' Asienreportagen —— **251**	
4.1.6	Unterhaltsame Propaganda. Ein Fazit —— **260**	
4.2	„Bei der Konfrontation dieser Literatur mit der Wirklichkeit packte mich helles Entsetzen". Zu Egon Erwin Kischs Auslandsreportagen —— **263**	
4.2.1	*China geheim* – Reisemotivation und Entstehungskontext —— **271**	
4.2.2	Das „imperialistische[] Ausbeutungsstück um Shanghai" – Konzeption, Gestaltung und Themenschwerpunkte der Reportage —— **278**	
4.2.3	Wahrheit, Fakten und Fiktionen der Reportage —— **301**	
4.2.4	Fazit. Kischs Reportage global gesehen —— **306**	
5	**Importierte Bestseller – NS-deutsche Lektüren von Pearl S. Bucks Chinatrilogie *The House of Earth* —— 311**	
5.1	*The House of Earth* – Pearl S. Buck als interkulturelle Aufklärerin —— **319**	
5.2	Pearl S. Buck in der deutschen Literaturkritik bis 1938 —— **326**	
5.3	‚Rassenerkenntnis'. Anschlussstellen für eine nationalsozialistische Lektüre —— **333**	
5.4	Anerkennungskonflikte in einer Welt von Differenzen —— **344**	

| 5.5 | Vom „echt deutsche[n] Volksbuch" zum ‚problematisierten' Bestseller —— 349 |

6	Das „Neue China" in der deutschen Literatur —— 353
6.1	Zu den Anfängen einer politisierten China-Literatur. Eine erste Bilanz —— 354
6.2	Zur Dämonisierung und Idealisierung Chinas damals wie heute. Ein Ausblick —— 361

Anhang: Bibliographie deutschsprachiger China-Literatur 1920–1940 —— 371
1.	Bibliographie (alphabetisch sortiert) —— 371
2.	Bibliographie nach Textsorten gegliedert (chronologisch) —— 378
2.1.	Historische Erzählungen und Romane über das Gegenwartschina —— 378
2.2.	Reiseberichte und Reportagen —— 381
2.3.	Sachtexte —— 384

Quellen- und Literaturverzeichnis —— 387

Abbildungsverzeichnis —— 421

Personenregister —— 423

1 Einleitung: Zwischen „gelber Gefahr" und „gelber Hoffnung"

Abb. 1: Schutzumschläge von Otfried von Hanstein: Der Schmuggler von Hankau (1928) (Quelle: Privatbesitz); Ernst F. Löhndorff: Unheimliches China (1939) (Quelle: Privatbesitz); A.E. Johann: Kulis, Kapitäne, Kopfjäger (1936) (Quelle: The New York Library, Digital Collections, https://digital collections.nypl.org/items/510d47db-d843-a3d9-e040-e00a18064a99 [27.12.2021]).

Unheimliches China (1933),[1] *Der Schmuggler von Hankau* (1928),[2] *Kulis, Kapitäne, Kopfjäger* (1936),[3] *China geheim* (1933),[4] *Ein Schuss fällt in China* (1933),[5] *Das unruhige Asien* (1926),[6] *Der Sprung nach Osten* (1928),[7] *Der Teufel von Shanghai* (1938)[8] oder *Abenteuer in Shanghai* (1939)[9] – Buchtitel wie diese konnte man in den 1920er- und 1930er-Jahren häufig in deutschen Buchregalen finden. Die knappen, oft zwei- oder

---

1 Ernst F. Löhndorff: Unheimliches China. Ein Reisebericht. Bremen 1939.
2 Otfrid von Hanstein: Der Schmuggler von Hankau. Erzählungen aus China. Berlin 1928.
3 A. E. Johann: Kulis, Kapitäne, Kopfjäger. Fahrten und Erlebnisse zwischen Peking und der Timorsee. Berlin 1936.
4 Egon Erwin Kisch: China geheim. Berlin 1933.
5 Norbert Garai: Ein Schuss fällt in China. Berlin 1933.
6 Arthur Holitscher: Das unruhige Asien. Reise durch Indien – China – Japan. Berlin 1926.
7 Richard Hülsenbeck: Der Sprung nach Osten. Bericht einer Frachtdampferfahrt nach Japan, China und Indien. Dresden 1928.
8 Friedel Loeff: Der Teufel von Shanghai. Abenteuerroman. Leipzig 1938.
9 Carl Otto Windecker: Abenteuer in Shanghai. Kriminal-Roman. Berlin 1939.

dreigliedrigen Titel der ‚China-Literatur', die oft mit konkreten asiatischen Ortsnamen ihr Sujet anzeigen und auch reißerische Schlagworte nicht scheuen, versprachen den zeitgenössischen Leser:innen, sie mit Spannung, Abenteuer und Exotik, auch Erotik, aus ihrem Alltag heraus in ein ihnen fremdes, aufregendes und womöglich auch gefährliches Land zu entführen. Diese so evozierte Lektüreerwartung wurde nicht selten durch eine entsprechende Buchumschlagsgestaltung bekräftigt (siehe exemplarisch oben Abb. 1).

Die zumeist in enger Zusammenarbeit mit den Autor:innen gestalteten, farbenprächtigen Buchcover greifen Stereotype und wohlbekannte Exotismen auf und versuchen so, an bereits vorhandenes Leserwissen und das kollektive Bildgedächtnis anzuknüpfen. China war keine *terra incognita*, sondern eine bereits intensiv beschriebene kulturelle Projektionsfläche, auf der sich Faktisches und Fiktives, Erfahrungen und Antizipationen mischten.

Dies zeigen auch meine drei Beispiele, die relativ wahllos aus der großen Menge zeitgenössischer Publikationen herausgegriffen sind: Die im Bildfeld des Buchs zentral gesetzten chinesischen Schriftbanner, wie auf dem Cover von Otfrid von Hansteins (1869–1959) illustriertem Erzählband *Der Schmuggler von Hankau* (Abb. 1, links), konnten von den adressierten deutschen Leser:innen vermutlich nicht entziffert werden, doch als Zeichen des Chinesischen markieren sie – in Verbindung mit der Stadtansicht und dem abgebildeten chinesischen Personal, zu dem der kolonialistisch gekleidete Europäer in der Rolle des respektierten Ausländers hinzutritt – den alltäglich scheinenden Kontakt mit dem Fremden in der chinesischen Ferne. Auch die traditionelle chinesische Kleidung sowie der auf den Buchumschlägen immer wieder zu findende asiatische Kegelhut sind Attribute, die das chinesische Setting solcher Erzählungen anzeigen und zugleich ornamentieren. Ähnliches findet sich auch auf den Buchumschlägen anderer, nicht-fiktionaler Genres, wie meinem zweiten Beispiel: Ernst Friedrich Löhndorffs (1899–1976) China-Reisebericht, der die Fotografie einer chinesischen Frau im traditionellen Seidengewand in den Vordergrund stellt, rekurriert auf den ‚exotisch-erotischen Reiz' der Fremde (Abb.1, Mitte). Die Frau erscheint hier durch Körperhaltung und Gesichtsausdruck den Leser:innen zugewandt und reserviert zu begegnen – das ‚unheimliche' China, von dem der Autor berichtet, ist im Hintergrund nur in abgedunkelten Umrissen zu erahnen.

Auffallend häufig ist der nahezu zur Symbolfigur des asiatischen Raums gewordene, lastentragende Kuli (chinesische Tagelöhner) auf den bunten Schutzumschlägen zu sehen, exemplifiziert durch mein drittes Beispiel, den Reisebericht *Kuli, Kapitäne, Kopfjäger* von A. E. Johann (1901–1996) (Abb. 1, rechts). Hier wird mittels der drei in Rot auf gelbem Hintergrund gezeichneten Figuren der alliterative, dreigliedrige Titel als bildliche Konstellation in Szene gesetzt. Neben einem

Kuli und dem an eine Reling gelehnten Kapitän, erkennbar an Uniform und Pfeife, ist auch ein Kopfjäger abgebildet, der mit Lendenschurz und Speer wohl archaisch und bedrohlich anmuten und damit bildlich die ambivalenten Reiseerfahrungen annoncieren soll, die Johann bei seiner Reise durch China, die Philippinen und Singapur sammeln konnte. Johanns und Hansteins Cover sind zudem Beispiele, die mit ihrer Gestaltung ein weiteres gängiges China-Stereotyp bedienen: China als das traditionelle oder – zumeist pejorativ konnotiert – zivilisatorisch rückständige Land, dem Europa die Öffnung und Aufklärung bringen muss.

Im Blick auf die Relation China – Europa ist auch die Farbwahl der Buchcover auffällig: Von Hanstein, Löhndorff und Johann wählen dominierende Gelbtöne (in kontrastierender Kombination mit rot oder schwarz) und rekurrieren so auf die im europäischen Raum seit dem Boxeraufstand virulente Formel der „gelben Gefahr". Auch diese Farbcodierung ist zeittypisch und weit verbreitet: Eine auffallende Vielzahl an Chinabüchern sind in Gelbtönen gestaltet, haben gelbe Leineneinbände unter den Schutzumschlägen oder gelbe Buchinnendeckel.

Generell steht in der Zeit (und bis heute) die Farbe Gelb für Asien – eine europäische Farbzuschreibung, die eine eigene, problematische Geschichte hat. Denn während bis ins 18. Jahrhundert hinein Chinesen den Europäern noch als weiß oder Südchinesen als braun bzw. sonnengebräunt galten, begannen europäische Biologen und Anthropologen in der Moderne die Hautfarbe der Chinesen als gelbfarbig zu beschreiben, nicht zuletzt in Kontrast zur ‚weißen' europäischen Rasse. Da sich in der Farbigkeit der Haut nach Meinung der Zeit der Grad der Degeneration ausdrückte, stand folglich ein Chinese in der Rangordnung der Rassen an mittlerer Stelle, unter den Europäern, aber über den Schwarzen und ‚Roten'.[10] In der Zeit des Kolonialismus wurde diese konstruierte Farb- und Wertmatrix bekanntlich ideologisch ausgebeutet – als sich gegen Ende des 19. Jahrhunderts die ‚Boxer' dagegen zu wehren und Ausländer, aber auch Chinesen christlichen Glaubens zu attackieren begannen, verknüpfte sich aus europäischer Perspektive die Farbe mit der Gewalterfahrung: die ‚gelbe Gefahr'.

Die Text- und Bild-Arrangements der Schutzumschläge greifen, so viel sollte deutlich geworden sein, stereotypisierte Attribute und Motive auf, die von der Leserschaft der Zeit mit China oder dem asiatischen Raum explizit oder implizit verknüpft waren und in ihrer plakativen, werbenden Gestalt eine spannende und aufregende, wohl in jedem Fall unterhaltsame Lektüre versprachen, in welchem selbst die „gelbe Gefahr" zum gut konsumierbaren Leseerlebnis zu werden versprach.

---

10 Vgl. dazu auch Paul Münch: Wie aus Menschen Weiße, Schwarze, Gelbe und Rote wurden. Zur Geschichte der rassistischen Ausgrenzung über die Hautfarbe, in: Essener Unikate 6/7 (1995), S. 87–97.

Bücher dieser Art waren in Deutschland in den 1920er- und 1930er-Jahren ungemein weit verbreitet. Etliche deutschsprachige Autor:innen haben sich in jenen Jahren Themen und Motiven aus dem asiatischen Raum bereitwillig geöffnet und mit ihren China-Büchern ein großes Publikum erreicht. Die hohe Anzahl an Texten, die sich narrativ, dramatisch, lyrisch, essayistisch, diaristisch oder auch in Form von Reportagen, Reisebeschreibungen und anderen eher faktual angelegten Berichten mit China auseinandersetzen, lässt gar einen ‚China-Trend' oder ‚China-Boom' vermuten.

Um diese thematische Konjunktur zumindest ausschnittweise zu belegen und sichtbar zu machen, finden sich im Anhang der Arbeit zwei bibliographische Übersichten zur deutschsprachigen ‚China-Literatur', die zwischen 1920 und 1940 am deutschen Buchmarkt publiziert wurde. Meine Recherche, für die ich verschiedene Bibliothekskataloge, Antiquariate sowie Datenbanken[11] genutzt habe, konzentriert sich allein auf narrative Texte. Die einmal alphabetisch, einmal nach Genres rubrizierte und chronologisch sortierte Bibliographie umfasst über 200 Titel, die von fiktionalen Erzählungen über Reiseberichte und -reportagen bis hin zu Sachtexten über China reichen. Die Recherche ließe sich selbstverständlich ausweiten: Dramatische sowie lyrische Texte sind ebenso wenig enthalten wie im Ausland publizierte China-Texte deutscher Autor:innen und die Vielzahl der ins Deutsche übersetzten China-Texte, die gleichfalls großen Erfolg am deutschen Buchmarkt verzeichnen konnten. Dennoch geben die beiden Übersichten einen ersten quantitativen Überblick über die Dimensionen der China-Publikationen in den 1920er- und 1930er-Jahren und bestätigen auch empirisch, dass wir es mit einem ‚Trend' zu tun haben.[12]

Selbstverständlich lassen sich unter diesen China-Büchern diverse Texte finden, die als Kolportage-, Abenteuer- und Trivialromane ein vornehmlich exotistisches Unterhaltungsbedürfnis stillen oder der kolonialistischen Imagination zuarbeiten wollten. Wissensvermittlung, Bildungsinteressen, politische Aufklärung, interkulturelle Reflexionen oder andere intellektuelle Ziele hingegen lassen sowohl die Cover als auch die Titel nur selten erkennen – ein Eindruck, der in der Forschung wiederholt zu entsprechend kritischen Einschätzungen geführt hat.[13] Dieser äußerliche Eindruck aber täuscht. Ein Blick *in* die Bücher zeigt, dass eine auffällig

---

11 Zum Beispiel die Datenbank des Projekts *Historischer Roman* der Universität Innsbruck: https://webapp.uibk.ac.at/germanistik/histrom/datenbank.html (letzter Zugriff: 11.11.2022).
12 Vgl. Anhang: Bibliographie deutschsprachiger China-Literatur 1920–1940.
13 Vgl. z. B. Bae Ki-Chung: Chinaromane in der deutschen Literatur der Weimarer Republik. Marburg 1999; Zhang Zhenhuan: China als Wunsch und Vorstellung. Eine Untersuchung der China- und Chinesenbilder in der deutschen Unterhaltungsliteratur 1890–1945. Regensburg 1993; Han Ruixin: Die China-Rezeption bei expressionistischen Autoren. Frankfurt am Main 1993.

hohe Anzahl an Autor:innen mit ihren literarischen China-Texten durchaus edukative oder politische Interessen, progressive wie regressive, verfolgte und ihre Leser:innen sehr wohl mit ihren Romanen und Berichten über China aufklären, informieren und Wissen und Werte über das Land vermitteln wollte. Das Schreiben über China war in der ersten Hälfte des 20. Jahrhunderts so populär geworden, dass sich Autor:innen mit ganz unterschiedlichen Motivationen auf den Buchmarkt wagten und den asiatischen Raum bei weitem nicht nur als Schauplatz trivialer und unterhaltsamer Geschichten nutzten.

Gleichwohl lässt sich mit dem Ersten Weltkrieg ein historischer Wendepunkt ausmachen, seit dem sich die ernsthafte literarische, auch politische Befassung mit China dynamisierte.[14] Erst jetzt kam es zu einer zunehmend gegenwartsorientierten und daher auch politischeren Sicht auf China. Dämonisierte man das Land um die Jahrhundertwende noch als „gelbe Gefahr" oder aber musealisierte stereotype Bilder vom historischen chinesischen Kaiserreich und seiner großen und die Zeiten überdauernden philosophischen Weisheit, ließ sich China in der Zeit der Weimarer Republik plötzlich auf der Seite der europäischen Linken als politischer Hoffnungsträger emphatisieren.

Der sozialistische Schriftsteller und ‚teilnehmende Beobachter'[15] Arthur Holitscher (1869–1941) schreibt beispielsweise in seinem 1926 publizierten Reisebericht *Das unruhige Asien* über einen von ihm an der Universität Canton gehaltenen Vortrag:

> Auch von der „gelben Gefahr" sprach ich, diesem Schreckgespenst der europäischen Bourgeoisie [...]. Aber auch von der „gelben Hoffnung", die jedem revolutionär denkenden Sozialisten der Alten Welt durch die Fortschritte der proletarischen Idee im fernen Osten geschenkt worden ist.[16]

Holitscher verweist in dem Zitat zunächst auf die zur Formel geronnene „gelbe[] Gefahr" und charakterisiert diese als immer noch wirksames „Schreckgespenst der

---

14 Obgleich China natürlich schon lange literarisch verhandelt wurde: Erste deutschsprachige literarische China-Darstellungen finden sich bereits im Spätbarock. Im 18. Jahrhundert galt China dann vor allem als das Land der großen, alles überdauernden Philosophie und wurde zum Sinnbild für eine besondere Form moderne-resistenter Ästhetik (vgl. zum Beispiel überblickend Thomas Lange: China als Metapher – Versuch über das Chinabild des deutschen Romans im 20. Jahrhundert, in: Zeitschrift für Kulturaustausch 37 [1986], S. 341–349 sowie Adrian Hsia: China-Bilder in der europäischen Literatur. Würzburg 2010, v.a. S. 81–99).
15 Vgl. Andreas Herzog: „Writing Culture" – Poetik und Politik. Arthur Holitscher „Das unruhige Asien", in: KulturPoetik 1 (2006), S. 20–37.
16 Holitscher: Das unruhige Asien, S. 223.

europäischen Bourgeoisie". Eine substituierende Modifikation verkehrt den feststehenden Ausdruck jedoch ins Gegenteil: Als Vertreter der „revolutionär denkenden Sozialist[en]" deutet er die bourgeoise Furcht vor China als „gelbe Hoffnung".

Holitscher steht mit dieser Sympathiebekundung, die an die Fortschritte der sozialistischen Idee in China geknüpft ist, in der Weimarer Republik nicht allein; auf Seiten der Linken hatte das politisch orientierte Schreiben über China in diesen Jahren Konjunktur und verdrängte reine Unterhaltungsinteressen. Gleichwohl beschränkte sich das politische Interesse an China nicht nur auf bestimmte gesellschaftliche Milieus, sondern deckte das ganze politische Spektrum der Weimarer Republik und der Zeit des Nationalsozialismus ab: Über China schrieben in diesen Jahren also nicht nur Sozialisten, wie Arthur Holitscher, sondern auch überzeugte Kommunisten, wie Egon Erwin Kisch, konservative Nationalisten, wie Erich von Salzmann, und selbst überzeugte Nationalsozialisten, wie Colin Ross. Die Verfasser präsentierten zumeist ihr fremdkulturelles Wissen über das historische und/oder auch das zeitgenössische China, diskutierten in vergleichender Absicht kulturelle Besonderheiten zwischen Asien und Europa und machten China so zum positiven oder auch negativen Vorbild für kulturelle Reformbestrebungen im eigenen Land. Für deutsche Autor:innen konnte China in politischer Hinsicht also „Gefahr" oder „Hoffnung" – oder eben auch irgendetwas dazwischen – anzeigen.

Dabei zeigte man sich, den sozialen, philosophischen, moralischen oder politischen Agenden entsprechend, zunehmend auch an empirischem Wissen über China und seiner Bewertung interessiert. Gesellschaftliche Beobachtungen und politische Analysen fanden in die China-Bücher ebenso Einzug wie zahlreiche intertextuelle Referenzen auf chinesische Literatur, sinologische Forschung sowie auf linguistische Erklärungen und phonetische Transkriptionen der chinesischen Schrift und Sprache. Dem ‚sachlichen' Interesse der Zeit entsprechend wurden oftmals sogar in fiktionale Texte auch Zahlen oder ganze Statistiken integriert, um einen mutmaßlich objektiven Einblick in die dargestellte chinesische Gesellschaft zu eröffnen.

Das erwachte politische Interesse spiegelte sich nur selten in den Titeln und Schutzumschlägen, die weiterhin auf die etablierten Attribute und Codes zur Weckung des Leserinteresses setzten. Die dadurch hervorgerufene Lesererwartung, die auf Unterhaltung und Exotismus hoffen mochte, konnte mitunter also mit den ins Politische, Gesellschaftskritische oder Philosophische ausgreifenden Autorintentionen durchaus konfligieren. Je populärer China in den Jahren der Weimarer Republik für die deutschen Leser:innen wurde, desto vielfältiger wurden die Leseangebote, die nun von trivialer Kolportage und exotischen Fantasien über kulturellaufklärende Unterhaltung bis zu politischen Kampfschriften reichten.

Der ‚China-Trend' hielt auch über die vermeintlichen historisch-politischen Zäsuren an und ist eingebettet in eine weit komplexere deutsch-chinesische Verflechtungsgeschichte (*histoire croisée*), die sich um die Zeit der Jahrhundertwende ausbildete, über die Zwischenkriegsjahre intensivierte und auch in den Jahren der nationalsozialistischen Herrschaft noch prosperierte.

1.1 Deutsch-chinesische Verflechtungen, 1919–1937/39

Den historischen Kontext dieser deutsch-chinesischen Verflechtungsgeschichte bilden nicht nur politische und gesellschaftliche Umbrüche in Deutschland, sondern auch Veränderungen in China. Der Boxeraufstand (*Yihétuán Yùndòng*; 义和团运动) wurde 1901 blutig niedergeschlagen und mit der sogenannten *Xinhai*-Revolution (辛亥革命) 1911 kam es zur Abdankung des Kaisers und zur Ausrufung der Republik unter Sun Yatsen (*Sūn Zhōngshān*; 孙中山;1866–1925). Das ‚neue China', wie es zeitgenössisch genannt wurde, veränderte die weltpolitischen Kräfteverhältnisse, was unter anderem zum Erstarken der bilateralen ökonomischen und politischen Austauschbeziehungen zwischen China und Deutschland führte.[17] Durch den Ersten Weltkrieg und seinen Ausgang wurde das europäische Interesse an China schließlich weiter forciert: Sowohl Deutschland als auch China sahen sich als Verlierer des Versailler Vertrags und fürchteten die internationale Isolation. Vor dem Hintergrund neuer europäischer Frontbildungen vermehrte sich in der Folge die ökonomische Zusammenarbeit und die politische Kooperation zwischen Deutschland und China – ein Annäherungsprozess, der durch eine verstärkte gegenseitige kulturelle Beobachtung der beiden Länder flankiert wurde und erst ab etwa 1937 durch die Annäherung zwischen Japan und Deutschland langsam abflaute.[18] Ergänzt wurden die politischen und ökonomischen Interaktionen durch die Intensivierung der akademischen Beziehungen:[19] Man gründete in Deutschland mehrere

---

17 Vgl. dazu Mechthild Leutner und Andreas Steen: Deutsch-chinesische Beziehungen 1911–1927. Vom Kolonialismus zur „Gleichberechtigung". Eine Quellensammlung. Berlin 2006; Deutsch-chinesische Annäherungen. Kultureller Austausch und gegenseitige Wahrnehmung in der Zwischenkriegszeit, hg. von Almut Hille, Gregor Streim und Lu Pan. Köln, Weimar, Wien 2011.
18 Vgl. dazu u.a. Von der Kolonialpolitik zur Kooperation: Studien zur Geschichte der deutsch-chinesischen Beziehungen, hg. von Kuo Heng-yü. München 1986; Politik, Wirtschaft, Kultur. Studien zu den deutsch-chinesischen Beziehungen, hg. von Mechthild Leutner. Münster 1996; Deutsch-chinesische Beziehungen 1928–1937. „Gleiche" Partner unter „ungleichen" Bedingungen. Eine Quellensammlung, hg. von Bernd Martin. Berlin 2003.
19 Vgl. dazu u.a. Hans-Wilm Schütte: Die akademische Etablierung der Chinawissenschaften. Mit einem Blick auf die Wissenschafts- und Kulturgeschichte, in: Chinawissenschaften – Deutschsprachige Entwicklungen. Geschichte, Personen, Perspektiven. Referate der 8. Jahrestagung 1997 der

sinologische Lehrstühle – die wichtigsten an den Universitäten Berlin, Leipzig und Hamburg –, die eine wissenschaftliche Auseinandersetzung mit dem asiatischen Raum förderten und verschiedene, teils konkurrierende, teils kollaborierende Schulen und Zirkel ausbildeten. Für die frühen Jahre des 20. Jahrhunderts kann man deshalb von einer regelrechten „Gründungswelle in den Asienwissenschaften" sprechen.[20] Reisende Wissenschaftler und deren persönlichen Kontakte führten während der Weimarer Republik trotz des Boykotts der deutschen Wissenschaften zu einer Vertiefung und Festigung des akademischen Austauschs. Erst das Jahr 1933 führte zu einer Zäsur: Für die sich gerade erst etablierende Disziplin war die Machtübernahme der Nationalsozialisten sowie das *Gesetz zur Wiederherstellung des Berufsbeamtentums* ein „erheblicher Rückschlag";[21] einige wichtige Sinologen mussten aus politischen und/oder rassistischen Gründen NS-Deutschland verlassen (u.a. Gustav Haloun, Ferdinand Lessing, Wolfram Eberhard und Bruno Schindler), andere verbrachten die Jahre der nationalsozialistischen Herrschaft in China (u.a. Wolfgang Franke, Walter Fuchs und Max Loehr).[22] Die Situation der Sinologie sowie der zentralen sinologischen Institutionen während der Zeit des Nationalsozialismus, etwa die Rolle des 1932 gegründeten *Deutschland-Instituts* in Peking,[23] ist jedoch wissenschaftshistorisch noch nicht ausreichend erschlossen. Auch die Rolle der weiterhin nach Asien reisenden oder aus Asien nach Deutschland kommenden Wissenschaftler[24] und die nach 1933 beachtliche Anzahl an rassisch

---

Deutschen Vereinigung für Chinastudien, hg. von Helmut Martin und Christiane Hammer. Hamburg 1999, S. 19–26; ders.: Die Asienwissenschaften in Deutschland. Geschichte, Stand, Perspektiven. Hamburg ²2004 sowie Helmolt Vittinghoff: Chinawissenschaften zwischen Deutschem Reich und Drittem Reich, in: Chinawissenschaften – Deutschsprachige Entwicklungen, S. 146–159.
20 Schütte: Die Asienwissenschaften in Deutschland, S. 92.
21 Vittinghoff: Chinawissenschaften zwischen Deutschem Reich und Drittem Reich, S. 149.
22 Vgl. dazu etwas ausführlicher ebd.
23 Vgl. dazu etwa Thomas Jansen: Einige Hinweise und Fragen zur Arbeit des Deutschland-Instituts in Peking 1933–1945, in: Chinawissenschaften – Deutschsprachige Entwicklungen, S. 185–201. Vgl. auch Astrid Freyeisen: Chinakunde oder Mittel zum Zweck für Propagandisten? Zur Funktion deutscher kulturpolitischer Institutionen in Shanghai während des Dritten Reiches, in: Chinawissenschaften – Deutschsprachige Entwicklungen, S. 202–221.
24 Vgl. dazu auch Andrea Albrecht, Katrin Hudey, Wu Xiaoqiao und Zhu Yan: Chinesische Stimmen zum ‚Dritten Reich' – Wissenschaftlicher Austausch und Propaganda zwischen 1933 und 1945, in: Internationale Wissenschaftskommunikation und Nationalsozialismus. Akademischer Austausch, Konferenzen und Reisen in Geistes- und Kulturwissenschaften 1933 bis 1945, hg. von Andrea Albrecht, Lutz Danneberg, Ralf Klausnitzer und Kristina Mateescu. Berlin, Boston 2021, S. 367–394.

oder politisch Verfolgten,[25] die sich mitunter eben auch dauerhaft in China niederließen und durch ihre Schriften das deutsche Bild von China ebenfalls prägten, harrt einer umfassenderen Erschließung.

Der intensivierte Austausch in verschiedenen staatlichen, gesellschaftlichen und kulturellen Bereichen beförderte letztlich die Entwicklung eines heterogenen und vielstimmigen, (nun) auch chinesische Stimmen integrierenden Diskurses über China, das ‚Chinesische' und die deutsch-chinesischen Beziehungen. Dieser Diskurs, in dem sich ästhetische, historische, kulturelle und politische Aspekte in signifikanter Weise verknüpften, fand nicht nur in wissenschaftlichen und tagesaktuellen, publizistischen Texten seinen Niederschlag, sondern wurde auch in die sogenannte schöne Literatur aufgenommen und literarisch verarbeitet.

Das hohe Attraktivitätspotenzial, welches das ‚neue China' für alle Seiten des politischen Spektrums hatte, und der von deutscher Seite aus daher so zahlreich und vielstimmig unternommene Versuch, aus der allein europäischen Perspektive herauszutreten und chinesische Figuren, Stimmen, Ansichten und Ereignisse literarisch zu reflektieren, wirft eine Reihe von Fragen auf: So wüsste man beispielsweise gerne, in welcher Weise sich das deutsch-chinesische Beziehungsgeflecht in literarischen Texten der Weimarer Republik und des Nationalsozialismus spiegelte, welche institutionellen Zentren, welche Publikationsorgane, Gruppen und Akteur:innen hierbei welche Rollen übernahmen und wie die Literatur an der Ausbildung, Veränderung und Indienstnahme bestimmter China-Bilder im historischen Wandel mitwirkte. Wie bildeten sich beispielsweise völkische, nationalistische und rassistische Ideologeme in der ‚China-Literatur' ab? Welche literarischen Formen entstanden und welche Funktionen übernahmen sie bei der Ausgestaltung dessen, was in Deutschland in der ersten Hälfte des 20. Jahrhunderts und insbesondere ab 1933 als ‚typisch chinesisch' galt?

Einfache Antworten gibt es auf diese Fragen nicht, zumal sich der kreativ-literarische Umgang mit China nicht auf einen einzigen Nenner bringen lässt. Gleichwohl ist es in der auf wenige kanonische Autor:innen konzentrierten Forschung immer wieder zu generalisierenden, wenn nicht pauschalisierenden Zuschreibungen gekommen.

---

25 Vgl. dazu z.B. Astrid Freyeisen: Shanghai und die Politik des Dritten Reiches. Würzburg 2000.

1.2 Problemfelder der Forschung und Desiderata

Während die politischen und kulturellen Beziehungen zwischen Deutschland und China in der Weimarer Republik und im sogenannten Dritten Reich von den Geschichtswissenschaften vielseitig diskutiert wurden und werden,[26] gibt es nur wenige Untersuchungen zur literarischen Kontakt- und Verflechtungsgeschichte.[27] Auch wenn Titel wie *China in der deutschen Literatur 1827–1988*[28] oder *Exotik und Wirklichkeit: China in Reisebeschreibungen vom 17. Jahrhundert bis zur Gegenwart*[29] einen großen historischen Bogen spannen und einen gewissen Überblick über das Spektrum literarischer China-Bilder geben, weisen die vorliegenden Arbeiten in der Regel ähnliche Einschränkungen und Probleme auf.

Hinsichtlich des Untersuchungszeitraums lag der Schwerpunkt der Forschung bislang vor allem auf dem 18. und 19. Jahrhundert sowie den ersten beiden Dekaden des 20. Jahrhunderts;[30] hinzu kam in den vergangenen Jahren punktuell auch

---

26 Vgl. u.a. China und die Fremden. 3000 Jahre Auseinandersetzung in Krieg und Frieden, hg. von Wolfgang Bauer. München 1980; Freyeisen: Shanghai und die Politik des Dritten Reiches; Kuo: Von der Kolonialpolitik zur Kooperation; Deutschland und China. Beiträge des Zweiten Internationalen Symposiums zur Geschichte der deutsch-chinesischen Beziehungen, hg. von Kuo Heng-yü und Mechthild Leutner. München 1994; Deutsch-chinesische Annäherungen; Entzauberter Blick. Das Bild vom Guten Wilden und die Erfahrung der Zivilisation, hg. von Karl-Heinz Kohl. Berlin 1981; Rüdiger Machetzki: Deutsch-Chinesische Beziehungen. Ein Handbuch. Hamburg 1984; Deutsch-chinesische Literaturbeziehungen. Vorträge eines im Oktober 2003 an der Shanghai International Studies University abgehaltenen bilateralen Symposiums, hg. von Wei Maoping und Wilhelm Kühlmann. Shanghai 2005; Barbara Schmitt-Englert: Deutsche in China 1920–1950. Alltagsleben und Veränderungen. Gossenberg 2012.
27 Vgl. als eine der wenigen Untersuchungen etwa den erst kürzlich erschienenen Band, der vor allem die 4. Mai-Bewegung hinsichtlich des kulturellen Austauschs untersucht: Ost-westliche Erfahrungen der Modernität. Der chinesisch-deutsche Ideenaustausch und die Bewegung des 4. Mai, hg. von Mao Mingchao, Benjamin Langer und Michael Jäger. Berlin 2021.
28 China in der deutschen Literatur 1827–1988, hg. von Uwe Japp und Jiang Aihong. Frankfurt am Main u.a. 2012.
29 Exotik und Wirklichkeit: China in Reisebeschreibungen vom 17. Jahrhundert bis zur Gegenwart, hg. von Mechthild Leutner und Dagmar Yü-Dembski. München 1990.
30 Vgl. u.a. Lü Yixu: Die Schule der Fremdenfeindlichkeit – erdichtete China-Reisen um 1900, in: Literarische Entdeckungsreisen. Vorfahren – Nachfahren – Revisionen, hg. von Hansjörg Bay und Wolfgang Struck. Köln u.a. 2012, S. 307–323; Jürgen Osterhammel: Die Entzauberung Asiens. Europa und die asiatischen Reiche im 18. Jahrhundert. München 1998; Ingrid Schuster: Vorbilder und Zerrbilder. China und Japan in der deutschen Literatur 1890–1925. Bern 1977; Sun Ying: Wandlungen des europäischen Chinabildes in illustrierten Reiseberichten des 17. und 18. Jahrhunderts. Frankfurt am Main u.a. 1996; Sun Lixin: Das Chinabild der protestantischen Missionare des 19. Jahrhunderts. Eine Fallstudie zum Problem interkultureller Begegnung und Wahrnehmung.

die Gegenwartsliteratur.³¹ Die Zeit des Nationalsozialismus wird hingegen – in den Einzelstudien wie in den historisch angelegten Überblicksarbeiten – zumeist unter der Annahme ausgeklammert,³² dass es während dieser Jahre in Deutschland keine nennenswerte literarische Beschäftigung mit China mehr gegeben habe.³³ Bereits eine überblicksartige Recherche zeigt allerdings, dass das literarische (und auch wissenschaftliche) Interesse an China ab 1919 stetig zunahm, auch über das Jahr 1933 hinaus. Die wenigen literaturwissenschaftlichen Forschungsarbeiten, die die Zeit des Nationalsozialismus in den Blick nehmen,³⁴ fokussieren zum einen triviale China-Genres mit einem politisch harmlosen Unterhaltungswert; auch über die systemstabilisierende Funktion solcher China-Unterhaltungsliteratur³⁵ ist bislang je-

---

Marburg 2002; Tan Yuan: Der Chinese in der deutschen Literatur. Unter besonderer Berücksichtigung chinesischer Figuren in den Werken von Schiller, Döblin und Brecht. Göttingen 2007; Zhang Yi: Zur Reiseliteratur von Frauen im 18. Jahrhundert bis zum Anfang des 20. Jahrhunderts, in: Literaturstraße 14 (2013), S. 153–162.

31 So wird derzeit von Zhu Yan ein Promotionsprojekt an der Universität Heidelberg mit dem vorläufigen Arbeitstitel *Geschichten aus China. Deutschsprachige historische Chinaromane des 21. Jahrhunderts* bearbeitet. Kürzlich dazu erschienen sind auch: Liu Jian: Eine Poetik der Fremdheit. Zur Verarbeitung von China-Motiven in der deutschsprachigen Gegenwartsliteratur im 21. Jahrhundert. Göttingen 2020 sowie Zhu Liangliang: China im Bild der deutschsprachigen Literatur seit 1989. Oxford u.a. 2018.

32 Vgl. u.a. Han: Die China-Rezeption bei expressionistischen Autoren; Li Changke: Der China-Roman in der deutschen Literatur 1890–1930. Tendenzen und Aspekte. Regensburg 1992; Liu Weijian: Kulturelle Exklusion und Identitätsentgrenzung. Zur Darstellung Chinas in der deutschen Literatur 1870–1930. Bern 2007; Ingrid Schuster: Faszination Ostasien. Zur kulturellen Interaktion Europa – Japan – China. Aufsätze aus drei Jahrzehnten. Bern 2007.

33 Vgl. u.a. Adrian Hsia: Chinesien. Zur Typologie des anderen China. Mit besonderer Berücksichtigung des 20. Jahrhunderts, in: Arcadia 25 (1990), S. 44–65; Lange: China als Metapher; Mechthild Leutner: Deutsche Vorstellungen über China und Chinesen und über die Rolle der Deutschen in China 1890–1945, in: Von der Kolonialpolitik zur Kooperation, S. 401–442.

34 Vgl. Dagmar Yü-Dembski: Traum und Wirklichkeit. Rezeption und Darstellung Chinas in der Weimarer Republik, in: Exotik und Wirklichkeit, S. 53–65; dies.: Die ferne Geliebte. China als Objekt männlichen Begehrens, in: Mein Bild in deinem Auge. Exotismus und Moderne. Deutschland – China im 20. Jahrhundert, hg. von Wolfgang Kubin. Darmstadt 1995, S. 103–119.

35 Vgl. dazu allgemein und nicht auf China-Literatur fokussierend v.a. Im Pausenraum des Dritten Reiches. Zur Populärkultur im nationalsozialistischen Deutschland, hg. von Carsten Wurmann. Bern u.a. 2008; Carsten Würmann: Entspannung für die Massen. Die Unterhaltungsliteratur im Dritten Reich, in: Zwischen den Zeiten. Junge Literatur in Deutschland von 1933 bis 1945, hg. von Uta Beiküfner und Hania Siebenpfeiffer. Berlin 2000, S. 9–35.

doch wenig bekannt. Zum anderen lag ein Fokus auf der Exilliteratur, etwa mit autorenbezogenen Arbeiten zu Bertolt Brecht[36] oder Anna Seghers.[37] Von der Forschung weitgehend ausgeblendet wurde hingegen die auch während der Zeit des Nationalsozialismus in Deutschland betriebene ernsthafte literarische Beschäftigung mit China, sodass wir über deren Funktion auf dem NS-Buchmarkt und im deutschen Kulturbetrieb bislang kaum etwas wissen.

Verschärft wird dieses literaturhistorische Desiderat durch eine Konzentration auf einen kleinen, zumeist hochkulturellen Ausschnitt der Literatur.[38] Eine Ausdehnung des Korpus über kanonisierte Autor:innen und Texte hinaus und eine Integration der großen und höchst heterogenen Gruppe heute weniger bekannter belletristischer Schriftsteller:innen ist allerdings dann geboten, wenn man einen historisch fundierten Einblick in das breite Spektrum des Chinadiskurses gewinnen und Aufschluss über wiederkehrende Motive und Topoi sowie über wiederholt genutzte Quellentexte erhalten will. Christian Adam hat in seinen literaturhistorischen Studien zum sogenannten Dritten Reich und zu den Nachkriegsjahren vorbildlich gezeigt,[39] wie eine Erweiterung des Korpus unseren Blick auf das Leseverhalten ändert und bedeutende gesellschaftsgeschichtliche Bezüge der Literaturgeschichte erkennbar werden lässt. Nicht zuletzt lässt sich so auch über die Singularität der sogenannten Höhenkamm-Literatur und die Gründe ihrer Kanonisierung Auskunft geben.

Für die Fragestellung meiner Arbeit impliziert eine solche Ausweitung des Untersuchungsgegenstandes die Aufgabe, über kanonisierte China-Texte wie Alfred Döblins *Die drei Sprünge des Wang-lun* (1915), Franz Kafkas *Beim Bau der Chinesischen Mauer* (1917/1930) oder Bertolt Brechts *Der gute Mensch von Sezuan* (1943)

---

36 Vgl. z.B. Tan: Der Chinese in der deutschen Literatur, zu Brecht S. 148–247; Renate Berg-Pan: Bertolt Brecht und China. Bonn 1979; Christiane Bohnert: Brechts Lyrik im Kontext. Zyklen und Exil. Königstein im Taunus 1982. Vgl. überblickshaft auch Antony Tatlow: Chinesische Gedichte, in: Brecht-Handbuch, Bd. 2: Gedichte, hg. von Jan Knopf. Stuttgart, Weimar 2001, S. 304–313.
37 Vgl. z.B. Li Weijia: China und China-Erfahrung in Leben und Werk von Anna Seghers. Bern 2010; ders.: Von unmittelbarer Aktualität zu sinnbildlicher Gestaltung – Über die Segher'sche China-Rezeption, in: Argonautenschiff 21 (2012), S. 67–79; Albrecht Richter: China und „Chinesisches" im Werk von Anna Seghers. Chemnitz 1994. Vgl. für einen Überblick auch Barbara Dengel: China und Chinaerfahrung, in: Anna Seghers-Handbuch. Leben, Werk, Wirkung, hg. von Carola Hilmes und Ilse Nagelschmidt. Berlin 2020, S. 259–265.
38 Vgl. u.a. Günther Debon: China zu Gast in Weimar. Achtzehn Studien und Streiflichter. Heidelberg 1994; China in der deutschen Literatur 1827–1988; Schuster: Faszination Ostasien; Tan: Der Chinese in der deutschen Literatur; Wang Liying: Erfahrungen im Reich der Mitte. Deutsche Reiseberichte über China in der ersten Hälfte des 20. Jahrhunderts. Münster 2002.
39 Vgl. Christian Adam: Lesen unter Hitler. Autoren, Bestseller, Leser im Dritten Reich. Berlin 2010 und ders.: Der Traum vom Jahre Null. Autoren, Bestseller, Leser: Die Neuordnung der Bücherwelt in Ost und West nach 1945. Berlin 2016.

hinaus die Breite und Vielfalt der deutschsprachigen ‚China-Literatur' der ersten Hälfte des 20. Jahrhunderts sichtbar werden zu lassen und daran zu untersuchen, inwiefern die heute als kanonisch geltenden Texte einem deutlich vielschichtigeren Diskurs entstammen, ja inwiefern sie ebenfalls Produkte des allgemeinen China-‚Trends' waren.

In der bisherigen Forschung aber geht die Fixierung auf ein festes Ensemble von China-Texten mit einer weiteren Einschränkung einher, insofern die untersuchten Textkorpora häufig auf allein fiktionale Texte beschränkt sind. Faktuale Texte werden – wenn überhaupt – nur als Kontexte herangezogen. Die Beziehungen zwischen akademischen, literarischen und politischen Interessen, wie ich sie oben skizziert habe, können dadurch kaum berücksichtigt werden. In der ‚China-Literatur' mischt sich aber faktisches Wissen über China mit imaginierten Inhalten auf eine höchst signifikante Weise. Erst eine Ausweitung des untersuchten Korpus auch auf Texte mit faktualen Anteilen, wie etwa Reiseberichte und Reportagen sowie Tagebücher, oder auf vornehmlich faktuale Texte, wie Zeitungsbeiträge, wissenschaftliche Auseinandersetzungen und Darstellungen o.Ä., verschafft einen Zugriff auf das in der Gesellschaft diskursiv zirkulierende Wissen über China. Sowohl auf Autor:innenseite – etwa hinsichtlich des verwendeten Quellenmaterials – als auch auf Seiten der China-interessierten Leser:innen ist von Relevanz, was man eigentlich über China wissen konnte und was sich nur imaginieren ließ. Nur so kann man die enge Verzahnung von Faktischem und Fiktivem, von faktualen und fiktionalen China-Texten rekonstruieren und deren thematische, motivische und argumentative Verschränkungen aufzeigen. Unerlässlich ist hierfür – vor allem vor dem Hintergrund der unterschiedlichen politischen Systeme in Deutschland und China in den 1920er- und 1930er-Jahren – eine adäquate historische Kontextualisierung, die in den genannten Überblicksdarstellungen ebenfalls meist zu kurz kommt.

Für das ausgeprägte deutsche China-Interesse in der ersten Hälfte des 20. Jahrhunderts hat man in der literatur- und kulturwissenschaftlichen Forschung nach verschiedenen Erklärungsansätzen gesucht, die jedoch zumeist auf den oben ausgeführten Einschränkungen basieren: Man neigte mitunter dazu, das Interesse an China auf ein Phänomen des „Exotismus" zu reduzieren, wie beispielsweise die älteren Arbeiten Wolfgang Reifs zu den Textsorten Roman und Reisebericht des 20. Jahrhunderts zeigen.[40] In den Untersuchungen aus den 1990er-Jahren, die sich vor allem

---

40 Vgl. Wolfgang Reif: Zivilisationsflucht und literarische Wunschräume. Der exotische Roman im ersten Viertel des 20. Jahrhunderts. Stuttgart 1975; ders.: Exotismus und Okkultismus, in: Weimarer Republik – Drittes Reich: Avantgardismus, Parteilichkeit, Exil 1918–1945, hg. von Horst Albert Glaser. Hamburg 1983, S. 155–167; ders.: Exotismus im Reisebericht des frühen 20. Jahrhunderts, in:

mit dem China-Roman beschäftigen, zeichnet sich vorrangig eine imagologische Deutungslinie ab.[41] Interkulturelle Transfer- und Interaktionsprozesse lassen sich jedoch imagologisch nur ansatzweise erfassen;[42] denn sie bedürfen darüber hinaus eines sozialgeschichtlich abgesicherten und zugleich hermeneutisch sensiblen Zugriffs. Grob gesagt korrelieren diesen Deutungsansätzen zufolge China-Imaginationen mit einem eskapistischen Kulturpessimismus, gewertet zumeist als Ausdruck einer Zivilisations- und Europamüdigkeit,[43] lassen aber nicht auf ein genuines Interesse an China schließen. China stehe demnach in den literarischen Imaginationen als Platzhalter für ‚die Fremde' allgemein.[44] Ich zweifle in meiner Arbeit die Pau-

---

Der Reisebericht. Die Entwicklung einer Gattung in der deutschen Literatur, hg. von Peter J. Brenner. Frankfurt am Main 1989, S. 434–462.
41 Vgl. u.a. Bae: Chinaromane in der deutschen Literatur der Weimarer Republik; Lutz Bieg: Der deutsch-chinesische Literaturaustausch im 20. Jahrhundert, in: Zeitschrift für Kulturaustausch 36.3 (1986), S. 333–337; Dscheng Fang-hsiung: Alfred Döblins Roman „Die Sprünge des Kaisers Wanglun" als Spiegel des Interesses moderner deutscher Autoren an China. Frankfurt am Main u.a 1979; Fang Weigui: Das Chinabild der deutschen Literatur 1871–1933. Ein Beitrag zur komparatistischen Imagologie. Frankfurt am Main 1992; Ruth Florack: China-Bilder in der deutschen Literatur? Überlegungen zur komparatistischen Imagologie, in: Literaturstraße 3 (2002), S. 27–45; Liu Qisheng: Aktive Wahrnehmung oder passive Akzeptanz. Eine kritische Betrachtung zur Bildung des China- bzw. Deutschlandbildes, in: Literaturstraße 12 (2011), S. 431–438; Zhang: China als Wunsch und Vorstellung; ders.: „Chinesen sind Chinesen, und damit war alles gesagt". Die Struktur der China- und Chinesenbilder in der deutschen Unterhaltungsliteratur, in: Fiktion des Fremden. Erkundung kultureller Grenzen in Literatur und Publizistik, hg. von Dietrich Harth. Frankfurt am Main 1994, S. 224–241.
42 Vgl. z.B. auch Michaela Holdenried: Künstliche Horizonte. Ein Beitrag zum Methodendiskurs in der Reiseliteraturforschung am Beispiel neuerer Reiseberichte, in: Zeitenwende – Die Germanistik auf dem Weg vom 20. ins 21. Jahrhundert, hg. von Peter Wiesinger. Bern u.a. 2003, S. 79–87; Transkulturelle Rezeption und Konstruktion / Transcultural reception and / et Constructions transculturelles. Festschrift für Adrian Hsia, hg. von Monika Schmitz-Emans. Heidelberg 2004; Postkoloniale Germanistik. Bestandsaufnahme, theoretische Perspektiven, Lektüren, hg. von Gabriele Dürbeck und Axel Dunker. Bielefeld 2014; Ortrud Gutjahr: Interkulturalität als Forschungsparadigma und Herausforderung der Germanistik, in: Interkulturalität als Herausforderung und Forschungsparadigma der Literatur- und Medienwissenschaft, hg. von Franciszek Grucza. Frankfurt am Main 2012, S. 17–22.
43 Vgl. u.a. Thomas Lange: China: Fluchtort vor dem europäischen Individualismus. Über ein philosophisches und literarisches Motiv der zwanziger Jahre, in: Fernöstliche Brückenschläge. Zu deutsch-chinesischen Literaturbeziehungen im 20. Jahrhundert, hg. von Adrian Hsia und Sigfrid Hoefert. Bern 1992, S. 49–73; Dagmar Yü-Dembski: West-östliche Spiegelungen. Kulturbegegnungen in der Zwischenkriegszeit (Klabund – Lin Fengmian – Li Jinfa), in: Deutsch-chinesische Annäherungen, S. 35–48.
44 Vgl. Yü-Dembski: Traum und Wirklichkeit.

schalität und Generalisierbarkeit dieser These an. Wie meine Eingangsbeispiele angedeutet haben, kann die äußere Gestaltung eines Buchs zwar noch auf Exotismussehnsüchte antworten und Unterhaltungslektüre versprechen, doch zugleich kann im Buchinnern ganz anderen Interessen Raum gegeben werden. China wird nicht immer pauschal als willkürliches Beispiel und möglichst exotischer und fremder Handlungsort gewählt, sondern der Sujetwahl kann auch ein genuines Interesse an China zugrunde liegen. Dieses Interesse kann sich auf die chinesische Alterität richten, kann aber auch ein Interesse an Ähnlichkeiten zu Deutschland sein. Im letzten Fall etwa können Parallelisierungs- und Analogisierungsmöglichkeiten zwischen der chinesischen und der deutschen politischen gesellschaftlichen und kulturellen Situation den Blick der Autor:innen anleiten. Angesichts der Vielfalt der literarischen Bezug- und Interessannahmen an China sind Verallgemeinerungen hier nur mit großer Vorsicht vorzunehmen.

1.3 Untersuchungszeitraum und Methode

Diese Kautel gilt auch für meine Studie, mit der ich gewiss nicht alle der aufgeführten Desiderate beheben kann, aber zumindest für einen kleinen Ausschnitt den Versuch einer intensiveren Sichtung der literarischen Reflexionen der deutsch-chinesischen Verflechtungsgeschichte unternehmen werde. Ich konzentriere mich dabei auf die Zwischenkriegszeit, also aus deutscher Perspektive auf die Jahre von 1919 bis 1939 bzw. aus chinesischer Perspektive bis 1937, da hier der „Zwischenfall an der Marco-Polo-Brücke" im Juli 1937 den Zweiten Sino-Japanischen Krieg auslöste, der 1941 mit dem Eingreifen der USA in den Zweiten Weltkrieg mündete. Da sich mit Kriegsbeginn die Rahmenbedingungen des literarischen und kulturellen Austauschs so stark verändern und nach dem Zweiten Weltkrieg sowohl in Deutschland als auch in China ganz andere politische Bedingungen vorliegen, scheint es sinnvoll, den Untersuchungszeitraum vorher enden zu lassen. Der Zeitraum ist außerdem weit genug gewählt, um die für die deutsche Geschichte wie auch die Globalgeschichte wichtige Zäsur 1933 zu umfassen. Da es sich um eine germanistische Arbeit handelt, wird der sinologische Kontext vergleichsweise wenig intensiv einbezogen, der Fokus der Arbeit liegt auf der deutschsprachigen literarischen China-Reflexion, wie sie sich als Teil der umfassenderen deutsch-chinesischen Verflechtungsgeschichte in der Weimarer Republik und den frühen Jahren des sogenannten Dritten Reichs entfaltete.

Um den geschilderten Problemen imagologischer Betrachtungen beizukommen, knüpfe ich methodisch zum einen an das bereits genannte, 2002 von Bénédicte Zimmermann und Michael Werner formulierte Konzept der Verflechtungsgeschichte (*histoire croisée*) an,⁴⁵ das zu jenem Ensemble an Ansätzen gehört, die über Jahre aus dem 1985 als „neue[s] interdisziplinäre[s] Forschungsprogramm" von Michel Espagne und Michael Werner entwickelten Konzept der Kulturtransferforschung erwachsen sind. Bereits Espagne und Werner kritisierten an bestehenden Ansätzen der Transferforschung eine fehlende sozialgeschichtliche Reflexion kultureller Transferprozesse sowie eine zu geringe Berücksichtigung der transferierenden „Konstanten" – also der vermittelnden Akteur:innen und Institutionen.⁴⁶ Zudem müsse man durch hermeneutische Verfahren jeweils die produktive ‚Neukontextualisierung' des transferierten Guts rekonstruieren. Die Transferforschung reagierte mit diesen Akzentsetzungen sowohl auf die Text- und Materialferne als auch auf die antihermeneutischen Tendenzen der vorausgehenden Theoriejahrzehnte. Über mehrere Stationen wurde der Ansatz der Kulturtransferforschung in den Geschichtswissenschaften weiterentwickelt (vor allem von Matthias Middell und Hans-Jürgen Lüsebrink); Werner und Zimmermann etablierten schließlich mit ihrem nun *histoire croisée* genannten Programm eine „spezifische Verbindung von Beobachterposition, Blickwinkel und Objekt"⁴⁷ und modellierten den Transferprozess auf diese Weise weniger schematisch. In ihrem Modell ist die Funktion des Beobachters gestärkt und der Interdependenz zwischen Beobachter und Objekt eine größere Rolle beigemessen. Durch die Betrachtung einzelner Akteur:innen (also Autor:innen, Student:innen, Gastwissenschaftler:innen, usw.) und Institutionen, aber auch der Texte, mit denen die Akteur:innen und Institutionen Begriffe, Bilder, Interessen, Ideen und Diskurse kommunizieren, lässt sich, so ihre Annahme, ein vielschichtiger Transferraum rekonstruieren, der die verschiedenen Faktoren und Stränge bi- oder mehrkultureller Verflechtungsgeschichten kartieren kann. Der Ansatz erlaubt also – in einer Art Erweiterung ‚klassischer' Rezeptionstheorie oder Intertextualitätsansätzen – sich nicht nur auf einzelne Rezeptionsspuren zu fokussieren. Die Textwelt, ihre Rezeption und ihre intertextuellen Bezüge bleiben dabei zentrale An-

---

45 Erprobt wurde dies als methodischer Ansatz für den deutsch-chinesischen Literaturaustausch bereits von Arnd Bauerkämper: Kulturtransfer und Barrieren zwischen China und Deutschland in der Zwischenkriegszeit. Theoretische und methodische Überlegungen aus geschichtswissenschaftlicher Perspektive, in: Deutsch-chinesische Annäherungen, S. 19–33.
46 Vgl. Michel Espagne und Michael Werner: Deutsch-französischer Kulturtransfer im 18. und 19. Jahrhundert. Zu einem neuen interdisziplinären Forschungsprogramm des C.N.R.S, in: Francia 13 (1985), S. 502–510, hier: S. 502.
47 Michael Werner und Bénédicte Zimmermann: Vergleich, Transfer, Verflechtung. Der Ansatz der Histoire croisée und die Herausforderung des Transnationalen, in: Geschichte und Gesellschaft 28.4 (2002), S. 607–636, hier: S. 609.

gelpunkte der literaturwissenschaftlichen Aufmerksamkeit, doch die Betrachtungen werden auf das nicht-textuelle, zumeist sozialgeschichtlich aufschlussreiche Umfeld der Texte ausgedehnt.

Aus übergeordneter, globaler Perspektive hat sich in den letzten Jahren auch die *Global History* den Transfer-, Distributions- und Zirkulationsprozessen angenommen und literatursoziologische Ansätze inspiriert, die das Denken in nationalen und nationalstaatlichen Kategorien transzendieren wollen und – auf einer zumeist empirisch gesättigten Basis – mehrkulturelle Strukturen und Wandlungsprozesse, oftmals unter dem Schlagwort ‚Weltliteratur' verhandelt, in den Blick nehmen.[48] Vereinzelt tauchen seit einigen Jahren in diesem Kontext auch Studien auf, die sich einem für meine Fragestellung zentralen Phänomen widmen: Einem internationalistischen Weltliteraturkonzept, mit dem in den 1920er-Jahren sozialistisch gesinnte Autor:innen und Verleger:innen einen proletarisch konditionierten Buchmarkt zu etablieren versuchten. Auch wenn dieser Buchmarkt sich nur segmenthaft ausgebildet hat und in den 1930er-Jahren durch die eskalierenden Nationalismen bereits wieder am Verschwinden war, haben in diesen Jahren zahlreiche Autor:innen ihre Texte gezielt für die ‚Arbeiter aller Länder' formatiert und Werke anderer sozialistischer Autor:innen übersetzt. Es wurden international agierende Verlage gegründet und Buchreihen und Periodika bespielt, die alle eine trans- oder internationale Lesergemeinschaft im Visier hatten;[49] zudem entstanden daran angepasste ästhetisch-literarische Programme, mit denen man dieses internationalistische Publikum zu erreichen suchte.[50]

Auch der deutsch-chinesische Austausch erfolgte in diesem Kontext. Ein populäres Beispiel bildet Sergej Tretjakows 1926 geschriebenes Theaterstück *Ryči, Kitaj!*

---

48 Vgl. Gisèle Sapiro: How Do Literary Works Cross Borders (or Not)? A Sociological Approach to World Literature, in: Journal of World Literature 1 (2016), S. 81–96; dies.: Field Theory from a Transnational Perspective, in: The Oxford Handbook of Pierre Bourdieu, hg. von Thomas Medvetz und Jeffrey J. Sallaz. New York 2018, S. 161–182; Larissa Buchholz: What Is a Global Field? Theorizing Fields Beyond the Nation-State, in: The Sociological Review Monographs 64.2 (2016), S. 31–60; Monika Krause: How Fields Vary, in: The British Journal of Sociology 69.1 (2018), S. 3–22.
49 Vgl. z.B. Christoph Schaub: World Literature and Socialist Internationalism in the Weimar Republic: Five Theses, in: New German Critique 48.1 (2021), S. 153–180; ders.: Proletarische Welten. Internationalistische Weltliteratur in der Weimarer Republik. Berlin, Boston 2019; Katerina Clark: Eurasia Without Borders. The Dream of Leftist Literary Commons 1919–1943. Cambridge, London 2021. Vgl. zu politischen Reisenden, die zur globalen Vernetzung beitrugen: Brigitte Studer: Reisende der Weltrevolution. Eine Globalgeschichte der Kommunistischen Internationale. Berlin 2020. Vgl. auch in Bezug auf die chinesische Seite Tim Harper: Underground Asia. Global Revolutionaries and the Assault on Empire. Cambridge, MA 2020.
50 Vgl. die verschiedenen Studien in Comintern Aesthetics, hg. von Amelia Glaser und Steven Sunwoo Lee. Toronto, Buffalo, London 2020.

(dt. *Brülle China*; 1929).⁵¹ Seine eigenen China-Erfahrungen verarbeitend, dramatisiert der russische Schriftsteller, der auch für Zeitungen immer wieder aus und über China berichtete, in dem Agitationsstück den Aufstand chinesischer Arbeiter in Wanxian gegen die Kolonialmächte 1924, um an diesem Beispiel über die faktischen chinesischen Verhältnisse im Speziellen und zugleich paradigmatisch über die Folgen kapitalistischer und imperialistischer Ausbeutung im Allgemeinen aufzuklären.⁵² Das Stück wurde – sicherlich auch wegen der Beliebtheit Tretjakows in deutschen linken Autorenzirkeln – schnell ins Deutsche übersetzt und 1930 auf mehreren Bühnen, darunter in Frankfurt und Berlin, erfolgreich aufgeführt und breit rezipiert;⁵³ unter anderem inspirierte es wohl auch Friedrich Wolf und Bertolt Brecht für ihre eigenen literarischen Chinabeschäftigungen. Auch in den USA, Japan, England, Polen und China wurde das Stück zügig übersetzt und inszeniert.

Wie in diesem Fall verlief auch in vielen anderen Fällen der bilaterale Austausch zwischen Deutschland und China nicht auf direktem Wege, sondern über andere (teils vermittelnde) Staaten, wie etwa Russland, Frankreich, England oder die USA. Chinesische Originale wurden nicht selten aus der französischen Übersetzung ins Deutsche, deutsche Originale nicht selten aus der englischen Übersetzung ins Chinesische übertragen. Dies galt selbstredend nicht nur für sozialistische Literatur, auch zahlreiche belletristische Texte, die ein eher bürgerliches Publikum adressierten, fanden erst ‚über Bande' ihren Weg auf den deutschen Buchmarkt. Beispielhaft zu nennen wären Elisabeth Foreman-Lewis' *Ho-Ming* (1936),⁵⁴ Pearl S. Bucks Chinatrilogie *Das Haus der Erde* (1934–1936),⁵⁵ Alice Tisdale Hobarts *Petroleum für die Lampen Chinas* (1935)⁵⁶ oder Daniele Vares *Die letzte Kaiserin* (1937).⁵⁷

Wissen und Vorstellungen über Deutschland, China und das deutsch-chinesische Verhältnis zirkulierten jedenfalls schon in den 1920er- und 1930er-Jahren nicht nur zwischen geschlossen gedachten Nationen oder Kulturen, sondern sind in einem heterogenen Feld mit unterschiedlichen lokalen, regionalen, nationalen und

---

51 Sergej Tretjakow: Brülle China! Ein Spiel in 9 Bildern, übersetzt von Leo Lania. Berlin 1929.
52 Vgl. dazu auch Clark: Eurasia Without Borders, S. 201–213.
53 Vgl. dazu zum Beispiel Béja Balázs: [Rez.] Brülle China, in: Die Weltbühne 26.1 (1930), S. 586–589.
54 Elizabeth Foreman-Lewis: Ho-Ming. Eine kleine Chinesin studiert. Nach der amerikanischen Ausgabe ins Deutsche übertragen von Karl H. Coudenhove. Salzburg, Leipzig 1936.
55 Pearl S. Buck: Die gute Erde. Roman des chinesischen Menschen. Übertragung aus dem Englischen von Ernst Simon. Basel u.a. 1933; dies.: Söhne. Deutsch von Richard Hoffmann. Berlin, Wien, Leipzig 1933 und dies.: Das geteilte Haus. Deutsch von Richard Hoffmann. Berlin, Wien, Leipzig 1935.
56 Alice Tisdale Hobart: Petroleum für die Lampen Chinas. Übersetzt von Helene Schidrowitz. Leipzig 1935.
57 Daniele Vare: Die letzte Kaiserin. Der Dämon auf dem Drachenthron. Deutsch von Annie Polzer. Berlin 1937.

globalen Machtasymmetrien situiert, in denen sich die kulturellen Anerkennungskämpfe einzelner Akteur:innen und Akteursgruppen auf vielfältige Weise kreuzten.

1.4 Textkorpus und Aufbau der Arbeit

Es wäre vermessen, die deutsch-chinesische Verflechtungsgeschichte der Literatur für die Zwischenkriegsjahre in ihren höchst unterschiedlichen Facetten und weltanschaulichen Verzweigungen erschöpfend rekonstruieren zu wollen. Bereits eine auf Vollständigkeit angelegte Erschließung des einschlägigen Textkorpus stößt rasch an seine Grenzen. Ich konzentriere mich daher im Folgenden auf möglichst repräsentativ ausgewählte Fallstudien aus verschiedenen literarischen und kulturellen Bereichen, um jeweils am konkreten Einzelfall die komplexe verflechtungsgeschichtliche Situierung analysieren zu können.

Um gute, aussagefähige Textbeispiele auswählen und diese Auswahl begründen zu können, ist es zunächst notwendig, sich einen Überblick über das sehr umfangreiche Korpus zu verschaffen, das auch viele Texte heute unbekannter Autor:innen umfasst. Meine Recherche hat sich an folgenden rahmengebenden Eckpunkten orientiert: Unter ‚China-Literatur' verstehe ich im Folgenden Texte nicht-chinesischer, deutschsprachiger Autor:innen, die China zentral thematisieren, zum Schauplatz der Handlung machen und/oder ein gewisses chinesisches (und meist auch internationales) Figurenpersonal aufweisen. Nicht berücksichtigt habe ich deutsche Übersetzungen chinesischer Originaltexte sowie deutsche Nachdichtungen chinesischer Lyrik, obgleich mit dem erstarkenden Austausch ab Ende des Ersten Weltkriegs auch zahlreiche Übersetzungen aus dem Chinesischen – vor allem philosophische Klassiker, aber auch Lyrik, kürzere Novellen und Memoiren – angefertigt wurden, die Teil des kulturellen und literarischen Austauschs gewesen sind. Natürlich werden diese Texte, wie etwa die bis heute kanonischen Übersetzungen Richard Wilhelms, deshalb auch am Rande mitbetrachtet – jedoch nur als Kontexte, und das heißt in ihrer Funktion der Wissensvermittlung und als Quellen für die literarische Bearbeitung.[58] Für meine Studie werden zudem nur Texte

---

58 Die Übersetzungsleistung Wilhelms sowie dessen personelle Vernetzung sind aus sinologischer Perspektive bereits breit erforscht worden, weshalb diese Untersuchungen unterstützend herangezogen werden können. Vgl. dazu etwa Mechthild Leutner: Richard Wilhelms chinesische Netzwerke: Von kolonialen Abhängigkeiten zur Gleichrangigkeit, in: Chinesische Literatur. Zum siebzigsten Geburtstag von Eva Müller, hg. von Mechthild Leutner und Jens Damm. Berlin 2004, S. 70–95; Lisette Gebhardt: Akademische Arbeit und Asienkult. Wilhelm und Rousselle als Vermittler asiatischer Religion, in: Wege und Kreuzungen der China-Kunde an der Johann Wolfgang Goethe-Universität, hg. von Georg Ebertshäuser und Dorothea Wippermann. Frankfurt am Main 2017, S. 159–

berücksichtigt, die auf dem deutschen Buchmarkt der Weimarer Republik und des sogenannten Dritten Reichs vertrieben wurden; in den 1930er-Jahren in Exilverlagen oder im Ausland publizierte Texte exilierter Autor:innen werden in die Untersuchung nicht miteinbezogen.

Verschafft man sich – anschließend an Franco Morettis Konzept des *Distant Readings*[59] – mit diesen Kriterien einen ersten quantitativen Überblick über die deutschsprachige China-Literaturproduktion der Zwischenkriegsjahre, zeigt sich, dass diese starken Schwankungen unterlag. Wie sich auch an der chronologischen Auflistung im Anhang ablesen lässt, stieg die Anzahl der Publikationen in den 1920er-Jahren kontinuierlich an, kam dann aber 1933 zu einem Einbruch. Daraus auf ein Abflauen des Chinainteresses oder der relevanten China-Literatur zu schließen, wäre aber voreilig, denn der Rückgang ist mit einem allgemeinen Rückgang an Neuveröffentlichungen 1933/34 korreliert und damit für das China-Sujet nicht signifikant.[60] Jedenfalls steigen im direkten Anschluss an die Machtübernahme durch die Nationalsozialisten die Publikationszahlen wieder kontinuierlich an und erreichen 1936/37 sogar ein vorläufiges Maximum. Der quantitative Überblick zeigt auch Schwerpunkte hinsichtlich der Themen-, Verlags- und Genrewahl der Autor:innen, die zwar mit ihren China-Darstellungen ein breites Genrespektrum abdecken, jedoch über den Untersuchungszeitraum hinweg immer wieder auf ähnliche Darstellungsformen und Themen zurückgreifen.

Meine Textauswahl beschränkt sich für diese Studie auf Prosa, genauer gesagt erzählende Texte, obgleich auch China-Dramen und China-Lyrik ein ebenfalls noch weitgehend unerschlossenes Feld sind. Friedrich Wolfs Drama *Tai Yang erwacht*

183; Richard Wilhelm. Botschafter zweier Welten. Sinologe und Missionar zwischen China und Europa, hg. von Klaus Hirsch. Frankfurt am Main, London 2003; Interkulturalität im frühen 20. Jahrhundert. Richard Wilhelm – Theologe, Missionar und Sinologe, hg. von Dorothea Wippermann, Klaus Hirsch und Georg Ebertshäuser. Frankfurt am Main, London 2007 sowie Mechthild Leutner: Kontroversen in der Sinologie: Richard Wilhelms kulturkritische und wissenschaftliche Position in der Weimarer Republik, in: Berliner China-Hefte 23 (2002), S. 12–40. Vgl. ausführlicher zu Wilhelm und seinem ‚Stammverlag' *Eugen Diederichs*: Wolfgang Bauer: Zeugen aus der Ferne. Der Eugen Diederichs Verlag und das deutsche China-Bild, in: Versammlungsort moderner Geister. Der Eugen-Diederichs-Verlag – Aufbruch ins Jahrhundert der Extreme, hg. von Gangolf Hübinger. München 1996, S. 450–486.

59 Vgl. dazu Franco Moretti: Kurven, Karten, Stammbäume. Abstrakte Modelle für die Literaturgeschichte. Mit einem Nachwort von Alberto Piazza. Frankfurt am Main 2009 sowie ders.: Distant Reading. London 2013.

60 Klaus G. Saur: Verlage im Nationalsozialismus, in: Verlage im „Dritten Reich", hg. von dems. Frankfurt am Main 2013, S. 9–15, hier: S. 9.

(1931) etwa,[61] das wie Sergej Tretjakows Theaterstück eine Episode gegenwärtiger chinesischer Zeitgeschichte auf die Bühne bringt, sowie die vielen in Anschluss an Tretjakow verfassten Stücke sind bisher noch kaum in der Forschung im Zusammenhang beachtet worden und könnten vor allem am Schnittpunkt Agitation/Propaganda und Interkulturalität sowie hinsichtlich ihrer raschen globalen Verbreitung aufschlussreiche Ergebnisse liefern. Gleiches gilt für China-Lyrik, die in den 1920er-Jahren global zirkulierte und vor allem in Bezug auf Übersetzungsprozesse und -strategien zentrale Einsichten liefern könnte.

Vor dem Hintergrund meines Interesses an Fragen der Schnittstellen von Fakt und Fiktion – und damit der Orientierung an und Wissen über das ‚reale' China und seiner literarischen Verarbeitung – konzentriere ich mich sowohl auf fiktionale als auch faktuale Prosa-Texte, um zumindest ein nicht zu enges Segment des sehr breiten Gattungsspektrums abzuschreiten. Ich stelle mit dem historischen Roman auf der einen, dem Reisebericht und der Reportage auf der anderen Seite zwei der bevorzugten Gattungen der China-Literatur der Zwischenkriegsjahre ins Zentrum, exkurshaft ergänzt um eine Fallstudie zu rein faktualen Zeitschriftenaufsätzen.

Das historische Erzählen über China ist aufgrund der „asymmetric ignorance",[62] des ungleich verteilten Wissens über geschichtliche, politische und kulturelle Vorgänge in Asien und Europa, besonders interessant für mein Thema, weil die deutschen Autor:innen in diesen faktenbezogenen, aber fiktionalen Genres mit ihren Wissenslücken und Unkenntnissen über den Fernen Osten auf ganz unterschiedliche Weise umzugehen versuchen, sich in der Regel aber auf ein intensives Quellenstudium einlassen müssen. In Reportagen und Reiseberichten wiederum wird die Unwissenheit durch individuelle Reiseerfahrungen kompensiert; Fiktives und Imaginiertes dienen hier, wie ich herausarbeiten werde, einem ganz anderen Zweck. In beiden Textsorten aber stehen Fakten und Fiktionen in einem intrikaten Verhältnis, das im Einzelfall Aufschluss über den jeweils dominanten faktographischen oder imaginativen Zugriff auf den Chinadiskurs erlaubt.

Der Hauptteil meiner Studie gliedert sich in drei größere, jeweils einem Genre gewidmete Kapitel, die je ein bis zwei autor:innen- und werkzentrierte Fallstudien umfassen. Hinzu kommt ein Exkurs zur ‚Zäsur 1933' im Spiegel der Chinaperiodika.

---

61 Vgl. zu Wolfs China-Drama u.a. John Littlejohn: Identifying the Victim. Crime and its Causes in Friedrich Wolf's Late Weimar Dramas, in: Einspruch. Schriftenreihe der Friedrich-Wolf-Gesellschaft, hg. von Hermann Haarmann und Christoph Hesse. Marburg 2014, S. 45–62; Werner Jehser: Friedrich Wolf. Leben und Werk. Berlin ²1977, S. 81–89 und im Kontext deutsch-russischer Asienbeschäftigung auch Katerina Clark: Berlin – Moscow – Shanghai: Translating Revolution across Cultures in the Aftermath of the 1927 Shanghai Debacle, in: Comintern Aesthetics, S. 81–108.
62 Populär gemacht wurde der Begriff vor allem von Dipesh Chakrabarty: Postcolonial Thought and Historical Difference. With a New Preface by the Author. New Jersey 2000, Zitat S. 28.

Dieser Einleitung (*Kapitel 1*) schließt sich ein Kapitel zum *Historischen China und gegenwärtigen Deutschland* (*Kapitel 2*) an, in dem historische China-Erzählungen in den Blick gerückt werden. Historische China-Romane hatten bereits vor dem Ersten Weltkrieg Konjunktur und wurden im Zuge der generellen Popularitätssteigerung dieses Genres in den 1920er- und 1930er-Jahren immer wieder als Form der literarischen Chinabeschäftigung gewählt. Die erste Fallstudie widmet sich Alfred Döblins bislang in der Forschung eher stiefmütterlich behandelter ‚Auskopplung' aus dem bereits breit erforschten China-Roman *Die drei Sprünge des Wang-lun* (1915), einer historischen Kurzerzählung mit dem Titel *Der Überfall auf Chao-lao-sü* (*Kapitel 2.1*), die 1921 in einer Zeitschrift veröffentlicht wurde. Als eigenständige Novelle betrachtet, aber werkgeschichtlich kontextualisiert zeigt sich, dass die Wahl des historischen Handlungsortes und der Handlungszeit keineswegs einem exotischen, fremden Interesse am kaiserlichen China oder einer möglichst exotisch, farbenprächtig schillernden Vergangenheit entspringt. Im Gegenteil: Döblin richtete seinen Blick sehr gezielt und mit einem gegenwärtigen, deutschen gesellschaftskritischen Interesse just auf diese historische Episode. Die *close-reading* Analyse der Kurzerzählung, die zunächst von Döblin als Einleitungsepisode für den Roman gedacht war, zeigt, wie Döblin China narrativ als Raum entfaltet, in dem er analogisch räsonieren und Vergleiche zu Deutschland anstellen kann.

Als zweites Beispiel für das historische Erzählen über China dient Rudolf Brunngrabers historischer Tatsachenroman *Opiumkrieg* (1939) (*Kapitel 2.2*). Wenngleich unter anderen historischen Produktions- und Publikationsumständen entstanden, nutzte auch Brunngraber die Auseinandersetzung mit der chinesischen Geschichte und die gewählte historische Episode – die militärische Auseinandersetzung Chinas mit dem imperialistischen Großbritannien – sehr bewusst als Raum für Reflexionen über Analogien zwischen Deutschland und China. Sein Text wurde von den Nationalsozialisten gelobt, propagandistisch instrumentalisiert und für die literarische Verarbeitung antibritischer Ressentiments gefeiert. Gleichwohl stellt sich die Frage, wie es zu diesem Erfolg kam, denn die Mitgliedsanträge des Sozialisten Brunngraber wurden von der Reichsschrifttumskammer immer wieder abgelehnt, einzelne seiner Werke wurden vielmehr am NS-Buchmarkt verboten. Die Motivation für seinen Blick nach China liegt ebenfalls, wie so oft beim historischen Erzählen, in der Gegenwart, die man durch das historische Gewand ‚verdeckt' kommentieren konnte.

Die Machtübernahme der Nationalsozialisten hatte selbstredend auch Auswirkungen auf das Verhältnis Deutschlands zu China generell und damit auch auf die literarische China-Beschäftigung und den kulturellen Austausch. Wie bereits erwähnt, ist die ‚Zäsur' jedoch nicht als radikaler Umbruch zu werten, die den Austausch der beiden Länder abrupt eingedämmt hätte. Doch die Motivation, sich dem asiatischen Raum zu widmen, wandelte sich mitunter. Das dritte Kapitel rekonstruiert deshalb exkurshaft die Implikationen der ‚Zäsur 1933' im Spiegel der wissenschaftlichen und kulturellen deutschen Asienpresse (*Kapitel 3*). Durch die Ausweitung auf den faktualen Textbereich lassen sich – verflechtungsgeschichtlich gesprochen – Faktoren identifizieren, die auch den Rahmen für den genuin literarischen Austausch stellen. Aus dem breiten und sehr heterogenen Korpus deutschchinesischer bzw. deutsch-asiatischer Zeitschriften, die teils in beiden Ländern gleichzeitig vertrieben wurden, habe ich drei repräsentative Periodika ausgewählt, die das akademische und kulturelle Spektrum abzudecken versuchen. Die erste Fallstudie konzentriert sich auf den wissenschaftlichen Austausch anhand der 1923 gegründeten sinologischen Fachzeitschrift *Asia Major* (*Kapitel 3.1*). Von den Nationalsozialisten verfolgt, floh der Herausgeber Bruno Schindler 1935 nach England; die Zeitschrift wurde eingestellt und der Verlag liquidiert – bis der nationalsozialistische Sinologe Fritz Jäger zu Beginn der 1940er-Jahre eine Neuauflage der Zeitschrift unter nationalsozialistischen Vorzeichen versuchte. Dagegen gab es auch Zeitschriften, die die Zäsur formal und äußerlich ohne Veränderung überdauerten – die beiden sich anschließenden Fallstudien rekonstruieren die dazu notwendig gewordenen inhaltlichen Neujustierungen: Die vom zentralen Akteur des deutschchinesischen Austauschs Richard Wilhelm gegründete populärwissenschaftliche Zeitschrift *Sinica* (*Kapitel 3.2*), die nach dessen Tod von Erwin Rousselle weitergeführt wurde, zeigt, wie auch nach 1933 eine Weiterarbeit an einem produktiven deutsch-chinesischen Austausch ohne (bzw. mit minimaler) politischer Akkommodation möglich war und wie dieser ‚zwischenvölkische' Austausch fortan legitimiert wurde. Ganz anders gestaltete sich dies bei dem Nachrichtenblatt *Ostasiatische Rundschau* (*Kapitel 3.3*), deren Herausgeber das Blatt 1933 rasch auf NS-Kurs brachten und zum deutsch-chinesischen Propagandaorgan machten. Anhand von Profilanalysen der drei Beispiele lässt sich zeigen, wie im akademischen, populären und kulturellen sowie tagesaktuellen Bereich auf die politischen Bedingungen des sich wandelnden deutsch-chinesischen Austauschs reagiert wurde.

Das vierte Kapitel *Reisen nach China* (*Kapitel 4*) widmet sich literarisierten Berichten über China und gibt mit zwei Fallstudien in exemplarischer Weise Aufschluss über Formate der literarischen Reisedarstellung. Ich fokussiere zunächst den nationalsozialistischen Autor Colin Ross (*Kapitel 4.1*), der bereits während der 1920er-Jahre populäre Reiseberichte publizierte und mit dem Systemwechsel 1933 zum Bestseller-Reiseschriftsteller avancierte.

Auch die zweite Fallstudie widmet sich einem Autor, der zuvorderst aus politischen Gründen reiste: Egon Erwin Kisch (*Kapitel 4.2*). Der bis heute als ‚Erfinder' der modernen Reisereportage geltende Kommunist berichtete bis 1933 dem deutschen, später vor allem den aus NS-Deutschland emigrierten deutschen Leser:innen und einem internationalen Publikum von seinen Erfahrungen und hatte damit bahnbrechenden Erfolg. Retrospektiv wurde vor allem der von Kisch selbst programmatisch postulierte Wahrheitsanspruch seiner Reportagen immer wieder angezweifelt. Anhand seiner 1933 erschienenen Reportage *China geheim* lässt sich unter anderem die globale Dimension des deutsch-chinesischen Transfers nachzeichnen, nicht nur, da Kisch selbst die ganze Welt bereiste, sondern da im Anschluss auch seine Texte in unzählige Sprachen übersetzt wurden und in dem neuen Rezeptionskontext eine literarische Produktivität freisetzten – auch in China.

In dem den Hauptteil der Arbeit beschließenden Kapitel werden die national-philologisch-germanistischen Betrachtungen zumindest anhand einer Studie zu der US-amerikanischen Nobelpreisträgerin Pearl S. Buck (*Kapitel 5*) ergänzt. Bucks Bücher wurden nämlich nicht nur in ihrem Heimatland USA, sondern weltweit zu Bestsellern und dies selbst im nationalsozialistischen Deutschland, wodurch sich an ihrem Beispiel globale Distributions-, Rezeptions- und auch Produktionsstrukturen rekonstruieren lassen. Dabei konzentriere ich mich vor allem auf ihre erfolgreiche Chinatrilogie *The House of Earth*, die in den 1930er-Jahren unter anderem ins Deutsche übersetzt wurde.

In einer abschließenden Zusammenschau (*Kapitel 6*) werden die Ergebnisse der Einzelfallstudien bilanziert und ansatzweise miteinander verglichen, um versuchsweise einige verbreitete Muster der China-Literatur der Zeit auszuweisen. Hier aber gelangt meine Arbeit an eine Grenze. Mein Korpus, im Kern bestehend aus acht Prosatexten und einigen Aufsätzen, liefert nur einen kleinen Ausschnitt, was allein die Anzahl der im Anhang dieser Arbeit gelisteten China-Texte recht drastisch vor Augen führt. Generalisierende Aussagen sind daher nur unter Vorbehalt zu treffen. Diese Studie ist nur ein erster Schritt auf einem noch langen Weg zu einer Literaturgeschichte der deutsch-chinesischen Verflechtungen in den 1920er- und 1930er-Jahren – und darüber hinaus bis in die Gegenwart.

2 Historisches China und gegenwärtiges Deutschland

Das historische China attrahierte als literarischer Stoff schon seit jeher deutschsprachige Autor:innen – diese Faszination reicht bis in unsere unmittelbare Gegenwart.[1] Ob als Ort exotischer Fremde, als Schauplatz mythologischer Verklärung oder als Begegnungsstätte mit dem kulturell ganz Anderen gestalteten zahlreiche Autor:innen Imaginationen, die sich an international einschneidenden oder national wichtigen Ereignissen der langen chinesischen Geschichte orientieren. Gerade in den 1920er- und 1930er-Jahren, in denen es ein zunehmendes Interesse an faktenbezogener Literatur gab, lieferten auch Episoden des ‚alten China' attraktive Sujets für literarische Erzählungen.

Als Inspirations- und Recherchematerial dienten den Autor:innen meist die gleichen Quellen: Historische Fakten und Geschehnisse sowie kulturelles Wissen bezogen sie zumeist aus den durchweg positiven Jesuitenberichten und verschiedenen ethnologischen Arbeiten, etwa Leopold Katschers *Aus China. Skizzen und Bilder* (1882)[2] oder Wilhelm Grubes *Zur Pekinger Volkskunde* (1901);[3] die von Martin Buber und Richard Wilhelm in den 1910er-Jahren angefertigten Übersetzungen klassischer chinesischer Philosophie lieferten weltanschauliche Hintergründe und diverse asiatische Mythenerzählungen; und auch andere deutschsprachige historische China-Romane konnten als Quelle faktischer und ästhetischer Inspiration dienen, zumeist wohl vor allem der bis heute bekannteste historische China-Roman der Literaturepoche, *Die drei Sprünge des Wang-lun* (1915) von Alfred Döblin.

Die breitere Zugänglichkeit der Quellen sowie das gesteigerte Publikumsinteresse mögen sicherlich Anhaltspunkte für eine verstärkte literarische Beschäftigung mit China in der Zeit der Weimarer Republik und des Nationalsozialismus sein. Doch stellt sich vor dem Hintergrund des textsortenspezifischen Aktualisierungspotenzials vor allem die Frage, inwiefern gerade zeitgenössische deutsche – nicht nur literarische, sondern auch politische, kulturelle, weltanschauliche usw. – Fragen und Problemlagen zur Auseinandersetzung mit der chinesischen Geschichte anregen konnten.

---

1 Vgl. zu historischen China-Romanen der Gegenwart Zhu Yan: Geschichten aus China. Deutschsprachige historische Chinaromane des 21. Jahrhunderts [Dissertationsprojekt, Universität Heidelberg] sowie Liu: Eine Poetik der Fremdheit und Zhu: China im Bild der deutschsprachigen Literatur seit 1989.
2 Leopold Katscher: Aus China: Skizzen und Bilder (nach den neuesten Quellen). Leipzig 1882.
3 Wilhelm Grube: Zur Pekinger Volkskunde. Berlin 1901.

Im Folgenden werde ich mich diesem Verhältnis von erzählter chinesischer Vergangenheit und deutscher Gegenwart anhand zweier exemplarisch ausgewählter Autoren annähern, die sich zu unterschiedlichen Zeiten und aus unterschiedlicher politischer Positionierung heraus der chinesischen Geschichte literarisch annahmen und dabei auf unterschiedliche historische Geschehnisse zurückgriffen: Alfred Döblins kurze historische Erzählung *Der Überfall auf Chao-lao-sü* (1921), die aus dem Werkkontext des *Die drei Sprünge des Wang-lun* stammt, und Rudolf Brunngrabers *Opiumkrieg* (1939). Letzterer bezieht sich in seinem Roman explizit auf Döblins Erfolgs-China-Roman, sodass sich ein fruchtbarer Vergleichsrahmen eröffnet, der auch erlaubt, grundlegender nach der Textsorte des historischen Erzählens über China zu fragen. Während bei Döblin das Interesse am chinesischen Sujet zugleich moralisch und politisch motiviert ist, finden wir bei Brunngraber den Versuch, Interessenskonvergenzen parteipolitisch widerstreitender Weltanschauungen für sein literarisches Projekt auszureizen. In beiden Fällen – so meine These – dient das historische Erzählen über China zur impliziten Mitverhandlung gegenwärtiger politischer Probleme, ohne dass dabei das Sujet selbst, also die chinesische Historie, in seiner Bedeutung marginalisiert würde.

2.1 Ein „dumpfe[r] Trommelwirbel der unterirdischen Revolution" – Alfred Döblins *Der Überfall auf Chao-lao-sü* (1921)

> Da habe ich etwa vor, eine revolutionäre Gärung in einem Volk zu schildern, und es drängt sich mir als Beginn eine grelle Szene auf, ein Überfall auf einen hohen Staatsbeamten, eine Nachtszene. Dies wird nun vollkommen gefühlt als Einleitung, eine Art dumpfer Trommelwirbel, einmalige grelle Entladung, dann Stille.[4]

Mit diesen Worten leitet Alfred Döblin seine Ausführungen über die Dynamik des epischen Erzählens ein. Aus dem sich ihm „aufdrängenden" Einstieg – eine Wendung, die in Döblins poetologischen Texten immer wiederkehrt – ergebe sich geradezu unausweichlich der weitere *Bau des epischen Werks*, so der Titel des im Dezember 1928 an der Berliner Universität gehaltenen Vortrags, der noch im gleichen Jahr in der *Neuen Rundschau* gedruckt wurde. „Dynamik und Proportion" seien, so

---

[4] Alfred Döblin: Der Bau des epischen Werks (1928), in: ders.: Schriften zu Ästhetik, Poetik und Literatur, hg. von Erich Kleinschmidt. Frankfurt am Main 2013, S. 215–245, hier: S. 238.

Döblin, die „Formgesetze" für den Romanaufbau,[5] also quasi architektonische Grundsätze, denen die Anordnung der folgenden Erzähltextteile, insbesondere der Konnex von Eingangsepisode und Haupthandlung unterliege; so heißt es weiter:

> Die einzelnen Punkte werden ganz herausgearbeitet auf diesen Charakter der stürmischen und unheimlichen Introduktion. Jetzt bin ich schon gebunden in dem, was weiter kommt. Es muß eine Riesenhandlung folgen, sonst stimmen die Proportionen nicht, und eine bestimmte Dynamik ist geboten. [...] Diese Proportionen und diese Dynamik, Formungstendenzen, werden ganz lebhaft gefühlt, und wenn jetzt die Phantasie arbeitet und unermüdlich Stoff heranholt, so ist oberstes Gesetz und das Hauptquartier, aus dem die maßgeblichen Direktiven kommen, dies formale Gesetz zum breiten langsamen Antrieb.[6]

Döblin stellt in diesem Vortrag, der später zu seinem „poetologische[n] Hauptwerk" erklärt werden sollte,[7] nicht nur programmatische Forderungen für die Gestaltung des modernen Romans auf, sondern exemplifiziert diese auch. Dies geschieht vor allem im zweiten Teil des Beitrags, wo er sich nach einer Bestimmung des ‚Epischen' produktionsästhetischen Fragen zuwendet. Das Material für die Exemplifikation liefert ihm seine eigene schriftstellerische Praxis und seine demnach wohl – in Döblins eigener, nicht unbedingt bescheidener Perspektive – als mustergültig zu verstehenden Romane. Neben dem *Wallenstein* (1920) zählt dazu,[8] folgt man seinen eigenen Angaben, auch sein 1915 publizierter Erfolgsroman *Die drei Sprünge des Wang-lun*, der Döblin den Durchbruch als Schriftsteller brachte.[9]

Mit welcher „grellen Szene", mit welchem „dumpfen Trommelwirbel" aber beginnt der *Wang-lun*-Roman? Nach der kurzen *Zueignung*, die weder grell noch dumpf genannt zu werden verdient, aber die Schreibgegenwart des Erzählers charakterisiert, startet der Roman mit einer Charakterisierung der *Wuwei*-Bewegung und ihrer zentralen Sekte, der *Weißen Wasserlilie*. Es folgen erste Hinweise auf den titelgebenden Protagonisten Wang-lun, das Haupt der Bewegung, und seine Jugendjahre. Erzählt werden *Die drei Sprünge des Wang-lun* also praktisch *ab ovo*. Von einer drastischen, Aufmerksamkeit erregenden Eingangsszene kann hier ebenso wenig die Rede sein wie von einer starke Affekte hervorrufenden Introduktion. Die Gründe für diese Diskrepanz zwischen Romanaufbau und Selbstkommentar sind

---

5 Ebd.
6 Ebd.
7 Katharina Grätz: Der Bau des epischen Werks, in: Döblin-Handbuch. Leben, Werk, Wirkung, hg. von Sabina Becker. Stuttgart 2016, S. 324f., hier: S. 324.
8 Alfred Döblin: Wallenstein. Roman, 2 Bde. Berlin 1920.
9 Vgl. etwa die retrospektive Selbstbeschreibung Alfred Döblin: [Bemerkungen über mein Leben und mein literarisches Werk] (1951), in: ders.: Schriften zu Leben und Werk. Mit einem Nachwort von Wilfried F. Schoeller. Frankfurt am Main 2015, S. 332–338.

heute hinlänglich bekannt, fielen doch einige Passagen des ursprünglichen Manuskripts dem Rotstift des von Döblin als Autorität befragten China-Kenners Martin Buber zum Opfer, darunter auch die für den Roman vorgesehene Eingangsepisode. Erst kurz zuvor hatte der jüdische Religionsphilosoph seine ersten Texte und Übersetzungen zur chinesischen Philosophie veröffentlicht,[10] welche die zeitgenössische philosophische und auch literarische China-Rezeption in Deutschland maßgeblich prägen sollten. Bereits während des Schreibprozesses wandte sich Döblin, der Buber offensichtlich bis dahin nicht persönlich kannte, mit einem Verweis auf den gemeinsamen Bekannten und ebenfalls China-Begeisterten Alfred Ehrenstein[11] an Buber mit der Bitte um Lektürehinweise[12] über „allerlei chinesisches Diverse, das mir Milieusicherheit garantiert", vor allem „Sittenschilderungen, Dinge des täglichen Lebens, Prosa besonders des 18. Jahrhunderts (Kienlungperiode)" oder „Biographisches über Kienlung selbst".[13] Als Döblin das ursprünglich zweibändige Manuskript schließlich 1913 fertiggestellt hatte,[14] bat er Buber um eine kritische Lektüre: „Sie wissen", versichert Döblin ihm später, „daß ich Ihre Ratschläge über Zusammenziehungen, Umstellung etc. sämtlich beherzigt habe".[15] Tatsächlich weist ein Vergleich des Originalmanuskripts mit der Publikationsfassung markante Veränderungen auf.[16] Nicht zuletzt entfiel die Eingangsepisode und damit der als „Paukenschlag"[17] angedachte „dumpfe Trommelwirbel der unterirdischen Revolution".[18]

---

10 Vgl. Martin Buber: Ekstatische Konfessionen. Gesammelt von Martin Buber. Jena 1909 sowie ders.: Reden und Gleichnisse des Tschuang Tse. Leipzig 1910. Vgl. zu Buber und Döblin auch den Beitrag von Anna Wołkowicz, die jedoch ihrem Anspruch eines Interpretationsversuchs nicht gerecht wird (Anna Wołkowicz: Wirken ohne zu handeln. Martin Bubers Taoismus-Rezeption als Kontext zu Döblins *Die drei Sprünge des Wang-lun*, in: IADK Warschau 2013. Bern u.a. 2015, S. 173–184).
11 So schreibt Döblin: „Herr Ehrenstein sagte mir, daß Sie wahrscheinlich Kenntnisse oder Bücher betreffend chinesische Religion oder Philosophie und Verwandtes wüßten […]." (Alfred Döblin an Martin Buber, 18.8.1912, in: Alfred Döblin: Briefe, Bd. 1, hg. von Walter Muschg. Olten/Freiburg im Breisgau 1970, S. 57f.).
12 Vgl. Alfred Döblin an Martin Buber, 18.8.1912, in: Döblin: Briefe, Bd. 1, S. 57f.
13 Alfred Döblin an Martin Buber, 13.10.1912, in: Döblin: Briefe, Bd. 1, S. 58f.
14 Vgl. etwa Alfred Döblin: Autobiographische Skizze (1922), in: ders.: Schriften zu Leben und Werk, S. 32f., hier: S. 33: „Es war fast ein Dammbruch; der im Original erst fast zweibändige Wang-lun wurde samt Vorarbeiten in acht Monaten geschrieben, überall geschrieben, geströmt, auf der Hochbahn, in der Unfallstation bei Nachtwachen, zwischen zwei Konsultationen, auf der Treppe beim Krankenbesuch […]."
15 Alfred Döblin an Martin Buber, 12.10.1915, in: Döblin: Briefe, Bd. 1, S. 76.
16 Vgl. die in der Werkausgabe angehängte Manuskriptfassung Alfred Döblin: Varianten, in: ders.: Die Drei Sprünge des Wang-lun. Chinesischer Roman, hg. von Gabriele Sander und Andreas Solbach. Düsseldorf 2007, S. 515–562.
17 Döblin: Der Bau des epischen Werks, S. 239.
18 Ebd.

Gleichwohl wollte Döblin seinen Leser:innen diese „nette[n] und charakteristische[n] Episoden", auf die er für die Publikationsfassung des *Wang-lun* verzichtet hatte, nicht gänzlich vorenthalten. Bereits 1919 beschloss er deshalb, „das und jenes Stück davon jetzt [zu] publizieren", da jeder Teil „ganz für sich steht".[19] Im dritten und letzten Jahrgang der von Carl Georg Heise und Hans Marderstein herausgegebenen, von Kurt Pinthus mitbegründeten expressionistischen Zeitschrift *Genius. Zeitschrift für werdende und alte Kunst* (1921) findet sich denn auch unter der Rubrik *Dichtung und Mensch* eine elfseitige Kurzerzählung Alfred Döblins mit dem Titel *Der Überfall auf Chao-lao-sü*,[20] in der just die von Döblin angesprochene Überfall-Szene, die zunächst als drastischer Erzähleingang für den *Wang-lun* konzipiert war, erzählt wird. In den Folgejahren platzierte er noch einige weitere kurze chinesische Erzähltexte, „Novellenartiges"[21] aus dem Umfeld des Romans, in verschiedenen Zeitschriften: 1922 *Das Gespräch im Palast* im *Berliner Börsen-Curier*[22] sowie drei Jahre später die beiden kurzen Texte *Der Kaiser und die Dsunguren* und *Die Fürstentochter* in der Zeitschrift *Das Kunstblatt*.[23]

In der Forschung fanden diese vier kurzen Erzähltexte überraschenderweise bislang kaum Berücksichtigung, während die aktuelle Forschungslage zum *Wang-lun* hingegen mittlerweile kaum mehr zu überblicken ist.[24] Zwar widmeten sich dem China-Roman bis zum Beginn der 2000er-Jahre mit nur einigen wenigen Ausnahmen primär chinesische Germanist:innen, im Zuge eines stärkeren Forschungsinteresses an interkulturellen Themen[25] aber erhielt der Roman auch von deutscher

---

19 Alfred Döblin an Efraim Frisch, 17.6.1919, in: Döblin: Briefe, Bd. 1, S. 106.
20 Alfred Döblin: Der Überfall auf Chao-lao-sü, in: Genius. Zeitschrift für werdende und alte Kunst 3 (1921), S. 275–285; erneut abgedruckt in: ders.: Erzählungen aus fünf Jahrzehnten, hg. von Edgar Pässler. Olten 1979, S. 96–113. Im Folgenden zitiere ich aus der Erzählband-Ausgabe.
21 Alfred Döblin an Efraim Frisch, 17.6.1919, in: Döblin: Briefe, Bd. 1, S. 106.
22 Alfred Döblin: Das Gespräch im Palast, in: Der Börsen-Curier, 16.4.1922, S. 5f; erneut abgedruckt in: ders.: Erzählungen aus fünf Jahrzehnten, S. 114–120.
23 Alfred Döblin: Der Kaiser und die Dsunguren, in: Das Kunstblatt 9 (1925), S. 135f. sowie ders.: Die Fürstentochter, in: Das Kunstblatt 9 (1935), S. 136f.
24 Einen ersten Überblick über den aktuellen Forschungsstand liefert der entsprechende Eintrag im 2016 erschienenen Döblin-Handbuch: Gabriele Sander: „Chinesischer Roman": Die drei Sprünge des Wang-lun (1915), in: Döblin-Handbuch, S. 41–50.
25 Vgl. z.B. Marion Brandt: Interkulturalität, in: Döblin-Handbuch, S. 343–346; Gabriele Sander: Interkulturelle Grenzüberschreitungen im Werk Alfred Döblins, in: Unbegrenzt. Literatur und interkulturelle Erfahrung, hg. von Michael Hofmann. Frankfurt am Main 2013, S. 139–149; Jan Broch: Poetik in der transkulturellen Moderne. Alfred Döblins Die drei Sprünge des Wang-lun (1915), in: Transkulturelle Perspektiven. Die deutschsprachige Literatur der Moderne in ihren Wechselwirkungen, hg. von Katarzyna Jastal u.a. Krakau 2009, S. 89–97; Pierre Kodjio Nenguie: Interkulturalität im Werk von Alfred Döblin (1878–1957). Literatur als Dekonstruktion totalitärer Diskurse und Entwurf einer interkulturellen Anthropologie, 2 Bde. Stuttgart 2005; Herbert Uerlings: Die Erneuerung

Seite zunehmend mehr Beachtung und ist mittlerweile hinsichtlich verschiedenster Fragestellungen untersucht worden. Im Zentrum stehen dabei immer wieder religionsphilosophische Fragen nach Döblins Daoismus-,[26] Konfuzianismus-[27] und Buddhismus-Rezeption[28] sowie allgemeinere Befunde zu Döblins China-Beschäftigung im Kontext des zeitgenössischen Literaturmarkts; so finden sich einige vergleichende Lektüren v.a. zu heute kanonisierten Autoren, wie Bertolt Brecht, Hermann Hesse oder auch Klabund,[29] die Döblin durchweg eine Schlüsselposition als Vorreiter[30] und „wirkungsmächtigsten Trendsetter"[31] attestieren. Man konzentrierte sich dabei allerdings aus nachvollziehbaren Gründen nahezu ausschließlich auf die (autorisierte) Publikationsfassung von *Die drei Sprünge des Wang-lun*, während die Paralipomena, also die gestrichenen, aber später separat publizierten Erzähltexte,

---

des historischen Romans durch interkulturelles Erzählen. Zur Entwicklung der Gattung bei Alfred Döblin, Uwe Timm, Hans Christoph Buch und anderen, in: Travellers in Time und Space. The German Historical Novel, hg. von Osman Durrani und Julian Preece. Amsterdam, Atlanta 2001, S. 129–154.

26 Vgl. z.B. Heinrich Detering: „Nicht widerstreben". Alfred Döblins daoistischer Einspruch gegen den Buddha, in: Der Buddha in der deutschen Dichtung. Zur Rezeption des Buddhismus in der frühen Moderne, hg. von dems., Maren Ermisch und Pronsan Watanangura. Göttingen 2014, S. 140–166; Wołkowicz: Wirken ohne zu handeln; Tan: Der Chinese in der deutschen Literatur, zu Döblin: S. 79–149; Flemming Finn Hansen: Daoismus, Individuum und Masse in Döblins „Die drei Sprünge des Wang-Lun" [sic], in: Argonautenschiff 21 (2012), S. 57–67; Liu Weijian: Die daoistische Philosophie im Werk von Hesse, Döblin und Brecht. Bochum 1991, zu Döblin S. 93–118.

27 Vgl. z.B. Michael Ostheimer: „China, how far are you!" Alfred Döblins Konfuzius-Rezeption, in: Rückert Gesellschaft 17 (2006/2007), S. 251–275, v.a. S. 253–258; Luo Wei: Die konfuzianischen Spuren in Döblins kulturpolitischem Programm „Staat und Schriftsteller", in: Literaturstraße 5 (2004), S. 101–114.

28 Vgl. z.B. Liu Weijian: Döblins Rezeption des Buddhismus in seinen Nietzsche-Abhandlungen, in: Ostasienrezeption zwischen Klischee und Innovation. Zur Begegnung zwischen Ost und West um 1900, hg. von Walter Gebhard. München 2000, S. 85–119; Barbara Koehn: Alfred Döblin und Buddha, eine west-östliche Begegnung, in: La fascination de l'Inde en Allemagne 1800–1933, hg. von Marc Cluet. Rennes 2004, S. 257–269.

29 Vgl. z.B. Anke Detken: Zwischen China und Brecht. Masken und Formen der Verfremdung in Döblins „Die drei Sprünge des Wang-lun", in: Alfred Döblin. Paradigms of Modernism, hg. von Steffen Davies und Ernest Schonfield. Berlin u.a. 2009, S. 102–120; Ira Lorf: Maskenspiele. Wissen und kulturelle Muster in Alfred Döblins Romanen „Wadzeks Kampf mit der Dampfturbine" und „Die Drei Sprünge des Wang-lun". Bielefeld 1999. Vgl. zur Rolle der Moderne allgemein in Döblins China-Roman v.a. Markus Joch: Der Platz des irdischen Friedens. Sommer 1912; Alfred Döblin beginnt die Arbeit am „Wang-Lun" [sic], in: Mit Deutschland um die Welt. Eine Kulturgeschichte des Fremden in der Kolonialzeit, hg. von Alexander Honold und Klaus R. Scherpe. Stuttgart u.a. 2004, S. 415–421; Fan Jieping: Zur Fortschrittskritik in der „Zueignung" des chinesischen Romans von Alfred Döblin, in: Literaturstraße 9 (2008), S. 173–187.

30 Vgl. dazu kurz: Detering: „Nicht widerstreben", S. 146.

31 Andreas Solbach: Nachwort, in: Döblin: Die drei Sprünge des Wang-lun, S. 638–670, hier: S. 648.

in diesem Zusammenhang zumeist nur beiläufig erwähnt werden. Eine gesonderte Untersuchung dieser Texte fand bislang jedenfalls kaum statt, weder als für sich stehende Texte noch im Blick auf ihre Relationen zum Roman. Diese weitgehend ‚blinden Flecken' der Forschung sind bedauerlich, weil die Texte, wie ich zeigen werde, grundlegende Auskunft über Döblins Auseinandersetzung mit China geben können. Wenn man sie zudem im Kontext der in den 1910er- und 1920er-Jahren entstandenen politischen und poetologischen Texte Döblins betrachtet, können sie darüber hinaus belegen, dass Döblins politisches Interesse an China über den *Wang-lun* und über historische Zäsuren wie den Ersten Weltkrieg und sogar den Aufstieg der Nationalsozialisten hinaus reichte.

Konzentrieren werde ich mich im Folgenden auf die in der Zeitschrift *Genius* erschienene Kurzerzählung *Der Überfall auf Chao-lao-sü*, der im Textkorpus der Paralipomena eine besondere Rolle zukommt, weil sie *erstens* Döblins ‚Regenwurm'-Kriterium, eine Art Qualitätskriterium für ästhetische Eigenständigkeit, genügt: „Wenn ein Roman nicht wie ein Regenwurm in zehn Stücke geschnitten werden kann und jeder Teil bewegt sich selbst, dann taugt er nicht."[32] *Der Überfall auf Chao-lao-sü* hat novellistischen Charakter und kann als selbstständige und in sich abgeschlossene Kurzerzählung gelten. Zwar präsentieren sich auch die weiteren drei Texte als relativ eigenständige Erzählungen, doch sind sie ohne Kenntnis des Romanzusammenhangs, etwa bezüglich des Figurenpersonals oder der Handlungszusammenhänge, kaum angemessen zu verstehen. Zurückzuführen ist der besondere Charakter des *Überfalls auf Chao-lao-sü* zum einen auf die im Ursprungsmanuskript vorgesehene Stellung als exponierende Eingangsepisode, die noch kein Vorwissen der Leser:innen voraussetzt, zum anderen auf kleinere, verallgemeinernde Überarbeitungen, die Döblin vor der Separatpublikation vorgenommen hat.[33] *Zweitens* verspricht die Erzählung allein wegen ihres Sujets tiefergehende Einsichten in ein von Döblin verfolgtes gesellschafts- und sozialkritisches Interesse an China. Entgegen der bislang in der Forschung zumeist vertretenen Annahme, das reale historische oder gegenwärtige China spiele für Döblins China-Erzähltexte keine oder nur eine marginale Rolle,[34] sodass man stattdessen die religionsphilosophischen Aspekte privilegieren könne, werde ich im Folgenden zeigen, dass sich – zeittypisch –

---

32 Alfred Döblin: Bemerkungen zum Roman (1917), in: ders.: Schriften zu Ästhetik, Poetik und Literatur, S. 122–126, hier: S. 124f.
33 Siehe zu den Veränderungen das Kapitel 2.1.1. *Der Überfall auf Chao-lao-sü*.
34 Vgl. z.B. Detken: Zwischen China und Brecht, v.a. S. 105f.; Gerwig Epkes: „Der Sohn hat die Mutter gefunden..." Die Wahrnehmung des Fremden in der Literatur des 20. Jahrhunderts am Beispiel Chinas. Würzburg 1992, S. 89–102; Fang: Das Chinabild in der deutschen Literatur, S. 220–251.

auch in Döblins China-Texten eine politische, sozial- und gesellschaftskritisch fundierte Stoßrichtung diagnostizieren lässt und die Texte folglich eine politische Deutung herausfordern.[35] In Bezug auf den *Wang-lun* wurde dies auch bereits von zeitgenössischen Kritikern gesehen.[36]

Unmittelbar anknüpfen werde ich an zwei Forschungsbeiträge, die sich der Erzählung *Der Überfall auf Chao-lao-sü* eingehender zugewandt und den Text in seiner Eigenständigkeit wahrgenommen haben. Luo Wei, die sich in ihrer Dissertation auch den übrigen China-Texten Döblins gewidmet hat,[37] versucht in ihrem Beitrag zu zeigen, dass Döblin in der Kurzerzählung „seine scharfe Zeit- und Gesellschaftskritik konsequent fort[gesetzt hat]",[38] und weist einige für die Kurzerzählung relevante Quellen aus, leider jedoch ohne diese konsequent für ihren Interpretationsansatz auszudeuten.[39] Auch die zugestandene Zeit- und Gesellschaftskritik bleibt blass. Christoph Deupmann hingegen spricht der Erzählung jegliche außerliterarische Referenz auf ein reales historisches China ab und deutet sie allein als Produkt einer imagologischen, auf „sinologistische[] Stereotype" setzenden China-Beschäftigung.[40] Diese Entreferentialisierung impliziert eine Entpolitisierung, die meines Erachtens wesentliche Gehalte des Textes ausblendet. Döblin war nicht so naiv anzunehmen, dass seine quellenbasierten faktualen Referenzen ein realitätsgetreues Bild von China wiedergeben würden. Vielmehr nutzte er, so meine These, das gut recherchierte Material so, wie er auch nicht-chinesisches, etwa deutsches Material

---

35 Vgl. aber auch folgende Forschungsbeiträge, die eine sozialkritische Haltung bereits andeuten, doch diese m.E. nicht konsequent genug ausführen: Solbach: Nachwort; Oliver Jahraus: Chinoiserien, Chinawaren, chinesischer Roman. Döblins „Die drei Sprünge des Wang-lun" mit einem Seitenblick auf Bertoluccis „Der letzte Kaiser", in: Alfred Döblin, hg. von Sabine Kyora. München 2018, S. 66–77 (= Text + Kritik, 11). Vgl. darüber hinaus auch schon Tan: Der Chinese in der deutschen Literatur, S. 98ff.; Helmuth Kiesel: Alfred Döblins „chinesischer" Roman „Die drei Sprünge des Wang-lun", in: Zhong De wenxue guanxi yanjiu wenji (2005), S. 202–214, v.a. S. 204.
36 Vgl. etwa Adolf Behne: [Rez.] Die Drei Sprünge des Wang-lun, in: Die Aktion 6 (1916), Sp. 631; erneut abgedruckt in: Alfred Döblin im Spiegel der zeitgenössischen Kritik, hg. von Ingrid Schuster und Ingrid Bode. Bern 1973, S. 19f. Vgl. auch Solbach: Nachwort, S. 641f.
37 Vgl. Luo Wei: „Fahrten bei geschlossener Tür". Alfred Döblins Beschäftigung mit China und dem Konfuzianismus. Frankfurt am Main 2004, S. 85ff.
38 Luo Wei: Versuch über Alfred Döblins chinesische Erzählung „Der Überfall auf Chao-lao-sü", in: China in der deutschen Literatur 1827–1988, S. 115–124, hier: S. 116.
39 Vgl. ebd., v.a. S. 118: „Wo Unterdrückung ist, ist auch Aufbegehren. Durch die Veranschaulichung dieses inneren Zusammenhangs zwischen Wirkung und Ursache lässt Döblin seine sozialkritische Geste und sozialistische Tendenzen hervortreten." Vgl. auch in Bezug auf den *Wang-lun*: Jahraus: Chinoiserien, Chinawaren, chinesischer Roman, S. 71; Solbach: Nachwort, S. 654.
40 Christoph Deupmann: Chinoiserie und „Tatsachenphantasie". Alfred Döblins „Der Überfall auf Chao-lao-sü" und die Verflüssigung ethnographischen Wissens, in: China in der deutschen Literatur 1827–1988, S. 103–113, hier: S. 111.

nutzte, um aus den zusammengetragenen ‚Tatsachen' mithilfe seiner literarischen Phantasie ein unter anderem auch politisches Anliegen gestalterisch umzusetzen.

Im Folgenden wird die Erzählung *Der Überfall auf Chao-lao-sü* inhaltlich, hinsichtlich des erzählten Konflikts und der einzelnen Konfliktparteien sowie der vorherrschenden Motivik, der Figurenkonzeption und Erzählhaltung genauer in den Blick genommen (2.1.1), bevor in einem zweiten Schritt Döblins zeitgenössischen und teils späteren politischen und poetologischen Veröffentlichungen sowie weitere spätere China-Texte, wie das im Exil entstandene Bändchen *The Living Thoughts of Confucius* (1942), in den Fokus gerückt werden (2.1.2), um diese Kontexte für meine Interpretation der Erzählung und in Ansätzen auch des Romans auszuwerten (2.1.3).

2.1.1 Der Überfall auf Chao-lao-sü

Die Publikationsfassung der Erzählung weist gegenüber der als Einleitung konzipierten Textpassage im Originalmanuskript nur kleine Veränderungen auf, die kaum inhaltstragend, für die eigenständige Publikation aber notwendig oder zumindest plausibel sind. Döblin kürzte den Text, indem er eine ganze Passage, die den Kampf des chinesischen Kaisers Qianlong gegen die Dsunguren beschreibt, ersatzlos streicht; der getilgte Text wird später als eigenständige Erzählung unter dem Titel *Der Kaiser und die Dsunguren* veröffentlicht.[41] Wäre im Romankontext einleitend eine genauere Beschreibung des Kaisers und seiner Positionierung mittels des in einer Analepse erzählten Konflikts für das folgende Romangeschehen sinnvoll gewesen (auch die Publikationsfassung beginnt mit dem Kaiser Qianlong),[42] hätte die analeptische Passage im Rahmen der Kurzerzählung nur einen weiteren realhistorischen Kontext sowie eine weitere Erzählebene eröffnet, die für die zentrale Handlung der Kurzerzählung nicht inhaltstragend ist. Die Streichung – so lässt sich spekulieren – kann damit sowohl auf Umfangsgründe als auch auf Gründe der Relevanz des Erzählten zurückzuführen sein; Döblin bemühte sich um eine novellistische Straffung. Weit wichtiger scheint in diesem Zusammenhang eine andere Veränderung zu sein, welche die Erzählung als eigenständigen Text ausweist und vom Romantext löst: Wird im Ursprungsmanuskript bereits mehrfach die *Weiße Wasserlilie*, die im *Wang-lun* im Zentrum stehende aufrührerische Sekte, erwähnt[43] und

---

41 Vgl. Döblin: Varianten, S. 520–522.
42 Vgl. Alfred Döblin: Die Drei Sprünge des Wang-lun. Chinesischer Roman. Frankfurt am Main 2013, S. 11.
43 Vgl. Döblin: Varianten, S. 522.

der Überfall auf die Figur Chao-lao-sü dieser Gruppe zugeschrieben, wird die Nennung in der Zeitschriftenfassung durch die allgemeinere Bezeichnung „Aufrührer" ersetzt.[44] Brisant wird diese Ersetzung für die Frage nach einer aktualisierenden Analogiebildung: So wie bei nahezu allen historischen Erzähltexten der Zeit lässt auch der *Überfall auf Chao-lao-sü* eine Referentialisierung auf die zeitgenössische Gegenwart, also Döblins Erfahrung mit dem Wilhelminischen Kaiserreich zu. Luo Wei nimmt an, dass es am Text „Veränderungen und Schwerpunktverlagerungen [...] angesichts der konkreten Zeitumstände"[45] geben müsse. Dieser Erwartung ist sowohl vor den divergenten historischen und politischen Bedingungen zwischen Produktions- und Publikationskontext als auch hinsichtlich Döblins eigener Aussage zuzustimmen, Autor:innen historischer Romane wählten ihren Stoff aus Interessenlagen ihrer gegenwärtigen Situation heraus.[46] Ob und wie sich diese gattungskonforme Erwartung erfüllt, wird aber erst eine Analyse erweisen müssen.[47]

Doch zunächst zur Erzählung selbst: Inhaltlich lässt sich *Der Überfall auf Chao-lao-sü* in zwei größere Erzähleinheiten segmentieren: Im ersten Teil[48] wird nach einer szenischen Landschaftsbeschreibung vom titelgebenden Überfall auf den jungen Chao-lao-sü und seinen Freund Han-junk-wang berichtet. Dieser „Überfall" erfolgt nicht ohne Motiv: Bei einem Streifzug durch die Straßen der Stadt vergreift sich Chao-lao-sü widerrechtlich an einem gesellschaftlich niedriger gestellten jungen Mädchen. Davon Kenntnis nehmend, springen dem Mädchen Anwohner des Viertels zur Seite und befreien sie, indem sie die zwei Jungen niederschlagen und verletzt in den düsteren Straßen zurücklassen. Im umfangreicheren zweiten Teil[49] wechselt der Schauplatz in das Haus von General Chao-hoei, dem Vater Chao-lao-süs, nachdem man den verletzten Sohn aufgefunden und nach Hause gebracht hat. Im Zentrum dieses zweiten Teils steht eine Zwiesprache zwischen Chao-hoei und dem Stadtpräfekten Tang-schaoi über die von Chao-hoei und vor allem seiner Frau Hai-tang gewünschten politischen Konsequenzen des Überfalls. Tang-schaoi kann

---

[44] So heißt es im ersten Manuskript: „Auf dem Blatt stand: ‚Tseokfustraße'; darunter die Charaktere von Sonne und Mond hintereinander, das Zeichen der Mingdynastie. Es war die Weiße Wasserlilie" (Döblin: Varianten, S. 524) und in der Zeitschriften-Fassung: „Auf dem Blatt stand: ‚Tseokfu-Strasse'; drunter die Charaktere von Sonne und Mond hintereinander: das Zeichen der Aufrührer" (Döblin: Der Überfall auf Chao-lao-sü, S. 104).
[45] Luo: Versuch über Alfred Döblins chinesische Erzählung „Der Überfall auf Chao-lao-sü", S. 116.
[46] Vgl. Alfred Döblin: Der historische Roman und wir (1936), in: Das Wort 4 (1936), S. 58–71, hier: S. 67.
[47] Ich komme auf diese zentrale Frage im Rahmen meiner Interpretation im Kapitel 2.1.3. Bekenntnisse. Exemplarisches Erzählen und die Rolle der Intellektuellen zurück.
[48] Döblin: Der Überfall auf Chao-lao-sü, S. 96–100.
[49] Ebd., S. 100–113.

den General allerdings in einer gewagten diplomatischen Aktion davon überzeugen, auf Rache zu verzichten und stattdessen zu beiderseitigem Nutzen eine angeblich den Frieden gewährleistende Zusammenarbeit von Militär und Zivilbehörde auf den Weg zu bringen.

In formaler Hinsicht erfüllt die Erzählung die von Döblin mehrfach proklamierten programmatischen Anforderungen an modernes Erzählen. Denn sie entspricht in wesentlichen Punkten dem zeitgleich entstandenen, als „Keimzelle von Döblins Poetik"[50] gewerteten *Berliner Programm*:[51] Es ist eine komplexe, anspielungs- und andeutungsreiche, in Teilen stark verdichtete Erzählung, die, wie auch der Roman, von avantgardistischen Formelementen geprägt ist.[52] Um meine Interpretation vorzubereiten, werde ich die Erzählung in einem *close reading* analysieren und dabei sowohl auf die sprachliche Gestaltung, narratologische Aspekte, Quellen, zentrale Motive sowie die Figurencharakterisierung eingehen.

2.1.1.1 Zwei Überfälle

Die chronologisch geordnete Erzählung beginnt mit einer expressionistisch gestalteten Landschaftsbeschreibung, die durch das Einfügen diverser phonetisch transkribierter chinesischer Ortsbezeichnungen bei den deutschen Leser:innen Vorstellungen einer exotischen, animistisch belebten Fremde evoziert. Zugleich erlaubt die Darstellung eine Lokalisierung des dann folgenden Geschehens: Wir befinden uns in dem Hafenstädtchen „Schan-hai-kwan" (d.i. *Shanhaiguan*) am Golf „Pe-chi-li" (d.i. *Golf von Bohai*). Die östlich von Beijing in der Provinz Hebei gelegene Stadt ist heute vor allem deshalb bekannt, weil hier ein Endpunkt der ‚Großen Mauer' gesetzt ist. Doch bereits zur Erzählzeit der Novelle im 18. Jahrhundert fungierten die Mauerteile als Abwehrfestung gegen mandschurische und mongolische Stämme. Dieser realhistorische Hintergrund ist ein sowohl für Döblins *Wang-lun*-Roman als auch für die Kurzgeschichte entscheidender Kontext der chinesischen Geschichte – ich komme darauf zurück. In vier Textabschnitten ‚zoomt' die Erzählung in Döblin'scher Kinostilmanier schrittweise von den entfernter gelegenen Bergketten über die Stadt als Ganze bis in die kleinen Gassen des Hafenstädtchens

---

50 Katharina Grätz: An Romanautoren und ihre Kritiker. Berliner Programm (1913), in: Döblin-Handbuch, S. 320–322, hier: S. 320.
51 Vgl. etwa Alfred Döblin: An Romanautoren und ihre Kritiker. Berliner Programm (1913), in: ders.: Schriften zu Ästhetik, Poetik und Literatur, S. 118–122.
52 Vgl. dazu u.a. auch Hansgeorg Schmidt-Bergmann: Futurismus und Expressionismus, in: Naturalismus, Fin de siècle, Expressionismus 1890–1918, hg. von York-Gothart Mix. München 2000, S. 470–477 (= Hansers Sozialgeschichte der deutschen Literatur vom 16. Jahrhundert bis zur Gegenwart, 7), v.a. S. 475.

hinein.⁵³ Visuelle, haptische und akustische Reize werden dabei gleichermaßen ausgelöst, auch dies ein im Expressionismus immer wieder kultivierter Effekt.⁵⁴ Die außenperspektivierte, überwiegend parataktische Beschreibung agentisiert und animiert die Landschaft/Natur: Bergketten rücken, Sonnenstrahlen peitschen das Wasser, das Meer schlägt und die Fluten wühlen.⁵⁵ Hinzutreten anthropomorphisierte Vergleiche (die „Schwingungen" der Bergketten sind „vergleichbar den Augenbrauen einer Frau")⁵⁶ sowie eine prägnante Farbschilderung (allein im ersten Satz: „[f]inster", „goldenen", „graugelbe[s] Wasser").⁵⁷ Den Leser:innen ermöglicht diese Darstellung eine erste Kontaktaufnahme mit dem fremden Erzählsetting durch das Aufrufen verschiedener Assoziationen. Vor allem die prägnante Farbinszenierung erinnert dabei an das erklärte Ziel der Expressionist:innen, ein synästhetisches Gesamtkunstwerk zu konstituieren, das verschiedene Kunstformen vereint und an die stark auf Farbsymbolik setzende Darstellung der expressionistischen Landschaftsmalerei erinnert.

Innerhalb dieser Eingangsbeschreibung finden sich auch bereits in den ersten Abschnitten intertextuelle Anspielungen auf asiatische Religionsphilosophien. So wird die Meeresoberfläche mit dem aus der chinesischen Mythologie stammenden

---

53 Vgl. dazu Döblin: An Romanautoren und ihre Kritiker, S. 120f., wo Döblin den sogenannten Kinostil zum ersten Mal als Darstellungsprinzip des modernen Erzähltexts anführt: „Der Erzählerschlendrian hat im Roman keinen Platz; man erzählt nicht, sondern baut. Der Erzähler hat eine bäurische Vertraulichkeit. Knappheit, Sparsamkeit der Worte ist nötig; frische Wendungen. Von Perioden, die das Nebeneinander des Komplexen wie das Hintereinander rasch zusammenzufassen erlauben, ist umfänglicher Gebrauch zu machen. Rapide Abläufe, Durcheinander in bloßen Stichworten; wie überhaupt an allen Stellen die höchste Exaktheit in suggestiven Wendungen zu erreichen gesucht werden muß. Das Ganze darf nicht erscheinen wie gesprochen sondern wie vorhanden." Vgl. dazu auch Deupmann: Chinoiserie und „Tatsachenphantasie", S. 108.
54 Döblins Verhältnis zu expressionistischen Literatenkreisen war wegen seiner teils gleichzeitigen Kritik an einzelnen Punkten ihres Programms ambivalent, vgl. etwa die Selbstbeschreibung in Alfred Döblin: Epilog [Manuskriptfassung] (1948), in: ders.: Schriften zu Leben und Werk, S. 286–303, hier: S. 289: „Die Herrschaften um den ‚Sturm' (zu denen zeitweilig Rudolf Blümner, Lothar Schreyer, Stramm und Maler wie Franz Marc, Kokoschka stießen) goutierten diese Sachen. Sie schienen ‚expressionistisch' zu sein. Als ich aber das Visier hob und vom Leder zog, im ‚Wang-lun' 1912, da war es aus. Dabei war es erst mein Anfang. Kein Wort äußerte Walden oder ein anderer des Kreises über den Roman. Wir blieben dann freundschaftlich verbunden. Aber daß ich nicht zur Gilde gehörte, war abgemacht."
55 Vgl. Döblin: Der Überfall auf Chao-lao-sü, S. 96.
56 Ebd.
57 Ebd.

Vogel Pang (auch Pong) verglichen, dessen erste Nennung wohl im zweiten Hauptwerk des Daoismus *Zhuangzhi* zu finden ist.[58] Veröffentlichte Martin Buber im Jahr 1910 eine erste Auswahl der *Reden und Gleichnisse des Tschuang-Tse* in deutscher Übersetzung, lieferte Richard Wilhelm nur zwei Jahre später die erste deutsche Gesamtübersetzung des daoistischen Klassikers, die Alfred Döblin neben anderen als Informationsquelle diente.[59] Hier heißt es zum Vogel Pong bzw. in der Wilhelm'schen Übersetzung zum Vogel Rokh:

> Sein Rücken gleicht dem Großen Berge; seine Flügel gleichen vom Himmel herabhängenden Wolken. Im Wirbelsturm steigt er kreisend empor, viel tausend Meilen weit bis dahin, wo Wolken und Luft zu Ende sind und er nur noch den schwarzblauen Himmel über sich hat. Dann macht er sich auf nach Süden und fliegt nach dem südlichen Ozean.[60]

Während im Gleichnis Naturelemente zur Beschreibung des Vogels herangezogen werden und dieser eins mit der Natur wird, nutzt Döblin den mythischen Vogel zwar ursprünglich *vice versa* zur Charakterisierung der Natur, lässt jedoch ebenfalls eine Verschmelzung stattfinden, wenn es heißt: „Das Meer hatte sich mit einem Panzer überzogen, von dem es heißt, er ist der Rücken des Vogels Pang".[61] Für die des daoistischen Gleichnisses wohl unkundigen deutschen Leser:innen dient die in Redewendungen und mündlichen Erzählungen (der Vogel Pang wird auch als chinesisches Märchen gehandelt) überlieferte Vorstellung vor allem dazu, das Meer zu charakterisieren. Der Erzähler aber erweist sich als Kenner, der die mythisch wirkende Charakterisierung mit einem kurzen Beisatz explizieren kann: „wenn sich der Pang erhebt und nach den südlichen Seen fliegt, mißt sein schuppiger Leib Millionen Meilen und seine riesigen Flügel vermögen die Wolken zu treiben".[62] Döblin übernimmt nicht den Erzählgehalt der Quelle, das Gleichnis von *Zhuangzhi*, sondern nutzt die Anspielung lediglich als rhetorisch entfaltbares Beschreibungsmittel. Dies weckt Zweifel an Christoph Deupmanns Annahme, dass diese Eingangspassage vor allem als Evokation einer „schematische[n] Ansicht chinesischer Fremdheit und Exotik" zu lesen sei.[63] Die konkreten Nennungen und Verweise, verknüpft

---

58 Vgl. auch Luo: Versuch über Alfred Döblins chinesische Erzählung „Der Überfall auf Chao-lao-sü", S. 118. Vgl. zu Döblins teils kritischer Buddhismus-Rezeption auch Detering: „Nicht wiederstehen".
59 Vgl. Luo: Versuch über Alfred Döblins chinesische Erzählung „Der Überfall auf Chao-lao-sü", S. 122 sowie Detering: „Nicht widerstreben", S. 145.
60 Richard Wilhelm: Dschuang Dsi. Das Wahre Buch vom Blütenland. Aus dem Chinesischen verdeutscht und erläutert von Richard Wilhelm. Jena 1912, S. 3.
61 Döblin: Der Überfall auf Chao-lao-sü, S. 96.
62 Ebd.
63 Deupmann: Chinoiserien und „Tatsachenphantasie", S. 108. An anderer Stelle spricht Deupmann von einer vor allem „sinnliche[n] Evokation einer fremden geschichtlichen Welt" (ebd., S. 106).

mit einem offenkundig versierten Erzähler, der deutlich mehr als die deutschen Leser:innen weiß, dürften etwaiges stereotypes Vorwissen vielmehr irritiert und so von Beginn an durch den ausgestellten Wissensvorsprung eine auktoriale Erzählinstanz etabliert haben.

Das Bild des Vogels leitet zur Beschreibung der gegenwärtigen Witterungsverhältnisse über und lässt die Erzählung sukzessive aus dem mythisch codierten in einen meteorologisch codierten Raum übergehen: „Eben brüllte noch ein runder Ofen am Himmel Hitze; jetzt sinterte das Feuer zusammen. Rasch war die Welt unter eine Nebelglocke gestellt. Die Dinge quollen zueinander."[64] Man kann diese Passage, wie Deupmann, als proleptische Andeutung eines bevorstehenden Unheils deuten;[65] vor allem vor dem Hintergrund der im chinesischen Kaisertum vertretenen Herrschaftslegitimation des tianzi (tiānzǐ, 天子), des Kaisers als „Himmelssohn", nach welcher das Fehlverhalten des Kaisers die gesamte kosmische Ordnung stört – also nicht nur zu politischen und gesellschaftlichen Unruhen führt, sondern auch Auswirkungen auf Wetter, Natur und Kosmos hat.[66] Doch scheint mir dies im Blick auf den Romantext weit bedeutsamer zu sein als es in der vorliegenden Erzählung der Fall ist: Hier verknüpft die Beschreibung der Witterungsverhältnisse natürlich zum einen das Innen und Außen, hat aber zugleich durch den repetitiven Einsatz eine textstrukturierende Funktion und fokussiert – dem Kinostil entsprechend – immer wieder das *setting* als Ganzes. Entscheidend ist die Wetterlage aber auch, – und zwar handlungsanleitend –, um die ‚passende' Atmosphäre zu gestalten. Ermöglicht der nächtliche Nebel doch aus Sicht von Chao-lao-sü und Han-junk-wang die den Konflikt hervorrufende Initialhandlung, da der „schwere Nebel", so die in indirekter Rede wiedergegebene Aussage der jungen Männer, „sehr geeignet sei zum Tändeln und Mädchenfangen".[67] Die über das Wetter vermittelte Natur wird gleichsam mit dem Begehren der Männer korreliert.

Auf quasi kinematographischem Weg ist man damit in wenigen Zügen in einen historischen Raum gelangt, in dem Menschen und Tiere zunächst akustisch („Schreie der Hafenarbeiter" und blökende Ochsen), dann auch visuell erscheinen, bevor im vierten Absatz schließlich die Stadt, ähnlich wie zuvor die Natur, anthropomorphisiert wird: „Haus schulterte an Haus".[68] Detaillierter wird im Folgenden die Umgebung beschrieben: „Niedrige breite Lehmhäuser in engen Gassen, schlanke

---

64 Döblin: Der Überfall auf Chao-lao-sü, S. 96.
65 Deupmann spricht von „Elemente[n] atmosphärischer Erosion sozialer und moralischer Ordnung" (Deupmann: Chinoiserien und „Tatsachenphantasie", S. 109).
66 Vgl. zum Konzept des tianzi auch ausführlicher das Kapitel 2.2.5. Positionen im *Opiumkrieg* – Die literarische Darstellung der Konfliktparteien.
67 Döblin: Der Überfall auf Chao-lao-sü, S. 97.
68 Ebd., S. 96.

Holzbauten, schwerfällige Speicher und Pfandhäuser, wenige prunkvolle Tempel, Ehrenbögen und Regierungsjamen."[69] Die Beschreibung charakterisiert den Schauplatz auf diese Weise auch sozialgeschichtlich: Es geht um die arbeitende Bevölkerung in einem Stadtteil mit nur „wenige[n] prunkvolle[n] Tempel[n]", also einem Viertel, in dem die ‚Unterschicht' in beengten Verhältnissen lebt, während – dies wird durch den Schauplatzwechsel in Teil zwei verdeutlicht – die ‚Oberschicht' außerhalb der Stadtmauern residiert.[70] Während Döblin sich hinsichtlich der Verwendung sprachlicher, stilistischer Mittel stark an den expressionistischen Großstadtbildern orientiert, greift er inhaltlich eher auf ein vor allem von verschiedenen naturalistischen Dichter:innen genutztes Stadtbild zurück:[71] Die Stadt wird als soziales Milieu gestaltet. Auch hierfür ist das geographische *setting* von Relevanz: „Schan-hai-kwan" ist nämlich ein Stadtteil der wichtigen Kohlehafenstadt Qinhuangdao; mit der Schilderung des Arbeiterviertels am Hafen orientiert sich Döblin also mutmaßlich an Realia. Dies gilt auch für das in der Folge der Erzählung erwähnte Personal aus Wanderarbeitern, Lastenträgern, Bootsschleppern und Gelegenheitsarbeitern, die sich bei Döblin, wie auch in der historischen Wirklichkeit, aufgrund des Fehlens anderer Organisationsinstitutionen in Geheimgesellschaften und Sekten organisieren.[72]

Der Protagonist dieses ersten Teils ist die titelgebende Figur Chao-lao-sü, die durch den heterodiegetischen, extern fokalisierten Erzähler zunächst äußerlich beschrieben wird. Grundsätzlich zeichnet sich der Erzähler dadurch aus, dass er auf aufklärende Erzählerkommentare, Wertungen und Reflexionen zum Geschehen großteils verzichtet. Auch das Innenleben der beiden Figuren, Chao-lao-sü und sein ihn begleitender Freund Han-junk-wang, ist für die Leser:innen nur indirekt erschließbar, was ganz Döblins Konzept modernen Erzählens entspricht: Man müsse sich von der „psychologischen Manier" der Prosaautor:innen und damit auch von einer introspektiven Erzählinstanz verabschieden, fordert er.[73] Wie wird nun Chao-lao-sü, der Protagonist des ersten Teils, charakterisiert?

---

69 Ebd.
70 Vgl. ebd., S. 100f. Es leben auch einige reiche Leute in der Stadt, wie etwa „reiche[] Kaufleute" und „Ärzte", doch erfahren diese eine Sonderbehandlung (ebd., S. 100).
71 Vgl. auch Döblins abschließende Forderung in *Der Bau des epischen Werks*, dass der Naturalismus den Psychologismus zu überwinden habe (vgl. Döblin: Der Bau des epischen Werks, S. 122).
72 Vgl. etwa Sabine Dabringhaus: Geschichte Chinas 1279–1949. München ²2010, S. 46.
73 Vgl. Döblin: An die Romanautoren und ihre Kritiker, S. 119. Vgl. auch Deupmann: Chinoiserie und „Tatsachenphantasie", S. 110.

Herausgestellt wird zweierlei: Zum einen seine Jugendlichkeit, auf die sowohl sein äußeres Erscheinungsbild („zierlich[]", „kindliches, feines Gesicht";⁷⁴ „knabenhafte Stimme")⁷⁵ als auch sein verspieltes und leichtfertiges Auftreten verweist; so heißt es etwa: Er „ging vor dem anderen [d.i. Han-junk-wang; K.H.] mit dem tänzelnden, knickenden und vorsichtigen Schritt, den die Gaukler laufen, wenn sie auf den Bambusstäben jonglieren."⁷⁶ Zum anderen aber, und dies ist vor dem Hintergrund des einleitend beschriebenen Handlungsortes signifikant, wird sein gesellschaftlicher und sozialer Status deutlich. Chao-lao-sü ist kein Bewohner der schmalen, engen Arbeitergassen, sondern „einzige[r] Sohn des Generals Chao-hoei" und damit Teil der Oberschicht, was auch – wie im ständischen China üblich – durch seine Kleidung markiert wird:

> Er trug ein hellblaues damastenes Unterkleid, ein tiefdunkles Obergewand mit der zartesten Stickerei über den weiten Ärmeln, um den glänzenden Kragen. Es waren Lotosblumen mit dem drachenäugigen Fisch; weiße Blumenstengel, die schwellend endeten in runden Fischglotzaugen. Seine Schuhe waren grün und blau bemalt mit Stechapfelblüten.⁷⁷

Zeigt eine Stickerei auf der Seidenkleidung, dem sogenannten Mandarintuch, im kaiserlichen China für gewöhnlich den Rang des Militärgenerals beziehungsweise Zivilbeamten an, übernimmt Döblin diesen standesanzeigenden Kleidungscode und überträgt ihn auf den noch jungen, keinen Rang innehabenden Chao-lao-sü. Während die Lotosblumen in Asien symbolisch vor allem für Reinheit, Treue und Erleuchtung stehen, was hier eine jugendliche Unschuld anzeigen mag, symbolisiert der „drachenäugige[] Fisch" vor allem Reichtum – auch mittels der dargestellten Tiersymbolik werden demnach die beiden Hauptakzente der Figurencharakterisierung aufgegriffen. Das Vorbild des Jünglings, so erfahren die Leser:innen in einer partiell analeptisch erzählten Passage der Kurzerzählung, ist die Figur des Antagonisten Fei-Te-Kung aus dem Theaterstück *Der Tempel der acht Chao*; ein Stück, das Lao-sü von einer Pekinger Wanderbühne inszeniert gesehen hat. Döblin referiert hier intertextuell auf ein traditionelles chinesisches Theaterstück, das von dem Sinologen Wilhelm Grube in seiner 1901 publizierten „ethnographischen Sammlung" *Zur Pekinger Volkskunde*,⁷⁸ die er im Auftrag des *Königlichen Museums für Völ-*

---

74 Döblin: Der Überfall auf Chao-lao-sü, S. 97.
75 Ebd., S. 105.
76 Ebd., S. 97.
77 Ebd.
78 Grube: Zur Pekinger Volkskunde, S. 1.

kerkunde während seines Peking Aufenthalts anfertigte und die Döblin vorlag, inhaltlich erfasst wurde.[79] Innerhalb der narrativen Fiktion fungiert das theatrale Vorbild als handlungsmotivierendes Element: Chao-lao-sü will ebenso „Mädchen und Frauen nachstell[en]" wie der Dramenheld Fei-Te-Kung, der weder vor Raub noch vor Mord zurückschreckt. Macht besitzt Fei-Te-Kung nur durch seine Bewaffnung – ein Schwert und einen Dolch, „ein sogenanntes ‚Ärmelschwert'"; dieser Waffen entledigt, wird er am Ende des Stückes überwunden.[80] Sich über die Niederlage seines Helden empörend,[81] hat Chao-lao-sü nach der Inszenierung ein ebensolches „Ärmelschwert" erstanden und lauert damit ausgestattet nun in den dunklen, nebelverhangenen Gassen seinem Idol nacheifernd den Mädchen auf: „Machte sich an einem Hoftor, an einem Fenster, hinter einem Gitter ein Schleifen von Pantoffeln, das Trippeln eines Mädchens bemerkbar, ließ Lao-sü ein eingelegtes Ärmelschwert hervorschnellen und sprang an."[82] Doch Lao-sü eifert der literarischen Figur nicht nur nach, er will sie gar übertreffen bzw. Fei-Te-Kungs in der Fiktion geschildertes Ende in seiner ‚realen' Umsetzung abwenden. Deshalb ist die idolisierende Nachahmung Fei-Te-Kungs auch für die Szene am Morgen nach dem Überfall, in der Chao-lao-sü verletzt in das Haus seines Vaters gebracht wird, erhellend: „Lauter als das Alarmgong kreischte durch das schlafende Haus die helle, noch knabenhafte Stimme. ‚Wer hat mein Schwert? Yunk-wang! Yunk-wang! Gib mir den Dolch. Deinen Dolch!'"[83] Die Entwaffnung führt auch für Chao-lao-sü zur Entmachtung und Überwindung, er kann den Ausgang der theatralen Fiktion in seinem *reenactment* nicht positiv umkehren. Die Idolisierung des Antagonisten markiert darüber hinaus einen zentralen Wesenszug Chao-lao-süs: die Verkehrung moralischer Wertvorstellungen. Wird im Theaterstück Fei-Te-Kung, allgemeinen moralischen Wertvorstellungen entsprechend, eindeutig als negative Figur charakterisiert,[84] wodurch das Ende des Dramas als positive Lösung des Konflikts – Sieg des Guten über das Böse – konzipiert ist, interpretiert Chao-lao-sü das gesehene Theaterstück der Wandertruppe gegensinnig. Fei-Te-Kung scheitert für ihn zu Unrecht.

Zu diesen kontraintentionalen Werturteilen zählt neben der Idolisierung auch die seinem gesellschaftlichen Status entspringende abfällige Haltung sowohl gegenüber der sozial niedriger gestellten arbeitenden Bevölkerung als auch gegenüber

---

79 Vgl. Tan: Der Chinese in der deutschen Literatur, S. 108.
80 Grube: Zur Pekinger Volkskunde, S. 125.
81 Vgl. Döblin: Der Überfall auf Chao-lao-sü, S. 98.
82 Ebd.
83 Ebd., S. 105.
84 Vgl. Grube: Zur Pekinger Volkskunde, S. 125.

den Chines:innen.⁸⁵ Auch hier orientiert sich Döblin an der Realgeschichte, dem ethnischen Konflikt zwischen Han-Chinesen und den regierenden, politisch wie ökonomisch besser gestellten Mandschu.⁸⁶ Die Verknüpfung von ethnischer Zugehörigkeit, Herrschaft und Besitz bildet sich bei Döblin etwa beim Kauf des Schwertes ab, bei dem Lao-sü nicht verhandelt, sondern den Dolch zu einem völlig überteuerten Preis kauft. „Man darf sich nicht auf den Krämerstandpunkt dieser Chinesen stellen."⁸⁷ Als Angehöriger der Mandschu-Oberschicht scheint Lao-sü auch keine Skrupel zu haben, chinesische Frauen zu schikanieren:

> Er hielt eine junge Dienerin bei den Händen, die hier so spät von einer alten Wurzelfrau Salben für ihre Damen kaufen sollte; es sollte niemand sehen, daß die Damen Schminken und Salben von einer verrufenen Frau bezogen. Das ganz vermummte Ding konnte schreckensstarr nicht schreien, nicht laufen, als eine Faust ihre Hüfte angriff, ein kurzes Schwert vor ihrem Gesicht tanzte. Der leere Salbentopf plumpste auf die Erde. Lao-sü blickte streng wie ein Polizist; er riß sie mit sich, Yunk-wang drängte von hinten mit possierlichen Verrenkungen.⁸⁸

In der falsch verstandenen Rolle des ‚Hüters der Ordnung' fühlt sich Lao-sü bemüßigt, das vermeintlich ‚illegitime Verhalten' des jungen Mädchens zu ‚ahnden'. Der nächtliche Gang zu der „verrufenen Frau" scheint ihm dabei aber nur die willkommene Gelegenheit zu offerieren, seinem sexuellen Begehren nachzugehen und das Mädchen weiter zu bedrängen:

> Yunk-wang konnte mit einemmal nicht weiter vor Gelächter. Als Lao-sü ernst dem Mädchen erklärte, daß in dieser Aufruhrszeit Chinesen, die nach Sonnenuntergang die schmutzigen Nasenlöcher zum Tor heraussteckten, ohne sie zuzustöpseln, auf Grund einer Präfekturverfügung sofort zu einer dreiwöchentlichen Halskragenstrafe verurteilt werden müßten [...].⁸⁹

Die drohende Vergewaltigung können Lastenträger gerade noch abwenden. Sie schlagen die beiden jungen Männer zu Boden, vertreiben das Mädchen und kennzeichnen die beiden Übeltäter:

> Sie schnitten ihnen mit kurzen Messern die Zöpfe ab, zogen ihnen die Schuhe aus, rissen ihnen das gestickte Brustschild aus dem Oberkleid, das ihre Zugehörigkeit zu den acht mandschuri-

---

85 Vgl. Döblin: Der Überfall auf Chao-lao-sü, S. 98f.
86 Dieser verschärfte sich unter der Regierung des Kaisers Qianlongs (*Qiánlóng*, 乾隆), der zur Stärkung der mandschurischen Kultur hohe und wichtige Ämter jeweils mit mandschurischen Personal besetzte (vgl. z.B. Dabringhaus: Geschichte Chinas, S. 42).
87 Döblin: Der Überfall auf Chao-lao-sü, S. 98.
88 Ebd., S. 98f.
89 Ebd., S. 99.

schen Bannern anzeigte. Als die beiden besinnungslos in dem aufgeweichten Straßenkot lagen, schleppten sie sie vor das Tor eines verfallenen Hauses, lehnten sie gegen die halboffenen Torflügel. Den beiden stillen Männern malten sie mit Erde das Zeichen der fünf bösen Dämonen auf die Stirne.[90]

Seit Beginn der mandschurischen Qing-Dynastie (1616–1911) unterlagen Chinesen zur Kenntlichmachung ihrer Unterwürfigkeit unter Androhung der Todesstrafe dem sogenannten Zopf-Zwang. Schon ab Mitte des 17. Jahrhunderts war der mandschurische Zopf daher zum Symbol für die Fremdherrschaft über die Chinesen geworden. Durch die Abtrennung des Zopfes sowie die Entfernung des Brustschildes, das mit Beginn der Mandschu-Regierung als Zugehörigkeitsmarkierung zur jeweiligen Militär- oder Verwaltungseinheit im Staat eingeführt wurde, lässt Döblin seine beiden Figuren, die an dieser Stelle zum ersten Mal nicht mehr als jugendliche Knaben, sondern als „Männer" bezeichnet werden, also aller äußerlichen Insignien ihres gesellschaftlichen Rangs wie auch der ethnischen Zugehörigkeit verlustig gehen. Zudem zeichnen die Lastträger das „Zeichen der fünf bösen Dämonen" auf die Stirnen der jungen Männer. Vermutlich rekurriert Döblin hier auf eine chinesische Volkssage mit religionsphilosophischen Anleihen, in welcher es fünf Dämonen gibt, welche die Himmelsrichtungen (Norden, Süden, Osten, Westen und die Mitte) abbilden. Durch die Einbettung in den religionsphilosophischen Kontext wird angezeigt, wie sich im Fortlauf der Narration herausstellt, dass es sich bei den Tätern um gläubige Buddhisten handelt. Die Aktion dient also nicht nur dem Schutz des Mädchens, nicht nur der Selbstjustiz zur Bestrafung der Tat, sondern mahnt auch eine innere Umkehr – vielleicht gar ‚Erleuchtung' – des vom rechten Weg abgekommenen Lao-süs an. Die Chinesen erstreben die Zurechtweisung, nicht den Tod Lao-süs und Han-junk-wangs, ja sie bemühen sich sogar um deren Genesung, wenn sie dem verletzten Lao-sü eine buddhistische Medizin, ein „Heilwasser aus einem Kürbisfläschchen […], das bei hundert Sutras auf dem Altartisch gestanden hatte", einflößen.[91]

Im ersten Teil seiner Erzählung schildert Döblin also einen gewalttätigen Übergriff, der von zwei hochrangigen, moralisch unreifen jungen Männern unternommen, von gläubigen Buddhisten aber gerade noch verhindert und mit Gegengewalt geahndet wird. Dem im Titel annoncierten „Überfall auf Chao-lao-sü" geht folglich ein Überfall *von* Chao-lao-sü auf eine junge Chinesin voraus.

Interessant ist auch das implizit artikulierte Literaturverständnis. Angeregt wird die Handlung nämlich, wie ausgeführt, durch eine Theaterinszenierung. Die literari-

---

90 Ebd.
91 Ebd.

sche Darbietung effiziert demnach ein konkretes Handeln, hier selbstredend in negativer Weise. Gleichwohl wird auch die Möglichkeit einer positiven Wirkung der Literatur auf die Gesellschaft denkbar, womöglich im Sinne ‚engagierter' Literatur, wie Döblin sie selbst zu schreiben hoffte. Doch zunächst zum zweiten Teil der Erzählung, in dem sich das abgewendete Verbrechen zu einem Politikum wandelt.

2.1.1.2 Ein Politikum

Der Erzähler wechselt im zweiten Teil zum Anwesen des „General[s] mit besonderem Auftrag und Vollmacht des Kaisers" Chao-hoei.[92] Auch dieser Teil steigt mit einer detaillierten Beschreibung des Handlungsorts ein, diesmal jedoch nicht von außen heranführend, sondern ausgehend von der Perspektive des am Fenster stehenden Generals. Dabei wird zunächst der historische Kontext des Dynastienwechsels und der Herrschaftsverhältnisse in China aufgerufen: Beschrieben wird ein „Triumphbogen", der „zur Feier einer Grenzsicherung gegen die Mongolen errichtet" worden sei,[93] eine Volksgruppe, die nun einen Sonderstatus unter den ‚Fremdvölkern' im Qing-Reich genoss.[94] Zudem wird an den Aufstieg der Mandschu erinnert: Die „armselige[n] mandschurische[n] Fanse[n] gebaut mit flachem Dach und Lehmmauer" der Vorfahren kontrastieren mit dem vom General nun bewohnten Prachtbau, der „einsam hinter der Stadt auf den nordwestlichen Abhängen der Magnolien" steht.[95] Die erhöhte Anlage über der Stadt greift erneut die schon oben beschriebene milieubezogene Verteilung des Lebensraums auf. Von oben, inmitten wohlgestalteter Natur, blickt der Militärgeneral von hohem Rang hinunter auf die ärmlichen Arbeitergassen der Stadt und damit auch auf den Handlungsort des Überfalls. Die detaillierte, mit Militärmetaphern ornamentierte Schilderung ruft dabei typische Assoziationen chinesischer Architektur hervor, erneut vor allem etwa hinsichtlich der farblichen Gestaltung, die an Tempel und Kaiserresidenzen erinnern soll.

Doch die äußerlich demonstrierte Macht des Militärgenerals scheint, so erfahren die Leser:innen gleich mit dem ersten Auftreten der Figur, kaum mehr seinem gegenwärtigen Status zu entsprechen. Zwar tritt Chao-hoei, der ebenso wie der

---

92 Ebd., S. 100.
93 Ebd., S. 101.
94 Vgl. etwa Dabringhaus: Geschichte Chinas, S. 48f.
95 Döblin: Der Überfall auf Chao-lao-sü, S. 100.

Stadtpräfekt und andere Figuren einer realhistorischen Vorlage folgt,[96] geradezu überheblich auf,[97] doch seine große, erfolgreiche Zeit liegt hinter ihm. Er ist sich auch selbst des faktischen Schwindens seiner Macht sehr bewusst, wie der Erzähler in einer intern fokalisierten Passage zu verstehen gibt:

> Er, gepriesen von seinen Soldaten, seiner Sippe, beneidet von den Höflingen, von den intriganten Eunuchen. Er stand hier in der nördlichen Provinz und wußte, man hatte ihn hergeschickt, um ihn rasch zu beseitigen.
> Er war ihnen zu hoch gewachsen, als er den Titel: ‚Bewacher eines Tores von Peking' erhalten hatte, als ihm der Kaiser mit einer Tasse Tee an der Tür des Sommerpalastes entgegengekommen war.[98]

Der weiterhin heterodiegetische, nun aber auch aus der Innenwelt des Generals berichtende Erzähler expliziert nicht, wer am Machtverlust des Generals Interesse hat. Wie man dem herausgekürzten Teil des Manuskripts entnehmen kann, ist der kaiserliche Militärgeneral nach den siegreichen Schlachten gegen die Dsunguren – realhistorisch: nach den Feldzügen des Kaisers Qianlong (*Qiánlóng*, 乾隆) gegen das westmongolische Volk in der Region Xinjiang zwischen 1755 und 1757 – in die Region um „Shan-hai-kwan" versetzt worden, um dort im Dienst und zum Schutz des Kaisers in Beijing mit seiner „ständige[n] Truppe" die „innere[] Rebellion" niederzuwerfen.[99] Bei dieser handelt es sich konkret um die Truppe der Abtrünnigen, die sich dem Entschluss des Kaisers widersetzt hatten: die „Mordbande vom Ili".[100] Dennoch wird der somit durch den Kaiser negativ sanktionierte General als kaisertreuer Diener beschrieben, wie etwa eine an seinem Haus angebrachte Tafel mit der Aufschrift „Der Gerechtigkeit und der reinen Dynastie'" beglaubigen soll.[101] Die durch die Versetzung herbeigeführte Degradierung spiegelt sich jedenfalls auch in der äußerlichen Erscheinung der Figur wider. Assoziiert man mit einem Militärgeneral in der Regel ein starkes, energisches und mannhaftes Auftreten, scheinen diese Attribuierungen bei General Chao-hoei gar ins Gegenteil verkehrt: Er ist ein

---

96 Vgl. dazu kurz Luo: Versuch über Alfred Döblins chinesische Erzählung „Der Überfall auf Chao-lao-sü", S. 117, Anm. 7 und 9. Die Figur Hai-tang wiederum ist einem chinesischen Singspiel entnommen, die u.a. ebenfalls in Texten von Klabund (Der Kreidekreis. Spiel in fünf Akten nach dem Chinesischen. Berlin 1925) verarbeitet wurde.
97 Vgl. Döblin: Der Überfall auf Chao-lao-sü, S. 101.
98 Ebd.
99 Ebd., S. 102.
100 Ebd., S. 111. Auch hier referiert Döblin auf ein realhistorisches Ereignis. Bereits zu Beginn der Mandschu-Dynastie wurden Mandschu zur Umsiedlung nach Nordchina aufgerufen (vgl. z.B. Dabringhaus: Geschichte Chinas, S. 43).
101 Döblin: Der Überfall auf Chao-lao-sü, S. 101. Vgl. auch ebd., S. 103.

„alte[r]",[102] „hagere[r]",[103] „schmächtige[r]" Mann,[104] der sich aus dem Liegestuhl nur „krachend mit Aufstützen der Arme" erheben kann.[105] Auch seine politischen Ziele erweisen sich angesichts des in der Stadt praktizierten Buddhismus und der weiterhin grassierenden Aufstände mehr als Schein denn als Sein; so berichtet der Erzähler:

> Er wollte sich als Folter und Zwang über das aufsässige Volk werfen, sie, wenn sie zum Buddha beteten und Sutras lasen, die Religion der Hellebarden und das Gebet der langen Ruten lehren. Zu Asche sollte sie gebrannt werden.[106]

Bei der „innere[n] Rebellion" religiöser Gemeinschaften, die der General domestizieren will, handelt es sich, wie man in der Forschung zum *Wang-lun* breit aufgearbeitet hat, um eine realhistorisch gedeckte Referenz auf verschiedene Aufstände während der Regierungszeit Qianlongs. Diese Rebellion ist zum Zeitpunkt des erzählten Geschehens zwar noch nicht ausgebrochen, hat in Ansätzen aber bereits das ganze Reich erfasst: „Der Aufruhr ging durch diese Provinz [d.i. Hebei; K.H.], durch Shantoung, über Liao-tung", heißt es und weiter: „und der bohrende Wurm konnte nicht zertreten werden. Es schwelte in vielen hundert Dörfern und Städten."[107] Diese politisch brisante Lage ist für die vorliegende Erzählung deshalb von großer Relevanz, da, wie ausführlich dargelegt, die Sanktionierung von Lao-süs versuchter Vergewaltigung durch Buddhisten vollzogen wird, die dem General eine Art Bekennerschreiben zukommen lassen: „Auf dem Blatt stand: ‚Tseok-fu-Strasse': drunter die Charaktere von Sonne und Mond hintereinander: das Zeichen der Aufrührer."[108] Der Nachricht folgend, finden die Hausangestellten des Militärgenerals die beiden verletzten Knaben wie „blutige Säcke, aus denen schuhlose Männerbeine hervorsahen."[109] Für Chao-hoei und seine Frau Hai-tang stellt sich der Vorfall als krimineller Überfall auf den Sohn des Hauses dar – und muss entsprechend geahndet werden.

Hai-tang wird, der kinematographischen Außensicht entsprechend, zunächst in ihrer optischen Erscheinung charakterisiert,[110] sodann als klug, lieblich, hochge-

---

102 Ebd., S. 100.
103 Ebd., S. 101.
104 Ebd., S. 108.
105 Ebd., S. 105.
106 Ebd., S. 102.
107 Ebd.
108 Ebd.
109 Ebd., S. 104.
110 Vgl. ebd., S. 106.

bildet, aber auch mit einer gewissen „Unbezähmbarkeit" ausgestattet beschrieben.[111] Tatsächlich wurde die gesellschaftliche Stellung der Frau während der Qing-Dynastie durch breiteren Zugang zu Bildungsmöglichkeiten stark aufgewertet.[112] Die hohe Bildung der hier gezeichneten Figur zeigt sich auch im Gespräch mit ihrem Mann, das sie in „reine[m] Kuan-ha" führen und „die Bedienten nicht verstanden".[113] Dabei handelt es sich um einen Dialekt des Chinesischen, der als sogenanntes Mandarinchinesisch vor allem in gebildeten Kreisen gesprochen wurde. Das längere, hitzige Gespräch zwischen dem General und seiner Frau wird mittels einer direkt wiedergegebenen Redesequenz der Frau zusammengefasst:

> „So lange der Große Damm am Jank-tse steht, hat der verbrecherische Pöbel solches nicht gewagt. Und soll es nicht wagen gegen das kostbare Kind. Wir haben Chao geholfen, den Hwang-ho, den Kummer des Landes, zu bezwingen. Die wilden Schwäne sollen nicht noch einmal über dies Land ziehen, bevor nicht die Hufe der schnellsten Pferde die Mörder erreicht haben, zertreten haben."[114]

Zunächst wird auch hier ad hoc gesellschaftliches Statusdenken markiert, indem der Überfall ohne jegliche Beweisaufnahme dem „verbrecherische[n] Pöbel" zugeschrieben wird. Hai-tang gibt sich dabei zudem als Patriotin zu erkennen und rückt den Überfall in einen politischen Kontext: Vor dem Hintergrund der von ihrem Mann erbrachten Leistungen für das Land erscheint ihr das Verbrechen als besonders verurteilenswert. Die Ehefrau aber übertreibt, sie spricht von „Mörder[n]" und macht sehr deutlich, dass es keiner weiteren Aufklärung des ‚Verbrechens' bedarf, dass auch eine Bestrafung der Täter nicht ausreichend wäre, sondern dass sie Rache für die von ihr empfundene Ehrverletzung verlangt. Noch innerhalb eines Jahres (die Schwäne sollen nicht nochmal umsiedeln) sollen die buddhistischen Täter gefasst und für eine Mordtat – die sie faktisch nicht begangen haben – hingerichtet werden.

Auch der General setzt nicht auf strafrechtliche Ermittlungen, welche die nächtlichen Geschehnisse in der Tseok-fu-Straße rekonstruieren und aufklären würden. Er verhängt stattdessen zunächst eine Generalstrafe über alle männlichen Anwohner der Straße sowie über die Wächter und Polizisten und beruft – wohl auf Anraten seiner Frau – den Stadtpräfekten zu sich ein. Der Stadtpräfekt war, so wird den deutschen Leser:innen zusätzlich das ihnen fremde chinesische Verwaltungs-

---
111 Ebd., S. 107.
112 Vgl. Dabringhaus: Geschichte Chinas, S. 46.
113 Döblin: Der Überfall auf Chao-lao-sü, S. 107.
114 Ebd.

system erklärt, dem König der jeweiligen Provinz unterstellt, nicht direkt dem Kaiser. Erst kürzlich sei vom Kaiser ein zusätzliches Dekret erlassen worden, das auch dem Militärgeneral Einfluss auf den jeweiligen Stadtpräfekten ermögliche.[115] Tatsächlich gab es im chinesischen Verwaltungsapparat der Qing-Dynastie, die sich zur Regierungszeit Qianlongs noch immer in der Konsolidierungsphase befand, immer wieder Umstrukturierungen. Da die Mandschu-Regierung ihrerseits auf ein multiethnisches Reich zielte, wurden die Posten innerhalb der Verwaltungsstrukturen zum Ausgleich paritätisch mit einem Mandschu und einem Han-Chinesen besetzt. So auch in Döblins Erzählung.

Vor dem Treffen mit dem General – und das deutet eine religiöse oder zumindest kultischen Bräuchen offen gegenüberstehende Haltung des Präfekten an – hält dieser einen „Tempelschlaf" im „Tempel des Stadtgottes",[116] wie es – so klärt der versierte Erzähler über den Brauch auf – für hohe Beamte üblich sei, „wenn sie vor wichtigen Entscheidungen den Rat des Herrn der Mauern und Wallgräben, des großen Wissenden, einholen wollten."[117] Auch hier dürfte eine Publikation des bereits erwähnten Sinologen Wilhelm Grube Döblin als „Nahrungsmittel", wie Döblin einmal seine konsultierten Quellen nannte,[118] gedient haben. In der im Jahr 1910 postum publizierten Studie *Religion und Kultus der Chinesen* findet sich eine umfangreiche und detaillierte Ausführung über den Kult um die daoistischen Stadtgötter, die „Väter der Mauern und Wallgräben",[119] so Grubes wörtliche Übersetzung aus dem Chinesischen. Grube berichtet nicht nur über das Schlafgemach des Tempelgottes,[120] sondern auch über „jene merkwürdige und weitverbreitete Form der Autosuggestion [...], die unter dem Namen ‚Tempelschlaf' bekannt ist";[121] er erklärt:

> Höhere Mandarine, besonders Richter, suchen bisweilen bei besonders schwierigen Rechtsfällen den Tempel des Stadtgottes auf, um dort eine Nacht zu verbringen, in der Hoffnung, daß ihnen der Gott im Traume erscheinen und Erleuchtung bringen werde.[122]

Der Mandarin in Döblins Erzählung geht also vor der Zwiesprache, die er zunächst zu verhindern sucht,[123] einem daoistischen Brauch nach, wie er – und dies ist vor

---

115 Ebd.
116 Ebd.
117 Ebd.
118 Alfred Döblin: Der Epiker, sein Stoff und die Kritik (1921), in: ders.: Schriften zu Leben und Werk, S. 21–32, hier: S. 26.
119 Wilhelm Grube: Religion und Kultus der Chinesen. Leipzig 1910, S. 126.
120 Vgl. ebd., S. 130.
121 Ebd., S. 131.
122 Ebd.
123 Döblin: Der Überfall auf Chao-lao-sü, S. 107.

dem Hintergrund des Überfalls nicht überraschend – vor allem bei rechtlichen Fragen vollzogen wurde. Womöglich hofft er auf eine rechtliche Einigung, doch die Leser:innen wissen bereits, dass der General vor allem persönliche Rachemotive hegt, also kaum Interesse an einer juristischen Klärung der Situation haben dürfte.

Das in der Folge geschilderte Zusammentreffen des zivilen und des militärischen Vertreters des Staates folgt den üblichen, von Döblin gern auserzählten Ritualen,[124] bevor dann der General auf den Stand der Rebellenbekämpfung zu sprechen kommt. Den Erwartungen entsprechend, gibt der Stadtpräfekt den erwünschten Statusbericht, spielt dabei aber bereits verdeckt auf Chao-lao-süs Fehlverhalten wie auch auf den resultierenden Überfall auf den jungen Mann an: „Es seien mehrere beim Lesen von Sutras gefaßt worden, doch pflegen Aufrührer geheim tätig zu sein und nicht leicht zu ergreifen wie wildgewordene Stiere, Barbarenhorden, flanierende Jünglinge."[125] Implizit mag hier sogar angedeutet sein, dass der Stadtpräfekt an der Sanktionierung des jungen Lao-sü beteiligt war. Der General aber übergeht die Anspielung und eröffnet dem Präfekten stattdessen seine religionspolitische Deutung des Vorfalls wie auch seinen Racheplan:

> Er plane an Khien-lung zu berichten und zugleich vorzuschlagen, überall in den unruhigen Departements die Straßen niederzubrennen, in denen politische Verbrechen geschähen oder Insurgenten ergriffen würden. Er würde ferner beantragen, in der ganzen Provinz auf einige Monate die alte gegenseitige Überwachung der Sippen wieder einzuführen und die zusammengehörigen, für sich verantwortlichen zehn Familien gleichzeitig zu bestrafen.[126]

Chao-hoei fordert demnach zweierlei: Zum einen die Wiedereinführung eines lokalen Selbstverwaltungssystems, das vor allem für die Song-Dynastie prägend war und – auch hier rekurriert Döblin also auf realhistorische Entwicklungen – unter Qianlong zeitweise trotz Widerstand wieder eingeführt wurde. Das sogenannte *baojia*-System (*bǎojiǎ*, 保甲) fasst zehn Haushalte (*jiu*) zu einer Einheit (*bao*) zusammen, die unter wechselnder Führung sich selbst regulieren, verwalten und vor allem kontrollieren sollten.[127] Zum anderen fordert Chao-hoei eine erneute Kollektivstrafe, indem ganze Straßenzüge, in denen „politische Verbrechen" stattgefunden haben, zerstört werden sollen. Im Visier hat er selbstredend buddhistische Sekten, die er später als „die Pest im gelben Mantel mit den roten Priestergürtel" bezeich-

---

124 Vgl. ebd., S. 108.
125 Ebd., S. 108f.
126 Ebd., S. 109.
127 Vgl. dazu kurz Dabringhaus: Geschichte Chinas, S. 44.

net, die „den Leuten das Kupfer aus der Tasche und das Gehirn aus dem Kopf" ziehen, während sie selbst „kostbare Jaderinge an den Händen" tragen.[128] Auffallend ist dabei die Rede von „politische[n] Verbrechen" – wie seine Frau wertet der General den Überfall demnach als politischen Affront, der Kriminalfall wird so zu einem Politikum.

In der folgenden Zwiesprache zwischen dem Stadtpräfekten und dem General nimmt sich der Erzähler stark zurück und wechselt in einen dramatischen Erzählmodus, der es ihm ermöglicht, das Zusammentreffen wie ein politisches Kammerspiel darzustellen, dessen Ausgang für die Leser:innen prospektiv offen ist. Die antagonistische Ausgangslage scheint dabei zunächst klar: Obwohl der intellektuell überlegene Stadtpräfekt Tang-schaoi seine verdeckte Rede fortsetzt, „kaltblütig" argumentiert, auf „seine Bildung" vertraut und in zahlreichen mythologischen und konfuzianischen Anspielungen seine abweichende Einschätzung der Lage durchblicken lässt,[129] ist Chao-hoei dem Präfekten rechtlich und politisch gesehen überlegen. Der General repräsentiert in der Provinz die kaiserliche „Gerichtsbarkeit", symbolisiert mit der „kaiserlichen Hand",[130] und hat durch das kürzlich erlassene kaiserliche Edikt zur Religionsbekämpfung zudem die Möglichkeit, die Zivilbehörde, und damit auch Tang-schaoi, in bestimmten Fällen „unmittelbar zur Rechenschaft zu ziehen".[131] Obgleich das Edikt ausschließlich für die Unterdrückung der kaiserlich verbotenen religiösen Praxis vorgesehen ist, ist der General willens, es als Mittel für seine persönliche Rache einzusetzen. Er macht Tang-schaoi, dem schlimmstenfalls eine Degradierung mit politischem und ökonomischem Machtverlust droht,[132] diesen Willen zur Rechtsbeugung auch deutlich, wenn er ihm den Rechtserlass mit „beherrschter Stimme" vorliest:

> „Wenn unbändige Leute in einem Distrikt sich selbst göttlich oder Buddhas nennen und vorgeben, eine ketzerische Religion zu gründen, oder sich mit Wasser begießen, dem Tugend und Zauberkraft verliehen ist, oder wenn sie das Volk mit geheimnisvollen Religionsbräuchen verführen und sammeln Geld unter sich, – dann soll, selbst wenn keine Gefahr der Friedensstörung vorliegt, der Unterpräfekt des Distrikts, der versäumt hat, nach der Ortschaft zu gehen und den Verbrecher zu verhaften, zwei Grade tiefer in dem Verdienstregister gesetzt werden. Und der Präfekt soll einen Grad tiefer gesetzt werden."[133]

---

128 Döblin: Der Überfall auf Chao-lao-sü, S. 109.
129 Ebd., S. 110.
130 Ebd., S. 108.
131 Ebd., S. 107.
132 Vgl. ebd., S. 110.
133 Ebd. Vgl. dazu auch die kurze Charakterisierung bei Luo: Versuch über Alfred Döblins chinesische Erzählung „Der Überfall auf Chao-lao-sü", S. 119.

Auf diese offene Drohung reagiert der kluge Stadtpräfekt allerdings anders, als Chao-hoei dies erwartet; er lässt sich nicht einschüchtern: „Tang-schaoi hatte ihm sein breites Kinn entgegengestreckt und ein herausforderndes Lächeln gehißt. Chao legte die Rolle vor sich hin."[134] In der Folge wendet sich das Gespräch. Zwar unterwirft sich Tang-schaoi formal weiterhin dem General und durchsetzt seine Rede mit zahlreichen *captatio benevolentiae*-Formeln, die die äußere Hierarchie zu bestätigen scheinen: So bezeichnet sich Tang-schaoi als „klägliche Eidechse",[135] „unbedeutender Diener",[136] „Zwerg"[137] und „gelbe[r] Klumpen",[138] der nur „in seiner eselsmäßigen Dummheit" dem General gegenüber zu sprechen wage.[139] Doch zugleich verfolgt er eine List, wenn er dem Militär seine Parteinahme für die Aufständischen offenbart und sich selbst als „Ketzer" zu erkennen gibt:

> „Ihr unbedeutender Diener läßt seinen Schutz angedeihen allen denen, die gegen das Gesetz verstoßen. Es ist das besondere Vergnügen und die unbändige Freude des tiefergebenen Sklaven, der sich vor Ihnen krümmt, die zu beschenken und zu verstecken, welche Euer Exzellenz Maßnahmen durchkreuzen. Und glücklich durchkreuzen."[140]

Die Situation scheint nach diesem Geständnis zu eskalieren, beide Kontrahenten erheben sich und Chao-hoei droht Tang-schaoi mit harten Konsequenzen: „Ich lasse sie binden und auf die Erde legen."[141] Doch von den nun auch physischen Drohungen weiterhin ganz unbeirrt erinnert dieser den General an die ihm und seiner Truppe selbst drohende Gefahr, gegen die die Bedrohung durch die buddhistischen Sekten vergleichsweise gering sei:

> „Mögen Exzellenz befehlen. Wir leben im Krieg. Die arme nördliche Provinz hat kein größeres Verlangen, als mit der Mordbande vom Ili in Krieg zu leben. Das sanftmütige Volk der vier Seen betet und folgt den Gesetzen. Lassen wir nur die kaiserliche Hand liegen. Was Euere Exzellenz und der gelbe Klumpen zu verhandeln haben, hat nichts mit dem herrlichen Sohn des Himmels zu tun."[142]

Tang-schaois Vorschlag geht hier bereits dahin, das kaiserliche Interesse (des „herrlichen Sohn[s] des Himmels") außenvorzulassen und stattdessen die gemeinsamen

---

134 Döblin: Der Überfall auf Chao-lao-sü, S. 110.
135 Ebd.
136 Ebd.
137 Ebd., S. 111.
138 Ebd.
139 Ebd.
140 Ebd., S. 110f.
141 Ebd., S. 111.
142 Ebd.

Interessen von Militär und Zivilbehörde auszuloten. Doch zunächst führt er seine List noch fort und überfordert Chao-hoei mit der drastischen Aufforderung, ebenfalls zu den Rebellen überzulaufen, also gemeinsame Sache mit ihm und den buddhistischen Sekten zu machen, gegen die der General eigentlich im kaiserlichen Auftrag vorzugehen hat: „Es gibt nur eine Rettung. [...] Und diese ist: Euer Exzellenz treten zu uns über."[143]

In diesem impertinenten Überlaufsangebot offenbaren sich der Mut und die Dreistigkeit des Stadtpräfekten, die der General tatsächlich nicht mehr zu erwidern weiß, und so geht Tang-schaois Kalkül auf: Chao-hoei ist durch seine Rede frappiert und überfordert, über sein „Gehirn schwappte jählings ein ödes, hilfloses Gefühl; sein Gehirn schwamm darin und glitschte fort wie in einem Bottich mit fettem, üblem Spülwasser."[144] Die sichtliche Überforderung des Generals, der seine rechtliche und militärische Überlegenheit in diesem Moment vollkommen zu vergessen scheint, markiert erneut, wie weit der einst starke Militärgeneral sich bereits ins Private zurückgezogen hat, wie er mittlerweile zu einem müden und alten General geworden ist – er kann seine ihm zur Verfügung stehenden Herrschaftsmittel nicht mehr nutzen und sieht sich dem Stadtpräfekten auf ganzer Linie unterlegen. Tang-schaoi malt daraufhin dem nun erfolgreich in die Passivität gedrängten General die potentiellen Folgen seines skizzierten Racheplans weiter aus: Chao-hoei werde, wenn er auf der Bestrafung der buddhistischen Sekten und der Degradierung des Präfekten beharre, weder das kaiserliche Interesse an einer befriedeten Provinz noch seine eigenen Interessen wahren können.[145] Vielmehr werde er die Rebellen weiter aufhetzen, durch die Unruhe auch „den Rest" seiner „Güter im Hia-Ho verlieren", ja letztlich selbst „entsetzt" werden.[146] Tang-schaoi lässt sein antizipiertes Schreckensszenario in einer allgemeinen Kriegsfantasie gipfeln:

> „Lassen Sie Ihre Soldaten noch einige Schandtaten gegen Bürger vollführen, so steht die Provinz und dazu Shantoung und Schan-si in hellem Aufruhr. Sie werden fünfmal geschlagen. Es werden andere Heere kommen und andere Feldherren. Der Krieg wird sich aber – über Monate hinziehen."[147]

Erst nach dieser überzeichneten Darstellung beginnt der General, die eigentliche Absicht des „schlauen Mandarin" zu begreifen, „[s]eine Gedanken hakten wieder ein": Er „staunte" darüber, „wie der hinterlistige Mann ihn getäuscht und beinahe,

---

143 Ebd.
144 Ebd.
145 Vgl. ebd.
146 Ebd., S. 112.
147 Ebd.

beinahe verführt hätte."¹⁴⁸ Denn selbstredend geht es dem Stadtpräfekten nicht ernsthaft darum, den General zur Konspiration und Kollaboration mit den Rebellen zu bewegen. Vielmehr will Tang-schaoi sein Gegenüber von den Vorteilen einer Allianz mit der Präfektur überzeugen. Die annoncierte „Rettung" sowohl des Stadtpräfekten als auch des Generals liegt demnach in einem Steuerabkommen, das vorsieht, die Kriegsabgaben für das Militär zu senken und im Gegenzug die Abgaben an die Zivilbehörde zu erhöhen. Durch eine „Vermehrung der Stadtpolizei" soll diese Maßnahme, wie der Präfekt wortgewandt ausführt, offiziell der „Ausführung kaiserlicher Befehle bei der Unterdrückung der Rebellion" dienen.¹⁴⁹ „Chao-hoei stimmte den Vorschlägen des Tao-tai mit geringen Einschränkungen bei."¹⁵⁰ Kaiserliche und militärische Interessen werden so ebenso wie die familiären Racheinteressen zugunsten der Präfektur, des Präfekten und der individuellen ökonomischen und politischen Interessen des Generals marginalisiert – in Zukunft arbeiten „Zivil und Militär [...] endlich Hand in Hand",¹⁵¹ und das heißt, allein zu ihrem eigenen Vorteil. Folgerichtig kann Chao-hoei, seinen Racheplan hintanstellend und das kaiserliche Edikt ‚zerknäulen'. Kurz darauf hat er aber Schwierigkeiten, seiner immer noch auf Rache hoffenden Frau in die Augen zu sehen.¹⁵² Ihm scheint bewusst zu sein, dass der Präfekt als der eigentliche Sieger vom Platz geht, Chao-hoei ist nach dem Gespräch vollkommen erschöpft und lässt „taumlig den Kopf auf die Tischplatte fallen."¹⁵³ Für eine gewisse Zeit aber sichert ihm die korrupte Allianz mit dem Präfekten – dafür spricht auch der den Deal besiegelnde Gabentausch am folgenden Tag – die Existenz, da Chao-hoei vor dem Kaiser doch immerhin einen vermeintlichen Erfolg präsentieren kann. Tang-schaoi hingegen kostet seinen Erfolg aus, er „grinste fortwährend" und

> fragte einmal über das andere, wie es möglich war, daß sie sich mißverstanden. Es sei gewiß, daß der Friede des Stadtkreises gesichert sei, jetzt, wo den Stadtbehörden neue Mittel zuflössen. Das unleidliche Mißverhalten von Magistrat und Heeresbehörde hätte – es sei ihm glaubhaft berichtet – schon manchen Stadtbeamten den Rebellen in die Arme getrieben.¹⁵⁴

---

148 Ebd.
149 Ebd.
150 Ebd.
151 Ebd.
152 Vgl. ebd., S. 113.
153 Ebd.
154 Ebd., S. 112f.

Der Vorfall um Chao-hoeis Sohn Chao-lao-sü wird mithin im gegenseitigen Einverständnis nicht weiterverfolgt, der „Überfall auf Chao-lao-sü", der mit einem Überfall *von* Chao-lao-sü seinen Ausgang genommen hatte und sich zu einem politischen Konflikt auszuweiten drohte, wird durch eine korrupte Übereinkunft von Zivil- und Militärbehörde zu den Akten gelegt.

2.1.1.3 „Tatsachenphantasie"

Im Gegensatz zur Annahme Christoph Deupmanns, das reale historische China spiele beim vermeintlich rein imagologischen Entwurf Döblins keine Rolle,[155] die Annahme einer literarischen Repräsentation des historischen Chinas sei gar „abwegig",[156] hat die Analyse und stellenweise Kommentierung und Kontextualisierung gezeigt, dass Döblin zumindest in dieser Episode das Erzählte nicht im Sinne einer expressionistischen Abstraktion von der realen Historie abhebt, sondern auf eine Vielzahl realhistorischer, vor allem die politische Situation betreffender Fakten rekurriert – und zwar mit großer Detailkenntnis,[157] wie etwa die Anspielung auf das *baojia*-System offenbart. Deupmann, der in diesem Zusammenhang zwar Quellen nennt, Döblins Verhältnis dazu aber als „Inspirationsästhetik" ausweist,[158] stützt wie

---

[155] Vgl. ferner etwa Detken: Zwischen China und Brecht, S. 105, die das Streichen der Einleitungspassage als „textuelle[n] Hinweise darauf" deutet, „dass Authentizität und politische Exaktheit keine vorrangige Rolle spielten" und schlussfolgert: „Der Roman stellt so einen rein imaginativen Aufbruch nach China dar." Vgl. dem entgegen in Bezug auf den *Wang-lun*: Jahraus: Chinoiserien, Chinawaren, chinesischer Roman, S. 68: „Gerade dasjenige, was man mit Begriff und Kategorie der Chinoiserie nicht oder nur unzureichend erfasst, führt hinein in den Kern dessen, was diesen Roman historisch und systematisch auszeichnet."

[156] Deupmann: Chinoiserie und „Tatsachenphantasie", S. 108. Auch dass Deupmann den Text als „Chinoiserie" bezeichnet, deutet schon auf eine China-Beschäftigung losgelöst vom realen Kontext hin. Siehe dem entgegen Jahraus: Chinoiserien, Chinawaren, chinesischer Roman.

[157] Vgl. auch schon die zeitgenössischen Zuschreibungen von Kurt Glaser, der in seiner Rezension betonte: „Denn dieser ‚chinesische Roman' ist nicht wie andere, die sich so nennen, eine Europärgeschichte, behängt mit bunten Flittern fremder Sitten und Bräuche. [...] Denn Wang-lun ist in Wahrheit ein Chinese." (Kurt Glaser: [Rez.] Die Drei Sprünge des Wang-lun, in: Das Literarische Echo 18 [1915/16], Sp. 1347f.; erneut abgedruckt in: Alfred Döblin im Spiegel der zeitgenössischen Kritik, S. 17f., hier: S. 17 sowie E. Pernerstorfer: [Rez.] Die Drei Sprünge des Wang-lun, in: Berliner Tageblatt, 27.2.1916; erneut abgedruckt in: Alfred Döblin im Spiegel der zeitgenössischen Kritik, S. 25f., hier: S. 26. Auch Luo Wei deutet diese Detailkenntnis an, wenn sie Döblin eine „gelehrsame Fachkenntnis über China" attestiert (Luo: Versuch über Alfred Döblins chinesische Erzählung „Der Überfall auf Chao-lao-sü", S. 122).

[158] Vgl. Deupmann: Chinoiserie und „Tatsachenphantasie", S. 105: „Aber die Transformation des ‚Wissens' in Literatur geht zum anderen eine widerspruchsvolle Verbindung mit einer raschen, unsystematischen, assoziativen, improvisierenden Produktionsweise ein, die das Paradox der ‚Tatsachenphantasie' in der Praxis des Schreibens beim Wort nimmt. Das Eintauchen in die Fülle des

viele andere Interpret:innen seine These von der Referenzirrelevanz des Textes auf poetologische Aussagen Döblins, vor allem auf das Konzept der „Tatsachenphantasie". In *Der Epiker, sein Stoff und die Kritik* (1921), wo Döblin auch die bereits zitierte Metapher des Stoffes als „Nahrungsmittel" gebraucht, schreibt er etwa:

> So wenig habe ich mich aufnehmend, beobachtend mit dem wirklichen China befaßt, daß man nach der Niederschrift des Buches vergeblich in meinen ‚Gedächtnis' nach den wichtigsten Daten Chinas, ja nach den Realien meines Romans gesucht hätte: diese Realien – historischen, ethnologischen, geographischen – waren von mir ja gar nicht als Tatsachen angenommen, überhaupt gesehen worden, sondern im Rahmen eines ganzen flutenden psychologischen Prozesses, als seine weiteren Vehikel, Beförderungsmittel, Anregungsmittel, – so daß nach Erlöschen des Gesamtablaufs nur eine düstere Erinnerung an die einzelnen Wegsteine verblieb, an denen die Erregung vorbeifloß.[159]

Zudem spottet Döblin über die Kritiker, die seinen Text realistisch lesen: „Burlesk kam es mir vor, daß einer der ersten ausführlichen Hinweise auf das Buch von einem Sinologen von Fach stammte, der – sogar meine Hauptfigur echt fand."[160]

Die unzähligen auf Fakten basierenden Erzählelemente und die teils wörtliche Verwendung des konsultierten Lektürematerials lassen allerdings Zweifel an der behaupteten Realitätsferne aufkommen. Döblins programmatischen Darstellungen und Selbstkommentare zu seiner schriftstellerischen Praxis, so wäre zumindest zu erwägen, könnten daher womöglich weit öfter als Selbstinszenierungen eines modernen Autors denn als normative Forderungen und deskriptive Leseanleitungen für seine eigenen Texte zu verstehen sein.[161] Die „Tatsachenphantasie" wäre dann nicht eine durch Tatsachen inspirierte Phantasie, sondern eine Phantasie über Tatsachen.

Zudem hat die Textanalyse auch gezeigt, dass Döblin zwar konfuzianische, daoistische und vor allem buddhistische Elemente in seine Erzählung integriert und auf inhaltlicher wie sprachlicher Ebene chinesische Gestaltungsmittel einflicht, sein

---

rezipierten Materials realisiert diese Wissenstransformation als Inspirationsästhetik – also als ‚Verflüssigung' der angeeigneten ‚festen' Wissensbestände im kreativen Prozess."

159 Döblin: Der Epiker, sein Stoff und die Kritik, S. 25. Vgl. auch ders.: Epilog [Manuskriptfassung], S. 287: „Der und jener meinte, ich wüßte was von China oder vom Dreißigjährigen Krieg. Faktisch lebte ich in diesen Menschen nur während der kurzen Spanne des Schreibens. Aufdringlich, prall stellten sich dann sehr plastische Szenen vor mich. Ich notierte sie, schrieb sie auf und schüttelte sie von mir ab. Da standen sie dann schwarz auf weiß. Ich war froh, nichts mehr mit ihnen zu tun zu haben."

160 Döblin: Der Epiker, sein Stoff und die Kritik, S. 25. Vgl. ähnlich ders.: Epilog [Manuskriptfassung], S. 287.

161 Deupmann registriert diese zwar, übergeht dies innerhalb seiner Argumentation jedoch (vgl. Deupmann: Chinoiserie und „Tatsachenphantasie", S. 107). Vgl. dazu auch kurz Klaus Müller-Salget: Alfred Döblin. Werk und Entwicklung. Bonn ²1988, S. 116.

China-Interesse jedoch zugleich weit über diese genuin religionsphilosophische Annäherung hinausgeht. Geschildert wird schließlich ein politischer Konflikt, dem zwar ein Religionskonflikt zugrunde liegt, in dem die politischen Akteure aber keinen religiösen, sondern vornehmlich Eigeninteressen folgen. Daran lässt sich anknüpfen und im Rekurs auf weitere Kontexte, vor allem die zeitgenössischen politischen Texte Döblins, die Hypothese prüfen, dass Döblin mit der Publikation des Textes 1921 nicht nur ein nebensächliches, sondern ein genuines gesellschafts- und sozialkritisches Interesse verfolgte, insofern er mit seiner Erzählung eine problematische kapitalistische Tendenz anprangerte und die zugehörige politische Praxis korrupter Absprachen offenlegte.

2.1.2 „China, how far are you!" – Schriftsteller im Staat

„[D]ie Politik wird uns Unpolitischen dann hoffentlich auch etwas in die Knochen fahren",[162] schreibt Alfred Döblin an seinen Schriftstellerkollegen und Freund Herwarth Walden im Jahr 1916 und verleiht dabei seiner Hoffnung auf eine Neustrukturierung des deutschen Staates und der deutschen Gesellschaft unter aktiver Beteiligung der Schriftsteller:innen nach dem projektierten Ende des Ersten Weltkriegs Ausdruck.[163] Döblin selbst kann man diese Politisierung – um welche Form der literarisch artikulierten Politisierung es sich handelt, wird zu klären sein – jedenfalls attestieren, auch wenn seine politischen Hoffnungen enttäuscht wurden. Retrospektiv charakterisiert er diese Zeit in einem autobiographischen Kommentar:

> Ich stand, als es [d.i. das Buch *Wang-lun*; K.H.] 1916 herauskam als Militärarzt draußen im Heer. Das Buch wurde mit einem Preise ausgezeichnet. Damit war ich, nunmehr Mitte [d]reißig Jahre alt, ins Schreiben geraten und nun liefen immer nebeneinander her ärztliche Praxis und Literatur. Und es war, nach 1918, noch etwas Drittes hinzugetreten: die Politik. Besonders die sozialen Dinge erregten und beschäftigten mich sehr und die üble Entwicklung, die nach der mißglückten Revolution von 1918 die Dinge in Deutschland nahmen.[164]

Zwar äußerte sich Döblin auch schon vor Kriegsende und vor der deutschen Revolution im Jahr 1918 politisch, doch lässt sich, wie in der überschaubaren Forschung

---
162 Alfred Döblin an Herwarth Walden, 10.7.1916, in: Döblin: Briefe, Bd. 1, S. 87.
163 Vgl. Alfred Döblin an Herwarth Walden, 10.7.1916, in: Döblin: Briefe, Bd. 1, S. 87: „es geht alsdann um die Wurscht in der inneren Politik, dann fängt erst der Krieg an."
164 Döblin: [Bemerkungen über mein Leben und mein literarisches Werk], S. 335f.

zu Döblins politischen Schriften bereits mehrfach konstatiert wurde,[165] zu diesem Zeitpunkt eine Wende in seiner politischen Orientierung ausmachen. Begrüßte Döblin zunächst, wie viele seiner Schriftstellerkolleg:innen, den Ersten Weltkrieg als Initiationsakt und Ermöglichungsmoment für neue politische Ordnungen, wie etwa in *Reims* (1914) ausgeführt,[166] verkehrte sich diese Aufbruchseuphorie für ihn bald ins Gegenteil. Nicht zuletzt seine Erfahrungen als Militärarzt in einem Seuchenlazarett führten ihn zu einer starken Kriegsablehnung und einem fortan vertretenen Pazifismus.[167] Enttäuscht von der „mißglückten Revolution von 1918",[168] die, so schreibt Döblin an anderer Stelle, aus „einem Obrigkeitsstaat mit gekrönter Spitze" keinen „Volksstaat", sondern einen „Staat autonomer Beamten" gemacht hatte[169] und „üble Entwicklungen" hinsichtlich aufkeimender restaurativer Bestrebungen billigte, vielleicht gar erwirkte,[170] orientierte Döblin sich in der Weimarer Republik „mit Vorbehalten", wie er betonte, an der „sozialdemokratische[n] Seite". Er „war bis 1927 Mitglied der sozialdemokratischen Partei, trat aber dann aus, als ich sah, wie das Bonzentum hier die Oberhand gewann, von der geistigen Leere und Bewegungsfreiheit nicht zu sprechen."[171] Tatsächlich scheinen die angebrachten „Vorbehalte" weit größer als seine Überzeugung für die im Parteisinne sozialdemokratische Linie – ein wirklich aktives Parteimitglied war Döblin jedenfalls nie. Seine politische Publizistik dieser Jahre, die er in verschiedenen Zeitschriften, teils auch unter dem Pseudonym Linke Poot sowie in den Sammlungen *Der Deutsche*

---

165 Auch Torsten Hahn konstatiert im Anschluss an Wulf Koepke ein noch immer vorherrschendes Forschungsdesiderat hinsichtlich einer detaillierten vergleichenden Analyse von Döblins politischen Schriften; vgl. Torsten Hahn: Politische Schriften, in: Döblin-Handbuch, S. 195–204, hier: S. 195.
166 Vgl. zu dieser frühen Phase u.a. Hahn: Politische Schriften, S. 195–204, zu *Reims* S. 195f.; ders.: Nachwort, in: Alfred Döblin: Schriften zur Politik und Gesellschaft. Mit einem Nachwort von Torsten Hahn, hg. von Christina Alten. Frankfurt am Main 2015, S. 492–510, v.a. S. 495; Wulf Koepke: Döblin's Political Writings during the Weimar Republic, in: A Companion to the Works of Alfred Döblin, hg. von Roland Dollinger, Wulf Koepke und Heidi Thomann Tewarson. Columbia 2004, S. 183–192, v.a. S. 184.
167 Vgl. auch Koepke: Döblin's Political Writings during the Weimar Republic, S. 184.
168 Döblin: [Bemerkungen über mein Leben und mein literarisches Werk], S. 335.
169 Alfred Döblin: [Das Recht auf Meinungsäußerung] (1927), in: ders.: Schriften zur Politik und Gesellschaft, S. 237–242, hier: S. 241.
170 Vgl. auch Hahn: Politische Schriften, S. 195.
171 Döblin: [Bemerkungen über mein Leben und mein literarisches Werk], S. 335f.

Maskenball (1921)[172] und *Wissen und Verändern. Offene Briefe an einen jungen Menschen* (1930)[173] veröffentlichte, zeichnet sich vor allem durch eine harsche, das gesamte politische Spektrum umgreifende Parteienkritik aus. Döblin stellte sich politischen Vereinigungen, die unter einem gesetzten Parteiprogramm agierten, generell entgegen und bezog eine individuelle, „gesellschaftskritische Position jenseits aller Parteipolitik und politischer Dogmatik".[174] Er vertrat, wie Wulf Koepke Döblins politische Einstellung treffend charakterisierte, „a humane socialism characterized by voluntary association instead of the coercive power of states and political parties",[175] einen „humanistic, non-ideological socialism".[176] Trotz der Enttäuschung durch die missglückte Revolution hielt Döblin hoffnungsvoll daran fest, dass der deutsche Staat sich in einer Phase der Neukonsolidierung befinde, mit der Konsequenz, dass, wie er in dem Brief an Walden forderte, auch für „uns Unpolitische[]" die Zeit für politische Aktivität nun gekommen sei.

Dieses neue, politische Selbstverständnis wird unter anderem in einem in zwei Teilen publizierten Artikel in der rechten sozialistischen Wochenschrift *Die Glocke* mit dem Titel *Der Schriftsteller und der Staat* im Jahr 1921 deutlich,[177] also zeitgleich zur Publikation der chinesischen Erzählung. Dieser Aufsatz hat exemplarischen Charakter und sei deshalb im Folgenden aus der Vielzahl der in dieser ‚Übergangsphase' entstandenen und publizierten Beiträge politischen Inhalts zentral gestellt.[178]

---

172 Siehe dazu auch ausführlicher: Liselotte Grevel: Linke Poot: Der deutsche Maskenball, in: Döblin-Handbuch, S. 190–194 und Wolfgang Düsing: Der Intellektuelle zwischen Ideologien und Institutionen. Döblins Essayistik in der Weimarer Republik, in: Alfred Döblin zwischen Institution und Provokation, hg. von Yvonne Wolf. Bern 2007, S. 153–165, v.a. S. 155–159.
173 Vgl. dazu ausführlicher Mirjana Stancic: Wissen und verändern! Offene Briefe an einen jungen Menschen (1931), in: Döblin-Handbuch, S. 205–209; Düsing: Der Intellektuelle zwischen Institution und Provokation, S. 159–165; Barbara Köhn: Alfred Döblins provokatorische Beurteilung deutscher politischer Institutionen zum Zweck institutioneller Erneuerung, in: Alfred Döblin zwischen Institution und Provokation, S. 99–138.
174 Hahn: Politische Schriften, S. 195. Vgl. auch ebd., S. 197.
175 Koepke: Döblin's Political Writings during the Weimar Republic, S. 190.
176 Ebd., S. 189. Koepke spricht für die Zeit nach 1918 gar von anarchistischen Tendenzen, was sicherlich zu weit führt. Vgl. dagegen auch Bernhard Spies: Alfred Döblin und Heinrich Mann in der Weimarer Republik. Die ‚Geistigen' und die Demokratie, in: Alfred Döblin zwischen Institution und Provokation, S. 139–153, hier: S. 145: „In der grundsätzlichen Distanz zu staatlich-institutioneller Vergesellschaftung liegt eine gewisse Nähe Döblins zum Anarchismus, ohne dass man ihn als Anarchisten bezeichnen könnte"; vgl. ebd., S. 145, Anm. 10.
177 Alfred Döblin: Der Schriftsteller und der Staat, in: Die Glocke 7.7 (1921), S. 177–182 und 7.8 (1921), S. 207–211; erneut abgedruckt in: ders.: Schriften zu Ästhetik, Poetik und Literatur, S. 153–165. Im Folgenden zitiere ich aus der Werkausgabe.
178 Vgl. dazu auch den Überblicksartikel von Hahn: Politische Schriften, S. 195–204.

Der Schriftsteller und der Staat lässt sich grob in fünf Teile strukturieren: Nach einem einleitenden literarischen Beispiel liefert Döblin zunächst eine Art historisch-diagnostischen Abriss, der den gegenwärtigen Status der Schriftsteller[179] im Verhältnis zum Staat in seiner Entwicklung erklären soll. So weit vorbereitet, greift er im dritten und vierten Teil des Aufsatzes sozialistische und antinationalistische Grundannahmen zur politischen Rolle der Intellektuellen auf und formuliert Handlungsanweisungen zum einen explizit für Schriftsteller, zum anderen für den Staat. Dies mündet in eine pointierte Zusammenfassung. Der Aufsatz hebt sich insofern von Döblins übriger politischer Publizistik ab, als er hier nicht nur als Beobachter figuriert, der dokumentiert, offenlegt, kritisiert und anprangert.[180] Vielmehr werden konkrete Handlungsvorschläge unterbreitet, die in einem offenen Appell an seine Kollegen münden. Dennoch ist auch dieser Text nicht im Sinne einer direkt umsetzbaren politischen Agenda zu verstehen, sondern er liefert eher eine Darstellung eines anzustrebenden Idealzustandes, für den man als Schriftsteller nach Döblins Dafürhalten eintreten soll.

Wie gestaltet sich Döblins Diagnose? Gegenwärtig stehe „der deutsche Schriftsteller im Staat, vegetiert er im Staat, gering geachtet, fast mißachtet, selbst ohne Gefühl von eigener Würde",[181] so Döblins Ausgangsbeobachtung. Dazu geführt hätte, so leitet er historisch her, eine gesellschaftliche Veränderung: Die bürgerliche Mittelschicht habe sich nach 1848 und 1870/71 unkritisch und unreflektiert an den Idealen der Herrschenden orientiert,[182] was zu einer „Infiltration des Bürgertums mit den Idealen der regierenden Oberschicht"[183] und dadurch zu einer „Aushöhlung der Mittel- und Unterschichten des Volkes"[184] und einem Verlust schriftstellerischer Einflussmöglichkeiten geführt habe. Der Systemwechsel 1918 hin zur demokratisch-republikanischen Verfassung habe dann eine neue Lage herbeigeführt. Dieser Orientierungsverlust aktiviere jedoch bislang unterdrückte Kräfte, wie es sich in gegenwärtigen Gruppen- und Verbandsneubildungen äußere. So beobachtet er und leitet daraus prospektiv ab:

---

179 Um keine anachronistische Korrektur vorzunehmen und historisch adäquat zu sein, verwende ich im Folgenden für die Analyse und Untersuchung des Texts ausschließlich die maskuline Form. Döblin selbst nutzt ausschließlich diese und führt auch keine Autorinnen als Beispiele an.
180 Vgl. auch Hahn: Politische Schriften, S. 199f., der ebenfalls betont, dass Döblins politische Texte sich vor allem durch seine Beobachterrolle auszeichnen.
181 Döblin: Der Schriftsteller und der Staat, S. 153f.
182 Vgl. ebd., S. 156: „ohne zu ahnen, was man tat, die Herrenideale als eigene auf".
183 Ebd., S. 155.
184 Ebd., S. 156.

> Man will langsam wieder auf eigenen Boden treten. So wie niedergedrücktes Getreide sich wieder aufrichtet, erheben sich im ganzen Volk die ungenutzten Kräfte, es will noch ungeregelt die Vitalität heraus, die hier verheimlicht war. Überall treten die Menschen zu Verbänden zusammen, besprechen ihre Sachen, bilden Selbstverwaltungskörper. Und während oben noch die alten Ideologien flottieren und ihren Schaum schlagen, ändern sich die Menschen, ihr Verhältnis zueinander, es gruppiert sich alles langsam um. Und langsam wird die angebahnte Bewegung größere und größere Kreise ziehen und wird sich bis in das Persönlichkeitsgefühl, bis in die Sittlichkeit hinein umgestaltend auswirken. Dies ist der Augenblick des Schriftstellers.[185]

Diese Zukunft verheißenden Neugruppierungen sind jedoch nicht, wie sich oben bereits andeutete, im Sinne einer Parteienorganisation zu verstehen. Zwar äußert Döblin in diesem Beitrag nur leise Parteikritik, wenn er etwa den „ersten freiheitlichen Bewegungen" einen „Wust von Programmen", „tausenderlei Begierden und Verranntheiten" und eine „kindliche[] Dogmatik" sowie das Setzen auf und Verbreiten von „Suggestivvorstellungen" zuschreibt.[186] Es ist vor allem die „wirkliche Mitarbeit" der „bisher Regierten",[187] die Mobilisierung der „ungenutzten Kräfte", die diese von ihm benannten ‚Interessensgemeinschaften' von Parteien unterscheidet. Im Artikel *Republik* (1920) wird die weit verbreitete Skepsis gegenüber einer Parteiendemokratie besonders deutlich, wenn Döblin „die Kräfte des Volkes" beschwört. „Die wirklichen Kräfte, nicht die, die man vorgibt zu haben und zu kennen, weil man ihre Stimmzettel sammelt. Es kommt auf Herausbildung der elementaren Triebkräfte des Volkes, auf ihre reale Formung an."[188] Wie viele Intellektuelle seiner Zeit bleibt Döblin die Konkretion an dieser Stelle schuldig, ‚das Volk' tritt als vage Entität an die Stelle gebündelter Interessensgemeinschaften. Inwiefern aber ist dies nun der „Augenblick des Schriftstellers"? Welche Rolle haben die Intellektuellen in dem „sich neu gestaltenden Staat",[189] sofern dieser ein „Optimum von Wirkensbedingungen"[190] schafft und für wen sollen sie sich einsetzen?[191]

---

185 Ebd., S. 157.
186 Ebd., S. 159.
187 Alfred Döblin: Republik (1920), in: ders.: Schriften zur Politik und Gesellschaft, S. 117–125, hier: S. 118f.
188 Ebd., S. 119.
189 Um die zeitgenössischen Diskussionen um den Begriff der Intellektuellen wissend, verwende ich im Folgenden den Begriff synonym zu „Schriftsteller:innen" sowie „Geistigen", wie auch Alfred Döblin dies in seinen Schriften tat. Vgl. dazu auch kurz Düsing: Der Intellektuelle zwischen Ideologie und Institutionen, S. 161.
190 Döblin: Der Schriftsteller und der Staat, S. 157.
191 Das Erkennen und aktive Einnehmen dieser neuen Rolle streicht Döblin explizit heraus: „Groß ist die Aufgabe, die der Schriftsteller in diesem sich neu gestaltenden Staat hat, ein Optimum von Wirkensbedingungen ist ihm gegeben. Wächst er an ihnen nicht hoch, erringt er jetzt im Staat eine neue Würde, ist er zerschmettert, und wir werden nie einen deutschen Schriftsteller sehen." (Ebd.).

Die ‚wahre' Funktion der Schriftsteller, zu deren Gruppe Döblin sich selbst rechnet,[192] ist es, „Verbreiter von Erkenntnissen und Anregungen" und „Beleber sittlicher Antriebe"[193] zu sein – also als Vermittler und Förderer moralisch-ethischer und daraus resultierender politischer Prinzipien innerhalb der Gesellschaft zu wirken. Befähigt sei der Schriftsteller dazu, weil er eine ‚Sonderposition' innerhalb des sozialen Gefüges einnähme, indem das Volk „seins ist",[194] sein „Geist" aber auch „der des Staates" sei.[195] Just diese Doppelposition hätten die Autoren Ende des 19. Jahrhunderts verloren, sollen sie nun aber wieder für sich reklamieren, quasi als Herstellung des *status quo ante*. Döblin strebt weder eine ‚Herrschaft der Geistigen', etwa im Sinne Kurt Hillers logokratischer Ideen an,[196] noch dürfe der Schriftsteller sich von den Parteien instrumentalisieren lassen und den Herrschenden oder auch nur den ideologischen Führern als Sprachrohr dienen.[197] In beiden Fällen unterliege der Schriftsteller – und diese Beobachtung führt zur zentralen, bereits kommentarlos eingeführten Vokabel – einem „hilflosen und fieberhaft verwirrten Geist[]".[198] Döblins Konzept der „Geistigen" ist dabei, wie auch viele andere politische und poetologische Kategorien, die er in seinen theoretischen Schriften einführt, relativ vage gehalten.[199] Wie auch bei Ausdrücken, wie „steinerner Stil", „Kinostil" oder „Depersonation", liefert Döblin keine systematische Konturierung und keine zuverlässige Definition, die sich in den weiteren darauf rekurrierenden theoretischen Schriften verfestigen würde, sondern es handelt sich mehr um eine inhaltlich flexibel zu füllende, metaphorisch besetzte Vokabel, die Assoziationen begünstigt, aber mitunter auch widersprüchlich gebraucht wird. Der „Geistige" steht, so schreibt Döblin in *Der Schriftsteller und der Staat* jedenfalls, im „Dienst seiner

---

192 Vgl. ebd.: „Wer das nicht fühlt, ist nicht oder noch nicht Schriftsteller. Wer die wärmere Häuslichkeit, den größeren Prunk über den harten Geist setzt, hat mit uns nichts zu tun."
193 Ebd.
194 Ebd. Der Schriftsteller stehe dabei zum Volk „wie einmal einer von ihnen zu einer Frau stand, von der er sagte: Du warst mir in vergangenen Tagen so Schwester, Mutter, Kind und Braut. So zart wie zu einem Kind, fürsorglich und ehrfürchtig wie zu einer Mutter, liebevoll und dabei entschlossen führend wie ein Mann."
195 Ebd.
196 Hillers Konzept der Herrschaft der Intellektuellen bezeichnet Döblin in einem Brief an seinen Freund Walden als „Dummheit" (Alfred Döblin an Herwarth Walden, 10.7.1916, in: Döblin: Briefe, Bd. 1, S. 87).
197 Vgl. Döblin: Der Schriftsteller und der Staat, S. 159; vgl. auch bereits ebd., S. 156 sowie Alfred Döblin: Schriftsteller und Politik (1924), in: ders.: Schriften zur Politik und Gesellschaft, S. 235–237, hier: S. 236.
198 Döblin: Der Schriftsteller und der Staat, S. 159. Vgl. dazu auch ausführlicher Spies: Alfred Döblin und Heinrich Mann in der Weimarer Republik.
199 Vgl. auch Grätz: Schriften zu Ästhetik und Poetik, S. 318.

Erkenntnis",[200] ist also relativ autonom und hat deshalb „die Verpflichtung zum Abwägen, Vergleichen, zur Gerechtigkeit; dies ist die einzige Verpflichtung, die absolut bindend für den Schriftsteller ist."[201] Ergänzend lässt sich hierzu ein kürzerer Artikel hinzuziehen, der im Mai 1924 in der Zeitschrift des *Schutzverbands Deutscher Schriftsteller*, dem Döblin zu diesem Zeitpunkt vorsaß, publiziert wurde und den Titel *Schriftsteller und Politik* trägt. Hier wird die Grundlage für diese Verpflichtung ansatzweise expliziert: „Die Beschäftigung mit geistigen Dingen, mit Dingen der eigenen und fremden Kulturen, der jetzigen und früheren Zeit, kann, länger getrieben, nicht wirkungslos sein." Diese Wirkungen seien (1) „Erweiterungen des Horizonts", was dem Schriftsteller den notwendigen „Überblick" verschaffe, (2) eine „Intensivierung und Fassung des politischen Grundgefühls" sowie (3) „Ruhe und Verantwortungsgefühl im Kampf".[202] Diese aus der Überschau erwachsene, konkreten Parteieninteressen und Vorurteilen enthobene Haltung, welche die Intellektuellen sowohl für die Erkenntnis und Vermittlung von faktischem Wissen, also epistemischer Wahrheit, als auch von „Sittlichkeit", also ethischer Wahrheit, legitimiere, erlaube dem geistigen Menschen innerhalb der staatlich organisierten Gemeinschaft seine Sonderposition zu behaupten: die „Geistigen" bilden eine separate, bildlich gesprochen über den übrigen Klassen stehende, soziale Gruppe mit einer klaren Vermittlungsaufgabe zwischen und in die einzelnen Schichten hinein, wie auch Wulf Koepke ausführt: „It is the responsibility of the ‚geistige Menschen' to rise above the existing class divisions and their ideologies, and to work out and communicate the ideas of a true humanism based on solidarity, peace, justice, and the end of the exploitation of labor."[203] Um diesem Auftrag umfassend gerecht zu werden, müssten sich die Schriftsteller von ihrer zumeist bürgerlichen Herkunft weitgehend lösen und sich vornehmlich der Arbeiterklasse zuwenden, der nach dem Systemwechsel verschiedene Aufgaben zuwachsen würden.[204] Der Staat, so

---

200 Döblin: Der Schriftsteller und der Staat, S. 158.
201 Ebd., S. 160.
202 Döblin: Schriftsteller und Politik, S. 236.
203 Koepke: Döblin's Political Writings during the Weimar Republic, S. 190. Vgl. auch Düsing: Der Intellektuelle zwischen Ideologien und Institutionen, S. 159.
204 Vgl. Döblin: Der Schriftsteller und der Staat, S. 161: „Man muß wissen, daß die ungeheure Masse des sogenannten niedrigen Volks nunmehr teilnehmen will und muß. Nicht bloß die Sorgen, Leidenschaften, Versuchungen und Verderbtheiten der einen Schicht mögen in Zukunft Gegenstände des darstellenden Schriftstellers sein. Er wird eine große, ihm angemessene Leistung im Staat vollbringen, wenn er mit diesem zu ihm drängenden Volk zu fühlen lernt, an ihm lebendig wird und ihre Art aufweckt. Es wird bald die Zeit kommen, wo wir einfach werden müssen, viel einfacher, verständlicher und darum lebensvoller als wir jetzt sind." Vgl. dazu auch Spies: Alfred Döblin und Heinrich Mann in der Weimarer Republik, S. 147.

wird im vierten Teil des Texts deutlich, müsse diese Entwicklung grundsätzlich und die Schriftsteller:innen im Speziellen bei der Ausübung dieser Tätigkeit unterstützen. Noch einmal betont Döblin in diesem Zusammenhang die über reines Wissen hinausgehende, in den Bereich moralischer und ethischer Wertevermittlung hineinreichende Aufgabe des Schriftstellers im Staat: „Der Dichter soll sich nicht politisieren, aber der Staat muß sich, das haben wir zu fordern, in stärkstem Maße humanisieren und kultivieren."[205] Döblin streicht noch einmal explizit den Humanismus als für ihn zentrale Handlungsbasis heraus; wie er an anderer Stelle bekannte: „Ich vertrete, ohne daß man es mir dankte, – ich gestehe es – die Humanität, die Menschlichkeit und die Menschheit: ‚Menschentumsart'".[206] Dies bildet wiederum auch die Grundlage seiner Parteienkritik, denn: „Der Humanist ist kein Parteimensch, schon weil eine Partei von Haus aus ungerecht ist".[207]

Wie in der Forschung bereits mehrfach ausgeführt,[208] knüpft Döblin vor allem hinsichtlich der gesellschaftlichen Stellung des ‚geistigen Menschen' lose an Karl Mannheims Idee des ‚freischwebenden Intellektuellen' an. Mannheim hatte in den 1920er-Jahren wiederholt betont, dass allein die Intellektuellen als eine nicht durch soziale Klasse und geistige Schicht determinierte Gruppe in der Lage seien, in relativer Unabhängigkeit und Überparteilichkeit für Normen und Werte zu streiten und auf diese Weise jenseits ideologischer Interessen positiv auf die sozialen Gegebenheiten einzuwirken, etwa utopische Gehalte zu vermitteln.

Neben dieser deutschen beziehungsweise europäischen Referenz aber, die fest zum Intellektuellendiskurs der Weimarer Republik zählt, speist sich Döblins politisches und intellektuelles Selbstverständnis aus einer weiteren, erstaunlicherweise außereuropäischen Quelle. Den erwähnten historischen Abriss in *Der Schriftsteller und der Staat* leitet Döblin nämlich über einen kontrastierenden Vergleich ein, der

---

205 Döblin: Der Schriftsteller und der Staat, S. 162.
206 Alfred Döblin: Gespräche über Gespräche. Döblin am Alexanderplatz (1931), in: ders.: Schriften zu Leben und Werk, S. 200–204, hier: S. 203.
207 Alfred Döblin: Neue Zeitschriften (1919), in: ders.: Schriften zur Politik und Gesellschaft, S. 81–96, hier: S. 89. Dort heißt es: „Der Humanist ist kein Parteimensch, schon weil eine Partei von Haus aus ungerecht ist, aber er hebt die Menschlichkeit, auch wenn sie in einer Partei steckt. Es gibt viele Wege: man darf sich nur nicht an den Weg verlieren. Die Gerechtigkeit läßt ihn in vielen Dingen und Parteien etwas Gutes sehen, er vermag ihren Widerspruch nicht anzuerkennen, es widert ihn an, da zu kämpfen, wo er aufklären und anleiten möchte. Er möchte auch nicht müßig stehen. Wahrscheinlich tut er nicht gut, sich an eine Partei zu verkaufen und ihren Haß mit seiner Kohle zu befeuern, aber es versäumt es nicht und es ist seine Aufgabe, da zu erscheinen, und überall da zu erscheinen, wo er sein Podium findet, und wenn es auch in einem Parteilokal ist. Aber er wird überall tragische Fallstricke finden."
208 Vgl. z.B. Koepke: Döblin's Political Writings during the Weimar Republic, S. 189 sowie Düsing: Der Intellektuelle zwischen Ideologien und Institutionen, S. 159f.

den Beginn des Bedeutungsverlusts des Schriftstellers in Deutschland am Beispiel von Gerhart Hauptmann mit einem positiven Beispiel konterkariert. Als Gegenbild dient die Rolle des Schriftstellers im zeitgenössischen China. Szenisch beschreibt Döblin zunächst ein Ereignis aus dem Boxeraufstand im Jahr 1900/01:

> Bei der Niederwerfung des Boxeraufstandes marschierten die europäischen Truppen durch Tsingtau. Die chinesische Bevölkerung ließ sich die einzelnen Formationen und Rangstufen demonstrieren: es gab Grinsen und Achselzucken beim Anblick der Uniformen, der Soldaten und der hohen Offiziere auf den schönen Pferden. Dann kam ein Mann hinten beim Gepäck, er fuhr in einem kleinen zweirädrigen Wagen, ein gewöhnlicher Zivilist. Als man ihnen diesen wies und sagte, dies sei ein Schreiber, ein Schriftsteller, ein Literat, traten sie achtungsvoll zurück, schwangen grüßend die Hände, verneigten sich.[209]

Die militärisch unterworfene chinesische Bevölkerung bringe folglich dem Schriftsteller gegenüber eine hohe Wertschätzung auf, selbst im Vergleich zum bewaffneten Militär und obwohl der hier auftretende Schriftsteller europäischer Herkunft ist. Döblin erläutert:

> Dieses China hat seine ungeheure, eigentlich beispiellose und im Grunde auch jetzt noch unerschütterte Stabilität dadurch erlangt, daß in langen Jahrhunderten die Dynastien in großer Ehrfurcht vor dem Volk, den 100 Familien, an sich zogen, was an Geistigkeit im Volk lebte und selber in dieser Geistigkeit lebten. Die literarische Allgemeinbildung, welche den Schriftsteller in höchster Achtung erscheinen ließ, war der Ausgangspunkt und der Mutterboden für jede Fachbildung, sei sie politischer, verwaltungstechnischer, juristischer oder strategischer Art. Immer war der Geist, der sich in den besten und maßgebenden Schriftstellern äußerte, zugleich der Geist des Staates, und er war lebendig in der Regierung.[210]

China wird zum Vorbild erklärt: Hier habe der Dichter schon seit „langen Jahrhunderten" die Position inne, die nach Döblin nun auch die Intellektuellen im deutschen Staat erstreben sollten. Ist diese Vorstellung wiederum als rein imagologische Idealisierung Chinas abzuweisen, die im fernen Osten nur das Gegenbild des Eigenen sucht? Keineswegs. Denn Döblin rekurriert auf eine politische und gesellschaftliche Ordnung, die maßgeblich auf Konfuzius zurückzuführen ist; Döblins religionsphilosophisches und kulturhistorisches Interesse weitet sich so ins Politische.[211] Dieser Zusammenhang erklärt sich auch aus einer deutlich späteren Publikation Döblins, in der er ganz ähnlich argumentiert: Im US-amerikanischen Exil verfasste er für eine im Verlag *Cassell and Company* erschienene, von Alfred O. Mendel herausgegebene Reihe das schmale Bändchen *The Living Thoughts of Confucius*

---

209 Döblin: Der Schriftsteller und der Staat, S. 154.
210 Ebd.
211 Vgl. auch Ostheimer: „China, how far are you!", S. 260.

(1942).²¹² Den hier versammelten, von Döblin ausgewählten Konfuzius-Texten, die aus *The Chinese Classics* (übersetzt von James Legge, 1893)²¹³ und *The Sacred Books of China* (ebenfalls übersetzt von James Legge, 1879)²¹⁴ stammen, ist ein von Döblin verfasster, von Doris A. Infield ins Englische übersetzter, einleitender Essay vorangestellt, der primär Basiswissen zu Person und Lehre des chinesischen Philosophen vermitteln soll. Darüber hinaus aber wird auch just die von Döblin den Schriftstellern und Intellektuellen zugeschriebene Sonderpositionierung zwischen den Klassen erwähnt und auf Konfuzius' Staatsideen zurückgeführt.²¹⁵ Döblin geht sogar noch einen Schritt weiter, wenn er auch ethische und moralische Grundvorstellungen, „a practicable moral code", als Grundlage staatlichen und zwischenmenschlichen Handelns als konfuzianisches Element einführt.²¹⁶ Dieser „practicable moral code" werde von Konfuzius und seinen Schülern in sämtliche gesellschaftliche Bereiche vermittelt.²¹⁷

Auffallend an dieser im Übrigen textsortenspezifischen Einführung ist die starke Akzentuierung des ‚politischen' Konfuzius, die Döblin an mehreren Stellen zu einer zeitkritisch intendierten – primär antifaschistischen und antitotalitären – Aktualisierung konfuzianischer Staatsideen und einer Idolisierung des konfuzianischen Chinas nutzt.²¹⁸ So bedauert er etwa: „Moral behaviour has, for Confucius, a meaning. What a contrast to the empty wisdom and hellish indifference of our day!"²¹⁹ Und später:

> The relation of government to people rests on reciprocity. Emperors and rulers, by making mistakes, lose their right to rule. For the administration of the State the same moral laws

---

212 In der Reihe erschienen etwa auch Beiträge von Thomas Mann zu Schopenhauer, von Julian Huxley zu Darwin, von André Gide zu Montaigne, von Stefan Zweig zu Tolstoi, von Heinrich Mann zu Nietzsche, von Alfred Zweig zu Spinoza und andere. Vgl. dazu auch die kurze Bezugnahme auf die Auftragsarbeit in einem Brief an seinen Sohn: Alfred Döblin an Peter Döblin, 14.2.1940, in: Döblin: Briefe, Bd. 1, S. 238.
213 James Legge: The Chinese Classics. Oxford 1893.
214 James Legge: The Sacred Books of China: The Texts of Confucianism. Oxford 1879.
215 Vgl. Alfred Döblin: The Living Thoughts of Confucius. London 1942, v.a. S. 2.
216 Ebd., S. 2.
217 Vgl. ebd., S. 6: „What he has to say consists of direct instruction, technical advice about the best proved methods to be employed by an ‚actual government'. He advises the head of the State. He is a practical man, and he knows how to discuss administration, law, and military strategy, the attitude towards family, all the things which can be proved worthiest in practice. But it is not to be." Vgl. auch ebd., S. 2.
218 Vgl. auch ebd., S. 12: „It is very likely (what we already know makes it probable) that here, too, we shall find much that is useful to us modern occidentals, at any rate, to help us know ourselves." Vgl. dazu auch Ostheimer: „China, how far are you!", S. 259 und S. 261.
219 Döblin: The Living Thoughts of Confucius, S. 13.

prevail – China, how far are you ! – as for the people with, at most, the difference that they have to be more strictly adhered to by the administration.[220]

Die staatliche Gemeinschaft, wie Döblin sie im konfuzianisch geprägten China zu erkennen meint, fußt demnach primär auf moralischen und ethischen Grundwerten, an die Regierung wie Volk gleichermaßen gebunden sind und deren Tradierung und Vitalisierung wiederum von Intellektuellen geleistet wird.

Döblin rekurriert damit nicht auf die zeitgenössisch in China und Deutschland rezipierten neokonfuzianischen Ideen, die Konfuzius' Staatskonzept als hierarchische, pyramidale Ordnungsform deuten wollten und seit 1900 an Zulauf gewannen. Konfuzius wird von Döblin vielmehr, wie auch Michael Ostheimer annimmt, als eine Art „Gewährsmann" eingeführt „gegen die Depravation von Gesellschaftsordnungen und Politikern, die von sich nur allzu selbstgewiss behaupten, allein dem Volkswillen zu gehorchen."[221] Unabhängig von seiner jeweiligen Funktion müsse ein jedes Individuum im Staat, so lässt sich der Kernpunkt von Döblins Konfuzius-Rezeption zusammenfassen, sein Handeln an ethischen Wertmaßstäben ausrichten, um eine ausgeglichene kosmologische Ordnung und damit einen gerecht funktionierenden Staat zu gewähren. Die Hüter dieser ethischen Ausrichtung sind keine Parteien, keine staatlichen Instanzen, sondern allein die Intellektuellen.

Dass Döblin diese Kritik nicht erst gegenüber dem nationalsozialistischen Regime entwickelt,[222] sondern dass sich dieses intellektuelle Selbstverständnis bereits in den Jahren der frühen Weimarer Republik ausbildet und ebenfalls bereits hier an China positiv exemplifiziert wird, lässt deutlich werden, dass wir es hier nicht mit einem speziellen, dem Verfolgungs- und Exilkontext entstammenden politischen Gedankengut zu tun haben. Vielmehr gehören diese an China geschulten Überlegungen Döblins zu den wenigen Konstanten in seinen theoretischen Stellungnahmen.

Die den Intellektuellen zugeschriebene Funktion sowie ihre prekäre, aber zugleich auch produktive Zwischenstellung innerhalb der Staatsgemeinschaft hat letztlich auch Auswirkungen auf deren primäres Vermittlungsmedium: die Literatur. Dichten ist, so konstatiert Döblin deshalb, immer „eine öffentliche Angelegenheit",[223] Literatur ist immer, ob nun konkret ihrem Inhalt nach oder nur in ihrer Wirkungsweise, politisch, wie Döblin auch 1929 unter dem programmatischen Titel

---

220 Ebd., S. 17.
221 Ostheimer: „China, how far are you", S. 263.
222 Für eine genauere Analyse in Bezug auf eine am NS-Regime artikulierte Kritik vgl. Ostheimer: „China, how far are you".
223 Döblin: An Romanautoren und ihre Kritiker, S. 119.

Kunst ist nicht frei, sondern wirksam: Ars militans ausführt.²²⁴ In dem in der Sektion für Dichtkunst der *Preußischen Akademie der Künste* gehaltenen Vortrag entwickelt Döblin ein Literaturprogramm, das die Vorstellungen zum Status der Intellektuellen komplettiert. Den Ausgangspunkt bildet das beobachtete Bestreben einiger Zeitgenossen, die Literatur über eine Idealisierung des rein Ästhetischen auf ‚Freiheit' und ‚Heiligkeit' zu verpflichten und sie damit zugleich – wie Döblin zeigt – wirkungslos zu machen.²²⁵ Unter der kämpferischen Devise *Ars militans* fordert er seine der *l'art pour l'art* ergebenen Kolleg:innen auf, „sich Ellenbogenfreiheit zu verschaffen und nicht als Kanarienvögel in Käfigen zu fungieren."²²⁶ Die vermeintliche Autonomie der Kunst sei – so Döblin an anderer Stelle – „eine blöde Unterstellung",²²⁷ gegen das er sein auf selbstbestimmte Zwecke und selbstbestimmte Wirkungen hin ausgerichtetes Literaturkonzept richtet. Döblin greift damit zeitgenössisch virulent diskutierte Fragen um Heteronomie und Autonomie der Literatur auf und positioniert sich eindeutig: Literatur soll und muss meinungsbildend auf die einzelnen gesellschaftlichen Schichten – und zwar auch die Arbeiterschicht hin – wirken. In *Der Schriftsteller und der Staat* fordert er:

> Nicht bloß die Sorgen, Leidenschaften, Versuchungen und Verderbtheiten der einen Schicht mögen in Zukunft Gegenstände des darstellenden Schriftstellers sein. Er wird eine große, ihm angemessene Leistung im Staat vollbringen, wenn er mit diesem zu ihm drängenden Volk zu fühlen lernt, an ihm lebendig wird und ihre Art aufweckt. Es wird bald die Zeit kommen, wo wir einfach werden müssen, viel einfacher, verständlicher und darum lebensvoller als wir jetzt sind.²²⁸

Wie bei vielen Intellektuellen der Weimarer Republik ist auch bei Döblin die Allianz von Politik und Kunst eine vornehmlich moralische. Sein Interesse als politischer Schriftsteller will er nicht an Partikularinteressen binden, sein Engagement soll kein parteipolitisch festgelegtes sein und nicht im antagonistischen politischen Leben der Zeit aufgehen. Schriftsteller:innen obliegt vielmehr, ihre Stimme für

---

224 Vgl. auch knapp dazu Hahn: Politische Schriften, S. 200.
225 Vgl. Alfred Döblin: Kunst ist nicht frei, sondern wirksam: Ars militans (1929), in: ders.: Schriften zu Ästhetik, Poetik und Literatur, 245–251, hier: S. 247.
226 Ebd., S. 251.
227 Alfred Döblin: Schriftstellerei und Dichtung. Redefassung (1928), in: ders.: Schriften zu Ästhetik, Poetik und Literatur, S. 199–209, hier: S. 205f.
228 Döblin: Der Schriftsteller und der Staat, S. 161. Vgl. auch Hahn: Politische Schriften, S. 199, der ebenfalls annimmt, dass die Literatur als Medium in Döblins Konzept die Unterschiede zwischen Unter- und Oberschicht überbrücken soll: „Der Aufruf, diesen Riss durch eine Reform der Literatur, der Vereinfachung ihrer Form und Rezeption, zu kitten, durchzieht Döblins politische und poetologische Schriften bzw. ist Teil seines literaturpolitischen Engagements."

‚alle', für das ‚Volk' zu erheben – eine im Kern demokratieskeptische Position, die gegenüber dem Repräsentationsprinzip, den Wahlen und Prozessen politischer Meinungsbildung reserviert bleibt. Gleichwohl handelt es sich um eine politische Position. Für meinen Problemzusammenhang relevant bleibt die Frage, ob und wie das umrissene Profil des Intellektuellen und seiner schriftstellerischen und politischen Aufgabe sich in der literarischen Praxis Döblins manifestiert.

2.1.3 Bekenntnisse. Exemplarisches Erzählen und die Rolle der Intellektuellen

Was Döblin in seiner Erzählung *Der Überfall auf Chao-lao-sü* (wie auch im *Wanglun*) zeigt, ist ein China, das aus seinem kosmologischen Gleichgewicht geraten ist und die soziale und politische Stabilität verloren hat, weil die einzelnen politischen Akteure sich nicht (mehr) an den konfuzianischen Moralkodex halten. Vor allem die beiden Protagonisten des zweiten Erzählteils verdeutlichen dies: Würde nach konfuzianischer Staatsordnung ein Fehlverhalten zum Entzug der politischen Position führen,[229] bleibt der Militärgeneral Chao-hoei stattdessen im Amt und kann so, wenngleich geschwächt, weiterhin Einfluss ausüben. Im Verlauf der Zwiesprache von Chao-hoei und Tang-schaoi wird deutlich, dass es für den Militärgeneral nur eine handlungsbestimmende Orientierungsgröße gibt. Er richtet sich weder nach humanistischen Grundwerten noch an Volksinteressen oder auch nur an Regierungsinteressen aus: Für ihn zählt ausschließlich der Erhalt des eigenen Status. Gleiches zeigt sich beim Stadtpräfekten Tang-schaoi, wobei dessen Fehlverhalten noch weit gewichtiger, folgenreicher und kritikwürdiger dargestellt wird. Die Figur ist als konfuzianisch gebildeter Intellektueller charakterisiert, doch auch er nimmt seine vermittelnde Position innerhalb der Gemeinschaft nicht wahr, sondern nutzt seinen Intellekt allein zur Umsetzung einer List, die seine eigenen Taschen mit Geld füllt. Die Figur des Präfekten kann somit in Döblins Matrix als einer der „hilflosen und fieberhaft verwirrten" Geistigen gedeutet werden,[230] die „die wärmere Häuslichkeit, den größeren Prunk über den harten Geist" setzen, so Döblin in *Der Schriftsteller und der Staat*.[231] Die Verfolgung buddhistischer Zirkel und die Unterdrückung der Glaubensfreiheit zeigt eine Gesellschaft auf Abwegen; ihre Wächter über den Moralkodex befördern und forcieren die Orientierungslosigkeit anstatt Vorbild zu sein. Damit wird bereits in der kleinen Erzählung kontinuierlich das vorweggenommen, was sich im Roman dann weiter entfaltet – und in der Forschung zum

---

229 Vgl. auch Döblin: The Living Thoughts of Confucius, S. 17.
230 Döblin: Der Schriftsteller und der Staat, S. 159.
231 Ebd., S. 157.

Wang-lun ausführlich aufgearbeitet worden ist: Die Unterdrückung der Bevölkerung, die eine im konfuzianischen Sinne gleichberechtigte und reziproke Gemeinschaft zerstört, führt zu Aufstand und Gegenwehr und einer gefährlichen Instabilität des Staats. Das konfuzianische China scheint hier also aus seinen Fugen geraten zu sein. Döblin nutzt gut recherchierte Episoden der chinesischen Geschichte – im Roman wie in der ursprünglich als epische Keimzelle gedachten Eingangsepisode – zur exemplarischen historisch-politischen Diagnose.

Diese Exempelrelation scheint mir von zentraler Bedeutung für eine Einschätzung von Döblins sowohl religionsphilosophischen als auch seines politischen Chinainteresses zu sein. Denn Döblin liefert mit seiner Erzählung mehr als nur eine politische Stellungnahme im chinesisch-historischen Gewand. Im Kern geht es ihm um die literarische Präsentation letztlich kulturübergreifender politischer und ethischer Überlegungen, die chinesischen ‚Tatsachen', die seine ‚Phantasie' befördern, sind dabei weit mehr als nur okkasionelle Anlässe. Vielmehr liefert ihm die intensive Beschäftigung mit der chinesischen Geschichte realistische Szenarien, die ihm erlauben, vom eigenen, europäischen Kontext temporär Abstand zu nehmen und die Besonderheiten seiner politischen Erfahrung im Vergleich mit anderen politischen Konstellationen zu reflektieren. Nur so kann er sich einen überparteilichen Standort im Mannheim'schen Sinne erst erarbeiten und vertreten. Wie eine exemplarisch angelegte historiographische Fallstudie liefert Döblin das historische chinesische Material in der fiktionalen Aufbereitung eine Probe für seine allgemein konzipierten, humanistischen Thesen.

Diese aus dem komparativen Blick geborene überparteiliche Perspektive des Autors hat auch wirkungsästhetische Konsequenzen, denn auch auf der Seite der antizipierten Rezipient:innen wird eine Doppelperspektive eingefordert: Zum einen erwartet Döblin von seinen Leser:innen die imaginative Versenkung in die historisch und kulturell fernen chinesischen Welten. Zum anderen aber regt sein historisch gesättigtes kritisches Bild von China einen analogisierenden Übertrag auf die zeitgenössische Erzählgegenwart an. Im Jahr 1930 konstatiert Döblin:

> Um von dem Charakter meiner Arbeiten etwas zu sagen: mein Denken und Arbeiten geistiger Art gehört, ob ausgesprochen oder nicht ausgesprochen zu Berlin. Von hier hat es empfangen und empfängt es dauernd seine entscheidenden Einflüsse und seine Richtung [...]. Diese Mietskasernen und Fabriken sind durch Jahrzehnte mein Anschauungs- und Denkmaterial gewesen, und ob ich von China, Indien und Grönland sprach, ich habe immer von Berlin gesprochen [...].[232]

---

232 Alfred Döblin: Alfred Döblin erzählt sein Leben (1930), in: ders.: Schriften zu Leben und Werk, S. 179–182, hier: S. 180f. Vgl. auch ders.: Phantasie oder Vorbild (1927), in: ders.: Schriften zu Leben

Was aber ist das *tertium comparationis*, das Döblins chinesische Episode mit der deutschen Gegenwart verbindet? In der Forschung finden sich immer wieder zeitkritische Analogisierungsversuche zum wilhelminischen Kaiserreich. Diesen mag man in großen Teilen zustimmen können, doch sie scheinen mir etwas vage und zumeist allein vom Roman her gedacht zu sein.[233] Der Publikationszeitpunkt der Kurzerzählung Anfang der 1920er-Jahre und damit deutlich nach dem Ende der wilhelminischen Ära legt aber zumindest auch eine andere zeithistorische Konkretisierung nahe. Wie oben ausführlich dargestellt, übt Döblin in der politischen Übergangsphase eine umfassende Staats-, Gesellschafts- und Sozialkritik, die sich gegen den Kapitalismus, gegen autoritäre Machtausübung, gegen Korruption, gegen eine ihrer nicht würdigen Stellung der Intellektuellen, gegen Diskriminierung und politische Missachtung der Arbeiterklasse richtet; dagegen steht sein Idealbild einer Gesellschaft, die sich an humanistischen Grundwerten orientiert. In *Der Überfall auf Chao-lao-sü* handeln, wie gesehen, die politischen und militärischen Machthaber weder im Sinne der Bevölkerung noch vertreten sie die Interessen des Herrschers: Sowohl Chao-hoei als auch Tang-schaoi stellen kaiserliche Interessen und Interessen des Staates bzw. der Gemeinschaft hintenan und handeln ausschließlich nach dem Kalkül individuellen Machterhalts. Die arbeitende Bevölkerung hat folglich weder ein Mitspracherecht noch einen wahren Fürsprecher für ihre Interessen. Döblin liefert mit seiner kleinen Erzählung eine Art Blick ‚hinter die Kulissen' und zeigt, wie diplomatische Verhandlungen und politische Entscheidungen sich nicht am Staats- und Gesellschaftsinteresse oder dem Wohl des ‚Volkes' ausrichten, sondern von Korruption und privaten Motiven geprägt sind. Dass den Auslöser hierfür Akte von Gewalt und Gegengewalt bilden, die nie aufgearbeitet werden, verdeutlicht zudem die Abgeschlossenheit und Volksferne der regierenden Oberschicht. Eigentlich dringend notwendige politische Veränderungsprozesse werden durch temporäre Interessenskonvergenzen von Zivil und Militär vereitelt.

Die Erzählung zieht keine konkreten politischen Schlussfolgerungen aus dem dargestellten Handeln, Döblin verbleibt ganz in der erzählten Welt. Seinem poetologischen Selbstverständnis entsprechend, belässt es der Text bei der Dokumentation und dem Aufzeigen politischen Fehlverhaltens. Aktualisierende Deutung oder auch etwaige politische Schlussfolgerungen bleiben allein den Leser:innen überlassen.

---

und Werk, S. 76f., hier: S. 76: „Ich kann viel besser schreiben – und zwar viel sicherer und realer – über das, was in China und Indien vorgeht, als das, was in Berlin vorgeht."
233 Vgl. auch Jahraus: Chinoiserien, Chinawaren, chinesischer Roman, S. 74. Vgl. dagegen Müller-Salget: Alfred Döblin, S. 163.

Etwas deutlicher als in der Erzählung wird Döblin im *Wang-lun*, und es stellt sich die Frage, inwiefern die politische Interpretation des ursprünglich als Einleitung gedachten Textes Auswirkungen auf die Deutung des Romans haben kann, sollen doch der Eingangsepisode als dem „Hauptquartier" „Direktiven" für den *Bau des epischen Werks* entspringen.[234]

Überraschenderweise begegnen die zentralen Figuren der angedachten Eingangssequenz den Leser:innen im abschließenden vierten Buch des Romans allesamt wieder. Chao-lao-sü ist längst genesen und hat sich der Truppe der „Mordbrenner vom Ili" angeschlossen. Sein Vater Chao-hoei agiert weiterhin als zunehmend gebrechlicher General, der mit wenig Erfolg im Auftrag des Kaisers gegen die Aufständischen kämpft und so zum finalen Antagonisten Wang-luns wird. Tang-schaoi steht weiterhin der Zivilbehörde vor, er ist Chao-hoei, nicht zuletzt in Erinnerung an den gemeinsamen ‚Betrug' und die nun anderen gegenüber aktivierten Interessenskonvergenzen, zuwider:

> Aber Chao hatte einen Widerwillen gegen diese Stadt, die er einmal geliebt hatte; ihn ekelte es vor den zweideutigen Bürgern, er begegnete mit Widerwillen dem betrügerischen Tao-tai, Tang-schao-i, der sich beim Einzug der Truppen in die Stadt bedankt hatte, daß ihm das schlimme Schicksal der benachbarten Magistrate erspart blieb, freilich durch das Unglück seines verehrten Freundes Chao-hoei.[235]

Nach mehreren kleineren, aber verlustreichen kriegerischen Auseinandersetzungen tritt Wang-lun klandestin in der Rolle eines Brautwerbers an Chao-hoei heran und versucht ihn zu einer politischen Ehe mit Chao-hoeis Tochter Nai und damit faktisch zum Überlaufen zu den Rebellen zu bewegen. Chao-hoei reagiert wie bereits gegenüber dem Stadtpräfekten empört, wird von Wang-lun aber drastisch gedemütigt:

> Der General schlug auf den Tisch, explodierte: „Verbrecher! Schurken!" Vier hielten ihn, banden mit roter Schärpe Arme und Beine, legten ihn auf den dunklen Gang vor der Tür. Wang flüsterte: „Überlegen Sie, General. Wir kommen wieder." Und er malte mit dem breiten Tuschpinsel, den er von einem Wandregal nahm, auf den polierten Boden des Saals die drohenden Zeichen der Mingdynastie.[236]

Mit dieser Demütigung wiederholen die Rebellen gewissermaßen an Chao-hoei, was sie in der ursprünglichen Eingangsepisode an seinem Sohn Chao-lao-sü vollzogen haben – und Hai-tang erneuert ihren Rachewunsch:

---

234 Döblin: Der Bau des epischen Werks, S. 239.
235 Döblin: Die drei Sprünge des Wang-lun, S. 441f.
236 Ebd., S. 444.

> „Den teuren Lao-sü haben sie geschlagen, dich haben sie hingelegt, nach der feinen Nai wollen sie greifen. Die Seidenschnur gehört nicht dir, sondern den Stadtbehörden, dem Präfekten Tang-schaoi und den andern. Räche dich, Hoei!"[237]

Auch Chao-hoei macht den Stadtpräfekten für die Renitenz Wang-luns mitverantwortlich und folgt dieses Mal dem Rachebegehren seiner Frau: „Ich werde Tang-schaoi einsperren lassen. Das Grinsen werde ich dem Gauner vertreiben."[238] Was ihm in der Eingangsepisode noch nicht gelang, gelingt nun: Chao-hoei lässt den Präfekten „im Halskragen auf den Markt"[239] führen und als Sympathisanten der Rebellion öffentlich bestrafen. Die vermeintliche Sympathie mit den Rebellen, die Tang-schaoi im vorangegangenen Zusammentreffen als Mittel der List gedient hatte, gereicht ihm nun nicht mehr zum Guten, denn sogar Wang-lun, der sich unerkannt unter die Bevölkerung gemischt hat, beteiligt sich an der Demütigung des Präfekten, indem er „faulige Kürbisreste [...] in die Augen des Gefesselten feuerte".[240]

Chao-hoei hat sich damit erfolgreich gerächt, doch die Geschichte wendet sich in Gestalt Wang-luns auch gegen ihn. Obwohl Chao-hoei erkennt, dass er als Mandschu kein Recht auf Fremdherrschaft über die Chinesen hat,[241] konzentriert er sich auch unter Kriegsbedingungen allein auf seinen eigenen Vorteil und sinnt danach, Wang-luns Plan zu vereiteln. Gemeinsam mit seiner Frau Hai-tang wird zu diesem Zweck eine schnelle Vermählung der Tochter mit einem kaiserlichen Treuen vorbereitet. Doch unmittelbar vor der anvisierten Eheschließung kommt es zu Aufruhr und Getümmel. Aufgebracht durch die mordenden Soldaten richtet sich der Zorn des Mobs nicht nur gegen den General, sondern auch gegen die Präfektur. Tang-schaoi wird „erwürgt und zerfleischt",[242] sein Kopf wird „auf eine Polizeistange gestoßen".[243] Chao-hoei wird schwer verletzt, seine Tochter Nai „zur Unkenntlichkeit zertreten".[244] Gleichwohl gelingt es den „alten Ilisoldaten" bald, unterstützt durch die „Provinzialmannschaften", den Aufstand niederzuschlagen.[245] Doch die einmal eskalierte Gewalt fordert weiter Opfer:

---

237 Ebd., S. 445.
238 Ebd., S. 446.
239 Ebd., S. 448.
240 Ebd.
241 Vgl. ebd., S. 445: „Sung hat recht: wenn die Sandkörner gegen die Menschen sind, sollen die Menschen weggehen. Wir Mandschus werden gehaßt."
242 Ebd., S. 454.
243 Ebd., S. 455.
244 Ebd., S. 457.
245 Ebd., S. 456.

> Die kaiserlichen Truppen [...] konnten nicht verhindern, daß Wang-luns Anhänger in einer blinden Zerstörungswut die Stadt Sou-chong nicht ganz zwei Wochen nach dem Fall Schan-hai-kwangs ansteckten, zwei weitere Distriktsstädte besetzten, schließlich die ummauerte Stadt Tung-chong belagerten und einnahmen.[246]

Die ausufernden kriegerischen Kampfhandlungen bewegen Wang-lun erneut zur Umkehr und zur Rückbesinnung auf pazifistische Positionen: „Nicht Verbrecher sein, kein Mord, kein Mord! Wie soll man das ertragen, zu morden! Helfen den andern, verstümmelten, helfen!"[247] Seine Anhänger folgen ihm und als die „Mordbrenner vom Ili" ihren nächsten Feldzug gegen die Rebellen starten, wehren sie sich, dem *Wu wei* (*wúwéi*, 无为), also der daoistischen Maxime des Nicht-Handelns, folgend, nicht mehr. Wang-lun verbarrikadiert sich stattdessen mit anderen in einem Haus und zündet es an. Der Aufstand ist damit niedergeschlagen und Chao-hoei, der „gebrochene[] Sieger",[248] wird mit seiner Truppe für die siegreichen Taten vom Kaiser gewürdigt. Doch seine persönlichen Verluste sind enorm. Nachdem er bereits seine Tochter verloren hat, kommt auch sein Sohn Chao-lao-sü im Kampf um. Seine Frau Hai-tang aber, mit ihrer Trauer und ihrem gescheiterten Rachewunsch allein, verschreibt sich schließlich, inspiriert durch die buddhistische Göttin Kuanyin, selbst dem *Wu wei*: „Stille sein, nicht widerstreben, kann ich es denn?"[249]

Die Handlung des Romans ist damit in der Tat weitgehend aus der getilgten Einleitung heraus entwickelt. Erst im Zusammenhang der beiden Texte erkennt man, wie eng Döblin den designierten Anfang des Romans mit seinem Ende verwoben hat. Über die inhaltliche Rahmung hinaus lassen sich auch hinsichtlich der Figurenkonzeption und der Motivik starke Verbindungen ausmachen: So ist beispielsweise die Beschreibung des Generals auf seinem Anwesen, die zunächst in Eingangsepisode und viertem Buch wortgleich eingeleitet wird, in der Folge klar als Negation der ersten Beschreibung angelegt: „Chao-hoeis Palast stand einsam hinter der Stadt auf den nordwestlichen Abhängen der Magnolien", heißt es, und weiter:

> Der besiegte General verließ selten sein Haus; wanderte von einem Zimmer ins andere, aus dem Hof in den Garten. Er stand nicht mehr an dem Fenster, das nach dem Meer blickte; der Triumphbogen am Ausgang der Hon-pustraße störte ihn nicht; nur daß dort das Meer lag, an

---

246 Ebd., S. 460.
247 Ebd., S. 464.
248 Ebd., S. 483.
249 Ebd., S. 485.

das ihn die Rebellen gedrängt hatten, ergrimmte ihn, daß seine Soldaten und sein Feldherrnglück nichts waren und er wie eine Katze, die man ertränken wollte, am Wasser hin und her jaulen mußte.[250]

War der General schon zu Beginn der Handlung ein alter, gebrechlicher Mann, hat der Machtverlust seine Depravation noch intensiviert – vor allem hinsichtlich des ‚Sieges' über die wehrlosen Aufständischen ist dies bedeutsam. Darüber hinaus erweist sich die Rache als zentrales Motiv, von dem erst ganz am Ende unter buddhistischem Einfluss Abstand genommen wird. Eine sich am Ursprungsmanuskript orientierende, die beiden separat publizierten Texte sowie weitere Paralipomena zusammenführende Lektüre wirft eine Reihe weiterer, bislang ungeklärter Fragen für die Gesamtinterpretation des *Wang-lun* auf, die an anderer Stelle zu klären wären, den Rahmen dieses Kapitels jedenfalls sprengen würden.

Für die 1921 eigenständig publizierte Erzählung lässt sich resümieren, dass sie eine Deutung herausfordert, die vor allem auf das ‚Aufdecken' und ‚Offenlegen' der Handlungsmotive politischer Akteur:innen zielt. Dahinter steht, wie ich zu zeigen versucht habe, ein klares (literatur-)politisches Engagement Döblins, das er in diversen Schriften der 1920er-Jahre theoretisch entfaltet und selbst praktisch verfolgt. China ist in Döblins Text dabei nicht nur eine „sinnliche Evokation einer fremden geschichtlichen Welt",[251] die „der ästhetischen Wahrnehmung Chinas aus europäischer Sicht"[252] entspricht, im Gegenteil: Es soll in politischer Hinsicht als ein reales Gegenbild zu Deutschland fungieren, Vergleiche anregen, somit einen Reflexionsraum für kulturübergreifende gesellschaftliche und staatspolitische Fragen der Zeit eröffnen. Es sind dabei insbesondere Aspekte des Konfuzianismus und des daoistischen *Wu wei*, die Döblin auch in politischer Hinsicht für hochaktuelle und sinnstiftende Weltdeutungen ansieht und für die er in der weitgehend europäisch geführten weltanschaulichen Auseinandersetzung Mitsprache einfordert. Die Wahl seines chinesischen Sujets ist vor dem Hintergrund des dargelegten engagierten Literaturverständnisses Döblins demnach nicht arbiträr; vielmehr kann man Adolf Behne zustimmen, der in seiner 1916 publizierten Rezension zum *Wang-lun* konstatiert: „China ist hier nicht ‚Milieu', auch nicht der sogenannte künstlerische Reiz des Ganzen, sondern ein *Bekenntnis*!"[253] Dieses Bekenntnis war ein aus der Moral geborenes politisches Bekenntnis und der historische Roman dessen angemessene Ausdrucksform.

---

250 Ebd., S. 441.
251 Deupmann: Chinoiserie und „Tatsachenphantasie", S. 106.
252 Ebd., S. 112.
253 Behne: [Rez.] Die Drei Sprünge des Wang-lun.

2.2 „unerhörlich aktuell" – Rudolf Brunngrabers *Opiumkrieg* (1939)

Als einen „Tatsachenroman um eines der größten politischen Verbrechen in der Geschichte" bewirbt der *Rowohlt*-Verlag in einer einseitigen Anzeige im *Börsenblatt für den deutschen Buchhandel* am 15. September 1939 seine Neuerscheinung von Rudolf Brunngraber. *Opiumkrieg* lautet der Titel des historischen Unterhaltungsromans, in dem Brunngraber, so weiter in der Anzeige, „den wirklichkeitsgesättigten Tatsachenbericht zum bunten, dramatisch geladenen Geschichtsroman" steigert und „Wissenschaft mit Dichtung" verbindet. Mit dieser Technik zeige Brunngraber, „den Aufeinanderprall der alten chinesischen Kultur mit der brutalen britischen Profit- und Herrschaftspolitik, den Sieg der Kanonen über das Recht."[254]

Tatsächlich hält sich der österreichische Schriftsteller Brunngraber in seiner Erzählung über den Opiumkrieg beim historischen *setting* detailliert an die Fakten, erhöht jedoch durch die Verknüpfung der faktualen Ereignisse mit einer fiktiven Familiengeschichte die Dramatik der Geschehnisse. Der Plot wird nacherlebbar und erhält einen zusätzlichen Unterhaltungs- und Spannungsfaktor. Brunngraber liefert den Leser:innen demnach das, was man in der englischen Literaturwissenschaft ‚fleshing out' nennt. Neben einer fundierten Kenntnis der historischen Ereignisse, Akteur:innen, Gesellschaftsstrukturen und kulturellen Traditionen – Brunngrabers Recherchen hierfür sind wohl das, was die Anzeige als ‚Wissenschaft' begreift – zeichnet sich der Roman aber auch, wie ebenfalls in der Werbeanzeige herausgestellt wird, vor allem durch eine antibritische Tendenz aus. Die Darstellung bleibt also nicht ‚sachlich', ‚objektiv', sondern nimmt gegenüber dem historischen Geschehen eine deutliche Position ein. Darüber, dass diese politische Position auch aktuelle Relevanz hatte und sich als antibritisches Ressentiment unschwer auf die Gegenwart übertragen ließ, war sich der Autor Brunngraber durchaus bewusst: In einem Brief an seinen Freund Herbert Nette im April 1939 betont der österreichische Schriftsteller, dass der Verlag „bereits um die Fertigstellung drängt", denn „das Buch über den Opiumkrieg, über einen der penetrantesten Skandale britischer Kolonialgeschichte, erscheint natürlich unerhörlich aktuell."[255]

---

254 [Anonym]: Werbeanzeige Rudolf Brunngraber: Opiumkrieg, in: Börsenblatt für den deutschen Buchhandel, 15.9.1939.
255 Rudolf Brunngraber an Herbert Nette, 13.4.1939, in: DLA Marbach, A: Nette. Dieses Bewusstsein zeigt sich auch im Zusammenhang mit einer geplanten Dramatisierung des Texts, die Brunngraber laut eigener Aussage nicht gut gelingen wollte, weshalb „nur die Ueberlegung seiner unerhörten Aktualität [ihn] weiter an die Arbeit zwingt." (Rudolf Brunngraber an Herbert Nette, 20.11.1939, in: DLA Marbach, A: Nette).

Brunngraber denkt hier wohl zuvorderst an die politischen Ereignisse jener Tage, die auch den Buchmarkt unmittelbar beeinflussten: Während Hitler in den ersten Jahren noch an einer möglichen Allianz mit England festhielt, änderte sich dies im Frühjahr 1939 mit der Aufgabe der Appeasement-Politik und der Aufkündigung des deutsch-britischen Flottenabkommens abrupt. Schon ab diesem Zeitpunkt, vor allem jedoch mit Kriegseintritt der Briten füllten anti-englische Propagandaschriften den Zeitschriften- und Buchmarkt nahezu inflationär, was nicht zuletzt auf eine im März 1939 ausgerufene gezielte anti-englische Propagandakampagne Joseph Goebbels' zurückzuführen ist: Der Propagandaminister rief Buchverleger, Film- und Radioanstalten sowie Zeitschriftenherausgeber dezidiert zu einem anti-englischen Publikationsschwerpunkt auf und ermunterte sie, vor allem die Kolonialgeschichte der Briten kritisch in den Blick zu nehmen.[256] Das Echo war enorm und unzählige Autor:innen identifizierten in den Folgejahren ein ganz bestimmtes kolonialhistorisches Ereignis als geeignetes Sujet, um den propagandistischen Wünschen zu entsprechen: die rund 100 Jahre zurückliegenden Opiumkriege zwischen England und China. Neben (tagesaktuell-) politischen, historiographischen, weltanschaulichen und didaktischen Beiträgen in Tageszeitungen und Zeitschriften verschiedenster Ausrichtung blieb auch der belletristische Sektor von dieser thematischen Akzentuierung nicht unberührt. So erschien vor allem um 1940 eine Vielzahl literarischer Texte – vornehmlich Unterhaltungsromane –, die sich dem historischen China und dessen kriegerischen Auseinandersetzungen mit Großbritannien widmeten; es seien nur einige Beispiele genannt: Otto Kindlers propagandistischer Roman *Opiumkrieg in China* (1940)[257] sowie *Unter dem Drachenbanner (Tschandu). Erzählung aus dem Opiumkrieg* (1941),[258] Anton Geldners *Krieg um Opium. Ein trübes Kapitel englischer Handelspolitik* (1940),[259] Hans Reinhards *„China, vergifte dich...!" Roman aus*

---

256 Tagebucheintrag vom 23.3.1939, in: Die Tagebücher von Joseph Goebbels. Im Auftrag des Instituts für Zeitgeschichte hg. von Elke Fröhlich. Teil 1, Bd. 6, S. 295: „Aber wir lassen nicht locker und bleiben weiter am Feind. Ich gebe der Presse den Auftrag, die ganze englische Kolonialgeschichte auszuforschen. Das ist den Engländern sehr unangenehm." Vgl. dazu auch einen kurzen Verweis darauf bei Ralf Georg Reuth: Goebbels. Stuttgart 1990, S. 412.
257 Otto Kindler: Opiumkrieg in China. Berlin 1940.
258 Otto Kindler: Unter dem Drachenbanner (Tschandu). Erzählungen aus dem Opiumkrieg. Berlin 1941.
259 Anton Geldner: Krieg um Opium. Ein trübes Kapitel englischer Handelspolitik. Ein Tatsachenbericht vom englisch-chinesischen Opiumkrieg. Aalen 1940.

dem Opiumkrieg (1940)[260] sowie Karl Siegmar von Galéra *Die Gefangene in der Opiumhöhle: Erzählungen aus dem englisch-chinesischen Kriege von 1856* (1941).[261]

Brunngrabers Roman über den Opiumkrieg erschien im Jahr 1939 im Kontext dieser vielzähligen thematischen Neuerscheinungen. Die Kongruenz zwischen seinem Roman und der propagandistisch unterstützten zeitgenössischen Stimmung gegen England war sicherlich nicht der einzige, aber ein gewichtiger Grund dafür, dass Brunngrabers literarische Version des *Opiumkriegs* zu einem Kassenschlager wurde: Die Erstauflage mit 5000 Exemplaren war bereits am Erscheinungstag vergriffen.[262] Bis Mai 1944 verkauften sich 201.000 Exemplare,[263] es folgten diverse Übersetzungen, Lizenzausgaben und literarische Adaptionen des Texts. Brunngrabers Roman scheint sich also nahtlos in die gelistete Vielzahl der propagandistisch intendierten und auch propagandistisch rezipierten Texte der frühen 1940er-Jahre einzuordnen, wie auch diverse Rezensent:innen in nationalsozialistischen Zeitschriften bekundeten. Eine genauere Betrachtung der Publikations- und Entstehungskontexte stiftet jedoch Zweifel an dieser pronazistischen Lesart.

Rudolf Brunngrabers literarisches Erstlingswerk, der Erfolgsroman *Karl und das 20. Jahrhundert* (1932),[264] wurde 1935 von den Nationalsozialisten verboten; eine ausführliche Begründung hierfür erhielt Brunngraber auch auf Anfrage nicht, wohl weil das Verbot von der Gestapo Hamburg, nicht von der begründungspflichtigen Reichskulturkammer selbst ausgesprochen wurde.[265] Dennoch scheint es nicht überraschend, und zwar nicht nur in Bezug auf den Inhalt des Romans, der

---

260 Hans Reinhard: „China, vergifte dich". Erzählungen aus dem Opiumkrieg. Berlin 1940 (= Abenteuer aus aller Welt, 33).
261 Karl Siegmar von Galéra: Die Gefangene in der Opiumhöhle: Erzählungen aus dem englisch-chinesischen Kriege von 1856. Berlin 1941.
262 Schon nach der ersten Ankündigung des Romans im Sommer 1939 habe es „[u]nzählige Bestellungen" gegeben (Tagebucheintrag vom Juli 1939, in: DLA Marbach, D: Brunngraber). Die erste Auflage sei dann umgehend vergriffen gewesen: „Und der Roman selbst war, in einer Erstauflage von 5000 Exemplaren, am Tag seines Erscheinens vergriffen. Das hat der Verlag soeben auch in einem ganzseitigen Börsenblattinserat kundgetan, und in einem Schreiben sagt man mir, dass auch für die zweite Auflage, die in höchster Eile abgezogen wird, bereits zahlreiche Bestellungen vorliegen." (Rudolf Brunngraber an Herbert Nette, 2.10.1939, in: DLA Marbach, A: Nette).
263 Vgl. die genauen Eintragungen von Brunngraber hierzu in seinem Tagebuch (DLA Marbach, D: Brunngraber). Vgl. dazu auch David Oels: Rowohlts Rotationsroutine. Markterfolge und Modernisierung eines Buchverlags vom Ende der Weimarer Republik bis in die fünfziger Jahre. Essen 2013, S. 150.
264 Rudolf Brunngraber: Karl und das 20. Jahrhundert. Frankfurt am Main 1932.
265 Vgl. den Tagebucheintrag mit dem Titel „28. September – 8. Oktober 1935: abermals in Berlin", in: DLA Marbach, D: Brunngraber. Nicht eindeutig wird, ob es sich hierbei um ein lokales oder ein generelles Verbot handelt, im Archiv der Reichskulturkammer finden sich keine Aufzeichnungen dazu.

häufig als kommunistischer Text gelesen wurde,[266] sondern auch in Bezug auf Brunngrabers Person: Er war nicht nur überzeugter und politisch aktiver Sozialdemokrat, sondern auch mit einer – nach der Nomenklatur der Nationalsozialisten – ‚halbjüdischen' Frau verheiratet, was nach dem Anschluss Österreichs zu einem konfliktreichen Verhältnis zur Reichsschriftumskammer führte: Immer wieder hatte er sich gegen Publikationsverbote durchzusetzen; die meisten seiner während des NS veröffentlichten Texte konnten nur durch langwierig verhandelte Sondergenehmigungen erscheinen. In der (schmalen) Forschung geht man deswegen inzwischen mehrheitlich von einer nonkonformen Schreibabsicht Brunngrabers aus. Doch wie passt diese Einschätzung zum ungemein großen Erfolg des Bestsellerautors während und nach dem Nationalsozialismus?

Im Folgenden werde ich anhand einer detaillierten Textanalyse und einer historisch kontextualisierenden Rekonstruktion der Entstehungs-, Publikations- und Rezeptionsbedingungen versuchen, Antworten auf diese Frage zu finden. Signifikant hierfür scheint vor allem Brunngrabers politische Verortung in biographischer Hinsicht sowie im Werkkontext seiner literarischen Texte vor, während und nach der Zeit des Nationalsozialismus (2.2.2), die Textgenese (2.2.3), Brunngrabers Poetik des historischen (Tatsachen-)Romans sowie die in diesem Kontext maßgeblichen Einflüsse (2.2.4.). Relevant werden dabei die zeitgenössisch intensiv geführten Debatten um die Popularität der Textsorten ‚historischer Roman' und ‚Tatsachenroman'. Vor diesem Hintergrund lässt sich konkreter am Text schließlich nach ästhetischen, rhetorischen und literarischen Strategien zur Darstellung der beiden Konfliktparteien England und China und des Konflikts selbst fragen (2.2.5), im Vergleich mit den historischen Vorlagen und im Blick auf aktualisierende Parallelen zu NS-Deutschland (2.2.6). Auch eine genauere Untersuchung des Protagonisten ist hier aufschlussreich (2.2.7). Den Einstieg aber bildet eine genauere Darstellung der heterogenen, teils sogar widersprüchlichen Rezeptionsgeschichte des Textes (2.2.1), für die ich abschließend einen Erklärungsversuch liefere (2.2.8).

Doch bevor ich zur Rezeption komme, der Vollständigkeit halber noch kurz zum Inhalt des Romans: Das in der Erstausgabe knapp 330 Seiten umfassende Buch – in schwarzem Einband, auf welchem mittig ein gezeichneter chinesischer Drache

---

[266] So ist der Roman auch schon im faschistischen Österreich „mit der Begründung, dieser sei marxistisch, defätistisch und pazifistisch" verboten worden (Aneta Jachimowicz: Kontroverse um die Innere Emigration in Österreich. Erika Mitterer als Fallbeispiel, in: Zwischen Innerer Emigration und Exil. Deutschsprachige Schriftsteller 1933–1945, hg. von Marcin Gołaszewski, Magdalena Kardach und Leonore Krenzlin. Berlin, Boston 2016, S. 161–176, hier: S. 162). Vgl. auch z.B. Christoph Fuchs: Rudolf Brunngraber, in: Literatur und Kritik 317 (1997), S. 103–109, v.a. S. 105.

in goldener Farbe platziert ist[267] – gliedert sich in vier größere Kapitel. Die ersten drei Kapitel stellen vor allem die Entwicklung hin zur Eskalation der militärischen Auseinandersetzung zwischen China und Großbritannien dar (sie umfassen also die Jahre 1816–1839), das vierte Kapitel widmet sich dann in einer sehr verknappten Erzählung der kriegerischen Auseinandersetzung selbst, den weiteren Entwicklungen bis zum Ende des Zweiten Opiumkriegs sowie den Konsequenzen für den Protagonisten. Dieser Protagonist trägt den Namen Tschun-lin Tsesui (historische Vorlage: *Lín Zéxú*; 林则徐; 1785–1850), ein 1800 in Kanton geborener Kaufmannssohn, der im Verlauf der Erzählung zu einem ranghohen Mandarin aufsteigt. Zerworfen mit seiner Familie, vor allem dem Bruder, verlässt Tschun-lin zunächst seinen Heimatort, unternimmt Reisen und landet schließlich in Peking, wo er zum Mitglied des kaiserlichen Hofs arriviert. Zeitgleich werden seine Brüder zunehmend stärker in die illegalen Opiumgeschäfte mit den Briten verwickelt. Die politische Lage droht mehr und mehr zu eskalieren, bis der regierende Kaiser Tao-kuang (historische Vorlage: *Dàoguāng*; 道光; 1782–1850) Tschun-lin zum Generalgouverneur seiner Heimatprovinz, die eine der Hauptschauplätze des Opiumschmuggels ist, ernennt. Der Protagonist gerät so in eine zwiespältige Lage: Denn sein öffentlicher, nationalpolitisch motivierter Kampf gegen die Briten wird zum persönlichen Kampf gegen seine eigene Familie, die in den Opiumhandel involviert ist. Obwohl – oder gerade weil – Tschun-lin fest an seiner politischen Überzeugung, der britischen Ausbeutung entgegenzutreten, festhält, scheitert er schließlich mit seinem Unternehmen. Er kann die Lage nicht deeskalieren, es kommt zu einem für die Chines:innen vernichtenden Krieg, für den man ihn aufgrund seiner politischen Agenda verantwortlich macht: Tschun-lin wird seines Amtes enthoben und verbannt. Nach 30 Jahren im Exil kehrt er nach dem Tod seiner Frau und auf persönlichen Wunsch des Kaisers an den Pekinger Hof zurück. Erst jetzt erkennt man das Potenzial seines modernen politischen Ansatzes, den er in der Auseinandersetzung mit den Briten zu seiner Agenda gemacht hatte. Politisch verändern kann dies die desolate Lage Chinas nicht mehr, aber immerhin erfährt Tschun-lin zu seinem Tod die öffentliche Anerkennung, die ihm bereits – so Brunngrabers narrative Ratio – zu Lebzeiten zugestanden hätte.

---

[267] Die Einbandgestaltung übernahm der an einer Kunstschule ausgebildete Autor Rudolf Brunngraber selbst; vgl. Tagebucheintrag vom 17.1.1937, in: DLA Marbach, D: Brunngraber sowie Rudolf Brunngraber an Louise Brunngraber, 3.6.1939, in: DLA Marbach, D: Brunngraber.

2.2.1 Zur Rezeption und Deutung des *Opiumkriegs*

Knapp ein Jahr nach Erscheinen des Romans findet sich in *Wille und Macht*, dem von Baldur von Schirach herausgegebenen *Führerorgan der nationalsozialistischen Jugend*, eine Rezension zu Brunngrabers *Opiumkrieg*: „In einer gut, sorgfältig und spannend geschriebenen Romanform berichtet *Rudolf Brunngraber* vom ‚Opium'", heißt es da und weiter:

> Von jenem teuflischen Opiumkrieg, den England in China entfesselte aus keinem anderen Grund, als nur um an der Verseuchung und Entnervung ganzer Völkerschaften, die bis dahin frei vom Opium gelebt hatten, seine schamlosen Wuchergewinne einzustreichen. Das Packende des Buches ist im besonderen, daß es gelingt, die Tragik des Chinesentums einzufangen, das in Überzüchtung und engstirnig gewordener Bequemlichkeit dahinlebte und völlig außerstande war, dem händlerischen Aktivismus und der technisch-militärischen Überlegenheit des Abendlandes etwas entgegenzusetzen. Das Abendland kam in den Osten in seiner schlimmsten Gestalt, aber immer noch vom Schwung seines leidenschaftlichen, forschenden und handelnden Geistes getragen, und darum siegreich in einem äußerlichen, ungesunden und verhaßten Sinn, der an der Schärfe der heute fällig gewordenen Auseinandersetzungen Schuld ist.[268]

Die jugendliche Leser:innen adressierende Rezension sieht also in Brunngrabers Roman mindestens vier die gegenwärtige nationalsozialistische Politik erhellende Aspekte beispielhaft durch Brunngraber dargestellt. Erstens würden rassentheoretische Aspekte thematisiert, insofern die Chines:innen – welche Hitler schon 1927 als ‚kulturzerstörende' und dadurch niederwertige Rasse kategorisierte – als ‚überzüchtetes' und deshalb handlungsunfähiges Volk charakterisiert werden.[269] Dem sieht der Rezensent zweitens das Abendland aufgrund seiner Stärke, Modernität und seinem Aktivismus als Kontrast gegenübergestellt, repräsentiert durch NS-Deutschland. Großbritannien hingegen erscheine – drittens – aufgrund seiner anderen Wirtschafts- und Gesellschaftsordnung negativ: In imperialer Ausbeutungspolitik in China bilde sich die negative Seite des Kapitalismus ab. Diese Kontrastfolie erlaubt dem Rezensenten schließlich viertens aus dem von Brunngraber geschilderten historischen Kriegsgeschehen Schlüsse auf den gegenwärtigen Konflikt zwischen Deutschland und England zu ziehen. Der Roman wird, so könnte man zusammenfassen, als eine Art ‚Aufklärungsbuch' gelesen, das an einem historischen Beispielfall die nationalsozialistische Politik und Ideologie legitimiert und zugleich

---

268 [Anonym]: [Rez.] Opium, in: Wille und Macht 8.12 (1940), S. 25.
269 Vgl. Adolf Hitler: Mein Kampf. Eine kritische Edition, hg. von Christian Hartmann, Thomas Vordermeyer, Othmar Plöckinger und Roman Töppel, Bd. 1. München, Berlin 2016, S. 755–759.

die Überlegenheit Deutschlands über morgen- und abendländische Gegner demonstriert. Begründet wird dies nicht durch die literarische Darstellungsform, sondern ausschließlich durch den historischen Fall, also die Themenwahl Brunngrabers.

Der anonym bleibende Rezensent bündelt damit, wie ein vergleichender Blick in die Vielzahl der übrigen Rezensionen zu Brunngrabers *Opiumkrieg* konfirmiert, zahlreiche der gängigen Deutungsmuster. So empfiehlt etwa auch Walter Martin in den *Buchberichten für größere Büchereien*, dem *Beiheft der „Bücherei"*, unter der Rubrik *Politisch wichtige Werke* den Roman vor allem wegen seiner Funktion als Lehrbuch oder Aufklärungsbuch, das „für den gegenwärtigen politischen Einsatz wichtig [sei], indem [es] die Zusammenhänge zwischen englischer Politik und englischem Geschäft und die Methoden der englischen Fernostpolitik erhellt."[270] Auch Werner Wirths,[271] Kurt Goepel,[272] Ph. Leibrecht[273] und einige weitere anonyme Rezensenten[274] streichen vor allem den Bildungsanspruch des Romans heraus und sprechen diesem so in erster Linie eine edukative politische Funktion zu. Karl Rosenfelder geht in seiner Rezension, die er für die *Nationalsozialistischen Monatshefte* verfasste,[275] sogar noch einen Schritt weiter: Ihm gilt Brunngrabers Text zwar auch als didaktisches Erziehungswerk, jedoch für die asiatische Seite. Er scheint fest davon überzeugt zu sein, dass nach einer erfolgreichen „Neugestaltung der politischen Ordnung" des europäischen und des asiatischen Kontinents – also nach dem militärischen Sieg – zwei starke Weltmächte entstünden,[276] die eine „west-östliche Synthese" eingehen und in einen *„fruchtbaren Austausch"* eintreten würden.[277] Und so konstatiert er:

---

270 Walter Martin: [Rez.] Rudolf Brunngraber: Opiumkrieg, in: Buchberichte für größere Büchereien 3.3 (1940).
271 Wirths geht in seiner Sammelrezension, in welcher er sich zuvorderst auf (populär-) wissenschaftliche Texte über England stützt und zur Falsifizierung seiner Thesen seinen Textkorpus auf Brunngrabers *Opiumkrieg* als literarisches Beispiel ausweitet, hinführend auf Großbritanniens Imperialismus, dessen überhöhten Machtanspruch und deren verfälschenden Geschichtsdarstellungen ein, um daraus den Schluss zu ziehen, dass die Vielzahl an Bücher über England am deutschsprachigen Markt primär dem Anliegen folgten, „über die Bedeutung des Krieges auf[zu]klären", da man „aus der Vergangenheit die Gegenwart [...] deuten und klar[]stellen [könne], um was es in diesem Kriege geht." (Werner Wirths: [Rez.] England im Spiegel I, in: Europäische Revue 16.1 [1940], S. 292–294, hier: S. 292).
272 Vgl. Kurt Goepel: [Rez.] Rudolf Brunngraber: Opium-Krieg, in: Geist der Zeit 18.8 (1940), S. 515f.
273 Vgl. Ph. Leibrecht: [Rez.] Brunngraber, Rudolf: Opiumkrieg, in: Die Neue Literatur 41 (1940), S. 39.
274 Vgl. [Anonym]: [Rez.] Opiumkrieg, in: Sankt Wiborada 7 (1940), S. 121; [Anonym]: [Rez.] Brunngraber, R.: Opiumkrieg, in: Bücherschau der Weltkriegsbücherei 20 (1940), S. 98.
275 Vgl. Karl Rosenfelder: [Rez.] Völkerschicksale und Völkerfragen im Fernen Osten, in: Nationalsozialistische Monatshefte 11 (1940), S. 61–63.
276 Rosenfelder: [Rez.] Völkerschicksale und Völkerfragen im Fernen Osten, S. 61.
277 Ebd., S. 62 (Kursivierung im Original gesperrt).

„Damit dieser Kontakt nicht von vornherein durch Mißverständnisse auf eine unfruchtbare Ebene gedrängt wird, ist es erforderlich, schon jetzt das gegenseitige Verstehen zu fördern. Der wichtigste Vermittler zwischen beiden Kulturen ist das Buch [...]."[278] Und zwar ein Buch wie Brunngrabers *Opiumkrieg*, das er gleich als erstes positives Beispiel anführt.

In der Zusammenschau der Rezensionen ist zudem auffallend, dass sich nur einige wenige ausschließlich auf eine literaturkritische Betrachtung des Romans konzentrieren, wie zum Beispiel Werner Schickert in *Die Literatur*.[279] Die meisten Besprechungen nutzen Brunngrabers Roman hingegen nur als Aufhänger, um die realhistorischen Ereignisse zu kommentieren und durch antibritische Ressentiments ihre politische Haltung zu demonstrieren.[280] Mit Blick auf die politische Ausrichtung der Rezensionsorgane, in denen Brunngrabers Roman besprochen wurde, überrascht diese Stoßrichtung nicht allzu sehr; sind diese doch zumeist ganz auf NS-Kurs oder gar Leitmedien des nationalsozialistischen Staates, wie etwa die *Europäische Revue*, *Die neue Literatur*, die *Nationalsozialistischen Monatshefte*, die *Bücherschau der Weltkriegsbücherei* und eben die HJ-Zeitschrift *Wille und Macht*.

Ob der Roman zeitgenössisch tatsächlich ausschließlich als NS-konformer, propagandistischer (Aufklärungs-) Roman gelesen wurde, lässt sich nicht mit Gewissheit feststellen. Rezensionen, die dem Autor eine nicht-konforme oder sogar dissidente Haltung zuschreiben, habe ich ebenso wenig gefunden wie private Rezeptionsdokumente, wie etwa Tagebucheinträge oder Anmerkungen in Briefkorrespondenzen, die etwaige abweichende Lektüren belegen. Immerhin zeigt die Vielzahl an positiven, den Text politisch würdigenden Rezensionen die in der Öffentlichkeit vorherrschende Deutungslinie an, die auch als ‚Leseanleitung' dienen und die persönliche Lektüre und Interpretation womöglich lenken konnte.

Erst nach 1945 veränderte sich die Wirkungsgeschichte des Textes: Zwar wurde Brunngrabers Roman noch immer als ‚Aufklärungsbuch' gelesen, nun jedoch nicht mehr als ein die nationalsozialistische Propaganda unterstützendes oder gar bestärkendes Buch, auch nicht mehr als erhellender Text über die britische Kolonialpolitik. Es gilt nun als ein aufschlussreicher Text über das historische China. So empfiehlt beispielsweise Leo Schindler 1952 in *Buch und Bücherei*, der Zeitschrift des österreichischen Bundesministeriums für Unterricht, das Buch zur Anschaffung

---

278 Ebd.
279 Vgl. Werner Schickert: [Rez.] Rudolf Brunngraber: Opiumkrieg, in: Die Literatur 42 (1939/40), S. 154.
280 Eine Ausnahme bildet ein im Dezember 1940 in der *Frankfurter Allgemeinen Zeitung* erschienener Leitartikel, der neutral die historischen Ereignisse, eingeleitet mit und inhaltlich gestützt auf Brunngrabers Roman darlegt; vgl. srp: Krieg um Opium, in: Frankfurt Allgemeine Zeitung, Nr. 631, 10.12.1939, S. 1f.

wegen seiner „illustrative[n] Breitenwirksamkeit der Darstellung", die „das Leben der Hafenarbeiter und Fischer [...] ebenso betrachtet wie die Bräuche und Ränke am Hofe und unter den Würdenträgern". Die politischen Ereignisse des beginnenden 19. Jahrhunderts in China würden, so Schindlers Inhaltszusammenfassung, kaum thematisiert. Stattdessen hält der Rezensent den „literarische[n] Wert des Romanes" für „unbezweifelbar". Schindlers Resümee berücksichtigt in seiner Lektüreempfehlung erstmals auch während des Nationalsozialismus gänzlich ausgeblendete ästhetische Aspekte.[281] Drei Jahre später heißt es in der gleichen Zeitschrift erneut: „Nach den Erfahrungen der Ausleihe ist das Werk noch immer sehr gut einsetzbar".[282] Auf die nationalsozialistische Rezeption des Texts wird in diesen Rezensionen nicht eingegangen, ja die historischen Umstände der Entstehungs- und Publikationszeit werden vollständig ausgeblendet. Anders zeigt sich dies wiederum in ausländischen Magazinen, wie etwa einem Beitrag des österreichischen Essayisten Ernst Waldinger: Er greift 1952 in der amerikanischen Literaturzeitschrift *Books Abroad*, in dem er sich lobend Rudolf Brunngrabers bisherigem Gesamtwerk widmet, die nationalsozialistische Deutung des Romans auf, betont jedoch die politische Integrität des Autors: Der Roman „was [...] snapped up by Goebbel's propaganda machine and used vigorously against the English. The author could do nothing but look on helplessly."[283]

Waldingers These einer kontraintentionalen nationalsozialistischen Instrumentalisierung des *Opiumkriegs* dominiert schließlich auch die schmale literaturwissenschaftliche Forschung zu Brunngrabers Werk. Hugo Aust und Thomas Lange gehen sogar einen Schritt weiter, wenn sie den Roman als „verschlüsselt" und „politisch-oppositionell[]"[284] oder als Beispiel für jene Werke lesen, die „die Nationalsozialisten [...] – aus Dummheit oder Kalkül – [...] für sich reklamiert [haben], die eindeutig gegen sie gerichtet waren."[285] Ausführlichere Argumente oder Belege, die sich auf den Text selbst stützen würden, führen sowohl Aust als auch Lange nicht an. Auch andere publizierte oder private Zeugnisse Brunngrabers, die eine solche NS-kritische Lesart plausibilisieren könnten, werden für die sehr knapp ausfallenden Beurteilungen nicht herangezogen, was die Vermutung nahelegt, dass zuvorderst das biographische Wissen um den Autor und sein durch Kontinuitäten über historische Zäsuren hinweg anhaltender Erfolg hier die Interpretation gelenkt und

---

281 Leo Schindler: [Rez.] Rudolf Brunngraber: Opiumkrieg, in: Buch und Bücherei 3 (1952), S. 177.
282 Josef Kaiser: [Rez.] Rudolf Brunngraber: Opiumkrieg, in: Neue Volksbildung 5 (1955), S. 323.
283 Ernst Waldinger: Rudolf Brunngraber: Novelistic Innovator, in: Books Abroad 26.4 (1952), S. 340–344, hier: S. 343.
284 Lange: China als Metapher, S. 345.
285 Hugo Aust: Der historische Roman. Stuttgart 1994, S. 134.

die beiden Wissenschaftler zu ihrer Einschätzung geführt haben mögen.[286] Während andere literaturwissenschaftliche Darstellungen zwar nicht so dezidiert von einer nonkonformen Absicht des Autors ausgehen, blenden diese jedoch zumeist den politischen Kontext jener Jahre gänzlich aus.[287]

Brunngrabers *Opiumkrieg*, so ließe sich resümieren, erfuhr also eine heterogene Rezeption: Zur Zeit des Nationalsozialismus galt der Roman als ns-konform, nach 1945 entweder als unpolitischer historischer Roman oder aber als ns-kritischer Text. Gemeinsam ist diesen sehr differenten Deutungen das Zusprechen einer edukativen, didaktischen Funktion, die sich jedoch inhaltlich nach je wechselndem politischen Vorzeichen ausgestaltet. Was hat zu dieser divergierenden Rezeption geführt?

2.2.2 Rudolf Brunngraber – ein politischer Autor?

Kasimir Edschmid überschreibt einen 1952 in der *Neuen Literarischen Welt* publizierten und an seinen Freund Rudolf Brunngraber adressierten Brief, mit den Worten „Gestern verboten – heute verboten" und spielt damit – in etwas überzeichneter Weise – auf ein ‚doppeltes' Publikationsverbot des 1901 in Wien geborenen Schriftstellers an, dessen Bücher zuerst in den 1930er-Jahren, dann erneut 1945 – wenn auch nur kurzzeitig und jeweils nur einige bestimmte Texte betreffend – am deutschen Buchmarkt verboten waren.[288] Für eine angemessene Einschätzung des Romans bildet diese Zensurgeschichte wie auch Brunngrabers Biographie und Werk einen unerlässlichen Interpretationskontext.

Brunngraber, der einer Arbeiterfamilie entstammte, sich aber für eine Lehrerausbildung entschied, feierte seinen literarischen Durchbruch 1932 mit dem modernen, neusachlichen Tatsachenroman *Karl und das 20. Jahrhundert*. Nach einigen gescheiterten literarischen Versuchen verhalfen ihm wegweisende Begegnungen, etwa mit dem Wiener Nationalökonom Otto Neurath, zu seinem Erfolg in der Literaturszene.[289] Trotz unzähliger Übersetzungen, Auflagen und Adaptionen seiner Bücher ist Brunngraber heute sowohl in der literaturwissenschaftlichen Forschung

---

286 David Oels unterstellt Thomas Lange deshalb, dass er Brunngraber von „jedem Verdacht antibritischer Propaganda reinwaschen wollte." (Oels: Rowohlts Rotationsroutine, S. 135).
287 Ein genauerer Überblick zum aktuellen Stand der Forschung findet sich in 2.2.2. Rudolf Brunngraber – ein politischer Autor?
288 Vgl. Kasimir Edschmid: Gestern verboten – heute verboten: Brief an Rudolf Brunngraber, in: Die neue literarische Welt 3.17 (1952), S. 2. Vgl. dazu auch Jachimowicz: Kontroverse um die Innere Emigration in Österreich.
289 Vgl. ausführlicher zu Rudolf Brunngrabers Biographie Fuchs: Rudolf Brunngraber.

als auch im öffentlichen Literaturbetrieb nahezu vergessen.[290] Die übersichtliche Forschung fokussiert beinah ausschließlich Brunngrabers Erstlingswerk *Karl und das 20. Jahrhundert* und konzentriert sich dabei primär auf die Bezüge zu Otto Neurath, den Wiener Kreis und einige andere Schriftstellerkolleg:innen[291] oder bemüht sich um eine stilhistorische oder gattungsgeschichtliche Verortung.[292] Zu der in der Tat interessanten Textsorte des historischen Tatsachenromans der 1930er- und 1940er-Jahre allgemein und zum *Opiumkrieg* im Besonderen findet sich meines Wissens keine übergreifende Untersuchung. Zumeist werden Brunngrabers Texte – wenn überhaupt – nur als Beispiele für Bestseller im sogenannten Dritten Reich[293] oder für historische Romane im NS angeführt,[294] wobei dies über eine namentliche, beispielhaft angeführte Erwähnung der Texte kaum hinausgeht. Zu nennen sind an dieser Stelle allein die Studie von David Oels, die eigentlich den *Rowohlt*-Verlag und

---

290 Schon 1952 schreibt Edschmid in dem zitierten öffentlichen Brief: „Ich glaube, es gibt kaum einen Deutsch schreibenden Dichter, der in so viele Sprachen übersetzt wurde wie Du. Aber, wie Du immer das Allgemeine über das Spezielle erhobst, so wurden – seltsame, in einem gewissen Sinne sogar logische, wenn auch ungerechte Fügung! – Deine Werke bekannter als Dein Name. Auch dies gehört zu den Rätseln dieser Zeit." (Edschmid: Gestern verboten – heute verboten).
291 Vgl. z.B. Bernhard Doppler: Hermann Broch und Rudolf Brunngraber. Romanästhetik und Literaturbetrieb, in: Hermann Brochs literarische Freundschaften, hg. von Endre Kiss, Paul Lützeler und Gabriella Rácz. Tübingen 2008, S. 186–197; Wendelin Schmidt-Dengler: Statistik und Roman. Über Otto Neurath und Rudolf Brunngraber, in: Ohne Nostalgie. Zur österreichischen Literatur der Zwischenkriegszeit, hg. von dems. Wien, Köln, Weimar 2002, S. 82–91; Gerhard Kaldewei: „Karl und das 20. Jahrhundert". Ein Roman von Rudolf Brunngraber (1932) als epische Form der statistisch-pädagogischen Denkweise Otto Neuraths, in: Österreich in Geschichte und Literatur mit Geographie 36.2 (1992), S. 82–92; Karl Bleifuß: „Es kann uns gleich sein, ob wir von amerikanischen, englischen, französischen oder deutschen Kapitalisten ausgebeutet werden". Kriegs- und Wirtschaftskritik in Erik Regeners „Union der festen Hand" und Rudolf Brunngrabers „Karl und das 20. Jahrhundert", in: Jahrbuch zur Kultur und Literatur der Weimarer Republik 16 (2013), S. 221–248; Stefan Scherer: Der Wiener Kreis und die Literatur der Zwischen- und Nachkriegszeit (Musil, Broch, Brunngraber, Bachmann), in: Der Wiener Kreis – Aktualität in Wissenschaft, Literatur, Architektur und Kunst, hg. von Ulrich Arnswald, Friedrich Stadler und Peter Weibel. Wien 2019, S. 157–178.
292 Vgl. z.B. Thomas Lange: Literatur des technokratischen Bewußtseins. Zum Sachbuch im Dritten Reich, in: LiLi 10 (1980), S. 53–77; Helmuth Kiesel: Karl und das zwanzigste Jahrhundert: Rudolf Brunngrabers Beobachtungen der „heroischen Moderne", in: ders.: Geschichte der deutschsprachigen Literatur 1918 bis 1933. München 2017, S. 1223–1228; Jürgen Heizmann: „Die Wahrheit liegt in den Zahlen". Zur neusachlichen Poetik in Rudolf Brunngrabers Roman „Karl und das 20. Jahrhundert", in: Realistisches Schreiben in der Weimarer Republik, hg. von Sabina Kyora und Stefan Neuhaus. Würzburg 2006, S. 235–254; Jon Hughes: Facts and Fiction. Rudolf Brunngraber, Otto Neurath, and Viennese „Neue Sachlichkeit", in: Interwar Vienna. Culture between Tradition and Modernity, hg. von Deborah Holmes und Lisa Silverman. Rochester 2009, S. 206–223.
293 Vgl. z.B. Adam: Lesen unter Hitler, S. 90.
294 Vgl. Aust: Der historische Roman, S. 134.

dessen Marktstrategien untersucht, dabei jedoch einige sehr detailreiche Beobachtungen auch über die einzelnen im *Rowohlt*-Verlag erschienenen Texte liefert,[295] sowie der 2017 erschienene Beitrag *Ein Sozialist schreibt Bestseller im Dritten Reich?* von Lena Höft, die sich vor allem den Kontinuitäten in Brunngrabers literarischem Schaffen vor und nach 1945 widmet.[296]

Überraschend ist das Vergessen Rudolf Brunngrabers vor allem vor dem Hintergrund seines nicht nur punktuellen, sondern jahrelang andauernden Erfolgs. Denn es gelang ihm trotz mehrfacher Publikationsverbote immer wieder, an seine ersten Erfolge in der Weimarer Republik anzuknüpfen. So erschienen in den Jahren des nationalsozialistischen Deutschlands die drei historischen Tatsachenromane *Radium* (1936),[297] *Opiumkrieg* (1939) und *Zucker aus Cuba* (1941)[298] sowie der Roman *Die Engel in Atlantis* (1938).[299] In der Nachkriegszeit wurden alle fünf nicht nur mehrfach neu aufgelegt, Brunngraber erweiterte sein Œuvre zudem um die Romane *Prozess auf Leben und Tod* (1948),[300] *Der tönerne Erdkreis* (1951),[301] *Heroin* (1952)[302] sowie den autobiographischen Roman *Der Weg durch das Labyrinth* (1949)[303] und einige mehr. Brunngrabers Texte bestätigen und stützen demnach die Annahme auffallender Kontinuitäten: Er blieb dem Genre der Unterhaltungsliteratur über die vermeintlichen politischen Zäsuren hinweg weitgehend treu.[304] Wie steht es darüber hinaus um seine politischen Schreibintentionen?

---

295 Vgl. Oels: Rowohlts Rotationsroutine, zu Brunngraber vor allem das Kapitel *Propaganda und Tatsachenroman*, S. 149–164.
296 Vgl. Lena Höft: Ein Sozialist schreibt Bestseller im Dritten Reich? Rudolf Brunngrabers Tatsachenromane während des Nationalsozialismus und sein literarisches Schaffen in der Nachkriegszeit, in: Ästhetik und Ideologie 1945. Wandlung und Kontinuität poetologischer Paradigmen in Werken deutschsprachiger Schriftsteller, hg. von Detlef Haberland. München 2017, S. 239–260.
297 Rudolf Brunngraber: Radium. Roman eines Elements. Berlin 1936.
298 Rudolf Brunngraber: Zucker aus Cuba. Roman eines Goldrausches. Berlin 1941.
299 Rudolf Brunngraber: Die Engel in Atlantis. Frankfurt am Main 1938.
300 Rudolf Brunngraber: Prozess auf Leben und Tod. Roman. Berlin, Wien, Leipzig 1948.
301 Rudolf Brunngraber: Der tönerne Erdkreis. Roman der Funktechnik. Hamburg 1951.
302 Rudolf Brunngraber: Heroin. Roman der Rauschgifte. Hamburg 1952.
303 Rudolf Brunngraber: Der Weg durch das Labyrinth. Wien 1949.
304 Vgl. dazu exemplarisch Tobias Schneider: Bestseller im Dritten Reich. Ermittlung und Analyse der meistverkauften Romane in Deutschland 1933–1944, in: Vierteljahrshefte für Zeitgeschichte 52.1 (2004), S. 77–97. Dass Rudolf Brunngraber trotz seines Erfolgs in der Darstellung Schneiders vermisst wird, liegt schlicht an der formalen Bestimmung Schneiders von „Bestsellern". Um eine „überschaubare und trotzdem repräsentative Zahl" an Romanen zu untersuchen, betrachtet er unter „Bestseller" nur diejenigen Texte, die zwischen 1933 und 1944 eine Auflagenzahl von 300.000 Exemplaren überschritten haben. Schneider betont jedoch, dass dies „eine rein operationale Marke" sei, weshalb es mir

Die zunehmende Popularität Brunngrabers in der literarischen Öffentlichkeit zu Beginn der 1930er-Jahre nutzte er wiederholt, um politisch Stellung zu beziehen; Er wurde gar zum „Modereferent", wie er selbst kommentiert.[305] In diversen Zirkeln propagierte er als Mitglied der österreichischen *Sozialdemokratischen Arbeiterpartei* nicht nur eine sozialdemokratische Staats- und Gesellschaftsordnung, sondern betont auch immer wieder die wechselseitige Beeinflussung von Literatur und Politik, wie verschiedene Vortragsankündigungen in der österreichischen *Arbeiter-Zeitung* sowie seine Position als Vorsitzender der *Vereinigung sozialistischer Schriftsteller* nahelegen.[306] Nach 1933 wendete er sich öffentlichkeitswirksam gegen die Machtübernahme der Nationalsozialisten in Deutschland, kritisierte in Texten und Vorträgen die Bücherverbrennung im Deutschen Reich ebenso wie den Antisemitismus. Insbesondere die Literatur wird dabei zum Medium nobilitiert, politische Ideen und Gesellschaftsvorstellungen zu verbreiten.[307] Doch die Stimme des zuvor noch politisch aktiven Autors wurde über die Jahre der NS-Herrschaft sukzessive leiser: Die publizierten Beiträge wurden inhaltlich in eine Sphäre des Apolitischen entrückt und er distanzierte sich von der sozialdemokratischen Partei und der Schriftstellervereinigung.[308] Aufschluss über diese doch auffällige Wandlung geben die ausführlichen Tagebücher, die Brunngraber bereits ab den frühen 1920er-Jahren bis zu seinem Tod führte. Bis ungefähr Mitte der 1950er-Jahre pflegte der Autor sie sehr einheitlich und notierte vor allem reflektierende und auffallend künstlerisch gestaltete Berichte, darunter Tages-, Monats- und Jahresrückblicke, nahezu ohne jegliche Korrekturen.[309] Während zu Beginn des Jahres 1933 der „verfluchte deutsche Terror", so ist einem Notat zu entnehmen, noch ausdrücklich benannt wurde, weisen die Einträge ab 1934 aber kaum mehr Bezug zur politischen

---

im Folgenden dennoch sinnvoll und angemessen scheint, Brunngraber angesichts der Höhe der Auflagenzahl und seinem Erfolg ebenfalls als „Bestsellerautor" zu charakterisieren (vgl. ebd., S. 79). Vgl. zur Kontinuität auch Lange: Literatur des technokratischen Bewußtseins.

305   Tagebucheintrag Januar 1933, in: DLA Marbach, D: Brunngraber.
306   Ergänzend zu nennen sind an dieser Stelle auch seine Beiträge in der sozialistischen Frauenzeitschrift *Die Unzufriedene*. Vgl. zu Brunngrabers politischen Engagement auch Fuchs: Rudolf Brunngraber, v.a. S. 106.
307   Vgl. dazu vor allem die Einträge in seinem Tagebuch, in: DLA Marbach, D: Brunngraber.
308   Vgl. auch Rudolf Brunngraber an Kasimir Edschmid, 24.1.1934, in: DLA Marbach, D: Brunngraber. Der Brief lässt die Distanzierung von der Partei schon als taktische Überlegung erscheinen. Vgl. auch Thomas Lange: Rudolf Brunngrabers „Opiumkrieg" im deutsch-chinesischen Kontext, in: Rudolf Brunngraber: Opiumkrieg. Roman. Mit einem Nachwort von Thomas Lange. Hamburg 1986, S. 357–376, hier: S. 360.
309   Später geht er dazu über, nur noch schlagwortartige Eintragungen in Kalendern vorzunehmen, die vor allem seine Krankengeschichte dokumentieren.

Gegenwart auf.³¹⁰ Als Wendepunkt der Eintragungen und parallel dazu verlaufend auch der öffentlichen Stellungnahmen lässt sich eine Passage datiert auf den 4. Dezember 1933 ausmachen. Hier heißt es:

> Die eigentliche Sorge ist aber in den großen Zusammenhängen gegeben: schreibe ich weiter in den Emigranten-Zeitschriften, verliere ich, nach dem Goebbels-Erlaß, den deutschen Markt. Tatsächlich tue ich es nicht mehr. Aber ich habe keinen Ersatz für den Entgang an Einkünften, weil ich in den nationalsozialistischen Zeitungen noch weniger schreiben kann.³¹¹

Veröffentliche er nämlich dort, also in den nationalsozialistischen Verlagen und Zeitschriften, müsse er sich – so seine Bemerkung an anderer Stelle im Tagebuch – auf Themen konzentrieren, die ihn nicht „zu sehr in die Nähe der Zeitgeschichte und der augenblicklich Agierenden" rücken.³¹² In erster Linie leiteten Brunngraber also, so zeigt sich hier, taktische Überlegungen an, die ein weiteres Erwerbsleben als Schriftsteller am deutschsprachigen Buchmarkt sichern sollen. Obgleich diese thematischen Beschränkungen, wie er ebenfalls in seinem Tagebuch klagte, „sehr equilibristische Kunststücke mit meiner Seele treiben", da er sich nur noch auf dem „Nebengleise eines Nebengleises" seiner eigentlichen Interessensgebiete befinde und „nicht zu giftig und [...] nicht zu politisch" arbeiten dürfe, verfolgte er ab 1934 konsequent die Strategie, sowohl in öffentlichen wie auch privaten Schriften sich jeder expliziten und direkten gegenwartspolitischen Stellungnahme zu enthalten.³¹³ Erst mit den veränderten politischen Rahmenbedingungen nach 1945 wurde Brunngraber wieder freier,³¹⁴ etwa in Publikationen wie *Wie es kam*, einem knapp 50 Seiten umfassenden Heftchen. Es erschien schon 1946 in der Reihe „Neues Österreich" und strebte eine psychologisierende Analyse des Nationalsozialismus an, diente

---

310 Wenn überhaupt wird aktuelles Zeitgeschehen ausschließlich seine Person betreffend kurz kommentiert, wie etwa sein Ausschluss aus der Reichsschrifttumskammer oder der ‚Anschluss Österreichs'. Vgl. dazu u.a. Lothar Blum: Das Tagebuch zum Dritten Reich. Zeugnisse der Inneren Emigration von Jochen Klepper bis Ernst Jünger. Bonn 1991, v.a. S. 286, der zeigen konnte, dass in den meisten Tagebüchern sogenannter Innerer Emigranten, die nicht zur späteren Veröffentlichung intendiert waren, das Politische in der Zeit des Nationalsozialismus zumeist nur dann kommentiert wurde, wenn es ihre Person direkt betraf.
311 Tagebucheintrag vom 4.12.1933, in: DLA Marbach, D: Brunngraber.
312 Tagebucheintrag vom 6.8.1934, in: DLA Marbach, D: Brunngraber.
313 Tagebucheintrag vom 31. März 1937, in: DLA Marbach, D: Brunngraber. Auch in den Korrespondenzen wird auf jegliche politische Kommentierung – wohl wissend um die Zensur – verzichtet. So schreibt er seiner Frau Louise: „mache niemahr politische Bemerkungen in Deinen Briefen. Zwischen Linz und Wien muss eine Zensur sein, denn ich bekomme meine halbe Post *offen*." (Rudolf Brunngraber an Louise Brunngraber, 14.6.1938, in: DLA Marbach, D: Brunngraber [Hervorh. i. O.]).
314 Er arbeitete auch wieder aktiv für die Sozialdemokratische Arbeiterpartei (vgl. Lange: Rudolf Brunngrabers „Opiumkrieg", S. 360).

ihm zugleich aber wohl auch als Rechtfertigungsschrift und zur Demonstration seiner politischen Integrität.[315] Auch in dem autobiographischen Roman *Der Weg durch das Labyrinth* thematisiert Brunngraber die Zeit des Nationalsozialismus und bezieht deutlich regimekritisch Stellung.

In der Zeit des Nationalsozialismus versuchte Brunngraber sich also – so lässt sich bis hierhin konstatieren – zugunsten seines literarischen Broterwerbs dem nationalsozialistischen Regime durch einen Rückzug von konkreten politischen Bekundungen anzupassen. Generell unpolitisch erscheinen seine literarischen Texte jedoch nicht, vielmehr treten, etwa im *Opiumkrieg* und in *Zucker aus Cuba*, historische Darstellungen an die Stelle aktueller politischer Ereignisse. Die Auswahl realhistorischer Episoden allerdings, deren Arrangement sowie dessen implizite und explizite Wertung folgen weiterhin politische Koordinaten.

2.2.3 Textentstehung und Vermarktung des Romans

Dass im *Opiumkrieg* ein historisches, zugleich aber auch politisches Thema aufgegriffen und literarisch verarbeitet wird, führte zu einer Problemkonstellation, die erst mit Blick auf die sich über mehrere Jahre vollziehende Textgenese offenkundig wird. Dass der *Opiumkrieg* nämlich als eigenständiger Roman publiziert wurde, war von Brunngraber so zunächst nicht vorgesehen, wie sich vor allem aus seinen Tagebüchern und verschiedenen Korrespondenzen rekonstruieren lässt. Zunächst plante Brunngraber ein literarisches Großprojekt, das den weltweiten illegalen Rauschgifthandel – u.a. in Amerika, Ägypten, Frankreich, der Türkei, aber auch China – eingebettet in eine fiktionale Erzählung thematisieren sollte. Manuskriptteile dieses Projekts sind in dem sich im *Deutschen Literaturarchiv Marbach* befindenden Teilnachlass Brunngrabers leider nicht überliefert.[316] Doch geht aus den Tagebüchern Brunngrabers hervor, dass die literarische Darstellung des chinesisch-

---

315 Vgl. dazu ausführlicher das Kapitel 2.2.6. Parallelen zu NS-Deutschland und zur Zeitgeschichte.
316 Publiziert wurde lediglich ein kurzer faktualer Beitrag über *Völkerbund und Rauschgifte* im Berliner Tageblatt, der die Aufarbeitung der Fakten zeigt (vgl. Rudolf Brunngraber: Völkerbund und Rauschgifte, in: Berliner Tageblatt, 28.1.1937). Dass Teile des geplanten Projekts in den 1952 publizierten Roman *Heroin. Roman der Rauschgifte* eingeflossen sind, ist naheliegend, jedoch nicht nachzuweisen. Lena Höft geht davon aus, dass Brunngraber die Romanidee durch die Teilnahme als Journalist an einer Rauschgiftkommission des Völkerbunds in Genf im Januar 1937 erhalten habe (vgl. Höft: Ein Sozialist schreibt Bestseller im Dritten Reich?, S. 250). Über eine Teilnahme ließ sich in den privaten Aufzeichnungen kein Hinweis finden. Vermerkt ist aber der Beginn der Materialsuche für den ‚Rauschgiftroman' bereits in einem Eintrag vom September 1936, im Januar 1937

britischen Opiumkrieg nur „als eine Passage innerhalb des Rauschgiftromans" konzipiert wurde.[317] Eine erste Reinschrift des Kapitels, mit welchem man den Roman in Vorabdrucken bewerben wollte,[318] lag nach mehreren Monaten Recherche und Quellenstudium im „Rekordtempo", wie Brunngraber meint, im Januar 1937 vor.[319] Nur unmittelbar nach dieser Fertigstellung teilte der *Rowohlt*-Verlag Brunngraber jedoch mit, dass man den Roman verbieten wolle.[320] Bereits vorab – also bevor das Manuskript überhaupt dem RMVP zur Prüfung vorgelegt wurde – warnte man Brunngraber also vor einem drohenden Verbot.[321] Ausschlaggebend hierfür waren aber wohl nicht politische Gründe – also auch nicht das 1937 noch gute Verhältnis Deutschlands zu England –, sondern die Thematik des Rauschgifts.[322] Anders ist kaum zu erklären, wieso ein Publikationsverbot von der Reichsgesundheitskammer antizipiert wurde und zugleich dem *Opiumkrieg* als eigenständigem Roman eine Genehmigung zugesagt wurde.[323] Dass es trotz festgesetzter Publikationstermine, vereinbarter Vorabdrucke, festgelegter Layout-Gestaltungen[324] und ersten öffentlichen Lesungen[325] nicht schon 1937 zu einer Publikation des *Opiumkriegs* kam,

---

gab es bereits Verhandlungen um die Publikation (vgl. Tagebucheinträge September 1936 sowie Januar 1937, in: DLA Marbach, D: Brunngraber).

317 Tagebucheintrag vom 6.4.1937, in: DLA Marbach, D: Brunngraber.
318 Vgl. den Tagebucheintrag vom 17.1.1937, in: DLA Marbach, D: Brunngraber.
319 In diese frühe Textproduktionsphase fällt – dies lässt sich aus Brunngrabers Notaten rekonstruieren – das spätere Romankapitel *Der Frieden von Nanking*. Inwiefern der ursprüngliche Text für die Publikation des Romans überarbeitet wurde, konnte aufgrund fehlender Materialien nicht rekonstruiert werden (vgl. den Tagebucheintrag vom Januar 1937, in: DLA Marbach, D: Brunngraber).
320 Vgl. den Tagebucheintrag vom 18.1.1937, in: DLA Marbach, D: Brunngraber: „Rowohlts Brief, der über Reichsgesundheitsamt und Reichsschrifttumskammer besagt, daß der Rauschgiftroman **verboten** würde. Ob es mir nicht immer in die Suppe spucken müsse." (Hervorh. i. O.)
321 So heißt es in der von Brunngraber an seine Frau Louise geschriebenen Begründung: „Man sagte uns im Reichsgesundheitsamt, dass man schon seit Jahren entschlossen sei, derartige Bücher unter keinen Umständen zu dulden." (Rudolf Brunngraber an Louise Brunngraber, o.D., in: DLA Marbach, D: Brunngraber).
322 Anders deuten dies Lena Höft, Bernhard Doppler und Thomas Lange in ihren Beiträgen zu Brunngrabers Werk. Vgl. Höft: Ein Sozialist schreibt Bestseller im Dritten Reich?, S. 250; Doppler: Hermann Broch und Rudolf Brunngraber, S. 188 sowie Lange: Rudolf Brunngrabers „Opiumkrieg", S. 362.
323 Vgl. den Tagebucheintrag vom 8.–12.3.1937, in: DLA Marbach, D: Brunngraber.
324 Vgl. den Tagebucheintrag vom 8.–12.3.1937, in: DLA Marbach, D: Brunngraber sowie Rudolf Brunngraber an Louise Brunngraber, o.D. [vermutlich zwischen 8. und 12. März 1937], in: ebd.: „So wird nun unter dem Titel ‚Opiumkrieg' der Opiumkrieg allein erscheinen. Im September, sehr schön gedruckt, etwa 90 Seiten stark, in Leinen gebunden, rot und gold ausgestattet."
325 Vgl. zum Beispiel die Ankündigung zu einer Lesung Brunngrabers „aus seiner neuen Erzählung ‚Der Opiumkrieg'" datiert auf den 2. April 1937 ([Anonym]: Aus der Volksheimwoche. Einzelvorträge der Fachgruppe für Literatur, in: Gerechtigkeit, 2.4.1937, S. 12 sowie [Anonym]: Vorträge von heute, in: Neues Wiener Journal, 2.4.1937, S. 10).

ist nicht auf befürchtete politische und/oder literaturpolitische Konsequenzen und Restriktionen zurückzuführen, sondern einzig auf marktstrategische Aspekte.[326] Das Projekt wurde zunächst fallen gelassen. Erst ein Jahr später – im Sommer 1938 also – nahm Brunngraber das Quellenstudium für den China-Roman erneut auf – und nun sollte alles ganz schnell gehen.[327] Ob tatsächlich politische Erwägungen, vor allem hinsichtlich der veränderten außenpolitischen Agenda Hitlers gegenüber England, die Publikation des anti-englischen Romans dann doch vorantrieben, ist aus den im Nachlass befindlichen Korrespondenzen weder zu belegen noch von der Hand zu weisen, doch scheint es auch wegen der Verlagsstrategie des *Rowohlt*-Verlags naheliegend. Wie David Oels aufzeigen konnte, hatte der Verlag mit diversen antibritischen Tatsachenromanen „die größten kommerziellen Erfolge" erzielen können. Oels nimmt jedoch an, dass die nationalsozialistische Instrumentalisierung der Texte zu propagandistischen Zwecken nicht das Primärziel des Verlegers war, sondern es ihm zuvorderst aus ökonomischer Perspektive darum ging, „systemkonform den Zeitgeschmack zu treffen"[328] – Rowohlt verfolgte mit seinem Programm also eine ähnliche Strategie wie Brunngraber mit seinen Texten. Brunngraber begann jedenfalls nach weiteren tiefgreifenden Quellenstudien im Januar 1939 mit der finalen Niederschrift des Texts, den er nur sechs Monate später, im Juni 1939, fertigstellte und gemeinsam mit dem Entwurf für den Schutzumschlag an den Verlag sandte.[329] Trotz zunächst weiterer Diskussionen und Überarbeitungsvorschlägen nahm Rowohlt den Text schließlich doch wie von Brunngraber entworfen ins Programm auf.[330] Nach einer erneuten knappen Verzögerung kam der *Opiumkrieg* schließlich am 24. September 1939 auf den Markt.

---

326 So lehnten sowohl die *Berliner Illustrierte* als auch die *Kölnische Illustrierte* Vorabdrucke mit inhaltlichen Begründungen ab (vgl. den Tagebucheintrag vom 6.4.1937, in: DLA Marbach, D: Brunngraber).
327 Vgl. den Tagebucheintrag vom Juli/August 1938, wieder Adria, in: DLA Marbach, D: Brunngraber. Vgl. auch die weiteren Einträge im Tagebuch zwischen September 1938 und 1939, die schlagwortartig die Produktionsphasen des Romans festhalten.
328 Oels: Rowohlts Rotationsroutine, S. 157f.
329 Vgl. den Tagebucheintrag vom 13.6.1939, in: DLA Marbach, D: Brunngraber.
330 Vgl. Rudolf Brunngraber an Louise Brunngraber, 17.5.1939, in: DLA Marbach, D: Brunngraber: „Schreibt mir Ledig, ich solle nach Berlin zu Dr. Lampe fahren, den ersten Romanteil zwecks Umarbeitung besprechen, er gefiele ihnen nicht sehr [...]. Nun, ich habe mir die Sache nun zwei Stunden überlegt und sitze wieder fest im Sattel. Nach Berlin fahre ich nicht. Und ich bin zutiefst überzeugt, dass ich im Recht bin und die anderen im Unrecht. Die Sache geht einfach darauf zurück, dass sie im Verlag erst eine Hälfte haben, und dass erklärt, wenn ihnen die Familiengeschichte Tschun-lins zu lange erscheint, im übrigen habe zwar ich ein halbes Jahr chinesische Kulturgeschichte studiert, nicht aber sie, und so erscheint ihnen manches wunderlich." Vgl. auch die Notiz im Tagebuch am 13.6.1939, in: ebd.: „Verlag gibt sich in der Diskussion geschlagen."

Ein wichtiger Grund für den durchschlagenden Erfolg war neben der gründlichen Vorbereitung und Ausarbeitung des Texts wohl vor allem auch die Vermarktung seitens des Verlags, die schon vor der Publikation vertraglich geregelt wurde: Neben mehreren Auflagen im *Rowohlt*-Verlag (1943 erfolgte die 20. Auflage)[331] erschien der *Opiumkrieg* kurz nach der Erstausgabe in Leseausgaben der Buchgemeinschaft[332] und wurde als Fortsetzungsroman im *Hamburger Tageblatt* und der *Magdeburger Zeitung* gedruckt.[333] Darüber hinaus wurde der Text ebenfalls im *Deutschen Tauchnitz Verlag* als „Sonderdruck für die Feldbücherei der Luftwaffe" aufgelegt,[334] und das Propagandaministerium empfahl den Roman als „Buch-Feldpostsendung".[335] Doch nicht nur im deutschsprachigen Raum und im Kriegseinsatz, sondern auch auf dem ausländischen Buchmarkt wurde Brunngrabers *Opiumkrieg* – wie auch seine übrigen Erfolgsromane – vermarktet.[336] So folgten bis 1944 unter anderem zwei Übersetzungen ins Tschechische sowie weitere ins Italienische, Dänische, Spanische und Rumänische; die Wahl der ausländischen Publikationsorte ist hier sicherlich kein Zufall, sondern ebenfalls politisch motiviert; womöglich gehen sie auch auf bestehende Kooperationen des *Rowohlt*-Verlags zurück. Doch nicht nur in gedruckter Form sollte der *Opiumkrieg* von Erfolg gekrönt sein, wenngleich sich nicht alle angedachten Projekte realisierten. So plante man den Roman

---

331 Vgl. Höft: Ein Sozialist schreibt Bestseller im Dritten Reich?, S. 250. Vgl. dazu u.a. auch die Aussagen Brunngrabers im Briefwechsel mit Herbert Nette: Rudolf Brunngraber an Herbert Nette, 2.10.1939, in: DLA Marbach, A: Nette sowie Rudolf Brunngraber an Herbert Nette, 30.10.1939, in: ebd., und Rudolf Brunngraber an Herbert Nette, 1.1.1940, in: ebd. Die einzelnen Auflagen und Verkaufszahlen hielt Brunngraber ebenfalls detailliert in seinem Tagebuch fest.
332 Rudolf Brunngraber: Opiumkrieg. Roman. Berlin: Deutsche Buch-Gemeinschaft 1940.
333 Vgl. Rudolf Brunngraber an Herbert Nette, 20.11.1939, in: DLA Marbach, A: Nette. In der Folge wurde dieser auch in weiteren Zeitungen als Fortsetzungsroman gedruckt (vgl. Rudolf Brunngraber an Herbert Nette, 11.1940, in: ebd.).
334 Rudolf Brunngraber: Opiumkrieg. Roman. Leipzig: Tauchnitz 1941 (= Der deutsche Tauchnitz, 113). Interessant ist, dass der *Tauchnitz*-Verlag Brunngrabers Roman im Genre der „Abenteuerromane", nicht „historische Romane" bewirbt. Die Bücher der Reihe sind „nur zum Verkauf ausserhalb des grossdeutschen Reiches" gestattet. Vgl. dazu in Kürze auch Oels: Rowohlts Rotationsroutine, S. 198 sowie Geschichte des deutschen Buchhandels im 19. und 20. Jahrhundert, Bd. 3.1: Drittes Reich, hg. von Ernst Fischer und Jan-Pieter Barbian. Berlin, Boston 2015, S. 29.
335 Vgl. Oels: Rowohlts Rotationsroutine, S. 198. Vgl. Auch Ledig an Ditzen, 28.5.1941, in: Hans Fallada: Ewig auf der Rutschbahn. Briefwechsel mit dem Rowohlt Verlag, hg. von Michael Töteberg und Sabine Buck. Reinbek bei Hamburg 2008, S. 332.
336 Vgl. zu der Vielzahl an Übersetzungen der Texte Brunngrabers auch Fuchs: Rudolf Brunngraber, S. 103; Doppler: Hermann Broch und Rudolf Brunngraber, S. 187.

auch als Spielfilm[337] und Theaterstück[338] und ließ ihn in einer Hörspielversion in verschiedenen Hörfunkanstalten laufen.[339] Das Hörspiel soll – Brunngraber zitiert hier die Aussage eines „leitenden Herren des Deutschland-Senders" – „als das beste des vergangenen Jahres betrachtet" worden sein.[340] Propagandaminister Goebbels nahm wohl die Aufnahme des Hörspiels gar zum Anlass, Brunngraber persönlich einzuladen.

Nach Kriegsende wurden allerdings – und dies knüpft an das von Edschmid konstatierte ‚doppelte' Publikationsverbot an – einige ausgewählte Texte Brunngrabers verboten, wie etwa der *Cuba*-Roman in der amerikanischen und der *Opiumkrieg* in der britischen Besatzungszone.[341] Bereits 1950 aber war dieses temporäre Verbot aufgehoben, wie aus einer schriftlichen Rückfrage Brunngrabers beim *Rowohlt*-Verlag hervorgeht. Anlass der Nachfrage war eine geplante Neuauflage des *Opiumkriegs* in einem österreichischen Verlag,[342] welcher jedoch auf zusätzlichen Absatz am bundesdeutschen Buchmarkt angewiesen sei, da, so Brunngraber, „das österreichische Leserhinterland eine Verlegung allein nicht mehr trägt."[343] Trotz anfänglicher Zweifel des *Rowohlt*-Verlags, dem der Text „noch als ein wenig englandfeindlich

---

337   Vgl. einen ausführlicheren Kommentar Brunngrabers dazu vor allem in Rudolf Brunngraber an Herbert Nette, 13.4.1939, in: DLA Marbach, A: Nette. Interesse hatten wohl schon vor Publikation des Romans sowohl die Filmgesellschaft *Ufa* als auch *tobis*, welche den neuen Film bereits in ihr Spielprogramm aufgenommen hatte (vgl. [Anonym]: Tobis 1940/41, in: Das Kleine Volksblatt, 30.8.1940, S. 11; [Anonym]: Aus dem deutschen Filmschatten, in: Salzburger Volksblatt, 30.8.1940, S. 5; [Anonym]: Die Tobis in der neuen Spielzeit. Bekenntnisfilme im Vordergrund, in: Neues Wiener Tageblatt, 4.9.1940). Auch andere Romane Brunngrabers waren immer wieder für eine Verfilmung im Gespräch, wie etwa *Radium* oder *Die Engel in Atlantis*. Dass die Verfilmung von Romanen während des sogenannten Dritten Reichs eine „verstärkende Wirkung auf Bestsellererfolge" hatte, konnte Tobias Schneider in seiner Studie nachweisen (vgl. Schneider: Bestseller im Dritten Reich, v.a. S. 96). Ob die filmische Inszenierung tatsächlich realisiert wurde, ließ sich nicht rekonstruieren.
338   Vgl. Rudolf Brunngraber an Herbert Nette, 20.11.1939, in: DLA Marbach, A: Nette sowie Rudolf Brunngraber an Herbert Nette, 1.1.1940, in: ebd. Rezeptionszeugnisse einer tatsächlichen Aufführung ließen sich bisher leider nicht finden.
339   Vgl. Rudolf Brunngraber an Herbert Nette, 16.6.1939, in: DLA Marbach, A: Nette sowie Rudolf Brunngraber an Herbert Nette, 2.10.1939, in: ebd.
340   Rudolf Brunngraber an Herbert Nette, 13.2.1940, in: DLA Marbach, A: Nette.
341   Vgl. Verzeichnis der auszusondernden Literatur, hg. von der Abteilung für Volksbildung im Magistrat der Stadt Berlin. Februar 1946, S. 95.
342   Vermutlich handelt es sich hierbei um folgende Ausgabe: Rudolf Brunngraber: Opiumkrieg. Wien: Danubia Verlag 1951.
343   Rudolf Brunngraber an Ernst Rowohlt, 30.3.1950, in: DLA Marbach, A: Rowohlt, Autorenkonvolut Brunngraber.

in Erinnerung war",³⁴⁴ nahm auch dieser den Roman schließlich ohne Veränderungen am Text erneut in die Taschenbuchreihe *ro-ro-ro* auf.³⁴⁵ 1986 erschien im Verlag *Edition Nautilus* die bisher letzte Neuauflage des Erfolgsromans.³⁴⁶

Brunngrabers *Opiumkrieg* wurde also zu Propagandazwecken im Krieg instrumentalisiert (Ausgabe Tauchnitz), gleichzeitig aber im Ausland verbreitet (diverse Übersetzungen) und im Inland als Unterhaltungsware gehandelt (Film, Theater, Hörfunk, Leseausgaben). Brunngrabers politisches Agieren scheint diesen wechselnden Einsatz selbst begünstigt zu haben. Dabei spielte auch die Wahl der Gattung des historischen Romans eine entscheidende Rolle.

2.2.4 Gattungsfragen. Der historische Roman im Nationalsozialismus

Zunächst scheint es evident, den Text in die Tradition des historischen Romans zu stellen; verweist doch bereits der Titel *Opiumkrieg* auf ein realhistorisches Ereignis sowie die paratextuelle Bestimmung *Roman* auf dessen fiktionalisierte Ausgestaltung. Dass es sich nicht um eine rein fiktionale Darstellung handelt und der Anspruch historischer Faktizität verfolgt wird, wird in einem dem Text vorangestellten Hinweis deutlich: „Der Gang der Ereignisse in diesem Buch sowie alle Daten, statistischen Angaben und zitierten Dokumente sind historisch". Bereits vor Lektürebeginn lenkt Brunngraber also die Perspektive der Leser:innen auf einen zunächst nicht näher bestimmten, aber als realistisch ausgewiesenen Zeit- und Handlungsraum.³⁴⁷

In der Folge einer längeren Erfolgsgeschichte erwies sich der historische Roman auch zwischen 1933 und 1945 als durchaus beliebte Textsorte, der sich sowohl überzeugte Nationalsozialist:innen wie auch sogenannte innere Emigrant:innen und Exilant:innen bedienten – nicht selten, um kritisch oder affirmativ Stellung zu den aktuellen Ereignissen in NS-Deutschland zu beziehen.³⁴⁸ Daneben gab es natürlich zahlreiche primär unterhaltende historische Romane.

---

344 H.M. Ledig-Rowohlt an Rudolf Brunngraber, 7.9.1950, in: DLA Marbach, A: Rowohlt, Autorenkonvolut Brunngraber.
345 Rudolf Brunngraber: Opiumkrieg. Reinbek bei Hamburg: Rowohlt 1963 (= ro-ro-ro-Taschenbuch-Ausgabe, 529).
346 Rudolf Brunngraber: Opiumkrieg. Mit einem Nachwort von Thomas Lange. Hamburg: Edition Nautilus 1986.
347 Wie Hugo Aust deutlich macht, ist vor allem der erste Satz des historischen Romans von Interesse, da dieser den Leser:innen den Einstieg in den geschichtlichen Raum erleichtern soll (vgl. Aust: Der historische Roman, S. 27f.).
348 Vgl. z.B. ebd., S. 126–147.

Anknüpfend an Gattungsdiskussionen in den 1920er-Jahren, führte man während des Nationalsozialismus eine breite Diskussion um die Ausgestaltung und Funktion historischen Erzählens.[349] Dabei ging es vordergründig um die Frage des künstlerischen Werts, um eine Abgrenzung und Verortung der Textsorte zwischen biographischem Roman und geschichtlichem Sachbuch, um die disziplinäre Differenz zwischen Geschichtswissenschaft und der Literaturproduktion und um das im Text dargebotene Verhältnis von Fakten und Fiktion. Im Hintergrund aber stand oft die Frage nach der Relation von historischem Plot und gegenwärtiger Bedeutung. Diese Bestimmungsgrößen prägen auch die Forschung: Es liegen diverse Studien zur Gattungsgeschichte des historischen Romans in der Zeit des Nationalsozialismus vor.[350] Nicht selten versuchte man hier, die Breite und die diversen Gestaltungsmöglichkeiten der Textsorte durch verschiedene Typologisierungen zu fassen. Frank

---

349 Aus der Vielzahl sich theoretisch mit der Textsorte befassenden oder mit normativen Anspruch auseinandersetzenden Beiträgen sei nur exemplarisch verwiesen auf: Max Kullak: Heroische Weltanschauung im geschichtlichen Roman der Gegenwart, in: Zeitschrift für Deutschkunde 48 (1934), S. 163–169; Bernt von Heiseler: Segen und Unsegen des historischen Romans, in: Das deutsche Wort 11.3 (1935), S. 6f. und S. 10f.; Helmut Merzdorf: Geschichtliche Romane, in: Nationalsozialistische Monatshefte 6 (1935), S. 374; Maria Luthner: Historische Romane als Mittel geschichtlicher Bildung in den Schulen. München 1937; Wilhelm Löw: Dichtung und Geschichte. Ein Rückblick, in: Nationalsozialistische Monatshefte Bibliographie 4 (1937), S. 61–64; Gerhart Schmidt: Anmerkungen zum historischen Roman, in: Die neue Literatur (1940), S. 132–137; Wilhelm von Scholz: Der historische Roman, in: Europäische Literatur 41 (1942), S. 4f.
350 Verwiesen sei an dieser Stelle aus der Vielzahl der Forschungsbeiträge vor allem auf die Standardwerke von Helmut Vallery: Führer, Volk und Charisma. Der nationalsozialistische historische Roman. Köln 1980 sowie Frank Westenfeld: Genese, Problematik und Wirkung nationalsozialistischer Literatur am Beispiel des historischen Romans zwischen 1890 und 1945. Frankfurt am Main 1989. Vgl. anschließend daran auch Aust: Der historische Roman. Darüber hinaus zum historischen Roman nationalsozialistischer Autor:innen Wolfgang Wippermann: Geschichte und Ideologie im historischen Roman des Dritten Reiches, in: Die deutsche Literatur im Dritten Reich. Themen – Traditionen – Wirkungen, hg. von Horst Denkler und Karl Prümm. Stuttgart 1976, S. 183–206; Peter Werbick: Der faschistische historische Roman in Deutschland, in: Kunst und Kultur im deutschen Faschismus, hg. von Ralf Schnell. Stuttgart 1978, S. 157–190; Johannes Sachslehner: Führerwort und Führerblick. Mirko Jelusich – Zur Strategie eines Bestsellerautors in den Dreißiger Jahren. Königstein im Taunus 1985. Vgl. zum historischen Roman von Exilant:innen und ‚inneren Emigrant:innen' u.a. Wolfgang Brekle: Das antifaschistische schriftstellerische Schaffen deutscher Erzähler in den Jahren 1933–1945 in Deutschland. Diss. HU Berlin 1967; Elke Nyssen: Geschichtsbewußtsein und Emigration. Der historische Roman der deutschen Antifaschisten 1933–45. München 1974. Sowie allgemein zum historischen Roman Ernst Keller: Nationalismus und Literatur. Langemarck, Weimar, Stalingrad. Bern 1970; Harro Müller: Geschichte zwischen Kairos und Katastrophe. Historische Romane im 20. Jahrhundert. Frankfurt am Main 1988; Der historische Roman zwischen Kunst, Ideologie und Wissenschaft, hg. von Ina Ulrika Paul und Richard Faber. Würzburg 2013; Sigrid Schmidt-Bortenschlager: Besinnung auf Tradition. Heimat und Geschichte im Roman des

Westenfeld zum Beispiel kategorisiert die Texte nach der (politischen) Motivation der jeweiligen Autor:innen (1) als regimekonform, wenn der Text zur historischen Legitimierung der NS-Propaganda dient, (2) als regimekritisch, wenn in einer Art des ‚verdeckten Schreibens' (auch ‚changierende Rede')[351] Kritik an der Gegenwart im historischen Gewand geübt wird, sowie (3) als opportunistisch, wenn „nach längst eingeübten Mustern" (absatzstarke) Unterhaltungsliteratur geliefert wird.[352] Den zweiten Punkt dieser nach intentionalen Kriterien vorgenommenen Typologisierung unterzog John Klapper 2014 einer thematischen Ausdifferenzierung und nahm dabei ebenfalls primär das aktualisierende Potenzial historischer Texte von nonkonformen Autor:innen in den Fokus. Das Verhältnis des historischen Stoffs zur zeitgenössischen Gegenwart könne sich (a) aus einem universellen Zusammenhang speisen, (b) als Parallele angelegt sein, (c) als traditionsgenetischer Zusammenhang oder (d) in der Funktion von Vor- und Gegenbildern konzipiert sein.[353] In historischer Hinsicht haben Helmut Vallery, Frank Westenfeld und im Rekurs darauf auch Hugo Aust und John Klapper gezeigt, dass der historische Roman während des Nationalsozialismus vor allem ‚enthistorisiert' zu lesen sei, die dargestellte Vergangenheit also durch den aktuellen Bezug marginalisiert werde und folglich die Autorintention primär darauf ziele, den Leser:innen ihre aktuelle politische Stellungnahme zum Zeitgeschehen im historischen Gewand zu übermitteln: „Der historische Roman dient also nicht der Ausbildung eines historischen Bewußtseins, sondern der Mani-

---

frühen 20. Jahrhunderts, in: Deutsche Literatur von Frauen, Bd. 2, hg. von Gisela Brinker-Gabler. München 1988, S. 235–248.

351 Der Begriff des ‚verdeckten Schreibens' geht auf Erwin Rotermund und Heidrun Ehrke-Rotermund zurück (vgl. Heidrun Ehrke-Rotermund und Erwin Rotermund: Texte und Vorstudien zur ‚Verdeckten Schreibweise' im „Dritten Reich". München 1999). Dirk Werle zeigt am Beispiel des italienischen Philosophen Ernesto Grassi ebenfalls eine „intendierte Schreibstrategie", die „retrospektive[] Beobachter über die Stellung des Gesagten zur zeitgenössischen [d.i. die Zeit des deutschen und italienischen Faschismus; K.H.] deutschen Staatsideologie verunsicher[n]" kann und bezeichnet dies als „changierende Rede[]" bzw. „changierende[s] Sprechen" (Dirk Werle: Changieren. Ernesto Grassis Konzeption von ‚Humanismus' [1935–1942], in: Die akademische ‚Achse Berlin – Rom'? Der wissenschaftlich-kulturelle Austausch zwischen Italien und Deutschland 1920 bis 1945, hg. von Andrea Albrecht, Lutz Danneberg und Simone De Angelis. Berlin, Boston 2017, S. 183–202, Zitate S. 184f.). Vgl. dazu auch sich kritisch mit Rotermunds Konzeptionen des ‚verdeckten Schreibens' auseinandersetzend und darüber hinausgehend: Kristina Mateescu: Engagement und esoterische Kommunikation unterm Hakenkreuz. Am Beispiel des *Hochland*-Kreises. Berlin, Boston 2022.
352 Westenfeld: Genese, Problematik und Wirkung, S. 203.
353 Vgl. John Klapper: Categories of the Non-Conformist: The Historical Fiction of Inner Emigration, in: German Life and Letters 67.2 (2014), S. 159–182.

pulation der Leser für die politischen Ziele der Gegenwart", so Westenfelds Konklusion.[354] Hugo Aust folgert daraus ideologiekritisch und sich nur auf ns-konforme Texte konzentrierend, dass jeder nationalsozialistische historische Roman „ein triviales Erzeugnis" sei und es einen „wertvollen Geschichtsroman des Nationalsozialismus [...] deshalb grundsätzlich nicht geben" könne.[355] Brunngrabers *Opiumkrieg* fällt, wie gezeigt, bei Aust als ein von den Nationalsozialisten missverstandener Text aus der Menge der ns-konformen und regimetreuen Texte heraus, der seine Botschaft für die Gegenwart durch die historische Sujetwahl kaschiert.

Dennoch erweisen sich mit Blick auf Brunngrabers Roman die zitierten Thesen wie auch die angebotenen Ordnungskategorien und Wertungen als zu pauschal. Sein historischer Roman ist durch einige inhaltliche und gestaltungsspezifische Charakteristika gekennzeichnet, die eine zu allgemeine und zu eindeutige Gattungszuordnung ebenso verbieten wie eine pauschale Verurteilung oder Apologie. Doch bevor auf Brunngrabers poetologisches Verständnis genauer eingegangen werden kann, müssen zunächst noch zwei weitere für die Gattungsfrage relevante Umstände genauer betrachtet werden. Denn Brunngrabers *Opiumkrieg* steht eben nicht nur in der Tradition des historischen Romans, sondern auch in der Tradition des China-Romans und (vor allem) des Tatsachenromans.

2.2.4.1 Der *Opiumkrieg* als fremdkultureller historischer Tatsachenroman

Wie schon paratextuell deutlich wird, handelt es sich bei dem im *Opiumkrieg* dargestellten historischen Geschehen nicht nur um eine zeitlich von der Gegenwart der Leser:innen entrückte Geschichte, sondern auch um eine kulturell fernliegende: Brunngraber schreibt einen Roman über das historische China. Der Roman zeichnet sich also durch eine Art ‚doppelte Fremde' aus, die zum einen zeitlich, zum anderen aber geographisch und kulturell konstruiert wird. Rudolf Brunngraber greift somit nicht nur auf eine zeitgenössisch populäre und für aktualisierende Lesarten anfällige Textsorte zurück, sondern stellt sich zugleich auch in eine Tradition historischer China-Romane, wie sie wohl am bekanntesten von dem oben besprochenen Alfred Döblin (*Die drei Sprünge des Wang-lun*, 1915) aber auch von Walter Meckauer (*Die Bücher des Kaisers Wutai*, 1928),[356] Egmont Colerus (*Zwei Welten. Ein*

---

354 Westenfeld: Genese, Problematik und Wirkung, S. 204.
355 Aust: Der historische Roman, S. 132.
356 Walter Meckauer: Die Bücher des Kaisers Wutai. Berlin 1928. Vgl. zu Walter Meckauers historischen China-Romanen ausführlicher Andrea Albrecht, Katrin Hudey und Wu Xiaoqiao: „Im Westen wie im Fernen Osten". Familie und Heimat, Flucht und Exil in Walter Meckauers China-Romanen, in: Das Gute Leben, hg. von Hans Feger und Natalie Chamat. Würzburg 2019, S. 137–162 (= Literaturstraße. Chinesisch-deutsche Zeitschrift für Sprach- und Kulturwissenschaften, Sonderband 1).

Marco Polo Roman, 1926),[357] Otfrid von Hanstein (*Der blutrote Strom. Roman aus der Zeit eines Titanen*, 1924)[358] oder Hermann Schreiber (*Opfergang in Peking. Ein Buch um das Sterben des Gesandten von Ketteler*, 1936),[359] um nur einige Beispiele zu nennen, vorgelegt wurden.

Diese Konstellation einer ‚doppelten Fremde' hat bestimmte Konsequenzen sowohl für die Produktion als auch die Rezeption des Textes. Wie Jule Nowoitnick in ihrer transkulturell ausgerichteten Studie zur Tschingis-Khaan-Rezeption zeigen konnte, ist in diesem Zusammenhang vor allem das sich durch diese Konstellation eröffnende Spannungsfeld zwischen Wissen und Nichtwissen von zentraler Bedeutung.[360] Die doppelte Verschiebung ins historisch und kulturell Andere eröffnet den Autor:innen nämlich eine gewisse dichterische Freiheit, weil sie voraussetzen können, dass ihre Leser:innen nur unzureichend über die realhistorischen Fakten informiert sind. Die Leerstellen, die auch in historischen Romanen über vertrautere Geschichtsräume genutzt werden, um den realhistorisch verbürgten Plot mit fiktiven Elementen auszufüllen, fallen somit mutmaßlich größer aus; mitunter mag sich das Wissen der Leser:innen über das historische Geschehen ganz auf die von den Autor:innen mitgelieferten Fakten beschränken. Selbstverständlich basiert auch der historische Roman zur deutschen Geschichte auf einer Anreicherung des mehr oder weniger bekannten historischen Materials durch Fiktion. Doch im Fall eines China-Romans können die Autor:innen davon ausgehen, dass sich im Leserbewusstsein keine klare Scheidung von bekannten Fakten, neuen Fakten und hinzugefügten Fiktionen aufbaut, die Leser:innen vielmehr dem auktorialen Aufbau einer für sie weitgehend imaginären Welt ausgeliefert sind. Die kulturelle Fremde potenziert mithin die epistemische Abhängigkeit der Leser:innen von den Autor:innen. Letztere wiederum sind gehalten, für eine möglichst authentische, stereotypenvermeidende Darstellung neben dem historischen auch kulturelles Wissen mitzuliefern und das Leserinteresse nach einem Verstehen des kulturell Anderen zu befriedigen. Es geht folglich nicht nur um die Darstellung des historischen Plots, sondern auch um die Einbettung dieses Plots in kulturtypische Verhaltensweisen, Rituale, nationale Festlichkeiten sowie um seine Wertung im Rahmen fremdkultureller Normen.

---

357 Egmont Colerus: Zwei Welten. Ein Marco Polo Roman. Berlin, Wien, Leipzig 1926.
358 Otfrid von Hanstein: Der blutrote Strom. Roman aus der Zeit eines Titanen. Stuttgart, Berlin 1924.
359 Hermann Schreiber: Opfergang in Peking. Ein Buch um das Sterben des Gesandten von Ketteler. Berlin 1936.
360 Vgl. Jule Nowoitnick: Tschingis Khaan in der deutschsprachigen Literatur. Eine Geschichte des (Nicht-) Wissens. Heidelberg 2017.

Brunngraber weiß diese besondere Rezeptionslage zu nutzen und nimmt seine Autorrolle mit großer Verantwortung wahr. Im *Opiumkrieg* bindet er in seine Erzählung – wie auch in *Karl und das 20. Jahrhundert* oder in *Zucker aus Cuba* – diverse historische Dokumente und Statistiken ein, die den deutschen Leser:innen nicht nur Faktizität und Authentizität anzeigen, sondern ihnen zugleich das notwendige Referenzwissen vermitteln sollen. Dennoch verzichtet Brunngraber – ähnlich wie Döblin in *Die drei Sprünge des Wang-Lun*, der nicht einmal Jahreszahlen ausweist – auf jegliche weiterführende Kommentierung: Er legt keine Quellen offen, gibt seinen Leser:innen keine weiterführenden Lektürehinweise, erklärende Fußnoten oder einen Anmerkungsapparat, sondern hält sich ganz an die Darstellungskonvention fiktionaler Texte. Auf diese Weise macht Brunngraber es den zeitgenössischen Leser:innen nahezu unmöglich, die eingeflochtenen (vermeintlich) historischen Dokumente, wie etwa abgedruckte Zeitungsausschnitte, hinsichtlich ihres faktographischen Werts zu überprüfen. Auch kulturelles Wissen wird in Brunngrabers Roman nicht über textexterne Referenzen authentifiziert. Exemplarisch sei hier auf eine ausführlich beschriebene Opferzeremonie hingewiesen, die ohne jegliche kulturelle Kontextualisierung beschrieben wird.[361] Die durchgängig fehlenden Referenzen eröffnen Brunngraber einen größeren fiktionalen Spielraum, bleibt es doch allein den Leser:innen überlassen, die historischen und kulturellen Elemente des Romans mit ihrem mutmaßlich nur rudimentären Wissen über das China des beginnenden 19. Jahrhunderts abzugleichen. Dennoch nutzt Brunngraber diese Spielräume nicht in ihrer Extension aus, sondern hält sich – wie ein Abgleich zeigt – aufs engste an das realhistorische Geschehen und folgt damit den Konventionen des sogenannten Tatsachenromans, der generell in seinem Werk eine Vorrangstellung einnimmt.

Scheint eine Diskussion im Zusammenhang des *Opiumkriegs* zunächst nicht zielführend, da das zentralste Merkmal des Tatsachenromans – die Thematisierung eines „Dings" – nicht vorrangig gegeben ist, plausibilisiert die Relevanz auch dieser Gattungsbestimmung die Textgenese. Denn es waren nicht die historische Handlung des Opiumkriegs und auch nicht Lin Zexu als historischer Protagonist, die eigentlich das Zentrum der Romanhandlung bilden sollten, sondern das Rauschgift.[362] Auch der Tatsachenroman wurde hinsichtlich seiner Gattungsspezifika in der ersten Hälfte der 1930er-Jahre in der literarischen Öffentlichkeit breit diskutiert.

---

361 Vgl. Rudolf Brunngraber: Opiumkrieg. Stuttgart 1939, S. 69. Im Folgenden zitiere ich aus dieser Erstausgabe.
362 Darüber hinaus betitelt Brunngraber selbst seinen *Opiumkrieg* in einer Korrespondenz mit Ernst Rowohlt als ‚Tatsachenroman' (vgl. Rudolf Brunngraber an Ernst Rowohlt, 6.2.1950, in: DLA Marbach, A: Rowohlt, Autorenkonvolut Brunngraber).

Heute findet man in den gängigen literaturwissenschaftlichen Lexika zumeist kein Lemma zum Tatsachenroman;[363] den einzigen Versuch einer allgemeingültigen Gattungsbestimmung, die vor allem die Entstehungsgeschichte fokussiert, lieferte meines Wissens David Oels in seinem Beitrag *Der Tatsachenroman und seine Vorgeschichte*.[364] Dass sich der Tatsachenroman als eigenständige Gattungsbezeichnung nicht etabliert hat, entspringt wohl nicht zuletzt einer schon von zeitgenössischen Diskutanten eingeführten und in der Folge von der literaturwissenschaftlichen Forschung aufgegriffenen vieldeutigen Terminologisierung. So firmiert das Genre unter Zuschreibungen wie ‚Reportageroman'[365] oder ‚Tatsachenroman',[366] wird verengend nach thematischen Aspekten betitelt (etwa ‚Justizroman', ‚Arbeitslosenroman' etc.)[367] oder wird unter dem meines Erachtens breiteren Begriff ‚Sachbuch' oder ‚Sachroman' subsumiert.[368] Trotz diverser Ähnlichkeiten und Überschneidungspunkte sei jedoch – wie mit Blick auf die historische Entwicklung der Gattung evident wird – davon Abstand zu nehmen, die Bezeichnungen synonym zu gebrauchen. Die Fokussierung der Literatur auf Tatsachen als ästhetische Kategorie entspringt zu-

---

363 Wie auch David Oels aufzeigt, ist der ‚Tatsachenroman' als eigenständiger Eintrag ausschließlich in Gero von Wilperts *Sachwörterbuch der Literatur* zu finden (vgl. Gero von Wilpert: Sachwörterbuch der Literatur. Stuttgart ⁸2001, S. 812f). Zutreffend kritisiert Oels am Eintrag jedoch die historische Unschärfe (vgl. David Oels: Der Tatsachenroman und seine Vorgeschichte, in: Wissenstexturen. Literarische Gattungen als Organisationsformen von Wissen, hg. von Gunhild Berg. Frankfurt am Main 2004, S. 277–296, hier S. 277).
364 Oels: Der Tatsachenroman und seine Vorgeschichte.
365 Zum Beispiel: Georg Lukács: Reportage oder Gestaltung? Kritische Bemerkungen anläßlich des Romans von Ottwalt, in: Die Linkskurve 4.7 (1932), S. 23–30 und 4.8 (1932), S. 26–31.
366 Zum Beispiel: Ernst Ottwalt: „Tatsachenroman" u. Formexperiment. Eine Entgegnung an Lukács, in: Die Linkskurve 4.10 (1932), S. 21–26; Michael Prawdin: Der Tatsachenroman, in: Die Literatur 36 (1933/1934), S. 256–259; Egon Vietta: Zum Tatsachenroman, in: Die Literatur 36 (1933/34) sowie in der Forschung Oels: Der Tatsachenroman und seine Vorgeschichte; Sabina Becker: Neue Sachlichkeit, Bd. 1: Die Ästhetik der neusachlichen Literatur (1920–1933). Köln, Weimar, Wien 2000, S. 218.
367 Vgl. zum Beispiel Kiesel: Geschichte der deutschsprachigen Literatur 1918–1933, S. 945ff. zum ‚Arbeitslosenroman', S. 634ff. zum ‚Justizroman' vor allem am Beispiel Ottwalts.
368 Zum Beispiel: Erwin Barth von Wehrenalp: Volkstümliche Wissenschaft, in: Die Literatur 39 (1936/1937), S. 273–275 sowie vor allem in der Forschung Helmut Kreuzer: Biographie, Reportage, Sachbuch. Zu ihrer Geschichte seit den zwanziger Jahren, in: Arbeitsblätter für die Sachbuchforschung 8 (2006), S. 7–38; Lange: Literatur des technokratischen Bewußtseins; Ulf Diederichs: Annäherungen an das Sachbuch. Zur Geschichte und Definition eines umstrittenen Begriffs. Berlin, Hildesheim 2010 und Adam: Lesen unter Hitler, S. 87–113.

nächst vor allem einer Ende der 1920er-Jahre immer wieder postulierten ‚Tatsachenpoetik'.[369] Alfred Döblin, der wie oben aufgezeigt sein eigenes Konzept einer ‚Tatsachenphantasie' vertreten hat,[370] kommentierte 1928 mit leichter Ironie:

> Wenn man ganz ehrlich ist, sagt man heute sogar: man will überhaupt keine Dichtung, das ist eine überholte Sache, Kunst langweilt, man will Fakta und Fakta. Dazu sage ich bravo und dreimal bravo. Man hat mir nichts vorzuphantasieren. [...] *Der wirkliche Dichter war zu allen Zeiten selbst ein Faktum*.[371]

Aufgefordert, primär Tatsachen zu präsentieren, entwickelten sich in den 1920er-Jahren spezifische literarische Verfahrens- und Darstellungsweisen sowie entsprechende Gattungen.[372] Neben der Reportage, wie sie etwa Egon Erwin Kisch popularisierte,[373] entstanden in der Folge, vor allem von Seiten kommunistischer Autor:innen, sogenannte Tatsachenromane, die auch hinsichtlich ihrer Gattungsspezifik und Funktion theoretisch diskutiert wurden: Während sich zwischen Georg Lukács und Ernst Ottwalt ausgehend von der Textsorte selbst 1932 in der *Linkskurve* eine eher ideologische Debatte um die Funktion von Literatur innerhalb der sozialistischen Revolution entfachte,[374] griffen Michael Prawdin und Egon Vietta zwei Jahre

---

369 Vgl. zur ‚Tatsachenpoetik' der Neuen Sachlichkeit allgemeiner Becker: Neue Sachlichkeit, Bd. 1, S. 205–219. Diese Fokussierung auf Tatsachen erfolgte nicht zuletzt durch eine starke Orientierung am ausländischen Buchmarkt: Während Lion Feuchtwanger vor allem auf den anglistischen Buchmarkt blickte, entsprangen die Debatten um den Tatsachenroman – sowohl Lukács/Ottwalt als auch Prawdin/Vietta – vor allem entlang der Aussage des russischen Schriftstellers Sergej Tretjakow, der auf seiner Deutschlandreise 1930/31 in Vorträgen eine neue Methode vorstellte, die Wirklichkeit literarisch zu gestalten (vgl. Oels: Der Tatsachenroman und seine Vorgeschichte, S. 280f.; Erhard Schütz: Tatsachen oder Transzendenz. Zur Fortsetzung der neusachlichen Diskussion um die Faktographie nach 1933, in: Zum Tatsachenroman. Die Prawdin/Vietta-Debatte 1934. Berlin, Hildesheim 2007, S. 3–11, v.a. S. 3).
370 Vgl. dazu ausführlicher das Kapitel 2.1.1.3. „Tatsachenphantasie".
371 Döblin: Der Bau des epischen Werks, S. 227 (Hervorh. i. O.).
372 Vgl. auch Becker: Neue Sachlichkeit, Bd. 1, S. 218.
373 Vgl. dazu ausführlicher das Kapitel 4.2. „Bei der Konfrontation dieser Literatur mit der Wirklichkeit packte mich helles Entsetzen". Zu Egon Erwin Kischs Auslandsreportagen, in dem eingehender Kischs China-Reportage *China geheim* untersucht wird.
374 Lukács bezog hier anhand Ottwalts Roman *Denn sie wussten nicht* Stellung zur aktuellen Literaturentwicklung, die er vor allem auf Grundlage einer marxistischen Literaturtheorie, rekurrierend auf Hegel, Marx, Engels und Lenin, ausgestaltete. Besonders deutlich wird hierbei, dass letztlich der Standpunkt des Autors/der Autorin innerhalb des Klassengefüges entscheidend für die Wahl der „schöpferischen Methode", also der Textsorte, sei. Der Tatsachenroman, die die derzeit beliebteste Textsorte sei und welche als kommunistische Methode propagiert werde, deutete Lukács eher als Gattung der kleinbürgerlichen Opposition gegen die Bourgeoisie. In seiner Entgegnung fokussierte Ottwalt ausschließlich die ideologischen Argumente Lukács, was in der erneuten

später in einer Diskussion in *Die Literatur* – und damit seien nur die beiden wirkmächtigsten Debatten exemplarisch angeführt – eher ästhetische Aspekte auf.[375] Der russische Autor Michael Prawdin definierte in diesem Zusammenhang die Textsorte normativ: Zur Unterscheidung von ‚Reportage' und ‚Tatsachenroman' führt er eine temporale Anordnung ein, indem sich aus der ‚Reportage' der ‚Reportageroman' entwickelt habe, woraus schließlich durch eine anders gelagerte Fokussierung der ‚Tatsachenroman' entstanden sei: Während bei ‚Reportage' und ‚Reportageroman' vor allem auch die an dem Geschehen beteiligten Menschen zu charakterisieren seien, stehe im Zentrum des Tatsachenromans ein „überpersönliches Gebilde oder ein Held", der als repräsentative Figur, als Typ, Vorbild für die Leser:innen sei. Statt auf eine psychologische Entwicklung dieser Figur oder Beschreibung eines bloß punktuellen (historischen) Ereignisses, konzentriere sich der Tatsachenroman auf größere Gesamtzusammenhänge, liefere also explanatorische Hintergrundinformationen über die Entwicklungen und Ursachen, die nicht zuletzt auch zu gegenwärtigen historischen Lagen geführt haben. Von größter Relevanz für die Textsorte sei – und hier knüpft die Darstellung an den historischen Roman an – die Referenz auf die außertextuelle Wirklichkeit, die nicht selten durch Quellen und Dokumente authentifiziert werde. Zudem solle auch der Tatsachenroman als „Leitfaden für das reale Leben" vor allem aktualisierend gelesen werden.[376]

Wenngleich sich Brunngraber innerhalb der gattungstheoretischen Debatten nicht selbst zu Wort meldete, lieferte er, wie in der Forschung mehrfach konstatiert wird, mit seinem Erstlingsroman *Karl und das 20. Jahrhundert* – der im Übrigen aufgrund seiner modernen Ausgestaltung immer wieder mit Döblins *Berlin Alexanderplatz* verglichen wurde –[377] ein Paradebeispiel des Tatsachenromans, der in der

---

Antwort Lukács dazu führte, dass die Diskussion losgelöst von der Textsorte auf einem abstrakteren literaturtheoretischen Niveau geführt wurde. Vgl. dazu Lukács: Reportage oder Gestaltung?; Ottwalt: „Tatsachenroman" u. Formexperiment; Georg Lukács: Aus der Not eine Tugend, in: Die Linkskurve 4.11/12 (1932), S. 15–24. Vgl. dazu auch Oels: Der Tatsachenroman und seine Vorgeschichte, S. 280 sowie Schütz: Tatsachen oder Transzendenz, S. 3.

375 Während Prawdin die Entstehung der Textsorte Tatsachenroman aus der historischen Entwicklung heraus zu legitimieren versucht und im Zuge dessen den einzigen Bestimmungsversuch der Textsorte liefert, widerspricht Egon Vietta dessen Ausführungen vor allem hinsichtlich ihres künstlerischen Werts (vgl. Prawdin: Der Tatsachenroman und Egon Vietta: Zum Tatsachenroman, in: Die Literatur 36 [1933/34], S. 453f.).

376 Prawdin: Der Tatsachenroman, S. 16.

377 Vgl. dazu nur beispielhaft Wolfgang Lukas: Individuelles „Schicksal" und überindividuelles „Leben". Zur Funktion von „Wissen" in Alfred Döblins ‚Berlin Alexanderplatz' und Rudolf Brunngrabers ‚Karl und das 20. Jahrhundert', in: Literatur und Wissen(schaften) 1890–1935, hg. von Christina Maillard und Michael Titzmann. Stuttgart 2002, S. 247–277.

Folge in seiner Anlage häufige literarische Nachahmung fand. Wegen der linkspolitischen Konnotation des Terminus ‚Tatsachenroman' finden sich mit der ‚Machtübernahme' der Nationalsozialisten allerdings kaum mehr theoretische Bestimmungsversuche, wenngleich die praktische Umsetzung – nun vor allem unter dem Rubrum ‚Sachbuch' oder ‚Sachroman' und nun primär auch von Seiten rechter Autor:innen – zur erfolgreichsten Textsorte der Zeit avancierte.[378] Beispielhaft ließen sich hier Karl Aloys Schenzingers *Analin*, Anton Zischkas *Brot für zwei Milliarden Menschen*, Hans Dominiks *Vistra. Das weiße Gold Deutschlands* oder eben auch Rudolf Brunngrabers *Radium* nennen.

Auch der *Opiumkrieg* weist diverse gattungsspezifische Merkmale des Tatsachenromans auf, wie zum Beispiel die Motivierung der Handlung vor allem durch Verweise auf die außertextuelle Wirklichkeit statt einer inneren psychologischen Entwicklung einer Einzelfigur, die Darstellung der Hintergründe und Ursachen des historischen Opiumkriegs, das Einflechten historischer Dokumente und – charakteristisch für Brunngraber und dezidiert angeregt durch die Begegnung mit dem Nationalökonom Otto Neurath – Statistiken. Und dennoch würde eine exklusive Wahrnehmung des *Opiumkriegs* als Tatsachenroman meines Erachtens genauso zu kurz greifen wie die exklusive Wahrnehmung als historischer Roman oder China-Roman. In einem zweiten Schritt sollen deshalb diese Gattungskontexte nun durch Brunngrabers eigene poetologische Aussagen ergänzt und am *Opiumkrieg* exemplifiziert werden.

2.2.4.2 Brunngrabers Poetologie des historischen Tatsachenromans

Brunngrabers poetologische Selbstaussagen liegen in einer ganz besonderen Art vor, nämlich einer dezidierten Anleitung, einer Art ‚Bauplan' oder Werkstattbericht, die eine instruktive Einsicht in seine Textproduktion eröffnet. Brunngraber bildete mit seinem Freund Herbert Nette eine Art Schreibwerkstatt und bekräftigte und motivierte ihn nicht nur für seine eigene literarische Arbeit, sondern erklärte ihm über seitenlange Briefe auch ausführlich, wie er beim Schreiben vorgehe.[379] Aufgrund der besonderen Überlieferungslage lässt sich aus den Aussagen Brunngrabers also keine allgemeingültige, normativ gedachte, abstrakte Textsortenbestimmung extrahieren, vielmehr berichtet er ohne jeglichen Verweis auf andere theoretische Textsortenkonzepte aus seiner ganz eigenen Praxis heraus.

---

378 Vgl. Adam: Lesen unter Hitler, zum Sachbuch: S. 87–113.
379 Der Briefwechsel findet sich im DLA Marbach im Nachlass Herbert Nettes. Die hierzu relevante Korrespondenz, die teils Briefe mit mehr als zehn maschinengeschriebenen Seiten beinhaltet, erstreckte sich vom Oktober 1939 bis März 1940.

Bei jeder neuen Arbeit habe Brunngraber demnach mit „Minderwertigkeitskomplexen", „Vertrauenslosigkeit" und sogar „Todesangst" zu kämpfen, was der „Horror" einer jeder Erstbefassung sei, der die „Naturgeschichte" „jeder schöpferischen Arbeit" ausmache.[380] Dies gelte es zunächst durch ein breites Quellenstudium zu überwinden, wobei die Wichtigkeit der Quellen kaum überschätzt werden könne. Brunngraber erklärt witzelnd: „Gut eingeseift, ist halb rasiert, sagen die Selbstraseure; und ich möchte fast hinzufügen: ein Stoff gut studiert, ist halb gestaltet."[381] Man solle sich deshalb so lange in die Quellen einarbeiten, bis man diese „untereinander kontrollieren",[382] also den multivialen Zugang souverän nutzen könne, den auch Historiker:innen zu ihrem Gegenstand haben. Durch diese ‚Anreicherung', wie Brunngraber es an anderer Stelle nennt, eröffne sich dem Autor/der Autorin schließlich auch ein Möglichkeitsraum verschiedener literarisch zu gestaltender Aspekte. Die Quellensichtung dient demnach also nicht nur der Wissensansammlung, sondern auch der künstlerischen Inspiration. In Bezug auf seinen China-Roman äußert Brunngraber, dass vor allem „ältere[] Reiseschriftsteller" die „ergiebigste Grube" für ihn waren.[383] Es ist anzunehmen, dass Brunngraber hier vor allem auf die populären Reiseberichte des Missionars Carl Gützlaff anspielt, der zur Zeit des Ersten Opiumkriegs die Ostindische Seehandelsgesellschaft als Dolmetscher begleitete und von Brunngraber auch als Romanfigur im *Opiumkrieg* eingeführt wird. Neben einem Verweis auf Herbert L. Mays *Survey of Smoking Opium Conditions in the Far East* (1927)[384] sowie auf ein nicht näher bestimmtes Buch über das aktuelle China finden sich im Nachlass Brunngrabers keine genaueren Hinweise auf seine Quellen.[385] Man muss ihn sich wohl eher als einen auf kursorische, statt auf statarische Lektüre hin angelegten Leser vorstellen, dem es um einen breit fundierten Gesamteindruck, nicht um historische Details ging.

---

380 Rudolf Brunngaber an Herbert Nette, 20.10.1939, in: DLA Marbach, A: Nette.
381 Rudolf Brunngraber an Herbert Nette, 20.11.1939, in: DLA Marbach, A: Nette.
382 Ebd.
383 Ebd.
384 Herbert L. May: Survey of Smoking Opium Conditions in the Far East. A Report of the Executive Board of the Foreign Policy Association. New York 1927.
385 Vgl. den Tagebucheintrag vom 22.1.1937, in: DLA Marbach, D: Brunngraber sowie den Tagebucheintrag vom 26.1.1937, in: ebd. Intertextuelle Anspielungen und teils wortgleiche Übernahmen lassen darüber hinaus auf folgende Quellen Brunngrabers schließen: Döblin: Die drei Sprünge des Wang-lun (z.B. Weiße Lilie); Leopold Katscher: Bilder aus dem chinesischen Leben. Mit besonderer Rücksicht auf Sitten und Gebräuche. Leipzig, Heidelberg 1881 (z.B. die wörtliche Übernahme einer Beschreibung eines Friedhofs ebd., S. 217); A.H. Exner: China. Skizzen von Land und Leuten. Mit besonderer Berücksichtigung kommerzieller Verhältnisse. Leipzig 1889 (z.B. ebenfalls die Beschreibung des Friedhofs ebd., S. 180).

Das ausführliche Quellenstudium soll den Autor/die Autorin mit der vergangenen Zeit sowie der fremden Kultur „altvertraut" machen, sodass er/sie sich in dieser Zeit bewegen könne, „wie in [s]einem Park".[386] Perspektiviert man diese Selbstaussage im Kontext der aktuellen interkulturellen Hermeneutik, so setzt Brunngraber ähnlich wie Döblin darauf, durch eine umfangreiche Lektüre aus der eigenkulturellen Bindung partiell heraustreten und sich in eine andere Kultur einfühlen und eindenken zu können. Dem Autor/der Autorin soll es so gelingen, den Unterschied zwischen Fremdem und Eigenem aufzuheben und nicht nur das Fremde als Vertrautes wahrzunehmen, sondern auch das Eigene aus der fremdkulturell und historisch erweiterten Perspektive zu betrachten. Diese Erfahrung will er mit der historisch-fremdkulturellen Präsentation im Roman auf einer sekundären Ebene auch den Leser:innen vermitteln. Ob ihm dieses Einfühlen und Eindenken für seinen China-Roman gelingen könne, bezweifelte Brunngraber zunächst; ihm sei „reichlich flau zumute" gewesen, ihm seien „sozusagen die geistigen Knie weich" geworden.[387] An anderer Stelle verkündet er aber schließlich: „Ein halbes Jahr lang litt ich Angst und Platzscheu, es würde mir vielleicht nicht gelingen, mich hinreichend in die Welt der Chinesen einzuleben; nun stellte sich heraus, dass die schwierigste chinesische Partie wie durch Butter hindurch absolvierbar war."[388]

Im Anschluss an das Quellenstudium und die Durchdringung und Aneignung des gewählten Stoffs folgt die Textproduktion: Man brauche zunächst einen Einstieg, einen „Eingang in die Architektur", so Brunngraber und weiter:[389] „Das ‚Einmal-anfangen' ist nämlich deshalb so wichtig, weil, wie mit dem Essen der Appetit kommt, nach einem Sprichwort, mit dem Arbeiten zum Teil auch das ‚Arbeitenkönnen' kommt."[390] Den Einstieg finde man am leichtesten, indem man sich „die einfachste Grundkonzeption" suche, die nach Brunngraber vor allem in der Gegenüberstellung zweier Konfliktparteien besteht.[391] Die dichotomische Anlage garantiere, dass man ausgehend allein von dieser Grunddisposition die gesamte Handlung entwickeln könne. Im *Opiumkrieg* erweitert und verkompliziert Brunngraber dieses „denkbar primitivste Modell", wie er es bezeichnet.[392] Neben dem leitenden

---

386 Rudolf Brunngraber an Herbert Nette, 20.11.1939, in: DLA Marbach, A: Nette.
387 Rudolf Brunngraber an Herbert Nette, 30.10.1939, in: DLA Marbach, A: Nette.
388 Rudolf Brunngraber an Herbert Nette, 9.2.1939, in: DLA Marbach, A: Nette.
389 Rudolf Brunngraber an Herbert Nette, 5.11.1939, in: DLA Marbach, A: Nette.
390 Rudolf Brunngraber an Herbert Nette, 3.3.1940, in: DLA Marbach, A: Nette. Brunngraber nimmt deshalb an, dass man den Kernpunkt der Handlung „auf eine halbe Druckseite bringen" müsse (Rudolf Brunngraber an Herbert Nette, 5.11.1939, in: ebd.).
391 Rudolf Brunngraber an Herbert Nette, 5.11.1939, in: DLA Marbach, A: Nette.
392 Ebd.

Hauptkonflikt zwischen England und China kehrt Brunngraber nämlich auch innerchinesische Konflikte heraus, die ebenfalls jeweils in zweipoligen Dichotomien angelegt sind: Volk versus Staat, kaiserliches Oberhaupt in Peking versus einzelne Länderregierungen der Provinzen, korrupte versus integre Regierungsvertreter, regierungstreue versus revolutionäre Bürger (und deren gemeinschaftlichen Organisationen) bis zu traditionsverhafteten Familien versus das einzelne Individuum. Die jeweils gegenpolige Anlage umfasst so das Konfliktpotenzial der gesamten Gesellschaft von der obersten Ebene des Staates bis hinunter zum Individuum. Dass Brunngraber auch die innenpolitischen und gesellschaftlichen Konflikte, die nicht zuletzt einer schon bevorstehenden Modernisierung zuzuschreiben seien, aufgreift, zeugt von einer beachtlichen Einsicht in die chinesische Geschichte. Selbst heute wird in der sinologischen und historiographischen Forschung moniert, dass bei der Rekonstruktion der realhistorischen Ereignisse der beiden Opiumkriege die Relevanz innerchinesischer Konflikte nicht ausreichend berücksichtigt werde.[393]

Die jeweiligen Oppositionen entwickelt Brunngraber jedoch ausschließlich ausgehend vom Protagonisten Tschun-lin, der über die Romanhandlung hinweg je als Vertreter einer der beiden Seiten fungiert. Dieses um einen Ausgangs- und Zielpunkt zentrierte Ausgestalten nennt Brunngraber „Maschinenkonzeption", anhand welcher er den idealen Aufbau eines solchen Romans erklärt:

> [I]ch bestimme ganz aus der Ratio das Thema, genauer gesagt das Problem, und baue das Buch daran auf wie eine Maschine. In diesem Fall kommt das Emotionelle des Schaffens erst während der Arbeit selbst am Kleinwerk zur Geltung. [...] Bei dieser Art des Bauens ist jede Figur und jede Szene ein Beleg für das Hauptthema und es gibt kein Wort zuviel, wie es auch an einer Maschine kein Zahnrädchen zuviel geben kann. [...] Man könnte da auch von einer mathematischen Arbeitsart reden.[394]

Als Romancier müsse man also den Gesamtplan, die angedachten Hauptpunkte der Handlung, zwar stets vor Augen haben, die einzelnen Episoden jedoch sukzessive entwickeln, sodass sich erst im Verlauf des Schreibens die Relevanz oder Irrelevanz einzelner Details ergibt. Zur Illustration greift Brunngraber auf eine Metapher zurück, indem er – wohl um die handwerkliche Seite des Schreibprozesses herauszustellen – das Bild des Maurers bemüht: „Einen Roman schreiben, heisst: ein langer Maurer sein, der immer wieder hin und hergeht und Ziegel trägt."[395] Und am Beispiel des China-Romans verdeutlicht er:

---

393 Vgl. Thoralf Klein: Geschichte Chinas. Von 1800 bis zur Gegenwart. Paderborn ²2009, S. 31.
394 Rudolf Brunngraber an Herbert Nette, 30.10.1939, in: DLA Marbach, A: Nette.
395 Rudolf Brunngraber an Herbert Nette, 20.11.1939, in: DLA Marbach, A: Nette.

> Die wahren Einfälle kommen ja immer erst bei der Arbeit. [...] ich hatte das erste Kapitel am Opiumkrieg bereits fertig geschrieben und wusste noch nicht, dass ich im dritten die kleine Ho-shi werde umbringen müssen.[396]

Ho-shi ist die Geliebte des Protagonisten Tschun-lins, die er allerdings aufgrund der unterschiedlichen gesellschaftlichen Stellung nicht ehelichen darf. Ho-shi wird zum Opfer einer Intrige des Bruders von Tschun-lin, die sie schließlich in den Suizid treibt. Von Relevanz ist die Aussage Brunngrabers deshalb, da der Selbstmord des Mädchens zum Initiationsmoment für Tschun-lins Weggang aus der Heimatstadt wird und damit ein Kernelement bildet, das den weiteren Handlungsverlauf motiviert.

Dies spielt zugleich dem zweiten Aspekt der obigen Aussage zu, der auf den Handlungshergang zielt, der Brunngraber folgend nur aus einer Haupthandlung ohne weitere Nebenhandlungen oder multiperspektivische Erzählmomente bestehen solle. Ganz im Sinne der „Maschinenkonzeption", nach welcher es „kein Zahnrädchen zuviel" in der Handlung geben dürfe, läuft auch im Opiumkrieg jeder erzählte Handlungsstrang auf die militärische Eskalation zwischen Chinesen und Briten hinaus. So kommt das zweite Kapitel zum Beispiel ohne eine aktive Präsenz des Protagonisten aus, dessen weiterer Lebensweg nur in einer zeitraffenden analeptischen Passage kurz vor seinem aktiven Wiedereinstieg in die Haupthandlung – vor seiner Relevanz für die weitere Entwicklung des Konflikts also – berichtet wird.[397]

Von Interesse ist in der zitierten Passage ferner auch die Figurenkonzeption: Brunngraber denkt jede Figur des Romans als repräsentativen Vertreter, als „Beleg für das Hauptthema" und damit als Typ.[398] Ganz im Sinne eines neusachlichen Tatsachenromans geht es ihm demnach nicht darum, den individuellen Charakter und die Entwicklung eines einzelnen Individuums aufzuzeigen, wie es für den historischen Roman zumeist prägend war. So wird zwar die Geschichte einer Figur erzählt – im Opiumkrieg vor allem die Tschun-lins –, doch ist dessen Werdegang stark in die historischen und sozialen Kontexte eingebettet. Die Figur dient Brunngraber als Kristallisationspunkt für die Darstellung des historischen Geschehens und hat darüber hinaus kaum einen Eigenwert. Handlungsmotivierend ist deshalb nicht ein psychologisches Moment des Protagonisten, sondern dessen Agieren in einem überindividuellen, gesellschaftlich kodierten Kontext. Das Figurenpersonal im Opiumkrieg weist zwar eine breite Fülle auf, doch sind die Hauptcharaktere der Handlungen allesamt als Typen angelegt: Tschun-lin als verkannter intellektueller Held,

---
396 Rudolf Brunngraber an Herbert Nette, 5.11.1939, in: DLA Marbach, A: Nette.
397 Vgl. Brunngraber: Opiumkrieg, S. 167–172.
398 Rudolf Brunngraber an Herbert Nette, 5.11.1939, in: DLA Marbach, A: Nette. Brunngraber betont hier, dass Nette als Teil der Gesamtkonzeption auch eine „repräsentative Figur" für jede Konfliktseite gestalten müsse.

sein Bruder als Vertreter der korrupten Chinesen, sein Vater als Vertreter des traditionellen Chinas, Elliot als Vertreter der Engländer etc.

Wie in Bezug auf die Figuren sieht Brunngraber die dichterische Freiheit bei historischen Romanen grundsätzlich stark durch die historische Darstellungsabsicht restringiert; man sei als künstlerische „Persönlichkeit zu dreiviertel lahmgelegt, wenn der Produktionsvorgang in eine andere Zeit, zu fremden geschichtlichen Figuren durch ein Quellenstudium führt."[399] Brunngraber begründet diese Einschränkung vor allem durch die Handlungskonzeption, da das „Primäre in allen [...] Ueberlegungen [...] die simple, die rohe, die historische Handlung sein" müsse, „die Filmstubstanz in dem ganzen, das, was auch dem naivsten Kegel der Leserschaft noch eingeht."[400] Die „poetische Lizenz"[401] legitimiere den Autor zwar zur künstlerischen, fiktionalen Gestaltung, etwa im Blick auf die Ausgestaltung der Typen, aber auch dies bleibe der dominanten Erzählabsicht untergeordnet.[402]

Es lässt sich also zusammenfassen: Nach Brunngraber muss ein Roman, der das breite Lesepublikum adressiert, vor allem eine Haupthandlung aufweisen, deren Entwicklung sich aus einer dichotomischen – und damit konfliktreichen – Anlage speist. Jedes einzelne Handlungselement sowie die als Typen gestalteten repräsentativen Figuren arbeiten letztlich ausschließlich der Haupthandlung zu, die zwangsläufig zur Konfliktentladung führt. Die Grundlage der Haupthandlung bildet die reale Historie, der dichterischen Freiheit sollte sich nur bei der Gestaltung der Figuren und deren Konstellierung bedient werden. Für Brunngraber scheint dies tatsächlich ein erfolgsversprechendes Muster zu sein, folgen doch nahezu alle seiner publizierten Romane just diesen selbst konfirmierten Vorgaben. Doch wie gestaltet Brunngraber diese konfliktreiche Anlage nun konkret im *Opiumkrieg* aus? Und was lässt sich daraus für die Interpretation gewinnen?

2.2.5 Positionen im *Opiumkrieg* – Die literarische Darstellung der Konfliktparteien

Seinen poetologischen Ausführungen entsprechend und an den Tatsachenroman generell anknüpfend geht es Brunngraber in seinem Roman weniger um die Schilderung einer militärischen Konfrontation, als primär um die Klärung der Genese des Konflikts. Darauf deuten bereits die quantitativen Verhältnisse im Roman hin:

---

[399] Rudolf Brunngraber an Herbert Nette, 10.4.1940, in: DLA Marbach, A: Nette.
[400] Rudolf Brunngraber an Herbert Nette, 5.11.1939, in: DLA Marbach, A: Nette.
[401] Ebd.
[402] Vgl. ebd.

Während nämlich die ersten beiden Kapitel die Jahre 1816 bis einschließlich 1837 umfassen und damit knapp zwei Drittel des Romantexts ausmachen,[403] fokussiert das dritte Kapitel in verlangsamten Erzähltempo ausschließlich die Zuspitzung des militärischen Konflikts und endet mit dem Ausbruch des Ersten Opiumkriegs.[404] Im vierten und letzten Kapitel schließlich folgt zeittraffend, primär von einem extern fokalisierten, heterodiegetischen Erzähler berichtet, ein ‚Durchmarsch' durch die weitere chinesische Geschichte auf nur knapp 30 Seiten: vom Ablauf des Ersten Opiumkriegs, den Frieden von Nanjing und die neue Regierung in China über die Entstehung und den Ablauf des Zweiten Opiumkrieges und dessen Folgen bis ins Jahr 1900.[405] Im letzten Unterkapitel mit dem Titel *Der Unsterbliche erster Klasse* wird ebenfalls zeittraffend der sich unbeeinflusst von historischen Ereignissen entwickelnde weitere persönliche Lebensweg des Protagonisten beschrieben. Die Erzählperspektive wechselt zurück zu einem den Roman dominierenden nullfokalisierten Erzähler mit umfangreicher Wiedergabe von Figurenrede.[406] Diese Form der Narration ermöglicht Brunngraber hier im letzten Kapitel die exklusive Fokussierung des einzelnen Individuums, losgelöst von historischen Zusammenhängen, da Tschun-lin durch seine Exilsituation unabhängig von überindividuellen, gesellschaftlich codierten Kontexten agiert – gleichsam also in einer isolierten Parallelwelt handelt. Erst die Aufforderung des Kaisers an Tschun-lin, an den Pekinger Hof zurückzukehren, eröffnet eine Wiedereingliederung des Protagonisten in das gesellschaftliche System, welche schließlich in der Würdigung seines politischen Engagements aufgeht.

Es ist also zum einen die Konzentration auf die Entwicklung der Konfrontation, zum anderen die sich immer wieder verändernde Erzählhaltung, durch die Brunngraber – neben diversen Prolepsen – die Spannung der Lektüre aufrechtzuerhalten versucht. Lange monologisierende Passagen einzelner Figuren, etwa Tschun-lins Verzweiflung beim Kampf gegen die Opiumschmuggler und damit seine eigene Familie, werden durch eher sachliche, auf Wissensvermittlung zielende Teile abgelöst, z.B. das Kapitel *Die Dinge wachsen zur Lawine*, das zuvorderst Statistiken, Jahreszahlen und objektiv berichtete historische Entwicklungen darbietet. Auch diese Darstellungsweise lenkt die Rezeption und gibt Raum für verschiedene Interpretationsansätze.

---

403 Vgl. Brunngraber: Opiumkrieg, S. 7–185.
404 Vgl. ebd., S. 198–287.
405 Vgl. ebd., S. 291–327.
406 Vgl. ebd., S. 322–327.

Dass Rudolf Brunngraber sich in seinem China-Roman dem historischen China zuwendet, hat zur Folge, dass nicht das aufgeklärte, moderne China des 20. Jahrhunderts thematisiert wird, sondern ein Land, das der Realhistorie folgend am Übergang zur Moderne steht; der Prozess wurde sowohl durch außen- als aber auch innenpolitischen Druck gezielt akzeleriert. Zu Beginn des 19. Jahrhunderts herrschte in China die aus dem Volk der Mandschu stammende Qing-Dynastie. Die Mandschu als ethnische Gruppe fasste lediglich zwei Prozent der Gesamtbevölkerung, was immer wieder zu Konflikten mit den Han-Chinesen (95 Prozent) führte. Nach Jahren politischer und sozialer Stabilität wurde diese um 1800 zunehmend brüchig; es folgten diverse Unruhen und Aufstände von chinesischen Revolutionsgruppen, Beamte wurden zunehmend in Korruptionsgeschäfte verwickelt und die wirtschaftliche Lage des Landes verschlechterte sich sukzessive. Zudem gab es vom Westen Einwände gegen die chinesische Handelspolitik, die den Außenhandel nur auf bestimmte Zwischenorganisationen und auf den Hafen in Kanton restringierte. Die Kontroversen um diese Handelspolitik spitzten sich zu und mündeten schließlich in den Ersten Opiumkrieg.

Im chinesischen Alltag dominierte im beginnenden 19. Jahrhundert noch eine traditionelle Lebensausrichtung, die kulturelle Rituale und Festlichkeiten werthält, sich mit Blick auf eine lange Traditionsgeschichte vom Ausland abschottet und dessen Denken vor allem durch einen schicksalsdominierten, fatalistischen Glauben an das Wohlwollen der Götter geprägt ist. Diese traditionelle, ja antimoderne Verhaftung der chinesischen Gesellschaft versucht Brunngraber möglichst authentisch nachzuzeichnen. Deshalb führt er die deutschen Leser:innen nicht nur durch detaillierte Ortsbeschreibungen,[407] sondern auch in diversen Parenthesen, die das Staatssystem Chinas erläutern,[408] in das chinesische *setting* ein. Diese zunächst vor allem den kulturellen, historischen Raum eröffnenden Passagen ergänzt er um eine ausführliche Erläuterung kultureller Werte und Normen. Exemplifizieren lässt sich Brunngrabers Darstellung der chinesischen Rückständigkeit an einer Episode, in welcher der Protagonist Tschun-lin einen Arzt aufsucht, der seine Partnerin Ho-shi, die im Kampf mit dem Bruder Tschun-lins ein Auge verloren hatte, heilen und ihre Schmerzen lindern soll. Der Arzt verordnet ihr mehrere Rezepte:

> Die Rezepte betrafen einen schweißtreibenden Tee aus rotem Zucker, Ingwer und Zwiebeln; einen lebensverlängernden Absud von Tigerknochen, vermischt mit dem Blut aus jungen Rehhörnern, sodann zur Anregung des Organismus, ein Glas voll halbtoter Kaulquappen und schließlich die kostbarste Arznei, mandschurische Haferwurzeln. Um böswillige Geister abzuhalten und wohlwollende anzulocken, schrieb er mit einem roten Stift magische Charaktere

---

407 Vgl. zum Beispiel ebd., S. 10.
408 Vgl. zum Beispiel ebd., S. 124f.

an die Papierfenster, und als Wichtigstes empfahl er Tschun-lin, ein Kleid Ho-shis zu nehmen und damit, in Begleitung eines taoistischen Priesters, in einen Tempel der Göttin Kuan-yin zu gehen, *unserer lieben Frau der guten Augen*.[409]

Für zeitgenössische wie für heutige europäische Leser:innen mag sich diese Passage wie eine Karikatur der traditionellen chinesischen Medizin lesen. Die Leser:innen könnten dann über die Methoden lachen und sich überlegen fühlen. Doch die Darstellung ist keine karikaturistisch-satirische Überzeichnung: Blut aus dem Gewebe von Hirschgeweihen (Pantokrin) hat ebenso wie Pulver aus Tigerknochen bis heute Platz in der traditionellen chinesischen Medizin. Brunngrabers chinesischer Arzt greift wie selbstverständlich auf diese naturkundlichen Heilmittel zurück, wie sie bis zur Einführung westlicher Medizintechnik in China ausschließlich praktiziert wurden. Historisch gesehen ist die Darstellung demnach gut informiert, sodass man Brunngraber keine antichinesische Absicht unterstellen muss. In Passagen wie diesen veranschaulicht er das Festhalten der chinesischen Gesellschaft an traditionellen Mustern und kontrastiert es mit dem europäischen Fortschrittsdenken. Diese Darstellungen laufen nicht durchwegs auf eine Kritik an der fehlenden Modernität Chinas und ein Lob der vermeintlichen Überlegenheit Europas hinaus. So werden beispielsweise im Roman einzelne Rituale der chinesischen Gesellschaft sehr eingehend und positiv präsentiert, wie etwa eine Opferzeremonie nach Ho-shis Suizid,[410] der Besuch der Grabstätten der Vorfahren,[411] Hochzeitsrituale[412] oder Jahresfeste wie die Wintersonnwende[413] und das Neujahrsfest.[414] Brunngraber demonstriert auf diese Weise ohne jede abwertende Tendenz die Bedeutung, die die Religion in der chinesischen Alltagsrealität einnimmt. Eine wichtige Rolle spielt hierbei auch die den deutschen Leser:innen teils wohl sehr fremd anmutende Kulinarik, wenn etwa von „getrocknet[en] und fein auf Stäbchen gespannt[en]" Ratten oder „Hunde- und Katzenfleisch mit Wasserkastanien und Knoblauch langsam in Öl gebraten" berichtet wird.[415] Brunngraber bedient hier zweifellos das exotische Interesse seiner Leserschaft, doch er denunziert die chinesische Fremdheit nicht, sondern bemüht sich um ihre historisch und kulturell informierte Darstellung. Auch die deutlich hierarchische Gliederung der Gesellschaft, wie sie durch ihre

---

409 Ebd., S. 56f. (Hervorh. i. O.).
410 Vgl. ebd., S. 69.
411 Vgl. ebd., S. 19ff.
412 Vgl. ebd., S. 131.
413 Vgl. ebd., S. 189.
414 Vgl. ebd., S. 200ff.
415 Ebd., S. 10.

Kleidung auch optisch repräsentiert wird, streicht Brunngraber detailliert und historisch verbürgt heraus.[416] Die – dem Stil der Neuen Sachlichkeit entsprechenden – sehr ausführlichen Beschreibungen setzen auf eine Betonung der sehr weit zurückreichenden und über Jahrhunderte gepflegten Tradition, die durch kürzere Einschübe zur chinesischen Geschichte – einer Art historischen Verlängerung – unterstrichen werden sollen. Hierbei scheint Brunngraber sich vor allem an Alfred Döblin zu orientieren, erweisen sich doch einige Passagen, die die chinesische Vergangenheit aufgreifen, als Zusammenfassung der historischen Ereignisse, wie sie in Döblins *Die drei Sprünge des Wang-lun* verhandelt werden.[417]

Präsentiert wird also ein ambivalentes Chinabild, das zwar dem westlichen Fortschritt gegenüber rückständig erscheint, aber in seiner Kultur- und Traditionsbildung die Überlegenheit Chinas gegenüber dem Kontrahenten England demonstriert. Denn England erscheint im Kontrast zu China als kulturloses („Barbaren") und deshalb schwächeres Volk.[418] Über inhaltliche Motive hinausgehend, ermöglichen die langen Schilderungen chinesischer Kulturmerkmale auf sekundärer Ebene aber zugleich ein – wie die Ausführungen zu Brunngrabers Poetologie gezeigt haben – ‚Einfühlen' der Leser:innen in die Fremde. Dass es Brunngraber nicht um Exotismus, sondern um eine attraktive Darstellung des Anderen in seiner Komplexität geht, wird auch durch das Einflechten chinesischer Phrasen in Pinyin-Umschrift und deren Übersetzung verstärkt, wie etwa die (realen) Cantoner Straßennamen *Neunfacher Glanz*, *Aufsteigender Drache* oder *Straße der fünf beständigen Tugenden* oder auch die mit Übersetzungen angeführten Figurennamen Tschun-lin als *lenzlicher Wald*[419] oder Ho-shi als *die Liliengleiche*. Diese Passagen werden zumeist von einem extern fokalisierten, heterodiegetischen Erzähler im narrativen Modus berichtet, der sich jeder expliziten Bewertung des Dargestellten enthält und auf diese Weise den Leser:innen eine objektivierte Charakterisierung Chinas gibt, die zwar aus dem Kontrast zu Europa lebt, jedoch keine Kulturhierarchie bestätigt.

Ganz anders verfährt Brunngraber in den politischen Passagen des Texts, in denen die traditionelle chinesische Ordnung bedroht wird. Während der Alltag zum Großteil noch von der schrittweisen Modernisierung unberührt scheint, führt

---

416 Die Rangabzeichen, wie Kranich, Goldfasan oder der Pfau (insgesamt neun Zeichen) zeigen den Stand eines chinesischen Beamten an. Sie wurden deutlich sichtbar auf die Kleidung aufgenäht. Brunngraber greift hierfür auf die Zeichen der Zivilbeamten zurück. Die Symbole variierten leicht unter den einzelnen Herrscherhäusern; vermutlich orientierte sich Brunngraber primär an den Zeichen der Ming-Dynastie, wenngleich dies historisch nicht akkurat ist.
417 Vgl. zum Beispiel ebd., S. 155.
418 Vgl. zum Beispiel ebd.
419 Dabei steht das chinesische Zeichen 春 (chūn) für Frühling, während die chinesischen Zeichen 森林 (sēnlín) zu Deutsch Wald bedeuten.

die Öffnung im politischen, öffentlichen Bereich zu einem veränderten Denken, das die zeitgenössischen innerchinesischen Konflikte hervortreten lässt. Auch hier werden im Romangeschehen zunächst zwei Haltungen, repräsentiert durch Typen, dichotomisch kontrastiert: die traditionsverhafteten Politiker, verkörpert durch die Figur des Kaiser Tao-kuang, versus die *Wohlmeinende Gesellschaft des roten Drachen*, die durch ihre einzelnen Mitglieder eine weitere Ausdifferenzierung erfährt und repräsentativ für eine revolutionäre Umwälzung der chinesischen Verhältnisse unter nationalistischem Vorzeichen steht.

Zunächst zum Kaiser Tao-kuang: Brunngraber greift hier die realhistorische Vorlage des von 1820 bis 1850 regierenden Kaisers Daoguang auf. In der Gestaltung der Figur macht er sich aber die von ihm eingeforderte „poetische Lizenz" zunutze, wird doch die Politik Daoguangs sowohl in historischen (deutschsprachigen) Quellen, die Brunngraber womöglich vorlagen, wie etwa einer von Carl Gützlaff verfassten und 1852 in Deutsch veröffentlichten Biographie des Kaisers,[420] als auch in der aktuellen Forschung zwar als defensive aber realistische Politik beschrieben.[421] In der Darstellung Brunngrabers erscheint Daoguang aber als Repräsentant einer seit Jahrhunderten praktizierten und nicht reformbereiten Herrschaft. Der Kaiser glaubt fest an die Autorität des Himmels und eine Politik, die sich allein religiös legitimiert; zum Beispiel richtet er sein alltägliches Regierungsgeschäft nach Empfehlungen der Hofastrologen aus.[422] Besonders deutlich zeigt sich dies, als sich der Konflikt zuspitzt: Den Ursprung der Konfrontation deutet der regierende Kaiser nämlich nicht als politisches, wirtschaftliches oder gesellschaftliches Problem, sondern als ein „Geheimnis [...], innerhalb dessen seine Schuld eine religiöse sein mußte."[423] Er sei demnach in Ungnaden der Götter gefallen; behebe man diese, verbessere sich auch die desolate Lage Chinas – so Tao-kuangs Schlussfolgerung. Die Interpretationsgrundlage Tao-kuangs bildet demnach das chinesische tianzi, die Vorstellung des Kaisers als „Himmelssohn", das seit der Zhou-Dynastie (1045–770 v. Chr.) bereits der Herrschaftslegitimation diente. Der Kaiser ist diesem Herrschaftskonzept zufolge, auf welche sich auch die zu Beginn des 19. Jahrhunderts regierende mandschurische Qing-Dynastie stützte, aufgrund seiner besonderen Qualitäten als Staatsführer vom Himmel eingesetzt; misslingt ihm eine gute Aus-

---

420 Vgl. Carl Gützlaff: Das Leben des Kaisers Taokuang. Memoiren des Hofes zu Peking und Beiträge zu der Geschichte Chinas während der letzten fünfzig Jahre. Leipzig 1852. Ob Brunngraber den Text kannte, konnte nicht nachgewiesen werden. Sein Verweis auf historische Reiseberichte legt jedoch ein Studium der Texte Gützlaffs zumindest nahe.
421 Vgl. z.B. Dabringhaus: Geschichte Chinas 1279–1949, S. 54ff.
422 Vgl. Brunngraber: Opiumkrieg, S. 204.
423 Ebd., S. 205.

führung der Aufgabe, wird er jedoch – hier liegt der zentrale Unterschied zum europäischen Konzept des Herrschens durch Gottesgnadentum – durch einen geeigneteren Herrscher ersetzt. Um diese Ungunst der Götter abzuwenden, führt Tao-kuang zuerst eine Zeremonie durch, bevor er tagelang in verschiedenen Tempeln einkehrt, um in der Meditation die Erleuchtung zur Lösung des Konflikts zu erlangen und das Wohlwollen der Götter zurückzuerhalten. Als diese Versuche fehlschlagen, will er letztlich den Panschen Lama um Rat fragen.[424] Seine unrealistische Deutung des politischen Konflikts als persönliches „religiöses Problem" führt schließlich auch zum Scheitern eines einberufenen Kabinettrates,[425] in welchem Tao-kuang die Minister auffordert, ihm Lösungsvorschläge zu unterbreiten. Erst ein Einzelgespräch mit Tschun-lin kann den Machthaber zumindest temporär schließlich davon überzeugen, dass man in diesem Fall aufgrund der Konfliktsituation mit dem Westen anders zu agieren habe, als fatalistisch auf die Unterstützung der Götter zu setzen.[426] Tao-kuang jedenfalls erscheint im Roman – obgleich er zeitweilig Tschun-lins modernem Ansatz folgt – als Vertreter einer schon seit Jahrhunderten tradierten und praktizierten Herrschaftslegitimation, einem überzeugten Glauben an die Autorität des Himmels, und dem folgend einer Politik, die sich vor allem durch religiöse Akte auszeichnet. Er arbeitet dadurch mehr einer politischen Stagnation zu, als einem engagierten Eintreten Chinas innerhalb des, doch zuvorderst wirtschaftlichen, Konflikts mit den Briten als auch im Rahmen der innenpolitischen Bedrohung revolutionärer Bündnisse.

Sowohl durch diese konservative politische Positionierung als auch durch seine ethnische Zugehörigkeit zu den Mandschu wird der regierende Kaiser zum primären Feind nationalistischer Revolutionsverbünde, wie etwa der *Wohlmeinenden Gesellschaft des roten Drachen*. Eine eindeutig zuzuweisende historische Vorlage Brunngrabers ließ sich hier nicht ausmachen, tatsächlich aber gab es im Anschluss an den Aufstand des *Weißen Lotus* (1794–1804) diverse kleinere sektiererische Verbindungen, die im Anschluss an deren Gedankengut umstürzlerische Pläne gegen die Mandschu-Regierung schmiedeten.[427] Brunngraber stellt den wohl fiktiven Geheimbund der *Wohlmeinenden Gesellschaft des roten Drachen* in diese Tradition, wenn ihm Kollaboration mit der *Weißen Wasserlilie* – eine weitere intertextuelle Anspielung auf Döblins *Wang-lun* Roman –[428] zugeschrieben wird.

---

[424] Vgl. ebd., S. 200.
[425] Ebd., S. 205.
[426] Vgl. dazu ausführlicher 2.2.7. Marxistische Anachronismen – Tschun-lin.
[427] Vgl. z.B. Dabringhaus: Geschichte Chinas, S. 176ff.
[428] Alfred Döblin veränderte in seinem China-Roman die Bezeichnung der realhistorischen Vereinigung *Weißer Lotus* in *Weiße Wasserlilie*.

In dem Geheimbund *Wohlmeinende Gesellschaft*[429] versammeln sich aktiv engagierte, politisch denkende Menschen, die – wie im Verlauf des Romangeschehens zunehmend offener proklamiert wird – den Sturz des chinesischen Kaisers planen. Vertreten wird der Bund innerhalb des Romans durch die Figuren A-cheong, der nur einmal aktiv auftritt, das Anliegen aber besonders emphatisch artikuliert, sowie Lue Yüanming, der seinen angeheirateten Verwandten Jau-mün, den Vater des Protagonisten, ebenfalls in den Bund einführt. Besonders charakteristisch sowohl für die personale Zusammensetzung des Bundes als auch die vertretenen politischen Inhalte erweist sich eine ironisch überspitzte Zwiesprache zwischen Jau-mün und A-cheong. A-cheong legt hier seine politische Überzeugung offen und versucht Jau-mün für die vom Bund vertretenen politischen Ziele als Mitstreiter zu gewinnen. Die aktuelle Lage mit den Engländern aufgreifend, schafft A-cheong zunächst die Grundlage seiner politischen Überzeugungsarbeit: Jeder Chinese, so führt er aus, sei „nicht nur Haupt einer Familie, sondern man ist auch Glied der Nation", weshalb man nicht nur ein „individuelles Bewußtsein, sondern auch ein gesellschaftliches" haben sollte.[430] Deshalb sei es die Aufgabe eines jeden Mannes, „seines Volkes zu gedenken und bestrebt zu sein, nicht nur für sich persönlich und nicht nur für die eigene Familie, sondern auch für die ganze Nation zu leben."[431] Nach der Darlegung dieser von Jau-mün bejahten Grundannahmen steigt A-cheong in eine „gegliederte Darstellung der schlechten Zustände" ein:[432] Er zeichnet in einer schrittweisen Argumentationskette (1) die Korrumpiertheit des Großteils der Regierungsvertreter, (2) die schlechte wirtschaftliche Lage sowie (3) – das alles zusammenführende Hauptargument – die Fremdherrschaft der Mandschu nach, die einer Besatzung gleiche und abgeschüttelt werden müsse: „Das Volk im allgemeinen, das indolente und geistesarme, spüre diese Unterjochung nicht mehr, zumindest in der Seele nicht, aber sei es darum weniger wahr, daß seit dem Zusammenbruch der Mingdynastie tungusische Barbaren im Lande herrschen?"[433] All dem könne man nicht mehr mit dem die Chinesen bestimmenden Fatalismus begegnen, denn „hier

---

429 Die Vereinigung lässt sich aufgrund seiner Charakterisierung als ‚Geheimbund' bezeichnen. So heißt es zunächst, als Herrn Jau-mün die Mitgliedschaft in der Gesellschaft angeboten wird, dass er „von der Gesellschaft nichts Bestimmtes" (Brunngraber: Opiumkrieg, S. 77) wisse und als er zunehmend über die Gesellschaft und ihre mögliche Funktion nachdachte, sah er diese „nicht mehr als ein Klub [...], der auf dem Perlstrom ein festlich illuminiertes, schwimmendes Restaurant unterhielt, sondern als eine Geheimloge erlauchter und überragender Geister, die mit der Herrlichkeit und Macht der Weltgewalten in Beziehung standen." (Ebd., S. 79).
430 Ebd., S. 145.
431 Ebd., S. 146.
432 Ebd.
433 Ebd., S. 147.

handelt es sich um eine menschliche, irdische Ordnung, die zu beheben ist", so A-cheong.[434] Damit steht er in diametraler Opposition zu dem vom Kaiser Tao-kuang vertretenen tianzi. A-cheong steigert sich zu einem revolutionären und fanatischen Aufruf:

> „Wir müssen, mein Bruder Jau-mün, an die Stelle dieser ewig duckmäuserischen Vernünftigkeit unserer Landsleute die Vernunft setzen, an die Stelle ihres Strebens nach dem kleinen Genuß ein Leben von Wert, vor allem also die Freiheit, und zwar auch dann, wenn sie – Kampf kostet! [...] Die Mandschu müssen weg. Die nationale Mingdynastie muß wieder auf den Drachenthron. Dann wird auch alles andere besser werden."[435]

Pläne für die praktische Umsetzung dieser Idee gebe es bereits, denn die *Wohlmeinende Gesellschaft des roten Drachen* habe sich mit anderen Gruppierungen verbündet, um breitenwirksamer agieren zu können.[436] Schon A-cheong plädiert darüber hinaus – ganz nach dem Motto: meines Feindes Feind ist mein Freund – für eine Kollaboration mit den Engländern, wie sie im Fortlauf der Romanhandlung dann tatsächlich realisiert wird.[437] A-cheong steht also – so lässt sich resümieren – als Vertreter für einen revolutionären Nationalismus gestützt u.a. auf ethnisch-rassische Zuschreibungen. Als Mitglied der *Wohlmeinenden Gesellschaft des roten Drachens* vertritt er einen politischen Aktivismus mit einer klaren politischen Mission, für die er sich rhetorisch stark macht und auch keine manipulativen Techniken der Überzeugungsmittel ausschließt.

Aufschlussreich ist diese Passage aber auch in Bezug auf Jau-müns Verhalten während der nahezu monologischen Ansprache A-cheongs: Während Jau-mün nämlich zunächst etwas verblüfft und zurückhaltend den Ausführungen zu folgen versucht, schweift er dann doch mit seinen Gedanken ab, da er „an die armen Leute [...] nicht gern" denke.[438] A-cheong steigert sich zunehmend in seine politische Überzeugungsarbeit an Jau-mün hinein, obgleich dieser zeitgleich in einen Gedankensog über persönliche Vorlieben verstrickt ist. Die Passage sei hier, um einen Eindruck zu gewinnen, in Ausschnitten wiedergegeben:

> Herr Jau-mün war, ohne daß er sich beobachtete, dabei, selbstvergessen in die Anschauung seines Lebens versunken.

---

434 Ebd., S. 149.
435 Ebd.
436 Vgl. ebd., S. 150f.
437 Vgl. ebd., S. 306.
438 Ebd., S. 146.

> Nach dem Sorghumbrei der Armen hatte er an einen gefüllten Entenmagen, an Fischcroquets und gesalzene Karotten denken müssen; davon war er, über einen Gedankensprung, auf Gespenstergeschichten gekommen, die er gern las, aber auch auf die Lektüre buddhistischer Klassiker, die er wegen ihres Vegetarianismus nicht mochte, dann auf sein Holzkohlenfeuerchen winters unterm Arbeitstisch, auf sein Hausbad und den geliebten Schlaf nach Mittag. Nun waren ihm seine Lackmöbel in den Sinn gekommen, die schönen Bucheinbände und Rollbilder, seine Orchideen, seine Papageien und Sinnvögel, und daß er es liebte Trommeln Gong und Flöte zu hören und wie Arien gesungen werden.[439]

Die introspektiv dargestellten Gedankengänge Jau-müns erstrecken sich noch über eine weitere halbe Druckseite im Roman. Erst die erhobene Stimme und das energische Eintreten A-cheongs reißt Jau-mün aus seinem Tagtraum heraus; trotz fehlendem Gesprächskontext bejaht Jau-mün die Ausführung A-cheongs und erkundigt sich nach der praktischen Umsetzung dieser Ideen. Obzwar er dem argumentativen Aufbau des Gesprächs nicht gefolgt war, reicht die Wahrnehmung der oben zitierten resümierenden Schlussfolgerung A-cheongs aus, Jau-müns politisches Bewusstsein vermeintlich zu wecken:

> Das war es: Hätte ihm jemand, wie es nie anders geschehn war, voll Ehrerbietung vom Kaiser gesprochen, dann würde auch er, wie sein Leben lang, voll untertänigem Schauder der *überaus reinen Dynastie* gedacht haben. Nun aber mußte er an die Ahnen denken, die nach dem Einbruch der Mandschu aus Schantung ausgewandert waren; und wie er sich, was ihm früher nie beigefallen war, in Kanton plötzlich als ein Wurzelloser und Vertriebener vorkam, fühlte er sich auch unfrei und unter fremdem Joch. Mit einem Wort, Herr Jau-mün erlebte jenes Fieber, das den einfachen Mann immer erfaßt, wenn er sich mit dem Metaphysischen, das sonst in seine Welt nicht herabreicht, berührt; und Herr Jau-mün selbst kam der Vorrang als das Aufflammen seines Patriotismus zum Bewußtsein.[440]

Ohne selbst die politische Situation gedanklich zu durchdringen oder zumindest dem Gedankengang A-cheongs zu folgen, überträgt Jau-mün die nur auszugsweise vernommenen Behauptungen sofort auf seine eigene Lebenssituation, um „sein Leben in allen Beziehungen dem neuen Weltbild einzuordnen".[441] Das politische Unvermögen der Figur wird auch im Folgenden deutlich, wenn er versucht, Bekannte und Familie nun dieser neuen Ordnung zuzuweisen – das neue Weltbild also sofort auf seine eigene Lebenssituation in all seinen Konsequenzen zu übertragen. Jau-mün fungiert mithin als Vertreter eines unpolitischen Mitläufers, der ohne Kenntnis oder politische Haltung die politische Gruppierung ohne Einschränkungen – gar

---

439   Ebd., S. 148.
440   Ebd., S. 150 (Hervorh. i. O.).
441   Ebd., S. 151.

„mit doppelten Eifer und bedenkenlosen Einsatz" – unterstützt.[442] Gesellschaftliche und politische Veränderungen bezieht Jau-mün zu keinem Zeitpunkt auf eine gesamtgesellschaftliche, dem Staatswohl dienende Veränderung, sondern ausschließlich auf sein Privatwohl und seine eigene lebensweltliche Umgebung.

Beide politischen Agenden werden im dramatischen Modus in direkt zitierter Figurenrede oder in durch den Konjunktiv deutlich markierter indirekter Rede – und dadurch emotional, individuell, suggestiv, aber auch einseitig – in langen monologischen Passagen variabel intern fokalisiert präsentiert. Eine Wertung der Aussagen innerhalb des Romangeschehens, etwa von Seiten eines neutralen Erzählers oder durch Gegenrede einer anderen Romanfigur findet nicht statt. Es gibt keine politische Kontroverse, die präsentierten politischen Ansätze stehen ohne Einordnung in ein politisches Spektrum nahezu isoliert einander gegenüber. Die Leser:innen werden folglich von Brunngraber nicht zu einer Parteinahme motiviert – jedenfalls nicht einer Parteinahme für die eine oder andere chinesische Gruppierung. Eine politische Tendenz des Romans lässt sich also auf dieser Figurenebene nicht diagnostizieren.

2.2.6 Parallelen zu NS-Deutschland und zur Zeitgeschichte

Brunngraber zeichnet in seinem Roman ein Land im Umbruch, das sich sowohl außen- als auch innenpolitisch in einer instabilen Lage befindet. Innerhalb Chinas kämpfen verschiedene Gruppierungen um die Vormachtstellung, während das Land vor einer realexistierenden äußeren militärischen Bedrohung steht. Obgleich diese von Machtkonkurrenz geprägte Anlage nicht die NS-Gegenwart widerspiegelt, Opposition ja gänzlich ausgeschaltet, in den Untergrund oder ins Exil verdrängt war, lassen sich thematisch dennoch analogische Anschlussstellen finden, die auf der Hand liegen: Bedrohung von außen, antibritische Propaganda, Modernität und Rückständigkeit, Revolution und Umsturz, Beginn von etwas Neuem etc. Um den Roman andererseits aber tatsächlich als ‚verdeckte Kritik' am Nationalsozialismus zu lesen – wie Hugo Aust und Thomas Lange es vorschlagen –, würde man zumindest eine implizite Kritik an den oben gezeigten nationalistischen, patriotischen, gar rassistischen Positionierungen erwarten. Doch diese bleibt aus.

Eine kritische Positionierung lässt sich – so meine These – wenn überhaupt, nur gegenüber dem unpolitischen Mitläufertum Jau-müns festmachen. Doch auch dazu bedarf es der Hinzuziehung späterer Aussagen Brunngrabers; aufgrund des ausgesparten Erzählerkommentars lässt sich auch so eine Kritik nicht explizit am

---

442 Ebd., S. 150.

Text belegen. Kontextualisiert man die Figur Jau-mün hingegen mit Brunngrabers 1946 in der Reihe *Neues Österreich* publiziertem Erklärungsversuch des Nationalsozialismus in Deutschland (*Wie es kam*, 1946), wird deutlich, dass er die Stabilisierung und Etablierung des Systems vor allem einer unpolitischen Mitläuferschaft zurechnet. Im Zentrum des Textes stehen vier – teils sich gegenseitig zuarbeitende – Beobachtungen, die er als Hauptursachen für die Entstehung des ‚Dritten Reichs' anführt, nämlich: (1) die historische Lage Deutschlands, (2) die politische Dummheit, (3) den Fanatismus und (4) die deutsche Art, sich in eine Organisation zu fügen, was zugleich Ausdruck eines Mangels an Individualität sei. So habe die historische Situation die Entwicklung zwar gefördert, letztlich sei jedoch ein „geistige[r] Massenkurzschluß"[443] für die tatsächliche Etablierung und Konsolidierung des Systems verantwortlich gewesen:

> Die Massen der Kleinbürgerlichen, vornehmlich diese, das Gemenge von gleicherweise mißvergnügten wie politisch ungeschulten Leuten, die junge Jahrgänge, mißleitete Proletarier und der nach dem ersten Weltkrieg zerquetschte Mittelstand, der bis dahin im Gefolge des Großbürgertums getrottet war, die Militärs, die wieder ihre Suppe zu kochen hofften, die Halbgebildeten, die Traditionsbetäubten und die Pseudofortschrittlichen, die sich revolutionär, aber für die Reihen der Arbeiterschaft zu gut dünkten, all das sprang mit geschlossenen Augen in den Abgrund des faszinierenden Wahns.[444]

So lassen sich in Brunngrabers Analyse die Nationalsozialisten in zwei Gruppen einteilen: die Fanatisten, also tatsächlich überzeugte und propagandistisch agierende Anhänger:innen, und die politisch Unmündigen, die deutlich in der Überzahl sind. Die historische Situation 1946 lässt Brunngraber trotz Untergang des sogenannten Dritten Reichs nicht mehr auf Besserung hoffen und zeugt von deutlicher Resignation. Denn

> [a]n der politischen Dummheit aber hat selbst die Katastrophe nichts geändert [...] und mußten diese Geisteskranken mit dem Zusammenbruch Japans die Hoffnung aufgeben, daß Hitler von dort wie ein Erzengel Michael wiederkehren und seine Feinde doch noch aufs Haupt schlagen würde, dann erwarten sie ihn fürderhin wahrscheinlich vom Mond.[445]

Die „politische Dummheit" wird also zur unheilbaren Geisteskrankheit. Überträgt man diesen Versuch einer psychologisierenden Analyse nun auf die *Wohlmeinende Gesellschaft* im Roman, stünde A-cheong als ein Vertreter der Fanatiker, während Jau-mün als Repräsentant des politisch-naiven Mitläufertums auftritt. Statt einer

---
443 Rudolf Brunngraber: Wie es kam. Psychologie des Dritten Reichs. Wien 1946, S. 19.
444 Ebd., S. 20.
445 Ebd., S. 19.

kritischen Lesart auf die aktuellen nationalsozialistischen Machthaber lassen sich im Text – wenn überhaupt – durch die ironische Überspitzung nur kritische Töne gegenüber politisch Unmündigen, die das System aber unterstützen und dadurch stabilisieren, lesen. Damit macht Brunngraber das im Kontext der Textsortenbestimmung angeführte didaktische Anliegen zur politischen Aufklärung auch inhaltlich zum Thema. Um von einer tatsächlichen ‚verdeckten Kritik' am nationalsozialistischen System zu sprechen, reichen diese Befunde jedoch – so enttäuschend es zunächst sein mag – nicht aus. Die dichotomische Anlage – Tradition versus Moderne, Konservativismus versus revolutionäre Bestrebungen, überzeugte politische Indoktrination versus unpolitisches Mitläufertum – eröffnet kaleidoskopisch verschiedene Facetten, zielt aber vornehmlich auf eine Darstellung der politischen und gesellschaftlichen Gemengelange Chinas im beginnenden 19. Jahrhundert. Ein eigenes politisches Bekenntnis oder auch nur eine Sympathieerklärung mit einer der Gruppen lässt sich daraus nicht ableiten. Die politische Einschätzung überlässt Brunngraber allein den Leser:innen selbst und eröffnet so einen breiten Deutungsrahmen, der neben einer Analogiebildung zu NS-Deutschland auch eine vorsichtige leise Kritik oder eine politisch neutrale Deutung des Romans ermöglicht.

Ganz anders stellt sich das Problem dar, wenn man die Darstellung der Briten in den Blick nimmt: Während das China des beginnenden 19. Jahrhunderts in seiner Vielfältigkeit detailliert beschrieben und offensichtlich angestrebt wird, ein möglichst nuancenreiches und komplexes Bild von seiner kulturellen, gesellschaftlichen und politischen Geschichte zu vermitteln, erfahren die Leser:innen kaum etwas über Großbritannien, seine Kultur oder seine Geschichte. Brunngraber konzentriert sich allein auf die englischen Vertreter der *East Indian Company*, also der Institution der britischen Kolonialpolitik, die 1707 als Handelsgesellschaft gegründet wurde und das Handelsmonopol für den britischen Staat innehatte. Die *East Indian Company* ist es auch, die den Opiumhandel in China betrieb. Auf chinesischer Seite durfte sie rechtlich nur mit der in Kanton ansässigen chinesischen Seehandelsgesellschaft, der *Jang-hong-schang*, handeln. Beide Institutionen werden in Brunngrabers Roman sehr ähnlich bewertet – nämlich vorwiegend negativ: Während die *East Indian Company* sich nicht an bestehendes Recht in China hält, sondern skrupellos ihre wirtschaftlichen Erträge weiter zu steigern bemüht ist, besteht die *Jang-hong-schang* ausschließlich aus kriminellen und korrupten Chinesen. Genaueres über die Entstehungsgeschichte der britischen Institution erfährt man allerdings nicht, die Darstellung konzentriert sich also ausschließlich auf den Handel und die vertretene Funktion der Gesellschaft zum Zeitpunkt der Erzählgegenwart im chinesischen Raum.

Die britische Handelsgesellschaft wird im Roman sowohl aus chinesischer als auch aus britischer Perspektive beschrieben. Brunngrabers Erzählstrategie geht aber darauf, die chinesische Sichtweise auf die Briten zu stützen. Statt einer zusammenhängenden Episode aber, die anschaulich in das Geschehen einführt und konkret Auskunft über die beteiligten Parteien und deren jeweiligen Sichtweisen gibt, wie es sonst üblich für Brunngrabers Erzählstrategie scheint, leuchtet die chinesische Sichtweise auf die Briten immer wieder – vor allem im dramatischen Modus in direkter oder indirekt zitierter Figurenrede – im Roman auf und durchzieht kontinuierlich das Romangeschehen, wobei die Aussagen alle eine ähnliche Stoßrichtung aufweisen: Die Briten seien „Barbaren",[446] „verwahrloste Gesellen",[447] eine „gesetzlose, habgierige Rotte [...], bar jeder wahren Zivilisiertheit", seien „immerfort profitgierig, unverträglich, herrschsüchtig"[448] wegen ihres „Profitfanatismus",[449] anmaßend und verbrecherisch[450] und deshalb „*rotborstige[] Teufel*",[451] „wie Ungeziefer, das sich in einen Pelz einnistet".[452] Die Liste an pejorativen Kennzeichnungen ließe sich noch lange weiterführen. Im Text wird scharfe Kritik am britischen Kolonialismus geäußert, wobei sie ausschließlich aus einer chinesischen Perspektive stammt.

Aufschlussreich für diese Wertung sind auch die wenigen englischen Stimmen, die im Roman dokumentiert werden. Eine exemplarische Szene hierfür ist die Auseinandersetzung zwischen Sir Walpole Lindsey, dem Direktor der *East Indian Company*,[453] und dem Faktoreivorstand: Auf eine leise vorgebrachte Kritik an dem Vorgehen der Handelsvertreter antwortet der Direktor: „‚Mit Moral [...] kann man kein Empire begründen'", und weiter: „‚Schließlich hätten es die Chinesen in der Hand, wenn sie nicht mehr rauchten, unseren ganzen Handel zu ersäufen. Aber sie sind

---

446 Brunngraber: Opiumkrieg, S. 82.
447 Ebd., S. 83.
448 Ebd., S. 129.
449 Ebd., S. 91.
450 Vgl. ebd., S. 127f.
451 Ebd., S. 83 (Hervorh. i. O.).
452 Ebd., S. 129.
453 Brunngraber verändert hier den Vornamen und die Funktion. Die historische Vorlage für die Figur Sir Walpole Lindsey war Hugh Hamilton Lindsay (1802–1881), der Mitglied der *East Indian Company* in der Faktorei China war. Lindsay wurde 1832 gemeinsam mit Carl Gützlaff, der als Dolmetscher fungierte, beauftragt mit dem Schiff „Lord Amherst" die chinesischen Häfen zu erkunden. Vgl. dazu kurz: Winfried Scharlau: Der Missionar und Schriftsteller Karl Gützlaff. Ein biographischer Essay, in: Gützlaffs Bericht über drei Reisen in den Seeprovinzen Chinas 1831–1833. Mit einem biographischen Essay und einem Vorwort, hg. von Winfried Scharlau. Hamburg 1997, S. 7–51, hier: S. 23f. Vgl. auch die Berichte von Lindsay und Gützlaff über die Reise: Report of Proceedings on a Voyage to the Nothern Ports of China in the Ship Lord Amherst. Second Edition. London 1834. Auch Brunngraber beschreibt diese Reise Lindsays und Gützlaff (vgl. Brunngraber: Opiumkrieg, S. 121ff.). Allerdings hält Brunngraber sich hier nicht an die korrekten Jahreszahlen.

anders gesonnen.'"⁴⁵⁴ Über die Figurenkonzeption macht Brunngraber hier indirekt, nämlich mittels einer Selbstentlarvung seiner Figur, deutlich, dass er die Vertreter der *East Indian Company* für höchst unmoralisch hält. In der Folge seiner Argumentation wirft Walpole schließlich auch prospektiv einen Blick auf das unvermeidliche weitere Vorgehen: „Bis zum Krieg, der übrigens einmal kommen muß – weil wir nur durch den Besitz Südchinas zu einer abgerundeten Nutzung gelangen –, bis zu diesem Krieg dürfte es noch eine Weile haben.'"⁴⁵⁵ Ganz ähnlich zeigt sich auch dies in einem im Roman abgedruckten Zeitungsausschnitt aus der *Times*, dessen Echtheit bislang nicht überprüft werden konnte. Dort heißt es:

> Was würden wir in Großbritannien sagen, wenn eine Rotte französischer Matrosen die Türen unseres Kanzleihofs einschlüge und den Lordkanzler mißhandelte? Und dies alles, weil die Küstenbewohner ihre Pflicht taten und den Schmuggel zu hindern suchten. Das ist wahrlich nicht die richtige Art, das Volk von China zur europäischen Zivilisation und zum Christentum zu bekehren.⁴⁵⁶

Auch hier wird also der den Briten entgegengebrachte Vorwurf eingeräumt; doch werden nur die Methoden, nicht das Ziel per se kritisiert, wie vor allem der abschließende Satz herausstreicht.

Gleichsam wie China wird also auch Großbritannien zuvorderst in direkter Figurenrede charakterisiert, wobei auf eine neutrale oder wertende Stimme von Seiten des Erzählers ebenfalls verzichtet wird. Doch es erscheinen – und hier liegt der entscheidende Unterschied zur Darstellung Chinas – nicht, wie zu erwarten, zwei einander kontrastiv gegenüberstehende Perspektiven: Selbst die Eigenaussagen der Briten arbeiten letztlich nur der kritischen chinesischen Perspektive zu, bekräftigen die negative Bewertung und werden durch das Einflechten vermeintlich historischer Dokumente, wie des Zeitungsausschnitts, von einer rein subjektiven Darstellung enthoben und geradezu objektiviert. Die *East Indian Company* als Handlungsrepräsentanz wird demnach durchweg als skrupellose, kriegstreiberische, nur an wirtschaftlichen Machtansprüchen orientierte Institution dargestellt. An diesem Punkt bleibt Brunngraber also in Bezug auf Informationsvergabe tendenziös. Seinen Leser:innen wird eine eindeutige Bewertung der *East Indian Company* nahegelegt, die von chinesischer Seite vorgetragenen Vorwürfen entspricht. Der Opiumhandel und die erzwungene Öffnung Chinas resultiert demnach allein aus dem ökonomischen und machtpolitischen Kalkül der Briten.

---

454 Brunngraber: Opiumkrieg, S. 116.
455 Ebd., S. 117.
456 Ebd., S. 164.

2.2.7 Marxistische Anachronismen – Tschun-lin

Selbstverständlich war diese Kritik an Großbritannien für die Nationalsozialisten anschlussfähig und ermöglichte und beförderte damit die beobachteten pro-nazistischen Deutungen des Romans. Zugleich aber bleibt Brunngraber seiner marxistisch-sozialistischen Weltanschauung treu. Denn die Kritik an Großbritannien lässt sich ja nicht nur als nationalsozialistisches Programm, sondern zugleich als klassisch-marxistische Kapitalismuskritik lesen.

Im Roman zeigt sich dies besonders deutlich in einem kleinen, nur beiläufig erwähnten Vergleich. Es handelt sich dabei um die Episode der Eröffnungsrede des Provinzialschatzmeisters Lüe Yuanming vor der chinesischen *Jang-hong-schang*. Yuanming geht hier auf die Neuerungen und bevorstehenden Aufgaben der Seehandelsgesellschaft ein, die er entwicklungshistorisch aus deren Institutionsgeschichte ableitet. Im Zuge dessen erläutert er kurz das Verhältnis Chinas zu fremden Kulturen, indem er die Kolonialgeschichte Portugals fokussiert: Euphemistisch, aber weitgehend faktengetreu berichtet Lüe Yuanming von der Gründung der portugiesischen Handelsniederlassung in Macao, die bereits im 16. Jahrhundert im Einverständnis mit der chinesischen Regierung erfolgte. Der Kaiser überließ den Portugiesen Macao für ihren Außenhandel, wobei die territoriale Souveränität beim chinesischen Staat blieb. Über die Portugiesen sagt Yuanming: „Von diesen Portugiesen wissen wir nun, meine verehrungswürdigen Herren, daß sie ein dahergelaufenes Pack von Großsprechern und Betrügern sind, daß sie sich täglich betrinken und schlechte Manieren haben, aber im übrigen harmlos und der reinen Dynastie untertänig erscheinen.'" Vergleichend fährt er fort:

> „Allein bald nach ihnen [d.i. die Portugiesen; K.H.] kamen auch britische Schiffe nach unserem Hafen Whampoa, und im Jahr 1683, nach der Zeitrechnung der Barbaren, richtete sich die *Ostindiengesellschaft* mit einer Faktorei dort ein. Mit dieser Gesellschaft nun, bei den Briten *East Indian Company*, die sich schon ganz Indien botmäßig gemacht hatte, war die Pest ins Land gekommen. Denn die Engländer sind nicht nur ebenso verwahrloste Gesellen wie die Portugiesen, sie sind auch bösartiger. Sie stellen eine gesetzlose, habgierige Rotte dar, bar jeder Zivilisiertheit, und unser Volk hat sie nicht zu Unrecht die *rotborstigen Teufel* genannt."[457]

Innerhalb der Figurenrede Lüe Yuanmings werden also die portugiesischen und britischen Kolonialherren verglichen. Zwar sind für ihn beide ein kulturloses Volk, doch die Portugiesen schneiden wesentlich besser ab als die Engländer, wohl vor allem aufgrund ihres Einvernehmens mit der chinesischen Regierung sowie auf-

---

457 Ebd., S. 83 (Hervorh. i. O.).

grund ihres Akkommodationsverhaltens („untertänig"). Signifikant ist dieser Vergleich deshalb, da Brunngraber an dieser Stelle die gängige marxistische Deutungslinie des Imperialismus im ostasiatischen Raum aufgreift und seiner Figur in den Mund legt. Marx hatte mit ganz ähnlichen Argumenten wie Brunngraber das Vorgehen der britischen Handelsorganisation sowohl in Indien als auch in China scharf attackiert und imperialistische Akte nur unter der Prämisse für zulässig erklärt, dass sie dem okkupierten Volk beim Aufbau einer kommunistischen Gesellschaftsordnung dienen. Vor allem die von Marx in den Jahren 1853 bis 1860 während seiner Londoner Korrespondententätigkeit für die *New York Daily Tribune* geschriebenen Artikel greifen immer wieder die illegitime imperiale Praxis Englands an. So schreibt er zum Beispiel am 10. April 1875:

> Wie still ist doch die englische Presse zu den empörenden Vertragsbrüchen, wie sie täglich von Ausländern begangen werden, die unter britischem Schutz in China leben. Wir hören nichts über den ungesetzlichen Opiumhandel, der Jahr für Jahr auf Kosten von Menschenleben und Moral die Kassen des britischen Schatzamtes füllt. Wir hören nichts über die ständigen Bestechungen untergeordneter Beamter, wodurch die chinesische Regierung um ihre rechtmäßigen Einkünfte aus der Wareneinfuhr und -ausfuhr betrogen wird. Wir hören nichts über die oft genug mit dem Tode endenden Quälereien, begangen an den irregeleiteten und versklavten Auswanderern, die in die schlimmste Sklaverei an den Küsten von Peru und in kubanische Knechtschaft verkauft werden. Wir hören nichts über die Einschüchterungsmethoden, die oft gegen die schüchternen Chinesen angewandt, oder über die Laster, die von Ausländern über die offenen Häfen eingeschleppt werden. Wir hören von alledem und vielen anderen Dingen nichts, weil erstens die meisten Menschen außerhalb Chinas sich wenig um die sozialen Verhältnisse jenes Landes kümmern und weil zweitens Politik und Klugheit gebieten, keine Fragen zu stellen, wenn finanzielle Vorteile dabei nicht herausspringen. So schluckt das englische Volk, dessen Horizont nicht weiter reicht als bis zum Krämerladen, wo es seinen Tee kauft, bereitwillig alle Verdrehungen, die das Kabinett und die Presse ihm vorzusetzen für angebracht halten.[458]

Viele sozialistische/kommunistische China-Reiseautor:innen haben schon vor Brunngraber diese Position von Marx übernommen, so zum Beispiel Arthur Holitscher in *Das unruhige Asien* (1926) oder Egon Erwin Kisch. Brunngraber konnte an diese Tradition anschließen und bei seinen Leser:innen auch ein entsprechendes Vorwissen voraussetzen. Diese weltanschauliche Ausrichtung schläft sich auch in der Figurenkonzeption des Protagonisten Tschun-lin nieder, der – wie bereits eingangs angedeutet – innerhalb von Brunngrabers Narration als politischer Hoffnungsträger fungiert, dessen Leistungen zunächst gewürdigt, dann aber verkannt werden, bevor er eine späte Rehabilitation erfährt.

---

[458] Karl Marx: Über China: Das Eindringen des englischen Kapitalismus in China, hg. von Marx-Engels-Lenin-Stalin Institut. Berlin 1955, S. 51.

Zunächst zur historischen Vorlage: Lin Zexu (林則徐) wurde 1785 geboren und war einer der höchsten Beamten der chinesischen Qing-Dynastie. Durch das Absolvieren mehrerer Prüfungen an der kaiserlichen Akademie stieg Lin in politische Ämter auf. Als Generalgouverneur verschiedener Provinzen kam er erstmals mit dem illegalen Opiumhandel in Kontakt, 1853 schließlich entsandte der Kaiser Daoguang ihn nach Kanton, um gegen den Opiumhandel vorzugehen. Lin verfolgte eine strenge Politik gegen Opiumhändler wie -konsumenten, die keinen Unterschied zwischen Chinesen und Ausländern machte. Wohl als einer der ersten chinesischen Politiker sah Lin Zexu den Ausweg aus der desolaten Lage Chinas in einer – zumindest in Bezug auf technische Mittel – Orientierung an den Mächten Europas. Trotz seines kurzzeitigen Erfolgs, den Handel einzudämmen, scheiterte er letztlich mit seiner Strategie, fiel in kaiserliche Ungnade und wurde ins Exil verbannt. Auch der historische Lin wurde jedoch nach dem Tod Daoguangs rehabilitiert und erneut mit politischen Aufgaben betraut; noch heute gilt Lin Zexu in der Geschichte Chinas als zentrale politische Figur der Modernisierung.

Brunngrabers Protagonist Tschun-lin weist offensichtlich einige biographische Ähnlichkeiten zu seinem historischen Vorbild auf. Dennoch macht Brunngraber sich hier – ganz seinen Ausführungen zur Schreibpraxis folgend – die von ihm für die Figurengestaltung eingeforderten „poetischen Lizenz" zunutze. Ein Vergleich von faktischer Referenz und Fiktion zeigt erklärungsbedürftige Abweichungen vor allem in Bezug auf Tschun-lins politische Praxis.

Eine erste markante Episode stellt die Zwiesprache mit seiner Geliebten Ho-shi dar, in der Tschun-lin sie davon überzeugen will, dass ein Zusammensein der beiden Liebenden auch mit gesellschaftlichem Einverständnis zukünftig möglich sei. Den Ausgangspunkt seiner argumentativen Ansprache bildet sein gutes Abschneiden beim Ersten Examen, das ihn direkt dem Kaiser unterstellt und zum politischen Hoffnungsträger des Landes macht, ihn also prospektiv mit Macht ausstattet:

> Damit aber will ich Dir nicht nur erklären, daß ich einmal wohl mehr Macht haben werde als ein Provinzialschatzmeister, sondern daß es von den Göttern unwahrscheinlich wäre, mich mit soviel Kenntnissen bloß darum ausgestattet zu haben, damit es mein Vater leichter habe, eine Geschäftsheirat mit mir abzuwickeln. Auch ist nicht alles richtig, was unser Volk denkt. Dich regt vielleicht die Überlegung auf, daß ich mich, wenn ich zu Dir stehe, gegen meinen Vater kehre. Das ist doch gar nicht wahr. Kong-fu-tse sagt wohl, daß der Gehorsam gegen den Vater über alles gehe, allein doch nicht seiner Geschäfte wegen, sondern um der Enkel willen. Warum nun sollen die Enkel, die Du meinem Vater schenken kannst, weniger kostbar sein als die einer Schatzmeisterstochter Tschun-tao? Da glaube ich schon mehr an die Barbaren, die sagen, das Kostbarste in der Ehe und vor allem für die Kinder sei die Liebe der Eheleute zueinander. Damit muß Dir klar sein, daß ich Dich, wenn ich bei Dir bliebe, in kein Unrecht führe und daß Du keins begehst. Unrecht, und sogar ein schreckliches, hat man Dir angetan, und es wird den Göttern nur gefallen, wenn ich ein kleines daran gutzumachen versuche. So ist also

alles voll schöner Bestimmung und ich will nun auch, wenn ich gehe, in meine Gebete zu Kong-fu-tse dieses um Dein Glück einschließen.[459]

Folgt er in seiner Argumentation zunächst gängigen traditionellen chinesischen Denkfiguren, etwa indem er das Wissen auf die Götter zurückführt statt auf einen individuellen Lernprozess, ist er doch überzeugt: „Auch ist nicht alles richtig, was unser Volk denkt". Dieser vor dem historischen Zeithintergrund überraschend kritische Ausspruch bildet den Dreh- und Angelpunkt seiner Argumentation. Als Schriftgelehrter geht er kritisch und aufgeklärt mit den chinesischen Klassikern um und passt ihre Lehre an aktuelle Bedürfnisse an, wie etwa den auf Familienpietät setzenden Ausspruch Konfuzius'.[460] Doch sein Wissenshorizont ist weiter: Brunngraber konzipiert Tschun-lin als eine Figur, die sich über den Kontakt mit den „Barbaren" Englischkenntnisse und anderes Wissen der Welt aneignet. Der argumentative Umweg über die Perspektive der „Barbaren" in seiner Rede zu Ho-shi erlaubt es ihm, ein Plädoyer für einen kritisch selbstreflexiven Umgang mit eigenen Traditionen, etwa eine Stellungnahme gegen hierarchisches Ständedenken, zu eröffnen. Tschun-lin ist im Roman also ein Intellektueller, der die erlernten Werte und Traditionen Chinas nur dann übernimmt, wenn sie ihm sinnvoll erscheinen. Die Kinder der Dienerin Ho-Shi – so sein zentrales Argument – seien nicht weniger wert als die Kinder einer Provinzialschatzmeisterstochter, womit er eine egalitäre Gesellschaftsvorstellung einnimmt, die keine Ständegrenzen anerkennt – oder anders gesagt: der ein klassenloses Denken zugrunde liegt. Letztlich verharrt Tschun-lin jedoch nicht in diesem, aus der chinesischen Perspektive westlich-modernen Denken, sondern kehrt zu dem auch eingangs befürworteten chinesischen Traditionsdenken („Bestimmung", Gebete an Konfuzius) zurück und bemüht sich um dessen Modernisierung – er adaptiert das fremdkulturelle Wissen also und versucht es, für die Exegese der eigenen Kultur nutzbar zu machen. So heißt es auch an anderer Stelle über den Protagonisten explizit, dass er „zum Unterschied von seinen Landsleuten, auch durch die Welt der Fremden angeregt wurde."[461] Noch deutlicher wird Brunngrabers Darstellungsintention in der unmittelbar darauffolgenden Episode, als Tschun-lin wegen des Suizids Ho-shis sein Vaterhaus verlässt. In dem an den Vater gerichteten Abschiedsbrief heißt es:

---

459 Brunngraber: Opiumkrieg, S. 64f.
460 In vielen Passagen im Lunyu wird auf die Achtung des Vaters angespielt, so z.B. Lunyu 1.11: „Der Meister sagte: ‚Solange der Vater lebt, beachte seinen Willen. Ist er gestorben, beachte seine früheren Taten und weiche für einige Jahre nicht von seinem Weg ab.'"
461 Brunngraber: Opiumkrieg, S. 9.

> Mich erschrecken auch nicht die Ferne und Fremde, denn sie erscheinen mir verheißungsvoll, und ich habe es mir unter den Augen Lü Tung-pins, des gewaltigen Unsterblichen, geschworen, nicht bloß als ein Denkender sondern auch als ein Lebendiger über die Erde zu gehn.[462]

Die „Ferne und Fremde" ist hier in der Deutung Tschun-lins – wie auch in vielen anderen Passagen des Romans – also mehr als positiv konnotiert, sie erscheint „verheißungsvoll", also als Zukunft spendende Hoffnung. Vor allem in diesen Äußerungen hebt sich der Protagonist stark vom übrigen Figurenpersonal des Romans ab,[463] in deren Äußerungen die Fremden – und damit zuvorderst natürlich die Briten, aber auch Missionare und die westliche Welt generell – als „minderwertig" und als Urheber der „Verschlechterung der Sitten" gelten.[464] Brunngraber stattet seinen Protagonisten also mit kosmopolitischen Zügen aus, indem er ihn als eine Figur zeichnet, die weder aus einer romantisch gefühlsgeleiteten noch aus ökonomischer Motivation heraus (wie etwa die Briten), sondern zur Wissenserweiterung und Internationalisierung der (National-)Kultur den Kontakt mit der Fremde sucht. Der Umgang mit den Fremden erlaubt ihm, sich selbst kritisch auf das chinesische Wertsystem zu beziehen und eine objektivere Perspektive zu erlangen, ohne sich dabei selbst zu verwestlichen. Brunngraber porträtiert ihn auf diese Weise als Person, die aus genuin chinesischer Perspektive an einer Synthese von westlichem und östlichem Denken arbeitet und auf diese Weise das Konzept einer schrittweisen Modernisierung der chinesischen Kultur entwickelt.

In groben Zügen scheint sich Brunngraber auch hier zwar an seiner historischen Vorlage zu orientieren: Lin Zexu hat sich wohl tatsächlich, wie bereits Carl Gützlaff 1852 bemerkte, mit englischer Literatur und Kultur auseinandergesetzt;[465] doch scheint er Tschun-lins modernes, dem Westen offen gegenüber tretendes Verhalten im Vergleich zur Realhistorie wohl seriöser auszugestalten, wie ein Vergleich zu Gützlaffs Darlegung nahelegt. Denn eine von Lin Zexu beauftragte Sammlung englischer Texte deutet dieser als „vielleicht das allerseltsamste Gemisch von Unwahrheit, Dichtung und Geschichte, da je gedruckt worden ist."[466] Anders bei Brunngraber, hier erscheint Tschun-lin als besonnener, rundum gebildeter Wiedergänger Lin Zexus. Doch zugleich erinnert Tschun-lin an ein mythologisch-daoistisches Vorbild, an Lü Tung-bin (d.i. *Lü Dongbin*, 呂洞賓), einer der „*Acht Unsterblichen*", der im Roman zur leitenden Orientierungsfigur für Tschun-lin wird. Nach Brunngrabers Auskunft ist Lü Tung-bin

---

462 Ebd., S. 67.
463 Vgl. auch ebd., S. 9.
464 Ebd., S. 83.
465 Gützlaff: Das Leben des Kaisers Taokuang, S. 117.
466 Ebd.

nicht nur der Verfasser berühmter Sprüche gewesen sondern auch ein Heerführer von Rang ein feuriger Frauenliebhaber, ein fester Trinker, ein Schalk und Spaßmacher und Unfugstifter und Abenteurer, kurz ein gewaltiger Mann, der so fest mit seinen Reiterbeinen auf der Erde stand, wie seine Stirn erleuchtet war.[467]

Lü Dongbin diente in China – laut dem italienischen Sinologen Fabrizio Pregadio – vor allem ‚unterprivilegierten Klassen' wie Prostituierten, Hausierern, Wandertaoisten und Heilern als Referenz. Doch auch religiös diskriminierte Gruppen bezogen sich auf seine Schriften. Buddhistische Mönche etwa nutzten Lü Dongbins Sprüche, um gegen soziale Missstände vorzugehen.[468] Lü Dongbin engagierte sich für die unteren Klassen.

In Brunngrabers Protagonisten Tschun-lin verschmelzen also positive Aspekte des historischen Lin Zexu mit positiven Aspekten des mythologischen Lü Dongbin – und diese Kompositfigur wird so zu einer Figur, die anachronistisch aus marxistisch-sozialistischer Perspektive heraus interpretiert und aufgewertet werden kann. Durch diese Doppelorientierung wird Tschun-lin in Brunngrabers Roman zu einem Sozialrevolutionär und als solcher berät er schließlich den chinesischen Kaiser im Kampf gegen das Opium. Da die Droge „zur britischen Welt" gehöre,[469] müsse man den Kampf gegen selbige nicht nur nach den Regeln der chinesischen Götter aufnehmen, sagt Tschun-lin, sondern nach den Regeln der Briten. Der Kaiser lässt sich überzeugen und entsendet Tschun-lin – wie den historischen Lin Zexu – nach Kanton.

Durch seine vom historischen Vorbild abweichende Figurenkomposition offeriert Brunngraber die Vision eines alternativen Geschichtsverlaufs, der die Chinesen im Opiumkrieg vielleicht hätte retten können. Eine sozialrevolutionäre Ausrichtung der chinesischen Politik hätte – so Brunngrabers literarische Spekulation – womöglich zu einem anderen Ausgang des Konflikts führen können. Da es sich beim *Opiumkrieg* allerdings um einen historischen Tatsachenroman handelt, der der Gattungskonvention entsprechend am realhistorischen Verlauf der Geschichte nichts Grundlegendes ändern kann, scheitert Tschun-lins Kampf letztlich – wie der Kampf Lin Zexus.

---

467 Brunngraber: Opiumkrieg, S. 43.
468 Vgl. Fabrizio Pregadio: The Encyclopedia of Taoism, Bd. 1. London u.a. 2007, S. 712–714, v.a. S. 713: „From Hong's anecdote it emerges that those who were most involved in Lü's cult belonged to underprivileged classes, such as prostitutes, peddlers, itinerant Taoists, healers, medicinal herb dealers, and ink-sellers. Veneration by these groups led to Lü's name being used to voice criticism in times of social unrest. Poems with his name, sometimes hidden in anagrams, appeared on temple walls criticizing unjust or corrupt officials. Buddhists used the same tool to convey their feelings when they were denigrated and persecuted during the reign of Song Huizong (r. 1110–1125)."
469 Brunngraber: Opiumkrieg, S. 215.

2.2.8 „wenn der Nationalsozialismus Nationalsozialismus wäre"

Der Befund ist also ambivalent und es stellt sich die dringliche Frage, wie man Brunngrabers *Opiumkrieg* einschätzen soll. Handelt es sich, zugespitzt formuliert, um einen pro- oder einen antifaschistischen Roman? Stellt sich Brunngraber mit seinem erfolgreichen China-Roman implizit auf die Seite der Nationalsozialisten oder votiert er für eine marxistische Position? Und lässt sich diese Frage überhaupt in dieser schlichten Gegenüberstellung beantworten?

Ausgehend von dem oben ausführlich rekonstruierten Produktionsbericht, scheint Brunngraber im *Opiumkrieg* keine tagespolitischen Bezüge auf das NS-System angelegt zu haben. Die Äußerungen zur Textgestaltung sparen das naheliegende Aktualisierungspotenzial des sorgfältig konstruierten historischen Stoffes konsequent aus. Vordergründig scheint sein Anliegen daher – wie auch in einigen Rezensionen nach 1945 diagnostiziert – ein vorwiegend geschichtsdidaktisches zu sein; sein Roman berichtet weitgehend faktengetreu und unterhaltsam über den Opiumkrieg im Fernen Osten. An Herbert Nette schreibt Brunngraber im Oktober 1939 über die Entstehungsgeschichte seines China-Romans:

> Ich sass vor Jahren mit einem Bekannten in einem Wiener Dampfbad und wir redeten davon, dass mir der Rauschgiftroman verboten worden war. Jenun, sagt ich damals, wie wir in der 70 Grad heissen Trockenkammer sassen, wenn mir die Geduld entzweit geht, setze ich mich hin und schreibe einen Roman, der nur in China spielt. [...] Dann ging das Leben hin [...] und ich sah mich eines Tages in der Klemme, nun doch ins chinesische Gras beissen zu müssen. Ich tat es nur mit dem kalten Angstschweiss auf der Stirne.[470]

Es sind demnach vor allem taktische Überlegungen, die die Stoffauswahl für seine Publikation am zensierten NS-Buchmarkt begründen. Der aktuelle Kontext, in dem Brunngraber seinen historischen Roman verfasste, bestimmte demnach gewissermaßen negativ die Stoffauswahl, um nicht in Konflikt mit der nationalsozialistischen Regierung zu geraten. Doch greift man zu kurz, wenn man Brunngrabers taktisches Agieren als einen Rückzug ins historisch Unverfängliche wertet. Denn er artikulierte weiterhin – wenngleich in indirekter Form – auch in literarischen Texten wie dem *Opiumkrieg* seine politische Haltung. So ist das Handeln der Briten im Opiumkrieg ja, wie oben ausgeführt, nicht nur von rechter, sondern auch von linker Seite scharf kritisiert worden, wodurch die expliziten antibritischen Ressentiments im *Opiumkrieg* eben nicht nur das aktuelle nationalsozialistische Propagandainteresse, sondern zugleich auch eine antikapitalistische und antikolonialistische Kritik formulieren. Das von den Briten bedrohte China wurde so als Analogie zu dem ebenfalls von

---

[470] Rudolf Brunngraber an Herbert Nette, 30.10.1939, in: DLA Marbach, A: Brunngraber.

den Briten bedrohten NS-Deutschland inszeniert. Nach der Nomenklatur von Westenfeld und Klapper handelt es sich beim *Opiumkrieg* somit um einen konformistischen historischen Roman, der auf eine aktualisierende Parallelbildung zielt. Zugleich ließ sich der Text aus sozialistischer Perspektive als ein kolonialismus- und kapitalismuskritisches Buch lesen, das an einem einschlägigen Beispiel die historische Adäquatheit marxistischer Geschichtsthesen exemplifiziert. Die aktualisierende Lektüre konzentrierte sich somit auf die aus dem historischen Beispiel zu extrahierenden universellen Zusammenhänge, etwa auf die Mechanismen und politischen Folgen eines profitorientierten, bellizistischen Handelns. China in seinem Konflikt mit Großbritannien ist hier nur ein Beispiel, an dem Allgemeines gezeigt werden kann und sich die Gültigkeit der marxistischen Ökonomietheorie erweist. Da Brunngraber seine politische Botschaft in einer eher dem linken Spektrum zugehörigen Gattungstradition, dem Tatsachenroman, formulierte, lieferte er zumindest eingeweihten Leser:innen auch auf formaler Ebene ein entsprechendes Signal.

Hugo Austs eingangs referierte These, es handele sich bei Brunngrabers Roman um einen gegen die Nationalsozialisten gerichteten, von diesen aber missverstandenen Text, greift also genauso zu kurz wie die anhand der zeitgenössischen Rezensionen nachgezeichnete ns-konforme Rezeption des Textes: Brunngraber passte sich den Nationalsozialisten weder an, noch war er ein Widerständler. Im Anschluss an Mitchell G. Ashs wissenschaftshistorische Studien[471] könnte man von partiellen Interessenskonvergenzen sprechen, die Brunngraber ausnutzte, indem er sich in seinen literarischen Texten auf die genuin sozialistischen Aspekte der faschistischen Politik konzentrierte und somit ausreichend Gemeinsamkeiten zu seiner politischen Überzeugung fand: Er erschloss sich damit einen Weg, seine Schreibinteressen karrieristisch ins NS-System einzupassen, ohne sich politisch übermäßig akkommodieren zu müssen, und er konnte sogar unausgesprochen an seinen marxistischen Werten und Überzeugungen weitgehend festhalten. Ein Zitat aus seinem Tagebuch verliert aus dieser Perspektive seinen etwas kryptischen Charakter und kann meine Deutung unterstützen: Brunngraber räsoniert im Dezember 1933 selbst über die unerwartete Schnittmenge zwischen dem Sozialismus und Nationalsozialismus: „Denn: ich wäre nach meiner Erfahrung des letzten Halbjahres, der fanatistische Nationalsozialist, wenn der Nationalsozialismus Nationalsozialismus wäre und nicht die deutsche Variante des Fascismus."[472]

---

471 Vgl. dazu ausführlicher Mitchell G. Ash: Wissenschaft und Politik. Eine Beziehungsgeschichte im 20. Jahrhundert, in: Archiv für Sozialgeschichte 50 (2010), S. 11–46.
472 Tagebucheintrag vom 4.12.1933, in: DLA Marbach, D: Brunngraber.

3 Die ‚Zäsur 1933' im Spiegel der deutschen Asienpresse

Das Schreiben historischer Erzählungen über China unterliegt, wie das vorangegangene Kapitel zu Alfred Döblin und Rudolf Brunngraber gezeigt hat, vor und nach 1933 stark veränderten Bedingungen. Der quantitative Überblick über die Produktion von China-Literatur allgemein, wie sie der angehängten bibliographischen Übersicht zu entnehmen ist,[1] zeigt jedoch, dass das Interesse an literarisch vermittelten Chinabildern mit der Machtübernahme der Nationalsozialisten (beziehungsweise dem ‚Anschluss' Österreichs) nicht abnahm. Die literarische Aufmerksamkeit für China wurde nicht geringer, sondern änderte sich in qualitativer Hinsicht. Auch dies haben die Beispiele ansatzweise bereits zeigen können: Alfred Döblin widmete sich in den frühen 1920er-Jahren China aus einem gesellschaftskritischen Interesse heraus; im Exil wurde dieses Interesse dann dominant politisch. Brunngraber wandte sich China von vornherein aus ideologischen Gründen zu und fand in der chinesischen Geschichte einen geeigneten Projektionsraum für seine sozialistischen Ideen; diese wurden in begrenztem Umfang auch von den Nationalsozialisten geteilt, was zu einer wesentlichen Voraussetzung für die Publikationsmöglichkeit des ansonsten im ‚Dritten Reich' verbotenen Autors wurde. Beide Autoren motivierten ihr Interesse am realhistorischen China aus ihrer deutschen Gegenwart heraus, doch diese Gegenwart änderte sich mit der Machtexpansion der Nationalsozialisten und brachte, wie ich ansatzweise bereits gezeigt habe, auch einen nachdrücklichen Wandel der Bedingungen mit sich, unter denen man Deutschland bzw. Österreich über China schreiben konnte.

Um diesen Umbruch und seine Dynamik etwas näher zu beleuchten, werfe ich im Folgenden exkurshaft einen Blick in die deutsche Asienpresse der Zwischenkriegsjahre. Die periodischen Medien eignen sich aus verschiedenen Gründen besonders gut, um auch kurzfristige Veränderungsprozesse im Publikationssektor zu detektieren und die jeweils dominanten Faktoren des bi- und multilateralen Austauschs zwischen China und Deutschland zu bestimmen. Reaktionen auf die neuen Publikationskonditionen lassen sich aufgrund der redaktionellen Rahmenbedingungen hier unmittelbarer beobachten als an dem träger operierenden Buchmarkt.[2]

---

1 Siehe dazu den Anhang: Bibliographie deutschsprachiger China-Literatur 1920–1940.
2 Andrea Albrecht, Lutz Danneberg und Kristina Mateescu: „Zwischenvölkische Aussprache". Internationale Wissenschaftsbeziehungen in wissenschaftlichen Zeitschriften 1933–1945. Einleitung,

Zudem handelt es sich bei Zeitschriften nicht um „isolierte Institutionen", sondern um kollektive Unternehmen, die innerhalb bestimmter Konstellationen agieren müssen,[3] sodass, sofern man sich vor Übergeneralisierungen hütet, die hier zu beobachtenden Prozesse und Strategien signifikant für das gesamte Feld kultureller Produktion und damit auch für die Literaturproduktion sein dürften.

Wie im ganzen Bereich der Publizistik kam es auch im Bereich der deutschen Asienpresse in der Folge der nationalsozialistischen Machtübernahme zu einigen Neugründungen (z.B. der vor allem in Asien vertriebene *Ostasiatische Beobachter*, *The XXth Century* und die in Deutschland und Asien erscheinende *Monumenta Serica*), einige Zeitschriften wurden aber auch eingestellt (z.B. der *Chinesisch-deutsche Almanach* und die *Asia Major*), andere Zeitschriften passten sich inhaltlich an den neuen politischen Kurs an, um zu überdauern (z.B. die *Ostasiatische Zeitschrift*, die *Zeitschrift der Deutschen Morgenländischen Gesellschaft* und die *Ostasiatische Rundschau*), wieder andere versuchten, das System auf verschiedenen Wegen zu unterlaufen (z.B. *Artibus Asiae*, die den Redaktionssitz verlegte, und die *Sinica*). Möglich war Letzteres auch aufgrund der von den Nationalsozialisten schrittweise ab 1933 eingeführten Überwachungs- und Steuerungspraxis: Statt einer übergeordneten (externen) Zensurstelle erhielten die meisten Zeitschriften sogenannte Hauszensoren, die die ‚Publikationsfähigkeit' der aktuellen Periodika prüften. Die Verantwortung lag also beim Verleger.[4]

Aus dem heterogenen, vielfältigen Spektrum der deutsch-asiatischen Presselandschaft greife ich im Folgenden drei sehr unterschiedliche, aber wichtige Zeitschriften heraus und werde diese hinsichtlich ihrer Profile, ihres Aufbaus, ihrer Themenschwerpunkte und ihrer medial etablierten Netzwerke untersuchen: (1) die sinologische Fachzeitschrift *Asia Major*, die vor allem wegen ihrer Universalitäts- und Internationalitätsansprüchen interessant ist; (2) die populärwissenschaftliche Zeitschrift *Sinica*, die von einem der wichtigsten Akteure der deutsch-chinesischen Beziehungsgeschichte, dem Missionar und Sinologen Richard Wilhelm (1873–1930), gegründet wurde und die auf eine populäre Ausweitung der Chinawissenschaft zielte; sowie (3) das Nachrichtenmedium *Ostasiatische Rundschau*, das in Deutschland und Asien vertrieben wurde und auch chinesische Stimmen integrierte. Alle drei Zeitschriften wurden nach dem Ersten Weltkrieg auf den Markt

---

in: „Zwischenvölkische Aussprache". Internationale Wissenschaftsbeziehungen in wissenschaftlichen Zeitschriften 1933–1945, hg. von Andrea Albrecht, Lutz Danneberg, Ralf Klausnitzer und Kristina Mateescu. Berlin 2020, S. 1–36, hier: S. 23.
3 Ebd., S. 6.
4 Vgl. zu den Überwachungs- und Zensurstrukturen Jan-Pieter Barbian: Literaturpolitik im NS-Staat. Von der „Gleichschaltung" bis zum Ruin. Frankfurt am Main 2010, S. 218–280.

gebracht, adressierten bestimmte sinologische und asieninteressierte Lesergruppen in Deutschland und China und wurden bis mindestens Mitte der 1930er-Jahre verlegt.

Die Untersuchung eröffnet daher einen Einblick, der von der Gründungsintention und -motivation der Herausgeber und Verleger sowie der Etablierungsphase der Zeitschriften über die ‚Zäsur 1933' hinweg bis hin zur Ausgestaltung bzw. dem Niedergang während des ‚Dritten Reichs' reicht. Es geht mir allerdings im Folgenden weder darum, eine Darstellung der Publikationsgeschichte der einzelnen Zeitschriften zu liefern, um generalisierende Auskünfte über die wissenschaftlichen, populärwissenschaftlichen und breiteren kulturellen und politischen Sektoren des deutsch-chinesischen Austauschs zu geben, noch um eine umfassende Darstellung der deutsch-asiatischen Zeitschriftenlandschaft. Diese lässt sich in ihrer Komplexität nicht an drei Beispielen erschöpfend fassen, zumal bislang die Rolle der Printmedien im deutsch-chinesischen Verhältnis in der Forschung kaum untersucht worden ist und somit Vorarbeiten in der Regel fehlen.[5] Vielmehr geht es mir – der Fragestellung meiner Arbeit entsprechend – darum, beispielhaft verschiedene publizistische Strategien auszumachen und zu rekonstruieren, wie die Herausgeber auf die veränderten Publikationsbedingungen reagierten, um aus diesen Befunden dann Rückschlüsse auf die Möglichkeitsräume auch der deutschen *literarischen* Chinadarstellungen zu ziehen.

3.1 „So blieb die alte Asia Major ein Torso" – die *Asia Major* als internationales Projekt

„Nach dem Ersten Weltkrieg gab es kein deutsch-französisches Einvernehmen, auch nicht in der Wissenschaft. [...] Das war ein Verhängnis für unsere Sinologie".[6] Mit diesen Worten beschrieb der Sinologe Erich Haenisch[7] 1965 rückblickend die Lage der Sinologie um 1920. Der Boykott der deutschen Wissenschaft nach dem Ersten Weltkrieg traf die in Deutschland noch sehr junge, durch ihre Erkenntnisinteressen notwendig international ausgerichtete Sinologie besonders hart.[8] Die noch

---
5 Vgl. dazu auch die einzige Arbeit, die sich dezidiert deutsch-chinesischen Medien widmet: Christian Taaks: Federführung für die Nation ohne Vorbehalt? Deutsche Medien in China während der Zeit des Nationalsozialismus. Stuttgart 2009.
6 Erich Haenisch: Bruno Schindler und die alte Asia Major, in: Oriens Extremus 12.1 (1965), S. 7–9, hier: S. 7.
7 Erich Haenisch (1880–1966) studierte Mongolistik und Sinologie in Berlin, wo er 1904 im Fach Sinologie promoviert wurde und wo er sich 1913 habilitierte.
8 Vgl. Schütte: Die Asienwissenschaften in Deutschland, S. 95.

nicht abgeschlossene akademische Konsolidierung der Disziplin bedurfte einer engen Zusammenarbeit und eines direkten Austauschs mit den internationalen etablierten Institutionen und Repräsentanten und dabei insbesondere mit Vertretern der für die Dachgründung Vorbild stehenden französischen Sinologie.[9] Treffen aber mussten nun entfallen, Einladungen zu internationalen Symposien oder Gastaufenthalte wurden ausgesetzt. Hinzu kam, dass das junge Fach in Deutschland noch kaum eigene tragfähige Netzwerke ausgebaut hatte und so grundsätzlich auf internationale Kollaboration angewiesen war. Zwar hatten sich um 1920 vor allem drei universitäre Zentren – in Berlin, Hamburg und Leipzig – herausgebildet, die die akademische Auseinandersetzung mit China und dem asiatischen Raum förderten und die Forschungstätigkeiten zu bündeln versuchten,[10] auch einzelne Personen der verschiedenen Schulen waren durchaus kooperativ miteinander verbunden. Doch es mangelte an adäquaten, übergreifenden Austauschformaten – auf nationaler wie internationaler Ebene.[11] Um dennoch Einfluss auf den wissenschaftlichen Diskurs zu gewinnen, reagierte man auf das mediale Kommunikationsdefizit mit diversen Zeitschriftenneugründungen, die die deutschen Sinologen vernetzen, im Ausland Aufmerksamkeit erregen und zugleich ein interessiertes Laienpublikum attrahieren sollten.[12] In der ostasiatischen Kunstwissenschaft etwa avancierte die 1912 von Otto Kümmel und William Cohn gegründete *Ostasiatische Zeitschrift* (1912–1943) zum zentralen Fachorgan und wurde durch Zeitschriften mit einer geringeren Verbreitung, wie der *Artibus Asiae*, den *Wiener Beiträgen zur Kunst- und Kulturgeschichte Asiens* und dem *Jahrbuch des Vereins der Freunde asiatischer Kunst und Kultur in Wien* thematisch ergänzt. Ein breiter gefasstes Themenspektrum versuchten die Herausgeber der Zeitschrift *Sinica. Zeitschrift für Chinakunde und Chinaforschung* (1925–1942) mit ihrer Publikation abzudecken, die ab 1927 das Mitteilungsorgan des China-Instituts in Frankfurt am Main wurde.[13] Ich komme auf

---

9 Im Folgenden werde ich überwiegend die maskuline Form zur Beschreibung verwenden, um die historische Situation – in welcher kaum Frauen im wissenschaftlichen Dienst waren – adäquat wiederzugeben.
10 Vgl. hierzu genauer Schütte: Die akademische Etablierung der Chinawissenschaft; ders.: Die Asienwissenschaften in Deutschland; Vittinghoff: Chinawissenschaften zwischen Deutschem Reich und Drittem Reich.
11 Vgl. Haenisch: Bruno Schindler und die alte Asia Major, S. 7.
12 Vgl. zur Rolle der Wissenschaftszeitschrift für die „Institutionalisierung und Professionalisierung von wissenschaftlichen Disziplinen" (Albrecht, Danneberg und Mateescu: „Zwischenvölkische Aussprache", S. 4).
13 Weitere Publikationsreihen des China-Instituts waren die Mitteilungen des China-Instituts, der Chinesisch-deutsche Almanach und die Sinica-Sonderhefte.

diese Zeitschrift später zurück.[14] Im sprach-, geschichts- und kulturwissenschaftlichen Bereich übernahm die *Asia Major* (1923–1935; Wiederauflage 1944, 1949 und seit 1988) die federführende Rolle. Sie wurde 1923 zum ersten Mal von dem Leipziger Sinologen Bruno Schindler[15] herausgegeben und ab 1924 dann im gleichnamigen, ebenfalls von ihm gegründeten Verlag und mit Unterstützung des Leipziger Indologen Friedrich Weller veröffentlicht. Viermal jährlich erschien fortan die Zeitschrift, in der wissenschaftliche Debatten ausgefochten, Projektfortschritte öffentlich gemacht und zur Diskussion gestellt wurden sowie stets ein fortlaufend aktualisierter Überblick über bestehende und neuerscheinende Forschung und Literatur aus dem Fachbereich der Sinologie gegeben wurde. Ich konzentriere mich im Folgenden zunächst auf diese Zeitschrift, da sie ein aufschlussreiches Beispiel für den Umgang mit der ‚Zäsur 1933' bietet.

Um das Profil der Zeitschrift, das Anliegen der Herausgeber und den Status des Journals innerhalb der nationalen wie internationalen akademischen Asienbeschäftigung sowie das Verhältnis zu China und dem asiatischen Raum genauer bestimmen zu können, werde ich im Folgenden zunächst Schindlers Initiationsidee des Projekts herausarbeiten (3.1.1). Ich konzentriere mich hier, wie im Folgenden, aufgrund der schlechten Quellenlage vor allem auf publiziertes Material und werde anhand einiger programmatischer Texte zeigen, dass – so meine These – Schindler nach weit mehr strebte als ‚nur' der Errichtung einer Plattform für eine deutsche, und damit national gebundene, Sinologie: Er verfolgte zugleich wissenschaftspolitische Ziele, um der deutschen Nachkriegssinologie eine zählende Stimme im internationalen Wissenschaftsdiskurs zu verschaffen und vertrat daher mit seinem Projekt auch einen globalen Anspruch. Ab 1933 wurde es für den jüdischen Sinologen immer schwieriger seine Ziele zu verfolgen, die Zeitschrift und der Verlag wurden 1935 liquidiert und Schindler emigrierte. Doch kam es zu einer Neuauflage der Zeitschrift: In einem zweiten Schritt werde ich anhand des programmatischen Beitrags der nationalsozialistischen Sinologen und Herausgeber der Neuen Folge 1944 Fritz Jäger und Wilhelm Gundert zeigen, wie sich die Geschichte der Zeitschrift ‚unterm Hakenkreuz' entwickelte (3.1.2). Abschließend werfe ich noch einen Blick auf weitere Neuauflagen nach 1945 und versuche anhand dieses Durchgangs durch die Ge-

---

14 Vgl. dazu ausführlicher das Kapitel 3.2. „Das Verständnis und den Austausch [...] fördern." Zur Zeitschrift *Sinica*.
15 Vgl. zum Lebenslauf Schindlers auch die Nachrufe von Haenisch: Bruno Schindler und die alte Asia Major sowie Walter Simon: Obituary of Dr. Bruno Schindler, in: Asia Major N.F. 11.2 (1965), S. 93–100.

schichte der Zeitschrift zu klären, warum trotz zahlreicher ‚Wiederbelebungsversuche' Schindlers „alte Asia Major" – vor allem hinsichtlich seines Internationalitätsanspruchs „ein Torso"[16] blieb.

3.1.1 „Sie wird keine Nationen und keine Schulen kennen" – die *Asia Major* als internationales Wissenschaftsprojekt

Bruno Schindler, der 1919 bei August Conrady (1864–1925) in Leipzig mit einer Arbeit zum *Priestertum im alten China* promoviert wurde,[17] beurteilte die Situation der deutschen Sinologie nach dem Ende des Ersten Weltkriegs ähnlich kritisch wie Erich Haenisch und andere Fachvertreter und suchte nach Wegen, der deutschen Sinologie aus der defizitären Lage zu verhelfen. Ob die Gründung einer Zeitschrift im Sinne eines Forums zur Bündelung und Vernetzung der Asienwissenschaftler tatsächlich hierfür geeignet war, ob diese Initiative auf positive Resonanz unter Kollegen stoßen und seine Idee und Konzeption tragen würde, wollte der studierte Historiker, Ökonom und Jurist Schindler deshalb zunächst mit einem „Probeband"[18] testen.

Im Jahr 1923 erschien hierzu ein „repräsentable[r] Festband",[19] der Friedrich Hirth, dem „schon bei Lebzeiten zu einer historischen Persönlichkeit geworden[n] Nestor der Sinologen" und einem der „Begründer[] der wissenschaftlichen Chinaforschung",[20] nachträglich zu dessen 75. Geburtstag gewidmet wurde.[21] Den aufge-

---

16 Haenisch: Bruno Schindler und die alte Asia Major, S. 9.
17 August Conrady zählt aufgrund seiner erfolgreichen Schulenbildung zu einem der wirkmächtigsten Sinologen des frühen 20. Jahrhunderts und wurde zu einer zentralen Einflussgröße des Fachs. Vgl. zu Biographie und Werk Conradys: Erich Haenisch: Conrady, August, in: Neue Deutsche Biographie 3 (1957), S. 341 sowie den Nachruf von Eduard Erkes: August Conrady †, in: Artibus Asiae 1.2 (1925), S. 145–147.
18 Bruno Schindler: Vorwort des Herausgebers, in: Hirth Anniversary Volume, hg. von Bruno Schindler. London 1923, S. LVIV–LXXV, hier: S. LXI. Vgl. auch Bruno Schindler und Friedrich Weller: Vorwort der Herausgeber, in: Asia Major 1 (1924), S. III–V, hier: S. III.
19 Haenisch: Bruno Schindler und die alte Asia Major, S. 8.
20 Eduard Erkes: Friedrich Hirth †, in: Artibus Asiae 2.3 (1927), S. 218–221, hier: S. 218 und S. 221.
21 Vgl. auch ebd.: „Eine letzte Freude wurde ihm indes bereitet, als zu seinem 75. Geburtstag seine Freunde und Verehrer sich zusammenfanden, um ihm den von Bruno Schindler redigierten ‚Hirth Anniversary Volume' zu überreichen. Er stiftete dazu eine selbstverfaßte Biographie; auch ein vollständiges Verzeichnis seiner Schriften konnte darin Platz finden. Noch andere ähnliche Ehrungen zeigten ihm, daß man seine Leistungen nicht vergessen hatte." Zum Leben und Werk Hirths vgl. ausführlicher ebd. sowie Friedrich Hirth: Biographisches nach eigenen Aufzeichnungen, in: Hirth

nommenen Fachbeiträgen vorangestellt, ist nicht nur eine von Hirth selbst verfasste Biographie und eine Auflistung seiner publizierten Werke, sondern auch ein Vorwort des Herausgebers, das Auskunft über den *status quo* des Faches, die publizistische Projektidee und die anvisierte programmatische Ausrichtung der neuen Zeitschrift geben sollte.

Schindler skizziert, wie er selbst sagt, das „Fahrwasser", in dem „die Zeitschrift segeln wird."[22] Hierfür referiert er eingangs die zu diesem Zeitpunkt desolaten Publikationsmöglichkeiten im Fach, legt den Schwerpunkt jedoch vor allem auf das Desiderat eines allumfassenden Organs für die Asienwissenschaften; ein Medium, das Forschungen zum gesamten asiatischen Raum und sämtlichen Disziplinen eine Sammelplattform bietet.[23] Schon zu Beginn seiner Ausführungen postuliert er einen starken Gesamtvertretungsanspruch, den die neue Zeitschrift verfolgen und dem sie gerecht werden will – ein „Zentralorgan für alle Zweige der Indosinistik" zu sein.[24]

> Wir beabsichtigen nun keineswegs, Arbeiten zu liefern, die große Zusammenhänge abschließend darstellen; sondern wir wollen nur Vorarbeiten leisten, d.h. ein philologisch-kritisch durchgearbeitetes Material, das allerdings seinen Stoff aus allen Gebieten der Indosinistik schöpft, wie Sprache, Grammatik, Literatur, Archäologie, Pädagogik, Geschichte im weitesten Umfange (Kultur-, politische, Verfassungs-, Rechts-, Religions- und Kunstgeschichte), Ethnographie und Ethnologie des indochinesischen Kulturkreises.[25]

Schindler zielte mit seiner Zeitschrift also zunächst auf die Bereitstellung von Material, das in einem zweiten Schritt zum Forschungsgegenstand werden könne; die Präsentation von Forschungsergebnissen selbst hatte zunächst keine Priorität. Der anvisierten Reichweite entsprechend begrenzte er den Untersuchungsraum nicht nur auf einen bestimmten Teil Asiens, sondern forderte die Betrachtung des gesamten asiatischen Kulturraums sowie eine verschiedene Fachdisziplinen vereinende, womöglich auch interdisziplinäre Ansätze verfolgende und fruchtbar machende Perspektive. Die Methode hingegen, einen philologisch-kritischen Ansatz, gab er vor. So betonte er auch an anderer Stelle, dass die „Grundlage aller Arbeit [...] eine

---

Anniversary Volume, S. IX–XXXXVIII sowie Bruno Schindler und F. Hommel: List of Books and Papers of Friedrich Hirth, in: Hirth Anniversary Volume, S. XXXXIV–LVII.
22 Schindler: Vorwort des Herausgebers, S. LXXIII.
23 Vgl. ebd., S. LXI: „Aber alle die Zeitschriften, so vorzüglich sie auch geleitet werden, befassen sich doch nicht in ausreichender Weise mit sämtlichen Wissenszweigen der Indosinistik, sondern beschränken sich auf Teilgebiete aus dem Ganzen."
24 Ebd.
25 Ebd.

exakte Philologie sein" soll.²⁶ Schindler gehörte, das wird hier deutlich, der Schule von August Conrady an, deren oberstes Ziel darin bestand, eine „streng philologische Methode" im Fach zu verankern.²⁷ Dass Schindler mit der *Asia Major* zudem ein eigenes Forschungsprogramm verband, konkretisiert sich in seinen weiteren Ausführungen. Zur Explikation des bereits Erläuterten lieferte er zunächst ein veranschaulichendes Beispiel für die von ihm favorisierte Arbeitsmethode, präzisierte Ziele und Abgrenzungen seines Programms und markierte orientierungsstiftende Vorbilddisziplinen: Man wolle keine „ästhetisierende Kunstgeschichte" betreiben, wie sie derzeit von diversen „Amateure[n]" verfolgt werde, „die die Sprachen und Kulturen des fernen Ostens entweder gar nicht oder doch nur zum Teil, und oft nicht aus erster Hand kennen".²⁸ Stattdessen wolle man nach dem Vorbild der klassischen und indogermanischen Wissenschaft zunächst eine „strenge Scheidung von Berufenen und Unberufenen, von Wissenschaftlern und Amateuren" durchführen, um dann auf der Basis des zur Verfügung gestellten „Grundmaterial[s] [...] zu einer Wertung und zusammenhängenden Darstellung" überzugehen.²⁹ Ein „sinologische[r] Dilettantismus"³⁰ wurde in jener Zeit im Fach immer wieder beklagt, diskutiert oder einzelnen Vertretern vorgeworfen.

Schindler wollte diesem Problem mit einem überraschend detaillierten Forschungsprogramm Herr werden.³¹ Zur Veranschaulichung sei nur ein willkürlich herausgegriffenes Beispiel aus der chinesischen Linguistik angeführt; Schindler schreibt:

> Es muß ferner unser Bestreben sein, endlich ein chinesisches Wörterbuch zu schaffen, das ungefähr dem *Petersburger Wörterbuch* für Sanskrit gleichkommt. Zu einem auf moderner Grundlage beruhenden Wörterbuche gehören neben den paläographischen vor allem die phonetischen Vorarbeiten. Auf diesem Gebiete ist wohl Herr B. Kalgren heute der führende Mann, und wir erfreuen uns seiner Mitarbeit. Zur Lautentwicklung und Bedeutungsentwicklung des chinesischen Wortschatzes wird manches, wie wir hoffen, Wertvolles geboten werden können. Realien werden, nach Kategorien geordnet, vorläufig in zwangloser Reihenfolge

---

26 Ebd.
27 Haenisch: Conrady, August.
28 Schindler: Vorwort des Herausgebers, S. LXI.
29 Ebd.
30 Etwa Erkes: Friedrich Hirth †, S. 220. Vgl. etwa auch Erich Haenisch: Sinologie, in: Aus fünfzig Jahren deutscher Wissenschaft. Die Entwicklung ihrer Fachgebiete in Einzeldarstellungen, hg. von Gustav Abb. Berlin 1930, S. 262–274, hier S. 271: „Dafür blühte die Dilettantenliteratur, die wohl auf keinem Gebiet so gewuchert hat wie auf unserem."
31 Vgl. Schindler: Vorwort des Herausgebers, S. LXIII–LXXIII.

gebracht werden. Der Phraseologie und den Anspielungen wird besondere Aufmerksamkeit geschenkt. Archäologische Arbeiten werden mit besonderem Interesse verfolgt werden.[32]

Auf über sechs Druckseiten werden in der Folge nicht nur auf bereits bestehende, aus diversen Gründen bislang noch unabgeschlossene oder überarbeitungsbedürftige Vorarbeiten Bezug genommen oder konkrete Übersetzungsbedürfnisse bestimmter Quellen ausgemacht, sondern auch – dem artikulierten Gesamtanspruch entsprechend – künftige Forschungsarbeiten für diverse ‚Unterdisziplinen' der Ostasienwissenschaft formuliert und Desiderate erklärt; neben der genannten chinesischen Linguistik geht Schindler auch ausführlich auf die ostasiatische Kunstgeschichte, die Geologie, die Ethnologie, die Rechtsgeschichte usw. in Bezug auf China, Tibet, Birma, Japan ein. Das üblicherweise in neuerscheinenden Zeitschriften zur Proklamation der Leitideen, Konstitution und Aufbau der Zeitschrift genutzte programmatische Vorwort liest sich in Schindlers „Probeband" der *Asia Major* demnach weniger wie ein Editorial, sondern ähnelt eher einem Projektantrag. Schindler ging es mit seiner Zeitschrift folglich nicht nur um die Bereitstellung einer Austauschplattform, ihm ging es vor allem um die Ausrichtung der Disziplin selbst und die Bündelung der Forschungstätigkeiten unter seiner Ägide – bzw. der Leipziger Schule um Conrady –, um die Sinologie zu einer etablierten universitären Fachdisziplin auszubilden.

Das Vorwort endet mit einer die *Asia Major* agentisierenden Pointe, in der Schindler sein kulturübergreifendes Wissenschaftsethos artikuliert – wobei die wilhelminische Formel „Ich kenne keine Parteien mehr" nachhallt: Die Zeitschrift

> will Bausteine liefern, nichts als Bausteine aus dem großen Gebäude der ostasiatischen Wissenschaft. [...] *Sie wird keine Nationen und keine Schulen kennen. Alles, was zur Förderung unserer Wissenschaft dient, ist ihr willkommen. Kritik wird sie üben, aber nur sachliche Kritik, frei von jeder persönlichen Note.*[33]

Sein Forschungsprogramm sowie die daran geknüpfte Zeitschrift soll demnach die Bündelung der sinologischen Forschungstätigkeiten der verschiedenen in Deutschland herrschenden Schulen sowie der Sinologien anderer Nationen ermöglichen und auf diese Weise den kollektiven Wissensfortschritt sichern. Damit formulierte Schindler über die deutsche Sinologie hinausgehend zugleich ein Programm, das

---

32 Ebd., S. LXIII und LXV. Der genannte Bernhard Kalgren ist auch in diesem „Probeband" schon mit einem Artikel vertreten: Bernhard Kalgren: Contributions á l'analyse des charactères chinois, in: Hirth Anniversary Volume, S. 206–221.
33 Schindler: Vorwort des Herausgebers, S. LXXIII [Kursivierung im Original gesperrt].

dem internationalen Boykott der deutschen Wissenschaft entgegenwirken und den wechselseitigen akademischen Austausch wieder die Türen öffnen soll.[34]

Das Format der Zeitschrift folgt diesem Ziel. Dass es sich um einen „Probeband" für ein geplantes Zeitschriftenprojekt handelt, wird dabei nicht erst durch die Lektüre des programmatischen Vorworts ersichtlich, sondern zeigt sich bereits an der formattypischen Gestaltung – etwa der Einteilung der Beiträge in die Rubriken *Abhandlungen, Miszellen, Notes* und *Bücherschau* – sowie einem einordnenden Vermerk am Titelblatt: „Asia Major. Journal devoted to the Study of the Languages, Arts and Civilisation of the Far East and Central Asia. Introductory Volume".[35] Ist der englischsprachige Zeitschriftentitel vor dem Hintergrund des Erscheinungsortes, nämlich dem für die westeuropäische Sinologie prägenden Londoner Verlag *Probsthain & Co.*, zunächst nicht allzu überraschend,[36] verdeutlicht ein Blick in den knapp 800 Seiten starken Band,[37] dass Schindler die anvisierte Internationalität bzw. internationale Visibilität seines Projekts tatsächlich auf mehreren Ebenen umzusetzen versuchte. So sind darüber hinaus Überschriften, Anmerkungen, Kolumnentitel und sonstige formale Textteile bilingual in Deutsch und Englisch angeführt und das Vorwort sogar in einer bilingualen Version abgedruckt, indem *recte* eine deutsche und *verso* eine wörtlich übersetzte englische Version parallel laufen. Doch auch inhaltlich versuchte Schindler sowohl seinen Internationalitäts- als auch seinen disziplinären Universalitätsanspruch umzusetzen: So nahm man in den Band Beiträge von Fachvertretern verschiedener Nationen und Disziplinen auf und druckte die Beiträge auf Deutsch, Englisch oder Französisch ab. Es finden sich demnach nicht nur Beiträge von namhaften deutschen Sinologen (Gustav Haloun), Orientalisten (Fritz Hommel, Carl Friedrich Brockelann), Ethnologen (Eduard Erkes), Historikern (Rudolf Stübe), Japanologen (Gottfried André Wedemeyer) und Diplomaten (Ernst Arthur von Voretzsch), sondern auch von US-amerikanischen (John

---

34 Schindler verfolgte diesen Ansatz nicht immer. So veröffentlichte er 1916/18 mit Eduard Erkes gemeinsam unter dem Titel *Zur Geschichte der europäischen Sinologie* (in: Ostasiatische Zeitschrift 5/6 [1916/18], S. 105–115) ein „antifranzösisches, vor allem aber antibritisches Pamphlet", in dem sie „die Leistungen der Kollegen in den Feindstaaten in einer Weise herabwürdigen, als könnte die Sinologie kriegsentscheidend werden", so Hans-Wilm Schüttes treffende Einschätzung (Schütte: Die Asienwissenschaften in Deutschland, S. 95).
35 Hirth Anniversary Volume, Titelblatt.
36 Arthur Probsthain lernte im deutschen *Harrassowitz*-Verlag, wo er mit einer Reihe orientalistischer Bücher in Kontakt kam. Probsthain kehrte nach der Ausbildung zurück nach London und eröffnete zunächst eine Buchhandlung, die er später auch zum Verlag erweiterte.
37 Nur der Hirth gewidmete „Probeband" sollte so umfangreich sein. Anschließend plante man etwa 200 Seiten pro Ausgabe (vgl. Hirth Anniversary Volume, S. 706).

Calvin Ferguson, Agnes E. Meyer), britischen (Lionel Charles Hopkins, Edward Harper Parker, Sir Marc Aurel Stein, Arthur David Waley), schwedischen (Bernhard Kalgren), ungarischen (Julius Németh, Zoltán von Takács), russischen (M. Walleser) und asiatischen (Wang Hsi-chih, Z. L. Yih; tätig in London) Fachvertretern und Vertretern fachnaher Disziplinen in den Bänden.

Die Beiträge speisten sich aber – anders als Schindler das in seinem programmatischen Vorwort forderte – nicht selten aus bereits publizierten und gerade bearbeiteten Forschungsprojekten der einzelnen Wissenschaftler. Und dennoch versuchte Schindler, die aufgenommenen Texte auch stets zu kommentieren. So findet sich in dem „Probeband" unter der Rubrik *Miszellen* ein nur zweiseitiger, englischsprachiger Beitrag von Schindler mit dem Titel *Remarks to the Essay by Zoltán v. Takács*, in dem Schindler verdeutlicht, dass er zwar mit den Schlussfolgerungen Takács übereinstimme, jedoch nicht mit den „palaeographic details", der angewandten Arbeitsmethode also. Zur Untermauerung seiner eingenommenen Gegenposition führt Schindler im Folgenden einige weitere Interpretationsbeispiele an.[38] Diese Art der Kommentierung und kritischen Auseinandersetzung mit abgedruckten Beiträgen sollte prägend auch für die folgenden Bände der *Asia Major* werden,[39] wodurch der Versuch unternommen wurde, fachinterne Diskussionen auf kontrollierte Weise ins Medium Zeitschrift zu transferieren.

Zwar stieß der „Probeband" unter Schindlers Fachkollegen auf große Zustimmung,[40] doch hatte Schindler Probleme, weitere Finanzierungsmöglichkeiten zu finden.[41] Der Londoner Verlag *Probsthain & Co.* verlegte jedenfalls nur den ersten Band und es war wohl schwierig, einen deutschen Verlag zu finden, der bereit war – so der Tibetologe Manfred Taube (1928–2021) rückblickend –, „das Risiko einer neuen orientalischen Zeitschrift zu tragen".[42] Schindler gründete daraufhin selbst einen gleichnamigen Verlag, in dem er fortan die Zeitschrift sowie sinologische Fachliteratur vertreiben wollte, und holte, wie bereits erwähnt, den Indologen Friedrich Weller, den Schindler im Zirkel Conradys kennenlernte,[43] in sein Herausgeberteam. Weller sollte die Zeitschrift in den folgenden elf Jahren mitprägen. Der

---

[38] Bruno Schindler: Remarks to the Essay by Zoltán v. Takács, in: Hirth Anniversary Volume, S. 640f., hier: S. 640.
[39] Beispielhaft wäre etwa vor allem der dritte Jahrgang (1926), in dem in der Rubrik *Miszellen* diverse Korrekturen, teils aufeinander aufbauend angeführt werden.
[40] Vgl. Manfred Taube: Friedrich Weller (22.7.1889-19.11.1980). Ein Leben für die Erforschung der Asia Major, in: Jahrbuch der Sächsischen Akademie der Wissenschaften zu Leipzig (1979/1980), S. 237–253, hier: S. 242.
[41] Vgl. auch Schindler und Weller: Vorwort der Herausgeber, S. III.
[42] Taube: Friedrich Weller (22.7.1889-19.11.1980), S. 242.
[43] Ebd., S. 239.

„zünftige[] Sinologe", so urteilte August Conrady im Habilitationsgutachten Wellers,[44] studierte Indologie, Romanistik, Germanistik, Völkerkunde und Altiranistik und sprach Russisch und Chinesisch, Tibetisch, Mongolisch und Mandschurisch.[45] In Fachkreisen galt er als „ein Wissenschaftler [...], der über eine nicht alltägliche Breite an Kenntnissen verfügte"[46] und mithin in seiner wissenschaftlichen Person so just den Gesamtheitsanspruch verkörperte, den Schindler in und mit seinem Projekt verfolgte.

Im ersten gemeinsam herausgegebenen Band, der im Jahr 1924 auf den Markt kam, findet sich ein bilinguales programmatisches Vorwort der beiden Herausgeber, in dem sie an das im „Probeband" dargelegte Programm anknüpfen. Erweitert werden soll die Zeitschrift um die Rubrik *Brücke/Exchange*, in der Sinologen ihre aktuell bearbeiteten Projekte annoncieren können, sodass nicht „zwei Gelehrte denselben Vorwurf gleichzeitig behandeln", einer „Zersplitterung der Arbeitskräfte" vorgebeugt und ein gezielter, themenbezogener Austausch forciert werde.[47] Die Rubrik findet sich allerdings nur in den ersten drei Bänden und wurde danach wieder eingestellt, während die übrige initialisierte Rubrizierung bis zum letzten Heft beibehalten wurde. Die Einführung der Austausch-Sektion deutet jedoch an, dass Schindler und Weller die Vernetzung von Wissenschaftlern und verschiedenen Schulen noch stärker konzentrieren und so dem im „Probeband" proklamierten Anspruch, die Zeitschrift solle „keine Schulen kennen", gerecht werden wollten. Ihr programmatisches Vorwort schließt entsprechend emphatisch:

> So lassen wir das erste der regelmäßigen Hefte als eine Einladung an die gelehrte Welt hinausgehen, mitzuarbeiten und das Haus mitzubauen, in dem jeder, der etwas zu sagen hat, seine Überzeugung frei äußern kann:
> Fortiter in re, suaviter in modo.[48]

Tatsächlich prägte das angekündigte Programm bis 1935 die zehn Publikationsjahre der Zeitschrift: Es erschienen durchweg deutsche, französische und englische Beiträge von Fachvertretern verschiedener Nationen, teils in Co-Autorschaft, aus den Bereichen Kultur-, Sprach- und Geschichtswissenschaft, Archäologie und Sinologie sowie Übersetzungen und Editionen verschiedener Texte, und es wurden Forschungsschritte kritisch diskutiert oder anschließend gar in neuen Beiträgen oder

---

44 Zit. nach ebd., S. 240.
45 Vgl. ebd., S. 238.
46 Ebd. Vgl. zur Forschungstätigkeit Wellers auch Paul Thieme: Friedrich Weller zum 75. Geburtstag, in: Forschungen und Fortschritte 38 (1964), S. 222f.
47 Schindler und Weller: Vorwort der Herausgeber, S. IV.
48 Ebd., S. V.

dem teils sehr umfangreichen *Errata*-Teil revidiert,[49] Methoden für die Sinologie ausgelotet,[50] Desiderata offengelegt und stets ein ausführlicher Überblick über internationale aktuelle Forschungsliteratur in dem sehr umfangreichen Rezensionsteil gegeben.[51]

Bis hierhin lässt sich jenseits dieses fachhistorischen Interesses für die Fragestellung meiner Arbeit festhalten: Schindler und Weller schufen mit der *Asia Major* ein Medium, das Forschungsarbeiten innerhalb und zwischen den verschiedenen Schulen visibel machte, für eine Dekade den Aufbau der Sinologie als universitäre Disziplin maßgeblich vorantrieb und deren Ausrichtung mitbestimmte. Dabei stand die Wissenschaft, wie in den programmatischen Beiträgen gefordert, tatsächlich stets an erster Stelle, und so kreierten die deutschen Sinologen ein Netzwerk über disziplinäre, universitäre und nationale Grenzen hinweg.

Bis 1935 erschien die Fachzeitschrift wie gewohnt, es fand ab 1933 weder eine personelle noch eine inhaltliche Gleichschaltung statt und man konzentrierte sich in den Beiträgen weiterhin auf eine primär wissenschaftliche, zumeist historische Auseinandersetzung mit China und dem asiatischen Raum. Gegenwartspolitische Umstände wurden fast gänzlich ausgeblendet. 1935 aber musste Bruno Schindler, der aufgrund seiner jüdischen Abstammung mit einem Publikationsverbot belegt wurde, nach England emigrieren. Der sich bereits im Druck befindende elfte Band für das Jahr 1936 konnte nicht mehr erscheinen, da der zugehörige Verlag liquidiert wurde.[52] In England arbeitete Schindler weiter an der Etablierung des Faches, u.a. mit einer erneuten Zeitschriftengründung. Friedrich Weller verblieb in Deutschland, hat sich jedoch immer wieder für die Zusammenarbeit mit Schindler rechtfertigen müssen.[53]

---

49 Vgl. etwa die Diskussion zwischen Erich Haenisch und E. von Zach im dritten Jahrgang 1926.
50 Vgl. etwa Bruno Schindler: Der wissenschaftliche Nachlaß August Conradys. Ein Beitrag zur Methodik der Sinologie, in: Asia Major 3.1 (1926), S. 104–115.
51 Eine bibliographische Auflistung aller abgedruckten Beiträge findet sich in: Hartmut Walravens: Asia Major (1921–1975). Eine deutsch-britische Ostasienzeitschrift. Bibliographie und Register. Wiesbaden 1997.
52 Vgl. auch kurz ebd., S. 6. Schon im November 1935 spekulierten Sinologen über die Zukunft der Zeitschrift. So schrieb etwa Fritz Jäger an Erwin Rouselle im Zusammenhang einer Suche nach einer Publikationsmöglichkeit: „dann müßte ich mich an die Redaktion der *Asia Major*, deren Zukunft allerdings – wie mir Prof Haenisch vor einigen Tagen schrieb – keineswegs gesichert ist, mit einer entsprechenden Anfrage wenden." (Fritz Jäger an Erwin Rousselle, 14.11.1935, in: Hartmut Walravens: Dokumente zur Geschichte des China-Instituts aus den Jahren 1930 bis 1949, in: NOAG 163/164 [1998], S. 77–171, hier: S. 92).
53 Vgl. Taube: Friedrich Weller (22.7.1889-19.11.1980), S. 243.

3.1.2 „dem frischen Wind der neuen Zeit auch die Fenster der Ostasienwissenschaft" öffnen – Die Neue Folge der *Asia Major*

Nicht erst mit der Machtübernahme der Nationalsozialisten hatten Bruno Schindler und Friedrich Weller gegen rechte Stimmen, die ihr Projekt attackierten, zu kämpfen. So findet sich etwa in der propagandistischen Schrift *Der geistige Krieg gegen Deutschland* des Archäologen Georg Karo aus dem Jahr 1925 im Zusammenhang mit der Zeitschriftengründung unter anderem in einer Fußnote eine kritische Einlassung auf die Sprachenpolitik der Zeitschrift: „Freilich, wie kann man mit den Schweizern rechten, wenn in der neugegründeten, in *Leipzig erscheinenden* Zeitschrift ‚Asia Major' die Mehrzahl der *deutschen* Mitarbeiter ihre Beiträge in englischer Sprache veröffentlicht."[54] Schindler und Weller reagierten auf diese Attacke Karos mit einer Respondenz:

> Wir bedauern, zu dieser Bemerkung in dieser Zeitschrift nicht Stellung nehmen zu können, getreu unserm Grundsatz, den wir im Einführungsband 1922 auf Seite LXXIII im „Vorwort der Herausgeber" aufgestellt haben, die Zeitschrift von persönlicher Polemik frei zu halten.[55]

Im Anschluss stellten sie Karo gleichwohl fünf Gegenfragen, die die Irrationalität und ideologische Faktur seiner Argumentation in satirischer Form entlarven sollten. Doch zeigt diese Episode, dass die dezidiert internationale Ausrichtung und der Versuch, die Sinologie nicht nur zu einer nationalen, sondern zu einer am internationalen Wissenschaftsdiskurs partizipierenden Disziplin zu gestalten, also bereits in den 1920er-Jahren auf harsche Kritik aus nationalkonservativen Lagern gestoßen ist.

Dennoch konnte sich die *Asia Major* innerhalb einer Dekade als Leitmedium der Sinologie etablieren; die Liquidierung des Netzwerkmediums Mitte der 1930er-Jahre sowie deren Konsequenzen wurden deshalb – trotz der Vorbehalte gegenüber dem Internationalismus des Zeitschriftenprojekts – immer wieder diskutiert.[56] Vor allem der regimetreue Sinologe Fritz Jäger[57] betonte wiederholt, dass es

---

54 Georg Karo: Der geistige Krieg gegen Deutschland. Halle 1924, S. 8, Anm. 13 (Hervorh. i. O.). Vgl. dazu auch kurz Taube: Friedrich Weller (22.7.1889-19.11.1980), S. 242.
55 Bruno Schindler und Friedrich Weller: In eigener Sache, in: Asia Major 2 (1925), S. 377.
56 Vgl. auch Walravens: Asia Major, S. 7.
57 Fritz Jäger (1886–1957) habilitierte sich 1925 an der Universität Hamburg. Schon 1933 trat er der NSDAP bei, verfasste Schriften wie *Zur Frage der chinesischen Juden* (in: Ostasiatische Rundschau 15.7 [1934], S. 160–164) und war 1935/36 NS-Dozentenschaftsführer (Hamburg). Im Jahr 1935 erhielt er als Nachfolger Alfred Forkes den Lehrstuhl für Sprache und Kultur Chinas an der Universität Hamburg, drei Jahre später wurde er Dekan der Philosophischen Fakultät (vgl. Peter Borowsky: Die Philosophische Fakultät 1933 bis 1945, in: Hochschulalltag im „Dritten Reich". Die Hamburger Universität 1933–1945, hg. von Eckart Krause, Ludwig Huber und Holger Fischer. Berlin, Hamburg 1991, S. 441–458;

einer Neuauflage der „leider eingegangene[n]" (Otto Franke) Zeitschrift bedürfe.[58] So schrieb Jäger noch im Jahr 1936 in seinem Überblick *Der gegenwärtigen Stand der Sinologie in Deutschland*:

> Die zehn bzw. elf Bände dieser wertvollen Fachzeitschrift [d.i. *Asia Major*; K.H.] legen ein beredtes Zeugnis von dem Aufstieg ab, den die deutsche Sinologie nach dem Weltkrieg genommen hat. Hoffentlich werden bald Mittel und Wege gefunden, um das Fortbestehen eines für die Zukunft unserer Wissenschaft so unentbehrlichen Organs wie der „Asia Major" zu ermöglichen.[59]

Zwei Jahre später versuchte Fritz Jäger, selbst „Mittel und Wege" für das „Fortbestehen" der Zeitschrift zu finden, und wandte sich an einige seiner Fachkollegen, um Kooperationspartner für die „Wiederbelebung der *Asia Major*" zu gewinnen.[60] Doch sollte es trotz größter Bemühungen noch bis 1944 dauern, bis tatsächlich eine Neue Folge der *Asia Major* erschien, für deren Herausgabe Fritz Jäger und der Japanologe Wilhelm Gundert[61] verantwortlich zeichneten. In dem knapp vierseitigen programmatischen *Geleitwort* der beiden Herausgeber und des Verlegers wird gleich zu Beginn dezidiert die Tradition benannt, in der sich die Neue Folge stellt, indem „alte[] und neue[] Freunde[] der ‚Asia Major'" adressiert werden.[62] Und auch im Folgenden rufen sie die ‚Alte Asia Major', die „durch ihr Eingehen […] eine Lücke

---

Michael Grüttner: Jäger, Fritz, in: ders.: Biographisches Lexikon zur nationalsozialistischen Wissenschaftspolitik. Heidelberg 2004, S. 82; Ludwig Paul: Zur institutionellen Geschichte der Asien-Afrika-Wissenschaften an der Universität Hamburg, in: 100 Jahre Universität Hamburg. Studien zur Hamburger Universitäts- und Wissenschaftsgeschichte in vier Bänden, Bd. 2: Geisteswissenschaften, Theologie, Psychologie, hg. von Rainer Nicolaysen, Eckart Krause und Gunnar B. Zimmermann. Göttingen 2021, S. 406–430).
58 Otto Franke: Die Chinakunde in Deutschland, in: Forschungen und Fortschritte 15.7 (1939), S. 85–88, hier: S. 87.
59 Fritz Jäger: Der gegenwärtige Stand der Sinologie in Deutschland, in: Ostasiatische Rundschau 17.21 (1936), S. 561–563, hier: S. 563.
60 Fritz Jäger an Erwin Rousselle, 2.3.1938, in: Walravens: Dokumente zur Geschichte des Frankfurter China-Instituts, S. 116. Hier erwähnt Jäger, dass er sich bereits auch an Erich Haenisch gewandt hatte. Mit Rousselle diskutierte Jäger das über einen längeren Zeitraum.
61 Wilhelm Gundert (1880–1971) studierte am evangelischen Tübinger Stift und ging 1906 als Missionar nach Japan. Bereits im Jahr 1934 trat Gundert der NSDAP bei und erhielt 1936 den Lehrstuhl für Sprache und Kultur Japans an der Universität Hamburg. Vgl. zu Gundert auch Michael Grüttner: Gundert, Wilhelm, in: ders.: Biographisches Lexikon zur nationalsozialistischen Wissenschaftspolitik, S. 67.
62 Wilhelm Gundert, Fritz Jäger und Otto Harrassowitz: Geleitwort, in: Asia Major Neue Folge 1.1 (1944), S. 3–7, hier: S. 3.

hinterlassen [hat], die kein anderes Organ in einer den Bedürfnissen der Ostasienwissenschaft entsprechenden Weise auszufüllen vermochte",[63] immer wieder als Ursprung und Autorität auf. Man bemühte sich um Kontinuität. Mit der Neuen Folge erscheine deshalb „die ‚Asia Major' wieder im alten Gewande und mit denselben wissenschaftlichen Zielen wie bisher",[64] so die Herausgeber. Wieviel aber steckte von Schindlers Initiationsidee, die die *Asia Major* wohl zu dem „unentbehrlichen Organ" machte, das es war, noch in der Neuauflage, die unter der Regie zweier regimetreuer Asienwissenschaftler reüssieren wollte? Und wie verhielt man sich zur Internationalität des Projekts im Rahmen nationalsozialistischer Herrschaft?

Bereits ein nur oberflächlicher Blick in das – vor allem im Vergleich zu Schindlers Auftaktband – dünne, im Verlag *Harrassowitz* erschienene[65] und dem Sinologen Otto Franke zum 80. Geburtstag gewidmete[66] Bändchen zeigt diverse Unterschiede zu Schindlers *Asia Major*: Der englische Untertitel wurde ersetzt durch *Deutsche Zeitschrift für die Erforschung von Ost- und Zentralasien*, es finden sich keine Beiträge nicht-deutscher, internationaler Fachvertreter im Band und alle Beiträge sind auf Deutsch verfasst. Zwar sind diese Veränderungen vor dem Hintergrund des neuen politischen Rahmens nicht überraschend, doch ist damit bereits Schindlers Projektidee entkernt: die dezidiert internationale Ausrichtung. Während die formale Gestaltung, etwa die Einteilung in die Rubriken *Aufsätze*, *Bibliographisches* und *Buchbesprechungen*, abzüglich der wohl die alte Asia Major als besonders kennzeichnende Bilingualität noch ähnlich erscheint, verdeutlicht das bereits zitierte *Geleitwort* doch markant, dass die *Asia Major* nun in einem anderen „Fahrwasser" „segel[t]" – um nochmal Schindlers Bild zu bemühen.[67]

Während Bruno Schindler und Friedrich Weller ihre Zeitschrift ausschließlich auf das Fach und die disziplinäre Situation ausrichteten, Wissenschaft also von politischen Einflüssen weitgehend frei zu halten versucht hatten, nehmen Gundert und Jäger bereits im ersten Satz des *Geleitworts* in Form einer antizipierten Leser-

---

63 Ebd., S. 5.
64 Ebd.
65 Offensichtlich ging der Bestand des Verlags Schindlers in den *Harrassowitz*-Verlag über, zumindest wird dies im Vorwort angedeutet (vgl. ebd.). Der Verlag *Harrassowitz* zeichnete sich bereits seit den frühen 1920er-Jahren verantwortlich für die Publikation diverser Bücher, die sich mit dem ostasiatischen Raum auseinandersetzten.
66 Otto Franke (1863–1946) hatte den ersten deutschen Lehrstuhl für Sprachen und Geschichte Ostasiens am *Kolonialinstitut Hamburg* inne, bevor er von 1923 bis zu seiner Emeritierung 1931 Sinologie in Berlin lehrte. Vgl. zu Franke ausführlicher Herbert Franke: Franke, Otto, in: Neue Deutsche Biographie 5 (1961), S. 346f.
67 Schindler: Vorwort des Herausgebers, S. LXXIII.

frage auf einen außerakademischen Kontext Bezug: die „kriegsbedingten Verhältnisse der Gegenwart". Diese brächten zwar einige technische als auch personelle „Schwierigkeiten" mit sich,[68] machten aber gleichzeitig – so argumentieren sie im Fortlauf – die Wiederauflage notwendig. Denn die „schicksalhafte Verknüpfung der geschichtlichen Vorgänge im Westen und Osten"[69] habe das Interesse der „breiteste[n] Öffentlichkeit" geweckt, und diese „heischt Antwort auf brennende Fragen, fordert Belehrung über eine ihr fremde und weithin rätselhafte Welt, die zu verstehen ihr plötzlich dringendes Bedürfnis geworden ist."[70] Die andauernden kriegerischen Auseinandersetzungen wie auch der Kampf gegen den Kommunismus und die Veränderungen hinsichtlich politischer Vormachtstellungen in Europa und Asien – so die Herausgeber – ermöglichten und erforderten eine parallel geführte, vergleichende Betrachtung der beiden Kontinente und eröffneten Analogie- und Transferfragen bezüglich der zu erwartenden Entwicklungen. Schon der Ausgangspunkt des alten und des neuen Herausgeberteams war demnach ganz anders gelagert. Jäger und Gundert reagierten unmittelbar auf die veränderte Rolle und Funktion des Wissenschaftlers innerhalb der Staatsgemeinschaft: „Die Zeit, die von einem jeden den Einsatz bis zum äußersten verlangt, geht auch an unserer Wissenschaft nicht gleichgültig vorüber",[71] proklamieren sie. Obzwar die Wissenschaftler aus Angst vor einer „Verflachung seiner Wissenschaft"[72] bisher nicht dazu angehalten worden seien, ihre Forschungsarbeit zu popularisieren, gehöre dies nun zur obersten Aufgabe des Wissenschaftlers:

> Schon heute zeigt sich auf allen Gebieten wissenschaftlicher Arbeit ein neues Gefühl für die Verantwortung des Forschers gegenüber der Gemeinschaft, die ihn beauftragt, ein tieferes Verständnis für die Aufgabe auch der Wissenschaft, nicht sich selbst, sondern dem Leben zu dienen, ein schärferer Blick für die bewegenden Kräfte in der Geschichte der Völker, eine klare Unterscheidung dessen, was für die Forschung wesentlich und unwesentlich, was unbedingt oder nur bedingt wissenswert ist, eine Abkehr infolgedessen vom bloß Antiquarischen

---

68 Gundert, Jäger und Harrassowitz: Geleitwort, S. 3. So heißt es unter anderem: „An Schwierigkeiten, die der Wiederherausgabe entgegenstehen, fehlt es gewiß nicht. Und zwar sind es nicht einmal so sehr die Hemmungen technischer Art, die allgemein auf dem Buchgewerbe lasten. Schwerer wiegt, daß von den Fachgenossen, auf deren Mitarbeit wir angewiesen sind, manch einer durch den Dienst an oder hinter der Front völlig in Anspruch genommen ist, daß die Freunde in Ostasien nur mit Mühe zu erreichen sind, und daß auch der Austausch von Büchern zwischen dort und hier auf Hindernisse stößt."
69 Ebd.
70 Ebd., S. 4.
71 Ebd.
72 Ebd.

und ein gesteigertes Interesse für das, was irgendwie auch für unsere Gegenwart lebenswichtige Bedeutung hat.[73]

Jäger und Gundert greifen also die zeitgenössisch virulente Frage nach der Rolle der Wissenschaft, vor allem der Geisteswissenschaften, im nationalsozialistischen Staat und im Zweiten Weltkrieg direkt auf und bemühen sich um eine Politisierung ihrer Disziplin, wie dies etwa zeitgleich auch durch die *Aktion Ritterbusch*[74] oder die *Forschungsgemeinschaft Deutsches Ahnenerbe* versucht wurde. Es sind demnach vor allem zwei vorrangige Ziele Jägers und Gunderts herauszustreichen: *Erstens* adressierten sie mit der Neuen Folge der *Asia Major* nicht mehr, wie Schindler und Weller, ein spezialisiertes sinologisches Fachpublikum, sondern eine politisch (und vielleicht historisch) interessierte Öffentlichkeit, die über die Fachgrenzen hinausreichte. Der internationale Fachaustausch trat zugunsten nationaler Interessen in den Hintergrund. *Zweitens* versuchten auch sie eine gewisse Ausrichtung der Sinologie zu forcieren, jedoch nicht mehr hinsichtlich eines oder mehreren methodischer Ansätze, der Interdisziplinarität, eines spezifischen Erkenntnisinteresses, entsprechender Netzwerke verschiedener Schulen oder der Etablierung als universitäre Disziplin, sondern hinsichtlich ihrer politischen Relevanz. Die Sinologie als Fach erhielt in diesem medialen Sprachrohr ihre Neuausrichtung, indem sie sich in erster Linie in den Dienst der Politik stellte – oder wie Jäger und Gundert es etwas verklausuliert formulierten: Es ging darum, „dem frischen Wind der neuen Zeit auch die Fenster der Ostasienwissenschaft offen zu halten, damit er die Arbeit, an der wir stehen, zu neuer Leistung befruchte und belebe."[75]

Wie dieses politische Programm in seiner praktischen Umsetzung aussehen sollte, lässt sich heute nicht mehr rekonstruieren. In dem Einführungsband sind tatsächlich nur sinologische Fachbeiträge enthalten, die – soweit ich dies bewerten kann – auf den ersten Blick keinen Bezug zur politischen Gegenwart aufweisen. Dies kann schlicht auf die lange Entstehungszeit der Zeitschrift zurückzuführen sein oder auf die zumindest temporäre disziplinäre Resilienz, die sich durch programmatische Vorworte nicht so einfach ändern ließ. Ein zweiter Band der Zeitschrift wurde unter Jäger und Gundert nicht mehr realisiert.

---

73 Ebd., S. 5.
74 Vgl. dazu einschlägig Frank-Rutger Hausmann: „Deutsche Geisteswissenschaft" im Zweiten Weltkrieg. Die „Aktion Ritterbusch" (1940–1945). Heidelberg ³2007.
75 Gundert, Jäger und Harrassowitz: Geleitwort, S. 5f.

Die Ausrichtung der Zeitschrift auf NS-Kurs war damit gescheitert und die Sinologie blieb im sogenannten Dritten Reich eine marginalisierte Disziplin.[76] Während Schindler eine primär akademische (fachinterne) und wissenschaftspolitische Zielsetzung der Internationalisierung verfolgte, erwies sich das publizistische Handeln des „überzeugten Nationalsozialisten und Nutznießer des Systems"[77] Jägers als primär ideologisch motiviert. Bildete Asien für Schindler und Weller den (vor allem historischen) Forschungsgegenstand, den es in philologisch-kritischer Absicht zu untersuchen galt, war für Jäger und Gundert der asiatische Raum eine weltpolitisch und ökonomisch wichtige Vergleichsfolie für den europäischen Raum, indem durch die Parallelisierung verschiedener Entwicklungen Ableitungen für die NS-Gegenwart möglich wurden. Der Sinologe beanspruchte im NS-Gemeinschaftsstaat somit eine tragende Funktion als politischer Wissensträger.

Schindler hingegen verfolgte auch im Exil sein Projekt weiter und startete nach dem Zweiten Weltkrieg 1949 schließlich in Großbritannien eine eigene Neuauflage der Zeitschrift.[78] Nach dem Tod Schindlers übernahm der Sinologe Walter Simon die Herausgeberschaft bis diese 1975 aus finanziellen Gründen eingestellt werden musste.[79] Doch wiederum 13 Jahre später brachte die *Academia Sinica* unter Federführung des britischen Sinologen Denis Twitchett (1925–2006) eine dritte (bzw. vierte, die Jäger/Gundert-Ausgabe wird in der offiziellen Zählung nicht berücksichtigt) Folge auf den Markt, die bis heute vertrieben wird – mittlerweile mit Sitz in Taiwan. Bereits im Vorwort der ersten Ausgabe strich Twitchett jedoch heraus, dass die starken Veränderungen innerhalb des Faches seit der Gründung der *Asia Major*, die sich vor allem in einer Spezialisierung des Faches ausdrückten, auch eine Veränderung der Zeitschrift selbst erfordere. Entgegen dem von Schindler vertretenen disziplinären und hinsichtlich des Untersuchungsgegenstanden territorialen Ganzheitsanspruchs, wolle man sich nun ausschließlich auf China konzentrieren;

---

76 Die Fachgeschichte der Sinologie während des sogenannten Dritten Reichs ist bislang noch nicht umfassend aufgearbeitet. Vgl. dazu Schütte: Die Asienwissenschaften in Deutschland, besonders S. 139ff. sowie Vittinghoff: Chinawissenschaften zwischen deutschem Reich und Drittem Reich.
77 Borowsky: Die Philosophische Fakultät 1933 bis 1945, S. 452.
78 In der ersten Auflage 1949 wird in einer kleinen Anmerkung der Herausgeber kurz Bezug auf die erste Serie der *Asia Major* sowie den Probeband genommen und die Neue Folge als Fortsetzung markiert; auf ein weiteres programmatisches Vorwort wird verzichtet (vgl. Asia Major NF 1 [1949], Titelseite).
79 So schreibt Twitchett: „The new series came to an end in 1975, the victim of the economic crisis of the early 1970s and the simultaneous impoverishment of British universities by a succession of governments which showed no interest in academic excellence and which have systematically de-prived research in the humanities of financial support." (Denis Twitchett: Preface, in: Asia Major Third Series 1.1. [1988], S. iii–v, hier: S. iii).

auch auf die von Schindler eingeführte Multilingualität der Zeitschrift verzichtet man heute, Artikel erscheinen nun ausschließlich auf Englisch. Auch methodische und fachkritische Diskussionen finden kaum noch statt.[80] Nicht zuletzt aufgrund dieser Begrenzungen lässt sich trotz des formalen Fort- bzw. Wiederbestehens der *Asia Major* bis heute noch immer mit Haenischs Ausspruch aus den 1960er-Jahren konstatieren: die „alte Asia Major" blieb „ein Torso", vor allem da das Jahr 1933 und seine Konsequenzen die Entfaltung von Schindlers Gründungsidee stoppte.

3.2 „Das Verständnis und den Austausch [...] fördern." Zur Zeitschrift *Sinica* *

Die deutsch-chinesischen Beziehungen ruhten im Bereich der Wissenschaft auf den Schultern verschiedener Akteure und Institutionen, die den Austausch zwar forcierten und zunehmend professionalisierten, aber noch keinem konzertierten Programm zuarbeiteten.[81] Als einer dieser zentralen Akteure innerhalb dieses vielsträngigen deutsch-chinesischen Beziehungsgeflechts ist neben den im vorangegangenen Kapitel genannten universitär verankerten Sinologen der Theologe Richard Wilhelm (1873–1930) zu nennen. Wilhelm setzte sich bereits früh mit der chinesischen Philosophie auseinander[82] und arbeitete ab 1899 als Missionar in Tsingtau.[83] Bei der Insitutionalisierung des kulturellen und wissenschaftlichen Austausch zwischen den beiden Ländern kam ihm eine große Rolle zu[84] und nicht zuletzt mit seinen Übersetzungen von Klassikern der chinesischen Philosophie, die bis heute immer

---

80 Vgl. ebd., S. v.

* Das Unterkapitel wurde in leicht veränderter Form bereits vorab publiziert, siehe Katrin Hudey: „Das Verständnis und den Austausch zwischen Ost und West [...] fördern". Zur deutsch-chinesischen Zeitschrift *Sinica* (1925–1942), in: Zwischenvölkische Aussprache, S. 299–324.

81 Vgl. hierzu auch die einleitenden Ausführungen von Leutner und Steen: Deutsch-chinesische Beziehungen 1911–1927, S. 33–46. Dass dies auch für die nachfolgenden Jahre noch gültig ist, zeigt Martin: Deutsch-chinesische Beziehungen 1928–1937, v.a. S. 47.

82 Vgl. hierzu zum Beispiel die Ausführungen Walter F. Ottos über Wilhelms frühe Studienjahre in: Salome Wilhelm: Richard Wilhelm. Der geistige Mittler zwischen China und Europa. Düsseldorf, Köln 1956, S. 7–15, v.a. S. 8.

83 Vgl. die biographische Darstellung von Salome Wilhelm, Richard Wilhelms Ehefrau: Wilhelm: Richard Wilhelm, zur Missionarsarbeit v.a. S. 85–307.

84 So etablierte er in Peking zum Beispiel 1924 gemeinsam mit chinesischen Gelehrten den *Verein zur Fürsorge für chinesische Studenten in Deutschland*, unterrichtete in der Deutschabteilung der Peking Universität und gründete das *Büro für deutsch-chinesischen Austausch* (vgl. u.a. Leutner und Steen: Deutsch-chinesische Beziehungen 1911–1927, S. 409). Er übernahm aber auch in Deutschland einige wichtige Ämter und gab der aufstrebenden Sinologie wichtige Impulse.

wieder neu aufgelegt werden,[85] trug er zu einer steigenden Beschäftigung deutscher Wissenschaftler und Intellektueller mit China bei. Zugleich ist Wilhelm der ‚Gründungsvater' der Zeitschrift *Sinica*, für die nach Wilhelms Tod Erwin Rousselle die Herausgeberschaft übernahm.

Fragen nach der Herausgeberpraxis vor und nach 1933 scheinen hier besonders virulent: Denn Wilhelm und Rousselle verfolgten die Absicht, China als ‚idealen' Partner für einen interkulturellen bzw. ‚zwischenvölkischen' Austausch mit Deutschland (auch dem nationalsozialistischen) zu qualifizieren. Hierzu wurde China erstens als eigenständige Kulturnation vorgestellt und dadurch ‚aufgewertet', sowie zweitens China und Deutschland hinsichtlich ihrer politischen, kulturellen und wissenschaftlichen Bestrebungen als ähnlich charakterisiert und auf dieser Grundlage als für eine Interessensallianz geeignet verstanden wurden. Um dies zu zeigen werde ich zunächst Wilhelms Programm der Zeitschrift rekonstruieren (3.2.1), bevor ich genauer auf Rousselles Herausgeberpraxis während des Nationalsozialismus eingehe (3.2.2.).

3.2.1 „damit das Trugbild von China [...] endlich verschwinde" – Entstehungsgeschichte und Programm der *Sinica*

Bevor die Zeitschrift *Sinica* auf dem deutschsprachigen Zeitschriftenmarkt erschien, zirkulierte bereits ein Typoskript mit dem Titel *Pekinger Abende* privat in Fachkreisen. In den *Pekinger Abenden* informierte Richard Wilhelm ab 1922 einen exklusiven Rezipientenkreis von China aus über aktuelle Entwicklungen in den Bereichen Politik, Gesellschaft, Kultur und Wissenschaft.[86] Als Wilhelm nach Deutschland zurückkehrte, drängte der Verleger Otto Reichl, der zu den ausgewählten Leser:innen von Wilhelms Typoskripten gehörte,[87] den Sinologen dazu, die Zeitschrift

---

85 So zum Beispiel Laotse: Tao te King, I Ging. Das Buch der Wandlungen, Li Gi. Das Buch der Sitte, Konfutse: Gespräche, Frühling und Herbst des Lü Bu We, Dschuang Dsi: Das wahre Buch vom südlichen Blütenland, Liä Dsi: Das wahre Buch vom quellenden Urgrund, Mong Dsi: Gespräche u.a.
86 Eine Bibliographie der überlieferten *Pekinger Abende* findet sich in Hartmut Walravens: Sinica und andere periodische Publikationen des Frankfurter China-Instituts 1925–1942. München 1981, S. 13–17.
87 Otto Reichl und Richard Wilhelm standen in stetigem Kontakt, seit Wilhelm 1922 den Band *Chinesische Lebensweisheit* in Reichls Verlag publizierte. Reichl war Thomas Seng zufolge seither darum bemüht, Richard Wilhelm als festen Autor für seinen Verlag zu gewinnen (vgl. Thomas Seng: Weltanschauung als verlegerische Aufgabe. Der Otto Reichl Verlag 1909–1954. Mit einer Bibliographie der Verlage von Otto Reichl und der Deutschen Bibliothek. St. Goar 1994, S. 259).

auch publizistisch zu vermarkten. Im November 1924 kam es zur Einigung: Vierteljährlich wollte man 333 nummerierte Exemplare unter dem Titel *Chinesische Blätter für Wissenschaft und Kunst* herausbringen. Neben Beiträgen aus Deutschland und China sollte sich die Zeitschrift vor allem durch ihre bibliophile Gestaltung auszeichnen, sodass, wie Wilhelm in der Verlagsankündigung betonte, die „Blätter" auch „vom Standpunkt der Buchkunst aus ihren dauerhaften Wert behalten".[88] Demgemäß wurden verschiedene Kunstbeilagen in die quartformatigen Hefte eingebunden, wobei – dies sei vorweggenommen – der bibliophile Charakter im Laufe der Erscheinungsjahre der Zeitschrift zunehmend in den Hintergrund trat.

Sehr bald nach Veröffentlichung der ersten Ausgabe kam es jedoch bereits zu ersten Konflikten zwischen dem Verleger Reichl und dem Herausgeber Wilhelm. Reichl witterte einen neuen Absatzmarkt, als 1925 das China-Institut in Frankfurt am Main gegründet wurde, dessen Vorsitz Wilhelm übernehmen sollte, und erhöhte die Auflagenzahl, während Wilhelm bereits in der Verlagsankündigung seine dazu konträr stehenden Vorstellungen über einen exklusiv bleibenden Leserkreis deutlich artikulierte:

> Die „Chinesischen Blätter" sind nach wie vor so gedacht, daß sie sich nicht an die großen Kreise wenden, die durch die Mode auf den Fernen Osten gelenkt wurden, sondern an die Menschen, die wirkliches Interesse haben für die gegenwärtige Auseinandersetzung zwischen Orient und Okzident auf allen Gebieten, die von tieferem Belang sind.[89]

Wilhelms intendierter Leser zeichnete sich also durch ein genuin realitätsorientiertes, tendenziell wissenschaftliches Interesse an sinologischen Fragestellungen aus, fernab der ‚China-Mode', die in seinen Augen lediglich ein farbenreiches, exotisches Bild von China zeichnete, ohne eine tiefergreifende Auseinandersetzung zu verfolgen. Für Reichl war die Zeitschrift vor allem ein Verlustgeschäft wegen zu hoher Produktionskosten, immer wieder aufkommender Produktionsschwierigkeiten und einem viel zu niedrigen Absatz.[90] Ohne Absprache wechselte Wilhelm schließlich Ende 1927 zum *Niels Kampmann* Verlag.[91] Unter dem neuen Titel *Sinica. Zeitschrift für Chinakunde und Chinaforschung*, der dezidiert auf Leibniz' *Novissima*

---

88 Zit. nach ebd., S. 262.
89 Zit. nach ebd. Ebenfalls zitiert in Wilhelm: Richard Wilhelm, S. 312.
90 Vgl. Seng: Weltanschauung als verlegerische Aufgabe, S. 263.
91 Vgl. ebd.

*Sinica*⁹² und dessen Intention der Kulturvermittlung verweisen sollte,⁹³ wurde die Zeitschrift schließlich doch zum Mitteilungsorgan des China-Instituts, das ab 1928 – finanziell unterstützt durch die chinesische Regierung – auch die Herausgabe im Eigenverlag übernahm.⁹⁴ Das neu gegründete Institut in Frankfurt am Main ergänzte die bestehenden universitären Institutionen in Berlin, Hamburg und Leipzig und zielte vor allem auf eine Bündelung der akademischen Tätigkeiten sowie auf eine öffentlichkeitswirksame Arbeit – man bemühte sich um regelmäßige Publikationen, veranstaltete diverse Vortragsreihen und Ausstellungen und gab nicht zuletzt die Zeitschrift *Sinica* heraus.⁹⁵ Neben der Förderung des deutsch-chinesischen Dialogs bemühte man sich vor allem – wie auch Bruno Schindler mit seiner *Asia Major* – um eine stärkere Vernetzung der (europäischen) Sinologie und setzte so auf das Programm einer „kollektive[n] Wissensproduktion".⁹⁶ In den Folgejahren wurde das

---

92 Gottfried Wilhelm Leibniz: Novissima Sinca. Historiam Nostri Temporis Illustratura. Leipzig [?] 1697. Leibniz' China-Beschäftigung ging vor allem auf Korrespondenzen zu in China tätigen Jesuiten-Missionaren zurück. Fasziniert von der chinesischen Kultur, vor allem dem Schriftsystem, setzte Leibniz darauf, dass sich vor allem ein Erkenntnisaustausch mit China etablieren sollte, der alle Gebiete umfasse. In China sah Leibniz die alte, große Kulturnation (einen Genius), der als komplementär zur europäischen Zivilisation gesehen werden sollte.
93 Vgl. Richard Wilhelm: Das China-Institut in Frankfurt a.M., in: Forschungsinstitute. Ihre Geschichte, Organisation und Ziele, Bd. 2, hg. von Ludolph Brauer, Albrecht Mendelssohn Bartholdy und Adolf Meyer. Hamburg 1930, S. 418–422, hier: S. 421: „[...] deren Name Sinica daran erinnert, daß hier Gedanken der Kulturvermittlung zwischen Ost und West, wie sie Leibniz seinerzeit vorschwebten, in ihrem Kreise zu verwirklichen versucht werden."
94 Vgl. Richard Wilhelm: 1. Jahresbericht für 1928, in: Mitteilungen des China-Instituts 2 (1929).
95 Vgl. zu detaillierteren Darstellungen hinsichtlich der Öffentlichkeitsarbeit, den Sammlungen und Forschungsaktivitäten u.a. Richard Wilhelm: Das China-Institut in Frankfurt a.M.
96 Vgl. u.a. Richard Wilhelm: 1. Jahresbericht für 1928: „Wir stehen mit chinesischen wissenschaftlichen Instituten durch Austausch der Publikationen in Beziehung, und das chinesische Unterrichtsministerium hat einen namhaften Beitrag für die Herausgabe unserer Zeitschrift in Aussicht gestellt. Ferner haben wir die Beziehungen zu Frankreich, Holland, Österreich, Ungarn, der Tschechoslowakei, den Vereinigten Staaten, Italien, Rußland und besonders dem Orientalistenkongreß in Oxford, wo das China-Institut auch vertreten war, mit England weiter entwickelt. Korrespondierende Mitglieder haben in all diesen Ländern sich zum Teil schon aktiv betätigt." Den am China-Institut etablierten Austausch mit chinesischen Wissenschaftlern charakterisiert Mechthild Leutner als ein „Novum". Richard Wilhelm vertrete demnach einen „neuen Typ des Wissenschaftlers, der die Produktion von Wissen zunehmend als einen kollektiven Prozess erfährt und begreift und damit vom damals dominanten Verständnis individueller Wissensproduktion abrückt [...]. Als Programm ist die Notwendigkeit kollektiver Wissensproduktion explizit in den Aufgaben des Frankfurter China-Instituts formuliert." (Leutner: Richard Wilhelms chinesische Netzwerke, hier: S. 88 und S. 91).

China-Institut um diverse Ortszentren ergänzt und fand im 1931 gegründeten Deutschland-Institut in Peking schließlich sein chinesisches Pendant.[97]

Die Aufgaben und Arbeitsbereiche des China-Instituts prägten auch die Zeitschrift *Sinica*, die als sein offizielles Mitteilungsorgan alle zwei Monate erschien. Das von Wilhelm entworfene Programm der Zeitschrift erweist sich demnach auch für die folgenden Jahre als konstitutiv. Wilhelm ging es – so legt das Geleitwort zur Ausgabe aus dem Jahr 1928 nahe – um eine Berichtigung des „Trugbild[s] von China", das noch der Zeit der Chinoiserien entspringe.[98] Kulturelle und wissenschaftliche Beiträge sollten den literarischen Austausch komplementieren und Aufklärungsarbeit leisten, damit dieses „Trugbild [...] endlich verschwinde und das wahre Antlitz Chinas" zutage trete,[99] sodass auf der Basis eines verbesserten deutschen ‚Verständnisses' der chinesischen Kultur, Wissenschaft und Religion eine Allianz zwischen Deutschland und China begründet werden konnte. Hinter diesem kulturellen und wissenschaftlichen Anliegen stand ein durchaus kulturimperialistisches Programm, wie in einem Brief Wilhelms an den Fürsten Schönburg vom 20. August 1925 deutlich wird. Wilhelm schreibt:

> Es scheint mir eine deutliche Lehre der Geschichte zu sein, daß immer, wenn Deutschland sich nach dem Römischen Reich zu orientierte – und dessen Erbe ist ja das heute in Betracht kommende Europa –, es in kulturelle Abhängigkeit und politische Ohnmacht geriet; dagegen immer, wenn es sich östlich orientierte, kolonisatorisch und kulturell eine Führerstelle einnahm. Es ist daher kein abwegiger Gedanke, wenn wir unter möglichster Festhaltung des Kulturzusammenhangs mit dem Westen, soweit dies mit unserer Ehre verträglich ist, schon jetzt einer künftigen östlichen Orientierung Deutschlands vorarbeiten, soweit es in unseren Kräften steht.[100]

Das „Vorarbeiten" sollte also zunächst über eine fundierte Aufklärung geschehen. Hierzu sollten in der Zeitschrift Beiträger aus verschiedenen Nationen zu Wort kommen sowie die verschiedensten Themenbereiche bedient werden. De facto wa-

---

97 Die Rolle des Deutschland-Instituts in Peking sowie dessen zentralen Akteure und Funktionen sind wissenschaftlich bisher nur unzureichend erschlossen. Vgl. dazu Jansen: Einige Hinweise und Fragen zur Arbeit des Deutschland-Instituts in Peking 1933–1945.
98 Richard Wilhelm: Zum Geleit, in: Sinica 3.1 (1928), S. 1–3, hier: S. 2.
99 Ebd. So schreibt ihm auch Lisette Gebhardt zu, dass er sich maßgeblich für die „Revidierung des negativen Chinabildes seiner Wirkungsepoche, das im Zeichen der ‚Gelben Gefahr' stand, eingesetzt" habe (Gebhardt: Akademische Arbeit und Asienkult, S. 165).
100 Zit. nach Wilhelm: Richard Wilhelm, S. 327.

ren jedoch über die Gesamtdauer der Auflage hinweg nahezu ausschließlich deutsche und chinesische Autoren vertreten.[101] Die Beiträge chinesischer Wissenschaftler sind wohl – zumindest zu Beginn – primär auf das private Netzwerk Wilhelms zurückzuführen, der den Wissenschaftlern so aber einen Platz auch in der deutschen wissenschaftlichen Gemeinschaft zu verschaffen half.[102] Das Spektrum der abgedruckten Texte erstreckte sich dagegen tatsächlich von Literatur, Kunst, Geschichte und Kultur über aktuelle gesellschaftliche und politische Themen bis hin zu technischen, ökonomischen und naturwissenschaftlichen Fragestellungen. Die einzelnen Beiträge sollten große wissenschaftliche Problemkomplexe auf einer allgemeinverständlichen Ebene verhandeln, wobei sich diese populärwissenschaftliche Ausrichtung der Beiträge mitunter im Fehlen eines ausführlichen Fußnotenapparats manifestiert: Nur selten wird die Quelle explizit nachgewiesen, und wenn, dann nur durch einen kurzen Verweis im Fließtext.

Nach dem Tod Wilhelms im Jahr 1930 übernahm Wilhelm Schüler (1869–1935) die Interimsvertretung für Wilhelm am China-Institut,[103] bis 1931 der Sinologe und Buddhologe Erwin Rousselle offiziell mit der Leitung des Instituts und daran geknüpft auch der Herausgabe der *Sinica* betraut wurde; eine Aufgabe, der er bis zu deren Einstellung 1942 nachkam. Rousselle war als „Autodidakt" der Sinologie in

---

101 Die Ausnahmen an Beiträger aus anderen Nationen bilden aus der Sowjetunion der Sinologe Vassili Michailowitsch Alexejew (Beitrag über die chinesische Dichtung im Jahr 1930) sowie J. Suckij (ein Beitrag über Daoismus, 1940), der ungarische Schriftsteller und Übersetzer Zoltán Franyó (der Abdruck einer Übersetzung chinesischer Gedichte, 1940 – vermutlich aus seiner 1940 publizierten Sammlung), der dänische Schriftsteller und Verleger Louis von Kohl mit einem Beitrag über die chinesische Musik (1932), der Franzose Jean Escarra, der für das chinesische Konsulat und die Regierung Chiang Kai-sheks tätig war (mit einem Beitrag über das chinesische Familienrecht 1933) sowie George Margouliés (ein Beitrag über die chinesische Literatursprache 1928).
102 So ließ Wilhelm schon in der Verlagsankündigung verlauten, dass er „einige meiner chinesischen Freunde zur Mitarbeit gewonnen [habe], so daß auch direkt aus China Berichte und Aufsätze kommen" (zit. nach: Wilhelm: Richard Wilhelm, S. 312). Zum Netzwerk Richard Wilhelm vgl. Leutner: Richard Wilhelms chinesische Netzwerke, v.a. S. 88–91.
103 Vgl. [Anonym]: Aus der Ansprache des neuen Direktors des China-Instituts, Prof. Dr. Wilhelm Schüler, auf der Mitgliederversammlung vom 12. Mai, in: Mitteilungen des China-Instituts 3 (1930). Schüler vertrat die Leitung bis 1931, ging dann zurück an seine eigentliche Wirkungsstätte, das Seminar für orientalische Sprachen in Berlin (vgl. [Anonym]: Wechsel in der Leitung des China-Instituts, in: Mitteilungen des China-Institut 1 [1931]).

Fachkreisen zeitweilig stark umstritten.[104] Vor allem seine breit angelegte akademische Ausbildung[105] wurde nicht selten als „sehr gewandtes Dilettieren in allem u. jedem"[106] interpretiert. Gerade die Sinologie sei doch, urteilte Alfred Forke, der Leiter des Instituts für Sprachen und Geschichte Ostasiens an der Universität Hamburg, über Rousselle, „keine Wissenschaft, welche man mit Erfolg neben vielen anderen betreiben kann. Sie füllt die Arbeitskraft eines Mannes vollkommen aus."[107] Bei der Übernahme von Institution und Zeitschrift kündigte Rousselle gegenüber dem Vorstand nur kleinere Veränderungen an, da er das Institut im „Sinn und Geist Richard Wilhelms" fortführen wolle und die Führungslinie Wilhelms durch den Erfolg bestätigt worden sei.[108] Noch stärker wolle er chinesische Studierende in Deutschland in die Vermittlungsarbeit einbinden, die „in ihrem späteren Leben zu Hause

---

[104] Walravens: Dokumente zur Geschichte des Frankfurter China-Instituts, S. 79. Dieses ‚Urteil' aus Fachkreisen wurde im Übrigen mitunter auch an Richard Wilhelm immer wieder herangetragen. Zurückzuführen ist (zumindest für Wilhelm) die nicht-akademische Ausbildung in Sinologie natürlich auch auf die erst in diesen Jahren sich etablierende Institutionalisierung des Fachs an den Universitäten in Deutschland.

[105] Vgl. zur akademischen Ausbildung Rousselles seine Selbstaussagen in einem Schreiben an Alfred Forke: „Ich studierte zuerst Semitistik, Iranistik und Indologie und promovierte bei Bezold und Bartholomae in Heidelberg 1916 summa c. l. Auch in der juristischen Fakultät promovierte ich noch insigni c. l. Durch F.E.A. Krause, der damals in Heidelberg war, wurde ich in die Sinologie und durch Walleser in den chinesischen Buddhismus eingeführt. 1923 habilitierte ich mich in Darmstadt in der Allgemeinen Abteilung für Philosophie des Morgen- und Abendlandes. [...] 1924 wurde ich Nachfolger Richard Wilhelms an der Reichsuniversität Peking als Lecturer für deutsche Philosophie. 1925 wurde ich zum ordentlichen Professor daselbst befördert. In der Zeit meines Aufenthaltes in China habe ich meine sinologischen Studien eifrig fortgesetzt, und zwar in Gemeinschaft mit chinesischen Gelehrten." (Erwin Rousselle an Alfred Forke, 16.12.1930, in: Walravens: Dokumente zur Geschichte des Frankfurter China-Instituts, S. 85f.). Am 11. Mai 1933 hielt er seine Antrittsvorlesung zum Thema „Der lebendige Taoismus im heutigen China" (vgl. [Anonym]: Dr. Erwin Rousselle, in: Ostasiatische Rundschau 14.11 [1933], S. 241). 1935 wurde er zum nichtbeamteten außerordentlichen Professor ernannt (vgl. [Anonym]: Professor Dr. Rousselle, in: Ostasiatische Rundschau 16.11 [1935], S. 304).

[106] Friedrich Ernst August Krause an Alfred Forke, 1.1.1931, in: Walravens: Dokumente zur Geschichte des Frankfurter China-Instituts, S. 90.

[107] Alfred Forke an W. F. Otto, 19.12.1930, in: Walravens: Dokumente zur Geschichte des Frankfurter China-Instituts, S. 88.

[108] So auch die Forderung des Vorstands für die Neubesetzung der Stelle vgl. [Anonym]: An unsere Förderer, Mitglieder und Freunde, in: Mitteilungen des China-Instituts 2 (1930); vgl. auch Erwin Rousselle: Die Tätigkeit des China-Instituts in der Praxis (Aus den Darlegungen Erwin Rousselles vor dem Vorstand des China-Instituts in der Sitzung vom 15. Oktober 1930), in: Mitteilungen des China-Instituts 1 (1931). Rouselle und Wilhelm kannten sich auch persönlich über die Teilnahme an der *Schule der Weisheit* unter der Leitung von Herrmann Graf Keyserling (vgl. Gebhardt: Akademische Arbeit und Asienkult, S. 169).

eine Brücke zwischen Deutschland und China bilden werden und Träger unserer Bestrebungen sein sollen."[109] Trotz des internationalen Boykotts der deutschen Wissenschaft wurde der bilaterale akademische Austausch zwischen Deutschland und China nach Ende des Ersten Weltkriegs sukzessive wieder aufgebaut und gewann für beide Länder eine tragende Bedeutung, vor allem auch im ökonomischen und technischen Bereich.[110] In China übernahmen neben diversen deutschen Schulen im Hochschulsektor vor allem das germanistische Seminar in Peking sowie die naturwissenschaftlich-technisch orientierte Tongji-Universität eine zentrale Makler-Rolle, während auf deutscher Seite der bereits genannte Ausbau der sinologischen Lehrstühle für den Austausch eminent war.[111] Die Zahl chinesischer Studierender in Deutschland stieg ab den 1920er-Jahren kontinuierlich an, auch über das Jahr 1933 hinaus. Anders als man meinen könnte, forcierte das nationalsozialistische Regime den akademischen Austausch sogar durch eine Vielzahl an Stipendien. Wie Holger Impekoven anhand der Humboldt- und DAAD-Stipendien gezeigt hat, verdreifachte sich zwischen 1933 und 1938 die Anzahl der chinesischen Studierenden in Deutschland.[112] Eine gleiche Tendenz zeigt sich auch bei der Zahl der in Deutschland abgeschlossenen Dissertationen von chinesischen Studierenden[113] sowie anhand verschiedener Publikationen, wie etwa einem Studienführer für chinesische Studierende in Deutschland, und deren Organisation in Vereinen.[114]

Als Rousselle sein Amt antrat, steckte die Zeitschrift allerdings in einer massiven finanziellen Krise, weshalb er zunächst eine Herabsetzung der Ausgaben pro

---

109 Rousselle: Die Tätigkeit des China-Instituts in der Praxis.
110 Vgl. Leutner und Steen: Deutsch-chinesische Beziehungen 1911–1927, S. 403–424.
111 Vgl. ebd., S. 422–424.
112 Vgl. Holger Impekoven: Die Alexander von Humboldt-Stiftung und das Ausländerstudium in Deutschland 1925–1945. Von der „geräuschlosen Propaganda" zur Ausbildung der „geistigen Wehr" des „Neuen Europa". Göttingen 2013, S. 226: Während zwischen 1925 und 1932/33 16 chinesische Studierende von der Humboldt-Stiftung gefördert wurden, zählt die Stiftung zwischen 1933/34 und 1938/39 83 chinesische Studierende. Vgl. dazu auch Martin: Deutsch-chinesische Beziehungen 1928–1937, S. 290–292. Martin betont in diesem Zusammenhang, dass die politischen Verhältnisse in Deutschland für chinesische Studierende kaum Relevanz besaßen. Vgl. auch William C. Kirby: Images and Realities of Chinese Fascism, in: Fascism Outside Europe: The European Impulse Against Domestic Conditions in the Diffusion of Global Fascism, hg. von Ugelvik Larsen Stein. New York 2001, S. 233–268, hier: S. 239, der auch auf die Finanzierung der Studienaufenthalte von chinesischer Seite kurz eingeht.
113 Vgl. hierzu die Auflistung in Yüan T'ung-Li: A Guide to Doctoral Dissertations by Chinese Students in Continental Europe, 1907–1962. Part 4, Germany, in: Chinese Culture 5.4 (1964), S. 65–133.
114 Vgl. z.B. den *Führer für chinesische Ausland-Studenten* aus dem Jahr 1934 (rezensiert von Rocholl in der Ostasiatischen Rundschau 15.18 [1934], S. 431). Vgl. auch den von Zhang Tianlin, Sekretär des Deutschland-Instituts, 1937 in Peking veröffentlichten *Ratgeber für Chinesen, die an deutschen Hochschulen studieren wollen*. (Ein Auszug ist übersetzt von Xie Qinni abgedruckt in: Martin: Deutsch-chinesische Beziehungen 1928–1937, S. 361f.).

Jahr in Erwägung zog, die jedoch nicht realisiert wurde. Wie hoch tatsächlich die Auflagenzahl seit der Produktion im Eigenverlag war, konnte ich bisher nicht ermitteln. Zudem wollte Rousselle in der Zeitschrift politische und gesellschaftliche Entwicklungen wieder stärker in den Fokus rücken. Nachdem die aktuelle Berichterstattung zunehmend von der kooperierenden *Ostasiatische Rundschau* übernommen wurde,[115] spezialisierte sich die *Sinica* stärker auf die Hintergrundberichterstattung und auf populärwissenschaftliche Beiträge.[116] Rousselle bemängelt an der bisherigen Publikationspraxis:

> Was eine Zeitlang darin gefehlt hat, war ein regelmäßiger Bericht über die politischen Vorgänge und wirtschaftlichen Entwicklungen in China in jedem Heft. Es sind bereits Abmachungen getroffen, die uns solche, natürlich rein objektive, unter Vermeidung jeder Parteipolitik abgefaßte Berichte sichern.[117]

Ob bei den unter Rousselle eingeworbenen Berichterstattungen tatsächlich politische Neutralität gewahrt wurde, steht im Folgenden im Zentrum. Das von den Herausgebern artikulierte Programm der Zeitschrift galt jedenfalls bis zur Einstellung 1942. In jenem Jahr wurde, wie aus einem Brief Rousselles an seinen Fachkollegen Fritz Jäger vom 9. Februar 1942 hervorgeht, der „Weiterdruck aller Publikationen des China-Institutes verboten". Rousselle kommentierte: „[O]bwohl die *Sinica* ja außer ihrem wissenschaftlichen Zweck zugleich sehr wichtige außenpolitische Aufgaben unserer Kulturpolitik zu erfüllen haben. [...] Was aus den *Sinica* wird, weiß ich noch nicht."[118]

Warum es zum *Sinica*-Verbot kam, geht aus den Unterlagen nicht hervor, doch spricht einiges dafür, dass es an der Personalie Rousselle lag: Denn einen Monat später wurde er wegen „politischer Unzuverlässigkeit" seines Amtes enthoben, verlor seinen Lehrauftrag an der Universität Frankfurt und erhielt Redeverbot.[119] In einem

---

115 Der Leiter des China-Instituts war gleichzeitig Mitherausgeber dieser Zeitschrift (vgl. Wilhelm: Das China-Institut in Frankfurt a.M., S. 421). Vgl. zur *Ostasiatischen Rundschau* ausführlicher das Kapitel 3.2.1. Die *Ostasiatische Rundschau* – ein nationalsozialistisches Propagandablatt?
116 Vgl. Richard Wilhelm: 1. Jahresbericht für 1928.
117 Rousselle: Die Tätigkeit des China-Instituts in der Praxis.
118 Erwin Rousselle an Fritz Jäger, 9.2.1942, in: Walravens: Dokumente zur Geschichte des Frankfurter China-Instituts, S. 139.
119 Laut eigener Aussage wurde Rousselle schon 1934/35 das Ordinariat für Sinologie an der Universität Frankfurt nicht übertragen, da er „für den NS-Staat untragbar" sei (Erwin Rousselle an Ernst Boerschmann, 1.3.1949, in: Walravens: Dokumente zur Geschichte des Frankfurter China-Instituts, S. 167). Die Absetzung Rousselles erfolgte schließlich sukzessive, indem ihm über den Zeitraum von zwei Jahren Schritt für Schritt immer mehr Ämter entzogen wurden. Schon im September 1941 kündigte Rousselle seinem Kollegen Jäger gegenüber einige berufliche Schwierigkeiten an (vgl. Erwin Rousselle an Fritz Jäger, 23.9.1941, in: ebd., S. 135), der in seinem Antwortschreiben

1947 an die Spruchkammer gerichteten Schreiben erklärte Rousselle, der Mitglied einiger nationalsozialistischer Verbände war,[120] dass die Absetzung auf den Widerstand gegen das Propagandaministerium[121] und verschiedene Parteidirektiven[122] sowie vor allem auf seine religionswissenschaftlichen Forschungsarbeiten und seine religiöse Überzeugung als „Hochgradfreimaurer" zurückging.[123] Die Nachfolge übernahm der dänische Sinologe Carl Hentze (1883–1975), der die Arbeit des Instituts jedoch aus dem populärwissenschaftlichen Bereich, den er als „gesellschaftliche Schaumschlägerei" bezeichnete, rücken und verwissenschaftlichen wollte.[124] Zu einer Neuauflage der *Sinica* kam es nicht.

---

verdeutlicht: „Von den Schwierigkeiten, die Ihnen in Frankfurt erwachsen sind, habe ich indirekt gehört. Ich hoffe, daß diese bald überwunden sind." (Fritz Jäger an Erwin Rousselle, 6.10.1941, in: ebd., S. 138). Vgl. dazu allgemein ebd., S. 81; Hartmut Walravens: Erwin Rousselle. Notizen zu Leben und Werk, in: Monumenta Serica 41 (1993), S. 283–298, v.a. S. 283, sowie den darin enthaltenen Abdruck von Rousselles Schreiben Erwin Rousselle an die Spruchkammer, Abteilung III, Frankfurt am Main, 23.7.1947, in: Walravens: Erwin Rousselle. Notizen zu Leben und Werk, S. 295–298.

120 Vgl. Carl Hentze an Ernst Boerschmann, 27.10.1947, in: Walravens: Dokumente zur Geschichte des Frankfurter China-Instituts, S. 143.

121 So habe er diverse vom Propagandaministerium nicht genehmigte Reisen unternommen; vgl. Erwin Rousselle an die Spruchkammer, Abteilung III, Frankfurt am Main, 23.7.1947, in: Walravens: Erwin Rousselle. Notizen zu Leben und Werk, S. 297.

122 In dem Brief an die Spruchkammer 1947 verwies er mitunter darauf, dass er jüdische Mitglieder nicht vom China-Institut ausgeschlossen habe: „Die Kontrolle der Mitglieder des China-Institutes, die zu einem erheblichen Teil Juden waren, durch die Partei, habe ich stets zu umgehen gesucht, trotz des Verbotes der Partei habe ich die Juden weiterhin zu allen Veranstaltungen eingeladen und bin ihnen auch sonst, z. B. bei der Auswanderung möglichst behilflich gewesen. Überhaupt habe ich im China-Institut stets die Humanität und zugleich eine gewisse soziale Einstellung hochgehalten." (Erwin Rousselle an die Spruchkammer, Abteilung III, Frankfurt am Main, 23.7.1947, in: Walravens: Erwin Rousselle. Notizen zu Leben und Werk, S. 298). Dafür spricht auch sein Umgang mit emigrierten und kommunistischen Beiträgern für die *Sinica* (dazu später).

123 Erwin Rousselle an die Spruchkammer, Abteilung III, Frankfurt am Main, 23.7.1947, in: Walravens: Erwin Rousselle. Notizen zu Leben und Werk, S. 297. Vgl. zu Rousselles religionswissenschaftlichen Studien u.a. Lisette Gebhardt, deren Blick auf die Studien jedoch zu einseitig erscheint und Rousselles wissenschaftlicher Arbeit wohl nicht gerecht wird: Gebhardt: Akademische Arbeit und Asienkult, S. 173–178.

124 Carl Hentze an Ernst Boerschmann, 14.9.1948, in: Walravens: Dokumente zur Geschichte des Frankfurter China-Instituts, S. 160.

3.2.2 Außenpolitische Aufgaben und Dialogpflege – Zur Herausgeberpraxis während des Nationalsozialismus

Erwin Rousselle erwog zwar noch 1936, jüdische, kommunistische und antifaschistische Beiträger in einem Alfred Forke[125] gewidmeten Sonderheft der *Sinica*, dessen Herausgabe er in Kooperation mit dem Herausgeber der *Asia Major Neue Folge* Fritz Jäger plante, zu Wort kommen zu lassen.[126] Für selbiges Heft erbat er aber von Hans Findeisen, obwohl dieser für die SS, NSDAP und die Forschungsorganisation *Ahnenerbe* tätig war, eine schriftliche Stellungnahme zu seiner „arische[n] Abstammung" sowie seiner Einstellung gegenüber dem nationalsozialistischen Staat, da ihm „[d]ie Ausgabe [...] geschlossen" werde, wenn er „wissentlich Texte von Leuten nehme, bei denen von Staats wegen etwaige Bedenken vorliegen."[127] Rousselle war wohl zu einer gewissen Akkommodation an das NS-Regime bereit, ohne dass die Zeitschrift damit zum nationalsozialistischen Propagandaorgan werden sollte. Dies bestätigt auch ein Blick in die Autorenliste: Während ab 1933 keine jüdischen oder emigrierten Autoren mehr verzeichnet sind,[128] finden sich jedoch auch kaum Beiträge von bekennenden Nationalsozialisten.[129] Die Zahl ausländischer Beiträger,

---

125 Alfred Forke (1867–1944) promovierte 1890 in Rostock in Rechtswissenschaften. Im Anschluss studierte er am Berliner Seminar für orientalische Sprachen die chinesische Sprache und arbeitete schließlich als Dolmetscher in China. Von 1923 bis 1935 leitete er den Lehrstuhl für chinesische Sprache und Kultur an der Universität Hamburg. Vgl. Herbert Franke: Forke, Alfred, in: Neue Deutsche Biographie, Bd. 5, Berlin 1961, S. 300; darüber hinaus: Reinhard Emmerich: „Ich fühle mich immer wieder angezogen von originellen und freien Geistern" – Alfred Forke (1867–1944), in: Chinawissenschaften – deutschsprachige Entwicklungen, S. 421–448, sowie die Festschrift: Forke-Festschrift, hg. von Fritz Jäger und Erwin Rousselle. Frankfurt am Main 1937 (= Sinica Sonderausgabe Jahrgang 1937). Der geplante 2. Teil der Festschrift wurde schließlich nie realisiert.
126 Vgl. Erwin Rousselle: Rundschreiben, 5.8.1936, in: Walravens: Dokumente zur Geschichte des Frankfurter China-Instituts, S. 100.
127 Erwin Rousselle an Hans Findeisen, 23.5.1938, in: Walravens: Dokumente zur Geschichte des Frankfurter China-Instituts, S. 122. Rousselle informierte seinen Mitherausgeber Jäger anschließend über diesen Schritt (vgl. Erwin Rousselle an Fritz Jäger, 24.5.1938, in: ebd., S. 123), demnach ist an dieser Stelle nicht ausgeschlossen, dass Rousselle sich zur Einhaltung der offiziellen Standards durch seinen NS-integren Kollegen und Mitherausgeber Jäger veranlasst sah.
128 Der Sinologe Walter Simon, Lektor an der Universität Berlin bis er 1937 wegen seiner jüdischen Abstammung entlassen wurde und in der Folge emigrierte, lieferte 1933 den letzten erschienenen Beitrag eines jüdischen Autors in der Zeitschrift; Walter Simon: Zur Bildung der antithetischen Doppelfrage im Neuhochchinesisch, in: Sinica 8 (1933), S. 216–220.
129 Als Ausnahmen, da zumindest Parteimitglied oder durch Publikationen auf NS-Linie, lassen sich mit zwei Beiträgen Karl A. Bünger: Alte chinesische Rechtsgedanken in modernen chinesischen Grundstücksrecht, in: Sinica 8 (1933), S. 176–182; ders.: Die Familie in der chinesischen Rechtssprechung, in: Sinica 10 (1935), S. 22–31, nennen. Mit je einem Beitrag (in chronologischer Reihenfolge):

auch der chinesischen, reduzierte sich ab 1933 sukzessive, was wohl nicht zuletzt auf finanzielle Probleme zurückgeführt werden kann, da für den „Druck eines Ausländers keinerlei öffentliche Mittel" gewährleistet wurden.[130] Inhaltlich wurde ein großer Teil der Beiträge zunehmend in den Bereich des Apolitischen gerückt. Dies scheint wohl auch eine Direktive für die Beiträger gewesen zu sein, wie ein Schreiben an Jäger verdeutlicht, in dem er explizit angewiesen wurde, „[v]on der Behandlung politischer Fragen [...] Abstand zu nehmen."[131]

In der *Sinica* konzentrierte man sich jedenfalls primär darauf, in den Beiträgen Analogien zwischen Deutschland und China zu konstruieren, die einen ‚zwischenvölkischen' Austausch rahmen sollten. In den wissenschaftlichen Beiträgen geschah dies vor allem durch komparatistische Arbeiten oder durch das Akzentuieren gegenseitiger Einflussnahme, wie etwa Horst Ed. von Tscharners Beitragsserie zu *China in der deutschen Dichtung* zeigt, die später in dessen gleichnamige Publikation aus dem Jahr 1939 Eingang fand.[132]

Neben diesen weitgehend weltanschauungs- und ideologieneutralen Beiträgen gab es aber separate Rubriken, in denen eine dezidiert politische Linie vertreten wurde. Aufschlussreich für Rousselles Ansinnen, das gegenwärtige China stärker zu thematisieren, ist beispielsweise die Rubrik *Zur Lage in China*, die unter Rousselles Herausgeberschaft zum festen Bestandteil der Zeitschrift avanciert war und vor allem aktuelles politisches Geschehen thematisierte. Die Aktualität der Beiträge

---

Walter Fuchs: Fortschritte im Quellenstudium der Mandschu-Geschichte, in: Sinica 8 (1933), S. 192–195; Fritz Jäger: Die letzten Tage des Ku Schi-Si, in: Sinica 8 (1933), S. 197–207; Gustav Fochler-Hauke: Sitten und Gebräuche einiger Urvölker Süd- und Westchinas, in: Sinica 10 (1935), S. 244–250; Otto Kümmel: China im Rahmen der Weltkunst, in: Sinica 11 (1936), S. 97f.; Ernst Schultze: Weltwirtschaftliche Kapitalverflechtungen und Zahlungsbilanz Chinas, in: Sinica 13 (1938), S. 165–205; Joachim Werner: Ein hunnisches Lager der Han-Zeit in Transbaikalien, in: Sinica 14 (1939), S. 193–196; Egon Freiherr von Eickstedt: Über Herkunft und Typus der Miau-Stämme in Westchina, in: Sinica 17 (1942), S. 121–135.

130 Erwin Rousselle an Fritz Jäger, 30.3.1938, in: Walravens: Dokumente zur Geschichte des Frankfurter China-Instituts, S. 119.

131 Wilhelm Alexander Unkrig an Fritz Jäger, 4.1.1939, in: Walravens: Dokumente zur Geschichte des Frankfurter China-Instituts, S. 130. Natürlich lässt sich hier spekulieren, ob diese Anweisung an jeden Beiträger erging oder womöglich nur an den Nationalsozialisten Jäger. Weitere Schriftstücke, die dies erhellen könnten, ließen sich bisher nicht finden.

132 Vgl. Horst Ed. von Tscharner: China in der deutschen Dichtung des Mittelalters und der Renaissance, in: Sinica 9 (1934), S. 8–31; ders.: Die Erschließung Chinas im 16. und 17. Jahrhundert, in: Sinica 9 (1934), S. 50–77; ders.: China in der deutschen Literatur des klassischen Zeitalters, in: Sinica 9 (1934), S. 185–198 und S. 269–280; ders.: China in der deutschen Dichtung. Teil 1: Barock, in: Sinica 12 (1937), S. 91–129; ders.: China in der deutschen Dichtung. Teil 2: Aufklärung und Rokoko, in: Sinica 12 (1937), S. 181–207. Vgl. auch in der Folge die Monographie ders.: China in der deutschen Dichtung bis zur Klassik. München 1939.

wurde durch eine genaue Datumsangabe vom Abschluss des Beitrags in den Heften markiert. Der feste Redakteur dieser Rubrik war zwischen 1931 und 1935 Gustav Amann (1882–ca. 1950), ein in China ansässiger deutscher Ingenieur. Amann arbeitete zunächst als technischer Angestellter für die Siemens China Co. Peking, bis er 1924 Regierungsberater bei Sun Yatsen wurde und in der Nachfolge auch in derselben Funktion für die nationalistische Guomindang (Zhōngguó Guómíndǎng; 中國國民黨) unter Chiang Kai-sheks (Jiǎng Jièshí; 蔣介石; 1887–1975) Führung tätig war.[133] Zugleich war er – neben einigen anderen Publikationen zum deutsch-chinesischen Austausch – der Verfasser einer mehrbändigen neuesten Geschichte Chinas, die zwischen 1928 und 1939 herausgegeben und in einer Rezension in Hochschule und Ausland 1936 als „meisterhaft" etikettiert wurde.[134] Durch die Etablierung Amanns als festen Redakteur wurde zwar eine unmittelbare, aktuelle und womöglich authentische Berichterstattung gewährleistet, zugleich jedoch wählte man mit seiner Person jemanden aus dem ‚inner circle' der nationalistischen chinesischen Regierung. Eine politisch neutrale Darstellung – sowohl in den Monographien als auch in einzelnen Beiträgen – wurde deshalb schon zeitgenössisch zunehmend in Frage gestellt. So urteilte zum Beispiel der deutsche Diplomat Martin Fischer (1882–1961), dass Amanns „gefühlsbetonte subjektive Einstellung" dazu führe, dass „seine Darstellung manches Halbrichtige und Schiefe enthält und viele Dinge, die noch in den ersten unsicheren Stadien der Entwicklung stecken, als gesicherte Tatsachen" präsentiert würden.[135] Ein deutscher Gesandter hatte wohl einen ähnlichen Eindruck von Amann, wenn er ihm „völlige Unzuverlässigkeit" attestierte:

> Man kann Herrn Amann – wenn anders man ihn, was ich tun möchte, als ehrenwerten und achtbaren Menschen gelten lassen will – nur als blinden Parteigänger der chinesischen nationalen Revolution betrachten, dem die Verwirklichung des Sun Yat-sen-Programms Herzenssache und Lebensziel ist, als einem Mann, der sich weit mehr als Chinese denn als Deutscher

---

[133] Die Biographie Gustav Amanns kann bis heute nur bruchstückhaft rekonstruiert werden. Vgl. zu Amann vor allem den auf Archivmaterial gestützten Beitrag von Marlies Linke: Einige Anmerkungen zu den deutschen Zivilberatern in China: Das Beispiel Gustav Amann, in: Politik, Wirtschaft, Kultur. Studien zu den deutsch-chinesischen Beziehungen, hg. von Mechthild Leutner. Münster 1996, S. 259–269.
[134] H.S.: [Rez.] Fern-Ost, in: Hochschule und Ausland 14.11 (1936), S. 1052f., hier: S. 1052: „Das Buch ist – meisterhaft geschrieben – ein Stück Gegenwartsgeschichte Chinas, aus lebhafter persönlicher Anteilnahme am Geschick des Volkes und aus aufrichtiger Bewunderung für den großen Revolutionär Sun Yatsen dargestellt und getragen von tiefem Glauben an die gestaltende Kraft des Vermächtnisses Sun Yatsens und dessen Vollstreckers Chiang Kaishek." Vgl. darüber hinaus auch schon früher Gustav Amann: Im Spiegel Chinas. Vom Zusammenstoß unserer westlichen mit asiatischer Kultur und Bolschewismus. Berlin 1925.
[135] Zit. nach Linke: Einige Anmerkungen zu den deutschen Zivilberatern in China, S. 265.

fühlt. ...Sein ganzes Tun ist in den Dienst des Sun Yat-sen'schen Programms gestellt, was er auch tut, tut er für China."[136]

Dass nun just Gustav Amann, der offensichtlich bekannt war für seine Parteitreue gegenüber der nationalistischen Guomindangregierung, mit der Aufgabe betraut wurde, die *Sinica*-Leser:innen über die aktuelle Lage in China zu informieren, scheint vor allem vor dem Hintergrund Chiang Kai-sheks politischer Führungslinie kein Zufall zu sein.

Chiang Kai-shek übernahm nach kurzer Unterbrechung 1931 wieder die Regierung in China und strebte vor allem eine geistige Erneuerung des nationalistischen Flügels der Guomindang an. Diese ersuchte er – in Anlehnung an die drei Volksprinzipien des Revolutionärs Sun Yatsen –,[137] durch eine Synthese chinesischer Tradition und Neuerungen nach westlichem Vorbild zu erreichen und sah hierbei den Faschismus als geeignetes System.[138] So proklamierte er: „Can fascism save China? We answer: Yes! Fascism is what China now most needs. At the present stage of China's critical situation [...] fascism is a wonderful medicine exactly suited to China, and the only spirit that can save it."[139] In seiner Rede anlässlich der Eröffnung der Nationalversammlung 1931 begründete er dies konkreter damit, dass im faschistischen System der Staat zur „absolut höchste[n] Instanz" werde und die „Fortführung des Volkslebens [...] der entscheidende Maßstab" sei. Deshalb „muß [man] kein Weiser sein, um zu wissen, daß dies dem Prinzip des idealen Zustandes von Staat und Gesellschaft entspricht."[140] Die Umsetzung dessen sah er zunächst nur durch eine diktatorische Führung gelingen.[141] Wie auch Martin Bernd herausstellt, hatten somit

---

136 Zit. nach ebd., S. 269.
137 Der Revolutionär Sun Yatsen gestaltete ein politisches nachrevolutionäres Programm für China, dass Züge der chinesischen Tradition und Geschichte mit neuen – vom Westen importierten – Ideen verknüpfen sollte. Unter dem Programm der *Drei Volksprinzipien* fasste er (1) Volkstum und Nationalismus, einen ethnisch-rassischen Nationsbegriff, (2) Volksherrschaft, ein stabiles politisches System unter Volkssouveränität, sowie (3) Volkswohlfahrt, welche die sozialen Probleme Chinas lösen sollte. Eine adäquate Umsetzung der *Drei Volksprinzipien* Sun Yatsens wurde sowohl von kommunistischen als auch nationalistischen Strömungen für sich beansprucht.
138 Vgl. auch Martin: Deutsch-chinesische Beziehungen 1928–1937, S. 368.
139 Zit. nach Lloyd E. Eastman: Fascism in Kuomintang China: The Blue Shirts, in: The China Quarterly 49 (1972), S. 1–31, hier: S. 4.
140 Jiang Jieshi [d.i. Chiang Kai-shek]: Rede des Marschalls Jiang Jieshi anläßlich der Eröffnung der Nationalversammlung (5.5.1931). Übersetzt von Li Sujuan und Zhou Xin; erneut abgedruckt in: Martin: Deutsch-chinesische Beziehungen 1928–1937, S. 382.
141 So sagte er weiter: „Was heute die ganze Nation verlangt, ist eine effektive Durchsetzung der politischen Gewalt, um das Elend des Volkes zu überwinden." (Ebd., S. 385).

Mussolini und Hitler in Chiang Kai-sheks Augen die nationalistische Erhebung erfolgreich vollzogen, die China noch bevorstünde.[142] Um das ‚Erfolgsmodell' – das für ihn primär in der Mobilisierung der Massen und der Ausbildung einer Volksgemeinschaft gründete –[143] auch für seine Politik nutzbar zu machen und gleichsam einen „chinesischen Faschismus"[144] erfolgreich zu gestalten, entsandte Chiang Kai-shek im Auftrag der chinesischen Regierung diverse Berater nach Deutschland, um die Taktik und das Vorgehen der Nationalsozialisten zu studieren.[145] In dieser Vorbildnahme des deutschen nationalsozialistischen Staats als Modell für China stand Chiang Kai-shek nicht allein, sondern fand breite Unterstützung aus Kreisen chinesischer Intellektueller.[146] Nach deutschem und italienischem Vorbild gründete er die Organisation *Blauhemden*, die die Medien kontrollierte und eine gewaltsame Umerziehung des chinesischen Volkes anstrebte.[147] Darüber hinaus sollte die *Bewegung Neues Leben* die ideologische Grundlage und Instrumentalisierung der Massen sichern.[148] Selbst nach

---

142 Vgl. Martin: Deutsch-chinesische Beziehungen 1928–1937, S. 367–369.
143 Vgl. ebd., S. 369–371; Franz Xaver Augustin: Ideologische Gemeinsamkeiten zwischen den deutschen Beratern und der Kuomintang-Führung, in: Die deutsche Beraterschaft in China 1927–1938. Militär, Wirtschaft, Außenpolitik, hg. von Bernd Martin. Düsseldorf 1981, S. 272–287, v.a. S. 277. Vgl. auch die Anmerkungen Chiang Kai-sheks in einer an ihn adressierten Denkschrift. Hier findet sich folgende Passage unterstrichen: „Das deutsche Volk hatte jegliches Vertrauen in seine Regierung verloren. [...] Dann erschien eine Persönlichkeit, die alles rettete, die das Massenbewußtsein weckte und den nationalen Geist aufrüttelte. Das Volk, das diesem Mann grenzenlos vertraute, verlieh ihm die höchste Regierungsgewalt und wählte ihn zum Führer der deutschen Nation." ([Anonym]: Denkschrift für Jiang Jieshi, o.N., vmtl. Herbst 1935, in: 2. Hauptarchiv in Nanjing; erneut abgedruckt in: Martin: Deutsch-chinesische Beziehungen 1928–1937, S. 98–102, hier: S. 100. Dass die Anmerkung vermutlich von Chiang Kai-shek unterstrichen ist, weist Bernd Martin ebd., S. 99, Anm. 81, nach).
144 Die These der Ausgestaltung eines dezidiert ‚chinesischen Faschismus' geht mitunter auf Lloyd E. Eastman zurück. Vgl. Eastman: Fascism in Kuomintang China. Vgl. daran anknüpfend auch Kirby: Images and Realities of Chinese Fascism.
145 Vgl. Martin: Deutsch-chinesische Beziehungen 1928–1937, S. 368. Dass Chiang Kai-shek sich hierfür an Deutschland, nicht etwa an Italien orientierte, führt William Kirby in seinen Ausführungen darauf zurück, dass beide Länder eine ähnliche Ausgangssituation – eine disparate Gesellschaft, Verlierer des Versailler Vertrags, Kommunismus als Feindbild etc. – aufwiesen; vgl. hierzu genauer Kirby: Images and Realities of Chinese Fascism, S. 236.
146 Vgl. Martin: Deutsch-chinesische Beziehungen 1928–1937, S. 372. Es entfachte zudem eine innerchinesische Debatte darum, „wie viel Chinesisches' in ein faschistisches System eingebracht werden müsse." (Ebd., S. 45). Vgl. auch Augustin: Ideologische Gemeinsamkeiten, S. 279.
147 Vgl. Eastman: Fascism in Kuomintang China. Vgl. auch Martin: Deutsch-chinesische Beziehungen 1928–1937, S. 45 und S. 373f.; Augustin: Ideologische Gemeinsamkeiten, S. 275f.
148 Vgl. F. W. Mohr: Die Bewegung „Neues Leben" in China (New life movement), in: Ostasiatische Rundschau 15.14 (1934), S. 315f. Mohr stellt die Ziele und Regeln dar, die die Bewegung verfolgen soll, grenzt sie jedoch klar von politischen Bewegungen wie dem Faschismus oder Nationalsozialismus ab, da es zu sehr auf den Einzelnen ziele. Vgl. auch [Anonym]: Die Bewegung „Neues Leben" in China, in:

dem Abschluss des Antikominternpakts mit Japan pochte Chiang Kai-shek weiterhin auf eine deutschlandfreundliche Politik.[149]

Unter diesen Bedingungen ist es nicht überraschend, in Amanns Rubrik *Zur Lage in China* stark positive Darstellungen der Erfolge der nationalistischen Guomindangregierung zu finden. Neben wertneutral gehaltenen, dokumentierenden Darstellungen verschiedener Abkommen und Beschlüsse der Regierung stehen stets subjektive, parteinehmende Kommentare, wie etwa ein Aufruf an die europäischen Mächte, mit China zu kooperieren.[150] Die Darstellung der Ereignisse als Verwirklichung des Erbes Sun Yatsens[151] wird durch die Stilisierung Chiang Kai-sheks zum entschlossenen, klug und taktisch agierenden Führer ergänzt. Als lobenswert erscheint vor allem seine militärische Strategie im Kampf gegen den als Bedrohung dargestellten Kommunismus, das gemeinsame Feindbild.[152] In ähnlicher Ausrichtung verfährt auch ein 1936 abgedrucktes Artikel Ernst Boerschmanns mit dem Titel *Das neue China*, der die Erfolge der Guomindang und der *Bewegung Neues Leben* ebenso preist wie die Führungsqualitäten Chiang Kai-sheks.[153] Rousselles Zeitschrift agierte hier ganz im Einklang mit NS-Organen: Ein Großteil der Beiträge in einem China-Sonderheft der Zeitschrift *Hochschule und Ausland* aus dem Jahr 1936 zeigt eine ganz ähnliche politische Ausrichtung.[154]

Zusammenfassend lässt sich bis hierhin festhalten: Die aus verschiedenen Fachdisziplinen stammenden populärwissenschaftlichen und allgemeinkulturellen Beiträge zeichnen sich ab 1933 zunehmend durch eine Absenz explizit politischer Themen aus, was von Herausgeber und Schriftleitung mutmaßlich intendiert war. Politische Debatten werden in die Rubrik *Zur Lage in China* sowie in einige

---

Ostasiatische Rundschau 16.6 (1935), S. 143. Vgl. darüber hinaus Martin: Deutsch-chinesische Beziehungen 1928–1937, S. 45 und S. 375f.; Augustin: Ideologische Gemeinsamkeiten, S. 275f.
149 Immer wieder versuchte Chiang Kai-shek selbst Verträge mit Deutschland abzuschließen oder bat Deutschland, als neutraler Vermittler zwischen China und Japan aufzutreten. Obwohl dies von deutscher Seite zurückgewiesen wurde, wirkte Chiang Kai-shek stetig dem Aufkommen einer antideutschen Stimmung entgegen (vgl. Martin: Deutsch-chinesische Beziehungen 1928–1937, S. 49).
150 Vgl. Gustav Amman: Zur Lage in China, in: Sinica 6 (1931), S. 42 und S. 88; ders.: Zur Lage in China, in: Sinica 8 (1933), S. 159.
151 Vgl. z.B. Gustav Amman: Zur Lage in China, in: Sinica 6 (1931), S. 42 und S. 220.
152 Vgl. z.B. Gustav Amman: Zur Lage in China, in: Sinica 6 (1931), S. 88 und S. 219; ders.: Zur Lage in China, in: Sinica 7 (1932), S. 117; ders.: Zur Lage in China, in: Sinica 9 (1934), S. 45, S. 87f. und S. 174.
153 Vgl. Ernst Boerschmann: Das neue China, in: Sinica 11 (1936), S. 99–127, v.a. S. 102f.
154 Vgl. z.B. Tang Leang-Li: Die Grundsätze der nationalen Revolution in China. Aus der politischen Gedankenwelt Sun Yat-Sens, in: Hochschule und Ausland 14.11 (1936), S. 967–979 und S. 1032–1037; Tao Pung Fai: Hammer und Sichel in China?, in: Hochschule und Ausland 14.11 (1936), S. 979–988; [Anonym]: Die „Neue Lebensbewegung" in China, in: Hochschule und Ausland 14.11 (1936), S. 997–1002.

wenige ergänzende Beiträge zu gesellschaftswissenschaftlichen Themen ausgelagert. Für Rousselle war die politische Couleur seiner Zeitschrift auf diese Weise gut zu kontrollieren. Hervorzuheben ist an dieser Stelle, dass auf antisemitische und rassenbiologische Argumentationen gänzlich verzichtet und zugleich das zeitgenössische Deutschland kaum diskutiert wurde. Auch die Themenwahl und die politische Positionierung legten also zwar eine graduelle Akkommodation der Zeitschrift an die nationalsozialistische Regierung nahe, die aber spezifisch politische Aspekte der nationalsozialistischen Anschauungen gezielt ausblendeten.

Dieser Kurs bildete die Basis für Rousselles Bemühen, China zu einem ‚gleichberechtigten' Partner aufzuwerten. Exemplarisch zeigen lässt sich dies anhand eines 1933 als Aufmacher platzierten Beitrags mit dem vielsagenden Titel *Vom Eigenwert der chinesischen Kultur*.[155] Rousselles Argumentation, die sich so auch in einigen anderen Artikeln ausmachen lässt,[156] ist vor dem Hintergrund der deutschen Rassenpolitik von besonderem Interesse: So hatte Hitler in seiner Klassifizierung anderer ‚Rassen' den Chinesen eine kulturzerstörende Funktion zugesprochen und sie als ‚rassisch-minderwertig' kategorisiert.[157] Chinesischer Protest regte sich kaum.[158]

Rousselle aber reagierte: Im Widerspruch zu Hitlers Ausführungen versucht er den „Eigenwert der chinesischen Kultur" über eine mehrschrittige Argumentationskette zu belegen. Macht und Kultur in der deutschen und auch der chinesischen Geschichte ins Verhältnis setzend, gestaltet Rousselle seine Hauptthese aus: In der chinesischen Kultur drücke sich der „Genius der Rasse" aus,

---

155 Vgl. Erwin Rousselle: Vom Eigenwert der chinesischen Kultur, in: Sinica 8 (1933), S. 1–8.
156 Vgl. darüber hinaus z. B. auch Erwin Rousselle: Das China-Institut an der J.W. Goethe-Universität Frankfurt a.M., in: Mitteilungen der Akademie zur wissenschaftlichen Erforschung und zur Pflege des Deutschtums 12.1 (1937), S. 71–79, v.a. S. 71.
157 Vgl. Hitler: Mein Kampf, Bd. 1, S. 755–757. Vgl. dazu auch Martin: Deutsch-chinesische Beziehungen 1928–1937, S. 377.
158 So nahm für China die Rassenlehre in Deutschland keine besondere Stellung ein, weshalb es auch nicht problematisch schien, vielen jüdischen Exilant:innen Zuflucht zu bieten (vgl. dazu Martin: Deutsch-chinesische Beziehungen 1928–1937, S. 369 und S. 377). Immerhin in Zügen kritisierte Wang Jiahong, der ehemalige Botschaftsattaché, in seinem 1935 erschienenen Buch *Das Dritte Reich*: „Bezüglich einer solchen nationalistischen Bewegung wie der Hitlers haben wir Verständnis für ihre Schwierigkeiten. Jedoch greift die antijüdische Stimmung auf die Farbigen über, was ich besonders naiv finde" (in Auszügen erneut abgedruckt in: ebd., S. 419f., hier: S. 419). Zentral ist hierbei auch die Interpretation der Rassenpolitik, so wird in der *Ostasiatischen Rundschau* zum Beispiel die Auslegung vertreten, dass die Rassenpolitik kein Werturteil gegenüber anderen Völkern sei, sondern ‚lediglich' eine Ablehnung der Mischehen zur „Reinhaltung der Rasse" (F. W. Mohr: Erklärung des Reichsinnenministers zur Rassenfrage, in: Ostasiatische Rundschau 14.24 [1933], S. 521).

ein[] Genius, der durch mannigfache Verwandlungen und Gestaltungen hindurch im wesentlichen seiner eigenen Linie treu geblieben ist, Eigenwerte an Kultur geschaffen hat und trotz mannigfacher politischer Zusammenbrüche immer wieder auch als Machtfaktor sein Haupt erhebt, wenn die Zeit erfüllt ist.[159]

In den folgenden Abschnitten untermauert Rousselle nun seine These, indem er die Rolle der Kultur in China sowie deren Auswirkungen auf Wissenschaft und Kunst erläutert, bevor er abschließend die Konsequenzen aufzeigt, die dies für das Individuum im gegenwärtigen China habe.

Rousselle legte seinen Ausführungen hierzu einen Kulturbegriff zugrunde, der – wenn auch aus nationalsozialistischer Perspektive nicht unumstritten[160] – von ns-affinen Philosophen wiederholt zur Propagierung eines ‚zwischenvölkischen' Verstehens genutzt wurde. Theodor Haering etwa lieferte einen Definitionsvorschlag von ‚Kultur', der sich gegen die Priorisierung des biologischen Rassegedankens zugunsten einer „geistigen Rasseneinheit" wendet.[161] Die Kultur zeichnet sich demnach sowohl durch „Naturfaktoren", also durch rassische Veranlagung, als auch supplementär durch „kulturelle Faktoren" aus,[162] welche nicht statisch, sondern durch menschliche Adaption variabel seien.[163] Rousselle scheint auf ähnliche Weise zu argumentieren, wenn er den „Eigenwert der chinesischen Kultur" vor allem daran misst, dass erstens die ganze Nation – und nicht nur eine intellektuelle Oberschicht – kulturschaffende

---

159 Rousselle: Vom Eigenwert der chinesischen Kultur, S. 1.
160 So führte Theodor Haerings Kulturauffassung zu einem kritischen Urteil des Sicherheitsdienstes der SS: „Haering stehe dem Nationalsozialismus zwar nicht feindlich, aber mit schwäbischer Dickköpfigkeit doch kritisch gegenüber. Seine Ansicht vom ‚Primat des Geistes' widerspreche in krasser Form der nationalsozialistischen Erkenntnis von der rassisch-bluthaften Bedingtheit jeder Weltanschauung." (Christian Tilitzki: Die deutsche Universitätsphilosophie in der Weimarer Republik und im Dritten Reich, Bd. 1, Berlin 2002, S. 697).
161 Vgl. z.B. Theodor Haering: Philosophie und Biologie, in: Der Biologe 4 (1935), S. 393–397, sowie ders.: Die deutsche und die europäische Philosophie. Über die Grundlagen und die Art ihrer Beziehungen. Stuttgart, Berlin 1943. Ähnliche Konzepte, die für ein Zurückdrängen des biologischen Determinismus eintraten, lieferten zum Beispiel auch Bruno Bauch, Hans Freyer, Erich Rothacker oder Theodor Litt. Vgl. allgemeiner zum Umgang der Philosophie mit dem Rassebegriff: Tilitzki: Die deutsche Universitätsphilosophie in der Weimarer Republik und im Dritten Reich, Bd. 2, S. 1041–1074, genauer zu Haerings Konzept S. 1046.
162 Haering: Die deutsche und die europäische Philosophie, S. 4. Vgl. dazu auch Andrea Albrecht, Lutz Danneberg und Alexandra Skowronski: „Zwischenvölkisches Verstehen" – Zur Ideologisierung der Wissenschaften zwischen 1933 und 1945, in: „Zwischenvölkische Aussprache", S. 39–82 sowie dies.: „Zwischenvölkisches Verstehen" – Theory and Practice of Knowledge Transfer between 1933 and 1945, in: Intellectual Collaboration with the Third Reich – Treason or Reason?, hg. von Maria Björkman, Patrik Lundell und Sven Widmalm. Abingdon, New York 2019, S. 21–36.
163 Vgl. Haering: Die deutsche und die europäische Philosophie, S. 4.

Trägerin sei, da die „seit der Han-Zeit immer stärker werdende Blutmischung der jeweiligen Herrenschicht mit dem Volke" dazu geführt habe, dass „diese Nation im Laufe zweier Jahrtausende ziemlich gleichmäßig mit kulturgesättigtem Blut durchdrängt" sei.[164] Zweitens sei es zu einer Anreicherung des Kulturpotentials durch eine bestimmte chinesische „Weltanschauung" gekommen,[165] die er durch historische Traditionen wie den Ahnenkult, bestimmte Sitten und Riten sowie durch die klassische chinesische Philosophie bestimmt sieht.[166] Das Zusammenspiel dieser beiden Faktoren begründe eine spezifische chinesische Kultur, der er eine grundlegende Ordnungsfunktion für die chinesische Gemeinschaft zuspricht, die nach Konfuzius eine egalitäre Gemeinschaft, geführt von dem ‚Himmelssohn' als Alleinherrscher, sei.[167] Rousselle greift hier die Idee einer egalitären Volksgemeinschaft auf und damit also einen Zentralbegriff sowohl der nationalsozialistischen deutschen als auch der nationalistischen chinesischen Regierung, der nicht selten als übereinstimmendes Merkmal deutscher und chinesischer ‚Staatsphilosophie' herausgestellt wurde.[168] Daran anknüpfend konzipiert Rousselle – im Rekurs auf die

---

164 Rousselle: Vom Eigenwert der chinesischen Kultur, S. 1.
165 Vgl. ebd., S. 2.
166 Rousselle bezieht sich hier also vor allem auf konfuzianische Lehren. Vgl. schon 1927 eine ähnliche Argumentation zur Relation von Rasse und Kultur in China in: Arianus: Der Gelbe Kampf und eine rassisch begründete Neugestaltung europäischer Kolonialpolitik, in: Der Weltkampf 4.41 (Mai 1927), S. 193–214, v.a. S. 196–197.
167 Vgl. Rousselle: Vom Eigenwert der chinesischen Kultur, S. 4. Diese Auslegung des konfuzianischen Staatsgedankens und die Fokussierung auf Konfuzius' Staatstheorie (bzw. vor allem deren neukonfuzianische Auslegung) gewann in jenen Jahren an Konjunktur. Vgl. z.B. Wang Ching Wei: Konfuzius und die moderne Gesellschaft, in: Hochschule und Ausland 14.11 (1936), S. 988–997; vgl. auch einen Vortrag Rousselles mit dem Titel *Der konfuzianische Staatsgedanke als Beispiel und Gegenbild*: [Anonym]: China-Institut Frankfurt a.M., in: Ostasiatische Rundschau 14.23 (1933) S. 518f., sowie den Abdruck des Vortrags (oder einer veränderten Fassung): Erwin Rousselle: Zur Würdigung des konfuzianischen Staatsgedankens, in: Sinica 9 (1934), S. 1–8; vgl. [Anonym]: Konfuzius und seine Staatslehre, in: Ostasiatische Rundschau 16.1 (1935), S. 26f. (Meldung und Kurzbericht über einen Vortrag Pung Fai Tao).
168 Vgl. z.B. auch Max Linde: Die Entwicklung der kulturellen Beziehungen zwischen Deutschland und China, in: Hochschule und Ausland 14.11 (1936), S. 1020–1025, hier: S. 1021: „Die nationalsozialistische Staatsphilosophie kennt als ihr Hauptziel die Idee der Volksgemeinschaft. Alle Bemühungen der NSDAP und der Regierung bezwecken die Versöhnung und Vereinigung der arbeitenden Massen des deutschen Volkes mit dem nationalsozialistischen Staate und die Abschaffung – soweit menschenmöglich – aller schlechten Elemente des modernen Kapitalismus. Es versteht sich von daher von selbst, daß diese Ideen so großes Verständnis in China finden, in einem Lande, das selbst für nationale Einheit und Zusammenarbeit kämpft. Aus diesem Grunde auch findet ein sehr lebhafter Austausch von politischen Ideen und Idealen zwischen den politischen und geistigen Führern Deutschlands und Chinas statt." Vgl. auch Hans Stange: Die deutsch-chinesischen Beziehungen

daoistische „universalistische Allbeseelung" – die chinesische Kultur als eine allumfassende, ganzheitliche Einheit, weshalb sie, über die ordnende Funktion für die Gemeinschaft hinausgehend, auch immanenter Bestandteil der Wissenschaften und Künste sei.[169] Diese Universalvorstellung kulminiert schließlich – wohl anknüpfend an das Ideal Konfuzius'[170] – in der Vorstellung des Einzelnen als dem ‚Edlen'. Denn der ‚Edle' sei das ‚Produkt' dieser totalitären Kultur: „Und in der Hervorbringung solcher Menschentypen ist wohl der größte und beispielhafteste Eigenwert der chinesischen Kultur enthalten", resümiert Rousselle.[171]

Rousselles Deutung der chinesischen Kultur sowie das Programm dahinter stehen damit im Kontrast zu Hitlers rassenpolitischen Äußerungen über China. Insbesondere die Vorbildlichkeit Chinas – zum Beispiel in Bezug auf die bereits erreichte Egalität in der Volksgemeinschaft sowie die Wertschätzung der Traditionen – torpediert dessen Anschauungen.[172] Die logische Konsequenz aus Rousselles Darstellungen wäre schließlich, China als eigenständige, auf eine lange Tradition zurückblickende Nation und ‚hochwertige Rasse' anzuerkennen sowie als wertvolle ‚völkische Identität' wahrzunehmen und so mit den Chinesen in einen ‚zwischenvölkischen Austausch' auf Augenhöhe zu treten – darin ist das Hauptanliegen der Zeitschrift *Sinica* zu sehen.[173]

Das Periodikum bildet mithin ein Beispiel für den Versuch, China ab 1933 sowohl als Partner als auch als wissenschaftlichen Gegenstand für die nationalsozialistische Politik attraktiv zu machen. Um dies zu erreichen, versuchte man eine kontrollierte Akkommodation an das Regime, ohne zum Propagandamedium zu werden,

---

in Kultur und Wirtschaft, in: Mitteilungen der Akademie zur wissenschaftlichen Erforschung und zur Pflege des Deutschtums 12.1 (1937), S. 61–70, hier: S. 67f.
169 Vgl. Rousselle: Vom Eigenwert der chinesischen Kultur, S. 7.
170 Der ‚Edle' ist nach dem konfuzianischen Ideal ein Mensch, der die vier Grundsätze – Mitmenschlichkeit, Gerechtigkeit, kindliche Pietät und Riten – einhält. Das Ideal sei nach Konfuzius nicht zu erfüllen, doch bemühe sich der Mensch dem so nahe wie möglich zu kommen. Vgl. etwa Heiner Roetz: Konfuzius. München ²1998, S. 58f., der den ‚konstanten Weg der Mitte', das Ziel eines jeden ‚Edlen', immer nur als Annäherung deutet.
171 Rousselle: Vom Eigenwert der chinesischen Kultur, S. 8.
172 Vgl. ebd., S. 5.
173 Dass ein solcher Austausch auch weiterhin als zentrale Aufgabe des China-Instituts gesehen wurde, zeigt sich auch in Rousselles Bestandsbericht aus dem Jahr 1937: „Das China-Institut hat sich die Ergründung der chinesischen Kultur und die Vermittlung zwischen den Tiefen von Ost und West zur Aufgabe gemacht". Erreicht werden solle dies u.a. durch „fortlaufende Bearbeitung der politischen, wirtschaftlichen und kulturellen Vorgänge im Dienste der deutschen Nation, besonders des Deutschtums im Osten, und zur Pflege des gegenseitigen deutsch-chinesischen Verständnisses." (Rousselle: Das China-Institut an der J.W. Goethe-Universität Frankfurt a.M., S. 78).

sondern nutzte dadurch eröffnete Räume für verschiedene Legitimierungsstrategien sich weiter wissenschaftlich, kulturell aber auch politisch mit China zu beschäftigen. Dieses Programm lässt Rousselle und seine Mitarbeiter eine besondere Rolle innerhalb der vermittelnden Akteure einnehmen. Während Jäger mit seiner Version der *Asia Major* einen auf die Wissenschaft bezogenen nationalsozialistischen Kurs verfolgte, versuchte Rousselle mit der *Sinica* eine politisch attraktive Aufwertung Chinas zu erreichen.

3.3 Die *Ostasiatische Rundschau* – ein nationalsozialistisches Propagandablatt?

1935 konnte man in dem von Willi Münzenberg[174] unter Mitarbeit von John Heartfield[175] in Paris herausgegebenen antifaschistischen Widerstandsheft *Das braune Netz. Wie Hitlers Agenten im Ausland arbeiten und den Krieg vorbereiten* lesen, dass die *Ostasiatische Rundschau*, eine in Deutschland und China erscheinende, dem asiatischen Raum gewidmete Zeitschrift, „Naziarbeit im Fernen Osten" betreibe.[176] In der Tat fungierten einige der medialen Austauschorgane, über die sich Künstler:innen, Schriftsteller:innen, Wissenschaftler und Interessierte aller Art schon in den Jahren der Weimarer Republik über China und andere asiatische Länder informieren konnten, nach der sogenannten Machtergreifung als Propagandamedien. Die Autoren des *Braunen Netzes* hegten den begründeten Verdacht, dass die Nationalsozialisten danach strebten, „in allen Teilen der Welt über Zeitungen und Zeitschriften" zu verfügen, „die der Propagierung der nationalsozialistischen Politik" im Ausland dienten.[177] Wie aber sieht dies bei genauerer Hinsicht in der *Ostasiatischen Rundschau* aus?

Wohl nicht zuletzt der Publikationsform als Nachrichtenblatt, der wechselnden kooperativen Herausgeberschaft sowie der Vielfalt der hier publizierenden Autor:innen geschuldet, lässt sich für die *Ostasiatische Rundschau* keine eindeutige

---

174 Willi Münzenberg (1889–1940) einer der einflussreichsten Vertreter der KPD in der Weimarer Republik und Verleger u.a. der *AIZ* betrieb starke antinationalsozialistische Propaganda im Ausland, verschiedene Publikationen, Tagungen.
175 John Heartfield (1891–1968), eigentlich Helmut Herzfeld, war ein deutscher Maler, Grafiker und Bühnenbildner. Der Erfinder der „politischen Bildmontage" floh 1933 vor den Nationalsozialisten in die Tschechoslowakei, einige Karikaturen über NS-Deutschland.
176 Willi Münzenberg und John Heartfield: Das braune Netz. Wie Hitlers Agenten im Auslande arbeiten und den Krieg vorbereiten. Paris 1935, S. 298.
177 Ebd., S. 299.

Programmatik ausmachen. Anders als bei den bereits besprochenen wissenschaftlichen bzw. populärwissenschaftlichen Medien wurde hier auf programmatische Beiträge ebenso verzichtet wie auf ein Editorial oder erste ausführlichere Leitartikel, die das Anliegen des Nachrichtenblatts hätten herausstellen können. Die *Ostasiatische Rundschau* erfüllte vielmehr – nicht untypisch für das Medium Zeitschrift – ein vielfältiges Spektrum von Funktionen, unter anderem diente es auch der NS-Propaganda, wie im *Braunen Netz* zutreffend konstatiert wurde. Im Folgenden werde ich einigen der propagandistischen Strategien nachgehen. Nach einem Überblick über den Aufbau und die Zusammensetzung des Nachrichtenblatts sowie einigen wichtigen Rahmeninformationen (3.3.1.) werde ich hierfür anhand exemplarisch ausgewählter Beispiele zeigen (3.3.2), dass – so meine These – die Zeitschrift, obgleich international angelegt, in der Zeit des Nationalsozialismus einen zunehmend monologischen Charakter ausbildete und – vornehmlich deutsche Leser:innen adressierend – durchaus der nationalsozialistischen Propaganda zuarbeitete, allerdings auf eine etwas andere Weise als die eingangs zitierte Warnung Münzenbergs und Heartfields dies nahelegt.

3.3.1 Die „umfassendste deutsche Ostasienzeitschrift zwischen den Weltkriegen" – Entstehung und dem Aufbau

Die kulturellen Beziehungen zwischen Deutschland und China wurden selbstverständlich nicht nur von einzelnen Akteuren aus dem Wissenschaftsbereich, wie etwa den genannten Richard Wilhelm, Bruno Schindler und deren Fachkollegen, gestaltet. Eine wichtige Rolle nahmen nach dem Ersten Weltkrieg auch die bereits um die Jahrhundertwende gegründeten Vereinigungen *Verband für den Fernen Osten* und der *Ostasiatische Verein* ein. Als kollektive Organisationen partizipierten sie intensiv an der theoretischen und praktischen Ausgestaltung der Beziehungen, nicht zuletzt, weil auch das Auswärtige Amt – das zunehmend den Ausbau einer asiatischen Kulturpolitik forcierte – bei Fragen zur Auslandspolitik immer wieder mit den Verbänden kooperierte und sie bei Entscheidungsfragen zu Rate zog.[178] Während dies in der Weimarer Republik dazu dienen sollte, eine liberale kulturpropagandistische Politik zu verfolgen und die kulturellen, politischen und wirtschaftlichen Interessen der Deutschen im Ausland werbend zu unterstützen, wurden die kulturpolitischen Beziehungen während des sogenannten Dritten Reichs

---

178 Vgl. Leutner und Steen: Deutsch-Chinesische Beziehungen 1911–1927, S. 44f.

zunehmend einseitig und unter offen kulturimperialistischen Vorzeichen gestaltet.[179] Die beiden Vereine hatten an dieser Arbeit teil. Sie begannen ab etwa 1918 ihre wirtschaftlichen und kulturellen Aktivitäten unter anderem durch gemeinschaftliche Publikationen sukzessive zu vernetzen.[180] Neben einer Vielzahl an in Co-Autorschaft verfassten Aufsätzen leitender Funktionäre der Vereine, die Leitlinien zum Ausbau einer deutschen Asienpolitik skizzierten, wurde ab 1920 das kollaborativ verantwortete Nachrichtenblatt *Ostasiatische Rundschau* auf den Markt gebracht, das der Sinologe Hartmut Walravens als die „umfassendste deutsche Ostasienzeitschrift zwischen den Weltkriegen" kennzeichnete.[181] Mit der Zeitschrift intendierte man zwar ein Medium, das den gesamten Ostasiatischen Raum – also China, Japan, Indien, die Philippinen und Siam – abdecken sollte, *de facto* legte man den thematischen Schwerpunkt jedoch zumeist, wohl aufgrund der primären Interessensgebiete der einzelnen Beiträger:innen sowie der politischen Interessen Deutschlands, auf China und Japan.[182]

Die beiden zentralen Akteure der *Rundschau* waren Max Linde (1862–1940), ein Lübecker Kunstmäzen und ab 1919 Generalsekretär des *Verbandes für den Fernen Osten*, sowie Friedrich Wilhelm Mohr (1881–1936), promovierter Jurist und Geschäftsführer des *Ostasiatischen Vereins*. Nach einigen Startschwierigkeiten[183] konnte die Vermarktung des 14-tägig erscheinenden Nachrichtenblatts im Quart-Format ab etwa Mitte der 1920er-Jahre stabilisiert werden.[184] Schon in jenen Jahren etablierten sich die Rubriken, deren inhaltliche Ausgestaltung zumeist der Verantwortung fester Redakteure unterlag und die nahezu unverändert bis zur Einstellung des Nachrichtenblatts 1944 den Aufbau strukturieren sollten, nämlich: *Aktuelles, Politische Umschau, Bücher- und Zeitschriftenschau, Wirtschaftliche Nachrichten* sowie *Personalien und Überseedeutschtum*. Nur zwei Rubriken wurden nachträglich hinzugenommen beziehungsweise ausgebaut; so erweiterte man 1923 die *Bücher- und*

---

179 Vgl. Martin: Deutsch-Chinesische Beziehungen 1927–1937, S. 39–50.
180 Vgl. Leutner und Steen: Deutsch-Chinesische Beziehungen 1911–1927, S. 45.
181 Hartmut Walravens: Kultur, Literatur, Kunst und Recht in der *Ostasiatischen Rundschau* (1920–1944). Eine Bibliographie. Berlin 1991, [Vorbemerkung, nicht paginiert]. Walravens liefert mit dieser Bibliographie den einzigen bisher mir bekannten Forschungsbeitrag über die Zeitschrift. Leider nimmt er auch in der Vorbemerkung keinerlei Bezug auf die historischen Umstände.
182 Vgl. auch die Anmerkung von Taaks: Federführung für die Nation ohne Vorbehalt?, S. 222f., Anm. 95.
183 Vgl. [Anonym]: An unsere Leser, in: Ostasiatische Rundschau 4.1 (1923), S. 1. Hier begründet die Redaktion eine Umgestaltung der *OAR* wegen der „ständig gestiegenen Schwierigkeiten", die auch das „Druckgewerbe" betreffen.
184 Mitherausgeber waren zeitweilig der Deutsche Überseedienst (Berlin) sowie der Deutsche Wirtschaftsdienst (Hamburg).

Zeitschriftenschau, überschrieb den Teil mit den Schlagworten *Kunst, Kultur und Wissenschaft* und ergänzte die Zeitschrift 1935 um eine juristische Abteilung mit dem Titel *Gesetzgebung und Rechtsprechung.*

Das Hauptanliegen des Organs scheint also – wie die Rubrizierung herausstreicht – in der (sekundären) Aufbereitung von Information über China zu liegen. Man konzentrierte sich auf die Zusammenstellung von politischen und wirtschaftlichen Nachrichten aus dem ostasiatischen Raum, komplementierte diese aber um wissenschaftliche, kulturelle und gesellschaftliche Themen. Dies lässt Rückschlüsse auf den intendierten Adressatenkreis zu, der sich demnach aus politisch und wirtschaftlich interessierten Deutschen sowie sogenannten China-Deutschen zusammensetzte.[185] Dass den Leser:innen zumeist nicht nur ein allgemeines Interesse an Asien, sondern ein konkret persönlicher oder beruflicher Bezug als Leseanreiz diente, legt ein Blick in die abgedruckten Meldungen nahe:[186] So wurden in der *Ostasiatischen Rundschau* nicht nur arbeitsrechtliche Informationen geliefert, das Profil ausländischer Schulen und Hochschulen skizziert sowie wichtige zeitgenössische Sinologen vorgestellt, sondern zum Beispiel auch praktische Hinweise für die Ein- und Ausreise oder für Passangelegenheiten gegeben. Auch ein Passagierverzeichnis der Schiffe, die zwischen Deutschland und dem asiatischen Raum verkehrten, wurde zweiwöchentlich aufgelistet. Obwohl die Zeitschrift auch in China und anderen asiatischen Ländern vermarktet wurde, finden sich darin – auch dies spricht für eine vornehmlich deutsche Leserschaft – keine fremdsprachigen Beiträge; ursprünglich in fremder Sprache verfasste Texte, vor allem öffentliche Reden und wiederabgedruckte Artikel aus ausländischen Zeitschriften, wurden mit Verweis auf die Quelle in deutscher Übersetzung aufbereitet.

1927 erweiterte man den Herausgeberkreis um eine neue dritte Instanz, indem man zeitweilig eine engere Kooperation mit dem zwei Jahre zuvor gegründeten China-Institut in Frankfurt am Main einging.[187] Während die beiden Verbände den wirtschaftlichen und kulturellen Dialog pflegten, konzentrierte sich das China-Institut auf eine öffentlichkeitswirksame Arbeit.[188] Die Kooperation sorgte demnach für eine Profilierung der einzelnen an die Vereine geknüpften Mitteilungsorgane, wobei die *Ostasiatische Rundschau* zunehmend als übergreifendes, verbindendes

---

185 Vgl. auch Bernd Eberstein: Der Ostasiatische Verein 1900–2000. Hamburg 2000, S. 101.
186 Vgl. hierzu auch ebd., der die Zeitschrift als „wichtiges Bindeglied" unter den sogenannten Auslandsdeutschen deutete.
187 Das China-Institut in Frankfurt am Main war von 1927 bis einschließlich 1937 Mitherausgeber der *Ostasiatischen Rundschau*.
188 Vgl. zu detaillierteren Darstellungen bzgl. der Öffentlichkeitsarbeit, den Sammlungen und Forschungsaktivitäten u.a. Wilhelm: Das China-Institut in Frankfurt a.M.

Organ fungierte.[189] Die Herausgebertrias, geknüpft an die Institutionen, nicht an einzelne Personen, blieb bis zur Einstellung der Zeitschrift bestehen. 1938 wurde diese kollektive Herausgeberschaft auf dem Titelblatt durch den Verzicht auf die namentliche Nennung der Herausgeber – angeführt wurden nur noch die Institutionen – noch stärker akzentuiert. Dieses Verfahren verschaffte den Beiträgern zwar einen „gewissen redaktionellen Freiraum",[190] wie der Sinologe Bernd Eberstein in seiner Kurzdarstellung der *Rundschau* positiv hervorhob, macht es jedoch – auch noch retrospektiv – schwierig, Beiträge einer spezifischen Programmatik zuzuordnen.

Es lässt sich an dieser Stelle festhalten: Man kreierte mit der *Ostasiatischen Rundschau* ein Medium, das ein breites, vor allem auf Aktualität setzendes und gegenwartsorientiertes Themenspektrum umfassen und somit übergreifende Funktionen erfüllen sollte. Während andere Medien, wie etwa die *Sinica* und die *Asia Major*, auf die Festigung und den Ausbau der (vor allem akademischen) Dialogstrukturen zwischen Deutschland und China zielte, übernahm die *Rundschau* durch ihre „Tagesarbeit", wie Richard Wilhelm es nannte,[191] eine zentrale Rolle innerhalb des bereits bestehenden deutsch-asiatischen Transfergefüges. Man konzentrierte sich nicht nur auf einen ideellen Austausch, sondern lieferte ‚nützliche' Informationen aus und über Asien sowie lebens- und berufspraktische Anleitungen für Deutsche in Asien und deren Angehörige, wodurch der bereits existierende Austausch innerhalb der gegebenen Strukturen erleichtert und befördert werden sollte.

Diese Situierung innerhalb des binationalen Gefüges hatte auch Auswirkung auf die Haltung gegenüber dem nationalsozialistischen Regime: Die *Ostasiatische Rundschau* stellte sich mit der Machtübernahme sofort in den Dienst der nationalsozialistischen Herrschaft, erkannte die veränderten innen- und außenpolitischen Rahmenbedingungen als neuen *status quo* an und übernahm innerhalb der gesetzten Koordinaten die Rolle, Deutsche und ‚Auslandsdeutsche' über das gegebene Verhältnis der asiatischen Länder zum nationalsozialistischen Deutschland zu informieren. Während sich formal – also in Bezug auf die Herausgeberschaft, das Layout sowie den Aufbau des Nachrichtenblatts – über die ‚Zäsur 1933' zwar keine Veränderungen ausmachen lassen, werden die Inhalte der Beiträge sowie die Nach-

---

189 Vgl. Wilhelm: 1. Jahresbericht für 1928. Die *Sinica* arbeitet zusammen mit der *Ostasiatischen Rundschau*, die „hauptsächlich die Tagesarbeit übernehmen [wird], während die ‚Sinica' mehr für wissenschaftliche Literatur bestimmt ist."
190 Eberstein: Der Ostasiatische Verein 1900–2000, S. 100. Eberstein bezieht sich in diesem Zusammenhang konkret auf den chinesisch-japanischen Konflikt und streicht heraus, dass durch die multiple Herausgeberschaft „betont werden [konnte], dass die Beiträge in der Zeitschrift nicht in jedem Fall die Meinung des OAV [d.i. der Ostasiatische Verein] widerspiegeln." (Ebd., S. 101).
191 Wilhelm: 1. Jahresbericht für 1928.

richtenerstattung sehr rasch auf NS-Kurs gebracht. Die Verantwortlichen entschieden sich also relativ zügig zu einer sogenannte „Selbstgleichschaltung", die sich also vor allem inhaltlich vollzog.[192] Zeigen werde ich das im Folgenden mit Blick auf zwei mir zentral erscheinende Strategien, die das Nachrichtenblatt charakterisieren und bis zu seiner Einstellung zu beobachten sind.

Mit Kriegsbeginn erschien die Zeitschrift zur „Sicherung der Rohstoffversorgung" nur noch einmal monatlich, doch versprach die Redaktion in einer Meldung:

> wir werden unser Bestes tun, um den Inhalt zu vertiefen, die äußere Anordnung zu straffen und auf diese Weise noch Platz für eine größere Anzahl aktueller Kurzmeldungen und Kurzberichte zu schaffen. Insbesondere ist uns auch viel daran gelegen [...] möglichst umfassend über die Schicksale der Deutschen Ostasiens zu berichten.[193]

In den Kriegsjahren verschwanden dementsprechend kulturelle, gesellschaftliche und wirtschaftliche Fragestellungen nahezu gänzlich aus der *Rundschau*. Die Hefte glichen mehr und mehr einer reinen Kriegsberichterstattung, bis die Zeitschrift 1944 schließlich ganz eingestellt wurde.

3.3.2 Kontrollierte Informationsvergabe und Konstruktion eines NS-deutschen Selbstbildes

Versucht man die politischen Publikationsstrategien des Nachrichtenblatts greifbar zu machen, zeichnen sich vor allem zwei Aspekte ab, die besonders ab 1933 charakteristisch für das Blatt werden. Dies ist zum einen eine politisch gezielt ausgewählte Informationsvergabe, wie sie sich vor allem an der Rubrik *Politische Umschau* zeigen lässt. Die Rubrik umfasste meist einen Großteil der Druckseiten in jedem Heft und bereitete vor allem aktuelle Nachrichten aus dem ostasiatischen Raum für die deutschen Leser:innen auf. Bis zu seinem Tod 1935 unterlag die Rubrik der Verantwortung von Friedrich Wilhelm Mohr, daran anschließend übernahm Otto Richter, der zugleich Hauptschriftleiter der Zeitschrift war, die redaktionelle Leitung.

Fokussiert man ausschließlich die Nachrichten aus und über China, so zeichnet sich ab, dass diese durch die innenpolitischen Veränderungen 1933 zunächst inhaltlich kaum beeinflusst wurden. Weiterhin konzentrierte man sich – im Nachrichtenteil wie auch in längeren gesellschaftspolitischen Beiträgen – vor allem auf

---

192 Michael Grüttner: Biedermänner und Brandstifter: Deutschland 1933–1939. Stuttgart 2015, S. 40.
193 [Anonym]: An unsere Leser, in: Ostasiatische Rundschau 20.19/20 (1939), S. 415.

gegenwartsbezogene Abhandlungen. Wenngleich es vorerst überraschend erscheinen mag, zeichneten sich die Beiträge bis 1936 durch eine neutrale, wenn nicht gar positive Darstellung Chinas aus, wobei sich eine deutliche thematische Fixierung ausmachen lässt. Während Chinas Außenpolitik nämlich eine marginale Rolle in der Berichterstattung einnahm, richtete sich das Hauptaugenmerk auf die innenpolitische Entwicklung Chinas, genauer auf den regierenden rechten Flügel der Guomindang unter Chiang Kai-shek, deren positive Darstellung sich, wie oben ausführlich erläutert, problemlos für nationalsozialistische Anliegen instrumentalisieren ließ.[194]

Vor allem die von Chiang Kai-shek gegründeten paramilitärischen Organisationen *Blauhemden* sowie *Das neue Leben* spielten in der Berichterstattung der *Ostasiatischen Rundschau* neben aktuellen Meldungen über die militärischen Erfolge Chiang Kai-sheks im Kampf gegen den Kommunismus eine, schon allein quantitativ, auffallend wichtige Rolle. Neben mehreren kleinen erläuternden Beiträgen[195] über die von Chiang Kai-shek ausgerufene ‚Gegenpropaganda' zur kommunistischen Ideologie entschied man sich sogar dazu, den *Leitfaden für die Bewegung „neues Leben"* in deutscher Übersetzung abzudrucken, und räumte dem ganze sechs Druckseiten ein.[196] Zum Vergleich: In der Regel umfassen die längsten Artikel pro Ausgabe etwa eine bis eineinhalb Druckseiten. Die Konzentration der China-Berichterstattung auf einen sich sukzessive ausgestaltenden ‚chinesischen Faschismus' eröffnete also einen Raum, in dem trotz rassenpolitischer Deklassierung der Chinesen weiterhin positiv und anerkennend über das Land berichtet werden konnte. Gleichzeitig konnte Deutschlands Vorbildfunktion für China so unterstrichen werden.

Obwohl Chiang Kai-shek auch nach Abschluss des Antikominternpakts 1936 auf eine deutschlandfreundliche Politik setzte,[197] reagierte man in der *Ostasiatischen Rundschau* rasch auf die veränderten außenpolitischen Bedingungen: Zwar

---

194 Vgl. dazu ausführlicher das Kapitel 3.2.2. Außenpolitische Aufgaben und Dialogpflege – Zur Herausgeberpraxis während des Nationalsozialismus.
195 Vgl. Mohr: Die Bewegung „Neues Leben" in China (New Life movement). Mohr stellt die Ziele und Regeln dar, die die Bewegung verfolgen soll, grenzt sie jedoch klar zu politischen Bewegungen wie den Faschismus oder Nationalsozialismus ab, da es zu sehr auf den Einzelnen ziele. Vgl. auch [Anonym]: Die Bewegung „Neues Leben" in China. Vgl. auch dazu auch Martin: Deutsch-chinesische Beziehungen 1928–1937, S. 375–376 sowie Augustin: Ideologische Gemeinsamkeiten, S. 275f.
196 Vgl. Chiang Kai-schek: Leitfaden der Bewegung „Neues Leben". Übersetzt von Dr. Hans Wist, in: Ostasiatische Rundschau 17.15 (1936), S. 405.
197 Immer wieder versuchte Chiang Kai-shek selbst Verträge mit Deutschland abzuschließen oder bat Deutschland als neutraler Vermittler zwischen China und Japan aufzutreten. Obwohl diese Ver-

findet sich nach wie vor keine rassistisch-diskriminierende oder anderweitig antichinesische Darstellung, doch ging die Anzahl an Berichterstattungen aus und über China deutlich zugunsten Japans zurück. Die Nachrichtenvergabe reagierte also stark auf die politischen Rahmenbedingungen, weshalb das Nachrichtenblatt wie ein Seismograph für die politischen Beziehungen zwischen China und Deutschland gelesen werden kann. Von politischen Ereignissen unbeeinflusst zeigte sich die Zeitschrift hingegen in ihrer Funktion als Informationsquelle für sogenannte China-Deutsche, indem weiterhin Ratschläge und Hinweise für das Leben in China sowie weiterführende Informationen über das Land gegeben wurden. Es ist anzunehmen, dass hier nicht zuletzt die Devisen ausschlaggebend waren, auf die man nicht verzichten wollte.[198]

Eine zweite wesentliche Strategie der Zeitschrift lag in der Konstruktion eines Deutschland-Bildes, das sowohl das Ausland als auch das Inland zur Ausbildung einer deutschen ‚völkischen Identität' adressierte und mithin ganz im Dienst der nationalsozialistischen Propaganda stand. Dieses Bild speiste sich vor allem aus dem Kampf gegen die „Greuelpropaganda aus dem Ausland" sowie einhergehend damit aus der Korrektur eines aus nationalsozialistischer Sicht ‚verzerrten Deutschlandbildes'. Schon 1933 zierte in großen Lettern und optisch hervorgehoben ein Aufruf „Gegen die Greuelpropaganda im Ausland" die Titelseite der Aprilausgabe, vor der sie offensichtlich präventiv warnen wollte, da bisher noch „nicht bekannt geworden ist, daß die Greuelpropaganda, die in der letzten Zeit gegen Deutschland betrieben wurde, auf die Länder Ost- und Südostasiens übergegriffen hat." Dennoch sah man sich veranlasst, „die deutschen Wirtschaftsorganisationen in Ost- und Südostasien[,] zu bitten einer etwaigen Greuelpropaganda entgegenzutreten".[199] Nur wenige Monate später griff die Schriftleitung dieses Thema erneut auf – diesmal mit Denunziationen gegen namentlich angeführte Personen, die diese den Deutschen feindliche Propaganda im Ausland betreiben würden.[200]

---

mittlungsversuche von deutscher Seite zurückgewiesen wurden, wirkte Chiang Kai-shek dem Aufkommen einer antideutschen Stimmung in China weiter entgegen (vgl. Martin: Deutsch-chinesische Beziehungen 1928–1937, S. 49).

198 Dafür sprechen auch die unzähligen abgedruckten Werbungen, die günstigere Preise für Reisebuchungen nach Deutschland aus dem Ausland warben.

199 [Anonym]: Gegen die Greuelpropaganda, in: Ostasiatische Rundschau 14.7 (1933), Titelseite.

200 Vgl. [Anonym]: Zur Greuelpropaganda, in: Ostasiatische Rundschau 14.14 (1933), S. 287f. Persönlich beschuldigt für die Streuung der Propaganda im asiatischen Raum werden Frau Sun Yat-sen, Lin Yü-Tang (eine Redakteurin der *China-Critic*), Agnes Smedley („eine Schriftstellerin stark kommunistischer Einstellung") sowie Tsai Yüan-pei (chinesischer Philosoph, der in Deutschland studierte).

Neben diesem plakativ geführten Kampf gegen die antideutsche Presse aus dem Ausland verfolgte man jedoch auch die Strategie, anhand fremder, hier vor allem asiatischer Stimmen ein Bild Deutschlands zu konturieren, das den nationalsozialistischen Machthabern als Legitimation ihrer Herrschaft dienen konnte. Vor allem in Form von abgedruckten Reiseberichten, die sowohl als kleinere Meldungen als auch als längere, teils seriell publizierte Berichte in dem Blatt bereits seit den 1920er-Jahren zu finden sind, versuchte man einer chinesischen Perspektive auf Deutschland Raum zu geben. Systematisch betrachtet lassen sich in der *Ostasiatischen Rundschau* insgesamt drei Typen solcher Erfahrungsberichte ausmachen: a) in Deutsch – und damit für ein deutsches Publikum – verfasste Reiseberichte chinesischer Wissenschaftler, Schriftsteller:innen und Kulturtreibender während ihres Aufenthalts in Deutschland[201] sowie b) deutschsprachige Rezensionen über bzw. Übersetzungen von in China veröffentlichten Berichten nach der Reise[202] und schließlich c) von Deutschen aus chinesischen Medien übersetzte Auszüge und Auszugscollagen über die Deutschlandaufenthalte chinesischer Gäste. Obgleich diese Typen sich hinsichtlich der Publikationsbedingungen, Autorschaften, Intentionen und Funktionen unterscheiden, arbeiteten sie im Kontext des (Wieder-)Abdrucks in dem Nachrichtenblatt alle dem politisch gewünschten deutschen Selbstbild zu.

Das zuletzt genannte Kompilationsverfahren möchte ich an einem zeitgenössisch populären Beispiel mit dem Titel *Tang Leang-li über seine Eindrücke in Deutschland*, das 1937 in der *Ostasiatischen Rundschau* veröffentlicht wurde, etwas eingehender analysieren. Da in diesem Fall die für den deutschen Beitrag verwendeten englischen Originale vorliegen, lässt sich nach dem Selektionsverfahren des deutschen Autors, nach inhaltlichen Schwerpunktsetzungen oder eventuellen Abweichungen vom Original, die Auskunft über die Aufbereitung für das deutsche Lesepublikum geben können, fragen.

Zunächst kurz zu dem chinesischen Verfasser: Tang Leang-li (*Tāng Liánglǐ*; 汤良礼; 1901–1970), der in London und Wien studierte, war nicht nur in seinem Heimatland aufgrund seines politischen Engagements ein wichtiger Publizist, sondern war in diesen Jahren wohl auch dem deutschen China-interessierten Publikum schon eine bekannte Größe. Bereits in den 1920er-Jahren, als er nach seinem abgeschlossenen Studium politisch für die Guomindang in Europa tätig war, finden

---

201 Vgl. z.B. M. Tseng Ching: Mein siebenjähriger Studienaufenthalt in Deutschland, in: Ostasiatische Rundschau 20.1 (1939), S. 13–16.
202 Vgl. dazu ausführlicher Albrecht, Hudey, Wu und Zhu: Chinesische Stimmen zum ‚Dritten Reich' – Wissenschaftlicher Austausch und Propaganda zwischen 1933 und 1945.

sich einige deutschsprachige Zeitschriftenbeiträge,²⁰³ und auch seine Bücher wurden ins Deutsche übersetzt.²⁰⁴ Als „Gesandter im besonderen Auftrage" verweilte er nämlich einige Jahre in Europa, wobei ihn der Studienaufenthalt auch für einige Zeit nach NS-Deutschland brachte. Parallel dazu berichtete die *Ostasiatische Rundschau* immer wieder über Tangs Aufenthalt. Zurück in China unterstützte Tang ab den 1930er-Jahren politisch die Gruppierung um Wang Jingwei (*Wāng Jīngwèi*; 汪精卫; 1883–1944),²⁰⁵ der sich als ‚Erbe Sun Yatsens' betrachtete und sich vor allem mit dem linken Flügel der Guomindang identifizierte.²⁰⁶ Auch Wang Jingwei reiste nach Deutschland und entwickelte sich zum Unterstützer des nationalsozialistischen Regimes; er hieß nicht mehr nur die von den Nationalsozialisten betriebene Form des Sozialismus, sondern auch die autoritäre Ausrichtung zunehmend gut und zog sie als echte Alternative für China in Betracht.²⁰⁷ Zum Ausdruck brachte Wang Jingwei seine politischen Ansichten vor allem in einer von Tang Leang-li in China herausgegebenen englischsprachigen Zeitschrift mit dem Titel *The People's Tribune*, die „pro-Nazi commentary" durchaus offenstand.²⁰⁸ Auch Tang Leang-li (sowie andere chinesische Intellektuelle und Politiker)²⁰⁹ berichtete in verschiedenen öffentlichen Reden und Beiträgen in dem von ihm herausgegebenen politischen Organ von seinen Erfahrungen und Eindrücken in Deutschland, lieferte politische Analysen ‚des Westens' und versuchte diese in China für eine politische Weiterentwicklung hin zu einer stabilen Republik fruchtbar zu machen.²¹⁰ Tangs Europareise 1936 fand etwa Eingang in einige Zeitschriftenbeiträge sowie in einen Vortrag im *China Institute for*

---

203 Vgl. z. B. Tang Leang-li: Chinas Kampf um seine innere Freiheit, in: Ostasiatische Rundschau 17.12 (1936), S. 318–322.
204 Etwa die Monographie *China in Aufruhr*, für welche der Biologie und Philosoph Hans Driesch – selbst in Deutschland und China tätig – das deutsche Vorwort lieferte. Die deutsche Übersetzung von Else Baronin Werkmann basiert auf dem im gleichen Jahr publizierten englischen Originaltext *China in Revolt*. Vgl. Tang Leang-li: China in Aufruhr. Mit einem Vorwort von Prof. Dr. H. Driesch und Dr. Tsai Yuan-Pei. Leipzig, Wien 1927.
205 Vgl. auch die bereits 1931 von Tang veröffentlichte politische Biographie über Wang Jingwei Tang Leang-li: Wang Ching-Wei. A Political Biography. Tientsin 1931.
206 Vgl. dazu auch Kirby: Images and Realities of Chinese Fascism, S. 254–256, hier: S. 254.
207 Vgl. ebd., S. 255.
208 Ebd.
209 Vgl. z.B. [Anonym]: Young China Goes to Berlin, in: The People's Tribune 14.1 (1936), S. 11–14; [Anonym]: German Tribute to China's Progress, in: The People's Tribune 15.4 (1936), S. 229–232 oder She Shao-pei: What Can China Learn from Germany?, in: The People's Tribune 15.4 (1936), S. 241–247.
210 So bildet in den meisten seiner Publikationen das vorrangige Thema die gegenwärtigen Ereignisse und Entwicklungen der chinesischen Republik, die er erweitert um eine komparatistische Perspektive analysiert und zu verorten sucht. So auch etwa schon in Tang: China in Aufruhr.

Foreign Relations, der kurz darauf in *The People's Tribune* unter dem Titel *International Issues of To-Day* abgedruckt wurde.[211]

In diesem auf Englisch gehaltenen, fünfteiligen Vortrag liefert Tang politische Analysen zu Europa, die zuvorderst auf seinen eigenen Reiseerfahrungen fußten,[212] und leitet daraus Konsequenzen und Maßnahmen für China ab. Den erst kurz vor seiner Anreise in Spanien ausgebrochenen Bürgerkrieg nutzt er einleitend als Ausgangspunkt seiner Beobachtungen (Abschnitt I, S. 11f.), um das dahinterliegende Konfliktpotenzial zu erklären, das ganz Europa derzeit präge: die Konfrontation zweier gegensätzlicher totalitärer Staatssysteme, dem Faschismus und dem Kommunismus. Dieser Systemstreit manifestiere sich, wie er im zweiten Abschnitt zeigt, im deutsch-russischen Konflikt, der sich zunehmend mehr zuspitze und von dem der Weltfrieden abhängig sei (Abschnitt II, S. 12–16). Die rein europäischen Beobachtungen weitet Tang anschließend auf das Verhältnis Europas zu Asien aus, wobei er vor allem auf den erst kürzlich geschlossenen Antikominternpakt eingeht (Abschnitt III, S. 16–20). Daraus leitet er Konsequenzen für das innen- und außenpolitische Agieren Chinas sowie für die politische Ausrichtung der derzeit instabilen Republik ab, beispielsweise, dass China eine stärkere nationalistische Ausrichtung brauche, um weltpolitisch handlungsfähig zu werden (Abschnitt IV, S. 22). Im letzten Abschnitt wendet Tang sich schließlich möglichen erfolgversprechenden Maßnahmen einer politischen Neuausrichtung Chinas zu, die sich teils an europäische Maßnahmen anlehnt – etwa hinsichtlich der Volksdisziplin – teils aber auch von ihnen abgrenzt (Abschnitt V, S. 23f.).

Die als authentisch ausgegebenen Reiseerlebnisse dienten Tang als Grundlage seiner Beobachtungen, legitimierten zugleich seine politischen Aussagen und arbeiteten seiner Selbststilisierung zum ‚Experten' für globale politische Fragen zu. Noch deutlicher wird dies in einem fast zeitgleich ebenfalls in seiner Zeitschrift auf Englisch veröffentlichten Beitrag mit dem Titel *Some Impressions of International Affairs*,[213] in dem er sich ausschließlich auf die Konfliktsituation in Europa („chaos"[214]), vor allem in England, Frankreich, Deutschland und Italien, konzentriert und diese entlang seiner Reiseroute, unterfüttert von Gesprächen mit hochrangigen Politikern, Lektüren und Erfahrungen, erläutert.

---

211 Vgl. Tang Leang-li: International Issues of To-Day, in: The People's Tribune 16.1 (Januar 1937), S. 11–24.
212 Vgl. ebd., S. 12.
213 Vgl. Tang Leang-li: Some Impressions of International Affairs, in: The People's Tribune 15.5 (1936), S. 317–331.
214 Ebd., S. 317.

Auszüge dieser beiden Texte Tangs kursierten kurz darauf in deutschen Medien. Auch für die *Ostasiatische Rundschau* griff ein anonym bleibender Verfasser die Ausschnitte auf und präsentierte sie, gerahmt durch einige einführende Hinweise sowie einen resümierenden Kommentar, unter dem oben genannten Titel *Tang Leang-li über seine Eindrücke in Deutschland* den deutschsprachigen *Rundschau*-Leser:innen. Wortgleich nur mit anderer Rahmung finden sich die Textstücke aus Tangs Beiträgen auch in der vom *Deutschen Akademischen Austauschdienst* herausgegebenen Zeitschrift *Der Geist der Zeit*.[215]

In der *Ostasiatischen Rundschau* erscheint der deutsche Text auf den ersten Blick ein zusammenhängendes Ganzes zu bilden, doch bei genauerem Hinsehen erweist er sich als heterogenes Konglomerat; und das nicht nur, weil er in die zwei Teile der zwei Textvorlagen zerfällt. Selbst innerhalb dieser beiden Abschnitte wird kein zusammenhängender, argumentativer Gedankengang sichtbar, sondern es werden einzelne Argumente Tangs herausgegriffen und dem deutschen Lesepublikum entweder in wörtlicher Übersetzung als Direktzitat oder als übersetzte Paraphrase präsentiert; wobei nicht angegeben ist, auf wen die Übersetzung zurückgeht.[216] Vor allem der erste Teil des Texts ist eine Collage, die von einem nicht namentlich genannten, wahrscheinlich deutschen Autor, gleich einem ‚Flickenteppich' einzelner unzusammenhängender Aussagen Tangs zu einem neuen Ganzen zusammengefügt wurde. Im deutschen Text verschmilzt so die Stimme Tangs mit der Stimme des deutschen Übersetzers, der Tang zitiert und paraphrasiert. Etwaige Auslassungen aus den Originalpassagen werden nicht gekennzeichnet; einführend wird jedoch darauf verwiesen, dass Tang in der Rede, die vor allem der europäischen und chinesischen Außenpolitik galt, *en passant* auch das gegenwärtige NS-Deutschland thematisiert habe. Dem Interesse des Nachrichtenblatts folgend wird dieses Thema zum Kernpunkt des Beitrags modelliert.[217] Der deutsche Verfasser markiert also deutlich, dass es sich keineswegs um einen vollständigen Abdruck handelt, sondern um (subjektiv) ausgewählte Versatzstücke, er hat zugleich aber auch keine Skrupel, den Skopus des Textes zu verändern oder sogar zu verkehren.

---

215 Vgl. [Anonym]: Ein Chinese sieht Deutschland, in: Geist der Zeit, Wesen und Gestalt der Völker 15 (1937), S. 147f.

216 Ich gehe im Folgenden davon aus, dass der Verfasser des Beitrags für die *Ostasiatische Rundschau* auch der Übersetzer ist. Die weiteren Veröffentlichungen der Texte Tangs in deutscher Übersetzung finden wortgleich später statt, weshalb durchaus anzunehmen ist, dass wir es in diesem Fall mit der ersten Übersetzung zu tun haben.

217 „Mitte November hielt er [d.i. Tang Leang-li] im ‚China Institute for Foreign Relations' einen längeren Vortrag über außenpolitische Probleme, in dessen Verlauf er auch auf die bei seinem Aufenthalt in Deutschland gewonnen Eindrücke einging." ([Anonym]: Tang Leang-li über seine Reiseeindrücke in Deutschland, in: Ostasiatische Rundschau 18.1 [1937], S. 47).

Aus dem durchaus komplexen Argumentationsgang von Tangs Rede greift der deutsche Verfasser vier einzelne Aussagen unzusammenhängend heraus. Die erste Passage stilisiert Hitler zum ‚friedliebenden Demokraten', der zweite Teil widmet sich in sehr kurzer Paraphrase dem eigentlichen Hauptteil von Tangs Text und fasst seine Ansichten zum deutsch-russischen Konflikt zusammen, der sich – so die deutsche Paraphrase – nur noch militärisch lösen lasse. Im Anschluss geht auch der deutsche Text auf die innenpolitischen Konsequenzen der europäischen Lage für China ein: In einem Mix aus Paraphrase und Direktzitat greift der Autor Tangs Aussagen hinsichtlich eines chinesischen Nationalismus auf, bevor in einem vierten Abschnitt auf die ‚herausragenden' Leistungen europäischer faschistischer Systeme eingegangen und die Frage gestellt wird, inwiefern sich das System und die Methoden auf China übertragen lassen. Dann geht der Autor zu dem zweiten Text von Tang über, der die Darlegungen der Rede „im Einzelnen ergänzt", so der deutsche Verfasser. Hier liefert er ein sehr langes Direktzitat, das verschiedene Themen – darunter den Antisemitismus in Deutschland, aber auch die Neuerungen durch die Nationalsozialisten – streift.

Ein nur oberflächlich vergleichender Blick zwischen deutscher Aufbereitung und englischsprachigem Original zeigt, dass sich die meisten angeführten Direktzitate oder Paraphrasen des deutschen Artikels tatsächlich so in der Vorlage finden lassen. Ein genauerer Blick jedoch offenbart die Editionsverfahren, Übersetzereingriffe und Modifikationen, die der deutsche Verfasser vornimmt. Um diese Verfahren greifbar und die damit einhergehenden Bedeutungsverschiebungen nachvollziehbar zu machen, werde ich diese im Folgenden an einzelnen Beispielen entlang des Beitrags vorstellen, indem ich Original und Wiederaufbereitung synoptisch einander gegenüberstelle.

Das erste Verfahren bildet sich gleich im Einstieg des deutschen Texts ab, in dem der Verfasser zunächst ein langes Direktzitat anführt:

Deutscher Beitrag	Englischer Beitrag
„‚Ich selbst habe von Deutschland den Eindruck, daß, sofern dort autokratisch regiert wird, Hitler eine anerkannte, einzigartige Führerstellung einnimmt, die praktisch von der gesamten Nation unterstützt wird. Er ist weit davon entfernt, ein Autokrat zu sein; er ist Demokrat im Rousseauschen Sinne, indem er den allgemeinen Willen verkörpert und mit der ausdrücklichen Zustimmung derer regiert, die ihm gehorchen. Dies kam in der geheimen Wahl zum Ausdruck. Vor drei Jahren, als noch 17 Parteien zur allgemeinen Volkswahl	„My own impressions about Germany, however, are that far from an [sic] dictatorial régime being established there, Hitler holds his unique position as the accepted leader of the country because he has the solid support of practically the whole nation behind him. He may govern as an autocrat, but he is an absolute democrat in the sense that Rousseau understood the term – the personification of the General Will, and governing with the very definitely expressed consent of the governed, as recorded by

Deutscher Beitrag	Englischer Beitrag
standen, erhielt Hitler in freier Wahl 45 % der Stimmen. Sie bedeuten, parlamentarisch im Sinne der englischen Praxis gesprochen, eine überwältigende Mehrheit. Bei der Frühjahrswahl,[218] die kurz vor meiner Ankunft in Deutschland stattfand, erhielt Hitler 98,9% der Stimmen des gesamten Volkes. Kann man einen Mann, den unter hundert nur einer als Führer ablehnt, Diktator oder Autokrat nennen? Auch wenn man diesen Mann nicht mag, wenn man seine Politik ablehnt, muß man doch zugeben, daß das deutsche Volk mit seiner Führung zu 99 unter 100 einverstanden ist und ihn mit Begeisterung wählt. Er regiert in Deutschland erklärtermaßen mit der fast einstimmigen Billigung des Volkes, das er vertritt. Diktatoren und Anhänger der Diktatur mag das zu denken geben."[219]	secret ballot. Four years ago, in 1933, with 17 different political parties appealing for popular support, Hitler got, in an open election, 45 per cent. of the votes polled – and this means, according to British parliamentary experience – an overwhelming majority. At the election held just before I arrived in Germany last spring, Hitler received 98.9 per cent. of the nation's votes. Can one call such a man a tyrant, a dictator, when only one citizen in a hundred refuses to accept him as the Leader? One may not like the man or his methods; his policies may not please other people, but it is quite evident that the people of Germany are willing to accept his leadership, and give him enthusiastic support to the extent of 99 out of every 100 votes. Could anything be more democratic? Hitler rules Germany with the declared approval and assent of an almost unanimous vote of the people he represents. That is something for dictators and advocates of dictatorship to ponder over."[220]

Das englische Original und die deutsche Übersetzung sind identisch: Eigene Reiseerlebnisse, eine politik-theoretische Reflexion sowie objektiv erscheinende Statistiken der Wahl des deutschen Reichstags von 1936 würden unter Beweis stellen, dass Hitler ein „Demokrat im Rousseauschen Sinne"[221] sei, so Tangs Argument. Hitler wird so zu einem von der Volksgemeinschaft unterstützten und damit legitimen Vertreter des deutschen Volkes, durch die vollkommene Übereinstimmung von Einzel- und Gemeinwillen. Aus nationalsozialistischer Perspektive nimmt Tang hier also eine willkommene Korrektur des in der ausländischen ‚Hetzpresse' konstruierten ‚verzerrten Deutschlandbildes' vor.

---

218 Gemeint ist hier die (Schein-)Reichstagswahl vom 29. März 1936, bei der nur eine Einheitsliste der NSDAP zugelassen war.
219 [Anonym]: Tang Leang-li über seine Reiseeindrücke in Deutschland. In: Ostasiatische Rundschau 18.1 (1937), S. 47f.
220 Tang: International Issues of To-Day, S. 13.
221 [Anonym]: Tang Leang-li über seine Reiseeindrücke in Deutschland. In: Ostasiatische Rundschau 18.1 (1937), S. 47f.

Und tatsächlich geht es Tang in seiner Originalrede an dieser Stelle um die Deutschland-Darstellung in ausländischer Presse, doch entscheidend für seine Aussage ist der Kotext der zitierten Passage, der in der deutschen Fassung weggelassen wird. Im Original bespricht Tang nämlich den sich zuspitzenden Konflikt zwischen der Sowjetunion und Deutschland, für den er die Hintergründe offenlegt: „a definite clash on fundamentals – Germany's fierce hatred of Communism, and all it stands for, and Russia's intense hatred of a régime which it regards as a form of imperialism worse than that which existed in Germany under the Kaiser."[222] Die Aussage speist sich demnach aus einem Vergleich, mit welchem er im Umkehrschluss eigentlich das diktatorische System Russlands offenbaren und kritisieren will, indem er zeigt, dass die Vorwürfe Russlands gegen Deutschlands Führung seiner Ansicht nach vor dem Hintergrund des russischen Systems falsch seien und dass Russland stattdessen sein eigenes autokratisches Vorgehen unter diesen Maßstäben betrachten sollte. Nur durch die Isolation des Zitats und die Auslassung seiner kotextuellen Einbettung erscheint die Aussage Tangs wie eine Hommage an Hitler.

In dem sich anschließenden Absatz greift der deutsche Verfasser den Hauptteil von Tangs Rede auf, kürzt jedoch die im Original vier Druckseiten umfassende Passage auf wenige Zeilen Paraphrase zusammen. Zur Rekonstruktion stelle ich der Paraphrase zugehörige einzelne Auszüge aus dem Original entgegen:

Deutsche Paraphrase	**Englische Originalauszüge**
„Die deutsch-russische Situation beurteilte Tang Leang-li in seinem Vortrage mit sehr großem Ernst und sprach wiederholt die Befürchtung aus, daß diese nur durch eine militärische Auseinandersetzung beendet werden könnte."[223]	„it seems to me that the peace of the world chiefly depends upon the development of Russo-German relations."[224]
	„I must point out, however, that although the present situation in Europe is so critical, and may become still more tense, it would be going too far to assume that war is ‚inevitable' – and I think one of the many reasons for not regarding a possibility as a certainty is the stabilizing influence of Great Britain. [...] War will be certainly ‚inevitable' in Europe if present rancours become intensified, but as a result of the contacts made during my recent travels I am optimistic enough to believe there is not only

---

222 Tang: International Issues of To-Day, S. 12f.–
223 [Anonym]: Tang Leang-li über seine Reiseeindrücke in Deutschland, S. 47.
224 Tang: International Issues of To-Day, S. 14.

Deutsche Paraphrase	Englische Originalauszüge
	a chance – but a good chance – of peace being preserved between the opposing factions, and I believe that upon Britain, more than any other nation, will depend the course of events in Europe for good or evil."[225]

Die angebliche Paraphrase des deutschen Autors kehrt Tangs Aussage, wie an den Originalauszügen zu sehen, ins Gegenteil: Zwar äußert Tang, wie der erste Auszug zeigt, tatsächlich immer wieder die Befürchtung, dass NS-Deutschland und Russland auf einen militärischen Konflikt zusteuern könnten, der weitreichende Folgen für den Weltfrieden hätte. Doch anders als der deutsche Verfasser herausstellt, geht er nicht davon aus, dass der Konflikt „nur durch eine militärische Auseinandersetzung beendet werden könnte", im Gegenteil: Wie die zweite Textpassage zeigt, sieht Tang auch eine friedliche Alternative zur Konfliktlösung, in der Großbritannien als Vermittler fungiert, indem es als stabilisierendes Land zwischen den beiden ‚extremen' Blöcken des Faschismus und Kommunismus einen ‚freundschaftlichen Dialog' eröffnet.[226] Die deutsche Paraphrase verkehrt demnach Tangs Aussage ins Gegenteil und passt diese so an die deutsche nationalsozialistische, anti-russische bzw. anti-kommunistische Propaganda an.

Stärker sich ans Original haltend, jedoch ebenfalls inhaltlich eingreifend, verändert der Verfasser auch Bezugnahmen, wie die folgende Passage zeigt, die Tangs Äußerungen in Bezug auf die Ausgestaltung und Forcierung eines chinesischen Nationalismus aufgreift:

Deutscher Beitrag	Englischer Originalauszug
„Abschließend befaßte sich der Redner mit dem wachsenden Nationalgefühl in Europa und verlangte für China einen gesunden Nationalismus ohne Beimischung von Überheblichkeitsgefühlen. Er führte aus: ‚China braucht einen Nationalismus, der in Anlehnung an die konfuzianische Lehre dem chinesi-	„It is a strange fact that while here in China we are doing our best to encourage a national spirit among our people – a sentiment which hitherto has been largely lacking – that same spirit has gone to such extremes in Europe that it may constitute a real danger to peace. [...] If that were an accurate statement of the case, the question arises whether we Chinese are on the right track in trying to develop a national spirit

---

225 Ebd., S. 16.
226 Vgl. ebd., S. 16: „That country refuses to enter upon the present war of political ideas and, like, China, is ready to make friends with nations whose domestic political systems are not only inapplicable to British social conditions but are objectionable to British sentiment."

Deutscher Beitrag	Englischer Originalauszug
schen Volk die Kraft zum Wiederaufbau im eigenen Lande und zur Anbahnung freundschaftlicher Beziehungen mit dem Ausland gibt.'"²²⁷	in this country? I think that unless we develop that sentiment we are doomed to extinction as a free and independent people, but we must develop a form of nationalism which will be neither exclusive nor unneighbourly – a national pride which makes no claims to superiority and which, while enabling us effectively to resist foreign aggression, inspires no anti-foreign prejudices. We need a national spirit which aims at making our country a better one to live in – better in all respects than the conditions under which we have existed for so many centuries. We need the inspiring influence of a national spirit which will arouse an inactive and sometimes despairing people into intelligent and systemtic [sic] action which will bring an end to their suffering and poverty – not by robbing their neighbours but by honest creative effort. China needs a spirit of nationalism which will express itself in a policy of construction at home and amity abroad – not a nationalism which is exclusive, tyrannical, and aggressive, but a spirit more in keeping with the old Confucian ideal of the brotherhood of man. Such an interpretation of nationalism cannot be regarded as the arch-enemy of civilization; it would aim not a securing power or profit but simply at progress – social, political, economic, and cultural; to make China a peaceful and prosperous country for her people and for all who care to live among them and contribute to their well-being."²²⁸

Tang fordert also, wie vom deutschen Verfasser korrekt zusammengefasst, eine stärkere nationale Ausrichtung Chinas, um international handlungsfähiger zu werden. Dieser Nationalismus sollte, so Tang, aber ‚spezifisch chinesisch' sein und sich in den nationalen und kulturellen Traditionen Chinas verankern, Elemente der konfuzianischen Ideen aufnehmen und so China zu einem friedlichen und starken Staat machen. Doch sei Vorsicht geboten, wie sich an Europa zeige: Hier sei der Nationalismus „gone to such extremes", dass dieser „exclusive, tyrannical, and aggressive" wurde

---

227 [Anonym]: Tang Leang-li über seine Reiseeindrücke in Deutschland, S. 47.
228 Tang: International Issues of To-Day, S. 22.

und die Staaten im weltpolitischen Gefüge keine Rolle mehr spielen lasse. Der übersteigerte Nationalismus isoliere die europäischen Länder vom Weltgeschehen. Auch eine wirtschaftliche Zusammenarbeit sei nicht mehr möglich.

Das von dem deutschen Verfasser angeführte Zitat lässt sich so nicht in Tangs Text finden, doch ist klar auf welche Stelle er rekurriert, und tatsächlich gibt sowohl das ‚falsche' Zitat als auch die Paraphrase von Tangs Äußerungen wieder, doch fehlt die entscheidende Bezugnahme: Was der deutsche Verfasser als „einen gesunden Nationalismus ohne Beimischung von Überheblichkeitsgefühlen" bezeichnet, bezieht sich eigentlich auf die faschistischen Staaten in Europa, die Tang hier als negative Kontrastfolie dienen, da sie diesen „Überheblichkeitsgefühlen" unterliegen. Die Kritik Tangs an den faschistischen Staaten wird hier durch die fehlende Bezugnahme also nicht nur abgeschwächt, sondern getilgt.

Deutlicher zeigt sich dieses Segregations- und Tilgungsverfahren in der letzten Passage der wiedergegebenen Rede, die auf die Erfolge der NS-Führung und eine mögliche Adaption im chinesischen Kontext eingeht. Hier ‚schneidet' der deutsche Verfasser für seine Paraphrase einfach unerwünschten Kotext ab und ‚bastelt' sich so zugleich Tangs Argument für den ns-deutschen Kontext zurecht:

Deutscher Beitrag	Englische Originalauszüge
„Tang Leang-li beleuchtet dann die Erfolge der faschistischen und nationalsozialistischen Führer in Europa, die in einigen Jahren Leistungen für ihr Land vollbracht haben, die andere Völker nicht in Jahrzehnten erreichen konnten. Er rät aber davon ab, solche Ideen als Exportartikel zu betrachten und zu glauben, daß sie – auf China angewandt – denselben Aufschwung bringen müßten. Aber eins könne sich China aus der europäischen Entwicklung zu Herzen nehmen, und das sei, daß es das Gemeinwohl dem Wohl des einzelnen voranzustellen habe. Vor dem Wohl des Volkes haben alle anderen Interessen zurückzustehen."[229]	„Whatever we may think about Fascist and Nazi methods and policies, we must recognize the fact that their leaders have secured the enthusiastic support of their respective nations. Foolish, unwise, and even cruel things may have been done in bringing about the tremendous change in the political outlook of the Italian and German people, but it is unquestionable that the leaders of these two movements have accomplished more in a few years than many countries have done during decades."[230] „There are some who see in this an argument in favour of introducing similar methods in this country, but that is not my view at all. Conditions in China are so unlike those existing in European countries that the same results from applying similar systems cannot be expected."[231]

---

229 [Anonym]: Tang Leang-li über seine Reiseeindrücke in Deutschland, S. 47.
230 Tang: International Issues of To-Day, S. 23.
231 Ebd.

Paraphrase und Original gleichen sich partienweise: Tang lobt die Fortschritte der europäischen faschistischen Länder, glaubt jedoch nicht an eine simple Übernahme des Systems für China, um ähnliche Ziele zu erreichen. Tang greift so eine schon Ende der 1920er-Jahre in Deutschland und Italien geführte Debatte um die Internationalität des Faschismus auf. Während Mussolini in seiner Propaganda vor allem darauf pochte, dass der Faschismus „kein Exportartikel sei",[232] versuchte man in Deutschland eine Interpretation des faschistischen Systems zu finden, die dem Vorbild Mussolini nicht widersprach, eine deutsche Adaption aber möglich machte; etwa die Unterscheidung zwischen „Idee" und „Methode": Während die Idee nämlich „national wie international" zugleich sei, müsste man die methodische Umsetzung ausschließlich „national" vollziehen, da „sie [...] sich nach dem Entwicklungsstand jedes Volkes auf seinem Weg zur Nation" richte.[233] Doch ist es just die Methode, die Tang massiv kritisiert, der Preis der faschistischen Erfolge seien nämlich „[f]oolish, unwise, and even cruel things". Diese explizite Kritik findet sich natürlich, das ist wenig überraschend, in der deutschen Version nicht. Der Verfasser schneidet den ersten Teil von Tangs Argumentationsgang, der natürlich auch chinesische Kritik antizipiert und durch die Vorwegnahme abschwächt, ersatzlos ab und konzentriert sich allein auf die – tatsächlich angeführten – Erfolge.

Die gleichen Verfahren wendet der deutsche Verfasser – dies sei hier nur noch der Vollständigkeit halber erwähnt – auch hinsichtlich der zweiten Quelle, einem im Dezember 1936 in *The People's Tribune* publizierten Beitrag von Tang, an, dessen Quelle explizit ausgewiesen wird. Hieraus wird eine lange Passage in Direktzitat übersetzt abgedruckt, die sich wörtlich so in der Vorlage finden lässt, ohne dass die Auslassungen markiert wären. In diesen geht Tang jedoch unter anderem auf das in der „anti-Nazi-press" vermittelte Deutschlandbild ein.[234]

Es lässt sich also hinsichtlich der deutschen Wiederaufbereitung der Texte in der *Ostasiatischen Rundschau* zusammenfassen: Der Text Tangs weist durchaus pro-nazistische, den Nationalsozialismus als System und Hitler als Führer bewundernde Passagen auf, die sich – vor allem als Aussage von einem Chinesen – ausgezeichnet für die Instrumentalisierung durch die NS-deutsche Propaganda eigneten. Die kritischen Töne hingegen, die Tang seinem Vortrag beigab, wurden mittels verschiedener Editionsverfahren für die deutsche Aufbereitung schlicht entfernt oder

---

[232] Wolfgang Schieder: Benito Mussolini. München 2014, S. 65. Vgl. auch ausführlicher Beate Scholz: Italienischer Faschismus als ‚Export'-Artikel (1927–1935). Ideologische und organisatorische Ansätze zur Verbreitung des Faschismus im Ausland. Trier 2001.
[233] Helmut Franke: Der deutsche Faschismus, in: Internationaler Faschismus. Beiträge über Wesen und Stand der faschistischen Bewegung und über den Ursprung ihrer leitenden Ideen und Triebkräfte, hg. von Carl Landauer. Karlsruhe 1928, S. 40–65, hier: S. 40.
[234] Tang: Some Impressions of International Affairs, S. 326.

umgedeutet. Der Autor modifiziert durch die Auswahl den Text demnach so, dass mithilfe des chinesischen Beiträgers die nationalsozialistische Herrschaft legitimiert und durch eine als authentisch behauptete, chinesische Stimme autorisiert wird.

Welche Funktion Tangs Text im chinesischen Kontext einnahm, müsste ein:e Sinolog:in klären. Für deutsche Leser:innen der *Ostasiatischen Rundschau* übernahm die arrangierte Zitatcollage durch das Ausklammern bestimmter, für den deutschen Kontext vermeintlich nicht relevanter Elemente des ursprünglichen Texts allerdings die Funktion, ein bestimmtes nationales Selbstbild zu konstruieren, in dem das deutsche Volk zur ‚idealen Volksgemeinschaft', Hitler zum ‚friedliebenden Demokraten' und der Faschismus als erfolgreiches, den wirtschaftlichen und sozialen Aufschwung herbeiführendes Staatssystem charakterisiert wird.

Für die *Ostasiatische Rundschau* allgemein lässt sich resümieren: Während von chinesischer Seite aus Deutschland weiterhin als Vorbild und erwünschter Kooperationspartner wahrgenommen wurde, wurde in der *Ostasiatischen Rundschau* just dies ab 1933 in eine Darstellung integriert, die man monologisch nennen könnte. Es ging in den Beiträgen des Nachrichtenblatts also nicht (mehr) um einen Dialog zwischen Deutschland und China, um den Austausch von Ideen, Informationen oder kulturellen Werten und die Repräsentation auch chinesischer Stimmen und Meinungen. Stattdessen bediente sich die Zeitschrift nur angeblich chinesischer Stimmen, die manipulativ den eigenen Zwecken untergeordnet wurden und einer primär innerdeutschen Auseinandersetzung dienten. Die ‚fremde Stimme' wird nur zum Schein aufgerufen. Aus einem Reden *mit* China wurde also ein einseitiges Reden *über* China deutscher Autor:innen zu deutschen (bzw. deutschsprachigen) Leser:innen.

Auch in diesem Fall ist die ‚Belegfunktion' für das nationalsozialistische Regime durch die Zitation fremder, hier chinesischer Stimmen vor dem Hintergrund des zeitgenössischen politischen Kontexts natürlich nicht arbiträr; durch die ähnlich gelagerten Interessen und Ziele der nationalsozialistischen deutschen und nationalistischen chinesischen Regierung wird NS-Deutschland hier sowohl in der theoretischen als auch der praktischen Ausgestaltung des Faschismus in Form des deutschen Nationalsozialismus zum Vorbild für das sich in Vormachtkämpfen befindende China stilisiert. China wurde auf diesem Weg zum perfekten Komplement der deutschen Propagandastrategie. Die eingangs zitierte Rede über die von der *Ostasiatischen Rundschau* betriebene „Naziarbeit im Fernen Osten", vor der Münzenberg und Heartfield warnten, erkannte also nur eine und wohl nicht die wichtigste Adressatengruppe der Zeitschrift. Es ging weniger um die propagandistische Einflussnahme auf China als vielmehr um die Festigung und Legitimierung des deutschen nationalsozialistischen Regimes innerhalb der eigenen deutschen Grenzen. Dazu bediente man sich manipulierter chinesischer Stimmen.

3.4 Strategien und Motivationen der publizistischen China-Beschäftigung und die ‚Zäsur 1933'

Die vielen Zeitschriftenneugründungen der frühen 1920er-Jahren reagierten, so haben auch die drei Fallbeispiele gezeigt, auf einen sich verstärkenden bi- und internationalen Austausch, den Deutschland im politischen, aber auch kulturellen und akademischen Bereich mit China unterhielt. Man versuchte auf publizistischem Wege Wissensdefizite auszugleichen und Stereotypen entgegenzuwirken, wie Richard Wilhelm, einen intensiveren wissenschaftlichen Austausch zu forcieren, wie Bruno Schindler, oder schlicht eine breitere, an der Praxis des interkulturellen Verkehrs orientierte Informationsvergabe zu ermöglichen, wie die Herausgeber der *Ostasiatischen Rundschau*.

Der politische Umbruch 1933 ließ diese Divergenzen des Chinainteresses, die unterschiedlichen Motivationen und Agenden, noch offener zutage treten, vor allem weil sich mit den politischen Rahmenbedingungen auch die Legitimierungsstrategien für die Beschäftigung mit China stark veränderten.

Bruno Schindler verfolgte, wie gesehen, mit seiner *Asia Major* dezidiert wissenschaftspolitische Ziele für das Fach Sinologie. Hierfür blendete er gegenwartspolitische Tendenzen – zumindest innerhalb der Zeitschrift – weitgehend aus und betrachtete China, vor allem das historische China, als genuin wissenschaftlichen, objektiv und weltanschauungsneutral zu beobachtenden Untersuchungsgegenstand. Auf dieser Basis konnte er mit seiner Zeitschrift eine Vernetzung deutscher Akademiker anregen und den wissenschaftlichen Dialog über Quellen und Interpretationen zu beleben versuchen. Dieses Programm stieß durch den nationalistischen, anti-internationalistischen Kurs der Nationalsozialisten an seine politischen Grenzen. Fritz Jäger hingegen verfolgte dementsprechend mit seiner nationalsozialistischen *Asia Major* ein anders gelagertes Programm: Ihm ging es in erster Linie darum, die Sinologie als für den nationalsozialistischen Staat relevante Disziplin zu qualifizieren, die Wissenschaft also in den Dienst der Politik zu stellen. Dies hoffte er durch eine zunehmend populärwissenschaftlich geführte Auseinandersetzung zu erreichen. China war so zwar auch in Jägers Programm noch wissenschaftlicher Untersuchungsgegenstand – doch das Interesse war politisch konditioniert; China bzw. der asiatische Raum fungierten primär als Vergleichsobjekt, dessen Untersuchung politische Handlungsanweisungen für die gegenwärtige deutsche Situation liefern und das Handeln im internationalen Rahmen legitimieren sollte. Der Sinologe selbst beanspruchte für sich die Rolle eines Experten, der die internationalen Zusammenhänge durchschaut und so sogar als politischer Berater tätig sein kann. Ein Austausch im eigentlichen Sinne fand über Jägers Blatt kaum mehr statt, weder mit China selbst noch mit anderen Ländern, auch internationale sinologische Stimmen wurden nicht mehr integriert. Die Sinologie wurde vielmehr durch die primär auf NS-Deutschland bezogene Ausrichtung zu einer nationalen Disziplin, die auf wissenschaftlichen Transfer und Austausch weitgehend verzichtete.

Einen anderen Weg verfolgte man mit der ebenfalls populärwissenschaftlichen Zeitschrift *Sinica*: Man bemühte sich um eine chinafreundliche Stimmung in Deutschland. Die 1925 gegründete *Sinica* ist eines der Medien, die über die ‚Zäsur 1933' hinweg Kontinuitäten wahren konnte. Wie ich gezeigt habe, finden sich weder Veränderungen in der Herausgeberschaft noch in der Schriftleitung, und auch das Programm der Zeitschrift blieb den bereits von Richard Wilhelm und Erwin Rousselle zuvor proklamierten Grundsätzen treu. Just diese stabilen Rahmenbedingungen bei gleichzeitiger Veränderung der nationalen und internationalen politischen Konstellationen begründen das verfolgte Interesse: Sowohl Wilhelm als auch Rousselle verfolgten das Anliegen, mit ihrer Zeitschrift gegen das „Trugbild" von China anzuschreiben, doch hatten die beiden es mit je unterschiedlichen „Trugbildern" zu tun: Während Wilhelm vor allem auf Aufklärung setzte und gegen das in den Chinoiserien um die Jahrhundertwende verbreitete Bild Chinas – eine exotische Imagination – vorging, hatte Rousselle gegen rassistische und nationalistische Deutungsweisen der nationalsozialistischen Machthaber anzuschreiben. Beide versuchten China aufzuwerten und auf populärwissenschaftlicher Basis und durch die Integration chinesischer Stimmen ein fundiertes, ‚wahres' Bild von China gegen die kolportierten Verzerrungen zu stellen. Die veränderte Auslandspolitik, die zentraler werdende Rassenpolitik sowie die veränderten Publikationsbedingungen machten dieses Anliegen aber, wie gesehen, zunehmend schwieriger. Das alltägliche Berufsgeschäft wurde sowohl für die festen Mitarbeiter der Zeitschrift wie auch für die assoziierten Mitarbeiter des China-Instituts und der regelmäßig beitragenden Sinologen ein anderes. Wohl nicht zuletzt um eine Art ‚Daseinsberechtigung' ihres Faches besorgt, unternahmen sie den Versuch, zu zeigen, dass auch unter den politisch veränderten Rahmenbedingungen China in verschiedenen Bereichen ein geeigneter politischer Partner für Deutschland wäre.

Bei der *Ostasiatischen Rundschau* ist die Sachlage wiederum eine andere, die sich sowohl in dem zugewiesenen Platz innerhalb des deutsch-asiatischen Austauschs schon in den 1920er-Jahren als auch durch die vielfältigen Funktionen des Nachrichtenblatts begründet. Ein wechselseitiger Austausch trat zunehmend in den Hintergrund. Bis 1936 wurde zwar China in dem Nachrichtenblatt noch vornehmlich positiv dargestellt und so auch als möglicher politischer Kooperationspartner gehandelt, doch ging es den Herausgebern ab 1933 generell weniger um China als um NS-Deutschland: China nahm hier eine Art Strohmann-Funktion ein, indem die NS-deutsche Propaganda chinesischen Stimmen in den Mund gelegt wurde und auf diese Weise legitimiert und fundiert werden sollte. In erster Linie wurde hier mit Hilfe der asiatischen Staaten ein NS-deutsches Selbst konstruiert.

Die Leserschaft spiegelte dieses differente Spektrum an Interessen: Während sich die *Asia Major* zum zentralen Organ der Fachdisziplin entwickelte, deshalb vornehmlich China und Asien als Untersuchungsgegenstand verhandelte und Asienwissenschaftler adressierte, zielte die *Sinica* vor allem auf populärwissenschaftlich und kulturell an China und Asien interessierte Leser:innen, die bereit waren sich auf die betriebene Aufklärungsarbeit einzulassen. Die *Ostasiatische Rundschau* wiederum richtete sich zwar auch vor allem an ein deutsches Publikum, doch sie adressierte durch die gleichzeitige Publikation im asiatischen Raum auch sogenannte Auslandsdeutsche; während der Zeit des Nationalsozialismus waren auch diese zur Stabilisierung des Regimes ‚auf Linie' zu bringen.

Der Blick in die Asienpresse zeigt Optionen an, mit denen auf den politischen Umbruch 1933 reagiert werden konnte. Diese Optionen bilden sich in Varianten auch in der literarischen Chinabeschäftigung ab: Diese wird nach der Machtübernahme zunehmend politischer, sie dient sich als Mittel der nationalsozialistischen Propaganda an, wurde ns-propagandistisch instrumentalisiert oder ordnete sich der antifaschistischen Propaganda unter. Allen drei Optionen werde ich im Folgenden anhand von literarischen Beispielen weiter nachgehen.

4 Reisen nach China – literarische Berichte und Reportagen

Das gesteigerte Interesse der Leserschaft an wirklichkeitsbezogener Literatur und die sogenannte Krise des Romans beförderten in den 1920er-Jahren nicht nur die Popularität historischer Erzähltexte und ‚Tatsachenromane', wie ich mit Blick auf die China-Literatur am Beispiel von Alfred Döblin und Rudolf Brunngraber gezeigt habe, sondern sorgten auch für eine zunehmende Konjunktur des Reiseliteratursektors, der bald – so Erhard Schütz – „unübersehbar" wurde.[1] Als „entscheidende[n] Impuls" hierfür wertet Schütz den Ersten Weltkrieg: Die Reiseliteratur habe sich durch die Kriegsliteratur und deren Rezeption verändert, es seien zunehmend biographische und autobiographische Berichte ins Zentrum des Interesses von Leser:innen gerückt.[2] Zudem lasse sich inhaltlich eine Ausweitung beobachten, indem nicht mehr nur Reisen als Bildungserlebnisse dargestellt werden, sondern nun auch Arbeiter:innen oder allein reisende Frauen sich auf den Weg machten und von ihren Reiseerfahrungen aus ihrem je spezifischen Blickwinkel dem deutschsprachigen Publikum berichteten.[3] Dies steht im Zusammenhang eines zeitgleich aufkommenden ‚Massentourismus' bzw. einer zumindest gesteigerten Mobilität, die durch technische Neuerungen möglich wurde und nun auch breitere Bevölkerungsschichten ferne und fremde Länder bereisen ließ. Dieser sozialgeschichtliche Wandel hatte mentalitätsgeschichtliche Folgen, die sich auch in den Darstellungsformen der Reiseerlebnisse niederschlugen; diese Darstellungsformen wurden in den 1920er-Jahren zunehmend variabler,[4] nicht zuletzt in stilästhetischer Hinsicht, wie Wolfgang Reif einst befunden hat. In seinem Beitrag zum heute noch immer als Standardwerk geltenden Sammelband *Der Reisebericht* (1989), herausgegeben von Peter J. Brenner, nimmt Reif eine Systematisierung der Reiseliteratur zwischen 1900 und 1933 vor.[5] Der Ansatz erlaubt Reif zu zeigen, dass sich die Reiseliteratur vom zuvorderst subjektiven Bericht eines „mondäne[n] [...] impressionistischen Weltenbummlers"[6] um die Jahrhundertwende (etwa Bernhard Kellermann, Alfred Kerr oder

---

1 Erhard Schütz: Autobiographien und Reiseliteratur, in: Literatur der Weimarer Republik 1918–1933, hg. von Bernhard Weyergraf. München, Wien 1995, S. 549–600 (= Hansers Sozialgeschichte der deutschen Literatur vom 16. Jahrhundert bis zur Gegenwart, 8), hier: S. 568.
2 Ebd., S. 551.
3 Vgl. ebd., S. 571.
4 Vgl. ebd., S. 572.
5 Vgl. Reif: Exotismus im Reisebericht.
6 Ebd., S. 452.

Hanns Heinz Ewers) zu einem politische und soziale Ansichten vermittelnden Medium entwickelte (z.B. Arthur Holitscher).[7] Als Indikator dieser Veränderung fungiert für Reif der Anteil exotischer Stilmerkmale in den Reisetexten, etwa im Sinne einer „Verklärung des Fremden" und einer „ästhetischen Faszination durch das Fremde",[8] die er in den Texten bis etwa 1933 abnehmen und durch politische Analysen und Berichte substituiert sieht. Auch Schütz beobachtet eine markante Politisierung des Reiseliteratur-Genres, die wiederum auch Auswirkungen auf die Wahl des Reiselandes habe.[9] Während die meisten Reiseberichte der 1920er- und 1930er-Jahre Erlebnisse aus Russland und den Vereinigten Staaten dokumentierten – und dabei die moderne Stadt zum primären Reiseziel wurde –,[10] entwickelte sich auch Asien zunehmend zu einer begehrten Destination.[11] Nicht selten haben Verlage geholfen, die aufwändigen und kostspieligen Reisen ihrer Autor:innen zu finanzieren,[12] und hatten damit sicherlich in gewissem Maße Einfluss auf die Auswahl der bereisten Orte.

Überblickt man die in den 1920er- und 1930er-Jahre publizierten Reiseberichte und -reportagen aus und über China, lassen sich die von Schütz und Reif getroffenen allgemeineren Beobachtungen an Einzelbeispielen erhärten und zugleich differenzieren. Hier kommt es ebenfalls zu einer Konjunktur der Reiseberichterstattung,[13] die jedoch – anders als Reif das annimmt –[14] 1933 nicht einbricht. Auch während der Zeit des Nationalsozialismus bereisten Autor:innen die Welt und berichteten dem deut-

---

7 So schreibt Reif: „Eine an Stilkriterien festgemachte Typologie von Reisebeschreibungen ist für die Zeit der Weimarer Republik nicht mehr so eindeutig möglich wie noch bis zum Ende des Kaiserreichs. Politische Kriterien werden in zunehmendem Maße Merkmale zur Unterscheidung von literarischen Richtungen." (Ebd., S. 456).
8 Ebd., S. 437.
9 Vgl. Schütz: Autobiographien und Reiseliteratur, S. 576ff.
10 Vgl. dazu ausführlicher Anke Gleber: Die Erfahrung der Moderne in der Stadt. Reiseliteratur der Weimarer Republik, in: Der Reisebericht, S. 463–489.
11 Vgl. Schütz: Autobiographien und Reiseliteratur, S. 580.
12 Reif: Exotismus im Reisebericht, S. 434.
13 An der der Arbeit angehängten Bibliographie zur deutschsprachigen China-Literatur zwischen 1920 und 1940 zeigt sich, dass gut ein Drittel der über China erschienenen Texte der Textsorte Reisebericht zuzuordnen sind, während um die Jahrhundertwende noch vornehmlich aus Japan berichtet wird.
14 So stellt Reif fest, dass in den 1920er-Jahren das „literarische Interesse am Reisen noch zu[nimmt]", was sich „in noch mehr Neuerscheinungen und steigenden Auflagenhöhen von Reisebüchern" niederschlage und konstatiert dann: „Erst seit Anfang der dreißiger Jahre ebbt es merklich ab." (Reif: Exotismus im Reisebericht, S. 434). – Zumindest für Asienreiseberichte, vermutlich auch für andere Reiseziele, was jedoch geprüft werden müsste, lässt sich dem widersprechen.

schen Publikum von ihren Erfahrungen – dann jedoch meist mit einem anders gelagerten Anliegen. Auch in diesem Sektor schlägt sich also das nieder, was die exkursartige Beobachtung der Asienpresse zeigte: Die von Schütz und Reif diagnostizierte allgemeine Politisierung des Reiseliteratur-Genres in den 1920er-Jahren bereitete eine agitatorische und propagandistische Instrumentalisierung der Textsorte durch die Nationalsozialisten vor, die auch die Reiseliteratur ns-propagandistisch zu nutzen wussten. Der Reisebericht entwickelte sich so zunehmend von einer informierenden und unterhaltenden zu einer wesentlich politischen, auf Überzeugung und Meinungsbildung hin angelegten Textsorte; zwar schon in der Weimarer Republik, vor allem jedoch dann ab 1933. Dies zeichnet sich auch in den China-Reiseberichten ab. Die hier (und im Folgenden) am Beispiel China getroffenen Beobachtungen ließen sich wahrscheinlich auch mit Blick auf andere Reiseziele ausmachen, müssten jedoch eingehender an konkreten Beispielen geprüft werden, sodass ich mich mit generalisierenden Thesen zurückhalten werde. Für China lässt sich jedoch beobachten, dass es zwar weiterhin vereinzelte China-Berichte gab, die sich dem Politischen so weit als möglich entzogen; zu nennen wären etwa Richard Hülsenbecks Bericht *Der Sprung nach Osten* (1928), der in romanhafter Form (narrativiert mit hohen Anteilen an direkter Figurenrede) von seiner Reise als Schiffsarzt auf der Hapag Lloyd erzählt,[15] oder Alma M. Karlins *Einsame Weltreise* (1931), die – wie sie auch im Vorwort expliziert – sich vor allem auf die Darstellung der „Schwierigkeiten, mit denen ich – besonders als alleinreisende Frau – zu kämpfen hatte", konzentriert.[16] Der Großteil der Berichte verhandelt jedoch in irgendeiner Form gegenwartspolitische Fragen; wobei hier im Einzelfall zu klären ist, ob es sich um konkret deutsche und/oder chinesische, allgemeinpolitische und gesellschaftskritische oder das deutsch-chinesische Verhältnis betreffende Problemlagen handelt. Die China-Reiseberichte lassen sich also, den von Reif vorgeschlagenen Systematisierungsansatz aufgreifend und zeitlich verlängernd, in ihrem ‚Grad der Politisierung' differenzieren – zum einen quantitativ, zum anderen qualitativ in Bezug auf die Bedeutung des Politischen in den Texten: Neben die genannten unpolitischen Reiseberichte treten Texte, die zwar noch vornehmlich das Reisen beschreiben, doch immer wieder – mit graduellen Unterschieden – politische Analysen, Fragen, Appelle oder Zukunftsvisionen verhandeln. Dies kann entweder exkursartig geschehen, wie etwa in Arthur

---

15 Hülsenbeck: Der Sprung nach Osten.
16 Alma M. Karlin: Einsame Weltreise. Die Tragödie einer Frau. Minden 1930, S. 7.

Holitschers *Das unruhige Asien* (1926),[17] Erich von Salzmanns *China siegt* (1929)[18] oder Sven Hedins *Die Seidenstraße* (1936),[19] oder aber mit der Reisenarration verwoben sein, wie beispielsweise in Richard Katz' *Funkelnder Ferner Osten* (1931).[20] Eine dritte Gruppe bilden schließlich die primär politisch intendierten Reisen und deren literarische Darstellungen, in denen das Reisen als Erzählgegenstand zugunsten politischer Analysen und Ansichten nur noch nebensächlich zu sein scheint. Diese thematische Schwerpunktverschiebung zum Politischen hat – wie ebenfalls von Schütz und Reif angesprochen – Auswirkungen auf die Darstellungsform und die eingesetzten ästhetischen und rhetorischen Erzählstrategien sowie auf die Rolle des Reiseberichterstatters (und dessen literarische Selbstdarstellung): Der/die Reisende ist nun nicht mehr, wie die China-Berichte zeigen, alleinige ‚Gewährsperson' für das Gesehene und Erfahrene, das seinen/ihren Leser:innen durch die gestiegene Mobilität fortan (zumindest theoretisch) auch selbst zur Erkundung und Bewertung offenstand. Stattdessen konnte er/sie sich nun als kosmopolitische:r Expert:in für die Hintergründe und Zusammenhänge des politischen, ökonomischen und kulturellen Weltgeschehens profilieren. Die vorgenommene Reise der Autor:innen diente also nicht mehr nur dem ‚Sehen' und ‚Erleben' per se, der Bericht nicht mehr nur der Vermittlung dieser Eindrücke. Vielmehr diente die Reise der Authentifizierung der vorgenommenen ‚Interpretationen'. Die Reiseerfahrungen dienen hier nun also ganz ähnlichen Argumentationsstrategien, wie sie sich auch an Tang Leang-lis Reden und Artikeln über das nationalsozialistische Deutschland in China beobachten ließen:[21] Sie legitimieren die getroffenen kulturellen und politischen Aussagen oder dienen zur Anreicherung, Affirmation oder gar Falsifizierung des in verschiedenen Medien bereits zirkulierenden Wissens über das andere Land.

Diese allgemeinen Beobachtungen zur China-Reiseliteratur werfen einige interessante Fragen auf: Warum wählen die Autor:innen China als ihr Reiseziel? Welche Funktion übernimmt China in diesem politischen Kontext? Wie verwerten sie das Erlebte für ihre politischen Analysen und welche Rolle spielen dabei jeweils das zeitgenössische China, Deutschland und das deutsch-chinesische Verhältnis? Welche Darstellungsstrategien nutzen die Autor:innen? Und wie verändert sich durch den Perspektivwechsel die Textsorte Reisebericht?

---

17 Holitscher: Das unruhige Asien.
18 Erich von Salzmann: China siegt. Gedanken und Reiseeindrücke über das revolutionäre Reich der Mitte. Hamburg 1929.
19 Sven Hedin: Die Seidenstraße. Leipzig 1936. Vgl. auch ders.: Von Peking nach Moskau. Leipzig 1924; ders.: Jehol. Die Kaiserstadt. Leipzig 1932 oder ders.: Die Flucht des großen Pferdes. Leipzig 1935.
20 Richard Katz: Funkelnder Ferner Osten. Erlebtes in China – Korea – Japan. Berlin 1931.
21 Vgl. dazu auch das Kapitel 3.3.2. Kontrollierte Informationsvergabe und Konstruktion eines NS-deutschen Selbstbildes.

Diesen und weiteren Fragen werde ich im Folgenden anhand zweier konkreter Beispiele, und zwar den beiden wohl populärsten Reiseautoren der 1920er- und 1930er-Jahre, nachgehen: Colin Ross und Egon Erwin Kisch. Da beide etwa zeitgleich und teils mehrfach China bereist haben, drängt sich eine vergleichende Betrachtung auf. In der Forschung wurde dies bisher jedoch immer wieder nur allzu beiläufig mit geradezu topischen Beschreibungsformeln angemerkt.[22] Dennoch werde ich beide Autoren und ihr Werk in zwei Teilkapitel grundsätzlich getrennt voneinander beobachten, was jedoch sowohl komparative Erkenntnisse abstrakterer Art zwischen den beiden Autoren und ihren Texten als auch Rückschlüsse für andere China-Reiseautor:innen zulässt. Die beiden politisch konträr stehenden Beispiele, Colin Ross ist überzeugter Nationalsozialist, Egon Erwin Kisch parteigebundener Kommunist, lassen sich der von mir aufgestellten dritten Gruppe – der primär politisch intendierten Reisen – zuordnen und sind somit zwar, wie sich zeigen wird, sicherlich – im Sinne Walter Benjamins – ‚extreme Beispiele' innerhalb der China-Reiseliteratur. Doch werden in dieser extremen Form Gestaltungsmittel und -techniken sowie Reportage- und Reiseintentionen und -motivationen auf besonders anschauliche Weise sichtbar. Die beiden ‚extremen Beispiele' lassen also dennoch Rückschlüsse auf die Reiseliteratur allgemeiner und genereller Art zu. Um Aussagen über einen möglichen Wandel der Textsorte treffen zu können – auch im Anschluss an weitere Änderungen nach 1933 –, betrachte ich die Texte der beiden Reiseautoren stets im Abgleich zu ‚traditioneller Reiseliteratur', worunter im Folgenden die von Reif als impressionistisch, ‚bohèmhaften' Texte der flanierenden Weltenbummler um die Jahrhundertwende zu verstehen sind.

---

22 In der Forschung tradiert werden vor allem Zuschreibungen und Vergleiche wie „‚[f]liegender' und ‚rasender' Reporter" (Bodo-Michael Baumunk: Colin Ross. Ein deutscher Revolutionär und Reisender 1885–1945. Berlin 1999 mit Korrekturen 2015, online abrufbar unter http://colinrossproject.net/fileadmin/user_upload/baumunk_colin-ross_online2015.pdf [letzter Zugriff: 8.2.2019], S. 69), „Kisch sah erniedrigte, Ross niedere Wesen" (ebd., S. 72; im Anschluss auch Tobias Nagl: Die unheimliche Maschine. Rasse und Repräsentation im Weimarer Kino. München 2009, S. 357; Bodo-Michael Baumunk: Ein Pfadfinder der Geopolitik. Colin Ross und seine Reisefilme, in: Triviale Tropen. Exotische Reise- und Abenteuerfilme aus Deutschland 1919–1939. Redaktion Jörg Schöning. München 1997, S. 85–94, hier: S. 91). Ein umfassender Vergleich steht bis heute aus, kann aber auch von mir aufgrund des anders gelagerten Forschungsinteresses nicht geliefert werden.

4.1 Colin Ross: Weltpolitische Neuordnung in ns-propagandistischen Reiseberichten

„Es gibt eine Anekdote über Reiseberichterstattung aus China", schreibt Colin Ross[23] im Herbst 1932 und führt diese aus:

> Wer nur ein paar Wochen oder Monate dort weilte, schreibt ein dickes Buch darüber. Nach Jahren wagt man höchstens noch einen vorsichtigen Aufsatz abzufassen, und wer Jahrzehnte dort gelebt, gibt resigniert zu, daß er Land und Volk noch nicht genügend kennt, um eine Meinung darüber zu äußern.[24]

Ross selbst ‚weilte' innerhalb von 17 Jahren mindestens drei Mal für mehrere Monate in China, bereiste das Land nicht nur als Tourist, sondern lebte dort in Gesellschaft von Chinesinnen und Chinesen und ließ seine Kinder ansässige Schulen besuchen. Sich nicht an seine eigene anekdotische Weisheit haltend, rückte Ross China in drei ‚dicken Bücher' ins Zentrum seiner Ausführungen. Hinzukommen einige weitere Bücher, in denen er die Rolle Chinas im weltpolitischen Gesamtzusammenhang erörtert, sowie unzählige Aufsätze, Hörfunkinterviews, Vortragsmanuskripte und vier Kinofilme. Colin Ross war einer der erfolgreichsten reisenden Reporter der 1920er- und 1930er-Jahre.[25] Nachdem 1933 die Publikationen des linksgerichteten und jüdischen Egon Erwin Kisch und des eher auf Unterhaltungsliteratur setzenden, aber gleichfalls jüdischen Autors Richard Katz im NS-Deutschland verboten worden waren, avancierte Ross, der sich selbst als „bis in den letzten Nerv überzeugten Nationalsozialisten"[26] deklarierte, zum erfolgreichsten deutschsprachigen Reiseschriftsteller. Sowohl Kischs diskreditierende Bewertung Ross' als „Nazi-Reportage-Beamten"[27] als auch Kurt Tucholskys Urteil über Ross' Texte – „Das Zeug ist nicht

---

23 Manchmal auch in der Schreibweise „Roß". Sowohl zeitgenössisch als auch in der Forschung finden sich beide Schreibweisen, aufgrund des schottischen Ursprungs des Namens verwende ich die englische Schreibweise.
24 Colin Ross: Der Wille der Welt. Eine Reise zu sich selbst. Leipzig ⁶1932, S. 7.
25 Vgl. auch Andy Hahnemann: Texturen des Globalen. Geopolitik und populäre Literatur in der Zwischenkriegszeit 1918–1939. Heidelberg 2010, S. 93f.
26 Colin Ross: Manuskript einer Rede vor der „Anglo-Geran-Fellowship", 1936, zit. nach: Baumunk: Colin Ross, S. 6.
27 Egon Erwin Kisch: Karl May, Mexiko und die Nazis (1941), in: ders.: Mein Leben für die Zeitung, Bd. 2, hg. von Bodo Uhse und Gisela Kisch. Berlin 1983, S. 456–460 (= Gesammelte Werke in Einzelausgaben, 9), hier: S. 458.

zu lesen – so langweilig ist es"[28] – scheinen nicht die breite Publikumsmeinung widerzuspiegeln. Denn Colin Ross' Texte wurden in den 1920er-Jahren sowohl im rechts- als auch im linkspolitischen Milieu weitgehend positiv rezipiert.[29]

Zurückzuführen ist der Erfolg neben der eingangs erwähnten generellen Popularität der Reiseliteratur in jenen Jahren wohl auf die spezielle Form von Ross' Reiseberichten selbst sowie auf seine Person und verschiedene Vermarktungsstrategien: Die Reisebücher von Colin Ross zeichnen sich dadurch aus, dass sie alle einer bestimmten thematischen Akzentuierung und einem ähnlichen Aufbau folgen, der neben den formalen Kennzeichen – wie Ortsmarken, Datierungen, Karten und Fotografien – zunächst nicht mehr viel mit den ‚traditionellen Reiseberichten', wie man sie um die Jahrhundertwende noch gestaltete, gemein hat.[30] Der Politisierung des Genres entsprechend, steht im Zentrum von Ross' Büchern nicht mehr der ‚Flaneur', sondern – vermeintlich von den Wahrnehmungen inspirierte – politische Analysen Chinas sowie die Einbettung dieser Analysen in einen globalhistorischen Gesamtzusammenhang, gepaart mit prognostischen Thesen zum Weltlauf. Gleicht der Gesamtaufbau der monographischen Reiseberichte noch denjenigen um die Jahrhundertwende, also einer Anordnung nach bereisten Ländern, zumeist der Reiseroute folgend, verändert Ross insbesondere die Gestaltung der nun prinzipiell eigenständigen Kapitel: Von einer szenisch-episodischen Beschreibung des Gesehenen initiiert, werden ausführliche, von der beobachteten Situation losgelöste, politische Analysen angeschlossen, die das bereiste Land abgleichend ins Verhältnis zur politischen, sozialen und gesellschaftlichen Gegenwart Deutschlands setzen.

Popularisiert wurden Ross' Texte vor allem durch eine multiple Vermarktung, die verschiedene Medienformen und -formate bediente und auf das ökonomische Verlagsinteresse abgestimmt war. Seine Bücher erschienen alle beim Leipziger *Brockhaus*-Verlag, der ab 1919 Reiseliteratur zu einem Programmschwerpunkt machte und zum einen mit der kommerzialisierten, neugegründeten Reihe *Reisen und Abenteuer* ein breites Lesepublikum adressierte, zum anderen durch Filmbücher den Einbezug neuer Medien forcierte und auf eine multi- wie intermediale

---

28 Kurt Tucholsky an Mary Tucholsky, 3.7.1927, in: Kurt Tucholsky: Gesamtausgabe, Bd. 18: Briefe 1925–1927, hg. von Renke Siems und Christa Wetzel. Reinbek bei Hamburg 2007, S. 258. Auch in anderen zeitgenössischen literarischen Texten wird die Popularität von Colin Ross' Reiseberichten verhandelt, etwa wenn in Irmgard Keuns *Gilgi – eine von uns* die titelgebende Protagonistin auf die Frage, ob sie denn lese, antwortet: „Jaaa – ich les' Zeitungen, am liebsten die dicken Sonntagsausgaben und den ‚Uhu', und den Remarque hab' ich gelesen, der hat mir gefallen. Und dann les' ich Jack London und Colin Roß und Bengt Berg." (Irmgard Keun: Gilgi. Eine von uns. Berlin [1931] 2018, S. 102).
29 So publizierte Ross während der Weimarer Republik auch vor allem in der *Vossischen Zeitung* und der linksliberalen Wochenschrift *Das Tage-Buch*. Vgl. Nagl: Die unheimliche Maschine, S. 364.
30 Vgl. auch Hahnemann: Texturen des Globalen, S. 104.

Vermarktung und damit das Erreichen möglichst verschiedenartiger Publikumssegmente setzte.[31] Diese „Strategie der Streuung", wie sie Joachim Schätz bezeichnet, verfolgte man auch bei Ross, dessen Reiseerlebnisse in ein „intrikate[s] Auswertungsgeflecht[]"[32] eingebunden wurden: Bereits von Beginn seiner schriftstellerischen Karriere an publizierte er seine Reisebeschreibungen nicht nur in Form serieller Zeitschriftenartikel und in Form von Monographien mit persönlichen Fotografien; er hielt dazu auch Vorträge in verschiedenen Institutionen und gab diverse Hörfunkinterviews, um sowohl einem (populär-)wissenschaftlichen als auch einem kulturinteressierten Publikum seine Thesen zu weltpolitischen Entwicklungen näherzubringen. Darüber hinaus nahm er auf seine Reisen selbst eine Filmkamera mit und bespielte mit dem gefilmten Material die Kinoleinwände, ab Ende der 1920er-Jahre (*Achtung Australien! Achtung Asien!*) sogar zum ersten Mal mit Ton.

Dieser auf Text und Bild setzenden Popularisierung trat die Konstruktion eines gezielten Autorenimages in der Öffentlichkeit an die Seite, die Ross' Persönlichkeit performativ in Szene setzte und ihm durch bestimmte (materielle) Kennzeichen einen höheren Wiedererkennungswert verschaffte:[33] Colin Ross tritt als Reisender wiedererkennbar mit Hut, Anzug und Kamera auf, auf Schritt und Tritt begleitet von seiner Frau und seinen Kindern.

Die Konstruktion und publizistische Distribution dieses Autor-Bildes speiste sich zuvorderst aus verschiedenen Selbstaussagen und passenden Fremdzuschreibungen, die in der medialen Berichterstattung und dem Verlagsmarketing zusammengeführt wurden und vor allem während der NS-Zeit auf ein Image zusteuerten, das Ross als Kopf einer ‚glücklichen deutschen Familie' firmieren ließ, die sich trotz

---

31 Vgl. zu der Reihe ausführlicher Roland Gruschka: Programmpolitik und Layout der Reiseliteratur, in: F.A. Brockhaus 1905–2005, hg. von Thomas Keiderling. Mannheim 2005, S. 107–114 sowie zu den Filmbüchern ders.: Neue Gattungen der Reiseliteratur: Alpinistika und Filmbücher, in: F.A. Brockhaus 1905–2005, S. 114–117.
32 Joachim Schätz: Strategie der Streuung. Das multimediale Geschäftsmodell des Reisefilmers Colin Ross (1885–1945) in den Protokollen des Brockhaus-Verlags, in: Filmblatt 61/62 (2017), S. 104–109, hier: S. 106.
33 Vgl. dazu allgemein, wenngleich nicht explizit auf den ‚Fall Ross' zugeschnitten: Urs Meyer: Tagebuch, Brief, Journal, Interview, Autobiografie, Fotografie und Inszenierung. Medien der Selbstdarstellung von Autorschaft, in: Medien der Autorschaft. Formen literarischer (Selbst-)Inszenierung von Brief und Tagebuch bis Fotografie und Interview, hg. von Lucas Marco Gisi, Urs Meyer und Reto Sorg. München 2013, S. 9–15, v.a. S. 10.

Reisen durch die ganze Welt ihrer Wurzeln bewusst bleibe.[34] Gerade der literarische Reisebericht eröffnete durch seine subjektive, an den Autor als ‚Gewährsperson' rückgebundene Form die Möglichkeiten solcher Inszenierungen. Der Verlag unterstützte die Propagierung dieses Bildes und die angestrebte Verschmelzung von Person und Werk sowohl mit entsprechenden Buchcovern und dem Abdruck von Bildern – etwa, wenn Ross' dreijähriger Sohn im Tropenanzug auf den Schultern eines Afrikaners abgelichtet wurde[35] – als auch mit Buch- und Filmtiteln wie zum Beispiel *Mit dem Kurbelkasten um die Erde* (1926). Formelhafte Redewendungen wie „mit Kind und Kegel" prägten sich den Leser:innen und Zuschauer:innen gleichermaßen als Markenzeichen ein.[36] Zur Etablierung und weiteren Distribuierung des Images trug zudem die Berichterstattung in der deutschsprachigen und internationalen Tagespresse bei, wenn beispielsweise breitenwirksam über den Aufbruch oder die Rückkehr der Familie Ross berichtet,[37] neu erscheinende Bücher als „ein neuer Colin Roß"[38] angepriesen oder ausführlich über die großen und kleinen privaten Alltagsschwierigkeiten der reisenden Familie, etwa den Diebstahl ihres Reisegepäcks,[39] berichtet wurde. Der eigentliche Reisebericht wurde so epitextuell durch weitere Berichte vor- und aufbereitet. Diese personenbezogene Inszenierung brachte

---

34 Vgl. auch Hahnemann: Texturen des Globalen, S. 94f. sowie David Milde: Lernen von den Eskimos. Der Weltfahrer Colin Roß zwischen Moderne und Nationalsozialismus, in: Der Technik-Diskurs in der Hitler-Stalin-Ära, hg. von Wolfgang Emmerich und Carl Wege. Stuttgart, Weimar 1995, S. 146–158, v.a. S. 150.
35 Vgl. Colin Ross: Mit Kamera, Kind und Kegel durch Afrika. Leipzig 1928 sowie das Filmplakat zu Als Dreijähriger durch Afrika. Was der kleine Ralph Colin Roß zwischen Kapstadt und Kairo unter Wilden und wilden Tieren erlebte, abgedruckt in: Illustrierter Film-Kurier 10.945 (1928), [Titelblatt].
36 Zum Beispiel Colin Ross: Mit Kind und Kegel in die Arktis. Leipzig 1928; ders.: Mit Kamera, Kind und Kegel durch Afrika. Leipzig 1928, ders.: Haha Whenua – das Land, das ich gesucht. Mit Kind und Kegel durch die Südsee. Leipzig 1933.
37 Zum Beispiel: [Anonym]: Colin Roß aus Ostasien zurückgekehrt. Mit Kind und Kegel, in: Hamburger Anzeiger 53.25 (1940), S. 2; [Anonym]: Colin Roß aus Spanien zurück, in: Hamburger Anzeiger 49.269 (1936), S. 3; [Anonym]: Von der Weltreise zurück. Aus einer Unterhaltung mit Colin Roß, in: Neuigkeits-Welt-Blatt 67.68 (1940), S. 6; [Anonym]: Colin Roß wieder in Deutschland, in: Kleine Volkszeitung 86.30 (1940), S. 2; [Anonym]: Colin Roß wieder in Deutschland, in: Neues Wiener Tagblatt (1940).
38 [Anonym]: Ein neuer Colin Roß, in: Hamburger Anzeiger 43.262 (1930), S. 35. Vgl. auch V.: [Rez.] Der neueste Roß, in: Rigasche Rundschau 273 (1933), S. 6.
39 Vgl. [Anonym]: Schriftsteller Colin Roß – bestohlen, in: Tages-Post, 25.9.1928, S. 5f.; [Anonym]: Diebstahl eines wertvollen Autokoffers, in: Ybbstal Zeitung, 29.9.1928, S. 14; [Anonym]: Zum Diebstahl an Colin Roß, in: Tages-Post, 3.10.1928, S. 5; [Anonym]: Ein Nachtrag zum Kofferdiebstahl im Hotel Sinner, in: Ybbstal Zeitung, 6.10.1928, S. 12; [Anonym]: Das Amstettener Abenteuer Colin Roß'. Der Dieb seines Koffers ausgeforscht, in: Reichspost, 11.10.1928, S. 8; [Anonym]: St. Pölten. Der Diebstahl an dem Weltreisenden Colin Roß', in: Tages-Post, 15.11.1928, S. 12.

mit sich, dass sich diverse Mythen um Ross rankten: So spekulierte man in der deutschen Presse immer wieder über eine vermeintliche jüdische Abstammung seiner Frau,[40] diskutierte international darüber, ob er vielleicht doch als „Nazi Spion" für militärische Angelegenheiten nach Amerika reiste,[41] und selbst um seinen Tod kursieren verschiedene Legenden. Bevor ich mich diesem aufeinander abgestimmten Konglomerat von Werk, Person und Beiwerk genauer zuwende, seien zunächst noch einige wesentliche biographische Fakten zusammengetragen.

1885 in Wien geboren, studierte Colin Ross in Berlin und München Ingenieurwissenschaften sowie Geschichte und Wirtschaft in Heidelberg, unter anderem bei Lujo Brentano, Max Weber sowie dessen Nachfolger Eberhard Gothein. Vor allem der Kulturhistoriker und Nationalökonom Gothein, bei dem Ross 1910 mit einer Arbeit zu den *Produktionsbedingungen der Seewerke und ihre[r] Entwicklung* promovierte, hatte wohl großen Einfluss auf das weltpolitische sowie kulturhistorische Denken von Colin Ross. Im Anschluss an die akademische Qualifikation intensivierte er seine bereits während des Studiums begonnenen journalistischen Tätigkeiten, war im Balkankrieg, der Revolution in Mexiko und im Ersten Weltkrieg als Kriegsberichterstatter für die Presseabteilung des militärischen Oberkommandos tätig und lernte so früh die Formen und Funktionen politischer und propagandistischer Berichterstattung. In der Novemberrevolution engagierte sich Ross aktiv in

---

40 Vgl. Jochen von Lang: Der Hitler-Junge. Baldur von Schirach. Der Mann, der Deutschlands Jugend erzog. Hamburg 1988, S. 256 sowie dazu Baumunk: Colin Ross, S. 96, Anm. 266. Lang deutet Colin Ross generell als von den Nationalsozialisten kritisch beäugt wegen seiner Rolle in der Novemberrevolution, seinem Austausch mit anderen Kulturen, seinem Rassenverständnis sowie seiner ausländischen Vorfahren und „jüdischen Frau". Das meiste ist wohl nicht zutreffend.
41 Vgl. Griffling Bancroft Jr.: Intrigue of Alleged Nazi Spy Disclosed. Dies Committee Names German Lecturer, Author as Master Mind, in: The Lima News, 27.12.1939, S. 13; AP: Members Dies Group Brand German Spy, in: Cumberland Evening Times, 28.12.1939, S. 1f.; UP: Dies Inquiry Asks Barring of Nazi Spy, in: Syracus Journal, 28.12.1939; [Anonym]: Dies Probers Would Close Door on ‚Spy', in: Borger Daily Herald 28.12.1939, S. 6; [Anonym]: Dies Charges German Doctor with Espionage, in: The Mexia Weekly Herald, 29.12.1939, S. 1; [Anonym]: Espionage Allered, in: The News, 29.12.1939, S. 1; [Anonym]: Nazi Lecturer in United States Unmasked. Spy who „Doctored" Photographs, in: Nottingham Evening Post, 29.12.1939, S. 8; [Anonym]: Ross as Spy, in: Escher Tageblatt, 29.12.1939, S. 4; AP: Bar Colin Ross for Propaganda, Dies Group Asks: German Spy in Last War, Committee Report, in: Chicago Daily Tribune, 29.12.1939, S. 11; [Anonym]: Dies Says Nazi took Spy Film, in: The Shamrock Texan, 4.1.1940, S. 8; [Anonym]: Spy Change, in: The Dension Press, 4.4.1940, S. 4; AP: Nazis Protest Spy Label for German Author. Embassy Sends Denial of Charges to Dies Committee, in: The Capital Times, 30.8.1940, S. 2; [Anonym]: Colin Ross Denies He's a Nazi Spy, in: The Milwaukee Journal, 30.8.1940, S. 12.

den Arbeiter- und Soldatenräten,[42] da ihm – wie er in einem Schreiben an Reichspräsident Friedrich Ebert 1920 bekannte – „[s]eit dem Jahre 1916 [...] von Monat zu Monat klarer [wurde], daß im Gefolge des Krieges eine radikale Umwandlung aller politischen und sozialen Verhältnisse eintreten müsse", und weiter: „Aus einem bisher unpolitischen Mann wurde ich ein überzeugter Sozialist."[43] In der Folge wanderte er zunächst nach Südamerika aus, wo seine ersten monografischen Reiseberichte (*Südamerika, die aufsteigende Welt*)[44] entstanden, bevor er 1923 schließlich die erste große Reise antrat und daraufhin über 17 Jahre lang immer wieder, meist in Zusammenarbeit mit dem Auswärtigen Amt, alle Kontinente teils mehrfach bereiste und das Erlebte seinem deutschen (und teils auch internationalen)[45] Publikum berichtete. Die politisch-institutionelle Anbindung wollte er auch nach 1933 aufrechterhalten. 1934 traf er hierfür zum ersten Mal Adolf Hitler persönlich und berichtete in der *Berliner Morgenpost* euphorisch, dass er ihm zwar „zunächst mit einer gewissen Skepsis gegenübergetreten" sei, nun jedoch „nicht nur als Deutscher, sondern auch als ein Mann, der die ganze Welt kennt, der sie 25 Jahre bereist und studiert hat, aus innerster Überzeugung den Menschen Adolf Hitler wie sein Werk bejahe."[46] Die Unterstützung des „Werk[s]" sowie vor allem die Fokussierung auf den „Menschen Adolf Hitler" werden in Ross' Texten zu wiederkehrenden Motiven. Bis Mitte der 1930er-Jahre war Ross gemeinsam mit Baldur von Schirach aktiv in der nationalsozialistischen Jugendausbildung tätig, dennoch dauerte es noch bis ins Jahr 1940, bis Goebbels Ross tatsächlich – wie er in seinem Tagebuch festhält – als „versierte[n] Amerikakenner"[47] in Propagandafragen zurate ziehen, ihn gar

---

42 Vgl. dazu auch Ross' Berichte zur Revolution sowohl in der von ihm mitherausgegebenen Zeitschrift *Die Volkswehr* als auch Colin Ross: Die ersten Tage der Revolution, in: Das Tagebuch 1.6 (1920), S. 208–214, 1.7 (1920), S. 246–252 und 1.8 (1920), S. 282–288. Im Vordergrund seiner Ausführungen steht immer wieder das Fehlen einer starken Führungspersönlichkeit sowie die Rolle der Soldaten, welchen er die Hauptfunktion in der Revolution zuspricht.
43 Colin Ross an Friedrich Ebert, 7.5.1920, zit. nach: Baumunk: Colin Ross, S. 23f.
44 Colin Ross: Südamerika, die aufsteigende Welt. Leipzig 1922.
45 Neben den auf seinen Reisen gehaltenen Vorträge im Ausland wurden auch seine Bücher zum Teil – vor allem in Sprachen der NS-Verbündeten – übersetzt, zum Beispiel *Amerikas Schicksalsstunde* ins Italienische (1938), *Die westliche Hemisphäre* ins Serbische (1943) sowie auch *Das Neue Asien* ins Italienische (1942), Norwegische (1944) und Französische (1944). Noch 1990 wurde *Das Neue Asien* gar ins Japanische übersetzt.
46 Colin Ross: Besuch bei Adolf Hitler, in: Berliner Morgenpost, 20.4.1934.
47 Tagebucheintrag vom 20.8.1940, in: Die Tagebücher von Joseph Goebbels, Teil 1, Bd. 8, hg. von Elke Fröhlich. München 1998, S. 281. Vgl. dazu auch die Niederschrift eines Gesprächs zwischen Ross und Hitler in Max Domarus: Hitler. Reden und Proklamation 1932–45, Bd. 2.1, kommentiert von einem deutschen Zeitgenossen. München 1965, S. 1482f.

ins Ministerium berufen sowie auf organisierte Reisen schicken sollte.[48] Der hergestellte Kontakt scheint jedoch aufgrund eines von Ross 1943 in Salzburg gehaltenen Vortrags mit dem Titel *Lieber sterben als unterliegen*, in dem er vor einer drohenden Kriegsniederlage warnte, abgerissen zu sein. Der Vortrag wurde zwar in den Medien hochgelobt und offensichtlich nicht als ns-kritisch wahrgenommen,[49] allerdings urteilte Goebbels, dass Ross sich als „großartiger Wahrheitsfanatiker aufgespielt und zum Teil auch eine durchaus unangebrachte Kritik an der deutschen Führung ausgeübt[!]" habe, und droht in seinem Tagebuch: „Ich werde ihm das Handwerk legen."[50]

Zwei Jahre später machte Ross mit seiner in Salzburg nur theoretisch erörterten Entscheidung zwischen Tod oder Niederlage ernst, was zur weiteren Mythisierung seiner Person beitrug. In Erwartung der heranrückenden Amerikaner begingen er und seine Frau Ende April 1945 Suizid und hinterließen einen Abschiedsbrief unter anderem mit folgenden Worten:

> Ich gehe aus dem Leben, weil ich die Niederlage Deutschlands und vor allem den Zusammenbruch einer Idee, für welche Millionen gläubig und reinen Herzens in den Tod gingen, weder überleben kann noch will...[51]

Zudem habe er Anweisungen gegeben, ihn und seine Frau in zwei bereitgestellte Zeltbahnschlafsäcke im Garten von Schirachs Ferienhaus am Walchensee, wo sie sich damals aufhielten, zu begraben. In ihren Memoiren von 1956 beschreibt Henriette von Schirach, eine Freundin der Familie, dass Ross die drohenden Konsequenzen für NS-Funktionäre kommen sah und deshalb am Vorabend seines Todes zu ihr gesagt habe: „Du verstehst doch, daß wir sterben wollen. [...] Internierungslager ist kein guter Schluß für ein Reiseleben."[52] Die Zuverlässigkeit der Quelle ist natürlich in Frage zu stellen, doch die Dramatik des Berichts ist symptomatisch und hatte einen ebenso dramatischen Vorlauf: Im Juni 1949 gab *Der Spiegel* bekannt,

---

48 Vgl. dazu die Tagebucheinträge vom 15.3.1940, 5.9.1940, 11.9.1940, 21.1.1941, 23.4.1942 sowie 30.4.1942, in: Die Tagebücher von Joseph Goebbels, Teil 1, Bd. 8. Vgl. zu Colin Ross' Rolle im deutschamerikanischen Verhältnis weit kritischer auch Philipp Gassert: Amerika im Dritten Reich. Ideologie, Propaganda und Volksmeinung 1933–1945. Stuttgart 1997, S. 108–111.
49 Vgl. S.: „Lieber sterben als unterliegen". Colin Roß: Kenntnis der Welt und Ernst des Lebens, in: Salzburger Zeitung, 23.2.1943.
50 Tagebucheintrag vom 20.3.1943, in: Joseph Goebbels: Die Tagebücher von Joseph Goebbels, Teil 2, Bd. 7, hg. von Elke Fröhlich. München 1993, S. 592.
51 Zit. nach [Anonym]: Wir dürfen nicht verlieren, in: Der Spiegel 30.6.1949.
52 Henriette von Schirach: Der Preis der Herrlichkeit. Erfahrene Zeitgeschichte. München, Berlin ²1975, S. 19.

dass laut *Abendpost* zwei „[d]urch Südamerika streunende Reporter [...] Globetrotter Roß zwischen der Castillo Corero und Sarmiento in Buenos Aires entdeckt" hätten.[53] Auch nach seinem vermeintlichen Freitod lebte mithin die ‚Legende Ross' weiter und die Presse konnte sein abenteuerliches Image weiter entfalten. In den Medien der späten 1940er- und frühen 1950er-Jahren tauchten nicht nur unterschiedliche Orts- und Datumsangaben für den Tod von Ehepaar Ross auf, es kursierten zudem anhaltend Spekulationen über ihr Weiterleben im zuvor viel bereisten Ausland. Auch für andere NS-Funktionäre gab es bekanntlich Spekulationen dieser Art – nicht immer waren sie unbegründet.

Unabhängig von dieser ‚Nachgeschichte' finden sich in Ross' Lebenslauf drei politische Phasen oder Vorkommnisse, die auf den ersten Blick nicht mit seiner Vorzeigerolle als NS-konformer Reiseschriftsteller vereinbar scheinen: seine Rolle in der Novemberrevolution und die vermeintlich kritische Rede, die ihm Goebbels Misstrauen einbrachte. Seine sozialistische Phase wurde zwar zeitgenössisch relevant, als er sich für die NS-Propagandaarbeit einspannen lassen wollte, scheint aber letztlich kein Hindernis dargestellt zu haben. Der Ross-Biograph Bodo-Michael Baumunk kommt deshalb zu der Einschätzung, dass die „Richtungswechsel in seiner politischen Biographie [...] bei näherem Hinsehen nicht wirklich welche"[54] waren, und attestiert Ross einen „regimeresistenten Kern", da er „sich als Nationalsozialist so auffällig vom vorherrschenden Personal des Dritten Reiches und dessen Denkweisen unterschied".[55] Sein 1933 beginnendes Engagement für die Nationalsozialisten wertet Baumunk zwar als „Sinneswandel" und „Überwechseln zum Nationalsozialismus",[56] doch in der Biographie werden Ross' Aktivitäten für die Nationalsozialisten immer wieder relativiert. Im Anschluss an Baumunk deutete auch Adrián Herrera Fuentes Ross' Positionierung zum Nationalsozialismus als „widersprüchlich und opportunistisch" und nur als Versuch, sein „eigenes politisches Programm" an den NS „anzupassen", da er „bis Anfang der 30er-Jahre [...] Anti-Nazi" gewesen sei.[57] Die für diese Bewertung herangezogenen politischen Momente in Ross' Biographie als inkongruent zu deuten und ihn deshalb zum Opportunisten

---

53 Vgl. [Anonym]: Wir dürfen nicht verlieren. In einem Beitrag in der schottischen Zeitung *The Courier* sprach man zur gleichen Zeit davon, dass in der nationalsozialistischen Zeitschrift *Der Weg*, welche in Argentinien produziert wurde, ein von Colin Ross unterzeichneter Beitrag erschienen sei. Vgl. [Anonym]: German Suicides, in: Courier and Advertiser, 14.6.1949, S. 3.
54 Baumunk: Colin Ross, S. 6.
55 Ebd., S. 5f.
56 Ebd., S. 79.
57 Adrián Herrera Fuentes: „Dieses merkwürdige Land zwischen den amerikanischen Wendekreisen". Deutsche Reiseliteratur über Mexiko im Nationalsozialismus. Colin Ross (1937) und Josef Maria Frank (1938). Frankfurt am Main 2016, S. 83f.

mit ,gutem Kern' zu erklären, scheint mir jedoch nur dann plausibel zu sein, wenn man den Nationalsozialisten ein klares, in sich stimmiges Weltbild zuschreibt, das zudem keine Schnittmengen zu anderen politischen Richtungen zulässt. Dass diese These nicht haltbar ist, hat die jüngere NS-Forschung überzeugend gezeigt.[58] Darüber hinaus weisen, wie auch in der Folge ersichtlich wird, Ross' Texte aus den frühen 1920er-Jahren einige charakteristische Affinitäten zu den rechtskonservativen und rechtsradikalen Weltanschauungskomponenten auf, aus denen sich die aufstrebenden Nationalsozialisten bedienten. Das betrifft vor allem rassentheoretische und rassistische Vorstellungen, denen Ross durchaus nahestand. Dies macht ihn nicht zum ,Protofaschisten' oder Nationalsozialisten, doch eine ,Anpassung' seiner Überzeugungen an das rassistische Programm der Nationalsozialisten war nicht notwendig. Vielmehr kann man wohl davon ausgehen, dass er wie viele andere Deutsche mit antidemokratischen, rechten politischen Ansichten nach der NS-Machtübernahme eine ausreichende weltanschauliche Übereinstimmung mit den Nationalsozialisten ausmachte und das neue Regime daher bereitwillig – und das mit zunehmender Überzeugung – unterstützte.[59]

Im Folgenden soll es mir aber nicht um eine Klärung dieser biographischen Frage, geschweige denn um eine Diskreditierung seiner politischen Überzeugungen und Handlungen gehen. Im Zentrum meines Interesses steht vielmehr die Form seiner Reiseberichterstattung sowie das in den Berichten entworfene Weltbild, insbesondere seine Ansichten zu China und Asien. Die bisherige Forschung verhandelt vor allem aus kultur- und filmwissenschaftlicher Perspektive die Person Colin Ross und die medialen Vermarktungsstrategien sowie aus literaturwissenschaftlicher Perspektive die Darstellungen einiger der von ihm bereisten Orte.[60] Ein von 2015 bis 2017

---

58 Vgl. z.B. Ulrich Herbert: Wer waren die Nationalsozialisten? Typologien des politischen Verhaltens im NS-Staat, in: Karrieren im Nationalsozialismus. Funktionseliten zwischen Mitwirkung und Distanz, hg. von Gerhard Hirschfeld und Tobias Jersak. Frankfurt am Main 2004, S. 17–44.
59 Vgl. auch Hahnemann: Texturen des Globalen, S. 101.
60 Vgl. die vor allem aus kulturwissenschaftlicher Perspektive entstandene Biographie zu Ross: Baumunk: Colin Ross sowie die vor allem auf die Filme von Colin Ross' konzentrierten Arbeiten von Nagl: Die unheimliche Maschine, S. 350–369; Bodo-Michael Baumunk: „Eine Reise zu sich selbst". Der Drehbuchautor Colin Ross, in: G.W. Pabst, hg. von Wolfgang Jacobson. München 1997, S. 169–174; Baumunk: Ein Pfadfinder der Geopolitik. Vor allem in Hinblick auf Vermarktungsstrategien und dem Einsatz verschiedener Medien vgl. Schätz: Strategie der Streuung; Katalin Teller: Der Weltreisende Colin Roß vor deutschem und österreichischem Publikum. Massenkulturelle Vermarktung von Kriegserfahrung und Abenteuer (1912–1938). Frankfurt am Main 2017; Nico de Klerk: Zum Stillstand kommen. Text und Bild in den Reisebüchern von Colin Roß, in: Fotogeschichte 38.147 (2018), S. 23–30 sowie Siegfried Mattl: „Space without People". Austro-German Filmmaker, Bestselling Author, and Journalist Colin Ross Discovers Australia, in: Journeys. Special Issue 2.17 (2016), S. 5–22. Aus literaturwissenschaftlicher Perspektive liegen zu Ross' Texten bisher folgende

gefördertes Projekt am *Ludwig Boltzmann Institut für Geschichte und Gesellschaft* konzentrierte sich auf „die kritische Interpretation des Beziehungsgeflechtes von Weimarer Populärkultur und ideologischen Kontexten, wie es in Ross' Filmen zutage tritt", und hat die bis dahin nur sehr rudimentäre und allein aufgrund des umfangreichen und multimedialen Œuvres bis heute keineswegs ausgeschöpfte, Forschung zu dem NS-Bestseller-Autor auf verdienstvolle Weise so intensiviert,[61] dass man sich nun auch spezielleren Fragestellungen zuwenden kann.

Ausgehend von Andy Hahnemanns instruktiven Ausführungen zum Zusammenhang von Geopolitik und Populärliteratur der Zwischenkriegsjahre, den er u.a. am Beispiel Ross erörtert,[62] werde ich im Folgenden die drei Reiseberichte über den asiatischen Raum ins Zentrum meiner Ausführungen stellen: Ross' bereits 1924 veröffentlichten (4.1.1.) und im Jahr 1936 überarbeiteten Bericht *Das Meer der Entscheidungen* (4.1.2.) sowie seinen letzten Asienbericht *Das Neue Asien* aus dem Jahr 1940 (4.1.4). Eine historische, werkgeschichtliche und theoretische Kontextualisierung (4.1.3) soll dazu beitragen, die von Ross dargebotenen (politischen) Bestandsaufnahmen und prognostizierten Entwicklungen vor allem in Bezug auf China, aber auch hinsichtlich dessen Verhältnis zu Japan und Deutschland, zu rekonstruieren und zu verorten. Über das entworfene China- und Asienbild inhaltlich hinausgreifend, stelle ich, am Beispiel *Das Neue Asien*, aus einer genuin literatur- und buchwissenschaftlichen Perspektive Fragen nach der literarischen Gestaltung der Texte, nach deren ästhetischen Gemachtheit und der Funktion der Literarisierung. Exemplarisch lässt sich an den drei Berichten zeigen, dass – so eine meiner Leithypothesen – Ross' politische Anschauungen sich sukzessive radikalisieren, diese in einem von ihm selbst entworfenen, für die zeitgenössischen Debatten aber charakteristischen Modell der Weltentwicklung aufgehen und er die propagandistische Nutzung dieses Modells nahezu ausschließlich über das Genre der Reiseliteratur verfolgt.

Arbeiten vor: Milde: Lernen von den Eskimos sowie Nicole Pissowotzki: Colonial Fantasies, Narrative Borders, and the Canadian North in the Works of Germany's Colin Ross (1885–1945), in: Nordlit 24 (2009), S. 81–97. Im Kontext anderer Reiseautor:innen diskutieren unter anderem auch Ross: Charlotte Heymel: Touristen an der Front. Das Kriegserlebnis 1914–1918 als Reiseerfahrung in zeitgenössischen Reiseberichten. Berlin, Münster 2007; Fuentes: „Dieses merkwürdige Land zwischen den amerikanischen Wendekreisen" sowie Hahnemann: Texturen des Globalen.

61 Siehe die Projektvorstellung: https://geschichte.lbg.ac.at/welterkundung-zwischen-den-kriegen-reisefilme-des-colin-ross-1885-1945/projekt-colin-ross (letzter Zugriff: 8.2.2019). Besonders wertvoll ist die zugehörige Projektwebsite, die neben zahlreichen Informationen und kleineren Fallstudien zu Colin Ross eine Bibliothek inkl. nahezu vollständiger Bibliographie und Textscans enthält: http://www.colinrossproject.net (letzter Zugriff: 8.2.2019).

62 Vgl. Hahnemann: Texturen des Globalen, zu Ross S. 89–103.

4.1.1 Chinas „Weg aus den Wirren": *Das Meer der Entscheidungen* (1924)

Im Jahr 1924 trat Colin Ross, wohl finanziert von der linksliberalen Tageszeitung *Berliner Börsen-Courier*, die mehrere Autoren-Reisen unterstützte,[63] gemeinsam mit seiner Familie seine erste große interkontinentale Reise an, die ihn nach Amerika, Japan, Korea, die Mandschurei, China und auf die Philippinen führte. Die im *Berliner Börsen-Courier* begleitend zur Reise publizierten Reisebeiträge wurden noch im selben Jahr gesammelt und um weitere, bisher unveröffentlichte Teile ergänzt in Buchform mit dem reißerischen Titel *Das Meer der Entscheidungen. Beiderseits des Pazifik* im *Brockhaus*-Verlag inklusive einiger eigens angefertigter Fotografien[64] veröffentlicht. Die Wahl des zweiteiligen Titels deutet zwar einerseits textsortenüblich durch die geographische Bestimmung auf das Reisen selbst hin, andererseits wird jedoch eine spezifische Perspektive des Reisenden signalisiert, die sich – wie Ross dann im Vorwort konturiert – vornehmlich auf Politisches konzentriert. So deutet er den Pazifik, „das Meer der Entscheidungen", als künftigen „machtpolitische[n] Mittelpunkt der Erde",[65] da sich hier, am Verbindungsstück zwischen Amerika und Asien, der weitere politische Weltlauf entscheiden werde.

Es sollte nicht nur bei dieser ‚doppelten' Verwertung des Reisematerials bleiben, sondern – wie oben ausgeführt – eine Maschinerie der Mehrfachverwertung zur „Streuung" anspringen: Schon ein Jahr nach der Buchpublikation fand die Premiere des ersten Films von und über Colin Ross statt, der sich ebenfalls auf das auf dieser Reise gesammelte Material stützt: Der von Hans Neumann produzierte Film *Mit dem Kurbelkasten um die Erde* fokussiert weit mehr das Reisen selbst, während politische Inhalte in den Hintergrund treten. Der Film fand ein breites, sehr positiv ausfallendes Echo in der deutschen Tagespresse,[66] was womöglich auch dazu bei-

---

63 So gab es bereits zwischen Januar und Oktober 1924 mehrere Vorabdrucke zur Reise ‚von unterwegs' im *Berliner Börsen-Courier*, die jeweils mit dem Titel „Die Weltreise für den Berliner Börsen-Courier" versehen waren.
64 So ein in Klammern gesetzter Hinweis vor dem Abbildungsverzeichnis: „nach Aufnahmen des Verfassers mit Mentor-Spiegel-Reflexkamera mit Zeiß-Tessar" (Colin Ross: Das Meer der Entscheidungen. Leipzig 1924, S. 11).
65 Ross: Das Meer der Entscheidungen (1924), S. 3.
66 Vgl. z.B. K. Gl.: [Rez.] Mit dem Kurbelkasten um die Erde, in: Berliner Morgenpost, 4.1.1925; C.F.P.: [Rez.] „Reise um die Erde", in: Die Filmwelt 11 (1925), S. 10f.; [Anonym]: [Rez.] Colin Roß Reise um die Erde, in: Reichspost, 14.6.1925, S. 13; jott: [Rez.] Colin Roß: Mit dem Kurbelkasten um die Erde (Kammerlichtspiele), in: Filmkurier, 3.1.1925; [Anonym]: [Rez.] Colin-Roß-Film, in: Die Weltbühne, 6.1.1925, S. 64; Dr. M.l.: [Rez.] Der Journalist als Kameramann. Zur Uraufführung des Colin-Roß-Films der Neumann-Produktion in den Kammerlichtspielen, in: Lichtbild-Bühne 1 (1925), S. 16f. Beachte aber auch eine der wenigen kritischen Besprechungen von Kurt Pinthus, die aber mehr das Medium Film

trug, dass Ross ebenfalls noch im gleichen Jahr ein „hoffentlich gleichzeitig amüsante[s] und lehrhafte[s]" Film-Bild-Buch gleichen Titels publizierte, das – wie das Vorwort verdeutlicht – „Kinoersatz und Kinoergänzung wie Buchersatz und Buchergänzung" sein solle, indem durch ein ausgewogenes Text-Bild-Verhältnis „Bild und Wort zu einem organischen Ganzen" werden sollen.[67] Das gesammelte Material findet sich demnach innerhalb der folgenden zwei Jahre nach der Reise in Zeitungen, Büchern, Foto-Büchern und auf Kinoleinwänden mit Sicherheit ergänzt um Vorträge, Lesungen und Interviews und wird so medial auf verschiedensten Wegen und Kanälen ausgewertet, verarbeitet und inhaltlich jeweils am intendierten Adressat:innenkreis ausgerichtet.

Im Folgenden konzentriere ich mich auf die Buchpublikation, die bereits die für Ross' Publikationen dann typisch werdende Gestaltung aufweist: Der Umschlag sowie auch der Einband des Buches wurden von dem Grafiker Georg Baus (1889–1971) entworfen, der für mehrere Verlage Auftragsarbeiten als Buch- und Werbekünstler übernahm und auch in der Folgezeit die im *Brockhaus*-Verlag erschienenen Reisebücher von Ross in Absprache mit dem Autor gestaltete.[68] Wie der Titel lässt auch die äußere Buchgestaltung zunächst nicht direkt auf einen Reisebericht schließen:

---

per se kritisiert: Kurt Pinthus: [Rez.] Colin Ross Weltreisefilm, in: Das Tagebuch 2 (1925), S. 68: „Tröstlich und zauberisch am Schluß Bilder von der Märcheninsel Bali, dem anscheinend (noch) glücklichsten Punkt der gesamten Erdoberfläche, die nun bald jedermann, zu einem Kurbelstreifen aufgerollt, in der Tasche mit sich herumtragen kann. Erdbeschreibungsbücher wird es bald nur noch für Gelehrte geben; für alle anderen: die Welt im Film. Bravissimo Colin Ross!"
67 Colin Ross: Mit dem Kurbelkasten um die Erde. Ein Film-Bild-Buch. Berlin 1925, o.S.
68 Vgl. Teller: Der Weltreisende Colin Roß, S. 46, Anm. 87. Vgl. dazu in verkürzter Version auch schon Katrin Hudey: Visuelle Suggestionen: Fotografie und Reisebeschreibung in Colin Ross' Chinareportagen, in: Bildforschung aus interdisziplinärer Perspektive, hg. von Fan Jieping und Liu Yongqiang. Hangzhou 2021, S. 263–287, hier: S. 270.

Abb. 2: Buchumschlag *Das Meer der Entscheidungen* (Quelle: Ludwig-Boltzmann Institut für Geschichte und Gesellschaft).

Der gezeichnete Schutzumschlag zeigt die Erdkugel so gedreht, dass der Pazifik frontal den Betrachter:innen gegenüber steht und die ‚beiden Seiten des Pazifiks' – Amerika und Asien – sich rechts und links in rotbraun unterlegter Farbe anschließen. Die den Erdteilen verliehene Farbe wird im am oberen Bildrand unter dem Autorennamen gesetzten Titel und Untertitel wieder aufgegriffen. Eine von oben vertikal ausgerichtete, in Relation zur Erdkugel überdimensional große rechte Hand mit ausgestrecktem Zeigefinger, über der horizontal das Titelwort „Entscheidungen" prangt, zeigt in die Mitte des Pazifiks und symbolisiert sowohl durch das Größenarrangement im Verhältnis zum Titel als auch durch die Evokation göttlicher oder zumindest allmächtiger, schicksalhafter Vorstellungen, die politische Bedeutung, die Ross mit dem geographischen Ort verknüpft sehen will. Sowohl am Buchrücken wie auch am Leineneinband finden sich ein asiatisches Stadttor und ein Wolkenkratzer, die symbolisch die ‚beiden Seiten des Pazifiks' darstellen. Dass es sich im vorliegenden Fall um einen Reisebericht handelt, ist für die Leser:innen allein anhand der äußeren Buchgestaltung – so lässt sich annehmen – nicht intuitiv ersichtlich; auf gängige Symbole und stereotype Zuschreibungen zu den bereisten Ländern, die meisten auf den Schutzumschlägen der Reisebeschreibungen zu sehen sind, sowie auf das Aufrufen von exotischen, fremden Bildern wird zugunsten einer Akzentsetzung auf das beschreibende, analytische und primär politische Anliegen des Autors (wie er es im Vorwort dann verbal konkretisiert) verzichtet. Anders auf den Innenseiten der Buchdeckel, die in weiß auf blauem Untergrund gezeichnet sowohl das am Buchrücken sich findende Stadttor und die Wolkenkratzer als auch Long, den chinesischen Drachen und damit das wohl im deutschsprachigen Raum bekannteste Fabeltier der chinesischen Mythologie, zeigen.

Der Aufbau des Buches erweist sich, wie ein vergleichender Blick auf die nachfolgenden Publikationen des Autors zeigt, als typisch für Ross: Noch vor dem Titelblatt ist bereits eine erste Fotografie eingebunden. Der Titelei folgt dann ein kurzes Vorwort des Verfassers, das den Titel expliziert und gegenwartspolitisch kontextualisiert. Auch inhaltlich weicht Ross hier also von der üblichen Gestaltung von Reiseberichten ab: In der Regel nutzen Autor:innen Einleitungen zumeist dazu, die Leser:innen über den Reiseverlauf, die Wahl der bereisten Orte, die Intention und die Schreibpraxis sowie gegebenenfalls – je nach Bekanntheitsgrad des Reporters/der Reporterin – über sich selbst aufzuklären.[69]

Bei Ross folgt dem Vorwort ein nach den bereisten Ländern gegliedertes, der Reisechronologie folgendes Verzeichnis, ergänzt um ein Abbildungsverzeichnis: Gemeinsam geben sie Aufschluss über den folgenden Inhalt. Die sieben Großkapitel,

---

[69] Vgl. dazu z.B. auch Bernhard Furler: Augen-Schein. Deutschsprachige Reportagen über Sowjetrußland 1917–1939. Frankfurt am Main 1987, S. 25–32.

die zusätzlich in kleinere, durchnummerierte Unterkapitel gegliedert sind, umfassen Amerika (Kap. *I. Amerika*, Unterkap. 1–17) auf der einen Seite, den Pazifik (Kap. *II. Der Pazifik*, Unterkap. 18–19) als Verbindungsstück und schließlich Asien (Kap. *III. Japan* [Unterkap. 20–38], *IV. Korea* [Unterkap. 39–42], *V. Die Mandschurei* [Unterkap. 43–46], *VI. China* [Unterkap. 47–57] und *VII. Die Philippinen* [Unterkap. 58–59]) auf der anderen Seite. Allein die quantitativen Textverhältnisse deuten demnach eine Akzentsetzung auf den asiatischen Teil an.

Was erfahren die Leser:innen nun über die von der Familie Ross bereisten Orte? Auf szenische Landschaftsbeschreibungen oder das Erzählen persönlicher Erlebnisse wird im Kapitel zu Amerika (mit Ausnahme des Einstiegs)[70] nahezu gänzlich verzichtet. Stattdessen füllen eine diagnostische Zustandsbeschreibung der amerikanischen Gesellschaft sowie Reflexionen gegenwärtiger und bevorstehender politischer Veränderungen die gut 90 Druckseiten. Besonders auffallend ist in diesen Teilen die rassentheoretische Grundierung von Ross' Ausführungen, etwa in einem Teilkapitel mit dem Titel *Die Negerfrage in den Vereinigten Staaten*.[71] Ross deutet Amerika als den zentralen Ort des Aufeinandertreffens der ‚weißen' und der ‚farbigen Rasse', hier sei die „Negerfrage das eine große Problem",[72] das – so seine Hypothese – „mit Sicherheit" in ein „akutes Stadium" eintreten werde.[73] Auch in den Asien gewidmeten Teilen des Buchs ist diese rassistisch konnotierte Wahrnehmung latent vorhanden, tritt aber nicht so stark in den Vordergrund wie in den Passagen zu Amerika. Ross reagiert damit auf ein (inter-)national virulentes Thema, gründeten sich doch Anfang des 20. Jahrhunderts verschiedene eugenische Bewegungen in den USA, Deutschland und Großbritannien, die über die Landesgrenzen hinweg auch einen internationalen Austausch pflegten.[74] Ross sieht die Europäer hier vorangehen, während man in der amerikanischen politischen Öffentlichkeit noch die „Vogel-Strauß-Politik" verfolge.[75] Doch die „Rassenfrage" spiele „im Unterbewußtsein des einzelnen sowohl wie des ganzen Volkes [...] bereits eine bedeutsame Rolle"; ihre Lösung, für die Ross mehrere

---

70 Vgl. Ross: Das Meer der Entscheidungen (1924), S. 17f.
71 Vgl. ebd., S. 90–94.
72 Ebd., S. 91.
73 Ebd., S. 93.
74 Vgl. dazu Stefan Kühl: Die Internationale der Rassisten. Aufstieg und Niedergang der internationalen eugenischen Bewegung im 20. Jahrhundert. Frankfurt am Main, New York ²2014.
75 Ross: Das Meer der Entscheidungen (1924), S. 94.

Ansätze skizziert,[76] sei deshalb die drängendste Aufgabe der US-Politik und entscheide über dessen weltpolitische Stellung.[77]

Als geographisches ‚Verbindungsstück' zwischen Amerika und Asien dient Ross ein Zwischenstopp auf der pazifischen Insel Hawaii. Das Kapitel ist eine der wenigen Episoden in Ross' Büchern, die nahezu ausschließlich Natur und Landschaft impressionistisch in Szene setzt; sie umfasst insgesamt nur sechs Druckseiten. Der ausschließlich politischen Perspektive auf Amerika und den ausschließlich landschaftlichen Beschreibungen Hawaiis folgen ‚gemischt' gestaltete Kapitel zu den asiatischen Ländern, vor allem zu Japan. Die Doppelperspektive wird im Inhaltsverzeichnis innerhalb der Unterkapitel typographisch mittels Zeilendurchschuss markiert: Im ersten Block der Unterkapitel zu Japan verhandelt Ross sozusagen traditionell-genretypische Elemente des Reiseberichts (Unterkap. 20–34), während der zweite Teil sich ausschließlich gegenwartspolitischen Fragen zuwendet und daraus geopolitische Zukunftsthesen extrapoliert (Unterkap. 35–38). Im ersten Teil konzentriert Ross sich also vornehmlich auf eine vermittelnde Darstellung der asiatischen Kultur und Landschaft, gibt subjektive Reiseeindrücke wieder und legt dabei den Akzent vor allem auf fremdkulturelle Erfahrungen. Ein veranschaulichendes Beispiel:

> Wenn man erstmalig in ein Land von so ganz andern Sitten und Anschauungen kommt, dessen Sprache man nicht kennt, und dessen Schrift so schwierig ist, daß ihre Erlernung eine Lebensaufgabe bedeutet, kommt man sich ähnlich hilflos vor wie ein Taubstummer, der nicht lesen und schreiben kann, und der unvermutet unter wildfremde Menschen verschlagen wird.[78]

Ross betont jedoch umgehend seine rasche Akkulturation und stilisiert sich so als erfahrener und kultivierter Reisender:

> Die Nesan hatte uns etwas zögernd und mit fragendem, verlegenem Blick, augenscheinlich weil sie über kein europäisches Besteck verfügte, die Eßstäbchen gebracht. Aber da wir unsere erste Erfahrung mit diesen, zunächst schwierig zu handhabenden Eßgeräten bereits auf

---

76 Ebd. So habe man bisher als „Heilmittel" vor allem versucht, „den Neger zu erziehen und zu bilden, was aber werden soll, wenn dies erreicht ist, darüber schweigt man." Aber, so entgegnet Ross: „In Wirklichkeit bekommt die Negerfrage durch diese vage humanitär unklare Politik der Heranbildung und wirtschaftlichen Stärkung einer farbigen Intelligenz erst ihre ganz tragische Gefahr", für welche es nur zwei mögliche Auswege gäbe: (1) nach dem Modell in den lateinamerikanischen Staaten („Sie lösen die Negerfrage dadurch, indem sie sich ohne Makel mit den Negern mischen") oder (2) nach dem Modell des Ku-Klux-Clans, nämlich einer „Niederhaltung und Unterdrückung der Neger mit rücksichtsloser Gewalt". (Ebd., S. 93f.).
77 Ebd., S. 94.
78 Ebd., S. 132.

dem japanischen Dampfer gemacht hatten, konnten wir unter den beifälligen Blicken des ganzen Lokales sowohl mit den gebackenen Krabben als mit dem unvermeidlichen Reis mit leidlichem Anstand fertig werden.[79]

In stets gleichlautendem Duktus formuliert, sind diese Teile über die Beschreibung des Gesehenen hinausgehend geprägt von einem Wechselspiel zwischen Fremdheitserfahrung – dies konstatiert Ross wohl gemerkt als wechselseitige Erfahrung auch für die mit den Europäern konfrontierten Asiaten – und dem Erleben und dem als gelungen markierten Einleben in die fremde Kultur. Dass Ross seinen asiatischen Reiseerlebnissen mehr Raum einräumt als etwa seinen amerikanischen hängt mutmaßlich damit zusammen, dass er den asiatischen Kontinent hier zum ersten Mal bereist, Amerika hingegen schon Jahre zuvor kennenlernen konnte. Im Reisebericht zu seiner dritten Asienreise (*Das Neue Asien*) bleiben diese szenischen Landschafts- und Kulturbeschreibungen sowie die Schilderungen beidseitiger Fremdheitserfahrungen dann dementsprechend fast vollständig aus; und bereits innerhalb des Berichts *Das Meer der Entscheidungen* (1924) nehmen sie im Verlauf der Narration sukzessive ab. Hinzu mögen marktstrategische Gründe kommen, denn die Zahl der über Amerika erscheinenden Reiseberichte zu Beginn der 1920er-Jahre war sehr hoch,[80] während Beschreibungen über Asien am deutschen Buchmarkt erst in Mode kamen. Ross konnte daher annehmen, dass seine Leser:innen an ‚Neuem' und ‚Fremden' über Asien größeres Interesse hatten.

Zunächst zu Japan (Kap. III, v.a. Unterkap. 35–38), das nach Ross' Beobachtungen in den vorausgegangenen Jahren zu einer Großmacht aufgestiegen ist. Die Grundlagen für dieses Emporstreben seien „einzig in dem brennenden Wunsch und Willen des gesamten Volkes nach nationaler Größe"[81] zu suchen, da die für diese Entwicklung eigentlich notwendigen Rohstoffvorkommen im Land selbst fehlten. Japan unterliege also ähnlichen Bedingungen wie Deutschland: „Ebenso wie Deutschland hat der Wille eines stolzen, tüchtigen Volkes Japan zu Weltmachtgeltung emporgetragen, ohne daß die natürlichen Grundlagen dafür gegeben waren."[82] Ross entfaltet diese Analogie in der Folge: Die von den Japanern seit Jahren

---

79 Ebd., S. 134f.
80 Vgl. z.B. Schütz: Autobiographien und Reiseliteratur, S. 580 oder auch Andrea Wetterauer: Lust an der Distanz. Die Kunst der Autoreise in der „Frankfurter Zeitung". Tübingen 2007, S. 62f.
81 Ross: Das Meer der Entscheidungen (1924), S. 198.
82 Ebd., S. 203.

forciert betriebene Expansionspolitik solle über die ‚Erweiterung des Lebensraums' für die steigende Bevölkerungszahl[83] hinaus auch den Ausgleich des Mangels an ‚natürlichen Grundlagen' gewährleisten.[84] Während dieses konkrete außenpolitische Bestreben Japans erfolgreich zu verlaufen scheine, sehe sich Japan allerdings vor ein anderes, nämlich ein völkisches Problem gestellt: Das Land befinde sich in einem „Prozeß der Verwestlichung", der „unaufhaltsam eingesetzt"[85] habe und das japanische Volk in eine Position „zwischen den Rassen" manövriere.[86] Was genau ist hier gemeint? Ross diagnostiziert bei den Japanern einen Mangel an ‚völkischem' Bewusstsein. Japaner hätten zwar „brennenden Nationalstolz, aber kein Rassegefühl" konstatiert Ross:

> Im Gegenteil, sie möchten nicht nur die europäische Zivilisation annehmen, sondern selbst Europäer werden. Ja, es gibt sogar eine ganze Anzahl Japaner, die behaupten, daß sie nicht mongolischen, sondern arischen Ursprungs wären, daß zum mindesten an der Bildung des japanischen Volkes arische Elemente stark beteiligt wären.[87]

Zum Ausgangspunkt wird also der auch in weiteren Texten von Ross sowie anderen Asienreisenden immer wieder thematisierte Umgang Japans mit dem westlichen Einfluss,[88] der sich bei Ross nicht nur auf kulturelle und politische Elemente bezieht, sondern sich auf die ‚Rassenfrage' erstreckt. Mit Beginn der Meiji-Restauration ab 1868 versuchte das japanische Kaiserreich zunehmend politische, ökonomische und gesellschaftliche Verhältnisse nach westlichem Muster, wohl zuvorderst nach amerikanischem Vorbild, umzubauen und adaptierte hierfür westliche Ideale und Ideen. Viele deutsche Reiseautor:innen beobachteten und thematisierten diesen historischen Entwicklungsprozess ihn ihren Reisebüchern, wobei die Bewertung changierte: Man kritisierte auf der einen Seite eine schablonenhafte Aneignung und nur oberflächliche Anpassung Japans an den Westen[89] oder lobte auf der anderen Seite eine fruchtbare Vermengung westlicher und japanischer Kulturele-

---

83 Vgl. ebd., S. 198.
84 Vgl. ebd., S. 198–202.
85 Ebd., S. 156.
86 Ebd., S. 193.
87 Ebd., S. 196f.
88 Vgl. zum Beispiel auch die Berichte von Erich von Salzmann (China siegt), E.A. Johann (40.0000 Kilometer. Eine Jagd auf Menschen und Dinge rund um Asien. Berlin 1929), Holitscher (Das unruhige Asien) oder auch schon Bernhard Kellermann (Ein Spaziergang in Japan. Berlin 1910).
89 Sehr stark findet sich dies etwa in Erich von Salzmanns *China siegt* und Bernhard Kellermanns *Ein Spaziergang in Japan* thematisiert.

mente und eine daraus resultierende Schöpfung von etwas Neuem, japanisch Eigenem.[90] Auch Hitler reagierte auf diese Diskussion, wenn er in *Mein Kampf* die Japaner als „Kulturträger" klassifiziert und ihnen die Chinesen als „Kulturzerstörer" entgegenstellt.[91] Dies sollte später die rassistische Argumentationsbasis für den Zusammenschluss mit Japan anstelle Chinas bilden. Doch zum Zeitpunkt der Entstehung von Ross' Reisebericht liegt dies noch fern. Dies mag auch der Grund sein, warum Ross – ebenfalls in Übereinstimmung mit den Ausführungen in *Mein Kampf* – die Vorstellung eines japanischen ‚Ariertums' zurückweist. Hitler imaginierte kontrafaktisch über eine Entwicklung der japanischen Gesellschaft ohne arischen Außeneinfluss:

> Würde ab heute jede weitere arische Einwirkung auf Japan unterbleiben, Europa und Amerika angenommen zugrunde gehen, so könnte eine kurze Zeit noch eine Fortentwicklung des heutigen Aufstieges Japans in Wissenschaft und Technik erfolgen; allein schon in wenigen Jahren würde der Bronnen versiegen, das japanische Leben gewinnen, aber die Kultur erstarren und wieder in den Schlaf zurücksinken, aus dem sie vor sieben Jahrzehnten durch die arische Kulturwelle aufgescheucht wurde.[92]

Auch Ross sieht Japan in den 1920er-Jahren am Scheideweg hinsichtlich ihres rassischen, nationalen und kulturellen Selbstverständnisses und mahnt politische Konsequenzen an. Er sieht zwei Optionen für die weitere japanische Politik gegeben: Entscheide sich Japan für ein Selbstverständnis als ‚gelbe Rasse', könne es die Rolle des „Führer[s] im Befreiungskampf Asiens"[93] gegen den „Oger"[94] der kapitalistischen westlichen Zivilisation einnehmen; entscheide es sich aber für eine weitere „restlos[e]" Angleichung an den Westen, könne es „Teilhaber des Weltbeherrschungs- und

---

90 Vgl. z.B. Richard Katz: Funkelnder Ferner Osten.
91 Vgl. Hitler: Mein Kampf, Bd. 1. München, Berlin 2016, S. 755. Den beiden gegenüber steht schließlich der „Arier" als „Kulturbegründer" und damit dem „ursprünglichen Träger der menschlichen Kultur und damit die wirklichen Begründer dessen, was wir mit dem Worte ‚Menschheit' alles umfassen" (ebd., S. 755). „Kulturtragend" wiederum sei ein Volk, das „seine Kultur in den wesentlichen Grundstoffen von fremden Rassen erhält, aufnimmt und verarbeitet, um dann nach dem Verluste eines weiteren äußeren Einflusses immer wieder zu erstarren." (Ebd., S. 755f.).
92 Ebd., S. 757.
93 Ross: Das Meer der Entscheidungen (1924), S. 196.
94 Ebd., S. 211. Die Kapitalismuskritik zielt hier vor allem auf Großbritannien, so heißt es: „Die westliche Zivilisation ist ein Oger, der alles frißt, was es noch an selbständigen Kulturen auf der Erde gibt. Sie muß sie um ihrer selbst willen fressen und zerstören, denn ihr hochkapitalistisch bedingtes Wesen fordert, daß sie allein auf der Erde ist, oder sie wird nicht mehr sein. Es ist eine Lebensbedingung für die Weltherrschaft des durch die angelsächsischen Völker repräsentierten Westens, daß er den Osten durchsetzt und ihm dabei seine eigene Seele nimmt." (Ebd.)

Weltaufteilungskonzerns der europäisch-amerikanischen Großmächte" werden.⁹⁵ Eines persönlichen Plädoyers für den einen oder den anderen Weg enthält sich Ross an dieser Stelle – obwohl er in anderen Zusammenhängen durchaus die Rolle eines politischen Beraters einnimmt. Doch in seinen vage angedeuteten Vergleichen schwingt bereits eine mögliche Überschätzung des japanischen Aufstiegs mit, die vor allem für seine Auslegung der Situation Chinas von zentraler Rolle ist.⁹⁶

Im Blick auf China (Kap. VI) sieht Ross seine Position als Reiseberichterstatter anders, da es in Deutschland kaum verbürgtes Wissen über China, „von dem wir nie viel wußten und heute gar nichts wissen", gebe.⁹⁷ Ausschlaggebend für diesen Mangel sei zuvorderst, so Ross, das Fehlen von Auslandskorrespondent:innen, die aus einer deutschen Perspektive heraus, und damit kulturelle Differenzen überbrückend, den deutschen Leser:innen fundierte Informationen über das fremde, sich stark im Umbruch befindende Land liefern. Einzig der „ausgezeichnete Ostasienkenner Erich von Salzmann",⁹⁸ ein deutscher Korrespondent, der für verschiedene Medien über Jahrzehnte aus China berichtete und selbst neben tagesaktuellen Mitteilungen mehrere Reiseberichte und China-Romane am deutschsprachigen Buchmarkt publizierte,⁹⁹ bilde eine Ausnahme. Die Erhöhung des nationalkonservativen Salzmann zum einzigen „Ostasienkenner" und mithin zur Autorität, dient Ross, da Salzmann ihn auf einigen Touren begleitete,¹⁰⁰ selbstredend auch zur eigenen Legi-

---

95 Ebd., S. 196.
96 So heißt es etwa an einer Stelle: „Ich kam von Gaimusho, dem Auswärtigen Amt in Tokio. Auch an seinen in einem Garten verstreuten Baulichkeiten war das Erdbeben nicht spurlos vorübergegangen, und die Mauern zeigten manchen schweren Riß, der erst notdürftig verschmiert und verputzt war. Als sich beim Einfahren ins Gaimusho diese Risse dem Blick aufdrängten, tauchte der Gedanke plötzlich auf, ob nicht Japans heutige Stellung in der Politik dem äußeren Bild seines Auswärtigen Amtes gleiche: ein stolzer Bau, den schwere Stöße erschüttert, deren Folgen notdürftiger Verputz verbergen soll." (Ebd., S. 202).
97 Ebd., S. 264. Ross bezieht sich hierbei vor allem auf das nachrevolutionäre China. Vgl. dazu auch Hahnemann: Texturen des Globalen, S. 92, der konstatiert, dass Ross seine Reiseprojekte vor allem über ein „Informationsdefizit" legitimiere.
98 Ross: Das Meer der Entscheidungen (1924), S. 264.
99 Erich von Salzmann (1876–1941) verbrachte insgesamt knapp 19 Jahre in China. Während seines Aufenthalts verfasste er unzählige Aufsätze (vor allem in *Der Auslandsdeutsche*, aber auch in tagesaktuellen Medien), zwei Reiseberichte (Gelb gegen Weiß. Berlin 1925 und China siegt) sowie vier China-Romane (Yü Fong. Der Nephrit Phönix. Stuttgart 1926; Zeitgenosse Fo springt über den Schildkrötenstein. Berlin 1927; Das Geheimnis des Nashorn-Bechers. München 1929 und Yolanthe Lewenegg reitet den roten Drachen. Leipzig 1932).
100 Vgl. Ross: Das Meer der Entscheidungen (1924), S. 272–276. Auch andere Reiseautor:innen verweisen auf Erich von Salzmann als Autoritätsfigur, vgl. z.B. Karlin: Einsame Weltreise, S. 228.

timation seiner dargebrachten Ausführungen; darüber hinaus gibt er den Leser:innen weitere, ihm politisch nahestehende Lektürehinweise und weist sich selbst als versierten und gut vernetzten Reiseautor aus.

In seinen Auslegungen scheint Ross zeitgenössisch gängige und in den Berichten über China geradezu topisch gewordene Attribuierungen aufzugreifen, etwa wenn er China als das Land zwischen Tradition und Moderne beschreibt.[101] Auch er setzt, wie in zeitgenössischen Diskussionen Usus, die Modernisierung mit einem seit den Opiumkriegen progressiven Europäisierungsprozess gleich, doch der Umgang Chinas mit dem seit der erzwungenen Öffnung wachsenden westlichen Einfluss bildet nach Ross den größten und wohl entscheidenden Unterschied zu Japan. Ohne dies genauer auszuführen, seine Interpretation argumentativ zu untermauern oder für die Leser:innen überhaupt nachvollziehbar zu machen, konstatiert er: „Gewiß, China modernisiert sich, europäisiert sich, industrialisiert sich. Aber China ist nicht Japan. Japan brauchte Europa, um sich zu behaupten. China braucht Europa nicht, aber Europa braucht China."[102] In den eher beschreibenden Unterkapiteln zu China (Unterkap. 47–53), in welche aber zahlreiche gegenwartspolitische Bestandsaufnahmen und Kommentare eingeflochten sind, kommt Ross auf diese konzedierte Vormachtstellung Chinas sowie auf das noch nicht final geklärte Verhältnis Chinas sowohl zu Japan als auch zu Europa immer wieder zurück. In den das Kapitel zu China abschließenden genuin politischen Deutungen (Unterkap. 54–57) kulminieren diese Erörterungen schließlich in der Ausrufung Chinas zur „neu aufsteigende[n] dritte[n] pazifische[n] Weltmacht"[103] – eine politische Zukunftsbestimmung, die zeitgenössische Geopolitiker, wie etwa Karl Haushofer, in erster Linie Japan attestierten und deshalb erklärungsbedürftig scheint. An dieser Stelle bleiben die der Ross'schen Auslegung zugrundeliegenden Annahmen jedoch noch im Verborgenen, obzwar er auf die noch ausstehenden Schritte eingeht, die China in nächster Zukunft realiter neben Amerika und Europa zur dritten pazifischen Macht erheben würden. Der Aufstiegsprozess unterliegt Ross zufolge zwei Bedingungen: Zum einen müsse die internationale Wahrnehmung und Bewertung Chinas im weltpolitischen Zusammenhang sich vom Bild eines „auszubeutende[n] Kolonialland[es]" zum weltpolitisch wichtigen Faktor wandeln.[104] Zum anderen müssten auf nationaler Ebene die Verhältnisse geklärt werden: Das sich seit der

---

101 So etwa Ross: Das Meer der Entscheidungen (1924), S. 278: „Es ist die moderne Fassade, hinter der sich das alte China verbirgt." Vgl. auch Salzmanns *China siegt* oder Arthur Holitschers *Das unruhige Asien*.
102 Ross: Das Meer der Entscheidungen (1924), S. 279.
103 Ebd., S. 306.
104 Ebd.

Revolution von 1911 in politischen Vormachtkämpfen zwischen Nationalisten und Kommunisten befindende Reich brauche – so Ross' Entwurf für einen „Weg aus den Wirren"[105] – eine Einigung unter der politischen Führung eines einzelnen, starken und das Land führenden Mannes unabhängig von der Regierungsform: „Peking wird zu neuer Blüte erst kommen, wenn ein neuer, starker Herr, mag er nun Kaiser, Präsident oder Volksbeauftragter heißen, wieder das ganze China zu einem gewaltigen Reiche eint."[106] Denn die „Chinesische Republik", wie sie im Anschluss an die *Xinhai*-Revolution unter der Führung Sun Yatsens errichtet wurde, sei aufgrund des drohenden Zerfalls, der verschiedenen, nicht anerkannten Provinzregierungen und einer offensichtlich nicht streng genug agierenden Herrschaft unter Sun Yatsen nur mehr ein „geographischer Begriff".[107] Gleichzeitig ist Ross sich über die Schwierigkeit der Erfüllung dieser Bedingungen allein aufgrund der geographischen Verhältnisse sowie der Größe des Landes bewusst,[108] hält jedoch auch in seinem abschließenden Fazit überzeugt an seiner Prognose fest:

> Wahrscheinlich ist, daß die Epoche der Revolutionen, Bürgerkriege und Umstürze in China noch lange nicht zu Ende ist, sondern vielleicht erst richtig einsetzt. Aber ebenso wahrscheinlich ist auch, daß in ihrer letzten Folge kein dauerndes Auseinanderfallen des Reiches der Mitte eintritt, sondern ein neues Zusammenfassen und eine neue wirtschaftliche und politische Blüte.[109]

4.1.2 Chinas „Weg aus den Wirren" II: Die aktualisierte Neuauflage von *Das Meer der Entscheidungen* (1936)

Ohne Veränderungen wurde das Buch in den 1920er-Jahren zweimal neu aufgelegt (1925; 1928). Die tagesaktuelle politische Ausrichtung des Reiseberichts über eine sich rasant verändernde Region brachte es aber mit sich, dass die Thesen und Zukunftsprognosen eine nur geringe Halbwertszeit hatten. 1936 schien Ross „auf Grund neuer Reisen nach Amerika und Ostasien" jedenfalls eine Überarbeitung und Aktualisierung des Stoffes notwendig.[110] Die Überarbeitung seiner Kapitel zu

---

105 Ebd.
106 Ebd., S. 272.
107 Ebd., S. 306.
108 Vgl. z.B. ebd., S. 307: „Schon die klimatischen Unterschiede bedingen es, daß der Nordchinese dem Bewohner Jünans oder Kwang-tungs mit seinem subtropischen Klima fremd gegenübersteht, zu schweigen von den grundlegenden Verschiedenheiten der chinesischen Dialekte, welche die Erlernung des Chinesischen zu einer solch hoffnungslosen Angelegenheit machen."
109 Ebd., S. 310.
110 Colin Ross: Das Meer der Entscheidungen. Leipzig 1936, Titelblatt.

Asien gründete er wohl auf seine Australien- und Asienreise um 1928, deren Erlebnisse er bis zu diesem Zeitpunkt noch nicht eigenständig in Buchform auf den Markt gebracht hatte.[111] Erschienen waren aber bereits kleinere, vor allem vom gesellschaftlichen Leben berichtende Artikel in der Berliner Abendzeitung des *Ullstein*-Verlags *Tempo*,[112] verschiedene Bildbände über Asien, wie etwa in der *Seestern-Lichtbildreihe zur Länderkunde*, die Diapositive als Lehrmaterial für den Unterricht produzierte.[113] Auch in den Film *Achtung Australien! Achtung Asien!* (1930), der erstmals mit Ton ausgestattet war und in den Feuilletons, wie überhaupt alle seine Reisefilme, als „Meisterwerk" besprochen wurde,[114] gingen diese Reiseerlebnisse noch vor der Neuauflage des Buches ein.

Besonders das Vorwort der Buchneuauflage verdeutlicht das zentrale Anliegen der inhaltlichen Überarbeitung: Zunächst wird nämlich das Vorwort der Erstausgabe wiederabgedruckt, jedoch durch Anführungszeichen als Direktzitat markiert, und um einen bewertenden Kommentar ergänzt. Ross nutzt demnach die Neuauflage als Gelegenheit einer aktuellen Standortbestimmung im historischen Vergleich zu seinen zwölf Jahre zuvor konstatierten Thesen.

Auf den ersten Blick hat sich an der Neuauflage von *Das Meer der Entscheidungen* nur wenig verändert: Zwar entfiel die Gestaltung der Buchdeckelinnenseiten und das Register, einige Bilder wurden ersetzt, andere ergänzt, aber der Schutzumschlag und der Einband sind gleich geblieben. Auffallend ist jedoch eine weitere Akzentverlagerung auf den asiatischen Raum, die schon allein quantitativ ins Gewicht fällt: Große Textteile aus dem schon vorher schmaleren Kapitel zu Amerika wurden ersatzlos gestrichen,[115] während das Kapitel zu China um weiteren Text ergänzt wurde.[116] Dabei handelt es sich, neben neuen politischen Analysen, vor allem

---

111 Nach der Amerikareise zu Beginn der 1930er-Jahren erfolgten die Publikationen Colin Ross: Amerikas Schicksalsstunde. Die Vereinigten Staaten zwischen Demokratie und Diktatur. Leipzig 1935 und ders.: Unser Amerika. Der deutsche Anteil an den Vereinigten Staaten. Leipzig 1936.
112 Alle Artikel erschienen im Jahr 1931. Die Reise wurde wohl in Teilen vom Verlag finanziert, zumindest legt die Vorankündigung zur Australien-Asien-Reise 1928 dies nahe: Colin Ross: Wir reisen fürs „Tempo" nach Australien, in: Tempo, 31.12.1928.
113 Colin Ross: Ostasien (China – Mandschurei – Korea – Japan). Leipzig 1929.
114 So etwa H.H.: [Rez.] Achtung Australien! Achtung Asien!, in: Neues Wiener Tagblatt, 21.1.1931, S. 11 oder etwa Martin Rikli: [Rez.] Ein Film sagt mehr als 100 000 Worte, in: Filmkurier, 14.11.1930.
115 So entfallen die Kapitel: Das Quotenrennen über den Atlant, New Yorker Winter, Die Welt, das Fleisch und der Satan, Die Stadt, von der Mann spricht, Die wiedererweckte Landstraße, Kalifornien als Einwanderungsland, Zur Soziologie des Autos und Der amerikanische Farmer. Neu eingefügt bzw. überarbeitet wurde lediglich ein Kapitel mit dem Titel Amerika von der „Prosperity" zur „Depression".
116 Neu eingefügt für den Teil zu China wurden die Kapitel Wo Ost und West sich treffen, Ein Paradies von Dienerschafts Gnaden, Weiß und Gelb in der Schule, Ein junges Mädchen von heute,

um die bereits 1931 in *Tempo* veröffentlichten Beiträge.[117] Die Veränderungen basieren also überwiegend auf Streichungen und Ergänzungen ganzer Passagen, während am übrigen Material, soweit ich sehen kann, nur kleinere stilistische und keine inhaltstragenden Veränderungen vorgenommen wurden. Die Änderungen sind damit also klar markiert.

Demnach geht es Ross um eine aktuelle politische Kontextualisierung, die vor allem auf eine Rekonstruktion der veränderten globalen Machtkonstellationen setzt: Europa müsse sich auf einen drohenden „Sturm aus dem Osten" vorbereiten. Diesem Sturm blickt Ross aus deutscher Perspektive jedoch optimistisch und kampfbereit entgegen:

> Mag somit auch der Taifun auf dem Meer der Entscheidungen losbrechen, mag die weiße Vorherrschaft auf der Erde endgültig vorüber sein, mag das uralte Wechselspiel zwischen Abend- und Morgenland in eine neue Phase treten, wir Deutsche wollen dem Kommenden entgegensehen, klaren Auges, bereiten Herzens, gewaffneter Hand![118]

Um diese Form des ‚heroischen Realismus'[119] zu leben, braucht es nach Ross' Überzeugung seiner weitsichtigen und umfassenden Analyse der gegenwärtigen Verhältnisse. Europa und Asien treten – so ließe sich Ross' Zeitdiagnose resümieren – in ein agonales Verhältnis zueinander, die USA und Großbritannien hätten Machtverluste zu verzeichnen und die innerasiatischen Kräfteverhältnisse hätten sich noch deutlicher zugunsten der Japaner verschoben. Doch sei das Erstarken des Inselreichs, und damit hält er weiter an seiner schon zu Beginn der 1920er-Jahre proklamierten Ausgangsthese fest, nur temporär:

> Der über Asien hinbrausende Taifun wird das japanische Inselreich zeitweilig auf den Kamm seiner Wogen heben und zur pazifischen Vormacht machen, allerdings unter Anspannung seiner Volkskraft bis zum Zerreißen und ständiger Drohung des Absturzes. Er wird das unglückliche chinesische Volk die „Periode der Wirren", die wieder einmal über das Reich des Himmels

---

Sklavinnen zu verkaufen, Piraten, Das chinesische Hotel, Nächtlich schwimmende Stadt, Verniggerung Chinas? und Die breite Straße nach Moskau. Das Kapitel Chinas Weg aus den Wirren wurde mit Veränderungen und Ergänzungen im Kapitel Die Zukunft des himmlischen Reichs aktualisiert.

117 Nahezu identisch mit den Zeitungsbeiträgen, mit nur kleineren stilistischen Veränderungen, meist aber gleichlautenden Titeln sind die Kapitel *Wo Ost und West sich treffen, Ein Paradies von Dienerschaft, Weiß und Gelb in der Schule, Ein junges Mädchen von heute* und *Verniggerung Chinas*.

118 Ross: Das Meer der Entscheidungen (1936), S. 12.

119 Der Begriff wurde von dem NS-Jurist Werner Best 1930 in einem von Ernst Jünger herausgegebenen Sammelband geprägt und zur wichtigen Bezugsgröße für die konservative Revolution. Vgl. Werner Best: Der Krieg und das Recht, in: Krieg und Krieger, hg. von Ernst Jünger. Berlin 1930, S. 135–161. Vgl. dazu auch ausführlicher Ulrich Herbert: Best. Biographische Studien über Radikalismus, Weltanschauung und Vernunft 1903–1989. München 2016, S. 101–109.

hereingebrochen ist, bis zur Neige auskosten lassen. Darauf wird freilich neue Blüte folgen und neuer Aufstieg, der China vielleicht zur entscheidenden Weltmacht machen wird.[120]

Japan hatte sich, so muss Ross nach seinem Argumentationsmodell von 1924 schließen, in seiner rassischen Selbstdeklaration für den Weg der ‚gelben Rasse' entschieden und hatte so zeitweilig politische Dominanz erreicht. China wiederum sei durch anhaltende nationale und internationale Konflikte zwischen verschiedenen Interessensfronten geraten, die ihren Einfluss zu stärken versuchten – China befinde sich also noch immer in den bereits 1924 konstatierten „Wirren".[121] Überraschend ist vor dem Hintergrund aber die prophezeite Zukunft Chinas: Trotz der gegenwärtig ungünstigen Lage attestiert Ross dem Reich der Mitte dennoch, wie aus dem obigen Zitat hervorgeht, auch weiterhin einen bevorstehenden Aufstieg zur „entscheidenden Weltmacht". Eine Erklärung dieser Prognose spart Ross auch hier, wie bereits in der Erstauflage, aus und expliziert stattdessen erneut ausschließlich die für den Aufstieg obligatorischen Voraussetzungen. Dies bereitet sein abschließendes, die vorherigen Thesen zusammenführendes Resümee vor:

> Ein wirtschaftlich so starkes und so begabtes Volk wird sich nicht auf die Dauer politisch entwürdigen und demütigen lassen. So ungewiß die Zukunft des Himmlischen Reiches auch erscheinen mag, das eine läßt sich heute bereits mit aller Bestimmtheit voraussagen: Sobald China erst die ihm gemäße Einstellung zu den westlichen Ideen gefunden hat, wird ein Erneuerungsprozeß auf allen Gebieten eintreten, der das Abendland in Erstaunen und Sorge versetzen wird.[122]

Die noch 1924 genannten Bedingungen für einen Aufstieg Chinas, die internationale Anerkennung und eine politische Einigung des Landes unter einer starken Führung, sind zwar, so lässt sich resümieren, in Ross' Augen immer noch unerfüllt, treten aber zugunsten einer neuen Beobachtung, die nun China allein betrifft, in den Hintergrund: Ein sich vollziehender chinesischer „Erneuerungsprozeß auf allen Gebieten", der primär auf den Umgang mit „westlichen Ideen" ziele, werde die Vormacht Japans zurückdrängen und China die Rolle der Weltmacht zuspielen. Ross

---

120 Ross: Das Meer der Entscheidungen (1936), S. 11. Zudem geht er für diese Übergangsphase von einem neuerlichen „Mongoleneinbruch'" aus: „denn ein neues Reich des Dschingis Khan wird entstehen. Es besteht bereits, dieses unheimliche eurasiatische Steppenreich, mögen es auch die wenigsten in seinem jüdisch-kommunistischen Gewande erkennen." (Ebd.).
121 Vgl. ebd. So bemühe sich Russland weiterhin um einen bolschewistischen Einfluss, wobei das Verhältnis Chinas zum Bolschewismus, welches sich stets in einer „Pendelschwingung[]" befinde, noch festzulegen sei (ebd., S. 303), Amerika versuche Demokratie und liberale Gesellschaftsformen in China stark zu machen (vgl. ebd., S. 307), während Japan wiederum vor allem an Raum und Machtexpansion interessiert sei.
122 Ebd., S. 314.

macht das argumentative Fundament seiner für das ‚Abendland' bedrohlichen Prognose nicht transparent, so dass sich diese eher wie eine utopistische Zukunftsvision liest. Denn der Konflikt zwischen Japan und China spitzte sich zu diesem Zeitpunkt immer weiter zu. Seit der ersten Schlacht um Shanghai 1932 setzten die Japaner trotz Waffenstillstandsabkommen ihren militärischen Vormarsch in China fort, besetzten die Provinzen Rehe und Chahar (beides 1933), Teile Hebeis (1935) und schließlich Teile der Inneren Mongolei (1936). Der Ausbruch des Zweiten Sino-Japanischen Kriegs durch den sogenannten Zwischenfall auf der Marco-Polo-Brücke (1937) stand kurz bevor. Doch hatte China nicht nur mit einer japanischen Invasion zu kämpfen, sondern befand sich dato seit gut zehn Jahren in einem erbitterten Bürgerkrieg der Kommunisten gegen die Nationalisten. Chiang Kai-shek, der Anführer der nationalistischen Guomindang, verzichtete daher auf ein Eintreten gegen Japan. Dass Ross noch 1924 – vor dem Ausbruch des Bürgerkriegs, vor dem Tod Sun Yatsens, vor dem Mukden-Zwischenfall – von einem Aufstieg Chinas überzeugt war, ist plausibel und korrespondiert mit einigen anderen deutschsprachigen China-Berichten aus der Zeit.[123] Anders aber im Jahr 1936: Während die Analysen und Beschreibungen unstrittige Fakten aufbereiten, wirken die von Ross gegebenen Zukunftsprognosen doch arbiträr, nicht haltbar und utopistisch. Es stellt sich daher die Frage, wieso Ross in seinen Reiseberichten mit so großer Gewissheit über die Zukunft Chinas auftreten kann. Offen ist bis jetzt auch die Frage, warum er zur Artikulation seiner politischen Vorstellungen das Genre der Reiseliteratur wählt und seine Leser:innen durch ausführliche Beschreibungspassagen führt. Zuletzt drängen sich auch biographische Fragen über eine mögliche politische Radikalisierung auf: Während die Analysen der frühen Version zwar punktuell bereits auf rassentheoretischen Vorstellungen ruhen, konnten die Texte doch noch in linksliberalen Zeitungen publiziert werden, auch weil Ross sich in den Jahren der Weimarer Republik vor allem als Antikapitalist positionierte. Zudem konzentriert er sich bevorzugt auf die Darstellung fremder Länder. 1936 aber nimmt nun eine politische Verhältnisbestimmung des europäischen zum amerikanischen und asiatischen Raum eine weit wichtigere Rolle ein. Wie verhalten sich diese Passagen zum außenpolitischen Programm der Nationalsozialisten?

---

123 Vgl. z.B. Salzmann: Weiß gegen Gelb oder Hans Brosius: Fern-Ost formt seine neue Gestalt. Berlin o.J.

4.1.3 Theoretisches Fundament: Rasse – Raum – Zeit und die globale Neuordnung um 1930

In den zwölf Jahren zwischen der Erstauflage und der Neubearbeitung publizierte Ross nicht nur weitere Reiseberichte unter anderem über seine Reisen nach Afrika,[124] Australien[125] und in die Arktis,[126] sondern auch zwei Monographien: *Die Welt auf der Waage* (1929) und *Der Wille der Welt. Eine Reise zu sich selbst* (1932). Während erstere eine Art kritische Gegenwartsanalyse bildet, gestaltet er in dem zweiten Text eine sich daran anschließende und die Ausführungen gleichsam fortsetzende Zukunftsprognose, die einen möglichen Neuanfang entwirft. Bei den beiden Texten handelt es sich, wie schon an den gewählten Titeln abzulesen ist, nicht um Reiseberichte, sondern um die einzigen Bücher von Ross, die nicht dem Genre der Reiseliteratur, sondern dezidiert der Weltanschauungsliteratur zuzuordnen sind, deshalb aber nicht minder erfolgreich waren – im Gegenteil: *Die Welt auf der Waage* wurde einer seiner auflagenstärksten Texte.[127]

In beiden Monographien nutzt Ross jeweils die einleitenden Worte zur Legitimierung seiner Aussagen und Approbation seiner Person; zugleich wird den Leser:innen auch eine Art Lektüreanleitung gegeben: Die Texte verfolgen, so wird mehrfach betont, keinen wissenschaftlichen Anspruch, sondern seien „zu Ende gedachte Gedanken"[128] bzw. der „Versuch eines gebildeten Laien, sich über die Welt von heute Rechenschaft zu geben, sich auf Grund des ungeheuren Wissensstoffes, den die Wissenschaft gefördert hat und täglich neu fördert, ein Bild von der Welt zu machen, eine für ihn brauchbare Lebensphilosophie" zu entwerfen.[129] Die Gedanken entsprängen also einer „Reise zu sich selbst'" und seien deshalb „so subjektiv und nur so bedingt richtig wie jedes Reisebuch."[130] Ross habe vermieden, „die vorhandenen philosophischen, religionsgeschichtlichen, geschichtsphilosophischen

---

124 Colin Ross: Die erwachende Sphinx. Durch Afrika vom Kap nach Kairo. Leipzig 1927 sowie ders.: Mit Kamera, Kind und Kegel durch Afrika.
125 Colin Ross: Der unvollendete Kontinent. Leipzig 1930.
126 Colin Ross: Mit Kind und Kegel in die Arktis.
127 Insgesamt gab es 37 Auflagen, davon 17 Auflagen bereits bis 1931; vgl. Baumunk: Colin Ross, S. 74.
128 Colin Ross: Die Welt auf der Waage. Der Querschnitt von 20 Jahren Weltreise. Leipzig ⁶1930, S. 5.
129 Ross: Der Wille der Welt, S. 10.
130 Ebd. So heißt es auch an anderer Stelle, dass alle Erlebnisse und damit jeder Bericht immer subjektiv sei, da „die eigenen Eindrücke letzten Endes nur für einen selbst gelten, allenfalls noch für die Menschen, die in ähnlichen Umständen leben und ähnlich empfinden wie man selber. Daraus erkennt man den bedingten Wert dessen, was man geschrieben. Und man fühlt vor allem das Bedürfnis, die Bedingungen festzulegen, unter denen es gilt und richtig ist." (Ebd., S. 8f.).

und sonstigen Werke durchzustudieren, die ich eigentlich hätte kennen müssen, ehe ich mich an ein so schwieriges Werk mache"[131] – eine markante Distanzierung des Praktikers also von nur ‚angelesenem' Wissen. Gleichwohl erweisen sich seine Thesen bei genauerer Hinsicht als Elemente eines synkretistischen Modells, in dem zeitgenössische Ideen vornehmlich von Karl Haushofer, Arthur Dix und Friedrich Ratzel sowie Edward B. Tylor, aber auch von Sigmund Freud, Albert Einstein und Oswald Spengler versammelt werden. Lediglich auf Spenglers *Untergang des Abendlandes* (1918/1922) nimmt Ross immer wieder explizit Bezug,[132] die anderen Autoren bleiben im Hintergrund. Im Gegensatz zur genrespezifischen Wissensdemonstration[133] legitimiert Ross seine Aussagen also nicht über autoritativ verbürgtes Wissen, sondern – wie auch in seinen Reisebüchern – erstens über das eigene Erleben fremder Kulturen, das ihm den notwendigen Ein- und Weitblick gewähre, und zweitens über eine „intuitive[] Begabung für die Beurteilung weltpolitischer Entwicklungen".[134] Er habe sich „immer mehr auf das Erlebte als auf das Erlesene verlassen".[135] Vergleichbar mit Bronislaw Malinowskis in den 1910er-Jahre entwickelten Methode der ‚teilnehmenden Beobachtung' beansprucht Ross demnach durch die aktive Teilnahme an fremden Kulturen auf seinen Reisen (oder dem Erfahren fremder politischer Räume) eine privilegierte Beobachterposition, die ihn als „sehenden Mensch[]"[136] zu seinen politischen Einschätzungen veranlasst hätten und die in zweiter Instanz dem Rezipientenkreis wiederum „Anregung und Hilfsmittel" sein sollen, „um seinerseits den Standpunkt zu finden, der für ihn gilt, den

---

131 Ebd., S. 9.
132 Vgl. etwa ebd., S. 29. Vgl. dazu auch Ross' Aussagen in einer „Auseinandersetzung mit Spengler", in der er ganz klar einen „Spenglerschen Einfluss" auf ihn proklamiert (Colin Ross: Gedanke und Tat im Weltgeschehen. Eine Auseinandersetzung mit Spengler, in: Zeitschrift für Geopolitik XI.I [1934], S. 126–131, hier: S. 126). Vgl. dazu auch Kristin Kopp: Weltbilder. Rassismus, Kolonialismus und Geopolitik in den kognitiven Karten des Weltreisenden Colin Ross, in: Mapping, hg. von Brigitta Schmidt-Lauber und Ingo Zechner. Bielefeld 2018, S. 57–74, hier: S. 62f.
133 Vgl. Horst Thomé: Weltanschauungsliteratur. Vorüberlegungen zu Funktion und Texttyp, in: Wissen in Literatur im 19. Jahrhundert, hg. von Lutz Danneberg und Friedrich Vollhardt. Tübingen 2002, S. 338–380, hier: S. 356.
134 Vgl. Ross: Die Welt auf der Waage, S. 6f.: „Ich hatte die Genugtuung, daß Voraussagungen, die ich vor zehn, vor fünf Jahren ausgesprochen hatte, inzwischen eintrafen. So bekam ich die Überzeugung von einer gewissen intuitiven Begabung für die Beurteilung weltpolitischer Entwicklungen." Sowie weiter: „Denn wenn es mir gelang, über Kontinente und ihre mutmaßliche Entwicklung richtige Urteile zu fällen, so doch nur, weil ich nie ständig in ein und demselben lebte, und immer von einem neuen aus, von einem weit entfernten objektiven Standpunkt das vorher in der Nähe Durchlebte noch einmal überprüfen konnte. Man glaubt ja nicht, welch anderes Gesicht unsere Probleme und Nöte gewinnen, wenn man sie einmal von den Antipoden aus betrachtet."
135 Ebd., S. 8.
136 Ebd., S. 13. Vgl. die ähnliche Argumentation auch in ders.: Gedanke und Tat im Weltgeschehen.

Willen der Welt zu ergründen".[137] Wie gestaltet sich dieses ‚Bild von der Welt' für Ross?

4.1.3.1 Der Entwurf eines geschichtsphilosophischen Modells

Grundlegend für Ross' Entwurf wie auch für seine Reisetexte[138] waren die geopolitischen Vorstellungen von Karl Haushofer. Obwohl nie fest universitär institutionalisiert, erfuhr die Geopolitik ab den 1920er-Jahren mit der Gründung der von Haushofer mitherausgegebenen *Zeitschrift für Geopolitik*, für die Ross zu einem festen Beiträger avancierte, und der *Arbeitsgemeinschaft für Geopolitik* (1932) eine starke Popularisierung und wurde auch in literarischen Texten wiederholt zum Programm. Dabei darf man sich die Geopolitik nicht als „geschlossene Ideologie mit einer Reihe eindeutiger Dogmen und Setzungen" vorstellen, sondern eher als eine spezifische Perspektive auf die Welt als Ganzes.[139] Diese Perspektive definiert der Literaturwissenschaftler Andy Hahnemann in seiner Studie *Texturen des Globalen* (2010) wie folgt:

> Der globale Raum wird auf eine zweidimensionale Fläche projiziert, auf der konkurrierende Kräfte, die in aller Regel mit bestimmten Staaten oder Völkern assoziiert werden, im Kampf um Lebensraum gegeneinander antreten. [...] Geopolitische Weltbilder sind dabei nicht auf die Darstellung der unmittelbaren Gegenwart begrenzt, sondern extrapolieren die Tendenzen in die allernächste Zukunft; der nächste große Konflikt erscheint immer schon als Teil einer Narration die Geschichte, Gegenwart und Zukunft miteinander verbindet.[140]

Just diese Perspektive nimmt auch Ross ein, der seine Reisen als „[e]rlebte Geopolitik"[141] interpretiert und damit in seinen gegenwartsanalytischen und zugleich prophetischen Stellungnahmen zum Weltgeschehen den der Geopolitik inhärenten Praxisbezug zu potenzieren versucht. Für Ross' Verständnis sind vor allem drei Kategorien maßgebend, nämlich: Rasse, Raum und Zeit. Diese stehen in einem inter-

---

137 Ross: Der Wille der Welt, S. 10.
138 Vgl. Hahnemann: Texturen des Globalen, zu Ross S. 89–103; vgl. auch Nagl: Die unheimliche Maschine, S. 350.
139 Hahnemann: Texturen des Globalen, S. 29.
140 Ebd., S. 29f. Vgl. dazu auch kurz Kopp: Weltbilder, S. 60.
141 Colin Ross: Erlebte Geopolitik, in: Zeitschrift für Geopolitik 16.2 (1939), S. 541f., hier: S. 541. Dort heißt es auch: „Die Überzeugung von den Gegebenheiten des Raumes, den Formkräften des Bodens wie des Rassenschicksals prägte sich in mir, in den nun bald 30 Weltreisejahren, immer stärker aus. Dies ist wohl der Grund, weshalb ich in meinen Aufsätzen und Büchern kaum je das Wort ‚Geopolitik' gebrauche. Sie ist für mich eine allzu große Selbstverständlichkeit."

dependenten Verhältnis zueinander und determinieren das Ross'sche Gesamtweltbild. Alle drei Größen erweisen sich in Ross' Texten als Konstanten, deren Deutung nur vor dem Hintergrund weltpolitischer Veränderungen variiert.

Ich komme zunächst zu seiner Zeitvorstellung, die er in *Der Wille der Welt* – schon der gewählte Titel verdeutlicht, dass hier die zeitgenössisch viel rezipierte Vorstellungen Schopenhauers mitschwingen – konkret ausformulierte. Hier entwickelt er die Vorstellung eines Geschichtsverlaufs in Wellenform, der sich global, das heißt kultur-, völker- und raumübergreifend manifestiere. In diesem auf universale Geltung zielenden und damit zugleich deskriptiv wie normativ gedachten Entwurf macht er in der Geschichte folgende drei Wellen aus: Eine erste primitive Welle, die er in Anlehnung an Freud *Tabu und Totem* nennt, eine zweite historische Welle, die er als Ausdruck für Religion und Industrialisierung mit der Bezeichnung *Glauben und Geld* versieht, sowie schließlich eine dritte neue Welle, die gerade erst im Entstehen sei und deshalb vorläufig als „Namenlose[] und Unerkannte[]" bezeichnet werden müsse.[142] Die gewählten Benennungen, die jeweils „hypothetisch[]" zu verstehen seien,[143] sollen durch die Verwendung der jeweiligen Wortpaare „korrelativ und polar" zueinander angelegt sein und je das Gleiche auf „verschiedene[n] Daseinsstufen",[144] also im Rahmen einer evolutionären gewerteten Entwicklung, ausdrücken: „So bedeutet Tabu die Gottesbeziehung des primitiven Menschen, Glaube die des geschichtlichen und das Namenlose die des neuen Menschen, während Totem, Geld und das Unerkannte jeweils deren Auswirkung in der materiellen Ebene versinnbildlichen."[145] Die Wellen ließen sich zwar retrospektiv in einer zeitlichen Abfolge anordnen, seien jedoch alle stets gleichzeitig präsent, wenngleich in variabler Dominanz; eine Welle nimmt also stets eine prioritäre Stellung im Zeitgeschehen ein.[146]

Ross greift damit zwar Spenglers Vorstellung des phasierten Geschichtsverlaufs in „Jugend, Aufstieg und Blütezeit" auf, bricht dessen mit dem Verfall endende und in sich abgeschlossene Zyklen jedoch in der Verbildlichung der Wellen auf,[147]

---

142 Ross: Der Wille der Welt, S. 20.
143 Ebd.
144 Ebd., S. 22.
145 Ebd.
146 Ebd.: „Gemäß der aufgestellten Wellentheorie der Geschichte lassen sich diese drei Wellen des Tabu und Totem, des Glaubens und des Geldes, des Namenlosen und Unerkannten nicht zeitlich abgrenzen, sie schwingen vielmehr gleichzeitig durch die gesamte Weltgeschichte, wenn auch in wechselnder Stärke, so daß man von der zeitweiligen Vorherrschaft der einen oder andern sprechen kann."
147 Oswald Spengler: Der Untergang des Abendlandes, Bd. 1: Gestalt und Wirklichkeit. Wien, Leipzig 1918, S. 36: „Man sehe in den Worten Jugend, Aufstieg, Blütezeit, Verfall, die bis jetzt regelmäßig und heute mehr denn je der Ausdruck subjektiver Wertschätzungen und allerpersönlichster

die ihm zum einen eine gerichtete, aber dennoch parallele und synchrone Präsenz verschiedener Phasen, zum anderen aber auch die Option der Wiederkehr ermöglicht. Er folgt dabei dem Spengler'schen Anspruch einer Abkehr vom Eurozentrismus[148] sowie von der Darstellung geschichtlicher Entwicklungen „in Gestalt eines Bandwurmes, der unermüdlich Epochen ‚ansetzt'", also einer linearen Geschichtsschreibung,[149] erweitert jedoch über die Modifizierung des Verlaufs hinausgehend dessen Geltungsbereich: Während Spenglers zyklischer Geschichtsverlauf nur für Hochkulturen gedacht ist, bezieht Ross in seinem Modell auch sogenannte primitive Kulturen (erste Welle) ein.

Solche Ideen der evolutionären Strukturähnlichkeit primitiver und zivilisierter Gesellschaften sowie der Simultanität bestimmter Elemente in verschiedenen Entwicklungsstufen lassen sich bereits Ende des 19. Jahrhunderts in den anthropologischen Überlegungen zum Primitiven bei Edward B. Tylor finden,[150] die zu Beginn des 20. Jahrhunderts breit, unter anderem auch von Freud in *Totem und Tabu* (1913),[151] rezipiert wurden. Tylor geht davon aus, dass die evolutionäre Entwicklung verschiedener Völker strukturanalog verlaufe,[152] der ‚zivilisierte' Europäer im ‚primitiven' maorischen Ureinwohner demnach seine eigene Vorgeschichte erkennen könne,[153] wobei sich einzelne Elemente des Primitiven in die Phase der Zivilisation als sogenannte *survivals* (in der deutschen Übersetzung ‚Überlebsel')[154] übertragen

---

Interessen sozialer, moralischer, ästhetischer Art waren, endlich objektive Bezeichnungen organischer Zustände."

148 Vgl. ebd., Bd. 1, S. 34.
149 Ebd., Bd. 1, S. 29.
150 Vgl. Edward B. Tylor: Die Anfänge der Cultur. Untersuchungen über die Entwicklung der Mythologie, Philosophie, Religion, Kunst und Sitte. Unter Mitwirkung des Verfassers ins Deutsche übertragen von J. W. Spengel und Fr. Poske. 2 Bde. Leipzig 1873.
151 Vgl. Sigmund Freud: Totem und Tabu. Einige Übereinstimmungen im Seelenleben der Wilden und der Neurotiker. Leipzig, Wien, Zürich ³1922, v.a. S. 100–133.
152 Vgl. Tylor: Die Anfänge der Cultur, Bd. 1, so heißt es etwa in der Einleitung: „Wenn diese Hypothese richtig ist, dann ist trotz des beständigen Eingreifens von Degeneration die Hauptrichtung der Cultur von den ersten bis zu den modernen Zeiten hinauf von der Barbarei zur Civilisation gegangen." (Ebd., S. 21).
153 Vgl. ebd., Bd. 1, S. 21.
154 Vgl. ebd., Bd.1, S. 71: „Wenn im Laufe der Zeit der Zustand eines Volkes eine allgemeine Umgestaltung erfahren hat, so findet sich trotzdem gewöhnlich Vieles, das offenbar seinen Ursprung nicht in den neuen Verhältnissen hat, sondern einfach in dieselben übergegangen ist. Gestützt auf diese Ueberlebsel wird es möglich zu erklären, dass die Civilisation des Volkes, wie wir sie bei demselben beobachten, aus einem früheren Zustande stammen muss, in welchem wir die eigentliche Heimat und Bedeutung dieser Dinge zu suchen haben." Tylor liefert in der Folge eine Reihe an Beispielen, vor allem aus dem Bereich des Aberglaubens, aber auch Sprichwörter, traditionelle Redensarten oder etwa Kinderspiele (vgl. ebd., Bd.1, S. 70–111).

hätten. Dementsprechend gestaltet sich auch bei Ross die jeweils dominierende Präsenz der Wellen bzw. der davon abgeleitete historische Verlauf in den verschiedenen Kulturräumen strukturanalog, allerdings kann es zu asynchronen Verläufen kommen: Während etwa afrikanische Völker derzeit noch in der ersten Welle verharren würden und China früh aus der zweiten Welle zugunsten einer Mischform aus erster und dritter herausgetreten sei (ein primitiv-historischer Sonderfall, der später noch genauer ausgeführt wird), bereite sich im gegenwärtigen Europa die dritte Phase vor. Es ist daher kein Zufall, dass die beiden Weltanschauungstexte zur gleichen Zeit entstehen. Diesen in Europa sich vollziehenden Übergang zu einer neuen Welle sieht Ross initiiert durch eine ‚Weltkrise', die wiederum in erster Linie auf eine „Verschiebung der Stellung der weißen Rasse"[155] zurückzuführen sei, wie er konkret in *Die Welt auf der Waage* ausführt.

Ganz in der Tradition Karl Haushofers und Arthur Dix' beziehungsweise Friedrich Ratzels geopolitischen Vorarbeiten stehend, bedingen sich Rasse und Raum bei Ross gegenseitig,[156] insofern der Raum bzw. dessen klimatische Bedingungen die Rasse konstituieren, die Raumverteilung seines Weltentwurfs sich aber wiederum nach den Rassen gliedern sollte, um so einem gegebenen und natürlichen Zustand zu entsprechen. Der Raum ist bei Ross also sowohl konkret geografisch und politisch als auch metaphorisch als Spiegelung einer bestimmten Lebensform zu verstehen.[157] Auch hier reiht sich Ross in zeitgenössisch vieldiskutierte Groß- und Lebensraum-Konzepte ein, wie sie von Karl Haushofer, Carl Schmitt, Alfred Rosenberg oder Adolf Hitler selbst theoretisch und etwa von Hans Grimm auch literarisch verhandelt wurden.[158]

Der Rassenbegriff wiederum ist in der Konsequenz bei Ross sowohl biologisch als auch geografisch determiniert, indem bestimmte Eigenschaften der Lebensumgebung, vor allem auch der klimatischen Zone, entspringen. Die drei in der Welt bestehenden Rassen stehen Ross zufolge zwar in einem hierarchischen Verhältnis, das jedoch nicht zuvorderst biologisch determiniert und dadurch variabel ist. Denn die um die Jahrhundertwende bestehende Vorherrschaft der ‚weißen Rasse' sei

---

155 Ross: Die Welt auf der Waage, S. 13.
156 Vgl. für einen Überblick über Haushofers geopolitisches Denken u.a. Dan Diner: „Grundbuch des Planeten". Zur Geopolitik Karl Haushofers, in: Vierteljahrshefte für Zeitgeschichte 32.1 (1984), S. 1–28.
157 So könne der Raum nicht nur geografisch bestimmt werden, sondern man müsse in ihm auch leben und handeln können.
158 Diskutiert wurden diese etwa unter konjunkturellen geopolitischen Schlagworten wie „Volk ohne Raum", „mass-claustrophobia" etc. Vgl. zum Diskurs der Geopolitik auch Werner Köster: Die Rede über den „Raum". Zur semantischen Karriere eines deutschen Konzepts. Heidelberg 2002.

„keineswegs in der geistigen oder körperlichen Überlegenheit der weißen Rasse begründet", sondern in einem Zusammenspiel „eine[r] ganze[n] Reihe, man möchte beinahe sagen, zufälliger Faktoren."[159] Konkreter werden Ross' Aussagen diesbezüglich nicht, doch lässt sich annehmen, dass er vor allem auf technische und ökonomische Entwicklungen rekurriert, da er deren Veränderung gleichzeitig mit dem beschriebenen Stellungswechsel diagnostiziert: Diese „Verschiebung", die sich vor allem in einem „Zusammenbrechen der weißen Autorität über die Farbigen" vollziehe,[160] bereite sich bereits seit Jahren vor, erreiche nun aber ihren Höhepunkt. Neben einigen Kriegsgeschehen[161] sei dieser „unheimliche[] Prozess[]"[162] vor allem durch die europäische Kolonialpolitik, die Ausdruck einer Fehldeutung des Verhältnisses der verschiedenen Rassen zueinander sei, sowie technische Neuerungen und einen damit einhergehenden verfrühten Globalisierungsprozess eingeleitet worden.[163] In einer gezielten „Europäisierungswelle"[164], die aus einem „restlosen Überzeugtsein von der eigenen Berufung, von der natur- und gottgewollten Notwendigkeit, die andern Rassen zu europäisieren",[165] resultiere, habe man die technischen und medizinischen Mittel, welche die Vorherrschaft der „weißen Rasse" sicherten, zu den „farbigen Völker[n]" gebracht. So wurde nolens volens das „Ende der weißen Herrschaft"[166] eingeleitet:

> Am liebsten würde es [Europa; K.H.] ja Menschen exportieren, aber die nimmt man ihm nicht ab, und so muß es ausführen, was es los wird: Waren, Maschinen, Fabrikanlagen, Ideen, wahllos, ohne Rücksicht darauf, daß es sich damit in aller Welt Konkurrenten heranzüchtet und sein eigenes Grab schaufelt.[167]

Die europäische Kolonialpolitik sowie der entstandene Weltexportmarkt kämen demzufolge einem „Rassenselbstmord" gleich, so Ross an anderer Stelle.[168] Auch in

---

159 Ross: Die Welt auf der Waage, S. 32.
160 Ebd., S. 13. Vgl. dazu auch bereits Colin Ross: Heute in Indien. Leipzig 1925, S. 4.
161 Hier verweist Ross vor allem auf den Spanisch-Amerikanischen sowie den Russisch-Japanischen Krieg.
162 Ross: Die Welt auf der Waage, S. 13.
163 Vgl. auch Ross: Der Wille der Welt, S. 65f.
164 Ross: Die Welt auf der Waage, S. 17.
165 Ebd., S. 15; vgl. auch ebd.: „Man lebte damals in einer kindlichen, um nicht zu sagen kindischen, Unwissenheit der unerhörten Kulturwerte Asiens und war so restlos von der Höherwertigkeit der eigenen Zivilisation und Kultur überzeugt, daß einem gar nicht der Gedanke gekommen wäre, es sei keine Wohltat, die übrige Menschheit mit der weißen Zivilisation zu beglücken." Vgl. ferner ebd., S. 39.
166 Ebd., S. 15.
167 Ebd., S. 17.
168 Ebd., S. 65; vgl. auch ebd., S. 161.

dieser Gegenwartsdeutung ähneln Ross' Aussagen Spenglers Thesen einer „farbige[n] Weltrevolution", die er zwar erst 1933 schriftlich veröffentlichte, bereits 1930 aber in einem Vortrag mit dem Titel *Deutschland in Gefahr* präsentierte.[169] Auch Ross selbst wies in seiner auf Spenglers Text reagierenden „Auseinandersetzung mit Spengler" auf die unabhängig voneinander getroffenen, jedoch auffallenden Übereinstimmung hin, wenngleich er den von Spengler konstatierten Novitätsanspruch seiner Thesen zurückweist: „[D]enn ich weise immerhin seit gut zehn Jahren unausgesetzt auf genau die gleichen Gefahren und Möglichkeiten hin, die Spengler in diesem, im Jahre 1933 geschriebenen Buche behandelt."[170]

Dennoch gibt es deutliche Differenzen zwischen Spengler und Ross, die Letzterem auch die Akkommodation an nationalsozialistische Vorstellungen leichter fallen ließ: So bewertet Ross die Folgen dieser „Weltkrise" weit positiver, allein weil er durch die Modifikation der abgeschlossenen Zeitzyklen zu unendlich fortschreitenden und fortwirkenden Zeitwellen einen Fortschrittsprozess stipulieren kann. Während bei Spengler auf den „Untergang des Abendlandes" und damit das Ende der Kultur im europäischen Raum die Zivilisation folgt, die ein „stufenweiser *Abbau* anorganisch gewordener, erstorbener Formen"[171] sei und damit in drei weiteren Stadien des „Cäsarismus" nach dem Jahr 2200 schließlich zum endgültigen Zerfall führe,[172] präsentiert Ross in *Der Wille der Welt* über die gegenwartsanalytische Bestandsaufnahme hinausgehend die Möglichkeit eines positiven Auswegs.[173]

---

169 Vgl. Oswald Spengler: Jahre der Entscheidung. Deutschland und die weltgeschichtliche Entwicklung. München 1933, S. 147–165. Auch Spengler führt einen von der „farbigen" gegen die „weiße" Rasse angeführten „Rassenkampf" vor allem auf ökonomische und demographische Entwicklungen sowie das Selbstverständnis der Rassen zurück.
170 Ross: Gedanke und Tat im Weltgeschehen, S. 127. So heißt es weiter: „Und wenn Spengler in den ersten Sätzen des ersten Kapitels fragt: ‚Hat heute irgendein Mensch der weißen Rasse einen Blick für das, was rings umher auf dem Erdball vor sich geht? – Für die Größe der Gefahr, die über diese Völkermasse liegt und droht?', so darf ich ihn vielleicht auf ein Buch aufmerksam machen, das ihm augenscheinlich nicht bekannt ist. Es ist ‚Die Welt auf der Waage', 1929 erschienen und heute in der 23. Auflage vorliegend. In diesem ist sehr ausführlich von dieser Gefahr die Rede, insbesondere von der der farbigen Weltrevolution, und ich schrieb in ihm damals schon – vor fünf Jahren – von der Möglichkeit, daß einmal weiße Länder Kolonien farbiger Völker werden können." Tatsächlich prophezeit Ross bereits in *Das Meer der Entscheidungen* (1924) einen drohenden „Zusammenbruch der Weltherrschaft der weißen Rasse" (Ross: Das Meer der Entscheidungen [1924], S. 196).
171 Spengler: Der Untergang des Abendlandes, Bd.1, S. 44 (Hervorh. i. O.).
172 Vgl. Spenglers „Tafel ‚gleichzeitiger' politischer Epochen", in: Spengler: Der Untergang des Abendlandes, Bd. 1, S. 76.
173 Ross selbst führt dies auf die unterschiedliche Entstehungszeit ihrer Texte zurück. Vgl. Ross: Der Wille der Welt, S. 29: „Als Spengler den ‚Untergang des Abendlandes' schrieb, da hatte er als erster in genialer Intuition erkannt, daß sich die Zeit erfüllt hatte, daß die Uhr unserer Epoche abgelaufen war. Aber er erkannte nicht und konnte nicht erkennen, was sich an ihrer Stelle Neues

Unter den Prämissen, dass erstens die „weiße Rasse" „möglichst rasch und reibungslos die neue Stellung [...] bezieh[t]"[174] und zweitens ein „neues gültiges Weltbild" geschaffen werde, das Europa stützt und „als solches geglaubt und akzeptiert werden kann"[175], könne sich die auf die Zeit bezogene dritte Welle auch räumlich realisieren und so die Krise überwinden. Das primäre Ziel sei die Lösung des „Rassenkonflikt[s]"[176], die sich auf zwei Wege erreichen lasse. In lokalen politischen Einheiten, den sogenannte Sphären (ich komme darauf zurück) wäre der Weg einer „Rassenmischung" denkbar, wie sie etwa in Südamerika „hervorragende Resultate" erzielt hätte.[177] Auch hier denkt Ross aber globalpolitisch und muss feststellen, dass wegen zu großer „Rassengegensätze" die „Rassenmischung" nur eine utopische Zukunftsvision sei; deren spätere Verwirklichung als „Weltstaatenbund[]" will er jedoch nicht ausschließen.[178] Zunächst aber müsste sich eine neue Macht- und Raumeinteilung der Erde vollziehen, wobei diese sich grundsätzlich an den vorherrschenden Rassen orientieren und so den „Rassenkonflikt" durch friedliche Koexistenz sowie ein autarkes Wirtschaftssystems jeder Sphäre beilegen solle.

Durch die umcodierte, nun positive Zukunftsvision, vor allem aber durch die Adaption der Haushofer'schen Ideen gelingt es Ross einen Entwurf vorzulegen, der in nationalsozialistischen Kreisen weit mehr goutiert wurde als Spenglers apokalyptischen Darlegungen.[179] Wohl nicht zuletzt aus diesem Grund entwickelt Ross Ende

---

anbahnt. So verkündete er und mußte es verkünden, was er Untergang nannte. Als einige Jahre später die ‚Welt auf der Waage' erschien (ohne diesen bescheidenen Beitrag zur Weltlage durch diese Nennung auch nur im geringsten mit dem Werk Spenglers vergleichen zu wollen), konnte auch sie nicht mehr sein als eine Zeitkritik, eine Feststellung des Seienden ohne Vorhersage des Kommenden."

174 Ebd., S. 63.

175 Ross: Die Welt auf der Waage, S. 13. Dies ist bei Ross entscheidend, denn ein neues Weltbild könne nicht künstlich kreiert werden, sondern müsse „organisch aus dem Kollektiv hervortreten und zusammenwachsen" (Kopp: Weltbilder, S. 62). Es steht außer Frage, dass Ross in seinen weltanschaulichen wie auch seinen Reistexten just dieses, von ihm vordergründig abgelehnte Anliegen verfolgt.

176 Ross: Die Welt auf der Waage, S. 13.

177 Ebd., S. 34. So könne man „vom eugenischen Standpunkt aus über die Zweckmäßigkeit der Rassenmischung sehr verschiedener Ansicht sein", doch die „hervorragenden Resultate" würden unter bestimmten Bedingungen zunächst nicht grundsätzlich dagegensprechen. Vgl. auch die ausführlichen Anmerkungen dazu in Ross: Das Meer der Entscheidungen (1924), zu den südamerikanischen Völkern, S. 100: „Daß die Vermischung der europäischen Rasse mit Farbigen möglich ist, und nicht nur schlechte Zuchtergebnisse zur Folge haben muß, haben die südamerikanischen Republiken gezeigt." Denn hier habe die „Vermischung" eine „starke, gesunde und intelligente Rasse gegeben." Vgl. auch das Kapitel zur „Negerfrage in den Vereinigten Staaten", ebd., S. 90–94.

178 Vgl. Ross: Die Welt auf der Waage, S. 136.

179 Vgl. zu den ab 1933 gegen Spengler geführten Kampagnen Lutz Martin Keppeler: Oswald Spengler und die Jurisprudenz. Die Spenglerrezeption in der Rechtswissenschaft zwischen 1918

der 1930er-Jahre seine Vorstellungen einer neuen Raumordnung, die in den genannten weltanschaulichen Texten noch als recht vages Konstrukt dargeboten wird, zu einem konkreten Programm weiter, das er in mehreren Zeitschriftenbeiträgen propagiert: Er greift die von Haushofer bereits Mitte der 1920er-Jahre formulierten und 1938 aktualisierten Ideen in der *Geopolitik des Pazifischen Ozeans*[180] auf und reichert den Text mit zeitgenössischen nationalsozialistischen Vokabular an. Wie Carl Schmitt will auch Ross die Erde in „Hemisphäre[n]"[181] (oder dessen „Verdeutschung Großraum"[182], „überstaatlich geordnete[] Erdteil[e]"[183] oder „überstaatliche[] kontinentale[] Imperien"[184] – er legt sich terminologisch nicht fest)[185] eingeteilt sehen.[186] Diese Sphären sollen vier Bereiche umfassen: die „westliche Hemisphäre" (Amerika), den „euratischen Steppenkontinent" (umfasst die USSR) sowie Europa und Asien. Während die faktischen geographischen Gebiete für Amerika, die USSR und Asien zunächst im Groben den gegenwärtigen Zuständen weiter entsprechen sollen, schlägt er Nordafrika als „Ergänzungsraum" für die notwendig gewordene Erweiterung des „Lebensraums" Europa zu.[187] Noch wichtiger als diese

---

und 1945, insbesondere innerhalb der „dynamischen Rechtslehre", der Rechtshistoriographie und der Staatswissenschaft. Tübingen 2014, S. 22f.
180 Karl Haushofer: Geopolitik des Pazifischen Ozeans. Berlin 1924. 1938 erschien die „dritte und ergänzte Auflage".
181 Colin Ross: Die Neugliederung der Erdräume, in: Die Zeit 7.1 (1941), S. 6. Den Begriff übernimmt er von Roosevelt.
182 Ebd.
183 Colin Ross: Das Neue Asien. Leipzig 1940, S. 12.
184 Ebd.
185 Wenngleich er sich nicht auf die Einführung eines neuen Begriffs festlegt, nimmt er dennoch an, dass die Kontinente nicht nur in ihrer Erscheinungsform, sondern einhergehend mit dem neuen Konzept auch als Terminus unbrauchbar werden: So habe man erkannt, „wie theoretisch, wie willkürlich im Grunde auch unrichtig diese scheinbar so unumstößliche Einteilung ist." Man müsse nun nicht mehr nur in Kontinenten denken, sondern auch handeln: „Dafür ist aber eine Terminologie völlig unbrauchbar, die einer kleinen Insel wie Australien mit noch nicht einmal sieben Millionen Einwohnern die gleiche Bezeichnung zulegt wie dem asiatischen Großraum, den eine Milliarde Menschen erfüllt und der geladen ist mit den stärksten politischen Spannungen." (Ross: Die Neugliederung der Erdräume). Kristin Kopp subsumiert diese Annahme unter dem Schlagwort „in Kontinenten denken" (Kopp: Weltbilder, S. 60).
186 Vgl. z.B. Ross: Die Neugliederung der Erdräume; gleichlautend auch abgedruckt in ders.: Die Neugliederung der Erdräume. Organischer Großraum verdrängt Kontinentbegriff, in: Neues Wiener Tagblatt 74.356 (1940), S. 5 und ders.: Neugliederung der Erde, in: Hamburger Anzeiger 53.301 (1940), S. 1f. Vgl. darüber hinaus auch ders.: Die Erschließung der Erde für Deutschlands Jugend, in: Ralph Colin Ross: Von Chicago nach Chungking. Einem jungen Deutschen erschließt sich die Welt. Mit einem Vorwort von Colin Ross. Berlin 1941, S. 7–14, v.a. S. 7–11.
187 Vgl. Ross: Die Neugliederung der Erdräume. Afrika sei aus eigenen Kräften nicht „existenzfähig" und bedürfe deshalb einer fremden Führung. Gleichzeitig diene das Land schließlich Europa

Raumaufteilung scheint aber – seiner an Ratzels Modell vom Staat als Lebewesen[188] orientierten Vorstellung des Raumes als dynamischer Organismus entsprechend – die sich nun neu konstituierende Machtverteilung. In jeder dieser „Sphären" übernimmt, auch hier lehnt er sich an Haushofers Vorstellungen an, eine Nation eine schöpferische Vormachtstellung, die den Prozess der Neugestaltung der Weltordnung an sich sowie die Auflösung der einzelnen Nationen[189] innerhalb der Sphären zugunsten eines überstaatlichen Gebildes vorantreiben solle. Von zentraler Bedeutung sind hier die aus seiner Perspektive aktuell dynamischsten Sphären: Zum einen Europa, das am Beginn der dritten geschichtlichen Welle stehe, sowie zum anderen Ostasien als die „wichtigste[] Figur auf dem Schachbrett", da hier ebenfalls „ein neues politisches und wirtschaftliches Machtzentrum der Welt im Entstehen begriffen ist",[190] so Ross bereits 1930. Wie lassen sich nun Deutschland und China bzw. Japan in diesem Modell lokalisieren? Trägt dies zu einer theoretischen Fundierung der in dem Reisebericht *Das Meer der Entscheidungen* und in dessen Neuauflagen dargebotenen Zukunftsprognosen bei?

4.1.3.2 China und Deutschland im Modell: Deutschlands Suprematie und Chinas Assimilationskraft

Über die Verortung Deutschlands innerhalb der neu entworfenen Weltordnung, die gerade aus der Sicht deutscher Geopolitiker selbstredend zentrale Bedeutung hatte,[191] herrschte unter den zeitgenössischen deutschen Theoretikern Konsens: Zumeist ist man sich in den Entwürfen einig, dass Deutschland, seine Suprematieansprüche wahrend, die nationale beziehungsweise völkische Vorreiterrolle innerhalb Europas übernehmen solle; Dissens besteht – wenn überhaupt – nur in Bezug auf die möglichen Optionen und deren Ausgestaltung, also hinsichtlich der Frage, wie Deutschland seine geopolitisch privilegierte, den übrigen europäischen Staaten übergeordnete Position adäquat ausfüllen soll. Der zeitgenössisch viel diskutierten demokratischen und föderativen Pan-Europa-Idee stellt Ross 1931, da diese nicht

---

als „natürliche Raum- und Rohstoffreserve". Vgl. auch schon früher Ross: Die Welt auf der Waage, S. 42. Vgl. auch im Zusammenhang seiner Ausführungen zum Film *Die erwachende Sphinx* Nagl: Die unheimliche Maschine, S. 361.

188 Vgl. Friedrich Ratzel: Die Gesetze des räumlichen Wachstums der Staaten. Ein Beitrag zur wissenschaftlichen politischen Geographie, in: Petermanns geographische Mitteilungen 42 (1896), S. 97–107. Colin Ross überträgt Ratzels Vorstellung vom Staat auf die für sein Weltbild prägende Kategorie vom Kontinent bzw. Hemisphäre.

189 So seien laut Ross die nationalen Grenzen innerhalb Europas genauso überwunden wie religiöse Gegensätze (vgl. Ross: Welt auf der Waage, S. 136). Vgl. dazu auch Kopp: Weltbilder, S. 60.

190 Ross: Die Welt auf der Waage, S. 53; vgl. auch ebd., S. 31.

191 Vgl. Kopp: Weltbilder, S. 60.

zu verwirklichen sei,[192] das Modell einer „Europa G.m.b.H." gegenüber. Hier sei die angestrebte Staatsform nicht Demokratie, sondern Diktatur[193] und Deutschland bilde, den geopolitischen Prämissen folgend, den „Kern": „Das ist geographisches Schicksal. Deutschland ist Europas ‚Reich der Mitte'",[194] so Ross in einem Zeitungsbeitrag. Noch um 1930 plädiert Ross in diesem Sinne für eine Fusion Deutschlands mit Frankreich, da Deutschland als Einzelstaat keine weltpolitisch zentrale Rolle mehr spiele und sich die Machtausführung deshalb nur innerhalb eines „Staatenbundes" umsetzen lasse.[195] Zurückzuführen ist dieser Vorschlag aus internationaler Perspektive auf die geschwächte Stellung Deutschlands nach dem Ersten Weltkrieg, aus nationaler Perspektive aber auch auf die politische Lage der Weimarer Republik, denn bisher habe es „keine Partei, kein Staatsmann [...] verstanden [...], dem Volke die seelenerfüllende Idee einzuimpfen"; dies habe ein „Vakuum" hinterlassen.[196]

Die Lage verändert sich für Ross mit dem politischen Regimewechsel: Zu Beginn noch etwas zurückhaltend spricht Ross in einem nicht publizierten, in seinem Nachlass überlieferten Typoskript mit dem Titel *Politische Prognose*, datiert auf das Jahr 1933, noch davon, dass Hitler richtige und wichtige „Vorarbeit" geleistet habe.[197] Acht Jahre später, also inmitten der deutschen Kriegserfolge sieht er die Neukonstitution Europas dann konkret im Werden; also nicht mehr nur als anzustrebende Zukunftsvision, sondern als sich realisierenden Gegenwartsprozess. So schreibt er 1941: „Das Neue Europa ist heute bereits keine bloße Vorstellung, kein leerer Begriff mehr, sondern ein sich organisch aus seinem Herz- und Kernland

---

192 Ähnlich wie die Idee des Weltstaatenbundes will Ross auch die Pan-Europa-Idee nicht in Gänze für unrealistisch erklären, doch sehe er auch hier bisher keine Möglichkeiten der zukunftsnahen Realisierung.
193 So führt er in *Die Welt auf der Waage* breit aus, dass das Volk immer nach „Wohlleben" strebe, was nicht mit Freiheit gleichzusetzen sei. Deshalb gäbe es für „zivilisierte Staaten" letztlich „nur die eine Herrschaftsform", nämlich: „Der überragende Wille, der konzentrierte Machtinstinkt einer kleinen Schicht erlangt die Herrschaft auf Grund der seelischen Indifferenz der Massen, für die der Freiheitsbegriff hinter dem des Wohllebens zurücktritt." Die Erlangung und Aufrechterhaltung der Macht erfolge schließlich nur über „Suggestion" und „Verführung", die bei ihm beide positiv besetzt sind zugunsten des „Wohllebens" des Volkes (Ross: Die Welt auf der Waage, S. 144–149, Zitat S. 149). Vgl. dazu auch seine Ausführungen zum Bolschewismus und Faschismus als System in Ross: Der Wille der Welt, S. 176–178 sowie seine nicht veröffentlichte ‚Bestandsaufnahme' der Situation 1933: Colin Ross: Politische Prognose, in: BayHSta, NL Colin Ross, 22, S. 11.
194 Colin Ross: Europa G.m.b.H. Sein oder Nichtsein eines ganzen Erdteils, in: Berliner Morgenpost, 26.2.1931, S. 1f., hier: S. 2.
195 Vgl. Ross: Die Welt auf der Waage, S. 77–87 sowie Ross: Europa G.m.b.H., S. 2.
196 Ross: Die Welt auf der Waage, S. 160.
197 Ross: Politische Prognose, S. 11.

heraus entwickelnder Großraum."¹⁹⁸ Diesen ‚Erfolg' schreibt er nun über die „Vorarbeit" hinausgehend ausschließlich der Person Adolf Hitler zu, denn: „Dieses Neue Europa kann nicht ohne das Neue Deutschland geschaffen werden. Dieses aber ist die ganz persönliche Schöpfung Adolf Hitlers, und damit rückt der Führer und Kanzler des Deutschen Reichs in den Brennpunkt des Weltgeschehens".¹⁹⁹ So steht es im Vorwort seines Reiseberichts *Das Neue Asien*, in dessen weiteren Ausführungen Ross sich – im Rekurs auf sein zweites persönliches Treffen mit Hitler im März 1940 –²⁰⁰ gar zum Intimus des „heißgeliebten Führer[s] eines Achtzig-Millionen-Volks"²⁰¹ stilisiert: Hitler sei ein „wahrhaft guter Mensch" und vor allem ein „überaus weicher Mensch", der nur „gelernt habe, furchtbar hart zu sein".²⁰² Im Übrigen, das sei hier nur erwähnt, erweise sich die positive Charakterqualität Hitlers auch den Juden gegenüber, denen er nicht, wie Emigranten es fälschlich im Ausland verbreiten würden, mit „Ärger", sondern mit „Mitgefühl" gegenübertrete.²⁰³

Vor dem Hintergrund der skizzierten politischen Biographie Ross' sowie der Verortung seiner theoretischen Erörterungen im Diskurs der Zeit ist es nicht überraschend, dass Deutschland Suprematie zugesprochen wird, wie es sich unter Hitler dann auch in den ersten Kriegsjahren überaus positiv zu realisieren schien; insbesondere der Sieg über Frankreich im Juni 1940 hatte viele deutsche Nationalisten entsprechend euphorisch gestimmt. Doch wie sieht es mit der zweiten „wichtigen Figur" auf dem politischen „Schachbrett" aus – um Ross' Metapher wieder aufzugreifen?

In *Der Wille der Welt* widmet er – neben mehreren kürzeren Passagen, in denen ihm der asiatische Kontinent vor allem als Vergleichsfolie für Europa dient, – das zehnte Kapitel seiner Ausführungen China. In diesem, mit *Die asiatische Lebenslösung* überschriebenen Kapitel, zeigt er in einem ersten Schritt anhand eines historischen Rückgriffs Chinas Sonderrolle in der geschichtlichen Entwicklung auf, die zuvorderst der chinesischen Staatsphilosophie entspringe, um darauf basierend in einem zweiten Schritt die gegenwärtige „chinesische[] Krise"²⁰⁴ zu erklären. Ross liefert damit in einer historischen Verlängerung die Genese der chinesischen „Wirren", die in beiden Versionen von *Das Meer der Entscheidungen* ausgespart wurde.

---

198 Ross: Die Neugliederung der Erdräume.
199 Ross: Das Neue Asien, S. 12.
200 Vgl. dazu Domarus: Hitler. Reden und Proklamationen 1932–1945, S. 1482f.
201 Ross: Das Neue Asien, S. 13.
202 Ebd., S. 14f.
203 Ebd., S. 15.
204 Ross: Der Wille der Welt, S. 164.

Seinen Ausführungen legt er dabei zwei Vorannahmen zugrunde, nämlich (1) dass China aufgrund seiner geographischen Situation ein besonderes Kollektivbewusstsein ausgebildet habe,[205] sowie (2) dass den „‚Männer, die Gedanken hatten'", eine weit wichtigere Funktion zugesprochen wurde als den kämpfenden Kriegern. Gelehrte wie Konfuzius und Laotse hätten das „chinesische Weltdenken" und damit den „chinesischen Volkscharakter" stark geprägt.[206] In einer Synthetisierung konfuzianischer und taoistischer Ideen definiert Ross dieses „chinesische Weltdenken", das sich vor allem durch die Stellung des Einzelnen zum Weltgeschehen (v.a. dem *tao*) auszeichne: „Die Ereignisse sind an sich gleichgültig, ihr Ablauf ist gegeben, sie sind etwas feststehendes. Die Stellung, die das menschliche Herz zu ihnen nimmt, ist das Entscheidende. Der Mensch ist der Mittler zwischen Himmel und Erde."[207] Das spezielle „Weltdenken, das nur den Chinesen eigentümlich ist",[208] begründet eine Sonderrolle auch innerhalb des raum- und kulturübergreifenden strukturähnlichen Geschichtsmodells: Das Weltdenken sei Ausdruck einer verfrühten Unterbrechung der zweiten Welle, die sich durch einen Glauben an Gott und ein Ankämpfen gegen die „Lebensangst" auszeichne.[209] Die Unterbrechung habe zur Etablierung einer primitiv-historischen Mischform geführt: „Man griff auf die Tabu-Vorstellung der ersten Welle zurück und auf das ‚Tao' der dritten voraus".[210] Eine genauere Erläuterung, warum das ‚Tao' hier – seiner Festlegung der polaren und korrelativen Anlage der Wellenbezeichnungen folgend – als „Ausdruck auf der materiellen Ebene" der dritten Welle zugesprochen wird, die doch bisher das „Namenlose[] und Unerkannte[]" sei, bleibt aus und bildet so einen nicht zu klärenden (womöglich widersprüchlichen) Aspekt in Ross' Modell. Aus dieser Annahme bzw. dem zugeschriebenen Weltdenken an sich leitet er jedenfalls sowohl nationale als auch internationale Konsequenzen für China ab, die wiederum Auswirkungen auf Chinas Lokalisierung im globalen Mächteverhältnis mit sich bringen. Zum einen habe dies Konsequenzen für den Umgang mit dem Ausland, da diese „Verlegung

---

205 Vgl. ebd., S. 151f.
206 Ebd., S. 152.
207 Ebd., S. 154.
208 Ebd., S. 154f.
209 Ebd., S. 153. Der Abendländer der zweiten Welle würde in einem stetigen Kampf für das Leben stehen, da er den Tod fürchte, während der Chinese sich als „Teil des Weltganzen" begreift, wodurch seine Geburt „nur die Gestaltwerdung eines von Ewigkeit zu Ewigkeit Vorhandenen, sein Tod lediglich das Zurücknehmen des Lebewesens in den mütterlichen Urzusammenhang" sei. (Ebd.).
210 Ebd., S. 154.

des Lebensmittelpunktes ganz ins Innere [...] eine unheimliche Suggestion" ausstrahle,[211] die schließlich eine dem chinesischen Volk eigene Assimilationskraft hervorbringe:[212] Entgegen der gängigen Annahme, China habe sich einer Beeinflussung aus dem Ausland stets verwehrt, zeigt Ross auf, dass es sehr wohl ausländische Ideen aufgenommen habe, jedoch nicht durch einen schablonenhaften Übertrag, sondern durch Akkulturation und Einpassung in das eigene Denken: „So war zum Schluß nicht China buddhistisch geworden, sondern der Buddhismus chinesisch",[213] um nur eines seiner vielen genannten Anschauungsbeispiele wiederzugeben. Zum anderen habe das Weltdenken nationale Implikationen gehabt, da alle staatliche und soziale Ordnung darauf beruhe. Zur Erklärung zieht Ross hier vor allem Konfuzius' Vorstellung einer untrennbaren Einheit von Ich, Familie und Staat heran, nach welcher das Leben der Menschheit, der Naturablauf und das moralische Verhalten des Einzelnen in einem sich stets wechselseitig konstituierenden Verhältnis zueinanderstehen.[214] Die Einbindung eines jeden Einzelnen in diesen makrokosmischen Gesamtzusammenhang habe, so Ross, eine enorme Wirkung, wie er anhand der politischen Funktion zu exemplifizieren versucht: „Ein europäischer Ministerpräsident kann den größten Unfug anrichten und sich dann, wenn ihm das Vertrauen entzogen wird, mit einer Pension in das Privatleben zurückziehen. Ein chinesischer Kaiser mußte Buße tun, wenn einmal der Regen ausblieb."[215] Über Jahrhunderte hinfort sei es China durch diese Verantwortungsethik des Einzelnen gegenüber dem Kollektiv gelungen, in einer gleichbleibenden, unveränderlichen Form zu überdauern.[216]

---

211 Ebd., S. 155.
212 So schreibt er: „Fremden Kultureinflüssen, fremden Gedanken jedoch gewährte man Eingang, nicht hemmungslos allerdings und nicht unkontrolliert. Oberster Grundsatz blieb, daß die Grundlage chinesischen Denkens und Lebens nicht gefährdet werden dürfe. Gedanken waren nicht ohne weiteres zollfrei." (Ebd., S. 159).
213 Ebd. Ross ist nicht der Einzige, der diese Aussage trifft. Bereits Wilhelm Grube äußert in seiner 1910 postum veröffentlichten Studie zu *Religion und Kultus der Chinesen*, dass sich der Buddhismus in China in einem solchen Maße an „Volksnatur" und „herrschende Vorstellungen" angepasst hat, „daß man mit größerem Rechte sagen kann, der Buddhismus ist chinesisch, als China ist buddhistisch geworden." (Grube: Religion und Kultus der Chinesen, S. 139).
214 Vgl. Ross: Der Wille der Welt, S. 156. Vgl. zum Konzept bei Konfuzius Heiner Roetz: Die chinesische Ethik der Achsenzeit. Eine Rekonstruktion unter dem Aspekt des Durchbruchs zu postkonventionellem Denken. Frankfurt am Main 1992 sowie ders.: Konfuzius. München 1998.
215 Ross: Der Wille der Welt, S. 157f.
216 „Wenn man den Vergleich zwischen China und allen andern Reichen der Erde zieht, so fällt er nicht zu seinen Ungunsten aus; denn China lebt bis heute, lebt im wesentlichen noch in der Form, in der es bereits vor Jahrtausenden bestand, während alle andern Reiche und Völker untergingen oder sich wenigstens bis zur Unkenntlichkeit wandelten." (Ebd., S. 157).

Ross' Verortung Chinas innerhalb des Modells und den daraus entstehenden Konsequenzen erklären also seinen in *Das Meer der Entscheidungen* vorgelegten Interpretationsansatz, demzufolge China Europa für eine stete Fortentwicklung und Stabilisierung des Landes nicht brauche.[217] Doch etwas scheint zur Destabilisierung des Landes geführt zu haben. Just dies versucht Ross in einem zweiten Schritt zu klären, wobei ihm das dargelegte Modell für China als krisendiagnostischer Ansatz für den *status quo* des ‚Reichs der Mitte' dient. Denn es sei ein Bruch mit dem chinesischen Weltdenken gewesen, der zur „Krise" geführt habe;[218] und da äußere Ereignisse keine Relevanz hätten, könnten nur innere Entwicklungen ausschlaggebend gewesen sein: Eine Fehlinterpretation des taoistischen *Wu wei* habe das Land in einen stagnierenden Zustand versetzt, der die Assimilationskraft Chinas minderte.[219] Als nach den Opiumkriegen schließlich die erzwungene Öffnung gegenüber dem Westen drohte, sei es China nicht mehr möglich gewesen, das westliche Gedankengut in sein chinesisches zu integrieren, es sei gleichsam zum Einfallstor für westliche Ideen geworden und habe mithin keinen schrittweisen Übergang zur Moderne mehr erreichen können. Seither werde ohne Rücksichtnahme auf die chinesische Tradition von verschiedenen militärischen und politischen Fraktionen versucht, die Moderne gewaltsam in China durchzusetzen. Mit ähnlichen Argumenten kritisiert Ross an anderer Stelle deshalb auch das Vorgehen Sun Yatsens seit der chinesischen Revolution von 1911, der „noch wähnte, es genüge, dem Land eine Verfassung zu geben, um all seine Probleme zu lösen."[220] Statt einer Besserung der Situation habe Sun Yatsen so aber nur diejenigen Vormachtskämpfe hervorgerufen, die nach seinem Tod um sein politisches Vermächtnis ausbrachen und noch bis dato anhalten. Ross erweist sich auch hier als antidemokratischer Denker, und wiederum scheint sich seine chinesische Krisendiagnose auch zu einem Gutteil aus Ross' Erfahrungen mit der Weimarer Republik zu speisen. Dennoch liefert seine China-Diagnose mehr als nur eine Projektion. Ross stellt fest, dass die chinesische Krise zuletzt auch über die Landesgrenzen hinaus auf die innerasiatischen Machtverhältnisse enorme Auswirkungen genommen habe:

> China lehnte im Bewußtsein der Überlegenheit seines Denkens jede Auseinandersetzung mit dem europäischen ab, ohne verhindern zu können, von ihm beeinflußt zu werden. Japan aber

---

217 Vgl. Ross: Das Meer der Entscheidungen (1924), S. 279.
218 Vgl. Ross: Der Wille der Welt, S. 158.
219 Vgl. ebd., S. 161f.: „auf Grund dieses Gesetzes [‚des Handelns durch Nicht-Handeln'; K.H.] stellte sie an den Staatslenker die Forderung, durch passives Sich-in-Einklang-setzen mit dem Willen der Welt den richtigen Ablauf der Ereignisse oder vielmehr das Gleichmaß des Geschehens zu sichern."
220 Ross: Das Neue Asien, S. 145.

erkannte die äußere Überlegenheit des Abendlandes an, und seine führende Schicht beschloß, diese westliche Kultur genau so radikal zu übernehmen wie seinerzeit die chinesische. So wurde Japan ein abendländischer Staat mit allen seinen Vorzügen, aber auch allen seinen Fehlern.[221]

Kennt man nun diese theoretischen Überlegungen Ross' zu den globalen Mächteverhältnissen sowie seinen anvisierten Entwurf zur Erdraumverteilung lassen sich auch die 1924 und 1936 konstatierten Zukunftsprognosen für den europäischen und vor allem für den asiatischen Raum nachvollziehen und den auf Grundlage der konträr gelagerten politischen Ausgangslage getroffenen Utopie-Vorwurf gar entkräftigen: Durch den divergenten Umgang mit westlichen Ideen habe sich Japan schließlich von China abgespalten und sei in die von Ross 1924 deklarierte Position „zwischen den Rassen" gerückt. Japan habe in der Folge den asiatischen Weg gewählt und so die Funktion des dynamischen Kerns übernommen, der zur Neugestaltung der asiatischen Sphäre führe. Gleichsam wie Europa Ende der 1930er-Jahre blieben auch Japan für diese konsequente Neuerung nur militärische Mittel zur Verfügung. Durch die Besetzung großer Teile Chinas zwinge Japan China zu einem Umgang mit den westlichen Ideen, wirke also gleichsam als eine Art Katalysator für die 1936 als Prämisse genannte „seelische und geistige Neuerung". Was ohne diese theoretische Rahmung widersprüchlich erscheint, wird zur Ausgangslage: Denn durch diesen erzwungenen Umgang mit den von Japan bereits für den asiatischen Raum modifizierten westlichen Gütern und Idealen, finde China wieder zurück zu seinem „Weltdenken", revitalisiere so seine „Assimilationskraft" und werde in letzter Konsequenz schließlich auch Japan assimilieren, die Vorherrschaft in Asien übernehmen und sich schließlich als dritte pazifische Macht neben Europa und Amerika situieren; oder anders formuliert:

> „Schließlich, was bedeutet für China ein fremdes Herrscherhaus! Unser Volk hat noch jedes Fremde in sich aufgesaugt. Gut, die Japaner erobern China. Dann würde der Kaiser seine Residenz von Tokio nach Peking verlegen, die Japaner würden Chinesen werden, genau wie vor ihnen die Mandschus und die Mongolen, und ihre Inseln würden eine Außenprovinz des Reiches der Mitte."[222]

So eine als Zitat eines Chinesen ausgewiesene Passage in Ross' Bericht von 1924. Parallel zu den beobachteten Entwicklungen in Europa, das mit Beginn des Zweiten Weltkrieges tatsächlich in seiner Neugestaltung „im Werden" sei, sieht Ross diesen Erneuerungsprozess Chinas bei seiner letzten großen Asienreise 1939 schließlich

---

221 Ross: Der Wille der Welt, S. 164.
222 Ross: Das Meer der Entscheidungen (1924), S. 266.

ebenfalls konkret im Entstehen. So erscheint „Das Neue Asien" wie eine große Zusammenführung und Realisierung seiner über Jahre hinweg propagierten Thesen, weshalb ein genauerer Blick auf seine in diesem Kontext getroffenen Interpretationen lohnend scheint. Zugleich möchte ich im Folgenden exemplarisch an dem 1940 publizierten letzten Asienbericht von Ross über die inhaltliche politische Dimension hinausgehend auch die bisher unbeantwortet gebliebenen Fragen nach der literarischen Gestaltung, dessen ästhetischer Gemachtheit und nach der Funktion der Literarisierung aufgreifen.

4.1.4 Literarisch gestaltete Radikalisierung: *Das Neue Asien* (1940)

Im Jahr 1939 brach Colin Ross gemeinsam mit seiner Familie von München aus zu einer letzten großen Weltumrundung mit dem Auto auf.[223] Zunächst ging es für knapp ein halbes Jahr nach Amerika,[224] dann nach Asien, genauer gesagt nach Japan, Korea und China, und abschließend in die Sowjetunion mit dem Ziel, „dieses Neue Asien auch in seiner weltpolitischen Umrahmung richtig zu verstehen".[225] Seine Reiseerlebnisse wurden auch in diesem Fall multimedial mittels verschiedener Vorabpublikationen, Vorträge und Lesungen, einem zugehörigen Film mit dem Titel *Das Neue Asien* sowie einer gleichnamigen Buchpublikation ausgewertet und rückten vor allem die nun im Werden begriffene „neue regionale Weltordnung" in Bezug auf den asiatischen Raum und dessen Konsequenzen für Europa ins Zentrum.

Auch bei diesem Buch verweist schon der Schutzumschlag – wenngleich ebenfalls eher implizit und für die Leser:innen wohl nicht auf den ersten Blick zu erkennen – auf die von Ross im Text explizierte Reiseintention: das „Studium dieses ‚Neuen Asiens'".[226] Wie schon für die vorherigen Reiseberichte übernahm auch für *Das Neue Asien* Georg Baus die Buchgestaltung:[227]

---

223 Vgl. Ross: Das Neue Asien, S. 60.
224 Darauf basierend verfasste er wohl sein 1941 erscheinendes Buch Colin Ross: Die „Westliche Hemisphäre" als Programm und Phantom des amerikanischen Imperialismus. Leipzig 1941. Von dem nur kurzen Aufenthalt in der Sowjetunion liegt keine ausführlichere Berichterstattung vor.
225 Ross: Das Neue Asien, S. 12.
226 Ebd.
227 Vgl. dazu auch verknappt Hudey: Visuelle Suggestionen, S. 271f.

Abb. 3: Buchumschlag von *Das Neue Asien* (1940) (Quelle: Ludwig-Boltzmann Institut für Geschichte und Gesellschaft) (links); erste Fotografie in *Das Neue Asien* (Quelle: Ross: Das Neue Asien, o.S.) (rechts).

Der gezeichnete Umschlag zeigt – in Anlehnung an die erste noch vor dem Titelblatt eingebundene Fotografie – ein Pekinger Stadttor, auf dem über dem Durchgang chinesische Schriftzeichen angebracht sind: „建设东亚新秩序" (*jiàn shè dōng Yà xīn zhì xù*; wörtlich etwa: Die Neue Ordnung wird in Ostasien errichtet). Dass der am oberen Bildrand in großen blauen Lettern abgedruckte Titel *DAS NEUE ASIEN* die deutsche Übersetzung der auf weiße Rauten gesetzten Schriftzeichen und eine von den Japanern propagandistisch eingesetzte Formel zur Expression ihres politischen Hegemoniebestrebens ist, bleibt für die deutschen Leser:innen ohne Chinesischkenntnisse zunächst opak und erhellt sich erst mit Blick auf die erwähnte eingebundene Fotografie mit entsprechender Bildunterschrift.[228] Anders als bei *Das Meer der Entscheidungen* versprechen die großen chinesischen Schriftzeichen den Leser:innen, genau wie die gezeigte typisch chinesische Architektur des konkav-gewölbten Pagodendachs, zunächst wohl vor allem ein fremdes und exotisches Leseerlebnis. Unterstützt wird dies durch die Passanten am unteren Bildrand, die

---

[228] Diese lautet „Die Neue Ordnung in Asien'. Die Aufforderung zur Mitarbeit an der von Japan geplanten Neuordnung Asiens prangt an den Toren der von den Japanern besetzten chinesischen Städte". (Ross: Das Neue Asien, o.S.).

durch eine schlichte Kleidung, das Tragen des klassischen asiatischen Kegelhutes und das Führen von Lasttieren als das ‚einfache', arbeitende Volk ausgewiesen werden. Diese bildsemantische Absicht ist wohl auch der Grund dafür, dass Baus originalgetreu die eingebundene Fotografie in Farbe nachzeichnet, bei der Gestaltung der Passanten aber von seiner Vorlage abweicht. Das Pekinger Stadttor findet sich schließlich auch am schlicht in Beige und Dunkelrot gestalteten Leineneinband wieder, der am Buchdeckel nur das gezeichnete Tor zeigt, während am Buchrücken der Autorname sowie der Buchtitel in derselben Schriftart wie auf dem Schutzumschlag zu finden sind.

Die äußere Buchgestaltung adressiert somit mindestens zwei Lesegruppen: Regelmäßige Ross-Leser:innen konnten die politische Dimension dieses Reiseberichts aufgrund diverser vorab publizierter Beiträge über „Das Neue Asien", „Das Neue Europa" oder „Die neue Weltordnung" bereits vor der Lektüre anhand des gewählten Titels antizipieren; zugleich zielte man durch die exotisch anmutende Gestaltung, die Unterhaltung verspricht, wohl auch auf eine Erweiterung des Leserkreises.

Wie bereits in *Das Meer der Entscheidungen* und seinen anderen Reisebüchern wird auch in *Das Neue Asien* der Text von Bild- und Kartenmaterial begleitet. Es handelt sich dabei – wie paratextuell ausgewiesen – um 88 Abbildungen und sieben Karten, die in einem dem Inhaltsverzeichnis folgendem Register einzeln aufgelistet werden. Das Einfügen von Karten – genauso wie von Fotografien, auf die ich gesondert zu sprechen komme –[229] ist typisch für die Gestaltung von Reiseberichten; zumeist findet sich wenigstens eine geographische Skizze des bereisten Landes, die den konkreten Reiseweg des Autors/der Autorin visualisiert, in die Reisebücher eingebunden. Den deutschen Leser:innen wird so ein Nachvollziehen der Route sowie eine geographische Verortung des Beschriebenen ermöglicht. Bei Ross ist das jedoch anders: Zwar übernehmen die Karten auch hier in gewisser Weise eine Informationsfunktion, doch zuvorderst als visuelle Projektionsfläche der textuell manifestierten politischen Thesen und Prognosen. Durch den Einsatz sogenannter ‚suggestiver Karten' greift Ross ein gängiges Verfahren geopolitischer Veröffentlichungen auf, wie sie Karl Haushofer schon 1922 „als eines der wichtigsten Erziehungsmittel" forderte.[230] Ab Mitte der 1920er-Jahre wurden solche Karten vor allem zur Veranschaulichung globalpolitischer Gesamtzusammenhänge genutzt, indem einzelne Länder und Kontinente mittels Einsatz von Pfeilen und Linien in ihrem

---

229 Vgl. das Kapitel 4.1.5. Exkurs: Visuelle Suggestionen – zu den Fotografien in Colin Ross' Asienreportagen.
230 Karl Haushofer: „Die suggestive Karte"?, in: Grenzboten 81.1 (1922), S. 17–19, hier: S. 19.

dynamischen Verhältnis zueinander abgebildet wurden.[231] Die schon von Haushofer anvisierte Propagandafunktion solcher Karten[232] ließ ab den frühen 1930er-Jahren eine ganze „Flut von suggestiven Karten" zu diesem Zwecke entstehen.[233] Just dies nutzt auch Ross als Veranschaulichungsmittel, etwa um die Größenverhältnisse Chinas und Japans kontrastierend gegenüberzustellen, indem die jeweiligen geographischen Länderumrisse in einer Karte auf zwei Ebenen übereinander gelegt werden.[234] Die sehr unterschiedlichen Bevölkerungsgrößen sollen durch zwei gezeichnete Figuren – einen überdimensionalen Chinesen, der durch seine Kleidung wohl als Mandarin ausgewiesen werden soll, und einen winzigen japanischen Soldaten – vergleichend symbolisiert werden. Die Wahl der Figuren entspricht zudem seiner im Text gegebenen Charakterisierung der beiden Völker. Ross' ‚suggestive Karten' illustrieren aber nicht nur Gegebenes, sondern können auch Zukünftiges ins Bild bringen: Zum Abschluss von *Das Neue Asien* findet sich eine sich über zwei Seiten erstreckende imaginierte, prognostische Karte, die die „Lebensräume und Machtsphären einer neuen Weltordnung", so die bezeichnende Unterschrift, projiziert.[235] Zu sehen ist die Einteilung der Weltkarte in den vier von Ross benannten Sphären, wobei eine Legende zur Erläuterung der genutzten Linien und Schraffierungen, wie nicht selten bei suggestiven Karten,[236] ausgespart wird. Die Kartografie dient also bei Ross, wie auch bei anderen geopolitischen Texten, primär der Veranschaulichung der Thesen, die den Leser:innen auf diese Weise ergänzend nähergebracht und nachvollziehbarer gemacht werden sollen. Mit Haushofer gesprochen werden sie also primär mit dem propagandistischen Ziel eingesetzt, die politischen Prognosen „für die eigene Phantasie des Beschauers überzeugend" hervorzuheben und ihn „zu dem Gedanken" anzuregen: „Ja, es könnte auch an dieser Darstellung etwas Wahres sein!"[237]

---

231 Vgl. dazu auch Hahnemann: Texturen des Globalen, S. 21–29.
232 So schreibt Haushofer: „Selbstverständlich muß das suggestive Kartenbild *wahr* sein, denn kartographische Lügen haben besonders kurze Beine. Aber es entfaltet seine politisch betonte Leistung in dem, was es an Untergeordnetem oder Unerwünschtem typisiert, zurücktreten läßt oder verschweigt […], und in dem, was es für die eigene Phantasie des Beschauers überzeugend hervorhebt – so daß sie im Sinne des Künstlers weiterarbeitet –, in dem, womit es andererseits Andersdenkende nicht vergewaltigt oder verletzt, sondern sie weit mehr zu dem Gedanken anregt: Ja, es könnte auch an dieser Darstellung Wahres sein! – Gehen wir also prüfend auf sie ein!" (Haushofer: „Die suggestive Karte"?, S. 18).
233 Hahnemann: Texturen des Globalen, S. 23.
234 Vgl. Ross: Das Neue Asien, S. 266f.
235 Ebd., S. 284f.
236 Vgl. Hahnemann: Texturen des Globalen, S. 25.
237 Haushofer: „Die suggestive Karte"?, S. 18.

Eine analoge Funktion übernimmt auf textueller Ebene das Vorwort. Das Buch gliedert sich daran anschließend in elf Kapitel, wobei ganze drei Kapitel auf die Beschreibung Chinas entfallen (*China unter japanischer Führung, China und die Dritten Mächte, China unter Chiang Kai-shek*)[238] und so in den quantitativen Verhältnissen bereits ein Schwerpunkt zu erkennen ist. Doch zunächst zum Vorwort, das in Ross' Reiseberichten, wie bereits bei *Das Meer der Entscheidungen* gesehen, in der Regel als eine Art politische Kontextualisierung fungiert, die den Leser:innen seine politischen Einschätzungen leichter nachvollziehbar machen soll. In *Das Neue Asien* ist das Vorwort mit dem Titel *Das Neue Asien und das Neue Europa* überschrieben, wenngleich der Fokus vor allem auf „das Neue Europa" und, einhergehend damit, auf Adolf Hitler, den „Lenker der Geschicke des Achtzig-Millionen-Volks im Herzen Europas", gelegt wird.[239] Nachdem sich Ross einleitend wie gewohnt selbst zum erfahrenen Reisenden stilisiert, der ein „Menschenalter" lang bereits „die Welt befahren" habe,[240] beschreibt er zunächst das historische Verhältnis der Kontinente zueinander. Dies dient ihm schließlich als Überleitung zu der von ihm propagierten neuen Weltordnung und dem „Neuen Europa". Die anschließenden Ausführungen gleichen eher einem Audienzbericht, wie sie nicht selten über Besuche bei Hitler oder Mussolini in den deutschsprachigen Tageszeitungen publiziert wurden.[241] So steigt er ein:

> Ein Empfang bei ihm [d.i. Adolf Hitler; K.H.] ist schon rein äußerlich ein ganz starkes Erlebnis. Wenn sich vor einem die hohen Flügeltüren in der Wilhelmstraße öffnen, wenn man in den inneren Hof einfährt, wenn die Posten präsentieren und man an der Freitreppe von dem Chef der Reichskanzlei und dem ersten Adjutanten empfangen wird [...]. Aber dann steht man nach kurzem Warten im gobelingeschmückten Vorzimmer plötzlich dem Führer gegenüber, oder er kommt vielmehr auf einen zu, streckt einem mit solch warmer Herzlichkeit die Hand entgegen und blickt einem derart klar und offen ins Auge, daß jede Scheu sofort verfliegt.[242]

Im weiteren Verlauf rekonstruiert Ross das Gespräch mit Hitler, wobei die von Hyperbeln durchsetzten Darlegungen auf eine Charakterisierung Hitlers als mitfühlenden, herzlichen Menschen zielen und Ross' Bewunderung plakativ ausstellen. Dementsprechend bildet schließlich eine Laudatio auf den ‚Führer des deutschen

---

238 Die Kapitel tragen die Namen *China unter der Roten Sonne* (Ross: Das Neue Asien, S. 141–158), *Abenddämmern der Weißen Herrschaft* (ebd., S. 159–176) und *China unter der Weißen Sonne* (ebd., S. 177–240).
239 Ebd., S. 12.
240 Ebd., S. 9.
241 Vgl. für die Berichte über Mussolini etwa Wolfgang Schieder: Mythos Mussolini. Deutsche in Audienz beim Duce. München 2013.
242 Ross: Das Neue Asien, S. 14.

Volkes' und eine daran geknüpfte nationalsozialistisch-perspektivierte Zukunftsvision den Abschluss des Vorworts:

> Wohl uns, daß uns aus unserer Mitte ein Führer erstand, der trotz des Adlerflugs seines Willens, trotz der Genialität seines Geistes ein einfacher, schlichter Mann blieb. Wohl uns, daß wir in eine Zeit hineingeboren sind, in der so Großes sich vollendet. Wohl uns, daß uns in einer Epoche, in der Europas alte Führungskräfte versagen, seine alte Ordnung zerbröckelt, ein Neues Asien sich bildet, ein Neues Amerika aufsteigt, ein Mann erstand, der mit dem klaren Blick in die Zukunft die Kraft verbindet, sie zu meistern und zu gestalten. [...] Ein Neues Europa steigt auf, aus dem Herzen des Kontinents herauf, aus eines Mannes Herzen heraus, mit dem achtzig Millionen anderer im gleichen Takt schlagen.[243]

Der Rahmen für seine politischen Reisebeschreibungen ist damit abgesteckt: Das ‚Neue Europa' und das ‚Neue Asien', wie er es in früheren Beschreibungen noch als Zukunftsvision verbalisierte, sind jetzt konkret im Werden begriffen. Nun gelte es zum einen, das ‚Neue Asien' zu ‚studieren' und verstehen, um in einem zweiten Schritt das Verhältnis der neuen Sphären zueinander zu evaluieren und auf diese Weise eine adäquate Reaktion Europas auf ein erstarkendes Asien zu ermöglichen. Ross' Analysen zielten demnach darauf, konkrete politische Handlungskonsequenzen zu effizieren. Die sich anschließenden Kapitel sind nach den einzelnen besuchten Orten gegliedert, wobei diese nicht durchweg chronologisch der Reiseroute folgen.[244]

Der Textsorte Reisebericht, wie er in den 1920er-Jahre immer populärer wurde, entsprechend, zeichnet sich der Text durch den Einsatz journalistischer Methoden zur Informationsgewinnung sowie durch eine literarische Ausgestaltung der auf diese Art erhobenen und ausgedeuteten Informationen aus. Der Berichterstatter, so eine Grundvoraussetzung der Produktionsform des Berichts, muss selbst am Ort seiner Berichterstattung sein, um den „Grundstoff" zu erarbeiten.[245] Ross beobachtet vor Ort, recherchiert, nimmt am gesellschaftlichen Leben teil und führt Interviews mit Repräsentant:innen der Bevölkerung und einzelnen Staatsmännern. Das Reisen selbst legitimiert und authentifiziert hier die aus dem Erlebten abgeleiteten – so zumindest der intendierte Leseeindruck – politischen Prognosen. Diese werden unter dem Einsatz verschiedener literarischer Stilelemente und Erzähltechniken den Leser:innen präsentiert: Die Reise selbst wird zum leitenden Narrativ, in dem aber nicht nur vom faktisch Erlebten berichtet, sondern zugleich die bewertenden und prognostischen Thesen zum Weltlauf eingebettet werden. In *Das Neue Asien* wird, wie schon im Zusammenhang der Kapitelgliederung erwähnt, die dem

---

243 Ebd., S. 17.
244 Vgl. z.B. ebd., S. 41, hier wird deutlich, dass er einzelne Orte auf der Reise mehrfach besuchte.
245 Günter Bentele: Reportage, in: Reallexikon der deutschen Literaturwissenschaft, Bd. 3, hg. von Jan Dirk Müller. Berlin 2007, S. 266.

Reisebericht zumeist zugrundeliegende chronologische Ordnung der Ereignisse durch den vermehrten Einsatz analeptischer und proleptischer Passagen, eine iterative Erzählfrequenz und eine Vielzahl intra- und intertextueller Verweise auf andere Reiseberichte, vor allem auf die in *Das Meer der Entscheidungen* beschriebene Asienreise, aufgebrochen.[246] Die Erlebnisse werden zumeist – wie üblich in Reiseberichten – intern fokalisiert, autodiegetisch in der ersten Person Plural, als reisende Familie, im dramatischen Modus präsentiert, wodurch die Distanz zu den Leser:innen möglichst gering gehalten werden soll. Der Aufbau der einzelnen, meist nur wenige Seiten umfassenden Kapitel – auch hier geht Ross konform mit den übrigen zeitgenössischen Reisebeschreibungen, die sich durch ihre Kleinteiligkeit auszeichnen –[247] unterliegt dabei in der Regel einer bewusst gestalteten Inszenierung, wie es sich exemplarisch an einem in Tokio situierten Kapitel mit dem Titel *Miß Himmi lächelt* zeigen lässt.[248]

Familie Ross kommt in dieser Episode in Tokio an und quartiert sich in einem wohl schon häufiger besuchten Apartmenthaus ein, in dem der kleine Bruder der Leiterin, der Schüler Himmi, aus finanziellen Gründen als Kofferträger aushilft, obgleich er schwer krank ist. Von einer mitfühlenden Beschreibung Himmis und damit von einer individuellen Begegnung ausgehend, leitet Ross typologisierende und generalisierende Aussagen – „Es gibt viele ‚Himmis' im Reiche der aufgehenden Sonne"[249] – über die japanische Jugend ein. Im Vergleich zur „deutsche[n] Hitler-Jugend"[250] erörtert er die aktuelle Situation der „Volksgesundheit", die damit zusammenhängende Arbeitssituation und die Maßnahmen des japanischen Staates, der die „körperliche[] Ertüchtigung" zu befördern suche:

> Um die Mittagszeit wird in ganz Tokio oder vielmehr in allen Städten auf Tod und Leben geturnt. Nicht nur die Schulen sieht man da Rumpfbeuge machen und sich strecken, sondern auch geschlossene Betriebe, Büros und Ministerien, Laufburschen neben würdigen Geheimräten.[251]

---

246 Vgl. etwa Ross: Das Neue Asien, S. 31.
247 Vgl. Hahnemann: Texturen des Globalen, S. 102.
248 Vgl. Ross: Das Neue Asien, S. 41–46.
249 Ebd., S. 43.
250 Ebd., S. 44.
251 Ebd., S. 45f.

Das „Problem der Volksgesundheit" sieht Ross eng mit der „Lösung der sozialen Frage" verknüpft, die nur durch einen „zweite[n] Akt" der begonnenen ‚Verwestlichung' zu beheben sei.[252] Immer wieder werden auf diese Weise faktische Beobachtungen zum Anlass ausgreifender politischer Kommentare genommen. Am Ende des Kapitels folgt ein Sprung in der Erzählzeit zum dritten Japan-Aufenthalt im Winter, der die erzählten Geschehnisse zu Beginn des Kapitels aufgreift: Als sie erneut das Apartmenthaus betreten, ist Himmi an seiner Tuberkulose gestorben. Der verklammerte Aufbau des Kapitels, das von Einzelbeobachtungen in einer individualisierten und lokal gebundenen Situation startet, diese auf einer abstrakteren Ebene einer gegenwartspolitischen Bestandsaufnahme zuführt, von der dann politische Prognosen abgeleitet werden, bevor der Erzähler wieder auf die Ausgangssituation zurückkehrt, erweist sich als charakteristisch für jedes einzelne Kapitel in Ross' Buch. Ob die Passagen faktischer Beobachtungen tatsächlich faktischen Beobachtungen entsprechen oder aber fiktiv oder zumindest durch fiktive Elemente angereichert sind, lässt sich für die Leser:innen nicht zweifelsfrei erkennen. Nicht selten nutzt Ross in diesen Passagen Authentifizierungsstrategien, wie sie in der Reiseberichterstattung gängig wurden:[253] Verweis auf die Stimmen Dritter,[254] Stilisierung zum erfahrenen Reisenden vor allem durch Vergleiche zu vorherigen Reisen[255] sowie zum kritischen Berichterstatter, der Politikern auch unangenehme Fragen stellt,[256] oder eine Korrektur zunächst falscher Annahmen etc.[257] Für die sprachliche Gestaltung selbst greift Ross vorrangig auf Stilelemente zurück, die auch das gängige Repertoire geopolitischer Texte bilden: So nutzt er zur Beschreibung des Gesehenen, ergänzt um die inhaltliche Thematisierung selbst, auffallend häufig Kriegsmetaphern, wenn es etwa heißt: „Kamine und Schlote marschieren in Reihen auf wie eine anrückende Armee, wenn man sich Kobe oder Osaka nähert".[258] Auch die einzelnen bereisten Länder selbst werden – der geopolitischen Vorstellung von Staaten als lebendigen, dynamischen Organismen entsprechend – durch Anthropomorphisierung zu handelnden Subjekten.[259] Bildhafte Vergleiche und

---

252 Ebd., S. 46.
253 Vgl. dazu z.B. Wolfgang Neuber: Zur Gattungspoetik des Reiseberichts. Skizze einer historischen Grundlegung im Horizont von Rhetorik und Topik, in: Der Reisebericht. Entwicklungen einer Gattung in der deutschen Literatur, hg. von Peter J. Brenner. Frankfurt am Main 1989, S. 50–67.
254 Vgl. etwa Ross: Das Neue Asien, S. 47ff. oder S. 58f.
255 Vgl. z.B. ebd., S. 19, S. 21, S. 23 und viele weitere.
256 Vgl. z.B. ebd., S. 15 oder S. 109.
257 Vgl. z.B. ebd., S. 24.
258 Ebd., S. 34.
259 Vgl. z.B. bereits ebd., S. 10.

Analogisierungen zum Lebensalltag seiner Leser:innen[260] sollen zusätzlich dem aus einer großen kulturellen Fremdheit erwachsenden Vermittlungsproblem entgegenwirken.[261] Die Repetitio wird darüber hinaus zum am häufigsten verwendeten Stilmittel vor allem in Bezug auf politische Aussagen, indem teils wortgleich bestimmte Phrasen immer wieder aufgegriffen werden; eine auch von den Nationalsozialisten bevorzugt genutzte rhetorische Propagandastrategie.[262]

Die literarische Gestaltung des Textes, so ließe sich ein Zwischenfazit ziehen, dient in erster Linie einer Eingliederung einzelner beobachteter Szenen und Episoden in ein großes Weltbild, das demzufolge als in sich konsistent ausgewiesen wird, oder wie Andy Hahnemann es treffend formulierte: „Nicht das impressionistische Nebeneinander, sondern die wirkungsvolle Integration der Eindrücke in ein geopolitisches Panorama, das für den Leser ein synthetisches Bild der Weltpolitik errichtet, kennzeichnet seine Poetik."[263] Darüber hinaus verfolgt Ross von der äußeren Buchgestaltung bis hin zur sprachlichen Gestaltung des Textes selbst den Anspruch, aktiv für das NS-Regime einzutreten,[264] jedoch gleichzeitig nicht nur sachliche politische Prognosen – und damit unvermittelte Propaganda – wiederzugeben, sondern zugleich ein gewisses Unterhaltungsbedürfnis zu stillen. Somit gelingt es ihm, dem von Goebbels 1935 in einer *Anordnung zur Förderung guter Unterhaltungsliteratur* intendierten Anspruch auf „gute Unterhaltungsliteratur" als „einzigartige Erziehungsschule" gerecht zu werden.[265]

---

260 So heißt es beispielsweise zu Beginn des Kapitels *Die Insel im Schatten des Fuji*: „Manchmal erlebt man es, daß der Mond so unerwartet groß und rot am Himmel aufgeht, daß man unwillkürlich erschrickt und im ersten Augenblick gar nicht glauben möchte, daß dieses unwahrscheinliche Gebilde das wohlvertraute Himmelsgestirn ist. Ähnlich erging es uns mit dem Fuji, als wir ihn auf der Fahrt nach Enoshima ganz plötzlich am Himmel stehen sahen." (Ebd., S. 23).
261 Vgl. zum Vermittlungsproblem etwa ebd., S. 41: „Gleichzeitig aber fühlte ich auch die ganze Schwierigkeit, ein solches Erlebnis denen zu übermitteln, die es nicht geteilt, die Tausende von Meilen entfernt leben, und denen die östliche Seele fremd ist. Worte sind da nur ein unvollkommenes Mittel."
262 So zum Beispiel Hitler als „Führer eines Achtzig-Millionen-Volks" oder die diplomatische Anerkennung Mandschukuos.
263 Hahnemann: Texturen des Globalen, S. 98.
264 So heißt es im Vorwort etwa konkret: „Ich schreibe dies hier nicht für meine deutschen Leser, die dies alles wissen, sondern für meine ausländischen, insbesondere meine amerikanischen Freunde, denen ich immer wieder versicherte, daß Hitler, soweit es an ihm läge, den Frieden bewahren würde." (Ross: Das Neue Asien, S. 15f.).
265 Langenbucher im Börsenblatt des Deutschen Buchhandels 276 (28.11.1935), S. 1014. Vgl. dazu auch Ine Van linthout: Das Buch in der nationalsozialistischen Propagandapolitik. Berlin, Boston 2012, v.a. S. 362–381 sowie Hahnemann: Texturen des Globalen, S. 98.

Abschließend bleibt auf die politische Interpretation einzugehen, die Colin Ross für das „Neue Asien" und dessen Konstitution anbietet: Die Entwicklung des „Wiederaufstieg Asiens" in seiner neuen Form, die Ross in drei abschließenden Kapiteln unter dem Titel *Die Verwirklichung der Neuen Ordnung in Asien und ihre Folgen* beschreibt, lässt sich kurz zusammenfassen: Strukturanalog zu Deutschland in Europa nimmt Japan in Asien weiterhin die Rolle einer „dynamische[n] Kernzelle" wahr,[266] die die Neuformierung Asiens vorantreibt. Dabei werde Japan, das scheint für Ross gewiss, im Zuge des von ihm proklamierten ‚Freiheitskampfs Asiens' den Einfluss westlicher Mächte (sogenannte Dritte Mächte) in Asien zurückdrängen[267] und so den Wiederaufstieg eines starken Asiens als „aktive[n] Faktor auf der Bühne des Weltgeschehens" begünstigen.[268] China und Japan befinden sich also inzwischen in der schon 1936 annoncierten „Übergangsperiode":[269] Der Zweite Sino-Japanische Krieg, und Gleiches ließe sich analog demnach auch auf den Ausbruch des Zweiten Weltkrieg in Europa übertragen, wird demnach unverzichtbar, um letztlich die schon seit den 1920er-Jahren beobachtete „chinesische Krise" zu überwinden.[270] Und so prophezeit Ross abschließend: „Und es kann geschehen, daß ein japanisiertes China dem Inselreich ‚seinen Donner stiehlt', d. h. sich der Ideen der Neuen Ordnung bemächtigt, sie verwirklicht und die Insulaner wieder an die Peripherie des gewaltigen Kontinentalblocks zurückdrängt."[271] China werde sich dann, seiner Prognose gemäß, als ranggleiche „dritte pazifische Macht" neben Amerika und Europa etablieren – seine zuvor getroffenen Prognosen scheinen sich jedenfalls zumindest in seiner Perspektive *in actu* zu realisieren, da die neue Weltordnung unmittelbar im Entstehen begriffen sei.

Man könnte nun meinen, dass sich Ross mit dieser Darstellung für China und gegen Japan ausspreche, also gewissermaßen dem gegen die japanische Übermacht kämpfenden China gleichsam als ‚politischer Unterstützer und Ratgeber' zur Seite springt. Das ist allerdings ein Irrtum: Immerhin adressierte er mit seinen Texten ein deutsches, kein chinesisches Publikum. Als überzeugter Nationalsozialist wusste er von den zeitweiligen Plänen Hitlers, mit China zu paktieren. Colin Ross hatte keine Präferenz für China gegenüber Japan, sondern er war der geopolitischen Überzeugung, dass NS-Deutschland mit China den besseren Partner für seine imperialistischen und rassistischen Ziele gewinnen würde. Seine Rede über China

---

266 Ross: Das Neue Asien, S. 12.
267 Vgl. ebd., S. 151 sowie 160ff.
268 Ebd., S. 17.
269 Ebd., S. 286.
270 Vgl. ebd., S. 70: „Aus dem Zwischenfall, der sich zum Kriege auswuchs, entsteht eine Zielsetzung, die ein völlig neues Antlitz Asiens anstrebt, eine ‚Neue Ordnung', wie man hier sagt."
271 Ebd., S. 286.

speist sich also vor allem aus einem auf NS-Deutschland hin orientierten Machtkalkül; er will nicht den Chines:innen, sondern seinen Landsleuten Unterstützer und Ratgeber sein.

Diese Orientierung bildet sich auch in den Wertungen ab, mit denen er seine Reiseberichte durchsetzt. Während in den ersten beiden Berichten zu China Asien im Fokus steht, tritt in *Das Neue Asien* NS-Deutschland und dessen – natürlich positiv herausgestrichene – Wahrnehmung durch das Ausland stärker hervor. Vor allem im Kapitel zu Mandschukuo, dem japanischen Marionettenstaat, der bereits 1938 von Deutschland diplomatisch anerkannt wurde, steht eine Deutschland entgegengebrachte Dankbarkeit für die politische Unterstützung im Vordergrund.[272] Aber auch im Übrigen erweisen sich Ross' Aussagen hier präziser auf die offizielle NS-Propaganda abgestimmt als noch zu Beginn der 1930er-Jahre, insofern der Text von antibritischen und in Teilen auch antisemitischen – und dies findet sich zuvor tatsächlich kaum in Ross' Texten – Stereotypen und Klischees durchsetzt ist. Ross scheint sich also über die Jahre hinweg vom zunächst zurückhaltenden – oder zumindest als Skeptiker inszenierten – Befürworter der nationalsozialistischen Politik[273] zum „bis in den letzten Nerv überzeugten Nationalsozialisten"[274] zu entwickeln. Immer wieder kommt er in den späten 1930er- und frühen 1940er-Jahren auf nationalsozialistische Ideologeme und auf nationalsozialistische Feindbilder zu sprechen und bedient sich vermehrt ns-propagandistischer Rhetorik.

4.1.5 Exkurs: Visuelle Suggestionen – zu den Fotografien in Colin Ross' Asienreportagen*

Die äußere Gestaltung von Ross' Reisebücher wurde schon punktuell thematisiert, doch scheinen vor allem die Fotografien selbst sowie ein Blick auf das von Ross erzeugte Text-Bild-Arrangement aufschlussreich, um abschließend sichtbar zu machen, in welcher Form sich hier verschiedene Informations-, Unterhaltungs- und Propagandainteressen kreuzen und welch abgestimmtes Ensemble von Strategien des Text- und Bildeinsatzes Ross' zur Erreichung seiner Ziele aufbietet.

---

272 So heißt es etwa im Teil zu Mandschukou im Gespräch mit dem Vizekanzler: „Deutschland hat uns von Anfang an bei dem Aufbau Mandschukous geholfen, und wir werden ihm seine Hilfe nicht vergessen!" (Ebd., S. 111).
273 Vgl. Ross: Besuch bei Adolf Hitler.
274 Ross: Manuskript einer Rede vor der „Anglo-German-Fellowship", 1936, zit. nach: Baumunk: Colin Ross, S. 6.
* In leicht variierter Form wurde dieses Unterkapitel vorab publiziert: Hudey: Visuelle Suggestionen.

Schon paratextuell wird in den Reisebüchern die Anzahl der Fotografien ausgewiesen. Zudem werden sie in einem sich dem Inhaltsverzeichnis anschließenden Register einzeln verzeichnet. Die Verwendung von Fotografien im Reisebericht hat zu diesem Zeitpunkt schon eine lange Tradition: Bereits in den Reisebeschreibungen des 18. und 19. Jahrhunderts nutzte man Illustrationen, später Daguerreotypie-Aufnahmen, um den Leser:innen das Reiseerlebnis über die verbale Ebene hinaus auch visuell zu vermitteln und das Fremde auf diese Weise anschaulich näher zu bringen.[275] Mit der Weiterentwicklung sowohl der fotografischen als auch der reproduktionstechnischen Verfahren[276] wurde spätestens ab der Jahrhundertwende 1900 eine weit breitere, auch kommerzialisierte Verwendung von Bildmedien möglich, was sich über die Etablierung neuer literarischer Genres, wie etwa Fotobücher,[277] hinaus natürlich nicht zuletzt auf die Reiseberichterstattung auswirkte: Reiseberichte waren

---

275   Vgl. Anna de Berg: „Nach Galizien". Entwicklung der Reiseliteratur am Beispiel der deutschsprachigen Reiseberichte vom 18. bis zum 21. Jahrhundert. Frankfurt am Main 2010, S. 50 sowie Susanne Gramatzki: Traditionslinien? Vom fotografisch illustrierten Roman des 19. Jahrhunderts zum fotografischen Künstlerbuch des 20. Jahrhunderts, in: Bücher als Kunstwerke. Von der Literatur zum Künstlerbuch, hg. von Monika Schmitz-Emans und Christian A. Bachmann. Essen 2013, S. 121–151, hier: S. 122.

276   Die Illustrationen in Reiseberichten vor 1880, also vor Erfindung der Daguerrotypie, mussten noch einzeln in die Bücher eingeklebt werden (vgl. Gramatzki: Traditionslinien?, S. 122). Vgl. zur technischen Entwicklung auch kurz Peter Sprengel: „Hier die schönsten Bilder aus meinem Kodak": Der Rekurs auf die Photographie in Reisebeschreibungen des frühen 20. Jahrhunderts, in: Poetik der Evidenz. Die Herausforderung der Bilder in der Literatur um 1900, hg. von Helmut Pfotenhauer, Wolfgang Riedel und Sabine Schneider. Würzburg 2005, S. 129–140, hier: S. 129f.

277   Vgl. zum literarischen Bildeinsatz und den sich neu entwickelnden Kommunikationsformen z.B. Anne-Kathrin Hillenbach: Literatur und Fotografie. Analysen eines intermedialen Verhältnisses. Bielefeld 2012; Franz Meier: Dichtung und Photographie. Überlegungen zur intermedialen Dimension von Bildlichkeit, in: Wechselwirkungen. Die Herausforderung der Künste durch die Wissenschaften, hg. von Renate Stauf und Cord-Friedrich Berghahn. Heidelberg 2014, S. 169–184; Claudia Öhlschläger: Das ‚punctum' der Moderne: feuilletonistische und fotografische Städtebilder der späten 1920er und frühen 1930er Jahre: Benjamin, Kracauer, von Bucovich, Moï Ver, in: Zeitschrift für Germanistik 22.3 (2012), S. 540–557; Axel Fliethmann: Fotografie und Literatur. Überlegungen zur Mediendifferenz am Beispiel von Foto-Texten, in: Groteske Moderne – Moderne Groteske: Festschrift für Philip Thomson, hg. von Franz-Josef Deiters, Axel Fliethmann und Christian Weller. St. Ingbert 2011, S. 389–406; Monika Schmitz-Emans: Eine andere Art zu erzählen. Literarische Text-Photo-Kombinationen und die Frage nach ihrem „Realismus", in: Medialer Realismus, hg. von Daniela Gretz. Freiburg 2011, S. 271–293; Matthias Uecker: The Face of the Weimar Republic. Photography, Physiognomy, and Propaganda in Weimar Germany, in: Monatshefte für deutschsprachige Literatur und Kultur 99.4 (2007), S. 469–484; Erwin Koppen: Literatur und Photographie. Über Geschichte und Thematik einer Medienentdeckung. Stuttgart 1987; Richard Nate: Amerikanische Träume. Die Kultur der Vereinigten Staaten in der Zeit des New Deal. Würzburg 2003, S. 142f.

geradezu prädestiniert für eine plurimediale Gestaltung,²⁷⁸ so dass kaum eines der nach dem Ersten Weltkrieg publizierten Reisebücher ohne Fotografien auskam.²⁷⁹ Doch scheint sich nicht nur die quantitative Verwendung zu verändern, sondern – gleichzeitig mit der bereits konstatierten generellen Politisierung des Genres – auch die Intention des Bildeinsatzes und, daran gekoppelt, die Erwartung der Rezipient:innen. So spricht Colin Ross in *Das Neue Asien* den Fotografien eine Funktion als „unwiderlegliche Beweise für seine [erlebte; K.H.] Wirklichkeit"²⁸⁰ zu, die sein Rezensent Gustav Dröscher direkt aufnimmt. In einem 1940 publizierten Beitrag zu Ross' Büchern lobt jener vor allem die Wiedergabe der „Erlebnisse in buntem Wechsel" sowie die Untermauerung des Gesagten durch „beweiskräftige Bilder", welche den Büchern eine „suggestive Kraft" verleihe.²⁸¹

Die in die Bücher eingebundenen Schwarz-Weiß-Fotografien stammen, wie ein Hinweis im Register verrät, von dem Verfasser selbst sowie einige wenige von offiziellen Ämtern.²⁸² Die Doppelrolle, die Ross als Berichtender und als Fotograf zugleich bekleidet, ist zeitgenössisch eher untypisch und wohl zu großen Teilen auf seine Technikaffinität zurückzuführen. Seine ‚Zeugenschaft der Kamera' nutzt er in diesem Fall vor allem dazu, den behaupteten Objektivitätsanspruch des Berichts durch seine Bilder zu bekräftigen.²⁸³ Anders als in den Kinofilmen, die seine Familie

---

Auf die Fotografie als Metapher konzentriert sich neben anderen v.a. Michael Neumann: Eine Literaturgeschichte der Photographie. Dresden 2006.

278 Vgl. Sprengel: „Hier die schönsten Bilder aus meinem Kodak". Vgl. zu Fotografien als Dokumente in literarischen Texten auch Dirk Werle: Dokumente in fiktionalen Texten als Provokation der Fiktionstheorie, in: Faktualität und Fiktionalität, hg. von Marcus Willand. Hannover 2017, S. 85–108, zu Reiseberichten S. 95f.

279 Vgl. auch Uecker: The Face of the Weimar Republic, S. 469. Natürlich ist diese Entwicklung vor allem auch auf die Etablierung der Fotografie als „Massenmedium des Krieges" zu deuten (vgl. Sandra Oster: Krieg und Frieden im Foto-Text-Buch der Weimarer Republik, in: Materialschlacht. Der erste Weltkrieg im Sachbuch, hg. von Christian Meierhofer. Hannover 2013, S. 125–145). Allgemein zur Fotografie in der Reiseliteratur der 1920er-Jahre siehe: Schütz: Autobiographien und Reiseliteratur, S. 587–590; De Berg: „Nach Galizien", S. 50f. sowie Sprengel: „Hier die schönsten Bilder aus meinem Kodak", der vor allem auf die metaphorische Verwendung der Fotografie eingeht.

280 Ross: Das Neue Asien, S. 191.

281 Gustav Dröscher: [Rez.] Colin Roß: Das Neue Asien, in: Die Bücherei 7 (1940), S. 321.

282 So heißt es in Ross: Das Meer der Entscheidungen (1924): „nach Aufnahmen des Verfassers mit Mentor-Spiegel-Reflexkamera mit Zeiß-Tessar" sowie in Ross: Das Neue Asien: „nach Aufnahmen des Verfassers und seines Sohnes Ralph Colin Ross mit Contax-Kameras sowie nach freundlichst überlassenen Bildunterlagen der Kokusai Bunka Shinkokai, des japanischen Touristenbüros in Tokio und von Herrn Holington Tong von der chinesischen Regierung in Tschung-king."

283 Vgl. dazu auch Hillenbach: Literatur und Fotografie, S. 40. Auch Kurt Tucholsky deutete die Fotografie als geeignetes Agitationsmittel, da sie authentischer seien und keine Zweideutigkeiten

häufig in Interaktion mit Ortsansässigen zeigt, finden sich dementsprechend von ihm selbst kaum Aufnahmen in den Büchern. Und auch seine ihn begleitende Familie wird kaum abgelichtet.[284] Stattdessen zeigen die Fotografien in erster Linie – und dies ist in allen zwei bzw. drei Asienberichten gleich – Sehenswürdigkeiten, Landschafts- und Stadtaufnahmen, Einheimische sowie alltägliche Arbeiten. In *Das Meer der Entscheidungen* (1924) sind etwa der Nordaltar des Himmelstempels in Peking,[285] eine Landschaftsaufnahme auf dem Yangtse[286] und eine Uferpromenade in Wutschang[287] abgelichtet; in *Das Neue Asien* (1940) findet sich eine Fotografie der Verbotenen Stadt in Peking,[288] eine Stadtaufnahme aus Shanghai[289] und ein Esel, der Getreide mahlt.[290] Für die veränderte Neuauflage von *Das Meer der Entscheidungen* (1936) tilgt Ross einige Amerika-Aufnahmen, um dafür Abbildungen aus China hinzuzufügen, wie etwa von handwerklichen Arbeiten[291] oder Straßenaufnahmen.[292] Die Auswahl der eingebundenen Fotografien konzentriert sich demnach *prima facie* auf eine visuelle Vermittlung des kulturellen sowie alltäglichen Lebens in der Fremde, gewürzt mit einer gewissen exotischen Note. Die Fotografien scheinen also den typischen Erwartungen an populäre Reiseliteratur der Zeit zu entsprechen. Dass es sich bei dem Verfasser um einen propagandistisch aktiven Nationalsozialisten handelt, scheint das Bildprogramm kaum zu tangieren.

Dass die Fotografien nicht selten Szenen verbildlichen, die im Text an ganz anderen Stellen beschrieben sind, ist nicht dem Autor anzulasten, sondern schlicht auf die handwerklichen Herausforderungen des Buchbindens zurückzuführen. So ist dem Oktavformat entsprechend vor bzw. nach jedem vollständigen Papierbogen (also acht Blätter) sowie einmal in der Mitte des Bogens ein einzelnes Blatt – hierfür

---

zulassen würden (vgl. dazu Ulrich Stadler: Bild und Text und Bild im Text. Photographien bei Tucholsky und Heartfield und die Prosaskizze ‚Hinter der Venus von Milo', in: Kunst im Text, hg. von Konstanze Fliedl unter Mitarbeit von Irene Fußl. Frankfurt am Main, Basel 2005, S. 69–87, hier: S. 70). Vgl. zum Objektivitätsanspruch auch Meier: Dichtung und Photographie, S. 171 sowie Uecker: The Face of the Weimar Republic, S. 470. Zur Einbettung in den Realismusdiskurs Schmitz-Emans: Eine andere Art zu erzählen.

284 Ausnahmen bilden in *Das Meer der Entscheidungen* (1936) die Aufnahme von „Unseren Kindern in China" sowie in *Das Neue Asien* eine Fotografie von Ross mit einem „mongolischen Stammeshäuptling".
285 Ross: Das Meer der Entscheidungen (1924), S. 265.
286 Ebd., S. 281.
287 Ebd., S. 288.
288 Ross: Das Neue Asien, S. 153.
289 Ebd., S. 184.
290 Ebd., S. 152.
291 Ross: Das Meer der Entscheidungen (1936), S. 305.
292 Ebd., S. 272.

wurde anderes Papier benutzt – mit durchschnittlich zwei bis vier Fotografien eingebunden. Dem wirken einige konkrete Textstellenverweise am Ende der Bildunterschriften entgegen, die Text und Bild in ein symbiotisches Verhältnis setzen und die Text-Bild-Relation harmonisieren sollen. Wie die übrigen Formalia sind auch die Bildunterschriften in allen Ross-Büchern strukturell gleich organisiert: Finden sich zwei oder mehr Bilder auf einer Seite, verortet eine Art Hauptunterschrift die Fotografien im Text, gibt also etwa Ortshinweise, während eine Unterüberschrift das Bild genauer beschreibt. In *Das Meer der Entscheidungen* (1924) sind diese jeweils äußerst knapp gehalten und erfüllen in erster Linie vor allem eine beschreibende Funktion, etwa bei den genannten Beispielen: „Himmelstempel in Peking. Nordaltar",[293] „Yangtsefahrt. Abendstimmung"[294] oder „Wutschang. Am Kai".[295] Doch lässt sich schon an der Ausgabe von 1936 ein Wandel beobachten: Die Bildunterschriften sind nicht nur auffallend länger, sondern eröffnen zum Teil, über die reine Beschreibungsfunktion hinausgehend, einen klar gesetzten Deutungsrahmen und nehmen explizit Bezug auf die von Ross textuell propagierten Analysen und Prognosen. So heißt es etwa unter einer Straßenaufnahme: „Das zwiespältige China. Halb Europa – und ... halb China, so gehen beide Kulturen zugrunde."[296] Ross ruft hier durch den Kommentar seine These zum „chinesischen Erneuerungsprozess" auf: China soll durch Ausgrenzung (oder Assimilation) vermeintlich unchinesischer, westlicher Kulturelemente genesen – andernfalls drohe die ins Bild gesetzte Spaltung.

Noch weit markanter erscheint dieses Zusammenspiel von Bild und Text aber in *Das Neue Asien*, wie ich am Beispiel der Fotografie, die einen getreidemahlenden Esel zeigt, exemplarisch veranschaulichen möchte:

---

[293] Ross: Das Meer der Entscheidungen (1924), S. 265.
[294] Ebd., S. 281.
[295] Ebd., S. 288.
[296] Ross: Das Meer der Entscheidungen (1936), S. 272.

Die freudlose Straße. Der Esel trottet sie mit verbundenen Augen vor der Getreidemühle. Für den chinesischen Kuli ist sein ganzes Leben kaum etwas anderes (S. 144)

Abb. 4: Fotografie aus *Das Neue Asien* (Quelle: Ross: Das Neue Asien, S. 152).

Allein genommen, hätte das Bild kaum gesellschaftskritisches Potenzial, doch die Bildunterschrift politisiert das Dargestellte: „Die freudlose Straße. Der Esel trottet sie mit verbundenen Augen vor der Getreidemühle. Für den chinesischen Kuli ist sein ganzes Leben kaum etwas anderes"[297] Die im Kommentar gezogene Analogie zwischen Esel und Kuli lässt letzteren als einen zu Unrecht Unterdrückten erscheinen. Statt eines auf Fortschritt und Entwicklung zielenden (Lebens-) Wegs sind Esel wie Kuli im kreisläufigen, durch die Befestigung nicht zu durchbrechenden Arbeitsalltag gefangen. Das eigentlich unpolitische, auch nicht rassistisch gemeinte Bild wird zur antikapitalistischen Gesellschaftskritik, die – ganz im Sinne der nationalsozialistischen Propaganda – auf die Etablierung einer egalitären Volksgemeinschaft zielt. Bild und Text zu der Stadtaufnahme in Shanghai funktionieren nach

---

297 Ross: Das Neue Asien, S. 152.

ähnlichem Muster. Durch die Unterschrift – „Shanghai, einst das Einfallstor des britischen Kapitals in das Himmlische Reich"[298] – wird zeittypisch ein antikapitalistisches Argument mit antibritischer Propaganda am Beispiel der chinesischen Kolonialgeschichte entfaltet; deswegen ist am oberen rechten Bildrand noch die englische Aufschrift „Company" zu sehen, die ohne Kommentar keinen Sinn machen würde.

Die Bildunterschriften dienen also, wie schon diese Beispiele zeigen, nicht als informative Verständnishilfe für die Betrachter:innen, sondern leiten eine politische Interpretation des an sich unpolitischen Bildmotivs an. Ross bettet durch die Kombination von Bildunterschrift und Bild die Fotografien demnach in ein spezielles, von ihm intendiertes Deutungsraster ein, das sich wiederum im Text der Reisebeschreibungen ausführlicher expliziert findet. Im gewählten Beispiel findet sich am Ende der Bildunterschrift ein konkreter Textstellenverweis: An der Stelle, die die Fotografie des Esels illustriert, spricht Ross über die chinesischen Arbeitsbedingungen, vergleicht ebenfalls Tier und Mensch und erwägt – die im Bild intendierte Analogie aufbrechend und zur intuitiven Annahme verkehrend –, dass die Lebens- und Arbeitsbedingungen des Tieres relativ gesehen besser als die der Menschen seien: „Vieh ist teuer, Menschen sind billig. Menschen sind billiger als Vieh. Darum ziehen auch reiche Grundherren, die das Geld hätten, welches zu kaufen, Zugmenschen den Zugtieren vor."[299] Bildunterschrift, Bild und Text greifen hier also ineinander; dieses sogenanntes *framing* zielt so vor allem auf eine bewusste Rezeptionssteuerung, die im Zusammen- und Wechselspiel der einzelnen Komponenten die politischen Aussagen legitimieren. Sie sollen also, so meint Ross, ein „Beweis für die Wirklichkeit" sein.[300]

Diese wechselseitige Belegfunktion von Text, Bildunterschrift und Bild kann auch bewusst kontrastiv arrangiert werden, wie es etwa bei dieser Aufnahme der Verbotenen Stadt der Fall ist, die sich gemeinsam mit einem Straßenbild abgedruckt findet.

---

298 Ebd., S. 184.
299 Ebd., S. 144.
300 Vgl. dazu auch Uecker: The Face of the Weimar Republic, S. 477.

Abb. 5: Fotografie aus *Das Neue Asien* (Quelle: Ross: Das Neue Asien, S. 153).

Die begleitende Bildunterschrift stellt den Konnex zwischen den beiden Fotografien her: „Peking: In ärmlichen Straßen haust das gemeine Volk, hinter Wall und Graben der ‚Verbotenen Stadt' thronte der Sohn des Himmels. Heute befindet sich hier das japanische Militär-Oberkommando."[301] Erst die den Kontrast erzeugende Anordnung der Fotografien und des beiseite gestellten Kommentars, der die visuell unzusammenhängenden Bilder verknüpft, forciert die von Ross intendierte Deutung: Macht, Abgesondertheit und Volksferne des chinesischen Kaisertums sind durch die faschistische japanische Besetzung annulliert, so dass sich nun womöglich eine egalitäre Gemeinschaftsvorstellung realisieren ließe. Aus bildtheoretischer Perspektive lässt sich festhalten, dass die Bedeutung der Bilder, wie Matthias

---

301 Ross: Das Neue Asien, S. 153.

Uecker dies treffend auch am Beispiel der propagandistischen Nutzung von Fotobüchern gezeigt hat, nicht mehr einer außertextuellen Referenz entspringt, sondern vor allem werkintern über die Bezugnahme der einzelnen Bilder aufeinander sowie die zugehörigen Textkommentare konstituiert wird.[302]

Nicht unerwähnt bleiben sollen auch die vergleichsweise seltenen Bildbeispiele, die konkrete politische Inhalte abbilden und damit eine offensive Ideologisierung verfolgen. Während Ross in *Das Meer der Entscheidungen* noch primär auf China statt Japan gesetzt hatte, wird in *Das Neue Asien* nun – ganz der deutschen Außen- und Achsenpolitik entsprechend – Japan als asiatische Leitmacht anerkannt. In Szene gesetzt findet sich diese Achse explizit in einer Abbildung, die zwei Koreaner zeigt, die „Uns [d.i. den Nationalsozialisten; K.H.] zu Ehren [...] de[n] Eingang zum Schulungslager der koreanischen Freiwilligen mit der Hakenkreuzfahne []schmück[en]."[303] Eine weitere Fotografie thematisiert das Ansehen NS-Deutschlands im asiatischen Raum: Zu sehen ist eine Masse japanischer Zuschauer neben Ross' Reisegefährt, dem deutschen Mercedes. Die Neugier richtet sich jedoch laut Ross' Bildkommentar nicht auf das Auto, wie man auf Anhieb vermutet, sondern auf den in Relation kleinen, in der Bildszene gerade angesteckten oder zurechtgerückten „Hakenkreuzwimpel",[304] den sie am Auto führten. Ross lenkt so die Aufmerksamkeit der Betrachter:innen vom motivfüllenden Auto auf den mittig links zu sehenden kleinen Wimpel, der ihm und seinen Begleiter:innen als Erkennungszeichen bei der Reise dienen sollte. Wie er es in der ebenfalls in der Bildunterschrift verwiesenen Textstelle expliziter herausstreicht, habe dies – ganz seiner oben angedeuteten Propagierung eines positiven Ansehens NS-Deutschlands im Ausland entsprechend – positive Reaktionen entfacht: „Wir führten den Hakenkreuzwimpel am Auto", heißt es da, „und wohin wir kamen, wurden wir als Deutsche erkannt und vielfach begrüßt. Immer wieder hörten wir ein halb erstauntes, halb bewunderndes ‚Deutsu!', ‚Deutsche!', wenn wir durch ein Dorf fuhren. Manche Begegnenden hoben die Hand zum Hitlergruß."[305]

Meine Beobachtungen lassen sich – unter Einbezug der Textanalysen sowie der beschriebenen äußeren Gestaltung in den vorherigen Kapiteln – zusammenführen: Legt man einen weiten Medienbegriff[306] zugrunde und begreift den Reisebericht

---

302 Vgl. Uecker: The Face of the Weimar Republic, S. 475.
303 Ross: Das Neue Asien, S. 104.
304 Ebd., S. 65.
305 Ebd., S. 62f.
306 So setzt Wolf einen weiten Begriff des Mediums an, der es erlaubt, sowohl traditionelle Künste als auch neue Medien einzubeziehen (vgl. Werner Wolf: Intermedialität: Ein weites Feld und eine Herausforderung für die Literaturwissenschaft, in: Literaturwissenschaft: intermedial – interdisziplinär, hg. von Herbert Foltinck und Christoph Leitgeb. Wien 2002, S. 163–192, hier: S. 165).

nach Werner Wolfs Klassifikation der Intermedialität als ‚werkinterne Medienkombination',[307] ist zwar der Text gegenüber dem Medium Bild dominant, doch dienen die Fotografien in den Beispielen nicht nur der Illustration, Erhellung, Dokumentation oder Kommentierung, sondern der visuellen Verstärkung der intendierten politischen Botschaft.[308] Durch die Verwendung der beiden Medien als Kombination statt als Mischung ist den eingesetzten Medien weiterhin eine eigenständige Kommunikationsform erlaubt,[309] sie können aber zugleich in ein reziprokes Verhältnis gesetzt werden. Ross gelingt es durch diese Strategie, die jeweils intendierte Botschaft zu verstärken und auf unterschiedlichen Wegen zu transportieren.[310] Durch das bewusst gesetzte Arrangement erscheint die Text-Bild-Kombination als eine Art Mosaik, dessen einzelne Bestandteile, unterstützt durch die oben genauer betrachteten ‚suggestiven Karten', sich im Auge der durch Ross textuell und visuell geführten Leser:innen und Betrachter:innen zu einem multisensorischen Gesamtbild zusammenfügen.[311]

4.1.6 Unterhaltsame Propaganda. Ein Fazit

Von Ross' letzter großen Asienreise liegt ein zweiter buchförmiger Bericht vor, der inhaltlich zwar ähnliche erlebte Situationen verarbeitet wie auch erzähltechnisch und in seiner Gesamtkomposition vergleichbar gestaltet ist, den Fokus aber nicht auf das Politische, sondern auf das persönliche Erleben dieser Reise legt: Zwar finden sich auch hier Beschreibungen der aktuellen politischen Situation[312] und es wird

---

307 Ebd., S. 178.
308 Festhalten lässt sich dies wohl vor allem für die Reiseberichterstattung. Wie Anne-Kathrin Hillenbach nachzeichnet, können Text und Bild in unterschiedlichen Genres durch die Eigenständigkeit der Medien in ganz unterschiedliche Verhältnisse zueinander treten; vgl. Hillenbach: Literatur und Fotografie, v.a. S. 11.
309 Siehe zur Fotografie als Kommunikationsmedium auch Uecker: The Face of the Weimar Republic, v.a. S. 470.
310 Ähnliches stellte Peter Sprengel für die Berichte Arthur Holitschers fest: Es ließe sich eine Funktion des Bildeinsatzes also als „Mittel zur Unterstützung seiner Argumentation" und damit einem „konstruktivistischen" Einsatz der Fotografie festlegen (Sprengel: „Hier die schönsten Bilder aus meinem Kodak", S. 139).
310 Vgl. dazu auch Uecker: The Face of the Weimar Republic, S. 475.
311 Vgl. dazu auch ebd.
312 Vgl. z.B. das Kapitel das von dem Aufenthalt in Chongqing berichtet: Ralph Colin Ross: Von Chicago nach Chungking. Einem jungen Deutschen erschließt sich die Welt. Mit einem Vorwort von Colin Ross. Berlin 1941, S. 222–226.

ebenfalls stets der Vergleich zu Entwicklungen im NS-Deutschland[313] und der Hitlerjugend gezogen.[314] Außerdem wird weit deutlicher als in *Das Neue Asien* die vermeintliche deutsche Rassenüberlegenheit herausgestellt.[315] Doch im Mittelpunkt dieses alternativen Reisenarrativs stehen persönliche Begegnungen mit Asiaten,[316] der Sprachunterricht,[317] visuelle Eindrücke von der Reise,[318] die Artikulation von Gefühlen,[319] usw. Diese Akzentverlagerung erklärt sich durch die Autorschaft. Geschrieben wurde dieser zweite Bericht nämlich nicht von Colin Ross, sondern von seinem Sohn, Ralph Colin Ross, der im Juli 1941 an der Kriegsfront durch einen Blitzschlag beim Baden starb. Das Buch wurde noch im gleichen Jahr unter dem Titel *Von Chicago nach Chungking. Einem jungen Deutschen erschließt sich die Welt* postum vom Vater herausgegeben und mit einem Vor- und Nachwort versehen. Traditionsbewusst gab Colin Ross, so streicht er im Vorwort heraus, seine handwerklichen Kenntnisse an seinen Sohn weiter:

> Natürlich hat er sich an den väterlichen Büchern geschult, und natürlich habe ich ihm die Technik des Schreibens beigebracht, wie man einen Stoff anpackt, wie man ein Thema abwandelt und sich konzentriert ausdrückt. Trotzdem hat der Junge seinen eigenen Stil entwickelt. Wer meine Bücher kennt und das nachstehende [sic] liest, wird das sofort erkennen. Ich könnte so gar nicht schreiben.[320]

Weit stärker an der Gestaltung ‚klassischer Reiseberichte' orientiert, lässt ein vergleichender Blick die Besonderheiten und spezifischen Kennzeichen der Erfolgsbücher von Colin Ross noch stärker zutage treten. Im Unterschied zu den subjektiv geprägten Stimmungsbildern des Sohnes zeichnet sich in Colin Ross' Reisebüchern, die über 22 Jahre Reisetätigkeiten verfasst wurden, ein konsistentes, in sich schlüssiges politisches Weltbild ab: All seinen Ausführungen zugrunde liegt das in den 1930er-Jahren entwickelte synkretistische Modell zeitgenössisch populärer Raum- und Zeitvorstellungen. Veränderungen in der inhaltlichen Ausgestaltung lassen sich, wie gezeigt, nur in der politischen Positionierung Ross' ausmachen, die sich sukzessive radikalisiert; die textuell dargebotenen Analysen stellen sich jedenfalls zunehmend mehr in den Dienst der nationalsozialistischen Propaganda. Während die Auswahl der Bildinhalte zwar gleich – oder zumindest sehr ähnlich – bleibt,

---

313 Vgl. z.B. Ross: Von Chicago nach Chungking, S. 21.
314 Vgl. z.B. ebd., S. 149–154.
315 Vgl. z.B. ebd., S. 213.
316 Vgl. z.B. ebd., S. 131–142.
317 Ebd., S. 195–203.
318 Vgl. z.B. ebd., S. 132.
319 Vgl. z.B. ebd., S. 140.
320 Ross: Die Erschließung der Erde für Deutschlands Jugend, S. 14.

erhalten diese mittels eines sich verändernden Einsatzes der Bildunterschrift über die Jahre hinweg ein politisches, propagandistisch intendiertes Framing. Gegenläufig zu dieser zunehmenden Politisierung erscheint allein die äußere Gestaltung: Während der Umschlag von *Das Meer der Entscheidungen* auf exotisierende Elemente verzichtet und von der rein optischen Aufmachung nicht auf einen Reisebericht schließen lässt, zielt der Umschlag von *Das Neue Asien* offensichtlich auf die Evokation exotischer, fremder Vorstellungen. Man könnte daraus schließen, dass die explizite Politisierung mit einer Steigerung der unpolitisch wirkenden Unterhaltungselemente flankiert, wenn nicht verdeckt wird. Dass Cover wie auch die Mehrzahl der Fotos von *Das Neue Asien* geben sich bei isolierter Betrachtung jedenfalls eher unpolitisch und ermöglichen so trotz der propagandistischen Intention eine Verortung des Buchs im Genre der Unterhaltungsliteratur. Die Aufmachung evoziert Leseerwartungen eines vom fernen und fremden Asien berichtenden Buches, fernab des nationalsozialistischen Alltags; es popularisiert auf diesem Weg also die politischen Überzeugungsversuche durch eine Verschiebung in den Bereich der Unterhaltung und spricht so auch weitere, an Politik weniger interessierte Leserkreise an. Wie Thymian Bussemer zeigen konnte, stellte „die Verquickung von politischen Indoktrinierungsversuchen mit populären Unterhaltungs- und Erlebnisangeboten ein zentrales Muster der NS-Propaganda" dar.[321] Zwar war man sich in den unterschiedlichen Parteiämtern des NS-Apparates durchweg uneinig über den Bedarf, die Funktion und den Stellenwert von Unterhaltungsliteratur, doch spielte sie eine maßgebliche Rolle bei der Stabilisierung des Systems.[322] Colin Ross wusste diese Verbindung gekonnt und gefährlich zu nutzen, die Text-Bild-Arrangements seiner Reisebücher jedenfalls erweisen sich als kommerziell und womöglich auch politisch ausgesprochen erfolgreiche Propagandaliteratur.

---

[321] Thymian Bussemer: „Nach einem dreifachen Sieg-Heil auf den Führer ging man zum gemütlichen Teil über." Propaganda und Unterhaltung im Nationalsozialismus. Zu den historischen Wurzeln eines nur vermeintlich neuen Phänomens, in: Politikvermittlung in Unterhaltungsformaten. Medieninszenierung zwischen Popularität und Populismus, hg. von Christian Schicha und Carsten Brosda. Münster 2002, S. 73–87, hier: S. 84.
[322] Vgl. z.B. ebd.; Würmann: Entspannung für die Massen; Im Pausenraum des ‚Dritten Reiches'.

4.2 „Bei der Konfrontation dieser Literatur mit der Wirklichkeit packte mich helles Entsetzen". Zu Egon Erwin Kischs Auslandsreportagen

Beim Eröffnungsabend des in Paris veranstalteten *Internationalen Schriftstellerkongreßes zur Verteidigung der Kultur* im Jahr 1935 sprach in der mit dem Titel *Das Kulturerbe* überschriebenen Sektion neben André Gide, Robert Musil, Julien Benda und anderen auch der bereits 1933 emigrierte Egon Erwin Kisch (1885–1948).[323] Kisch nutzte die Gelegenheit, um unter dem Titel *Die Reportage als Kunstform und Kampfform* über die von ihm besonders geschätzte Textsorte ‚Reportage' zu sprechen und ihre Wirkung zwischen ästhetischem und politischen Anspruch zu situieren. Der Vortrag ist an sich interessant – sowohl poetologisch als auch politisch –, weil Kisch sich und die Literatur hier als Ausdrucksmittel eines „sozial bewußten Schriftsteller[s]" im „Klassengefüge"[324] beschreibt. Darüber hinaus sind seine Beobachtungen zur zeitgenössischen Reiseliteratur aufschlussreich: Kisch schildert seine Erfahrungen als Leser aktueller Reiseliteratur, die er vorbereitend für seinen Aufenthalt in Ceylon studiert habe:

---

323   Schon im Februar 1933 schrieb Kisch an seine Mutter: „[...] vielleicht machst Du Dir Sorgen, daß es mir in Hitlers Reich nicht gut geht, und da will ich Dich beruhigen. Es *geht* mir gut. Freilich kann niemand sagen, ob der Ausländer hier ein alter Jud werden wird. Ich trage mich mit dem Plan, meine Bibliothek nach Prag zu schicken." (Egon Erwin Kisch an Mutter, 4.2.1933, in: Egon Erwin Kisch: Briefe an den Bruder Paul und an die Mutter 1905–1936, hg. von Josef Poláček. Berlin, Weimar 1978, S. 244 [Hervorh. i. O.]). Nach dem Reichstagsbrand wurde Kisch verhaftet und nur durch das Einwirken der Prager Botschaft unter der Voraussetzung eines sofortigen Verlassens Deutschlands freigelassen. Vgl. dazu auch die im März und April 1933 veröffentlichte Darstellung über seinen Gefängnisaufenthalt in der Prager *AIZ*: Egon Erwin Kisch: In den Kasematten von Spandau. Aus den ersten Tagen des Dritten Reichs (1933); erneut abgedruckt in: ders.: Mein Leben für die Zeitung, Bd. 2, hg. von Bodo Uhse. Berlin 1983, S. 320–337 (= Gesammelte Werke in Einzelausgaben, 9). Vgl. zur Biographie von Kisch die materialreiche und als Standardwerk geltende Biographie des österreichischen Historikers Marcus G. Patka: Egon Erwin Kisch. Stationen im Leben eines streitbaren Autors. Wien, Köln, Weimar 1997. Vgl. darüber hinaus auch die zuvor in der DDR erschienene Biographie von Fritz Hofmann: Egon Erwin Kisch. Der rasende Reporter. Biografie. Berlin 1988 sowie die in der BRD erschienene Biographie von Dieter Schlenstedt: Egon Erwin Kisch. Leben und Werk. Berlin 1985.
324   Egon Erwin Kisch: [Die Reportage als Kunstform und Kampfform], in: Paris 1935. Erster Internationaler Schriftstellerkongreß zur Verteidigung der Kultur. Reden und Dokumente. Mit Materialien der Londoner Schriftstellerkonferenz 1936. Einleitung und Anhang von Wolfgang Klein, hg. von der Akademie der Wissenschaften der DDR, Zentralinstitut für Literaturgeschichte. Berlin 1982, S. 56–60, hier: S. 59. Die Rede wurde später noch mehrfach, z.T. in Ausschnitten, veröffentlicht, etwa unter dem Titel *Die Reportage als Kunst und Kampfform*.

> Vor etwa einem Vierteljahr war ich in Ceylon; die Bücher, die ich an Bord des Schiffes über dieses Land gelesen hatte, waren teils offiziöse Reiseführer und Propagandaschriften des Reisebüros, teils literarische Reisebücher. Bei der Konfrontation dieser Literatur mit der Wirklichkeit packte mich helles Entsetzen. Ich sah eine Insel, auf der von Oktober bis Januar nicht weniger als dreißigtausend Kinder an Malaria und Unterernährung gestorben waren, eine Insel, auf der für die Einheimischen keine Arbeitsmöglichkeit besteht, weil man lieber Arbeiter vom indischen Festland importiert, die sich nicht organisieren dürfen, eine Insel, auf der Menschen Baumblätter und Gras knabbern, eine Insel, auf der Jedermann auf Schritt und Tritt vom Elend und Hungertod angestarrt wird.[325]

Kisch beobachtet während seines Aufenthalts in Ceylon also eine miserable Gesundheitslage, eine entsprechend hohe Kindersterblichkeit, unträgbare kapitalistische Arbeitsverhältnisse, bei denen billige Arbeiter:innen aus dem Ausland gegen inländische ausgespielt wurden, die Unterdrückung der einheimischen Bevölkerung und eine schlechte Ernährungssituation. „Und was stand in den Reisebeschreibungen?", fragt Kisch das Publikum rhetorisch:

> Da war die Schönheit des perlenförmigen Eilands besungen, die Brandung des Meers, das Ewigkeitsrauschen des Dschungels, die Ruinen des alten Kaiserschlosses und tausenderlei anderes von blühender Kultur, aber nichts von dem entsetzlichen, fürchterlichen Alltag.[326]

Kisch misst die Gattung der Reisereportage also an ihrem faktualen Anspruch: Als Textsorte, die vorgibt, über nachprüfbare Fakten zu berichten, mithin ihren Leser:innen verspricht, nach bestem Wissen und Gewissen einen an der ‚Wirklichkeit' orientierten Eindruck vom Reiseland zu geben und nicht Fiktionen zu liefern, sieht Kisch die Reisereportage seiner Zeit weitgehend scheitern. Auch die rezipierten Ceylon-Reportagen liefern keinen adäquaten Bericht: Anstatt ihn für seine Reise angemessen vorzubereiten, ignorieren die verfügbaren Reiseberichte nach Kischs Eindruck die hässlichen und sozial bzw. politisch problematischen Aspekte des Reiselandes entweder zugunsten eines subjektiven Erlebnisberichts oder der Darstellung einer schönen, aber unwahren Fassade. Sie erfüllen so nicht die Textsortenerwartung, die ein:e Leser:in legitimierweise mit einer Reportage verbindet, sondern nähern sich den „Propagandaschriften des Reisebüros", also einer auf Täuschung und Manipulation setzenden Werbeschrift, an. Kisch empört sich in der zitierten Passage nicht über politische Reiseberichte mit propagandistischer Funktion, wie etwa Colin Ross sie verfasst hat. Den Ausdruck ‚Propaganda' verwendet er vielmehr im neutralen Sinn der Reklame und der Werbung.

---

325 Ebd.
326 Ebd.

Diese ‚enttäuschende' persönliche Lektüreerfahrung nutzt Kisch nicht nur für eine scharfe Kritik an dem etablierten Genre der Reiseberichte. Er entwirft im Gegenzug auch eine Anleitung zum Verfassen besserer Reportagen: Der Reisereporter, so Kisch, müsse ein „wahre[r] Schriftsteller, das ist: der Schriftsteller der Wahrheit" sein. Zwar dürfe er „die Besinnung seiner Künstlerschaft nicht verlieren", müsse also weiterhin mit seinen Texten ästhetisch-literarischen Ansprüchen genügen, denn andernfalls würde sich die Reisereportage kaum von „offiziösen Reiseführern", also von einer pragmatischen, rein informativen Textsorte, unterscheiden. Die literarische Reisereportage aber habe sich zwischen Reiseführern auf der einen und Propagandaschriften auf der anderen Seite ihr eigenes literarisches Existenzrecht zu sichern. Um dies auch angesichts so desolater Umstände wie den geschilderten in Ceylon zu erreichen, expliziert Kisch, müsse der Reporter „das grauenhafte Modell", also die wahrgenommene Wirklichkeit des fremden Landes, „mit Wahl von Farbe und Perspektive als Kunstwerk, als anklägerisches Kunstwerk gestalten" und sicherstellen, „bei aller Künstlerschaft [...] Wahrheit, nichts als Wahrheit [zu] geben".[327]

Kisch postuliert in der Rede für die Produktion einer Reportage also zwei Maximen, die komplementär zu verstehen sind und sowohl die Form- als auch die Inhaltsseite involvieren: Es geht ihm um eine künstlerische Gestaltung, wenn nicht um eine künstlerische Konstruktion einer Wahrheit, die trotz ihres ästhetischen Charakters ihren Wahrheitsanspruch nicht preisgibt. Welche Wahrheit hier aber gemeint ist, ob die Reportage also – korrespondenztheoretisch – als realistische Gattung mit Wirklichkeitsreferenz gedacht ist oder aber Kisch einen komplexeren Wahrheitsbegriff zugrunde legt, wird in seinem Vortrag zum Schriftstellerkongress nicht ausgeführt.

Zeitgenössisch wurden die theoretischen, normativ gedachten Forderungen von Kisch kaum in Frage gestellt; Johannes R. Becher betitelte Kisch zum Beispiel 1927 in einer Rezension zu dessen neu erschienener Russland-Reportage als den „Reporter der Wahrheit" und weist in diesem Zusammenhang seine Leser:innen an „Kischs eigene Auffassung über die Reportage nachzulesen".[328] Man verstand sein Programm demnach als Plädoyer für realistische Reportagen und las seine Reportagen auch so. Retrospektiv aber sorgte der Vergleich von proklamiertem Referenz- und Wahrheitsanspruch mit den vorliegenden Reportagen für Empörung: Kisch

---

327 Ebd., S. 60.
328 Johannes R. Becher: [Rez.] Kisch: Zaren, Popen, Bolschewiken, zit. nach Bodo Uhse und Gisela Kisch: Nachbemerkung, in: Egon Erwin Kisch: Ausgewählte Werke in Einzelausgaben, Bd. 3, hg. von Bodo Uhse und Gisela Kisch. Berlin 1986, S. 583–588, hier: S. 583.

schien, so der ab den 1960er-Jahren wiederholt geäußerte Eindruck, seinem eigenen Programm nicht zu genügen. Im Rahmen tiefergreifender Recherchen der in der DDR beginnenden, in der BRD erst in den 1980er-Jahren einsetzenden Kisch-Forschung offenbarte sich nämlich,[329] dass große Teile der von Kisch in seinen Reportagen beschriebenen Episoden sich so wohl gar nicht zugetragen hatten. Mit auffallenden Wertungen bemängelte man zu viel frei Erfundenes, zu viel Phantasie, zu viel Fiktion – zumindest für die gewählte Form der Reportage und ihren bekundeten Faktualitätsanspruch. Ironischerweise, so behauptete man nun wiederholt, hätte Kisch den 1977 von Henri Nannen gestifteten Egon-Erwin-Kisch-Preis, der gelungene Reportagen auszeichnen soll, selbst nicht verdient. Noch aktualisierender ließ sich Erhard Schütz sogar zu der Frage hinreißen: „Auch er hatte ein Problem mit Fakten. Egon Erwin Kisch – ein früher Relotius?"[330] Ist Kischs Anspruch auf Wahrheit aber so einfach an faktischen Referenzen zu messen? Ist sein Konzept

---

329 Vgl. überblickshaft zur Kisch-Forschung in der DDR- und der BRD: Clara Guimarães: Der „kalte Krieg" in der Germanistik. Studien zur unterschiedlichen Rezeption Egon Erwin Kischs in der BRD und der ehemaligen DDR, in: Die Germanistik in Portugal: Dialog und Debatte. Coimbra 1996, S. 257–263; Manfred Jäger: Das Klischee einer exemplarischen „Entbürgerlichung". Zum Kisch-Bild der DDR, in: Egon Erwin Kisch, hg. von Heinz Ludwig Arnold. München 1980, S. 27–34 (= Text + Kritik, 67) sowie den breiten Forschungsüberblick in Daniela Ihl: Egon Erwin Kischs Reportagebuch „Landung in Australien". Eine historisch-literarische Studie. Frankfurt am Main 2010, S. 68–76.

330 Erhard Schütz: Auch er hatte ein Problem mit Fakten: Egon Erwin Kisch – ein früher Relotius?, in: Tagesspiegel, 18.1.2019, online abrufbar unter https://www.tagesspiegel.de/kultur/auch-er-hatte-ein-problem-mit-fakten-egon-erwin-kisch-ein-frueher-relotius/23880246.html (letzter Zugriff: 3.12.2020). Vgl. ebenso Erhard Schütz: Rückblick auf die Reportage unter gelegentlicher Rücksicht auf Kisch, Kommunismus und DDR, in: Heteronomie als Programm: Reportage-Literatur in der DDR, hg. von Stephan Pabst und Andrea Jäger. Hannover [voraus. 2023] (= Non Fiction. Arsenal anderer Gattungen). Claas Relotius schrieb eine Vielzahl an prämierten Reportagen, die vor allem im *Spiegel* publiziert wurden. Mehr als 19 Preise wurden dem Reporter für seine Tätigkeit verliehen. Im Dezember 2018 wurde bekannt, dass es sich bei einer Vielzahl der von ihm veröffentlichten Artikel um „Fälschungen" handelt; so heißt in es in einer Stellungnahme des Magazins: „Alle Quellen sind trüb. Vieles ist wohl erdacht, erfunden, gelogen. Zitate, Orte, Szenen, vermeintliche Menschen aus Fleisch und Blut. Fake." (Ullrich Fichtner: *Spiegel* legt Betrugsfall im eigenen Haus offen, in: Spiegel Online, 19.12.2018, online abrufbar unter: https://www.spiegel.de/kultur/gesellschaft/fall-claas-relotius-spiegel-legt-betrug-im-eigenen-haus-offen-a-1244579.html [letzter Zugriff: 10.12.2020]). Relotius ist heute nicht mehr als Reporter tätig. Vgl. dazu weiterführend die Zusammenstellung aller ‚gefälschten' Artikel sowie Stellungnahmen auf *Spiegel Online* sowie die Darlegung Juan Morenos, der die Fälschungen aufdeckte: Juan Moreno: Tausend Zeilen Lüge. Das System Relotius und der deutsche Journalismus. Berlin 2019. Zum Konzept der ‚Halbwahrheiten' bei Relotius vgl. auch Nicola Gess: Halbwahrheiten. Zur Manipulation der Wirklichkeit. Berlin 2019, S. 49–63. Vgl. noch aktueller Relotius' Stellungnahme etwa in [Anonym]: Kaum ein Text ganz wahr, aber „nie niederträchtige Absichten", in: Zeit Online, 01.06.2021, online abrufbar unter https://www.zeit.de/gesellschaft/zeitgeschehen/2021-06/claas-relotius-faelschung-reportagen-spiegel (letzter Zugriff: 11.10.2021).

der Reportage faktographisch zu verstehen und folglich als Programm zu rekonstruieren, an dem gemessen seine eigene Reportagepraxis scheitert?

Diesen und weiteren Fragen soll hier am Beispiel von Kischs vierter Auslandsreportage nachgegangen werden, die – in der Kisch-Forschung bislang nur am Rande thematisiert –[331] auf vielfältige Weise die üblichen Erwartungen an einen faktographischen Bericht irritiert. Nach buchförmigen Reportagen zu Russland (1927),[332] Amerika (1930)[333] und dem kommunistischen Teil Asiens (1932)[334] erschien 1933, ebenfalls im Berliner *Erich-Reiss*-Verlag,[335] die Reportage zu China, und zwar unter dem Titel *China geheim*. Bereits die Buchgestaltung, entworfen von Georg Salter,[336] ist signifikant:

---

331 Mit Fokus auf Kischs China-Reportage sind meines Wissens bislang nur folgende Beiträge erschienen: Gregor Streim: Das Erwachen der Kulis. China in den Reisereportagen der Weimarer Republik (Richard Huelsenbeck – Arthur Holitscher – Egon Erwin Kisch), in: Deutsch-chinesische Annäherungen, S. 155–171 sowie Ulrich von Felbert: China und Japan als Impuls und Exempel. Fernöstliche Ideen und Motive bei Alfred Döblin, Bertolt Brecht und Egon Erwin Kisch. Frankfurt am Main 1986, S. 117–140, besonders S. 128–140.
332 Egon Erwin Kisch: Zaren, Popen, Bolschewiken. Berlin 1927.
333 Egon Erwin Kisch: Paradies Amerika. Berlin 1930.
334 Egon Erwin Kisch: Asien gründlich verändert. Berlin 1932.
335 Erich Reiß (1887–1951), ein sehr erfolgreicher Verleger der 1920er-Jahre und selbst jüdischer Herkunft, entschloss sich 1933, nur noch jüdische Autor:innen zu verlegen. Vgl. zum *Erich-Reiss-Verlag* genauer Hans Adolf Halbey: Der Erich Reiss Verlag 1908–1936. Versuch eines Porträts. Mit einer Übersicht über die Verlagsproduktion, in: Archiv für Geschichte des Buchwesens 21 (1980), Sp. 1127–1255.
336 Georg Salter (1897–1967) war ein Gebrauchsgrafiker und Bühnenbildner. Bis 1934 prägte er die Einbandgestaltung von rund 20 literarischen Verlagen (u.a. *Kiepenheuer, Die Schmiede* und *S. Fischer*). 1934 emigrierte er in die USA, wo er für deutsche Exilverlage weiterhin Schutzumschläge und Illustrationen entwarf. Er gestaltete u.a. den Schutzumschlag zu Döblins *Berlin Alexanderplatz*, Tollers *Feuer aus den Kesseln* sowie zur Lenin Bibliographie. „Im Gegensatz zu älteren Buchgestaltern gab S. die Vorstellung von der Unterordnung der äußeren Gestaltung unter den Inhalt des Buches auf und wertete den Buchumschlag in seiner Funktion als eigenständiges Kommunikationsmedium." (Eva Chrambach: Salter, Georg, in: Neue Deutsche Biographie 22 [2005], S. 397f.).

Abb. 6: Schutzumschlag der Erstausgabe von *China geheim* (1933) (Quelle: Frank Albrecht: Das 20. Jahrhundert 285, S. 14, online abrufbar unter https://www.antiquariat.com/antiquariat/kat/kat285.pdf [letzter Zugriff: 3.2.22]).

Er verzichtet auf dem Cover fast gänzlich auf exotisierende, visuelle Elemente und akzentuiert stattdessen aufmerksamkeitserregend das investigative Moment, wenn er in großer blauer und roter Schrift den Titel: „Egon Erwin Kisch enthüllt: China geheim" auf den Buchumschlag setzt. Von der üblichen Aufmachung der Reisebücher weicht diese Gestaltung deutlich ab. Darüber hinaus sorgt bereits ein erster oberflächlicher Blick in das Buch für Überraschungen: keine Bilder, keine Karten, keine Reisedaten, keine Ortsmarken, kein rahmendes Vor- oder Nachwort, kein Register, keine Anmerkungen – kein Begleitmaterial also zum Text. In postumen Neuauflagen versuchte man auf diese textsortenunübliche und damit wohl nicht den Erwartungen der Leser:innen entsprechende Gestaltung kompensatorisch zu reagieren:[337] 1949 veröffentlichte der Journalist und politische Aktivist Bodo Uhse im *Aufbau*-Verlag die erste Neuauflage und stellte der China-Reportage einen von Kisch separat und eigentlich unabhängig von *China geheim* veröffentlichten Zeitungsbeitrag, der seine Reise nach China mit der Transsibirischen Eisenbahn beschreibt,[338] gleichsam als Vorwort voran – als Veränderung markiert wurde diese nicht autorisierte Ergänzung nicht.[339] Und auch die äußere Buchgestaltung wurde von dem aufmerksamkeitserregenenden Moment weg hin zu einer exotischen Unterhaltungslektüre verändert.[340] In der ebenfalls im *Aufbau*-Verlag in den Jahren 1960 bis 1985 von Bodo Uhse gemeinsam mit Kischs Witwe Gisela Kisch herausgegebenen Werkausgabe[341] übernahm man – zunächst unkommentiert – den ergänzten Text.[342] Erst in

---

337 Vgl. dazu ausführlicher Katrin Hudey und Zhu Yan: Die Reportage – eine globale Gattung? Zur Rezeption von Egon Erwin Kischs *China geheim* (1933), in: Heteronomie als Programm: Reportage-Literatur in der DDR, hg. von Stephan Pabst und Andrea Jäger. Hannover [vorauss. 2023] (= Non-Fiction. Arsenal der anderen Gattungen).
338 Vermutlich wurde der Text erstmals in der Reportagesammlung *Abenteuer in fünf Kontinenten* abgedruckt; vgl. Bodo Uhse und Gisela Kisch: Nachbemerkungen, in: Egon Erwin Kisch: Gesammelte Werke in Einzelausgaben, Bd. 4, hg. von Bodo Uhse und Gisela Kisch. Berlin ⁵1993, S. 585.
339 Zwar stellt Bodo Uhse der Ausgabe eine Vorbemerkung voran, die jedoch nur auf eine historische Kontextualisierung sowie Kischs Arbeitsmethoden zielt. Vgl. Bodo Uhse: Vorbemerkung, in: Egon Erwin Kisch: China geheim, hg. von Bodo Uhse. Berlin 1949, nicht paginiert [S. 5–8]. Vgl. dazu etwas ausführlicher auch Hudey und Zhu: Die Reportage – eine globale Gattung?
340 Vgl. Hudey und Zhu: Die Reportage – eine globale Gattung?
341 Die Ausgabe umfasste ursprünglich zehn Bände (in elf Teilen) und wurde in den 1990er-Jahren um einen zwölften Band ergänzt. Nach Bodo Uhse und Gisela Kisch übernahmen die beiden Kisch-Forscher Fritz Hofmann und Josef Poláček die Herausgabe.
342 In der *Gesammelte Werke* Ausgabe erscheint *China geheim* als dritter Band gemeinsam mit *Zaren, Popen, Bolschewiken* und *Asien gründlich verändert*. Man ergänzte die Ausgaben um einen Anmerkungsapparat und Nachbemerkungen zur Textentstehung. Für die anderen beiden Texte wird markiert, dass der Abdruck auf die Erstausgabe zurückgehe, für *China geheim* heißt es jedoch nur: „Ebenfalls 1933 erschien im Erich Reiß Verlag ‚China geheim' – nur eine Auflage, es war der letzte Band Kischs, der für eine lange Zeit in Deutschland gedruckt werden durfte. Orthographie

späteren Auflagen deklarierte man die Veränderung im Nachwort.[343] Die erste Neuauflage in der Bundesrepublik wurde im Verlag von Gerd Simon und Claudia Magiera im Jahr 1986 publiziert; man übernahm den bereits durch Uhse supplementierten Text und erweiterte ihn zu einer „illustrierte[n] literarische[n] Reportage", so der neue Untertitel, durch Fotografien von Wilhelm Thiemann, der 1924 ganz unabhängig von Kisch China bereist hatte.[344]

Durch den philologisch fragwürdigen Umgang mit Kischs Texten ist es ungemein wichtig geworden, auf welche Edition man sich heute bezieht, jedenfalls wenn man an Fragen zur Darstellungs- und Wirkungsabsicht des Autors interessiert ist. Die hübsch bebilderte West-Ausgabe, die 1997 noch einmal neu aufgelegt wurde, ist aus editionsphilologischer Perspektive am fragwürdigsten. Ich beziehe mich deshalb in den folgenden Ausführungen mit Blick auf die für mich interessanten Aspekte ausschließlich auf die Erstausgabe (1933). Die vom Autor selbst betriebene Abgrenzung gegenüber seinen reisenden Kolleg:innen und ihren Reiseberichten wirft nämlich einige Fragen für die Darstellung Chinas in der deutschsprachigen Literatur auf: Mit welchen zeitgenössischen Lesererwartungen sah sich Kisch konfrontiert? Welche Erwartungen wollte er mit seiner Reisereportage bedienen und welche irritieren? Welche Rolle spielte dabei das Reisen als außertextuelle Voraussetzung einer ‚wahrheitsorientierten' Reportage und welche Rolle spielte seine faktographische Dokumentation? Wie organisierte Kisch die Referenzansprüche, die man an seinen Text qua Textsortenerwartung herantragen kann?

---

und Interpunktion des Textes wurden behutsam dem heutigen Gebrauch angepaßt." (Uhse und Kisch: Nachbemerkung [1986], S. 588).

343   So heißt es in der fünften Auflage der *Gesammelten Werke* (1993) in den Nachbemerkungen: „Es war bis 1945 das letzte Buch, das von Kisch in Deutschland gedruckt werden durfte. Kisch hatte es, vom Verlag gedrängt, unter großem Zeitdruck geschrieben. Manches blieb ungesagt, was aufzuzeichnen gewesen wäre. 1935 brachte die Verlagsgenossenschaft ausländischer Arbeiter in der UdSSR Kischs Sammlung ‚Abenteuer in fünf Kontinenten'. Sie enthielt die Reportage ‚Ein Schnellzug wittert Morgenluft', einen Bericht über die Reise mit der Transsibirischen Eisenbahn von Moskau nach Tschita. In der Erstausgabe von ‚China geheim' ist er nicht enthalten." Er wurde erst 1950 von Bodo Uhse, der im *Aufbau*-Verlag die Bücher Kischs herausbrachte, als Eingangskapitel hinzugefügt (Uhse und Kisch: Nachbemerkungen [1993], S. 585).

344   Egon Erwin Kisch: „China geheim". Eine illustrierte Reportage. Photographiert von Wilhelm Thiemann, hg. von Gerd Simon und Claudia Magiera. Nördlingen 1986. Vgl. dazu auch Rezensionen zu einer folgenden Auflage: P.K.: [Rez.] China geheim – Bilder aus dem vorkommunistischen China, in: Frankfurter Allgemeine Zeitung, 17.5.1997, S. B5; [Anonym]: [Rez.] China in den 30ern. Ein Buch mit Bildern von Wilhelm Thiemann, Texten von Egon Erwin Kisch, in: taz, 6.12.1997, S. 22. Die Fotografien Thiemans wurden bereits vier Jahre vorher im gleichen Verlag eigenständig publiziert, vgl. Wilhelm Thiemann: China. Photographische Aufzeichnungen aus den Jahren 1929–1936. München 1982.

Vor allem an seiner China-Reportage lässt sich – so meine These – zeigen, dass Kisch mit seinen Auslandsreportagen nicht nur theoretisch, sondern auch praktisch deutlich andere Ziele als seine zeitgenössischen Kolleg:innen verfolgte – Ziele, die auch mit der heutigen Erwartungshaltung gegenüber der Textsorte Reportage konfligieren. Die vorliegende Reportage lässt dabei nicht nur Aussagen hinsichtlich Kischs Chinabild zu, sondern zugleich generalisierende Ableitungen bezüglich Kischs Gattungsverständnis. Um dies zu zeigen und schrittweise zu entfalten, werde ich anhand einer kontextualisierenden Betrachtung des Eingangskapitels der Reportage Kischs Reisemotivation und den Entstehungszusammenhang kurz erläutern (4.2.1), bevor ich einen genaueren Blick auf die Gestaltung der Reportage selbst sowie die inhaltliche Schwerpunktsetzung werfe (4.2.2), indem metaphorische (4.2.2.1), motivische (4.2.2.2) sowie theoretische (4.2.2.3) Merkmale exemplarisch untersucht werden. Davon ausgehend werde ich in einem dritten Schritt die bereits angedeutete Diskussion um Kischs Wahrheitskonzept aufgreifen (4.2.3). Innerhalb einer resümierenden Zusammenschau werfe ich abschließend einen kurzen Blick auf die Rezeptionsgeschichte, insbesondere auf Kischs Wirkung in China und andernorts (4.2.4). Denn im Unterschied zu Colin Ross' geopolitisch-imperialer Attitüde verfolgte Kisch ein dezidiert internationalistisches Anliegen.

4.2.1 *China geheim* – Reisemotivation und Entstehungskontext

Kischs Buch *China geheim* startet *medias in res*: Der Band von 1933 hat keine Widmung, keine Motti, kein Vorwort, kein Nachwort. Man findet auf den Schmutzseiten vorn wie hinten nur die Anzeige weiterer lieferbarer Kisch-Titel. Den insgesamt 23 Kapiteln der Reportage geht nur das Inhaltsverzeichnis voraus – auch dies ist für die Reiseliteratur der Zeit eher untypisch.

Kischs erstes Kapitel ist überschrieben mit *Auf den Ruinen von Wusung*, womit für kundige Leser:innen eine chinesische Stadt im Stadtbezirk von Shanghai als Ort des Einstiegsgeschehens benannt ist. Nach einer sehr knapp gehaltenen szenischen Beschreibung der Landschaft im Rahmen einer in der Reiseliteratur üblichen Ankunftsepisode ruft Kisch seinen Leser:innen sogleich den aktuellen politischen Kontext in Erinnerung: „Seit Ende Januar lief das Wort Wusung, das Fort Wusung, wie das dunkle Summen einer Brisanzgranate durch Äther und Kabel; Völkerbund und Stammtisch und Leitartikel schmissen gleichermaßen ersprießlich damit herum."[345] Zwar könnte man den Ausdruck „Brisanzgranate" für ein Adhoc-Kompositum oder einen Neologismus Kischs halten, den er hier zur Verknüpfung von

---

345 Kisch: China geheim, S. 9.

Militärischem und Publizistischem bildet; doch ‚Brisanzgranaten' gab es tatsächlich. Es handelt sich dabei um für Geschütze oder Granatwerfer bestimmte Geschosse, die mit einem hochaggressiven Sprengstoff gefüllt wurden und seit dem späten 19. Jahrhundert und insbesondere im Ersten Weltkrieg im Einsatz waren. In seiner Verwendung des Ausdrucks geht es also um eine doppeldeutige, wörtlich sowie metaphorisch zu verstehende Redeweise: Brisanzgranaten werden von Völkerbund, Stammtisch und Leitartikel, also von Politik, Bürgertum und Presse, ‚geworfenen' und ‚summen' durch Äther und Kabel, also durch die Medien der Zeit. Die politische, alltägliche und publizistische Rede über Wusung aber geht mit der kriegerischen Gewalt, den Granaten, eine enge Verbindung ein, die mediale Verhandlung ist so Teil der militärischen.

Mit Blick auf das beschriebene Ereignis ist anzunehmen, dass den deutschen Leser:innen die Stadt Wusung bekannt war und durch die von Kisch eigentlich-uneigentliche Darstellung eine entsprechende Assoziation aufgerufen wurde: Im September 1931 ereignete sich hier der in die Geschichte unter dem Schlagwort ‚Mukden-Zwischenfall' eingegangene Sprengstoffanschlag japanischer Offiziere auf die mandschurische Eisenbahn in China, der in der Folge zur Mandschurei-Krise und schließlich zur Errichtung des japanischen Satellitenstaates Mandschukou auf chinesischem Territorium führte. In der Historiographie bewertet man den Anschlag heute als Auftakt des sechs Jahre später ausbrechenden Zweiten Sino-Japanischen Kriegs. Unklar war zunächst die Schuldfrage, denn Japan machte China für den Anschlag verantwortlich. Eine unabhängige Völkerbundkommission sollte daher vor Ort unter der Leitung von Victor Bulwer-Lytton für Aufklärung sorgen. Der sogenannte Lytton-Bericht wurde allerdings erst über ein Jahr später, im Herbst 1932, fertiggestellt und ließ aufgrund seiner Vagheit viel Raum für eine politisch-propagandistische Instrumentalisierung. Es wurden daher auch keinerlei Sanktionen gegen Japan verhängt, Japan konnte vielmehr weiterhin öffentlich den Anschlag als Verteidigungsmaßnahme deklarieren.[346] Nicht nur in chinesischen, sondern auch

---

346 So heißt es in dem Bericht: „Die Chinesen hatten, in Übereinstimmung mit ihren Instruktionen, zu diesem Zeitpunkt und an dieser Stelle keinerlei Pläne, die japanischen Truppen anzugreifen oder das Leben oder Eigentum japanischer Staatsangehöriger zu gefährden. Sie haben keinen planmäßigen oder autorisierten Angriff auf die japanischen Truppen unternommen, sie wurden von dem japanischen Angriff und den darauffolgenden Operationen überrascht...Die militärischen Operationen der japanischen Truppen während dieser Nacht...können nicht als Maßnahmen einer berechtigten Notwehr bezeichnet werden. Doch wollte die Kommission, indem sie dieses feststellt, nicht die Möglichkeit von der Hand weisen, daß die an Ort und Stelle befindlichen Offiziere in Notwehr zu handeln glaubten." (zit. nach Konferenzen und Verträge. Vertrags-Ploetz. Ein Handbuch geschichtlich bedeutender Zusammenkünfte und Vereinbarungen. Tl. II, Bd. 4a: Neueste Zeit

in den deutschen und internationalen Medien wurde das Vorgehen des Völkerbunds sowie der vorgelegte Abschlussbericht kritisch verfolgt.[347] Kisch, der stets auf der Jagd nach Sensationen war und wiederholt durch investigative Recherchen offizielle Berichte zu widerlegen suchte, wie etwa 1913 auch im Fall des Todes von Alfred Redl,[348] nahm das Geschehen zum Anlass, selbst nach China aufzubrechen.[349] Bereits im März 1932, also noch während der laufenden Begutachtung durch den Völkerbund, reiste er über die Sowjetunion – angeblich unter falschen Namen – mit der transsibirischen Eisenbahn nach China ein und verweilte dort vier Monate lang.[350] Im Raum steht auch, dass Kisch die Reise im Auftrag der Komintern absolviert habe; das ließ sich jedoch bis heute nicht eindeutig nachweisen.[351] Ebenso unklar ist seine Freundschaft mit dem chinesischen Kommunisten Xie Weijin, der in

---

1914–1959, hg. von A. G. Ploetz. Zweite erweiterte und veränderte Auflage. Würzburg 1959, S. 117; vgl. auch für eine Zusammenfassung des gesamten Lytton-Berichts ebd., S. 115–119).
347 Vgl. beispielhaft einen Beitrag in der *Wiener Zeitung*, der mehrere internationale Pressestimmen anführt: [Anonym]: Der Lytton-Bericht, in: Wiener Zeitung, 4.10.1932, S. 1f.
348 Oberst Alfred Redl der k.u.k.-Armee soll über Jahre geheime Informationen an Russland verraten und dafür hohe Geldbeträge erhalten haben. Ob er dafür ursprünglich aufgrund seiner Homosexualität erpresst wurde oder dies aus freien Stücken tat, ist bis heute nicht geklärt. Im Jahr 1913 wurde Redl jedenfalls enttarnt und zum Suizid durch Erschießen gezwungen. Die Geschichte drang an die Öffentlichkeit. Um den erzwungenen Suizid aufzudecken, publizierte Kisch ein Dementi und in der Folge die Reportage Egon Erwin Kisch: Der Fall des Generalstabschef Redl. Berlin 1924. In der Reportage behauptet Kisch, auf den Fall aufmerksam geworden zu sein, da ein Schlosser nicht zum verabredeten Fußballspiel erschien – dem nachgehend habe Kisch den vorgetäuschten Suizid entdeckt. Heute weiß man gesichert, dass Kischs Fußballgeschichte zu den fiktionalen Bestandteilen dieser Reportage zu zählen ist. Vgl. dazu Christian Kirchmeier: Der Journalist als Detektiv. Kischs „Der Fall des Generalstabschef Redl" und die Reportage der Neuen Sachlichkeit, in: Zagreber germanistische Beiträge 25 (2016), S. 63–81 sowie Erhard Schütz: Wenn man mit Fakten Fußball spielt. Egon Erwin Kischs „Der Fall Redl" (1924), in: Kriminalfallgeschichten, hg. von Alexander Košenina. München 2014, S. 179–191 (= Text + Kritik, 14).
349 Über den Kommissionsaufenthalt in China liegen auch andere literarische Zeugnisse vor, wie etwa die Erinnerungen eines deutschen Kommissionsmitglieds: Heinrich Schnee: Völker und Mächte im Fernen Osten. Eindrücke von der Reise mit der Mandschurei-Kommission. Berlin 1933.
350 Dass Kisch bereits Ende März in Shanghai war, belegt ein am 26.3.1932 in der *Prager Abendzeitung* veröffentlichtes Telegramm von Kisch. Vgl. Egon Erwin Kisch: Telegramm aus Shanghai (1932), in: Prager Abendzeitung (Abendausgabe), 26.3.1932, S. 1; erneut abgedruckt in: ders.: Mein Leben für die Zeitung, Bd. 2, S. 310. Vgl. dazu auch Streim: Das Erwachen der Kulis, S. 167. In anderen Quellen ist von einem nur sechswöchigen Aufenthalt die Rede. Dagegen spricht jedoch die im Fließtext genannte Datierung vom 1. Juni 1932 im Kapitel *Nanking und die Roten*, vgl. Kisch: China geheim, S. 219.
351 Vgl. Streim: Das Erwachen der Kulis, S. 168. Es gibt aber Dokumente, die Auskunft über eine Observation Kischs als Komintern-Agenten in China geben. Dies muss jedoch nicht zwingend für einen Kominternauftrag sprechen, sondern kann auch auf Kischs Treffen mit Agnes Smedley, Ruth

Berlin angeblich für die Komintern arbeitete und womöglich an der Vorbereitung von Kischs Chinareise beteiligt war.[352] Belege gibt es hingegen – über kleinere Andeutungen in der Reportage selbst hinaus – immerhin für ein Treffen mit der amerikanischen Journalistin Agnes Smedley und der deutschen Agentin Ruth Werner in Shanghai.[353] Wie dem auch sei: Im Spätsommer 1932 kehrte Kisch aus China nach Moskau zurück und fuhr von dort nach Berlin.

Weder das erste noch die weiteren Kapitel berichten von dieser Reise. Stattdessen steigt Kisch in seine Reportage mit der Nachricht zum chinesischen Einsatz der Völkerbundkommission ein, um dann in einer Art Reiseberichtsinserat die Motivation der Reise sowie die Wahl des Reiselandes darzulegen. Er liefert also die Berichtselemente, die üblicherweise im Vorwort behandelt werden, in verkürzter und indirekter Form nach. In Kombination mit dem gewählten Titel lässt dieses Vorgehen die vorliegende Reportage als alternativen Entwurf zum im Oktober 1932 veröffentlichten ‚Lytton-Report' erscheinen. Kischs Titel zielt mithin nicht auf die Präsentation eines aufgrund exotischer Fremde ‚geheimen Chinas'. Zwar spielt er auf den „Topos vom geheimnisvollen Orient" an,[354] aber nur in der Absicht, die damit verknüpften Erwartungen mit den Befunden seiner Nachforschung in der politischen und sozialen chinesischen Gegenwart zu überschreiben. Als Gegenbericht zum ‚Lytton-Report' will Kisch mit seiner Reportage einen politischen Missstand aufdecken. Denn nach Meinung des Autors wird im veröffentlichten Bericht der Völkerbundkommission die Wahrheit verschwiegen oder aus politischen Gründen geheim gehalten. Darüber hinaus verweist das „geheime China" auch auf Kischs

---

Werner, Richard Sorge und Co. in China zurückgeführt werden, vgl. Patka: Egon Erwin Kisch, S. 125f. und Thomas Kampen: Chinesen in Europa – Europäer in China. Journalisten, Spione, Studenten. Grossenberg 2010, S. 58.

352 Vgl. Kampen: Chinesen in Europa – Europäer in China, S. 41 u. S. 58.
353 So schreibt Ruth Werner in ihren Erinnerungen mit dem Titel *Sonjas Rapport*: „Ich hatte schon in einem Brief zuvor geschrieben, daß Egon Erwin Kisch zum Abendessen gekommen und bis zwei Uhr nachts geblieben war. Aus demselben Brief ging hervor, daß ich mich zunächst mit ihm gestritten und ihm gesagt hatte, er sei eitel. Wir hörten drei Wochen nichts voneinander. Dann söhnten wir uns wieder aus, und ich schrieb nach Hause, wie interessant und anregend er war. ‚4. Mai 1932. Jetzt stehen wir sehr nett. Er ruft an: Ja, Kind, hier ist dein guter alter Onkel Kisch – ich möchte am Sonntag zu euch kommen. […]'. Ich schätze die Bücher von Kisch sehr, meine Vorbehalte waren entstanden, weil ich wußte, daß er nur drei Monate bleiben und dann ein Buch über China schreiben wollte. Agnes [Smedley; K.H.] und ich waren ärgerlich über sein, wie uns schien, oberflächliches Herangehen. Wer konnte sich einbilden, dieses Land in so kurzer Zeit auch nur annähernd kennenzulernen. – Wir wußten nichts von der großartigen Arbeitsweise Kischs. Er war gründlich vorbereitet, hatte das Talent, Wesentliches schnell zu erfassen, und ließ es niemals ungeprüft." (Ruth Werner: Sonjas Rapport. Berlin 1977, S. 102f.).
354 Streim: Das Erwachen der Kulis, S. 169.

Kontakte im chinesischen kommunistischen Untergrund (dazu später mehr). Der Reporter schlüpft gemäß der Titelgebung seiner Reportage jedenfalls in die Rolle eines Aufklärers, der eine politische Scharade, wenn nicht ein politisches Komplott, entlarven und die wahren Interessen aufdecken will.

Dass der Bericht als Gegendarstellung zum ‚Lytton-Report' zu lesen ist, wird vor allem an der ebenfalls im ersten Kapitel schon in aller Deutlichkeit formulierten Kritik ersichtlich, die sowohl auf die Völkerbundkommission als auch auf Japan und die westlichen Staaten bzw. die internationalen Niederlassungen abzielt; Kisch bekundet unmissverständlich seine Solidarität mit China. Mittels Apostrophen, dem Einfügen (vermeintlicher) Zeugnisse und Quellen, analogisierender Vergleiche zu Deutschland sowie einer zuvorderst fiktiven szenischen Beschreibung des bereits vergangenen Kriegsgeschehens, das Kisch also nicht selbst vor Ort miterlebte, versucht er, seinen Aussagen Authentizität zu verleihen. Dabei tritt Kisch – auch hier weicht er von der traditionellen Gestaltung der Reportage ab – sowohl im ersten wie auch den weiteren Kapiteln so gut wie nie als Reporter-Imago, als *journalistische persona* selbst auf. Stattdessen bevorzugt er, wenn überhaupt, die generalisierende, unpersönlichere und stellvertretende Form der dritten Person (‚man'), die die Mittelbarkeit des Erzählten deutlich verringert und die Leser:innen potentiell mit einbegreift. Die Erzählerfigur wird zu einer Art Medium, das den Leser:innen das Geschehen plastisch vor Augen führt und sie in das von anderen geheim gehaltene Treiben einweiht.

Gekoppelt ist dieser weitgehend dramatisch gehaltene Erzählmodus allerdings an eine implizit wie explizit vorgebrachte politische Kritik. Kisch setzt dazu vor allem auf ein kontrastives Arrangement von deklariertem Anspruch und realer Umsetzung, das teils satirische, teils aber auch pathetische Züge trägt. Im ersten Kapitel überwiegt Satire und direkte Kritik: Die Völkerbundkommission wird hier nicht nur für ihr zu spätes Handeln getadelt – tatsächlich reiste die Kommission erst drei Monate nach den Ereignissen nach China –, sondern zugleich als korrupte (oder zumindest mit den Japanern gemeinsam agierende und damit nicht neutrale) sowie vor allem kapitalistische und nur an Luxus und Genuss interessierte Institution abqualifiziert. Dort heißt es beispielsweise:

> Die Völkerbundkommission hatte sich mit der Besichtigung der Schlachtfelder Zeit gelassen, und so räumten die Japaner den Kriegsschauplatz ein wenig auf. [...] Es hätte wirklich nicht gut ausgesehen, Gruppen hingerichteter Chinesen und Chinesinnen, Leichen mit Knebeln im Mund, mit abgehackten Gliedmaßen. Solcher Anblick hätte den Herren vom Völkerbund, die mit Empfängen, Tees, Diners und Soupers belastet sind, den Appetit verderben können. Unmittelbar nach der Besichtigung von Tschapei und Wusung aßen sie im Cathay-Hotel, das Festmahl war von den Veranstaltern des Krieges veranstaltet, obwohl Shanghai eigentlich in

> China und nicht in Japan liegt. Es gab sechzehnerlei Weine und Sekte, Upman-Zigarren (Ladenpreis 1 Dollar 60, in eingeschliffenen Rundgläsern aus Havanna importiert) und eine ausreichende Speisefolge.[355]

Kisch wählt hier einen sarkastisch-ironischen Ton, bemüht sich stilistisch mithin um eine bittere Form der Komik, über die er seine Verachtung der Kommissionsmitglieder indirekt zum Ausdruck bringt. Dem Zitat folgt eine Auflistung der danach angeblich servierten Speisen, deren Druckbild Assoziationen zu einer Menükarte hervorrufen. Die Völkerbundkommission, so könnte man Kischs indirekte, satirische Pointe explizieren, *kann* also aufgrund der verstrichenen Zeit keine neutrale Rekonstruktion der gegebenen Vorgänge mehr liefern, *will* dies aber auch gar nicht. Die Kommission scheint, wie auch aus anderen Textstellen hervorgeht,[356] ihren China-Aufenthalt stattdessen eher als öffentlich finanziertes, geselliges *get together* zu verstehen, das den japanischen Interessen in die Hände spielt.

Politische Passivität und Ignoranz wirft Kisch auch den internationalen Settlements im japanisch besetzten Shanghai – und damit den westlichen Staaten – vor. Auch hier entwirft er zur Demonstration ein kontrastives Arrangement: Die passive, interesselose Fortsetzung des Alltags durch die Siedler erweist sich erstens angesichts der parallel stattfindenden Eskalation außerhalb der Settlements vor den Augen der Leser:innen als riskante und ignorante Lässlichkeit, wie sich an folgender, typisch parataktisch und anaphorisch gestalteten Passage beispielhaft zeigen lässt:

> Am Tage merkte man im Settlement fast nichts davon, daß nebenan Greuel und Greuel sich begab. Schiffe, Straßenbahnen, Rikschas fuhren ihre Bahn, Kinos spielten, Firmen handelten, Zollbehörden amtierten, Zeitungen erschienen, dieweil am Firmament Granaten einander kreuzten, dieweil Straßenzüge brannten, dieweil Kinder von zusammenkrachenden Häusern begraben wurden, dieweil Familien flüchteten und dieweil immer wieder, immer wieder Menschen getroffen zu Boden sanken.[357]

Das auf Unterhaltung und Konsum setzende ausländische Settlement-Leben wird aufs Schärfste mit der kriegsbedingten Zerstörung und dem Überlebenskampf der Chines:innen außerhalb der Siedlungsmauern kontrastiert.

Zweitens deutet Kisch das Geschehen aus der Perspektive der ausländischen Konzessionen (sowie auch der Japaner),[358] die das eskalierende Kriegsgeschehen durch die Inszenierung einer Parallelwelt mit abwechslungsreicher Abendunterhaltung überblenden:

---

355 Kisch: China geheim, S. 13.
356 Vgl. z.B. ebd., S. 11.
357 Ebd., S. 12f.
358 Vgl. z.B. ebd., S. 9.

> Aus den Häusern der Settlements konnte man dem Krieg zugucken wie aus einer Prosceniumsloge. Nach dem Abendbrot legte man die Serviette zusammen und ging ans Fenster. In bunter Abwechslung entfaltete sich das Feuerwerk, es zischte aus den Panzerkreuzern, senkte sich aus den Flugzeugen und schwang sich aus den Mörsern. Feuer und Material spritzten aus der Luft abwärts, und in der gleichen Sekunde spritzten Feuer und Material in die Luft aufwärts. Spiel einer Sekunde, einer Sekunde, in der Menschenleben und Menschenbezirke vernichtet wurden.[359]

Das Theater dient Kisch nicht nur bei der Beschreibung der Reaktion des internationalen Settlements als metaphorischer Reflexionsraum.[360] An dieser Stelle fungiert das bunte, spektakuläre Feuerwerk des Krieges gar als eine Art ästhetizistische Schlussszene, die sich an ein gediegenes Mahl, ein zivilisiertes, nämlich mit Servietten eingenommenes Abendbrot anschließt. Diese Szene scheint sich, genau wie das Abendbrot, allabendlich zu wiederholen – und mit dem Abendbrot wiederholt sich auch das zerstörerische Grauen. Durch die auffallend häufige Verwendung dynamischer, aktiv gesetzter Verben, durch die das Feuerwerk anthropomorphisiert wird (entfalten, zischen, senken, schwingen, spritzen), sowie durch Repetitionen und Chiasmen (Feuer und Material, aufwärts/abwärts) erhöht Kisch sowohl den Kontrast als auch die Drastik des Dargestellten. Da die Leser:innen um die Gräuel und die damit verbundenen Gefahren wissen, erscheint das indolente und ignorante Verhalten der Konzessionen, die in ästhetischer Distanz dem Krieg vor allem ästhetische Reize abgewinnen, in der Zusammenstellung zunehmend widersinnig, wenn nicht grotesk. Die geringe räumliche Distanz zwischen dem Kriegsgeschehen und der ästhetischen Geselligkeit der Konzessionen erstickt jedenfalls Zweifel an etwaigen Behauptungen, die ausländischen Vertreter hätten von den Gräueln nichts gewusst. Für die Leser:innen aber, die nicht Teil dieser Szene sind, sondern dieses groteske und zutiefst unmoralische Missverhältnis durch den Erzähler offenbart bekommen, wird indirekt gezeigt, dass die politische Lage höchst instabil ist und warum ein politischer Kollaps zu erwarten ist.

Während die Mehrheit der zeitgenössischen Reiseschriftsteller:innen ihre Reiseziele zumeist aus persönlichen Vorlieben oder nach Publikumsinteressen auswählten, in Teilen auch nach Vorgaben der Verlage, die die Reisen aufwändig finanzierten, folgt Kischs Reisemotivation nach China also einem konkreten politischen Anlass und Anliegen, wie man es vielleicht in ähnlicher Weise noch in

---

[359] Ebd., S. 12.
[360] Vgl. dazu ausführlicher das Kapitel 4.2.2.1. Das Theater als Metapher du Strukturelement.

den Berichten der vielen deutschen Russlandreisenden finden kann,[361] die die russische Revolution zur Reise motivierte. Diese politische Motivation prägt, so ist jedenfalls anzunehmen, auch die Gestaltung der Reportage.[362]

4.2.2 Das „imperialistische[] Ausbeutungsstück um Shanghai" – Konzeption, Gestaltung und Themenschwerpunkte der Reportage

Textsortenüblich müssten dem exponierenden Eingangskapitel der Reisereportage Kapitel folgen, die, nach der Reisechronologie sortiert, Episode um Episode das Reisegeschehen rekonstruieren, so dass die Reise als narrative Rahmung für die Präsentation einzelner Ereignisse und Sachverhalte dienen kann. Nicht so bei Kisch:[363] Das Reisen selbst thematisiert er kaum. Da er zumeist auf die Nennung konkreter geographischer Angaben verzichtet, die andere Reisereporter:innen als Faktualisierungsstrategie nutzen, lässt sich mitunter das Berichtete nicht einmal lokalisieren. Statt einer durchgängigen Narration setzt Kisch auf schlaglichtartige Ausschnitte aus dem politischen und gesellschaftlichen Leben Chinas. Jeder Themenkomplex kongruiert dabei mit einem in sich geschlossenen Kapitel: Im kursorischen Durchgang durch den Text zeigt Kisch etwa das hierarchische Gesellschaftsgefüge anhand der Bestattung eines hohen Geheimbundmitglieds,[364] präsentiert in kapitalismuskritischer Absicht die Vorgänge an der Börse,[365] erinnert an das vorrevolutionäre China durch den Besuch bei Eunuchen, als menschliche ‚Relikte'

---

361 Vgl. dazu etwa Furler: Augenschein.
362 Ana Djukic-Cocks deutet das ähnlich, jedoch weit weniger auf das Politische hin ausgerichtet, wenn sie annimmt, dass das primäre Gestaltungsprinzip bei Kisch „Enthüllung" sei, dem die gesamte Komposition der Reportage unterworfen sei (Ana Djukic-Cocks: Die Komposition der Kisch-Reportage in ‚Paradies Amerika', in: Focus on Literature: A Journal for German Literature and Language 1.1 [1994], S. 23–35, hier v.a. S. 24).
363 In Bezug auf Kischs Gestaltung der Reportage wird immer wieder auf die bereits 1959 in der DDR erschienene Arbeit von Schlenstedt: Die Reportage bei Egon Erwin Kisch verwiesen. Schlenstedt versuchte sich der „fehlende[n] theoretische[n] Durchdringung" (ebd., S. 5) der Textsorte Reportage anhand Kischs Reportagen und poetologischen Äußerungen zu nähern. Auf dieses Desiderat weist er bereits im Vorwort hin: „Der Klassencharakter der Verachtung der Reportage durch die bürgerliche Literaturwissenschaft liegt auf der Hand" (ebd., S. 5). Dies sei darauf zurückzuführen, dass das Genre der Reportage schon in seiner frühsten Zeit der sozialistischen Literatur zuzurechnen sei. Letztlich liefert Schlenstedt in seinen Betrachtungen eine Zusammenschau der poetologischen Texte Kischs und seiner Reportagen, reproduziert dabei aber nur Kischs Thesen unkritisch und fokussiert vor allem dessen Entwicklung zum sozialistischen Schriftsteller.
364 Vgl. Kisch: China geheim, S. 17–23.
365 Vgl. ebd., S. 24–37.

der Kaiserzeit,[366] prangert Kinderarbeit anhand eines Gangs durch eine Fabrik an[367] oder zeigt den Alltag von aus der Gesellschaft Ausgeschlossenen in einer psychiatrischen Einrichtung[368] – um nur auf eine kleine Themenauswahl hinzuweisen. Innerhalb des Werkkontexts betrachtet, handelt es sich vornehmlich um wiederkehrende Themen und Motive. Denn Kischs Asien-, Russland- und Amerikareisen zeichnen sich alle durch eine ähnliche Auswahl an Schauplätzen und Personal aus.[369] So würdigt auch Kurt Tucholsky in seiner Rezension zu Kischs *Paradies Amerika*:

> E. E. Kisch hat eine Eigentümlichkeit, die ich immer sehr bejaht habe: er sieht sich in fremden Ländern allemal die Gefängnisse an. Denn maßgebend für eine Kultur ist nicht ihre Spitzenleistung; maßgebend ist die unterste, die letzte Stufe, jene, die dort gerade noch möglich ist.[370]

Diese Beobachtung legt erneut die Vermutung nahe, dass es ihm mit seiner Reportage nicht primär um die Vermittlung eines Einblicks in die Fremde oder um die exotistische Ausstellung von Alterität und Differenz geht. Ja, es scheint auch fraglich, dass er andere Reisende auf ihre Reisen durch seine Reportage pragmatisch-praktisch vorbereiten möchte. Kisch bemüht sich zwar um ein breites thematisches und personelles Spektrum, das chinesisches Leben in verschiedenen Facetten einfängt, doch unter diesen Facetten zeichnet sich ein universalistisch angelegtes, sozialpolitisches Interesse ab, das über China hinausreicht. In Russland, Amerika und nun auch in China findet Kisch immer Ähnliches: das Leid der ‚unterdrückten Klasse'.

Dieses vorgeordnete politische Interesse determiniert auch die gewählten Darstellungsmodi in *China geheim*. Kisch variiert die traditionelle berichtende Form. Obwohl er mitunter auch auf (teilnehmende) Berichte setzt, wie man sie aus der zeitgenössischen Reiseliteratur kennt, ergänzt er diese um (fiktive) Interviews, Quellenkommentare und szenische, im dramatischen Modus erzählte, aber auch genuin dramatisch-dialogische Vergegenwärtigungen. Hinzu kommen in den Text eingestreute Motti, leitmotivische Formeln, Listen, längere Blockzitate, politische Aufrufe, Briefe, Gedichte, typographische Spielereien – ein heterogener Mix aus Textsorten, der die etablierten Grenzen der Reiseberichterstattung weit hinter sich lässt.

---

366 Vgl. ebd., S. 81–88.
367 Vgl. ebd., S. 99–110.
368 Vgl. ebd., S. 173–180.
369 So besucht er auch in Amerika und Russland vor allem Fabriken, konzentriert sich auf die Rolle und gesellschaftliche Stellung der Arbeiter und vor allem Frauen, besucht gesellschaftlich ‚Randständige' in Gefangenenanstalten oder psychiatrischen Kliniken.
370 Kurt Tucholsky: [Rez.] Auf dem Nachttisch, in: ders.: Gesammelte Werke, Bd. 8, hg. von Mary Gerold-Tucholsky und Fritz Raddatz. Reinbek bei Hamburg 1975, S. 76–84, hier: S. 77.

Durch die Adaption und Verknüpfung verschiedener traditioneller Gattungen sowie durch eine ästhetisch varianten- und perspektivenreiche Gestaltung weist Kisch seinen Text als künstlerisches Artefakt aus. Er hebt ihn auf diese Weise sowohl von anderen Reisebeschreibungen als auch dem von ihm immer wieder kritisierten Feuilleton[371] und ‚offiziösen Reiseführern' ab und wertet letztlich die Reportage von einer „literarischen Nebenform" zu einer „besonderen Kunstform" auf.[372] Die thematische Behandlung des Kommissionsaufenthalts in China im ersten und letzten Kapitel liefert den Rahmen für eine diverse Reihe von in sich weitgehend eigenständigen (und vorab auch eigenständig publizierten)[373] Miniaturen zu unterschiedlichen chinarelevanten Themen.[374] Durch das Montieren der eigentlich eigenständigen Textteile zu einer in Buchform als homogen präsentierten Reportage gelingt es Kisch, ein vielfältiges und differenziertes Bild der chinesischen Gesellschaft zu vermitteln. Aufgrund der forcierten Eigenständigkeit der Kapitel ist eine lineare Lektüre also nicht zwingend. Vielmehr ist der Band so angelegt, dass man hin und her blättern und sich von einer Miniatur zur anderen, von einem Beispiel zum nächsten treiben lassen kann – oder wie Kisch es explizit in *China geheim* den Leser:innen nahelegt: „Wenn ihr nicht wollt, müßt ihr nicht weiterlesen, dieses Buch hat Kapitel genug."[375]

Durch die werkübergreifend kohärente Themenauswahl konstituieren die Textteile ein über den Buchzusammenhang hinausgehendes, sich über Kischs Gesamtwerk spannendes ‚Netz', das sich vor allem durch einen themengebundenen, korrelativen Verweischarakter auszeichnet. Im Gegenzug erhalten die einzelnen Textteile die Funktion von Beispielen. Dieser Beispielcharakter manifestiert sich auch in der Mehrfachverwertung der Texte – Kisch nimmt hierbei zumeist keine Änderungen vor: So findet sich das achte Kapitel der China-Reportage *Kapitalistische Romanze von den Bagdad-Juden* in einen neuen Werkkontext versetzt auch als Exempel für die gesellschaftliche Stellung der Juden in den 1934 im Amsterdamer

---

371 Vgl. etwa Egon Erwin Kisch: Feuilleton (1917), in: Mein Leben für die Zeitung, Bd. 1, hg. von Bodo Uhse und Gisela Kisch. Berlin 1983, S. 196–200 (= Gesammelte Werke in Einzelausgaben, 8).
372 Egon Erwin Kisch: [Die Reportage als Kunstform und Kampfform], S. 58. Vgl. dazu auch Christophe Dumas: Die Reportage Egon Erwin Kischs: eine Randerscheinung im literarischen Diskurs?, in: Germanistik in der Schweiz 10 (2013), S. 379–386.
373 Berichte aus China publizierte Kisch ab November 1932 in verschiedenen Tageszeitungen, etwa *Der Abend* (hier fast alle Kapitel), einzelne auch im *Berliner Tageblatt* oder der *Deutschen Zentralzeitung (Moskau)*. Für eine Übersicht siehe die ausführliche Bibliographie der Zeitungsbeiträge Kischs in Patka: Egon Erwin Kisch, S. 419–433.
374 Vgl. dazu auch die Betrachtungen von Daniela Ihl anhand Kischs Australien Reportage: Ihl: Egon Erwin Kischs Reportagebuch „Landung in Australien", v.a. S. 30ff.
375 Kisch: China geheim, S. 174.

Exilverlag *Allert de Lange* publizierten *Geschichten aus sieben Ghettos* wieder.[376] Zugleich reagiert Kisch mit dieser „Facettentechnik",[377] wie Michael Geisler die schlaglichtartige Betrachtung einzelner Themen und deren kompositorisch organisierte Präsentation bezeichnete, auf die zeitgenössisch viel diskutierte Frage nach den Möglichkeiten der Darstellung von Wirklichkeit in der Literatur: Die komplexe Gesellschaft des frühen 20. Jahrhunderts lässt sich – so ließe sich folgern – für Kisch nicht mehr in einem geschlossenen, homogenen Bild darstellen, sondern nur durch das Aufgreifen selektiver Segmente mit Exemplaritätscharakter, die lediglich in ihrer Gesamtkomposition die gesellschaftliche Wirklichkeit widerspiegeln.[378] Gleichwohl stellt die Exemplarität sicher, dass sich aus dem Dargestellten allgemeingültige Regelmäßigkeiten ableiten lassen.[379]

Diese Facetten oder Segmente sollen nach Kisch als „dreidimensionale [...] Objekte" abgebildet werden.[380] Den zeitgenössisch von Vertreter:innen der literarischen Neuen Sachlichkeit vielfach verhandelten Topos des „Neuen Sehens" greift Kisch zwar durch eine häufige Verwendung der Fotografie-Metapher ebenfalls auf,[381] möchte sie aber zugleich mit der Reportage überbieten. Dies mag auch eine

---

376 Egon Erwin Kisch: Geschichten aus sieben Ghettos. Amsterdam 1934. Vgl. dazu genauer das Kapitel 4.2.2.3. Evaluation des marxistischen Chinabildes.
377 Michael E. Geisler: Die Signatur der Wirklichkeit. Heinrich Heine und Egon Erwin Kisch, in: Heine-Jahrbuch 24 (1985), S. 143–178, hier: S. 160.
378 Vergleiche dazu ähnlich auch Siegfried Kracauer: „Die Wirklichkeit ist eine Konstruktion. Gewiß muß das Leben beobachtet werden, damit sie erstehe. Keineswegs jedoch ist sie in der mehr oder minder zufälligen Beobachtungsfolge der Reportage enthalten, vielmehr steckt sie einzig und allein in dem Mosaik, das aus den einzelnen Beobachtungen auf Grund der Erkenntnis ihres Gehalts zusammengestiftet wird." (Siegfried Kracauer: Die Angestellten. Aus dem neuesten Deutschland. Frankfurt am Main 1930, S. 16).
379 Vgl. auch dazu die Rezension von F.C. Weiskopf: [Rez.] China geheim, in: Berlin am Morgen 5.26 (31.1.1933), S. 6: „Wie stets, gibt Kisch auch diesmal kein umfassendes Gesamtbild (wer könnte das auch tun?), sondern beschränkt sich auf die Ausschnitte; aber die Wahl des Objekts, das behandelt, die Art, wie aus dem alltäglichen Vorfall, aus dem gewöhnlichsten Geschehen das Symptomatische eines Zustandes oder eines Prozesses herausgearbeitet wird, zeigt, daß hier ein wirklicher Meister der großen historisch-soziologischen Reportage am Werk ist."
380 Egon Erwin Kisch: Welche neuen Gestaltungsmöglichkeiten geben Ihnen die neuen Inhalte, das außerliterarische Ziel der proletarischen Literatur (1930), in: ders.: Mein Leben für die Zeitung, Bd. 2, S. 268–269, hier: S. 269.
381 Eine literaturhistorische Einordnung von Kischs Werk zur Strömung der Neuen Sachlichkeit wird in der Forschung immer wieder diskutiert, vgl. dazu ausführlicher Kirchmeier: Der Journalist als Detektiv. Darüber hinaus auch z.B. Felbert: China und Japan als Impuls und Exempel, S. 117–124 oder Thorsten Unger: Erlebnisfähigkeit, unbefangene Zeugenschaft und literarischer An-

mögliche Erklärung dafür abgeben, warum Kisch trotz der hohen Popularität der neusachlichen Fotobücher auf das Abdrucken von Fotografien in seinen Reportagen durchweg verzichtet: Es reiche, um im Bild zu bleiben, nicht aus, nur eine zweidimensionale Abbildung, also eine rein auf das visuell Wahrgenommene begrenzte Darstellung, zu liefern. Stattdessen müsse der Reporter durch tiefergreifende Recherchen, wie etwa Gespräche mit den Betroffenen,[382] das Vorgefundene ‚von allen Seiten' betrachten, es also in seiner kontextuellen Einbindung sehen.

Neben den thematischen Konstanten lassen sich weitere, die einzelnen Miniaturen übergreifende Merkmale – sowohl sprachlich-stilistischer, motivischer als auch theoretischer Art – in *China geheim* ausmachen,[383] die im Folgenden etwas genauer an exemplarisch gewählten Kapiteln betrachtet werden sollen.

4.2.2.1 Das Theater als Metapher und Strukturelement

Das Theater ist in der Tradition des *theatrum mundi*[384] seit alters als Bildspender und Reflexionsraum für die Imagination von zwischenmenschlichen Interaktionen, insbesondere auch für die Politik verwendet worden. In Kischs China-Reportage ist das Theater in diesem Sinne omnipräsent, allerdings in ganz unterschiedlichen Formen und Funktionen. Er bedient sich des Theaters (1) im eigentlichen Sinne auf inhaltlicher, (2) im uneigentlichen Sinne auf sprachlich-stilistischer und (3) auf struktureller bzw. konzeptioneller Ebene, um schließlich (4) sogar seinen Prosatext selbst zu einem dramatischen Abschluss zu führen.

Zunächst zur inhaltlichen Ebene (1): An mehreren Stellen begegnet den Leser:innen von *China geheim* das chinesische Theater als realer Ort sowie als traditionelle, kulturkennzeichnende Spielform. Während Kisch im Kapitel *Schattenspiel*

---

spruch. Zum Reportagekonzept von Egon Erwin Kisch und seiner Durchführung in *Paradies Amerika*, in: Literatur und Journalismus. Theorie, Kontexte und Fallstudien, hg. von Bernd Blöbaum und Stefan Neuhaus. Wiesbaden 2003, S. 173–194, v.a. S. 175f.

382 Vgl. Kisch: Welche neuen Gestaltungsmöglichkeiten geben Ihnen die neuen Inhalte, das außerliterarische Ziel der proletarischen Literatur, S. 269.

383 Dies spricht auch gegen das zeitgenössisch wie auch nachträglich immer wieder hervorgebrachte Werturteil, Kischs Reportagen könnten aufgrund der Schnelligkeit seiner Publikation gar nicht ästhetisch anspruchsvoll sein. Schon in den Vorabpublikationen der einzelnen Textteile lassen sich konsistente Motive und Themen identifizieren.

384 Vgl. dazu Bernhard Greiner: Welttheater, in: Reallexikon der deutschen Literaturwissenschaft, Bd. 3, S. 827–830. Vgl. auch ausführlicher ders: Welttheater als Montage. Wirklichkeitsdarstellungen und Leserbezug in romantischer und moderner Literatur. Heidelberg 1977 oder Manfred Karnick: Rollenspiel und Welttheater. Untersuchungen an Dramen Calderóns, Schillers, Strindbergs und Brechts. München 1980.

verschiedene Entstehungsmythen und die historische Weiterentwicklung des chinesischen Figurenspiels bis in seine Gegenwart nachzeichnet,[385] stellt er im zweiteiligen Kapitel *Parallel zum chinesischen Theater* vor allem die Funktion und Wirkung des Theaters sowie den Aufbau, die Bestandteile und die anvisierte Modernisierung des selben in den Mittelpunkt seines Darstellungsinteresses.[386] Ähnlich wie Bertolt Brecht in seinen etwa zeitgleich entstandenen Ausführungen zur Peking Oper[387] konzentriert sich auch Kisch auf die Schauspieltechnik der ‚Verfremdung'[388] sowie die dadurch erzeugte ästhetische Wirkung der chinesischen Peking Oper. Kisch spricht sich gegen eine von Mei Lanfang (*Méi Lánfāng*; 梅兰芳; 1894–1961), dem zeitgenössisch wohl berühmtesten, auch im Westen auftretenden Darsteller der Peking Oper, forcierte schrittweise Akkommodation des chinesischen Theaters an die westliche Theaterkultur aus.[389] Denn diese Akkommodation führe,

---

385 Vgl. Kisch: China geheim, S. 133–142.
386 Vgl. ebd., S. 247–260. Das Kapitel ist in die zwei Unterkapitel *Handtücher, Symbolik und Handtücher* und *Wir kaufen Kostüme ein* eingeteilt.
387 Bertolt Brecht wohnte um 1930 einer Aufführung Mei Lanfangs in Moskau bei. Schriften dazu entstanden jedoch erst einige Jahre später. In jenen konzentrierte er sich vor allem auf den das chinesische Theater kennzeichnenden Verfremdungseffekt. Vgl. Bertolt Brecht: Bemerkungen über die chinesische Schauspielkunst (1935), in: ders.: Werke. Große kommentierte Berliner und Frankfurter Ausgabe, Bd. 22.1: Schriften 2.1, hg. von Werner Hecht, Jan Knopf, Werner Mittenzwei und Klaus-Detlef Müller. Frankfurt am Main 1993, S. 151–155 sowie ders.: Verfremdungseffekt in der chinesischen Schauspielkunst (1937), in: ders.: Werke. Große kommentierte Berliner und Frankfurter Ausgabe, Bd. 22.1, S. 200–210. Vgl. dazu auch einführend Antony Tatlow: Verfremdungseffekte in der chinesischen Schauspielkunst, in: Brecht-Handbuch, Bd. 4: Schriften, Romane, Briefe, hg. von Jan Knopf. Stuttgart, Weimar 2003, S. 188–192. Vgl. zur russischen Rezeption auch Sergej Tretjakow: Unser Gast Mei Lanfang (1935), in: ders.: Gesichter der Avantgarde. Porträts – Essays – Briefe. Übersetzt, herausgegeben und mit einem Nachwort, Chronik und Anmerkungen versehen von Fritz Mierau. Berlin, Weimar 1985, S. 380–383.
388 Wenngleich die Bezeichnung ‚Verfremdungseffekt' von Brecht erst in besagtem Aufsatz über das chinesische Theater, also erst 1935/36, verwendet wird, beschreibt Kisch hier inhaltlich gleiches wie Brecht. Vgl. vor allem Kisch: China geheim, S. 252–254. Ähnliches thematisiert er auch im Zusammenhang des Schattenspiels, vgl. ebd., S. 136f. Im Unterschied zu Brecht betrachtet Kisch dies jedoch nicht mit einem poetologischen Anliegen und spricht sich so auch nicht für eine Adaption des Verfahrens im ‚westlichen' Theater aus, sondern verbleibt bei einer rein formalen Beschreibung.
389 So schreibt Kisch über Mei Lanfang: „denn Mei-Lan-Fang hat vor kurzem in Amerika gastiert, ist dort Ehrendoktor geworden und kehrte derart begeistert von der Bühnenkultur dieses kulturvollen Ländchens zurück, daß er sich, ein schmiegsamer Eklektiker, anschickt, das chinesische Theater zu reformieren. Nun ist gegen das altchinesische Theater manches einzuwenden, aber es reformieren heißt soviel, als würde man Oratorien für Jazzmusik bearbeiten oder das Forum romanum im Stil neuer Sachlichkeit wiederaufbauen." (Ebd., S. 250). Vgl. auch ebd., S. 257.

so Kisch, zu einer Aufhebung der Breitenwirksamkeit der chinesischen Theateraufführungen:[390] „Wenn er [Mei Lanfang; K.H.] modernisiert, verdirbt er nur", so das harsche Urteil Kischs.[391] Insbesondere ist es die chinesische Bühne, die Kisch für erhaltenswert hält: Die Zuschauer:innen sitzen hier nicht gereiht in einem verdunkelten Publikumsraum und betrachten das Schauspiel, sondern sie sitzen in gelassener Teehausatmosphäre trinkend, essend, rauchend und miteinander sprechend mit auf der Bühne und werden so Teil der inhaltlich sowieso bekannten Inszenierung.[392] Dass die angestrebte Modernisierung vor allem auf eine Anpassung an westliche Theaterkonventionen hinausliefe und die Einbindung westlicher Theatertechniken, wie Lichteffekte, Requisiten oder realistische Darstellungspraktiken, den kargen, weitgehend auf Symbolik setzenden Charakter der Peking Oper zerstören würde, wird auch im zweiten Teil des Kapitels deutlich, in dem Kisch mit einem Schauspieler eine neue Ausstattung zu erwerben sucht. Kisch zitiert den Schauspieler: „Chinas Unglück ist die Nachahmung Europas."[393] Zwar bezieht der Schauspieler sich hier konkret auf das Theater, doch steht der mitintendierte Übertrag sowie die Gültigkeit der Aussage auch auf andere gesellschaftliche, kulturelle und politische Bereiche aus Sicht von Kisch selbstredend außer Frage. Das Theater und seine dem Kolonialismus und Imperialismus preisgegebene Autochthonie ist nur ein Beispiel für die um sich greifenden kulturellen Transformationsprozesse.

Während die Peking Oper noch am Beginn einer am Westen orientierten Entwicklung, also noch am Scheideweg, steht, sind die durch die ,Verwestlichung' erzeugte Ausdehnung von Kapitalismus und Imperialismus sowie die daraus folgenden Konsequenzen sowohl für den Einzelnen als auch für die Kultur im Allgemeinen am Beispiel des chinesischen Schattenspiels bereits eklatant: Die Tradition ist, wie Kisch beobachtet, bereits sukzessive dem Verfall anhin gegeben. Zum Beleg paraphrasiert Kisch ein Interview zur gegenwärtigen Situation des Schattenspiels, das er mit einem Schattenspieler geführt haben will und folglich als autorisierten chinesischen Einblick präsentieren kann.[394] Den Schattenspieler hat Kisch, wie es heißt, „natürlich in Peking" getroffen, denn „in der Kolonialhauptstadt Shanghai

---

[390] Vgl. ebd., S. 254: „Er [Mei-Lan-Fang; K.H.] verbannt die Musikanten von der Bühne und läßt nicht einmal hinter den Kulissen die wogende Menge der Schwarzhörer zu. In seinem Theater spielen Beleuchtungseffekte mit, er streicht die Handlung des Stückes zugunsten seiner Rolle zusammen und schreckt nicht davor zurück, sich in einer lyrischen Szene […] mit plumpen Zoten Spezialerfolg zu holen."
[391] Ebd.
[392] Vgl. ebd., S. 247f.
[393] Ebd., S. 257.
[394] Vgl. ebd., S. 141f.

gibt's nichts dergleichen."³⁹⁵ Von zunächst 200 Theatern existierten Anfang der 1930er-Jahre demnach nur noch drei, so die von Kisch in indirekter Rede wiedergegebene Bestandsaufnahme des Spielers, der als Ursache dafür individuelle Profitinteressen nennt. Kisch aber weitet die individuelle Perspektive, um die durchdringende Kraft von Kapitalismus und Imperialismus und dessen ausgreifende Wirkung besonders zu akzentuieren. Er kommentiert das Erlebte und Vernommene zum Kapitelabschluss mit folgenden Worten:

> Uns wäre während des ganzen Abends nicht eingefallen, diese heitere Spielerei könnte mit der Feststellung enden, daß auch hierher Geld und Snobismus der fremden Kolonialherren ihren Schatten werfen, daß sie China, dem gelben Peter Schlemihl, sogar seinen Schatten abgekauft haben. Seinen schönen, bunten, beweglichen Schatten.³⁹⁶

Kontrastiv zeigt Kisch, dass, obgleich das Spiel noch eine heitere Atmosphäre erzeugt, die Auswirkungen des Kolonialzustands Chinas sich unter der Oberfläche abzeichnen. Für die Schausteller:innen haben sie eine existentielle Dimension, die für die Zuschauer:innen jedoch noch nicht sichtbar ist, solange sie sich *noch* dem heiteren Schauspiel hingeben.

Die Betrachtungen, die Kisch zum chinesischen Theater als realem Spielort und Kulturphänomen anstellt, verfolgen demnach primär ein Ziel: Sie zeigen exemplarisch die Auswirkungen des (westlichen) Kapitalismus auf die Kulturtraditionen (Chinas), wobei auch hier China und sein Theater vor allem als Beispiele fungieren, in denen sich Allgemeingültiges spiegelt.

Bereits auf der Inhaltsebene wird demnach eine von Kisch evozierte und ostentativ herausgestellte Kopplung zwischen den Bereichen Theater – verstanden als literarische sowie gemeinschaftliche, vermittelnde Kulturform – auf der einen Seite und Politik, primär verstanden als ideologische Grundüberzeugung und den daraus resultierende Wertungsmustern, auf der anderen Seite sichtbar. Noch evidenter wird die Verknüpfung und gegenseitige Durchdringen dieser beiden Sphären in der Reportage, wenn man (2) die sprachliche Darstellungsebene des Textes mit einbezieht. Stilistisch greift Kisch, wie dies bereits im Schlemihl-Zitat anklingt, metaphorisch, aber auch vergleichend und analogisierend auf das Theater sowie einzelne zugehörige Bestandteile (Bühne, Schauspieler, Requisiten, Statisten, verschiedene Rollen etc.) zurück.³⁹⁷ Diese sprachlich-stilistische Verwendung wurde

---

395 Ebd., S. 133.
396 Ebd., S. 142.
397 Auch auf eine auffallende Nutzung der Filmmetapher ließe sich hier verweisen. So schreibt er etwa über eine Ratssitzung: „Da sehen wir die Herren beieinander. Sie sitzen auf der Bühne, die

bereits exemplarisch am Einleitungskapitel veranschaulicht, zeigt sich aber auch deutlich in anderen Teilen der Reportage etwa – um nur ein weiteres Beispiel kurz zu nennen – zum chinesischen Gericht (*Kurzer Prozess*)[398] und dessen Urteilsvollstreckung (*Die Hinrichtung*)[399], wo Angeklagte wie „gelbgeschnitzte Bühnenfigur[en]"[400] vor ihrem Prozess stehen, der eine „Vorstellung [...] ohne Anfang und Ende" sei, „wie ein Puppenspiel auf dem Jahrmarkt". Und weiter:

> Nichts sieht das Publikum als den Rücken der Figuren, es könnte allenfalls die Worte verstehen, aber niemand interessiert sich für die Gesamthandlung des Stücks, jeder nur für einen einzigen Akt, eine einzige Rolle, eine einzige Episode, für die, an der er durch Verwandtschaft oder Freundschaft beteiligt ist.[401]

Der Gerichtsprozess erscheint hier wie ein Theaterstück mit festem Ablauf. Statt einer tatsächlichen Beweisführung und Urteilsfindung läuft ein „Stück" mit vorgegebenen Rollen ab – so dass zwischen Prozess und Scheinprozess für die Zuschauer:innen wie für Beteiligte nicht zu unterscheiden ist. Darüber hinaus fehlt es den Beteiligten, so Kischs Beobachtung, an Empathie (politisch statt psychologisch gewendet, könnte man auch von Klassenbewusstsein sprechen), da jeder nur seinen eigenen Interessen zu folgen scheint. Das Schicksal des anderen berührt nur dann, wenn es einen persönlich oder zumindest das nähere eigene Umfeld trifft.

Die metaphorisch oder analogisch hergestellte Verschränkung von inhaltlich differenten Sphären lässt sich in der Reportage auch in anderen Themenbereichen beobachten. So ist beispielsweise der Krieg nicht nur Gegenstand der Erzählung, sondern Kriegsvokabular wird von Kisch auch in übertragener Bedeutung als Beschreibungsmittel eingesetzt, etwa um in kapitalismuskritischer Absicht die Vorgänge an der Börse als kriegerische Handlungen auszugestalten. So schreibt er:

> Wer hätte den Chinesen so viel gewalttätiges, martialisches Temperament zugetraut! Hei, welch eine Schlacht! Sturm und Nahkampf wogt kreuz und quer tohuwabohu durcheinander, so daß man nicht versteht, wer Freund, wer Feind ist, wie die Front verläuft. Erst nach langem Schauen und Forschen vermag man diese vertrackte Ordre de bataille zu enträtseln.[402]

---

sonst von der Filmleinwand verdeckt ist. Heute ist die Filmleinwand hochgezogen, damit die Steuerzahler des Internationalen Settlements ihre Landesherren in persona vor sich sehen können." (Ebd., S. 182).
398 Vgl. ebd., S. 89–98.
399 Vgl. ebd., S. 52–62.
400 Ebd., S. 90.
401 Ebd., S. 89.
402 Ebd., S. 27.

Dennoch sticht das Theater als sprachlich-stilistischer Bildspender in ganz besonderer Weise hervor, was sich etwa an dem bereits erwähnten mehrfach publizierten Kapitel *Kapitalistische Romanze von den Bagdad-Juden* zeigen lässt. Hier skizziert Kisch die Biographie des damals reichsten Mannes Asiens, Silos Aron Hardoon (1851–1931), der kurz vor Kischs Reise nach China verstarb. Eingeleitet wird diese Biographie mit einem Blick auf Hardoons Lebensumfeld, das Kisch im Bild des Theaters zu manifestieren versucht. Hierzu sondiert er zunächst die Konstellation des „imperialistischen Ausbeutungsstücks um Shanghai", in welchem „jede Völkerschaft eine Rolle" habe. Er konstatiert: „Wer den Theaterzettel dieser Vorstellung nicht kennt, kann die große Revue nicht verstehen."[403] Damit seine Leser:innen dem ‚Theaterstück' folgen können, die „große Revue" also „verstehen", druckt Kisch anschließend den „Theaterzettel" ab. An ein gedrucktes Personenverzeichnis in Lesedramen erinnernd, zeigt das Tableau die politische Rollenverteilung, wobei die einzelnen Nationen zu Akteuren werden: „England: Zwangszölle. Zwangsanleihen. Zwangseinfuhr", „Frankreich: Korruption. Opium-Spelunken. Kuppelei", „Japan: Militär. Exekutive durch Krieg und Provokation", „Portugiesen: Schuldeintreibung", „Deutschland: Milit. Ratgeberei. Waffenhandel" oder „Juden: Grundstückspekulation",[404] heißt es da etwa. Kisch imaginiert Shanghai also als Besatzungszone, Spiel- und Kampfplatz, auf dem sich jede der beteiligten imperialen Nationen ihre Rolle sichert, nachdem mit dem Vertrag von Nanking 1842 Shanghais Hafen für den internationalen Handel zwangsweise geöffnet wurde. „Man darf das nicht zu schematisch nehmen", erklärt der Reporter aber, denn: „Nicht selten springt einer aus seinem Rollenfach in ein anderes über."[405] Einen solchen Rollenwechsel hat der im Zentrum des Kapitels stehende Hardoon vollzogen; doch dazu später.[406] An dieser Stelle kommt es mir vornehmlich darauf an, dass das Theater auf der Ebene von Sprache und Stil von Kisch nicht nur um der Ästhetik willen, sondern edukativ und aufklärerisch eingesetzt wird: als Mittel zur Wissensvermittlung bzw. didaktischen Aufbereitung. Um das Shanghai um 1930 verstehen zu können, muss man nicht China und die chinesische Kultur kennen, man muss um die jeweilige Rolle der imperialistischen Herrscher in Shanghai wissen, die China zum Ort der Ausbeutung werden lassen, und sich das politische Geschehen wie ein Theaterstück vergegenwärtigen.

---

403 Ebd., S. 71.
404 Ebd.
405 Ebd., S. 72.
406 Vgl. dazu genauer Kapitel 4.2.2.3. Evaluation des marxistischen Chinabildes.

Die Theaterreferenz übernimmt hier (3) eine strukturierende bzw. konzeptionelle Funktion, indem es auf einer abstrakteren Ebene das Narrativ rahmt: Die erzählte Biographie wird eingebettet in ein Theaterstück im übertragenen Sinn. Zugleich dient dies aber auch als Verständnishilfe für andere Miniaturen der Reportage, oder besser: In anderen Miniaturen expliziert Kisch die Rollen der einzelnen Nationen, die für Hardoons Biographie selbst gar nicht mehr von solch tragender Funktion sind. So expliziert er zum Beispiel im Kapitel *Waffen sind das große Geschäft* ganz explizit, medien- und vermittlungskritisch Deutschlands Rolle im Waffenhandel.[407] Die strukturelle Funktion der Theateranspielung schlägt sich konsequenterweise bereits im Inhaltsverzeichnis nieder, wo ein Kapitel als *Pyrenäisches Zwischenspiel* überschrieben ist. Die Tradition des Zwischenspiels bei Theatervorführungen oder Festveranstaltung (im Bühnenjargon sind dies Einschübe oder Überleitungen, denen eine geringere dramaturgische Bedeutung zukommt ist als den Hauptsträngen des Stücks) greifen im 20. Jahrhundert wieder diverse Dramatiker auf, wie etwa auch Bertolt Brecht in *Der gute Mensch von Sezuan*. Kisch nutzt die „heitere Kleinform der Zwischenaktaufführung"[408] in seiner Reportage zum einen strukturell, positioniert er dieses doch exakt in der Mitte des Buches nach der Hälfte der Kapitel, zum anderen metaphorisch, da es in diesem Kapitel um die Rolle der Portugiesen im „Ausbeutungsstück um Shanghai" geht. Die Rolle der Portugiesen erweist sich jedoch im Vergleich zu anderen Nationen als bedeutend geringer und temporär begrenzt: „Portugal ist nur ein stummer Gast an der internationalen Bar, die Shanghai heißt",[409] konstatiert Kisch gleich zu Beginn.

Die Theateranspielungen ziehen sich also durch die ganze Reportage. Nur konsequent ist es daher, wenn das Theater auch im letzten Kapitel als historisches *reenactment* seine Umsetzung findet (4): Unter dem Titel *Der Dachgarten* setzt Kisch nämlich an das Ende von *China geheim* ein „Kasperltheater vom 10. Juni 1932 vorläufig in zwei Akten", das im Folgenden exemplarisch etwas genauer betrachtet werden soll. Es handelt sich dabei – wie schon im Untertitel markiert – um ein fragmentarisches Drama mit noch offenem Ausgang, das in seiner prospektiven Offenheit die gegenwärtige politische Situation Chinas abbildet. Dramenanalytisch gesprochen liegt hier ein Spiel im Spiel vor: Im Dachgarten des „Grand Hotel de Pékin" kündigt der Bühnenmeister dem Publikum ein Stück an, in welchem ein ganz besonderer „Held" auftreten werde, der selbst bei den anderen, ebenfalls ausschließ-

---

407 Vgl. Kisch: China geheim, S. 143–172.
408 Heide Eilter: Intermezzo, in: Reallexikon der deutschen Literaturwissenschaft, Bd. 2, S. 165–167, hier: S. 167.
409 Kisch: China geheim, S. 111.

lich hochrangigen Gästen des Dachgartens Aufsehen erregen werde. In guter Puppenspielertradition unterbricht das Kasperl den Bühnenmeister allerdings von Beginn an immer wieder mit frechen und ironischen Kommentaren, sodass das versprochene Spiel gestört wird und an dessen Stelle eine scheinbare Improvisation tritt.[410] Im ersten Akt treten der Reihe nach verschiedene Landesvertreter der Völkerbundkommission auf,[411] allen voran Lord Lytton, die sich in Rede und Handlung selbst als das entlarven, was von Kisch schon im Eingangskapitel kritisiert wurde. Das sie weltanschaulich einende Feindbild ist der Kommunismus, wie Kisch in mehreren Szenen vorführt. So äußert etwa der deutsche Vertreter Dr. Schnee, dass der Erfolg der Kommission sich vor allem daran zeige, dass China es bislang „nicht gewagt" habe, „die diplomatischen Beziehungen mit der Sowjetunion aufzunehmen, – dem einzigen Reich, das ihm helfen würde."[412] Dr. Schnee ist dabei in seinen Äußerungen zwar relativ freimütig, doch er ist auch die einzige Figur, die nicht eigenständig, sondern nur in Begleitung des französischen und italienischen Abgesandten die Bühne betreten darf. Durch eine Publikumsrückfrage, warum Deutschland denn überhaupt in der Kommission vertreten sei, wird diese Auffälligkeit artikuliert – ein dramaturgischer Einfall, mit dem Kisch die heteronome Rolle Deutschlands nach dem Ersten Weltkrieg ins Bild bringt: Deutschland war bis 1926 zur Strafe für seine Kriegstreiberei aus dem Völkerbund ausgeschlossen und befand sich durch die Regelungen des Versailler Vertrags in einer Position der Abhängigkeit von den Siegermächten. Zugleich offeriert diese Darstellung den deutschen Leser:innen aber auch eine Analogie zum ebenfalls nicht mehr selbstbestimmten China[413] und erinnert an die im Gefolge des Versailler Vertrags temporär kultivierte deutsch-chinesische Solidarität, von der allerdings aktualiter im politischen Kasperltheater nichts mehr übrig geblieben zu sein scheint.

Im zweiten Akt des Dachgartentheaters kündigt sich gleich zu Beginn der Auftritt des ‚großen Helden' an: Tschang-Tsung-Tschan, ein Chinese, der auch „Ba-Schö-

---

410 Vgl. zum Puppenspiel auch: Christoph Lepschy: Puppenspiel, in: Reallexikon der deutschen Literaturwissenschaft, Bd. 3, S. 198–201, hier: S. 198: „Das Wort [Kasperltheater; K.H.] bezeichnet eine über ein Handlungsgerüst improvisierte Spielform, in deren Zentrum die Rolle der lustigen Figur ‚Kasper(l)' steht."
411 Dabei handelt es sich um: Lord Lytton, General Mac Coy, Wellington Koo, Dr. Schnee, General Claudel, Aldrovandi sowie verschiedene Experten und Sekretäre. Für die realhistorische Zusammensetzung der Kommission vgl. auch Ploetz (Hg.): Konferenzen und Verträge, S. 116.
412 Kisch: China geheim, S. 270.
413 So heißt es in der Figurenrede eines Mannes aus dem Publikum: „Herr Doktor Schnee, warum gibt sich Deutschland dazu her, an dieser Kommission teilzunehmen? Deutschland ist wie China durch den Frieden von Versailles zerstückelt worden. Jetzt sehen wird, daß Deutschland mit den Feinden Chinas gemeinsame Sache macht." (Ebd., S. 271).

Ell"[414] – chinesisch für die Zahl 82 – genannt wird, da er einen „besonders männlichen Körperbau" wie „zweiundachtzig übereinandergelegte Dollarstücke"[415] habe. Als historische Vorlage dient Kisch der chinesische General Zhang Zongchang (張宗昌; 1881–1932), der vor allem wegen seiner vielen Frauen und seiner überdurchschnittlichen Körpergröße (angeblich über zwei Meter) in der chinesischen und auch internationalen Presse, etwa der *New York Times*, mit viel Aufmerksamkeit bedacht wurde. Indem Kisch in dem Stück seinen Körperbau in Dollarstücken misst, satirisiert er diese ausschließlich auf äußerliche Merkmale beschränkte Popularität des Generals und verschiebt den Fokus zugleich auf ein ökonomisch-politisches – nämlich kapitalistisches, ausschließlich auf den Westen hin orientiertes – Problem.[416] Bereits das noch außerhalb der Bühne teichoskopisch angekündigte Nahen des Generals verändert die Situation: Zuvor extra angelegte äußerliche Insignien der Macht werden von den Figuren nun wieder abgelegt, da sie durch die Präsenz des Generals ihren Wert zu verlieren scheinen. Wie im ersten Akt liefern sich in der Folge je zwei Figuren Rededuelle über den erwarteten „Helden", wobei – hier greift Kisch ebenfalls typische Elemente der Puppenspielertradition auf – die Figuren am Ende ihrer Rede zumeist sterbend abgehen und somit dem nächsten Dialog Raum geben.

Höhepunkt des zweiten Akts ist die Zwiesprache zwischen dem jungen Chinesen Ku-Wei-Den und seiner Freundin Li-Ba: Ku-Wei-Den, für den keine historische Vorlage ausgemacht werden konnte, ist politisch gut informiert und erläutert seiner etwas naiveren Begleiterin, dass es sich bei dem umworbenen Helden um einen ‚käuflichen Schurken' handele, der China nur ausbeute. Li-Bas Faszination für den großen General kann Ku-Wei-Den dadurch allerdings nicht brechen, so dass der endlich auftauchende Tschang-Tsung-Tschan schließlich Li-Ba mit einem einzigen obszönen Griff seinem Harem einverleiben kann. Geschockt droht Ku-Wei-Den, von der Brüstung des Dachgartens zu springen, doch er besinnt sich und formuliert stattdessen einen vornehmlich ans Publikum gerichteten Revolutionsappell: „Dann muß ich sterben...Nein. Er muß sterben. Die Feinde müssen sterben, wir müssen leben: China, höre mich! Feinde über dir, China! Fremde über dir, China! Chinesen über dir, China!"[417] China ist in großer politischer Gefahr und steht, so die Botschaft, vor der Entscheidung zwischen Unterdrückung und Revolution, so dass auch das

---

414 Ebd., S. 275.
415 Ebd., S. 276.
416 So hat die Figur auch zwischenzeitlich in Japan studiert, eine gängige Zuschreibung für ‚verwestlichte' Chinesen.
417 Kisch: China geheim, S. 280.

Nachspiel zwischen Bühnenmeister und Kasperl nur den offenen Ausgang konstatieren und den Handlungsimpuls in Brecht'scher Manier ans Publikum beziehungsweise die theaterexterne Welt richten kann.

Mit der Struktur in zwei Akten spiegelt Kisch auch auf formaler Ebene Chinas für die 1920er- und 1930er-Jahre bezeichnenden Kampf an zwei Fronten gegen äußere wie auch innere Feinde wider. Dass er hierfür auf die Form des Puppenspiels zurückgreift, lässt sich zwar, aus interkultureller Perspektive, als Anspielung auf die chinesische Theatertradition deuten, in der schon seit der Tang-Zeit (ab 600 n. Chr.) das *kuǐlěixì* (傀儡戏), ein Spiel mit Marionetten und Stockpuppen (statt Handpuppen), als Volkskunst gepflegt wird; bedeutsamer aber ist die dadurch möglich werdende stilistische Instrumentierung. Kisch greift zahlreiche der im Verlauf des Textes etablierten rhetorischen Verfahren, wie oben erläutert, im abschließenden Drama erneut auf; insbesondere aber findet die szenisch-theatrale Präsentation, die zuvor bereits im dramatischen Erzählmodus der Prosapassagen aufgeschienen ist, hier eine Kulmination. Kisch nutzt die dramatische Anlage dafür, das interessegeleitete Vorgehen sowie die Idolisierung fragwürdiger Potentaten wie den General unmittelbar vor Augen zu stellen. Auf diese Weise rückt seine Reisereportage in die Tradition des ‚linken Theaters' der 1920er-Jahre; auch hier sind vor allem Ähnlichkeiten zu Brechts Stücken offensichtlich. Die Synthese von Puppentheater und Agitationstheater, von mitunter grotesker Komik und satirischer Entlarvung, von didaktischem Anspruch und burlesker Satire korrespondiert letztlich mit Kischs politischem Programm: Sowohl die Mitglieder der Völkerbundkommission als auch die chinesischen Akteure wie der General sind Spielfiguren kapitalistisch-imperialer Mächte, gegen die nur eine gemeinsame, internationalistische Aktion der beherrschten Klassen (im Schulterschluss mit Russland) vorgehen kann.

Das Theater, so lässt sich also zusammenfassen, übernimmt in Kischs Reisereportage eine zentrale und multiple Funktion. Es zieht sich gleichsam als roter Faden durch das Buch und eint die einzelnen, thematisch eigenständigen Miniaturen: Die thematische und stilistische Verwendung des Theaters als Narrativ, als Beispiel für seine Erlebnisse oder als metaphorische, analogisierende und vergleichende Folie innerhalb der Prosapassagen sowie die strukturellen Anleihen an ein Lesedrama kulminieren schließlich in einer tatsächlichen literarischen und formalen Dramatisierung am Ende der Reportage. Mit der Wahl der Theatermetapher greift Kisch natürlich, wie eingangs erwähnt, einen alten, lang tradierten literarischen Topos auf: Bereits in der französischen Revolution wurde der Topos des Welttheaters in einen politisch historischen Rahmen gestellt und vor allem zur Verdeutlichung dafür genutzt, dass die politischen Mächte für die einzelnen Menschen nur mehr schwer durchschaubar sind. Innovativ wird Kisch vor allem bei der multifunktionalen Nutzung. Dem Theater lässt sich somit, das dürfte deutlich geworden sein, eine besondere Rolle in Kischs Reportage zusprechen. Es gibt in *China geheim* aber weitere, die einzelnen Miniaturen überspannende Formen, die ebenfalls Kohärenz stiften, zum Beispiel: der Rikschakuli.

4.2.2.2 Der Rikschakuli als Revolutionär

> Nacht und Tag, kreuz und quer, Schritt und Trab, kreuz und quer, in Tropenglut und Regen fahren und laufen sie vom Settlement in die Konzession, von Hongkew nach Nantao fahren und laufen sie, wohin es der Fahrgast verlangt […]. Du trittst aus irgendeinem Haus, im gleichen Augenblick stoßen sie von allen Seiten auf dich zu, im Augenblick bist du umzingelt von einer Wagenburg, umtost von einladenden, flehenden Rufen.
>
> | | | Rikscha | | |
> | | Rikscha | | Rikscha | |
> | Rikscha | | du | | Rikscha |
> | | Rikscha | | Rikscha | |
> | | | Rikscha[418] | | |

Mit dieser apostrophischen Passage sowie der typographischen Umsetzung versucht Egon Erwin Kisch seinen Leser:innen möglichst plastisch ein Gefühl zu vermitteln, das die Tage in Shanghais, Pekings oder Nanjings Straßen prägt: Der Rikschakuli ist überall. Könnte sowohl die visuelle Darstellung als auch die narrative Beschreibung zunächst ein gewisses Gefahrenpotenzial evozieren und Beklemmung hervorrufen, indem die Kulis „von allen Seiten auf dich zu [stoßen]", sie dich „umzingel[n]", verleihen nicht nur die „einladenden, flehenden Rufe", sondern auch der Vergleich zu einer Wagenburg, eine Defensivformation, in welcher Wagen als Schutz vor dem kriegerischen Feind kreisförmig angeordnet werden, der Figur des Rikschakulis bereits eine positive Konnotation. Leser:innen verschiedener China-Reiseberichte dürfte dieses Phänomen bereits bekannt sein, denn kaum eine Reisebeschreibung über China aus den 1920er- und 1930er-Jahren kommt ohne die Erwähnung des Kulis aus. Arthur Holitscher berichtet etwa, dass er bergauf von der Rikscha absteige, um den Kuli zu schonen,[419] und der nationalkonser-

---

418 Ebd., S. 63f.
419 So beschreibt Arthur Holitscher in seinem China-Reisebericht *Das unruhige Asien*: „Um den Rikschakuli zu schonen, steige ich vor einer steilen Brücke aus. Gelächter: ich bezahle doch den Kuli und lasse ihn für mein Geld nicht schuften! Hartes Volk, vielleicht herzlos." (Holitscher: Das unruhige Asien, S. 199). Auch Colin Ross beschreibt, dass er an steilen Passagen aus der Rikscha steige, um den Kuli zu schonen und stellt fest: „Man hat den Eindruck, daß sie nicht einmal dankbar dafür sind, nur maßlos erstaunt." (Ross: Das Neue Asien, S. 213).

vative Erich von Salzmann konstatiert in seinem Reisebericht, dass einem das „Unglück Chinas [...] schon bei der ersten Berührung mit dem einst so berühmten chinesischen Kuli klar vor Augen geführt wird", denn: „Der Mann dort, halb in Lumpen, mit der Tragstange auf der Schulter, kämpft verzweifelt um sein tägliches Brot."[420] Und auch bei dem Nationalsozialisten Colin Ross begegnet uns der Kuli, an dessen Behandlung sich laut Ross in besonderer Weise eine fehlende Empathie des chinesischen Volks ablesen lasse.[421] Während bei Salzmann und Ross der Kuli aber vor allem zum Symbol einer nicht funktionierenden Gesellschaft und zum Indikator für die Armut des Landes und fehlendes ‚Volksgemeinschaftsgefühl' wird, also allein als chinesisches Problem dargestellt wird, lassen sich für Arthur Holitscher an dem Kuli internationale und universale politische und gesellschaftliche Probleme ablesen. In diese Tradition der sozialistischen Deutung des Kulis reiht sich – dies ist wenig überraschend – auch Kisch ein. Der einleitend zitierten Allgegenwärtigkeit des Kulis entsprechend, begegnet dieser auch in Kischs Reportage immer wieder. Kisch widmet den Kulis unter dem Titel *Rikscha! Rikscha!* gar eine eigene Miniatur, die mit der eingangs zitierten Passage und der typographischen Umsetzung eröffnet wird. Das Gefühl der Beklemmung, hervorgerufen durch das insistierende Sich-Anbieten der Kulis, gestaltet Kisch zunächst weiter aus, wenn er schreibt:

> Wo du, Europäer, schreitest, stets umgiert dich eine Kohorte von Rikschas und bröckelt erst ab, wenn du energisch „Bu-Jao – ich will nicht" zischst, aber schon wird deine Parallele von einer neuen abgelöst, die das Wort „Bu-Jao" noch nicht energisch genug von dir gehört hat.[422]

Rückt Kisch seine Reportage damit geradezu in den Bereich offizieller Reiseführer, indem er seinen Leser:innen nützliche Tipps an die Hand gibt, antizipiert er im Folgenden die vermutliche Reaktion der Reisenden, indem er sie aus seinen eigenen Erfahrungen ableitet und damit zugleich zum Kernproblem überleitet:

> Zu Beginn deines Aufenthalts in China, insbesondere in Peking oder Tsingtao, vermeidest du es, auf die Straße zu gehen, sofern du nicht unbedingt mußt. Es ist beklemmend, plötzlich die Hoffnung so vieler auf sich gerichtet zu sehen, umgeben zu sein von Menschengenossen, die dir ihre Arbeit anbieten, alle flehend und winkend und sich gegenseitig beiseiteschiebend. Noch kleiner als der Lohn, den der Kuli für die Fahrt bekäme, ist die Chance, daß gerade er von dir ausersehen wird...Was nützt es, er muß um diese winzige Chance kämpfen.[423]

---

420 Salzmann: China siegt, S. 77.
421 Ross: Das Meer der Entscheidungen (1924), S. 296.
422 Kisch: China geheim, S. 64.
423 Ebd.

Beklemmend ist also nicht die Tatsache der typographisch ins Bild gesetzten Umzingelung des Europäers durch die Rikschakulis, beklemmend ist die „Hoffnung so vieler auf sich gerichtet zu sehen", vor allem von „Menschengenossen", die sich tagtäglich in den aussichtslosen Kampf um Fahrgäste werfen müssen. Dieses hervorgerufene Beklemmungsgefühl steigert sich, wenn man um das Leben eines solchen Rikschakulis weiß: Nach einem kurzen historischen Abriss zur Etymologie der Bezeichnung sowie zur Entstehung und Fortentwicklung des Rikschageschäfts, kommt Kisch deshalb auf den Arbeitsalltag eines Rikschakulis zu sprechen, den er zunächst versucht statistisch – und damit möglichst objektiv – zu fassen:

> In Shanghai sind 23278 Kulis den öffentlichen Rikschas vorgespannt, die Zahl der Familienmitglieder, die sie ernähren, übersteigt 100 000. Das Durchschnittseinkommen des Rikschakulis beträgt zwölf Mex.-Dollar im Monat, sein Durchschnittsleben in diesem Beruf dauert fünfeinhalb Jahre. Dann stirbt er.[424]

Gestaltet Kisch viele Kapitel dieser Art in persönlichen Interviews oder durch die exemplarische Beschreibung einer Person (wie etwa in den Theaterkapiteln gesehen), spricht er hier von ‚dem Rikschakuli' allgemein, einer Typisierung also, die repräsentativ für viele andere stehen soll. Die Zahlenstatistik ausführend heißt es folgend:

> Zwölf Mark dafür, daß er dreißigmal im Monat, wochentags und Sonntags, vom frühen Nachmittag bis zum frühen Morgen, tagaus, tagein, hafenaus, hafenein, von Nantao bis Tschapei, von Siccawei nach dem Broadway, kreuz und quer, hin und her, auf und ab, Schritt und Trab, federnd und zerrend, durchschnittlich hundertdreißig Meter in der Minute macht, bis zu zehn Kilometer in der Stunde. Die Lunge wird vernichtet durch diesen Lauf, sie muß auch noch als Hupe dienen [...]. Überanstrengung, Herzkrankheit, Lungenschwindsucht, Gefahr und Mißhandlung sind des Rikschakulis Los. Fünfeinhalb Jahre lang. Dann stirbt er.[425]

Unerträgliche Arbeitsbedingungen also, keine freien Tage und unvertretbare Arbeitszeiten, sowie der oft barfüßige[426] Lauf quer durch die Stadtbezirke Shanghais prägen den Arbeits- und Lebensalltag des Kulis. Die monoton-repetitive Bewegung des Kulis sprachlich umsetzend durchzieht die paargereimte Formel „kreuz und

---

424 Ebd., S. 67.
425 Ebd. Kischs Darstellung des Kulis ist demnach nicht nur „[s]achlich distanziert" wie Gregor Streim in seinen Ausführungen festhält (Streim: Das Erwachen der Kulis, S. 169).
426 Vgl. Kisch: China geheim, S. 66: „Barfuß jagen die Kulis durch die Straßen, kreuz und quer, auf und ab, hin und her, Schritt und Trab, Nacht und Tag, ganz junge und ganz alte, solche die mit dem ganzen Fuß auftreten, solche, die nur Zehen und Ballen aufsetzen und solche, denen man die Tuberkulose gar nicht ansieht." Vgl. auch schon auffallend ähnlich Katz: Funkelnder Ferner Osten, S. 22.

quer, hin und her, auf und ab, Schritt und Trab", wie auch schon am eingangs angeführten Zitat gesehen, das Kapitel wie einen roten Faden und setzt damit die gehetzte Dynamik des Rikschakulis sprachlich ins Bild.[427] In dem hier angedeuteten Vergleich des Rikschakulis mit einem Auto, also einer Maschine, konkretisiert Kisch das Kernproblem, das sich bereits in der Bezeichnung ‚Rikschakuli', die sich vom japanischen „Jin-li-che" für „Menschenkraft-Fahrzeug" ableite,[428] manifestiert: Der Rikschakuli wird nicht nur, wie er an anderen Stellen bzgl. des Umgangs von Europäern oder Polizisten beschreibt,[429] als unterdrückte, niedriger gestellte Person behandelt, sondern ihm wird das Menschsein abgesprochen, er wird zu einem reinen Beförderungsmittel degradiert. Dies offenbart sich auch in folgendem fiktiven Dialog zweier Kunden über die „ungleich[en]" „menschlichen Pferdekräfte":

> „Warum haben Sie diesen alten Krampen genommen? Sehen Sie, wie gut mein Kuli die Beine aus den Hüften wirft."
> „Ich schaue immer nur auf die Knöchel, wenn ich eine Rikscha nehme. Die mit dünnen Fesseln laufen am besten, auch wenn sie alt sind."[430]

Auch in einer anderen Passage zum sogenannten Pidgin-Englisch, einer Alltagssprache, die niemandes Muttersprache, sondern ein „Verständigungsmittel zwischen den weißen Herren und den fast tausend Millionen bunter Sklaven" ist, wird diese degradierende Rede, die mit einer degradierenden Wahrnehmung korrespondiert, kommentiert.[431] Kisch rekurriert für seine Ausführung vermutlich auf Frederick W. I. Airys *Pidgin Tailes and others* (1906),[432] wobei er das darin enthaltene Glossar vor allem als Mittel zur „Selbstentlarvung, wie sie der Imperialismus in seiner Sprachschöpfung vollzieht", nutzt.[433] Der Kapitalismus, so Kischs Beobachtung, durchtränkt alle Bereiche, auch die Sprache.[434] Im Falle des Pidgin-Englisch

---

427 Zum Ende überträgt Kisch dies auch analogisierend auf russische Emigrantinnen, die ähnlich wie der Rikschakuli um die Kunden buhlten: „den russischen Emigrantendamen [...], die ohne Räder, ohne Gummi, kreuz und quer, auf und ab, Tag und Nacht das Trottoir der Avenue Joffre bilden, auf jeden Mann zustoßen und ihn umringen, wenn er aus einem Haus tritt." (Kisch: China geheim, S. 68).
428 Ebd., S. 64.
429 Vgl. ebd., S. 68f.
430 Ebd., S. 68.
431 Ebd., S. 189.
432 Frederick W. I. Airy: Pidgin Tailes and Others. Shanghai 1906. Vgl. Kisch: China geheim, S. 194.
433 Kisch: China geheim, S. 194.
434 Vgl. etwa auch die Ausführung zum uneigentlichen Sprechen in politischen Zusammenhängen: „Das Wort ‚Rote' und das Wort ‚Kommunisten' darf bei Prozessen und Interventionen nicht ohne Gänsefüßchen geschrieben werden, allzu deutlich hat Sunyatsen jeden Feind der Kommunisten als Feind der Kuomintang bezeichnet. Daher wird von sogenannten Kommunisten, von Kommunisten unter Anführungszeichen gesprochen, wenn man Kommunisten ohne Anführungszeichen

zeigt Kisch dies, indem er verschiedene Vokabeln exemplarisch erklärt. So heiße „geben" „pay",[435] weil man nichts gibt, sondern nur zahlt; „sein" heißt „belong", denn: „Was ist das Sein? Es gibt keines im Handelsleben. *Ist* der Kuli? *Ist* eine Ware? Nein, sie gehört."[436]

Die Außenwahrnehmung des Kulis ist damit klar abgesteckt: Seines Menschseins beraubt, wird der Kuli allein auf seine transportierende und dienstleistende Tätigkeit reduziert. Von einer gesellschaftlichen Rolle der Kulis lässt sich so gar nicht mehr sprechen. Sie sind lediglich passiv ausführend, reagieren auf Bedürfnisse der ‚oberen' Schichten und haben ihre Rolle innerhalb des Systems akzeptiert.[437] Doch: „Irre dich nicht, Gedankenleser!", warnt Kisch in seinem Riksha-Kapitel und schlüpft somit erneut in die Rolle des umsichtigen Reporters, der nicht nur Gesehenes wahrnimmt und wiedergibt, sondern einen Blick ‚hinter die Kulissen' wirft:

> Mancher Rikschakuli denkt vielleicht so, wie du vermutest. Doch viele gibt es, die sich abends in einem Haus treffen, Hochposten sind aufgestellt, damit die Polizei nicht überraschend eindringe, die Karren sind bei Freunden, eine Wagenburg ohne Kulis wäre verdächtig. Man lernt, diskutiert und beschließt...[438]

Obgleich diese Treffen geheim sind, weiß Kisch darum (oder inszeniert sich als Eingeweihter) und kann deshalb auch davon berichten: „Man lernt, diskutiert und beschließt..." Auch hier berichtet er also, den Titel der Reportage aufgreifend, vom „geheimen China", das sich im Untergrund abspielt. Dass seine Darstellung nicht rein imagologischer Natur ist, sondern reale Referenzen hat, lässt sich leicht mit einem Blick in die Historiographie erhärten.[439] Wie Kisch auch selbst seinen Leser:innen an anderer Stelle erläutert, nimmt er hier explizit auf den Novemberstreik der Kulis 1929 in Peking Bezug, wo 210 Kulis die Arbeitsniederlegung mit dem Tod bezahlten und – so Kischs Ausführung – „mit dem ergreifend naiven Ruf:

---

meint. Aber am besten man sagt: Banditen. Bei Banditen braucht man kein Anführungszeichen, im Gegenteil, da wäre es wieder strafbar, eines hinzusetzen. Diese Terminologie hat sich sogar die britische China-Presse zu eigen gemacht, für die doch Banditen und Kommunisten ohnedies identisch sind, und die schwerlich eine Antwort auf die Frage geben könnte, welcher Unterschied für sie zwischen Kommunisten mit und Kommunisten ohne Anführungsstriche besteht." (Ebd., S. 223f.).
435 Ebd., S. 190.
436 Ebd., S. 190f. (Hervorh. i. O.).
437 Vgl. ebd., S. 69: „Der Zeuge dieser Straßenszenen kommt zu der Auffassung, daß sich die Kulis mit ihrer Rolle abgefunden haben: wir sind Zugtiere, man peitscht uns, man gibt uns wenig Futter – sie sind die Herren, wir ziehen und zerren – wir laufen dorthin, wohin es der Herr verlangt, der uns am Rücken sitzt. Nach fünfeinhalb Jahren ist es ohnehin vorbei und wir sind bei unseren Ahnen."
438 Ebd., S. 70.
439 Vgl. z.B. Sabine Dabringhaus: Geschichte Chinas im 20. Jahrhundert. München 2009, S. 75f.

‚Nieder mit dem Kapitalismus, nieder mit den Straßenbahnwagen, es lebe die Solidarität!'" starben.[440] Die blutige Niederschlagung des drei Jahre zuvor erfolgten Streiks schreckt die Kulis in Kischs Wahrnehmung aber nicht ab, sondern motiviert sie vielmehr dazu, sich besser zu organisieren. Durch die gemeinsame Lektüre politischer Texte ist ihr Kampf nicht mehr, wie noch 1929, nur vom Kampf um Fahrkartenpreise angeleitet, sondern entspringt ihrem erwachten Klassenbewusstsein. Ihr Anerkennungskampf ist folglich nicht mehr „naiv", sondern fundiert. Auch deshalb schließt Kisch mit der Projektion:

> Diese Stunden zahlen die Rikschakulis mit ihrer Arbeitszeit, und wenn sie ertappt werden, mit ihrem Kopf. Wenn sie ertappt werden, haben sie nicht einmal mehr die fünfeinhalb Jahre Ablaufzeit vor sich, dann müssen sie morgen aufs Schafott. Sie sterben wie ihre Pekinger Genossen starben, aber ihrem letzten Ausruf fehlt das Pereat auf die Straßenbahnwagen.[441]

Der Kuli dient Kisch also in zweifacher Hinsicht: Zum einen kann er an ihm die Ausbeutung des Arbeiters in einem kapitalistischen System zeigen, der Kuli wird somit zum Sinnbild kapitalistischer Ausbeutung.[442] Zum anderen aber – und dies scheint weit wichtiger – dient er ihm als didaktisches Beispiel: Er kann am Kuli auch die adäquate Reaktion auf die desolaten Arbeits- und Lebensumstände demonstrieren: die klassenmäßige Organisation, die zum Sturz des Systems führen soll. Der chinesische Kuli wird zum Vorbild des organisierten, grenzüberschreitenden Klassenkampfs.

Ganz ähnlich, dies sei nur beiläufig erwähnt, findet sich dies bereits bei Arthur Holitscher, der 1926 noch vor dem gescheiterten Streik gleiches beobachtet und deshalb die Kulis als „recht gut organisierte[] Menschenklasse" charakterisiert.[443] Von der herrschenden Gesellschaft unterdrückt, von Außenstehenden wahrgenommen als stiller, passiver Dienstleister, der seine Rolle akzeptiert, erhöht Kisch den Kuli zum idealen kommunistischen Revolutionär. Diese Überhöhung trägt idealisierende Züge und ist gewiss Teil von Kischs politisch motivierter Imagologie, die im Chinesischen eine Spiegelung eigener Interessen sucht. Doch dieses Ideal ist durch die reale Referenz des Kulis und durch seinen Anerkennungskampf historisch-faktisch verankert.

---

440 Kisch: China geheim, S. 67.
441 Ebd., S. 70.
442 Vgl. auch Streim: Das Erwachen der Kulis, S. 169.
443 Holitscher: Das unruhige Asien, S. 279.

4.2.2.3 Evaluation des marxistischen Chinabildes

Wie im Zusammenspiel von Statistik und Empirie im Zusammenhang der Kulis nachgezeichnet, bemüht sich Kisch just um diese wechselseitige Belegstrategie auch hinsichtlich marxistischer Annahmen, wie sich vor allem in dem bereits mehrfach angesprochenen Kapitel *Kapitalistische Romanze von den Bagdad-Juden* zeigen lässt. Der Inhalt lässt sich rasch rekapitulieren: Kisch präsentiert seinen Leser:innen die Geschichte des damals reichsten Mannes Asiens, Silos Aron Hardoon (1851–1931).[444] Hardoons Erfolgskarriere startete mit einer Anstellung in dem durch die Beteiligung am Opiumhandel wirtschaftlich sehr erfolgreichen Unternehmen der Bagdader Familie Sassoon, deren Familiengeschichte Kisch ebenfalls skizziert: von der wiederholten Flucht aus Spanien über Bagdad nach Indien bis nach China.[445] Nach einer Anstellung bei Sassoon machte Hardoon sich erfolgreich selbständig, „kaufte die halbe Nanking Road, kaufte die Szechuan Road bis zum Soochow-Kanal, kaufte die halbe Bubbling-Road mitsamt jenem Vergnügungspark, in dem er sich alleine vergnügen wollte",[446] so Kisch.

Seinem oben angesprochenem Postulat der mehrfachen Exemplarität entsprechend setzt Kisch die Individualgeschichte der Figur Hardoon als repräsentatives Beispiel multifunktional für verschiedene Themenbereiche ein: So gilt der erst kurz vor Kischs Aufenthalt verstorbene Hardoon natürlich erstens, wie im Titel ausgestellt, als Exemplum für die Shanghaier „Bagdad-Juden", eine Gruppe irakischer Juden, die sich nach der erzwungenen Öffnung durch den Vertrag von Nanking vor allem in Shanghai niederließ und in Opiumgeschäfte involviert war. Markiert wird diese Verortung Hardoons durch eine milieubezogene Kontextualisierung, die vergleichbare zeitgenössische Fälle aufführt,[447] sowie durch eine historisch-politische Kontextualisierung der Biographie.

Zweitens dient Hardoon als Beispiel für ökonomisch motivierten Opportunismus. Im oben ausgeführten theatralen Bildbereich des Rollenwechsels, zeigt Kisch, wie Hardoon sich je nach historischer Situation an die Gegebenheiten anpasst, um sein Eigenkapital zu mehren, und zwar zum einen politisch, etwa wenn er nach der *Xinhai*-Revolution von 1911 verschiedene verfolgte Politiker bei sich aufnimmt, dies aber „ja nicht aus Menschenfreundlichkeit" getan habe, „sondern in der Absicht, ihnen ihre Schlösser und Latifundien billig abzukaufen", so das Urteil

---

[444] Vgl. zu Hardoon auch Matthias Messmer: China. Schauplätze west-östlicher Begegnungen. Wien, Köln, Weimar 2007, S. 196–201 sowie Chiara Betta: Silas Aaron Hardoon and Cross-Cultural Adaption in Shanghai, in: The Jews of China, Bd. 1, hg. von Jonathan Goldstein. Armonk, New York 1999, S. 216–229.
[445] Vgl. Kisch: China geheim, S. 72–76.
[446] Ebd., S. 77.
[447] Vgl. z.B. ebd., S. 73 und S. 77.

Kischs.[448] Zum anderen erfolgen Anpassungen religiöser Art, so war Hardoon als „Bagdader Jude geboren, begraben aber ist er als chinesischer Buddhist".[449] Auch diese Umorientierung wertet Kisch als ökonomisch geleitete Anpassung. Auch wenn die Figuren die Rollen wechseln, bleibt – um im Bild zu bleiben – das Stück demnach das gleiche: der Kapitalismus.

Trotz seiner besonderen Stellung repräsentiert Hardoon jedoch drittens auch die gesellschaftliche Stellung der Juden allgemein, also über die chinesischen Grenzen hinaus, wie es auch der erneute Abdruck des Kapitels in *Geschichten aus sieben Ghettos* nahelegt. Dass sowohl in diesem Text, als auch in den meisten anderen Miniaturen des 1934 erschienenen Bands, Juden vor allem als Grundbesitzer und Spekulanten – und damit dem Stereotyp des ‚reichen Juden' zuarbeitend – charakterisiert werden, scheint vor dem Hintergrund des zunehmenden Antisemitismus und einer ähnlichen Argumentation der ‚jüdischen Weltverschwörung' vor allem von Kisch, der doch selbst jüdisch getauft war, irritierend. Wie bereits der Titel aber auch der dargelegte religions-flexible Rollenwechsel andeutet, löst Kisch dies hier allerdings von religiösen (oder gar rassischen) Fragen ab: „Weder Gott Jehova noch Gott Feuer verschaffte den Herren Tata und Sassoon die unermeßlichen Reichtümer", heißt es bei Kisch, „sondern Gott Wirtschaft."[450] Der Kapitalismus tritt demnach an die Stelle der Religion. Oder anders gesagt: Die Religion wird als Teil des Überbaus verortet. Kisch zielt somit nicht auf eine religionskritische Betrachtung oder Ähnliches ab, sondern in erster Linie auf eine generelle Kapitalismuskritik. Der reichste Mann Asiens ist just hierfür ein prototypisches Beispiel.

Die Beschreibung der Individualbiographie dient Kisch zudem schließlich viertens als veranschaulichendes Beispiel für Marx' historische Gegenwartsanalysen und Zukunftsprognosen. Kisch bettet, wie angedeutet, die Biographie Hardoons in die historischen gesellschaftlichen und politischen Kontexte der Zeit ein. Für die Vermittlung von historischem Kontextwissen setzt Kisch aber weder auf ein womöglich anzunehmendes Allgemeinwissen seiner Leser:innen noch auf vor Ort geführte und in die Reportage integrierte Interviews oder erzählte Rückblenden, sondern auf eine historische Quelle: Er zitiert lange Passagen aus einem 1853 in der *New York Daily Tribune* erschienenem Artikel, der von Karl Marx selbst verfasst wurde. 1926 wurde dieser Artikel gemeinsam mit anderen Beiträgen zum Thema China und Indien sowie einer kontextualisierenden Einführung von Dawid Rjasanoff im zweiten Jahrgang der Zeitschrift *Unter dem Banner des Marxismus*, deren

---

448 Ebd., S. 78.
449 Ebd., S. 77.
450 Ebd., S. 73.

Anliegen eine abermalige theoretische Grundierung und wissenschaftliche Beschäftigung mit dem Marxismus war,[451] erneut abgedruckt.[452] So lässt sich annehmen, dass Kisch durch den Neuabdruck auf Marx' Ausführungen aufmerksam wurde.[453] Unter dem Titel *Die Revolution in China und in Europa* zeichnet Marx die Abhängigkeit der europäischen wirtschaftlichen und politischen Entwicklungen von China nach und extrapoliert Tendenzen für die Zukunft[454] – die Kisch in seiner Reportage aus der Retrospektive validiert.

Diese Validierung erfolgt im Text durch ein Wechselspiel aus Zitaten, Kommentaren und veranschaulichenden Beispielen. Die ersten beiden der drei angeführten Marx-Zitate nutzt Kisch zur Beschreibung des historischen Kontexts beim Eintreffen der Familie Sassoon (dem späteren Arbeitgeber Hardoons) zur Zeit der Opiumkriege in China. Marx' Artikel dient somit zunächst als rein historische Quelle, für deren Verlautbarung Kisch seine Stimme an die Autorität Marx abtreten kann. Das dritte Marx-Zitat allerdings enthält eine Prognose zur Weiterentwicklung des Opiumhandels:

> Gewiß es ist richtig, daß ein Verzicht der Chinesen auf den Opiumgenuß nicht wahrscheinlicher ist als ein Verzicht der Deutschen auf Tabak. Da aber, wie verlautet, der neue Kaiser für die Mohnkultur und die Herstellung des Opiums in China selbst eintritt, ist es klar, daß der Herstellung des Opiums in Indien, den indischen Staatseinkünften und den kommerziellen Quellen Hindostans in nächster Zukunft ein tödlicher Schlag droht.[455]

---

451 Vgl. Die Redaktion: Geleitwort, in: Unter dem Banner des Marxismus 1.1 (1925), S. 1–8.
452 Vgl. D. Rjasanoff: Karl Marx: Über China und Indien, in: Unter dem Banner des Marxismus 2 (1926), S. 370–402. Marx' Beitrag *Die Revolution in China und in Europa* findet sich auf den Seiten 378–385.
453 Dass Kisch versuchte, seine politischen Ansichten auch theoretisch zu reflektieren und sich stets politisch weiterzubilden, zeichnet sich auch in einigen intertextuellen Verweisen (als nicht ausbuchstabierte Referenz oder wie hier im Direktzitat) auf andere damals viel diskutierte politische Texte ab. Zu nennen wären etwa diverse Verweise auf die pressekritischen Schriften Ferdinand Lassalles (v.a. Ferdinand Lassalle: Die Feste, die Presse und der Frankfurter Abgeordnetentag: drei Symptome des öffentlichen Geistes. Eine Rede, gehalten in den Versammlungen des Allgemeinen deutschen Arbeiter-Vereins zu Barmen, Solingen und Düsseldorf. Chicago 1872) in diversen Zeitungsbeiträgen, in denen Kisch die Presse als „Werkzeug der Kapitalvermehrung" deutet (z.B. Egon Erwin Kisch: Dogma von der Unfehlbarkeit der Presse [1918], in: Mein Leben für die Zeitung, Bd. 1, hg von Bodo Uhse. Berlin 1983, S. 208–216 [= Gesammelte Werke in Einzelausgaben, 8], hier: S. 216).
454 Vgl. Karl Marx: Die Revolution in China und in Europa, in: The New York Daily Tribune, 14. Juni 1853.
455 Rjasanoff: Karl Marx: Über China und Indien, S. 384 siehe auch das Zitat bei Kisch: China geheim, S. 76.

Marx sollte mit seiner Prognose, wie Kisch nun aus der Retrospektive bestätigen kann, Recht behalten: „Die Importeuere verdienten Multimillionen. So lange, bis eintraf, was Karl Marx in einem Artikel der ‚New York Daily Tribune' vorausgesagt hatte."[456] Denn tatsächlich begannen die Chinesen selbst Mohn anzubauen, wodurch die Konkurrenz für den indischen Exporteur zu groß und finanziell nicht mehr rentabel wurde; der Opiumimport schwächte sich ab und China wurde zunehmend autark.

Fokussiert Kisch an dieser Stelle also eigentlich die Individualbiographie Hardoons, dient der in diesem Zusammenhang getätigte historische Rückgriff doch zugleich auch als Beleg für die Richtigkeit der marxistischen Annahmen. Damit sind wir erneut bei der eingangs aufgeworfenen Frage nach dem zugrundeliegenden Wahrheitskonzept der Reportage.

4.2.3 Wahrheit, Fakten und Fiktionen der Reportage

Die Frage nach dem Verhältnis von Fakten und Fiktion in Kischs Werk steht vor allem seit der Wende von 1989 im Mittelpunkt des Forschungsinteresses.[457] Erhard Schütz und Michael E. Geisler haben indes bereits in den 1980er-Jahren in Ansätzen eine Deutungsmöglichkeit vorgeschlagen, an die im Folgenden angeknüpft werden soll, die ich jedoch um eine politische und historische Kontextualisierung erweitern

---

456 Kisch: China geheim, S. 76.
457 Vgl. Etwa Hans Otto Horch: „Was heißt glauben? Das sind doch Tatsachen!" Zu den ‚Ghetto'-Geschichte Egon Erwin Kischs, in: Von Franzos zu Canetti. Jüdische Autoren aus Österreich, hg. von Mark H. Gelber, Hans Otto Horch und Sigurd Paul Schleichl. Tübingen 1996, S. 37–57; Hans Albert Walter: Ein Reporter, der keiner war. Anmerkungen zu Egon Erwin Kisch, in: Horizonte. Festschrift für Herbert Lehnert zum 65. Geburtstag, hg. von Hannelore Mundt. Tübingen 1990, S. 205–213; Jutta Jacobi: Journalisten im literarischen Text. Studien zum Werk von Karl Kraus, Egon Erwin Kisch und Franz Werfel. Frankfurt 1989; Schütz: Wenn man mit Fakten Fußball spielt; Djukic-Cocks: Die Komposition der Kisch-Reportage in ‚Paradies-Amerika', v.a. S. 26; Dumas: Die Reportage bei Egon Erwin Kisch; Kirchmeier: Der Journalist als Detektiv; Erhard Schütz: Egon Erwin Kisch – Faktograph oder Fiktio-Fürst, in: Sachbuch und populäres Wissen im 20. Jahrhundert, hg. von Andy Hahnemann. Frankfurt am Main u.a. 2008, S. 183–200; Irina Wutsdorff: An der Schnittstelle von Faktizität und Fiktionalität: Zum Grenzgängertum der Prager Autoren Jan Neruda und Egon Erwin Kisch zwischen Journalismus, Feuilleton und Literatur, in: Feuilleton. Schreiben an der Schnittstelle zwischen Journalismus und Literatur, hg. von Hildegard Kernmeyer und Simone Jung. Bielefeld 2017, S. 105–124; Ihl: Egon Erwin Kischs Reportagebuch „Landung in Australien", v.a. S. 50. Vgl. auch schon früher Geisler: Die Signatur der Wirklichkeit.

werde.[458] Bislang hat man die der Textsorte zugerechnete „Wahrheit" zumeist mit „Wirklichkeit" synonym gesetzt und als Referenz auf die Darstellungsebene bezogen. Man konnte folglich fordern, dass Kisch alles in den Reportagen Beschriebene realiter auch erlebt haben müsse und sich der faktographische Wert seines Berichts an seiner Referenzialisierbarkeit messen lassen müsse. Folgt man der Autorpoetik,[459] ist die Darstellungsfrage jedoch von der des vermittelten Gehalts zu unterscheiden.

In Bezug auf die Darstellung zeigt ein Blick in poetologische Selbstauskünfte Kischs nämlich, dass er eine ausschließlich auf faktische Referenzen fußende Beschreibung für die Reportage nie als Ziel formuliert hat. Im Gegenteil: Zur Legitimation seines Vorgehens entwickelte Kisch das Konzept der „logischen Phantasie", das er unter anderem bereits in dem 1918 veröffentlichten Aufsatz *Das Wesen des Reporters* entfaltet: Da sich dem Reporter niemals ein *„lückenloses* Bild der Sachlage" biete, sei es seine Aufgabe, die „Pragmatik des Vorfalls", basierend auf dem recherchierten Material, „selbst [zu] schaffen", wobei er „nur darauf achten [müsse], daß die Linie seiner Darstellung haarscharf durch die ihm bekannten Tatsachen (die gegebenen Punkte der Strecke) führt." Das „Ideal", an dessen Annäherung sich der gute vom schlechten Reporter unterscheide, sei, „daß diese vom Reporter gezogene Wahrscheinlichkeitskurve mit der wirklichen Verbindungslinie aller Phasen der Ereignisse zusammenfällt; erreichbar und anzustreben ist ihr harmonischer Verlauf und die Bestimmung der größtmöglichen Zahl der Durchlaufpunkte."[460] Die Reportage fungiert also *nicht nur* als Präsentation autoptisch gesicherter Fakten, sondern lebt geradezu von einer literarischen Ausgestaltung dieser faktographischen Basis. Die Erzählung soll für Kisch dabei nach größtmöglicher Wahrscheinlichkeit streben,

---

458 Vgl. Geisler: Die Signatur der Wirklichkeit; Erhard Schütz: Moral aus der Geschichte. Zur Wahrheit des Egon Erwin Kischs, in: Egon Erwin Kisch, hg. von Heinz Ludwig Arnold. München 1980, S. 38–47 (= Text + Kritik, 67) sowie daran anknüpfend ders.: Egon Erwin Kisch – Faktograph oder Fiktio-Fürst; ders.: Wenn man mit Fakten Fußball spielt sowie Philipp Hartmann: *Marktplatz der Sensationen* als politisches Buch, in: Im Einzelschicksal die Weltgeschichte. Egon Erwin Kisch und seine literarischen Reportagen, hg. von Viera Glosiková, Sina Meißgeier u. Ilse Nagelschmidt. Berlin 2016, S. 34–47, hier v.a. S. 41.

459 Kisch hat in mehreren Texten poetologische Selbstauskünfte zur Reportage gegeben. Dennoch liegt kein normatives und für Kisch allgemeingültiges Konzept vor, vielmehr entwickelt er sein Konzept über die Jahre stets weiter und greift es deshalb immer wieder auf. Am ehesten ließen sich wohl das Vorwort zum *Rasenden Reporter* (1924) sowie die Aufsätze *Das Wesen des Reporters* (1918) und *Die soziale Aufgabe der Reportage* (1926) als poetologische Grundlage lesen. Doch legt Kisch auch hier keine einheitliche Terminologie sowie allgemeingültige Beschreibungen und Funktionen der Reportage fest.

460 Egon Erwin Kisch: Das Wesen des Reporters (1918), in: ders.: Mein Leben für die Zeitung, Bd. 1, S. 205–208, hier: S. 206.

darf aber trotz des nicht preisgegebenen Realismus durchaus fiktive Elemente enthalten, sofern diese nur wahrscheinlich sind und dem allgemeinen Erkenntnis- und Vermittlungsanspruch dienen. Durch die Anklänge an aristotelisches und mathematisches Vokabular in der Explikation des Konzepts unterstreicht Kisch, dass trotz des Einführens der Kategorie ‚Wahrscheinlichkeit' dennoch Objektivität gewahrt werden kann und der „Tatsachenentdecker" auch unter Einsatz seiner logischen Phantasie einer „empirischen Beschäftigung" nachgeht.[461] Substanziell ist hierfür nach Kisch ausschließlich, und dies führt in den Bereich des vermittelten Inhalts, der „Grad" der „sozialen Erkenntnis" des Reporters. Diese *Erkenntnis* ist für Kisch in die *Soziale Aufgabe der Reportage* (1926) dadurch definiert, „daß weitaus die Mehrheit aller scheinbar so heterogenen Ereignisse und das von ihnen und durch sie hervorgerufene Interesse auf gemeinsamer Basis fußen."[462] Aus dieser Einsicht, die ihr Fundament im historischen Materialismus hat, speist sich demnach auch die Zielvorgabe für den Reporter, der in den gegebenen, historisch kontingenten und lückenhaften Tatsachen, denen er als Beobachter begegnet, den gesetzmäßigen Verlauf der Geschichte zu erkennen,[463] daraus eine allgemeingültigere Wahrheit zu extrapolieren und im Anschluss literarisch darzustellen hat. ‚Wahrheit' in den Reportagen ist mithin nicht mit Wirklichkeitsreferenz gleichzusetzen,[464] sondern wird mit einem Konzept ästhetischer und einem Konzept politischer Wahrheit fusioniert.[465] Vor allem letzteres sorgte immer wieder für Diskussionen, die sich an der wohl meistzitierten Aussage Kischs, aus dem Vorwort zu seinem 1924 veröffentlichten Reportageband *Der rasende Reporter*, entzündeten:

---

461 Egon Erwin Kisch: Soziale Aufgaben der Reporter (1926), in: ders.: Mein Leben für die Zeitung, Bd. 2, S. 9–12, hier: S. 10.
462 Ebd., S. 9.
463 Oder wie Georg Lukács es in seiner würdigenden Darstellung zu Kischs Reportageform bezeichnete: „[I]n kleinen, für die meisten unscheinbaren Ereignissen sucht und findet Kisch Kreuzungspunkte und Schlachtfelder der großen geschichtlichen Mächte. In seinen buntschillernden Episoden werden die geschichtlichen Kräfte sichtbar." (Georg Lukács: Der Meister der Reportage [1935], in: Kisch-Kalender, hg. von F.C. Weiskopf. Berlin 1956, S. 9f.).
464 Vgl. Burghard Damerau: Wahrheit/Wahrscheinlichkeit, in: Ästhetische Grundbegriffe, Bd. 6, hg. von Karlheinz Barck. Stuttgart, Weimar 2005, S. 398–436, v.a. S. 429. Kischs Wahrheitskonzept hatte so durchaus Anklänge an die später von Georg Lukács konzipierten Thesen, die prägend für den sozialistischen Realismus wurden. Allerdings wählte Kisch, wie gesehen, eine avanciertere, hybridere Formensprache als Lukács sie zulassen wollte.
465 Dass es Kisch um eine rein ästhetische Wahrheit ging, nimmt z.B. Hans Albert Walter an. Vgl. Walter: Ein Reporter, der keiner war, S. 213.

> Der Reporter hat keine Tendenz, hat nichts zu rechtfertigen und hat keinen Standpunkt. Er hat unbefangen Zeuge zu sein und unbefangen Zeugenschaft zu liefern, so verläßlich, wie sich eine Aussage geben läßt [...].[466]

Dass Kisch in seinen Reportagen aber eine klare politische Position bezieht, die sich, als ‚Tendenz', auch auf seine Erörterungen auswirkt, steht – wie sich auch in *China geheim* abzeichnet – außer Frage und bildet, wie gezeigt, gar eines der Ziele. Bislang deutet man dies in der Forschung entweder als unauflöslichen Widerspruch,[467] der, wie auch die Frage nach der Wahrheitskonzeption, mitunter nicht sachlich neutral, sondern mit einer Abwertung von Kischs Produktionsweise einherging.[468] Oder man bemühte sich um eine Phasierung seines literarischen Schaffens, in der das Jahr 1925, das Jahr seiner Russland-Reise und seines Beitritts zur KPD, einen Wendepunkt markiere.[469] Ein Blick auf die historische Verwendung des Tendenzbegriffs trägt aber zur Lösung der Kontroverse bei: Auf linker wie auf rechter Seite wurde ‚Tendenz' in den 1920er-Jahren nämlich zumeist als Kampfbegriff und damit in erster Linie als Fremdzuschreibung genutzt.[470] Ein vergleichender Blick in andere in jener Zeit publizierte Texte Kischs bestätigt, dass auch er den Begriff vor allem als Fremdcharakterisierung der bürgerlichen Literatur gebrauchte, einer Literatur, die zuvorderst „Tendenzlügen", wie etwa „daß die Wahrheit in der Mitte liege, daß es

---

466 Egon Erwin Kisch: Der Rasende Reporter (1924), in: ders.: Gesammelte Werke in Einzelausgaben, Bd. 5, hg. von Bodo Uhse und Gisela Kisch. Berlin, Weimar ²1974, S. 659.
467 Vgl. z.B. Unger: Erlebnisfähigkeit, unbefangene Zeugenschaft und literarischer Anspruch, S. 174–177; Wuttsdorff: An der Schnittstelle von Faktizität und Fiktionalität, S. 117; Jacobi: Journalisten im literarischen Text, S. 149.
468 Vgl. z.B. Jacobi: Journalisten im literarischen Text, S. 149: „An diesem Punkt wird die Problematik seines Verfahrens evident: die – im Sinne des vorgegebenen Ziels – stets erfolgreich verlaufende Recherche des Reporters suggeriert, daß sie ‚Wahrheit' dem aufmerksamen Beobachter zweifelsfrei erschließt. Da dies aber in der Tat nicht immer der Fall ist, muß Kisch gelegentlich zu ‚Hilfskonstruktionen' greifen, die über den Prozeß der Formgebung hinausgehen. Das wäre nun nicht weiter schlimm, würde der Autor nicht ständig beteuern, die reine Wahrheit und nichts als die Wahrheit zu schreiben."
469 Vgl. z.B. Djukic-Cocks: Die Komposition der Kisch-Reportage in ‚Paradies-Amerika', S. 24; Karin Ceballos Betancur: Egon Erwin Kisch in Mexiko. Die Reportage als Literaturform im Exil. Frankfurt am Main 2000, S. 34; Ihl: Egon Erwin Kischs Reportagebuch ‚Landung in Australien', S. 50 sowie Walter: Ein Reporter, der keiner war, S. 213, der nicht wie in den übrigen Beiträgen von einer Politisierung von Kischs Werk, sondern von einer Literarisierung seines Werks spricht. Es sei damit nicht mehr Wahrheit im Sinne der Wirklichkeit, sondern künstlerische Wahrheit gemeint.
470 Vgl. zum Tendenzbegriff auch Helmut Peitsch: Engagement/Tendenz/Parteilichkeit, in: Ästhetische Grundbegriffe. Historisches Wörterbuch in sieben Bänden, Bd. 2, hg. von Karlheinz Barck u.a. Stuttgart, Weimar 2010, S. 178–223.

keine Wahrheit gibt", wiederholend reproduzierend.[471] Vor dem Hintergrund der Begriffsverwendung wie auch Kischs dargelegter Wahrheitskonzeption meint die behauptete Tendenzlosigkeit des Reporters mithin keineswegs, dass der Reporter eine unpolitische Haltung einnehmen müsse, sondern dass er nach Aufdeckung der politischen Wahrheit zu streben habe, indem er, in Abgrenzung zur bürgerlichen Literatur, die gesellschaftliche Wirklichkeit in all ihren Bestandteilen offenlegt und durch die ästhetisch angemessene Darstellungsform auch als veränderungswürdig ausweist.

Man muss demnach meines Erachtens (zumindest heuristisch) drei Ebenen klar voneinander scheiden, die es so ermöglichen, das vermeintliche Missverhältnis zwischen programmatischem Anspruch und praktischer Umsetzung aufzulösen: (1) die gegebenen Fakten bzw. Tatsachen (also Daten, Protokollsätze, Evidenzen o.Ä.), (2) die ‚Wahrheit', die aus diesen Fakten abgeleitet werden kann oder aus diesen Tatsachen heraus konstruiert bzw. an sie herangetragen wird. Der zugrunde gelegte Wahrheitsbegriff kann dann natürlich gebunden sein; für Kisch wie auch andere Linksintellektuelle der Weimarer Republik ist der wissenschaftliche Materialismus ‚Wahrheit'. Und schließlich (3) die Darstellung dieser Wahrheit, die sich verschiedener ästhetischer und literarischer Formen bedienen kann. Ob die Gespräche, so wie Kisch sie niederschrieb, also tatsächlich stattgefunden haben oder ob er das beschriebene Kriegsgeschehen in China tatsächlich selbst erlebt hat, spielt aus Kischs Perspektive letztlich keine Rolle, ist jedenfalls nicht die zentrale Frage, die an seine Reportagen zu stellen ist. Weitaus bedeutsamer ist, ob er als Reporter mit ausreichend „sozialer Erkenntnis" ausgestattet ist, um charakteristische Eigenschaften der Gesellschaft aufzuzeigen und diese den Leser:innen narrativ zu vermitteln. Eine ähnliche Beobachtung lässt sich auch in dieser Hinsicht an den Texten Bertolt Brechts machen.[472] Auch ihm geht es – wie im Realismusstreit der 1930er-Jahre deutlich wurde – nicht um einen Abbildungsrealismus, sondern um eine Darstellung, die das Eingreifen in die Wirklichkeit ermöglicht. Aus diesem Grund bezieht sich auch Brechts Wahrheitsemphase auf eine politische Wahrheit, die sich

---

471 Egon Erwin Kisch: John Reed, ein Reporter auf der Barrikade (1927), in: ders.: Mein Leben für die Zeitung, Bd. 2, S. 91–104.
472 Eng verzahnt ist diese Beobachtung mit Kischs engagiertem Kunstbegriff, den er in mehreren Zeitungsartikeln propagiert. Vgl. dazu z.B. Egon Erwin Kisch: Gibt es eine proletarische Kunst? (1928), in: ders.: Mein Leben für die Zeitung, Bd. 2, S. 219f.; ders.: Welche neuen Gestaltungsmöglichkeiten geben Ihnen die neuen Inhalte, das ausserliterarische Ziel der proletarischen Literatur?, S. 268f.

nicht an der Oberfläche zeigt, sondern die hinter den Fakten wissenschaftlich aufzuspüren ist.[473]

4.2.4   Fazit. Kischs Reportage global gesehen

Kisch verfolgte mit seiner Chinareise, wie gezeigt, ein deutlich anderes Interesse als seine reisenden Kolleg:innen, was sich in der Buchaufmachung, dem Dargestellten und auch der Textgestaltung niederschlägt. Kisch geht es mit seiner „journalistischen Entdeckungsreise"[474] nicht in erster Linie darum – und dies führt noch bei heutigen Leser:innen zu Irritationen –, von seinen persönlichen Reiseerfahrungen im fremden China zu berichten. Zwar will auch Kisch einen Eindruck von den dortigen Gegebenheiten vermitteln, er reflektiert diesen Eindruck jedoch konsequent in politischer und sozialer Hinsicht. Das Reisen selbst fungiert also auch bei Kisch als Legitimationsgrundlage seiner literarisch präsentierten Eindrücke und wird so zur außertextuellen Voraussetzung für seine wahrheitsorientierte Reportage. Doch dient diese bei Kisch ausdrücklich einem politischen Programm. Im Falle Chinas folgt Kisch mit seiner Reportage dabei sowohl einer ganz konkreten als auch einer allgemeineren Intention: Durch die Anlage als Gegenbericht zur Völkerbundkommission zielt er darauf, (1) die offizielle, seines Erachtens aber ideologisch verzerrte Darstellung zu berichtigen sowie in der Folge (2) über die tatsächlich gegebenen Verhältnisse aufzuklären. Damit einhergehend will er (3) seine Leser:innen für den Umgang mit (staatlichen) Informationen sensibilisieren. Im Werkkontext betrachtet offeriert er zu diesem Zweck eine komparatistische Perspektive, die die am Einzelfall exemplarisch präsentierte Wahrheit durch weitere Fälle überprüft und erhärtet. Umgekehrt dienen die Einzelfälle zusammengenommen als induktive Belege für die Richtigkeit seiner allgemeinen Überzeugung. China, wie auch Russland, der kommunistische Teil Asiens, Amerika, aber auch Prag, Berlin und Wien dienen ihm folglich als Beispiele für die Adäquatheit seiner marxistischen Anschauung; oder wie Kisch selbst formulierte: „Als ob tschechischer Kapitalismus und Imperialismus ein anderer als deutscher Kapitalismus und Imperialismus wäre."[475]

---

[473] Vgl. etwa Lutz Danneberg und Hans-Harald Müller: Wissenschaftliche Philosophie und literarischer Realismus. Der Einfluß des Logischen Empirismus auf Brechts Realismuskonzeption in der Kontroverse mit Georg Lukács, in: Exil. Forschung, Erkenntnisse, Ergebnisse (1987), S. 50–63.
[474] So nennt er seine Reisen im Briefwechsel mit seiner Mutter. Egon Erwin Kisch an Mutter, 13.8.1927, in: Kisch: Briefe an den Bruder Paul und an die Mutter 1905–1936, S. 231.
[475] Egon Erwin Kisch: Proletarier gegen die Revolution (1919), in: ders.: Mein Leben für die Zeitung, Bd. 1, S. 284.

Kulturelle Differenzen sowie unterschiedliche historische Ausgangslagen marginalisiert Kisch hingegen zugunsten der Konzentration auf die als universal gedeuteten negativen Auswirkungen des Kapitalismus sowie die bestehenden und weiter zu forcierenden internationalistischen Klassenkämpfe. Auch deshalb braucht es kein veranschaulichendes Begleitmaterial zum Text, keine Ortsmarken, Bilder usw.

Natürlich ist Kischs Wahl seiner Beispiele dennoch nicht arbiträr: Über den speziellen Anlass hinausgehend kann er das noch nicht kommunistische China als negative Vergleichsfolie für das zwei Jahre zuvor bereiste kommunistische Asien nutzen. Die internationale Stellung Chinas erlaubt es ihm zugleich, Kritik an den öffentlichen internationalen Einrichtungen zu üben und die Folgen des Imperialismus für das Volk des besetzten Landes sichtbar zu machen. Und zuletzt ist China vor allem deshalb für die erwünschte erzieherische Absicht seiner Reportagen prädestiniert, da sich Analogieschlüsse zu der politisch instabilen Weimarer Republik ziehen lassen.[476]

Dieses inhaltliche politische Programm hat schließlich, wie gezeigt, auch Auswirkungen auf die Gestaltung der Reportage selbst; hat doch die Kisch'sche Formation der Reportage kaum mehr etwas mit traditioneller Reiseberichterstattung zu tun. Kisch hatte mit diesem Programm – das ist bekannt – eine große Breitenwirksamkeit im deutschsprachigen Raum. Die vergleichsweise junge literarische Gattung der Reportage, die sich im Prozess des Medienwandels um 1900 erst zu etablieren beginnt, wurde in den 1920er-Jahren geradezu zur ‚Modegattung', für die Kisch mit seinen fiktionalisierten Formexperimenten zum prototypischen Vertreter erhoben wurde. Diese autorzentrierte Orientierung schreibt sich – mit mehr oder wenigen guten Gründen – bis heute fort: Im deutschsprachigen Feld der Gegenwart zeigt ein Blick in literaturwissenschaftliche Lexika, dass bis heute keine Definition der Reportage ohne den Gewährsmann Kisch auskommt, wenngleich die gegenwärtigen Definitionen wiederum kaum mehr etwas mit Kischs Ausgestaltung zu tun haben.[477] Die Gattung Reportage wurde vielmehr von einem genuin literarischen zu einem in erster Linie journalistischen Genre. Die Auswirkungen dieser

---

476 Vgl. z.B. Eska: [Rez.] China daheim, in: Die Rote Fahne, 15.1.1933, S. 9, der in der Rezension just diese Analogisierung zum gegenwärtigen Österreich vornimmt, so fragt er: „Wie sieht es aber wirklich im eigenen Lande aus? Unterscheidet sich etwas von China? Auch hier herrscht bitterliche Not […]" und schließt: „Der Bürger braucht nicht stolz zu sein auf die ‚Kultur' seines Landes, denn er hat sein China auch daheim. Nur will er es nicht sehen. Erst bis alle Ursachen unseres Elends beseitigt sind, wird es kein ‚China geheim' und auch kein ‚China daheim' mehr geben. Dann erst wird wahre Menschenwürde, wahre Kultur herrschen […]."

477 Vgl. Carsten Jakobi: [Art.] Reportage, in: Handbuch der literarischen Gattungen, hg. von Dieter Lamping. Stuttgart 2009, S. 601–605, hier: S. 601; Bentele: [Art.] Reportage, S. 267; Gero von Wilpert: [Art.] Reportage, in: ders.: Sachwörterbuch der Literatur. Stuttgart [8]2001, S. 681 sowie Erhard Schütz:

sich über die Jahre immer stärker ausbildenden Diskrepanz zwischen Kischs Produktion und (späteren) Leseerwartungen an Kischs Texte selbst, habe ich eingangs erwähnt.

Besonders interessant ist jedoch, dass Kisch in historischer Perspektive auch über die nationalen Landesgrenzen hinweg ein massiver literarästhetischer Einfluss attestiert werden kann, der einen weiteren wichtigen Kontext eröffnet, den ich abschließend anreißen möchte. Ist qua Erzählgegenstand jeder Reisebericht zumindest binational (Reiseland und Erscheinungsland) angelegt, haben wir es bei Kischs Texten mit weitaus stärker multilateral verflochtenen Texten zu tun: *China geheim* landet nur wenige Monate nach der deutschen Erstveröffentlichung im nationalsozialistischen Deutschland auf der Liste der Bücherverbrennungen[478] und war so am deutschen Buchmarkt überhaupt nur wenige Wochen erhältlich. Doch wurde der deutschsprachige Text nicht nur relativ zügig in anderen Verlagen im Ausland distribuiert,[479] sondern auch in diversen Übersetzungen ins Kroatische (1933),[480] Norwegische (1933),[481] Russische (1934),[482] Französische (1935)[483] und Englische (1935),[484] die teils wiederum als Basis für weitere Übersetzungen, etwa ins Spanische (1938),[485] aber auch ins Chinesische (1937)[486] dienten. Diese breite Übersetzungspraxis zeigt sich zuvor auch schon bei anderen Kisch-Texten und eröffnet so einen globalen Rezeptions- und Distributionsraum, der bei Untersuchungen zu Kischs Texten und seiner Reise- und Vermittlungsintention nicht zu vernachlässigen ist. Es stellt sich so nämlich auch die Frage, wer eigentlich die intendierte Leserschaft von Kischs Texten ist: Lässt sich bis 1933 noch eine primär deutsche Leserschaft annehmen, fällt der nationale Buchmarkt für Kisch, wie andere von den Nationalsozialisten verfolgte und verbotene Autor:innen, gänzlich weg. Zugleich

---

[Art.] Reportage, in: Metzler Lexikon Literatur. Begriffe und Definitionen, hg. von Dieter Burdorf, Christoph Fasbender und Burkhard Moennighoff. Stuttgart ³2007, S. 647.

478 Vgl. Werner Treß: Egon Erwin Kisch (1885–1948), in: Bibliothek verbrannter Bücher, online abrufbar unter: http://www.verbrannte-buecher.de/?page_id=417 (letzter Zugriff: 4.12.2020).

479 Vgl. die Veröffentlichungen in der Moskauer *Verlagsgenossenschaft ausländischer Arbeiter in der UdSSR* (Egon Erwin Kisch: China geheim. Moskau 1933) sowie die nach der sogenannten Machtergreifung in die Schweiz verlagerte *Universumsbücherei für Alle* (Egon Erwin Kisch: China geheim. Berlin 1933).

480 Egon Erwin Kisch: Tajnoj Kini. Übersetzt von Branko Kojic. Zagreb 1933.

481 Egon Erwin Kisch: Silk er Kina! Übersetzt von Hans Heiberg. Oslo 1933.

482 Egon Erwin Kisch: Разоблачённый Китай (Razobláčenny Kitaj). Moskau 1934.

483 Egon Erwin Kisch: Le Chine secréte. Übersetzt von Jeanne Stern. Paris 1935.

484 Egon Erwin Kisch: Secret China. Übersetzt von Michael Davidson. London 1935.

485 Egon Erwin Kisch: La China ensangrentada. Buenos Aires 1938.

486 Egon Erwin Kisch: Mimi de Zhongguo. Übersetzt von Zhou Libo. Bejing 1937.

haben wir es bei Kisch aber erneut mit einem besonderen Beispiel zu tun: Einerseits, da sich annehmen lässt, dass sich Kisch – aufgrund der Übersetzungspraxis seiner Texte, die nicht selten von befreundeten Schriftsteller:innen angefertigt wurden, – einer internationalen, globalen Rezeption seiner Texte schon bei der Produktion bewusst war. Andererseits aber, da er aus seiner politischen, marxistisch internationalen Warte heraus schon programmatisch auch ein internationales, postrevolutionäres Lesepublikum anvisiert und die globale Rezeption intendiert,[487] wie auch das oben angeführte Zitat zum tschechischen und deutschen Kapitalismus zeigt. Kisch schreibt seine Texte also – so lässt sich annehmen – nicht für einen nationalen, sondern einen globalen Buchmarkt. Eine rein nationalphilologisch ausgerichtete Untersuchung von Kischs Texten marginalisiert so also einen Interpretationskontext, der aus meiner Sicht stärker zu priorisieren und in Anschlussstudien – auch zu anderen Reiseberichten – eingehender zu berücksichtigen wäre.

Doch ist die globale Einbindung Kischs noch verstrickter: Die übersetzten Kisch-Texte riefen in der Folge nämlich weitere Reaktionen hervor, wie sich am Beispiel China zeigen lässt: Dort wurde man bereits um 1930 auf Kisch aufmerksam und würdigte ihn in einem Zeitschriftenartikel zur *Neuen Deutschen Literatur* als Schöpfer einer neuen literarischen Form, der: *lieboerdazhiai* – eine phonetische Transkription von ‚Reportage'.[488] Schon bekannt im chinesischen Raum und mit einigen wichtigen chinesischen Schriftstellern, wie etwa Lu Xun, persönlich verkehrend,[489] übertrug man dann, wie erwähnt, auch seine China-Reportage (aus dem Englischen) ins Chinesische und veröffentlichte sie 1937 unter dem wörtlich übersetzten Titel *Mìmì de Zhōngguó* (秘密的中国). Von Bedeutung ist hierfür, dass die chinesischen Übersetzungen sich – wie auch die späteren deutschen Neuauflagen – nicht immer an Kischs Original gehalten haben, sondern an den neuen Publikationskontext angepasst wurden.[490] Die Übersetzungen prägten wiederum nachhaltig

---

487 Vgl. dazu ausführlicher Schaub: Proletarische Welten.
488 Vgl. Siegfried Klaschka: Die chinesische Reportageliteratur. Das Genre *baogao wenxue* und seine politisch-gesellschaftlichen Bezüge. Wiesbaden 1998, S. 207.
489 Vermutlich stellte die deutsche Agentin Ruth Werner den Kontakt her. Vgl. zu Kischs Besuch bei Ruth Werner auch Werner: Sonjas Rapport, S. 102f. Vgl. zur Vernetzung deutscher Autor:innen mit ihren chinesischen Kolleg:innen allgemeiner am Beispiel Lili Körbers auch Wu Xiaoqiao: Lili Körbers Netzwerk mit den chinesischen Kollegen in den 1930er Jahren, in: Akten des XIII. Internationalen Germanistenkongresses Shanghai 2015. Germanistik zwischen Tradition und Innovation, hg. von Zhu Jianhua u.a. Frankfurt am Main 2017, S. 203–207.
490 Vgl. dazu ausführlicher Hudey und Zhu: Die Reportage als globale Gattung? Ähnliches lässt sich auch für andere Übersetzungen annehmen. So fehlen auch in der norwegischen Übersetzung einige Kapitel des Originaltexts.

eine spezifisch chinesische Entwicklung der Reportageliteratur, die sich dann unter der nicht mehr phonetischen, sondern wörtlichen Übersetzung *bàogào wénxué* (报告文学) im China der 1930er-Jahre etablierte.[491] Ähnliche Rezeptionseffekte lassen sich etwa in Mexiko[492] und sicherlich auch in Russland zeigen, wo Kischs Texte ebenfalls breit rezipiert wurden. Namentlich zu denken wäre hier etwa an Sergej Tretjakow, der China in den 1920er-Jahren ebenfalls bereiste, sich literarisch mit China auseinandersetzte (*Brülle China!*; 1926) und mit seiner 1930 in Berlin gehaltenen Rede[493] nicht nur einen großen Einfluss auf die deutschen Schriftsteller:innen hatte, sondern sich auch später intensiv mit den Texten seiner deutschsprachigen Kollegen – vor allem auch mit Kisch – auseinandersetzte.

Am Beispiel von Kischs spezifischer Form der Reiseliteratur lassen sich also verschiedenschichtige transnationale Effekte beobachten: Kisch reist in ein Land, um dort im Lokalen spezifische Gegebenheiten zu beobachten. Über diese berichtet er in einer aus der lokalen Gebundenheit gelösten, verallgemeinernden Absicht, die nationale Grenzen und kulturelle Alleinstellungsmerkmale weit hinter sich lässt. Publiziert wird dieser Bericht zwar zunächst (bis 1933) im deutschen Raum, intendiert ist jedoch bereits eine internationale (vielleicht gar globale) Distribution seiner Ideen. Um mit Monika Krause in globalgeschichtlicher Perspektive zu sprechen, ist Kischs Text also von Beginn an eine ‚horizontale Autonomität' zuzusprechen, da sein Text stets im Spannungsfeld verschiedener nationaler Felder steht.[494] Eine internationale Lektüre – so Kischs Ziel – soll das Gelesene zudem wiederum ins Eigene zurückspiegeln und so die übernationale Gültigkeit marxistischer Annahmen prüfen. Vom inhaltlichen enthoben kommt es zudem zu einer weiteren Auswirkung im (neuen) internationalen Rezeptionsraum, indem Kisch'sche Darstellungsstrategien dort wiederum fruchtbar gemacht werden, die – wenn gelungen – wieder in das transnationale Geflecht eingespeist werden. Erst kürzlich zeigte Christoph Schaub mit seiner Arbeit diese Mechanismen am Beispiel der ab den 1920er-Jahre versuchten sozialistischen Weltliteraturbewegung auf, der sich auch Kisch zurechnen lässt, auf. Anschließend daran und an die hier getroffenen Beobachtungen am Einzelbeispiel Kisch ließe sich auch die übrige Reiseliteratur, vor allem wie sie sich in den 1920er-Jahren auszubilden begann, um eine Beobachtungsdimension erweitern, die mir ertragreich und fruchtbar scheint.

---

491 Vgl. Wolfgang Kubin: Die chinesische Literatur im 20. Jahrhundert. München 2005, S. 182 sowie Klaschka: Die chinesische Reportageliteratur.
492 Vgl. dazu ausführlicher Ceballos Betancur: Egon Erwin Kisch in Mexiko.
493 Vgl. dazu Oels: Der Tatsachenroman und seine Vorgeschichte.
494 Vgl. Monika Krause: How Fields Vary, S. 14.

5 Importierte Bestseller – NS-deutsche Lektüren von Pearl S. Bucks Chinatrilogie *The House of Earth*

> Inspired by Marco Polo's travelogue and encouraged by the recent gains of Western aggression, many people have written books about China. On the covers of these books is usually drawn a „Chinaman" grotesquely attired, flanked by some lopsided, incomplete and unintelligible Chinese calligraphy. None of these, of course, can be considered works of literature. The one book that has changed the whole situation is Mrs. Buck's *The Good Earth*.[1]

So äußert sich der chinesische Autor, Verleger und Übersetzer Zhao Jiabi (赵家璧; 1908–1997)[2] im Jahr 1933 über den zwei Jahre zuvor in den USA veröffentlichten Roman *The Good Earth* (1931; dt. *Die gute Erde*, 1933)[3] der US-Amerikanerin Pearl S. Buck (1892–1973). Im Feld der zahlreichen Publikationen westlicher Autor:innen über den Fernen Osten, die nicht nur hinsichtlich ihrer äußerlichen Aufmachung, sondern auch inhaltlich exotistischen Stereotypen folgen und damit vor allem ihre einseitig westliche und westlich politisierte Perspektive zu erkennen geben, stellt Pearl S. Bucks China-Roman *The Good Earth* für Zhao eine willkommene Ausnahme dar. Dass das Buch „has changed the whole situation", ist laut Zhao auf mehrere Aspekte zurückzuführen: Erstens werde hier erstmals ein angemessenes Bild von China entworfen (Realismus-Kriterium), zweitens sei die Darstellung ästhetisch hochwertig, gehöre im Gegensatz zu den vorherigen Chinapublikationen zu den „works of literature" (ästhetisches Kriterium), und drittens arbeite Buck in politischer Hinsicht mit ihrem Buch nicht der „Western aggression" zu, sondern bemühe sich um eine zwischen den Kulturen beziehungsweise Nationen vermittelnde Haltung (politisches Kriterium). Zugleich antizipiert Zhao einen weitreichenden Einfluss: Bucks authentische Chinadarstellung werde – so die Prognose – den China-Literatur-Markt verändern.

---

[1] Zhao Jiabi: Mrs. Buck and Wang Lung, in: Xiandai (Modern Times) 3.5 (1933), S. 639–649. Zit. nach Liu Haiping: Pearl S. Buck's Reception in China Reconsidered, in: The Several Worlds of Pearl S. Buck. Essays Presented at a Centennial Symposium, hg. von Elizabeth Lipscomb, Frances E. Webb und Peter Conn. Westport 1994, S. 55–67, hier: S. 61.
[2] Vgl. Sheng Yinghong u.a.: The Representation of Modern Literary History in Zhao Jiabi's Editing Career, in: Proceedings of the 3rd International Conference on Art Studies: Sciens, Experience, Education (ICASSEE 2019), DOI: https://doi.org/10.2991/icassee-19.2019.17.
[3] Pearl S. Buck: The Good Earth. New York 1931. Deutsche Erstausgabe: dies.: Die Gute Erde. Ich zitiere im Folgenden, sofern nicht anders angegeben, aus der deutschen Erstausgabe.

Zhaos wohlwollendes Urteil über Bucks zweite Buchpublikation,[4] die zugleich den Auftakt für die China-Trilogie *The House of Earth* bildet und – wie auch die beiden folgenden Bände *Sons* (1933; dt. *Söhne*, 1933)[5] und *A House Divided* (1935; dt. *Das geteilte Haus*, 1936)[6] – rasch in zahlreiche Sprachen übersetzt wurde, reiht sich nahtlos in das insgesamt positive Echo der internationalen Literaturkritik ein. Vor allem der kontrastierende Vergleich zu bisherigen literarischen, wissenschaftlichen oder journalistischen Publikationen über China und Asien zieht sich konstant durch die zeitgenössischen Besprechungen. So feierte man Bucks China-Roman, der zwei Jahre die Bestsellerlisten in den USA anführte, bei Erscheinen auch dort als Darstellung, die „unquestionably brought contemporary China closer to Western readers than all the massed columns of newspaper correspondence and the multitude of books written primarily".[7] Mit einer ähnlichen Stoßrichtung las man im *Wiener Tag*, nun zur deutschen Übersetzung aus dem Jahr 1933, dass Buck „die Gabe zuteil geworden [ist], ihr Wissen in so anschaulicher und überzeugend schöner Form zu vermitteln, daß sie mit ihren Romanen weitaus mehr zur Kenntnis Chinas und ihrer Menschen beigetragen hat, als zahllose Gelehrte mit dickleibigen Büchern."[8] Zurückgeführt wird die breitenwirksame, aber kulturell gesättigte Wissensvermittlung von den Rezensenten zumeist auf die simple und einfache Gestaltung der Romane sowie die differenzierte und authentische Beschreibung: „Even in China, the Europeans, and the Chinese say it's absolutely true",[9] streicht eine Leseempfehlung in der *New York Times* deshalb heraus.

Die Missionarstochter Pearl S. Buck, die ihre Jugend in China verbrachte, bevor sie Ende der 1920er-Jahre aus familiären Gründen in ihr Geburtsland USA zurückkehrte,[10] trat, durch den literarischen Erfolg zu einer Figur des öffentlichen Lebens

---

4 Dem vorausgegangen war 1930 nur der China-Roman *East Wind, West Wind* (dt. *Ostwind – Westwind*, 1934).
5 Pearl S. Buck: Sons. New York 1933. Deutsche Erstausgabe: dies.: Söhne. Ich zitiere im Folgenden, sofern nicht anders angegeben, aus der deutschen Erstausgabe.
6 Pearl S. Buck: A House Divided. New York 1935. Deutsche Erstausgabe: dies.: Das geteilte Haus. Ich zitiere im Folgenden, sofern nicht anders angegeben, aus der deutschen Erstausgabe.
7 J. Donald Adams: [Rez.] A Sequel to „The Good Earth": Pearl Buck's „Sons" Is a Vivid Chronicle of Revolutionary China, in: New York Times, 25.9.1932, S. 1.
8 Hanns Margulies: Frauen schreiben gute Bücher, in: Der Wiener Tag, 19.3.1934, S. 4.
9 [Anonym]: Mr. Rogers Turns Book Critic and Highly Recommends One, in: New York Times, 7.3.1932, S. 19.
10 Vgl. zur Biographie Pearl S. Bucks eine der zahlreich erschienenen Biographien: Theodore F. Harris: Pearl S. Buck. A Biography. Written in Consultation with Pearl S. Buck. London 1969; Nora Stirling: Pearl Buck. A Woman Conflict. Piscataway 1983; Beverly Rizzon: Pearl S. Buck: The Final Chapter. Palm Springs 1989; Peter Conn: Pearl S. Buck. A Cultural Biography. Cambridge 1996; Kang Liao: Pearl S. Buck. A Cultural Bridge Across the Pacific. Westport 1997 oder am aktuellsten: Hilary

geworden, von Beginn an als interkulturelle Aufklärerin auf und flankierte und stabilisierte so die Rezeption, die ihren Büchern Authentizität und ‚Wahrheit' attestierte.[11] Mit Erfolg: Nachdem Buck bereits 1932 für *Die Gute Erde* den *Pulitzer-Preis* erhielt, wurde ihr 1938 „for her rich and truly epic descriptions of peasant life in China and for her biographical masterpieces"[12] der Literaturnobelpreis zugesprochen. Ein Höhepunkt ihrer literarischen Karriere schien erreicht.[13] Doch die Preisverleihung an Pearl S. Buck wurde international höchst kontrovers diskutiert: Als Populär- oder Trivialliteratur und ‚Kitschbücher' seien Bucks Texte einer solchen Auszeichnung nicht wert, so Stimmen unter anderem in den Schweden,[14] Jugoslawien[15] und China. Die Kritik hatte Konsequenzen für die Reputation des globalen Literaturpreises: Der gut zehn Jahre später mit dem Nobelpreis ausgezeichnete William Faulkner (1897–1962) etwa schrieb, als Gerüchte über seine Nominierung aufkamen, in einem Brief an seine Freundin Joan Williams (1928–2004), dass er lieber keinen Nobelpreis bekäme, als in eine Gemeinschaft mit „Mrs. Chinahand Buck" zu geraten,[16] und in der chinesischen Literaturszene äußerte man sich verwundert, warum man eine Amerikanerin für ihre authentische China-Darstellung

---

Spurling: Burying the Bones. Pearl Buck in China. London 2010. Vgl. auch etwas ausführlicher zum Umzug in die USA Anna Maria Stuby: Ich bin nirgendwo ganz zu Hause und überall ein bißchen, in: Nicht nur Madame Curie...Frauen, die den Nobelpreis bekamen, hg. von Charlotte Kerner. Weinheim 1999, S. 84–110, hier S. 100f.

11 Vgl. auch Karen J. Leong: The China Mystique. Pearl S. Buck, Anna May Wong, Mayling Soong, and the Transformation of American Orientalism. Berkeley 2005, zu Buck: S. 12–56, hier: S. 24–26.

12 [Anonym]: All Nobel Prizes in Literature, online abrufbar unter https://www.nobelprize.org/prizes/lists/all-nobel-prizes-in-literature/ (letzter Zugriff: 2.6.2021).

13 Immer wieder beteuerte Buck zeitgenössisch und auch retrospektiv ihre große Überraschung, vgl. nur exemplarisch [Anonym]: Pearl Buck Wins Nobel Literature Prize. The Third American to Get the Swedish Award, in: New York Times, 11.11.1938, S. 1f. oder ihre retrospektive Schilderung in ihrer Autobiographie: „Ich schätze meine Fähigkeiten so gering ein, daß ich es nicht glauben konnte, als ich an einem Herbsttag des Jahres 1938 hörte, mir sei der Nobelpreis für Literatur verliehen worden – ich glaubte es erst, als ich durch einen telefonischen Anruf in Stockholm die Bestätigung erhielt. Aber meine Verwirrung wurde dadurch nicht behoben. Ich konnte es einfach nicht verstehen, warum ich diesen Preis erhielt, und ich weiß noch, daß ich damals ausrief: ‚Hätte man den Preis doch lieber Theodore Dreiser gegeben!'" (Pearl S. Buck: Ruf des Lebens. Aus dem Amerikanischen übertragen von Hans B. Wagenseil. München, Wien [1977] 1980, S. 46).

14 Vgl. u.a. [Anonym]: Award Pertrubs Sweden. But Finns Accept Naming of Mrs. Buck for Nobel Prize Calmly, in: New York Times, 12.11.1938, S. 13.

15 Vgl. Dazu ausführlicher Alenka Blake: Slovene Critical Responses to the Works of Pearl S. Buck, in: Acta Neophilologica 36 (2003), S. 27–39.

16 Joseph Blotner: Selected Letters of William Faulkner. London 1977, S. 299.

auszeichne und nicht eine:n chinesische:n Autor:in.[17] Das Nobelpreiskomitee sah sich genötigt, auf die zum ‚Skandal'[18] gewordene Verleihung mit einer folgenreichen Maßnahme zu reagieren: Bis heute hat die „inoffizielle" und „ungeschriebene" sogenannte „Lex Buck" ihre Gültigkeit, die vorgibt, dass Autor:innen erst dann mit dem Literaturnobelpreis ausgezeichnet werden können, wenn sie in den Jahren vorher bereits in der engeren Auswahl gelistet waren.[19]

Die Kontroverse um Bucks Nobelpreis in der Literaturszene hat bis heute Auswirkung auf die akademische Einschätzung von Bucks Literatur: Die Forschung zu ihrem Œuvre ist ausgesprochen überschaubar und stark biographisch geprägt,[20] und dies obwohl sie für die aktuell stark diskutierten, empirisch ausgerichteten Konzepte eines globalen Feldes der Weltliteratur[21] ein signifikantes und aufschlussreiches Beispiel jenseits der einlinig vom Westen nach Osten schwappenden ‚Romanwellen'[22] liefern könnte. In Morettis Modell ist die Entwicklung des westlichen Romans spiegelbildlich zur Entwicklung des chinesischen Markts angelegt: Es gab keinen Aufstieg des chinesischen Romans im 18. Jahrhundert, weil der Roman als Kunst galt und nicht dem Konsum und der Unterhaltung diente. Der europäische Roman hingegen galt als Konsumgut und erlebte deshalb seinen Aufstieg mit dem Kapitalismus.[23] Pearl S. Buck sah dies anders. In ihrer Nobelpreisrede 1938, die dem chinesischen Roman gewidmet war, kehrte sie die dominant westliche, noch von Moretti eingenommene Perspektive ostentativ um und erklärte den vormodernen

---

17 Vgl. Wendy Larson und Richard Kraus: China's Writers, the Nobel Prize, and the International Politics of Literature, in: The Australian Journal of Chinese Affairs 21 (1989), S. 143–160, hier: S. 148; vgl. auch ebd., Anm. 15.
18 Larson und Kraus: China's Writers, the Nobel Prize, and the Internationale Politics of Literature, S. 148, Anm. 15.
19 [Anonym]: Wie Sartre es sich anders überlegte. Anekdoten zum Literaturnobelpreis, in: Süddeutsche Zeitung, 10.10.2013. Vgl. auch Julia Kospach: Nobelpreis: An der „Lex Buck" kommt keiner vorbei, in: Berliner Zeitung, 10.12.2004. Der Auswahlprozess erfolgt heute in mehreren Schritten; vgl. dazu [Anonym]: Nomination and Selection of Literature Laureates, online abrufbar unter https://www.nobelprize.org/nomination/literature/ (letzter Zugriff: 29.6.2021).
20 Trotz einiger wissenschaftlicher Rehabilitationsversuche (vgl. z.B. den Sammelband The Several Worlds of Pearl S. Buck) finden sich über Buck vor allem biographische Abhandlungen; eine literaturwissenschaftliche Beschäftigung mit ihren Texten findet bislang kaum statt; vgl. auch: Peter Conn: Rediscovering Pearl S. Buck, in: The Several Worlds of Pearl S. Buck, S. 1–5, hier: S. 1.
21 Vgl. unter anderem Sapiro: How Do Literary Works Cross Borders (or Not)?
22 Vgl. Mads Rosendahl Thomsen: Franco Moretti and the Global Wave of the Novel, in: The Routledge Companion to World Literature, hg. von Theo D'haen. Daviod Damrosch und Djelal Kadir. London, New York 2011, S. 158–166.
23 Vgl. Franco Moretti: The Novel: History and Theory, in: New Left Review 52 (2008), S. 111–124.

chinesischen Roman zur Reflexionshilfe für die europäische Romankunst – und zum Vorbild für ihr eigenes Schreiben:

> But it is the Chinese and not the American novel which has shaped my own efforts in writing. My earliest knowledge of story, of how to tell and write stories, came to me in China. It would be ingratitude on my part not to recognize this today. And yet it would be presumptuous to speak before you on the subject of the Chinese novel for a reason wholly personal. There is another reason why I feel that I may properly do so. It is that I believe the Chinese novel has an illumination for the Western novel and for the Western novelist.[24]

Als Speichermedium mündlich überlieferter und kollektiv ausgesponnener Geschichten richteten sich der vormoderne chinesische Roman nach Bucks Rekonstruktion an die Interessen und das Unterhaltungsbedürfnis der einfachen Leser:innen.

> For the Chinese novel was written primarily to amuse the common people. And when I say amuse I do not mean only to make them laugh, though laughter is also one of the aims of the Chinese novel. I mean amusement in the sense of absorbing and occupying the whole attention of the mind. I mean enlightening that mind by pictures of life and what that life means. I mean encouraging the spirit not by rule-of-thumb talk about art, but by stories about the people in every age, and thus presenting to people simply themselves. [...] In this tradition of the novel have I been born and reared as a writer. My ambition, therefore, has not been trained toward the beauty of letters or the grace of art.[25]

Liest man Bucks Darstellung im Kontext der Nobelpreiskontroverse, wird deutlich, dass sie für ihre in chinesischer Erzähltradition geschriebenen Texte eine andere Norm als die hochkulturelle Norm der Schwedischen Akademie reklamierte und mit ihren in die chinesische Tradition eingeschriebenen Romanen auf Popularität zielte. Dieses Ziel erreichte sie unschwer, obwohl es von chinesischer Seite auch Gegenwind gab. Stuart Christie fasst zusammen:

> Neither part of the ‚parallel but separate' tradition of the Anglo-European novel, nor of the Chinese *xiaoshuo* tradition proper, Buck's writing emerged after 1931 as a third kind of novel,

---

24 Pearl S. Buck: The Chinese Novel. Speech. 12 December 1938, online abrufbar unter: https://www.nobelprize.org/prizes/literature/1938/buck/lecture/ (letzter Zugriff: 1.12.2021). Vgl. dazu auch Stuart Christie: The Anachronistic Novel: Reading Pearl S. Buck Alongside Franco Moretti, in: Literature Compass 7.12 (2019), S. 1089–1100.
25 Pearl S. Buck: The Chinese Novel. Vgl. dazu auch Christie: The Anachronistic Novel.

an Anglophone *xiaoshuo*, which was neither the one nor the other, and yet which conventionally took as its task [...] ‚to bring forth through the conjuring arts of literary representation the convincing sense of a „real" world at the heart of its narrative fabrication'.[26]

Insgesamt schrieb die bikulturelle Autorin mehr als 90 Bücher über China oder west-östliche Kontakte, die meisten davon wurden Best- und Longseller und in insgesamt 145 verschiedene Sprachen und Dialekte übersetzt. In den späten 1960er-Jahren war Buck damit die meist-übersetzte amerikanische Autorin vor Ernest Hemingway (1899–1961) und John Steinbeck (1902–1968);[27] *The Good Earth* gilt als das „meistgelesene ‚amerikanische' Buch im Ausland".[28] Zudem ist sie die Verfasserin mehrerer Biographien (u.a. ihrer Mutter,[29] ihres Vaters[30] und ihrer Tochter[31]) und Autobiographien,[32] Theaterstücke, Kurzerzählungen, Kinderbücher, Essays, lyrischer Texte und arbeitete an der Verfilmung ihrer Bücher mit.

Der Erfolg der amerikanischen Autorin erstreckte sich auch auf den NS-deutschen Buchmarkt – was angesichts der interkulturellen und aufklärerischen Ausrichtung auf den ersten Blick erstaunen mag. In der Forschung findet man dazu allerdings nichts. Zwar wurde mittlerweile angefangen, auch die Rezeption und Distribution von Übersetzungen und anderen kulturellen Importen ins sogenannte Dritten Reich kulturwissenschaftlich,[33] verlagshistorisch,[34] in Bezug auf den Buchmarkt generell[35] oder auf die nationalsozialistische Literaturpolitik[36] aufzuarbeiten und man konnte so zeigen, dass die weit verbreitete These von der Autarkie NS-

---

26 Christie: The Anachronistic Novel, S. 1093.
27 Vgl. Stirling: Pearl Buck: A Woman in Conflict, S. 313; Conn: Pearl S. Buck. A Cultural Biography, S. 364; ders.: Rediscovering Pearl S. Buck, S. 1 sowie Vanessa Künnemann: Middlebrow Mission: Pearl S. Buck's American China. Bielefeld 2015, S. 28.
28 Stuby: Ich bin nirgendwo ganz zu Hause und überall ein bißchen, S. 102.
29 Vgl. Pearl S. Buck: The Exile. Portrait of an American Mother. New York 1936.
30 Vgl. Pearl S. Buck: Fighting Angel. Portrait of a Soul. New York 1936.
31 Vgl. Pearl S. Buck: The Child Who Never Grew. New York 1950.
32 Vgl. Pearl S. Buck: My Several Worlds. A Personal Record. New York 1957 und dies.: A Bridge Passing. New York 1962.
33 Vgl. z.B. Hans-Dieter Schäfer: Das gespaltene Bewusstsein. München, Wien ³1983.
34 Vgl. z.B. Murray G. Hall: Der Paul Zsolnay Verlag. Von der Gründung bis zur Rückkehr aus dem Exil. Tübingen 1994, zum Übersetzungsprogramm: S. 248–298; Anne-M. Wallrath-Janssen: Der Verlag H. Goverts im Dritten Reich. München 2007, zu Literatur in Übersetzungen: S. 82–85 oder Seng: Weltanschauung als verlegerische Aufgabe.
35 Vgl. z.B. Adam: Lesen unter Hitler, zu „Bestseller aus dem Ausland": S. 223–248 oder Schneider: Bestseller im Dritten Reich, zu ausländischen Romanen S. 93f.
36 Vgl. z.B. Barbian: Literaturpolitik im NS-Staat, zur Anzeigepflicht ausländischer Verlagslizenzen S. 465f.

Deutschlands sowie dessen Abschluss vom Weltliteraturmarkt[37] keineswegs der Alltagsrealität im Nationalsozialismus entsprach. Die Wirklichkeit des sogenannten Dritten Reichs vor allem hinsichtlich der Populärkultur war vielmehr, wie Hans-Dieter Schäfer bereits 1981 festhält, „zugleich ‚amerikanisch' und ‚völkisch'".[38] Man denke etwa an mittlerweile kanonisch gewordenen Einzelbeispiele aus dem Bereich des Films, wie die breite Rezeption Disneys,[39] oder diverser Lifestyle-Produkte, wie etwa Coca-Cola.[40] Im Bereich der Literatur kann Margaret Mitchells *Gone with the Wind* (1936; dt. *Vom Winde verweht*, 1937) als Beispiel fungieren, ein Roman, der zwischen 1933 und 1944 unter den 40 meistverkauften Romanen in Deutschland zu finden war.[41] Generell wurde der deutsche Buchmarkt durch eine rege Übersetzungspraxis, vor allem aus dem Amerikanischen, Englischen und Skandinavischen, belebt; die vermeintlichen politischen Zäsuren konnten diesen Markt kaum beeinträchtigen. Auch die Rezeption und weite Verbreitung von Bucks Texten im nationalsozialistischen Deutschland steht in diesem Kontext: Sieben Bücher Bucks wurden im *Paul Zsolnay*-Verlag übersetzt und mit Startauflagen in den 10.000ern in NS-Deutschland vertrieben;[42] zwei weitere Texte erschienen im *Zinnen* Verlag,[43] zudem brachten *Tauchnitz* und die *Büchergilde* weitere Lizenzausgaben heraus.

Gleichwohl ist der ‚Fall Buck' signifikant anders gelagert als die zahlreichen Übersetzungen, mit denen die deutschen Leser:innen zwischen 1933 und 1945 bei Laune gehalten wurden: Denn man machte Bucks *Die gute Erde* zum „echt deutsche[n] Volksbuch"[44] und forcierte so nicht nur ihre Breitenwirksamkeit und bewarb förmlich die Lektüre in allen Gesellschaftsschichten, sondern bemühte sich

---

37 Vgl. z. B. die bereits 1960 erstmals erschienene und bis in die 1980er-Jahre immer wieder aufgelegte und zeitweilig zum Standardwerk gewordene Studie von Dietrich Strothmann: Nationalsozialistische Literaturpolitik. Bonn [1960] ⁴1985.
38 Schäfer: Das gespaltene Bewusstsein, S. 156.
39 Vgl. dazu u.a. ebd., S. 129f.
40 Vgl. dazu ebd., S. 118.
41 Die Bestsellerlisten wurden in Deutschland erst ab den 1950er-Jahren geführt. Tobias Schneider hat anschließend an den (sehr lückenhaften) Versuch von Donald Ray Richards, retrospektiv eine Bestsellerliste des 20. Jahrhunderts zu erstellen (Donald Ray Richards: The German Bestseller in the 20th Century. A Complete Bibliography and Analysis, 1915–1940. Bern 1968), eine erste Auflistung der meistverkauften Romane während der NS-Zeit erstellt und analysiert. Vgl. Schneider: Bestseller im Dritten Reich, die Auflistung S. 80–86, Ausführungen zu Mitchell und anderen übersetzen Erfolgsromanen S. 93f.
42 Vgl. Hall: Der Paul Zsolnay Verlag, S. 273f. Im *Zsolnay* Verlag erschienen die Bände *Söhne*, *Ostwind–Westwind*, *Das geteilte Haus*, *Die Mutter*, *Die erste Frau*. *Novelle*, *Die Frau des Missionars* und *Gottesstreiter in fernem Land*.
43 Im *Zinnen* Verlag erschien *Die gute Erde* sowie *Der junge Revolutionär*.
44 Werbeanzeige in Buck: Die gute Erde, o.S. [S. 351].

um eine regelrechte ‚Eindeutschung' ihrer Bücher. Der große Absatz ihrer Bücher in Deutschland zeige, so eine Werbeanzeige des Verlags im *Börsenblatt für den deutschen Buchhandel*, „daß dieser gewaltige Roman [...] im Herzen der deutschen Leserschaft eine zweite Heimat findet".[45] Ähnliche Strategien lassen sich auch in den Besprechungen anderer übersetzter Bestseller finden, etwa bei Mitchells *Vom Winde verweht*[46] oder bei dem norwegischen Schriftsteller Knut Hamsun, um nur zwei Beispiele zu nennen.[47] Doch anders als Hamsun, der nicht nur mit den Nationalsozialisten sympathisierte, sondern sich auch bewusst für die Nationalsozialisten in Norwegen einsetzte und mit Hitler und Goebbels persönlich (und bewundernd) verkehrte, ließen sich weder Buck als öffentliche Person noch ihre Texte so einfach ns-propagandistisch instrumentalisieren. Im Gegenteil: Ab Mitte der 1930er-Jahre nutzte Buck die gewonnene Reputation, um offen über das Unrechtsregime (europäischer) faschistischer Staaten zu sprechen und engagierte sich öffentlichkeitswirksam für Geflüchtete. Die durch den Nobelpreis gesteigerte, internationale Aufmerksamkeit half dabei, ihrer Stimme Gehör zu verschaffen. Für die Nationalsozialisten wurde dies zum Problem, da man mit einem Verbot der faschismus-kritischen Autorin mit Weltliteraturstatus vermutlich ebenfalls international Aufsehen erregen würde. Dennoch wurde es im sogenannten Dritten Reich Mitte der 1930er-Jahre plötzlich stumm um die zuvor viel gelobte Autorin.

Im Folgenden werde ich mich just dieser Entwicklung widmen und dabei – der Chronologie folgend – zunächst Bucks Chinatrilogie etwas genauer vorstellen (5.1), bevor ich ausführlicher auf die empirische Rezeption der Bücher im nationalsozialistischen Deutschland eingehe (5.2). Die China-Trilogie *The House of Earth* hat in ihrer Gesamtheit bisher literaturwissenschaftlich kaum Beachtung gefunden.[48] Ich fokussiere die trinationale Konstellation China, USA, NS-Deutschland. Der Frage folgend, warum und wie Bucks Trilogie zum „echt deutschen Volksbuch" avan-

---

45 Werbeanzeige, in: Börsenblatt für den deutschen Buchhandel, 1.4.1933, S. 17.
46 Vgl. zur deutschen Rezeption von Mitchells *Vom Winde verweht* John Haag: Gone With the Wind in Nazi Germany, in: The Georgia Historical Quarterly 73.2 (1989), S. 278–304.
47 Vgl. z.B. Adam: Lesen unter Hitler, S. 242–246.
48 Die überschaubare literaturwissenschaftliche Beschäftigung mit Buck konzentriert sich zumeist auf den ersten Band *Die Gute Erde*. Eine Ausnahme bildet die Dissertation von Künnemann: Middlebrow Mission, die mehrere Texte Bucks analysiert. Vgl. Darüber hinaus Charles W. Hayford: *The Good Earth*, Revolution and the American Raj in China, in: The Several Worlds of Pearl S. Buck, S. 19–27; Stephen Spencer: The Discourse of Whiteness: Chinese-American History, Pearl S. Buck, and *The Good Earth*, in: Americana. The Journal of American Popular Culture 1.1 (2002), online abrufbar unter https://americanpopularculture.com/journal/articles/spring_2002/spencer.htm (letzter Zugriff: 6.8.2021).

cierte, möchte ich schließlich (5.3) einige thematische und motivische Anschlussstellen für eine nationalsozialistische Lesart rekonstruieren. Bucks Texte – so meine These – sowie ihre Haltung zum zeitgenössischen China offerierten einige Anschlussstellen, die die NS-Propaganda durchaus zu nutzen wusste. Es geht mir dabei ausdrücklich um eine rezeptionsbasierte (und teils sehr selektive) Interpretation, also insbesondere nicht um die Frage, ob die in NS-Deutschland favorisierte Sicht auf Bucks Texte adäquat war – das war sie sicher nicht. Um aber die deutsche Euphorie für Buck zu erläutern, werde ich einige Schlaglichter auf ausgewählte Themenbereiche werfen, die im deutschen Rezeptionskontext bis 1938 räsonieren konnten. Daran anknüpfend werde ich (5.4) schließlich die entsprechenden Passagen aus der Buck'schen Sicht verorten, bevor ich mich abschließend dann auf eine Rekonstruktion des Wendepunkts der ns-deutschen Buck-Rezeption konzentriere (5.5).

5.1 *The House of Earth* – Pearl S. Buck als interkulturelle Aufklärerin

Die Trilogie *The House of Earth* war laut Buck zu Beginn nicht als mehrbändige Reihe geplant. Ihre Gedanken seien aber nach Band 1 „so filled with Wang Lung's family" gewesen, „that I felt quite impelled to go on with them".[49] Wang Lung ist der Protagonist von *Die Gute Erde*, dessen Aufstieg vom einfachen Bauern zum reichen Grundbesitzer erzählt wird. Er ist das Oberhaupt der Familie in seiner Generation, der ersten der in den drei Bänden dargestellten drei Generationen.

Die Haupthandlung spielt in Nordchina,[50] der Ort wird jedoch, genau wie die erzählte Zeit, nicht explizit bestimmt. Einige Referenzen auf realhistorische Entwicklungen (nicht konkrete Daten) innerhalb der von einem nullfokalisierten, heterodiegetischen Erzähler überwiegend chronologisch[51] berichteten Geschichte deuten jedoch an, dass der Startpunkt der Saga im vorrevolutionären China anzusiedeln

---

49 Zit. nach Adams: [Rez.] A Sequel to „The Good Earth".
50 Michael H. Hunt geht davon aus, dass der Erzählort in der Anhui Provinz zu lokalisieren ist. Dies ist nicht auszuschließen und naheliegend, doch gibt es im Erzähltext selbst, wenn ich es richtig sehe, keinerlei Hinweise auf eine Konkretisierung über die Region Nordchina im Allgemeinen hinaus. Auch Hunt führt keine Belege an (vgl. Michael H. Hunt: Pearl Buck – Popular Expert on China, 1931–1949, in: Modern China 3.1 [1977], S. 33–64, hier: S. 34).
51 Vor allem der erste Band ist (ausgenommen eines Zeitsprungs von fünf Jahren [vgl. Buck: Die Gute Erde, Kap. XXX]) chronologisch angelegt. In *Söhne* und *Das geteilte Haus* finden sich, auch wegen der Reihenpublikation, zunehmend mehr analeptisch und proleptisch erzählte Passagen.

ist (also vor 1911)[52] und der dritte Band im nachrevolutionären, republikanischen China (also etwa Mitte der 1920er-Jahre)[53] schließt. Buck beschreibt demnach China in der Umbruchsphase, konzentriert sich jedoch in Band 1 und 2 in erster Linie auf periphere ländliche Regionen, nicht die zentralen Schauplätze der politischen Machtkämpfe. Im Vergleich zu Band 3, der hauptsächlich in Shanghai und (der im republikanischen China neuen Hauptstadt) Nanjing spielt, weisen die ersten beiden Bände wenig politische Momente auf. Oder wie Wang Lung es formuliert: „Ja, ja, ich habe von einer Revolution gehört, aber ich habe zuviel Arbeit gehabt in meinem Leben, um darauf aufzupassen. Immer hatte ich mit dem Lande zu tun."[54] Es ist dieser Fokus auf das vormodern gebliebene ländliche China, den Buck einige chinesische Kritiker als Anachronismus übelnahmen.[55]

Die ländlich-periphere Perspektive geht mit einem un- oder vorpolitischen Bewusstsein des Protagonisten einher. Es gibt dementsprechend auch keine direkten Referenzen auf realhistorische Personen, die prägend für die politischen und gesellschaftlichen Entwicklungen waren, etwa den Kaiser in Beijing oder den Revolutionsführer Sun Yatsen. Im Gegensatz zu historischen China-Romanen und -Erzählungen, wie sie etwa von Rudolf Brunngraber oder Alfred Döblin vorgelegt wurden,[56] präsentiert Buck in ihrer Saga also ein fiktionales Geschehen mit nur vereinzelt impliziten Referenzen auf das realhistorische China und seine Geschichte.[57]

Die groben Züge der sehr detailreichen und reichhaltig ausgeschmückten Handlung der in den deutschen Erstausgaben je gut 500 Seiten umfassenden Bände lassen sich wie folgt nachzeichnen: *Die gute Erde* beginnt in einem kleinen, nicht benannten Dorf in Nordchina mit der Eheschließung Wang Lungs und O-lans, einer Sklavin. Nach einer schlimmen Hungerkatastrophe, die Wang Lung und O-lan mit

---

52 Einige Episoden in *Die Gute Erde* deuten an, dass die Revolution von einzelnen Gruppen, die im Süden angesiedelt sind, vorbereitet wird. Vgl. vor allem Buck: Die Gute Erde, S. 344f. Zudem gibt es einen Hinweis darauf, dass es nicht mehr erlaubt sei, Opium offen zu verkaufen (vgl. ebd., S. 268). Ab 1906 erarbeitete der Kaiser gemeinsam mit den Briten einen Stufenplan zur schrittweisen Eindämmung des Opiumhandels und -konsums in China. Das Gesetz zum tatsächlichen Verbot des Konsums trat erst 1911 in Kraft.
53 Die Revolution ist vorläufig abgeschlossen; zum Ende der Erzählung bereiten weitere Gruppen einen erneuten Umsturz vor. So lässt sich annehmen, dass hier auf die Vormachtstellungskämpfe zwischen Nationalisten und Kommunisten innerhalb der Guomindang nach Sun Yatsens Tod referiert wird.
54 Buck: Die Gute Erde, S. 344.
55 Vgl. Christie: The Anachronistic Novel, S. 1091f.
56 Vgl. dazu das Kapitel 2. Historisches China und gegenwärtiges Deutschland.
57 Vgl. dazu auch sehr knapp und leider nicht weiter ausführend Stuby: Ich bin nirgendwo ganz zu Hause und überall ein bißchen, S. 91.

ihren Kindern in den Süden fliehen lässt, kehren sie zurück und Wang Lung beginnt sein im Süden erlangtes kleines Vermögen[58] in Grundbesitz zu investieren – mit Erfolg: Die Ernte fällt so reich wie nie zuvor aus und der vormals kleine Bauer Wang Lung wird zum Großgrundbesitzer, steigt damit innerhalb der Gesellschaft auf und geht – seiner neuen gesellschaftlichen Rolle entsprechend – sämtlichen typischen Aktivitäten der oberen Gesellschaftsschicht nach. Neben Besuchen im Teehaus und Bordell holt Wang Lung sich mehrere Konkubinen auf seinen Hof, zum Leidwesen O-lans, die dem Wandel ihres Mannes nicht nacheifern kann. Nach dem frühen Tod O-lans bezieht die Familie, also Wang Lung mit seinen Kindern und Nebenfrauen, einen großen Hof in der Stadt, wo O-lan vor ihrer Ehe als Sklavin tätig war und den Wang Lung im Zuge seiner Landkäufe als eine Art symbolische Gleichstellung erworben hatte. Die drei Söhne Wang Lungs genießen eine hochwertige Ausbildung, die ersten beiden Söhne werden verheiratet und gründen eigene Familien, die der Tradition entsprechend alle gemeinsam in den verschiedenen Teilen des großen, palastartigen Hofes wohnen. Zum Ende des Romans ist Wang Lung alt und krank, man bereitet traditionsgemäß seine Beerdigung vor und er geht für seine letzten Lebenstage gemeinsam mit seiner jüngsten Nebenfrau und seiner geistig behinderten Tochter zurück in das alte Lehmhaus auf dem Land.

Der erste Band erzählt demnach, auch wenn die Handlung in China und nicht in den USA spielt, eine typische Aufstiegsgeschichte nach dem Muster ‚from rags to riches' (‚vom Tellerwäscher zum Millionär'), die wohl – genau wie die aufgeworfenen Fragen um das Verhältnis von Modernisierung und Agrarwirtschaft/traditionelles Bauernleben – vor allem vor dem Hintergrund der Großen Depression beim amerikanischen Lesepublikum besonders gut ankam.[59] Einen Fokus legt Buck hierbei auf die Voraussetzungen und Konsequenzen des sozialen Aufstiegs: Um seine soziale Anerkennung zu sichern, bemüht sich Wang Lung um Distinktion und Abgrenzung ‚nach unten', muss sich dazu aber im Zuge dessen von einigen geliebten Personen seines Herkunftsmilieus abwenden;[60] seine zunächst für alle Lebensentscheidungen maßgebliche und als feste, tradierte Orientierungsgröße dienende (Natur-)Religion wird ferner zunehmend in Frage gestellt.[61] Die zwischenzeitliche

---

58 Zwar versuchte die Familie dort zu arbeiten, um so ihren Lebensunterhalt zu sichern, doch entspringt der Großteil des Geldes Wangs Plünderungen während einer Attacke von einer revolutionären Gruppe auf die Südstadt (vgl. Buck: Die Gute Erde, Kap. XIV).
59 Vgl. z.B. auch Kühnemann: Middlebrow Mission, S. 168 und Hunt: Pearl Buck – Popular Expert on China, S. 39.
60 Vgl. etwa Wang Lungs Umgang mit seiner Frau O-lan Buck: Die Gute Erde, S. 159f.
61 Vgl. z. B. ebd., S. 221, S. 229, S. 259f. oder S. 292.

Hybris und Prätention des Aufsteigers wird allerdings zu seinem Lebensende aufgehoben am Ende des Romans, als er zu seinen Wurzeln zurückfindet, sodass der Protagonist letztlich doch als positive Identifikationsfigur gewertet werden kann.

Der zweite Band *Söhne* knüpft unmittelbar an die Handlung des ersten Bandes an und erzählt nach Wang Lungs Tod im ersten Kapitel die Lebensgeschichte seiner drei Söhne: Wang der Grundherr, Wang der Kaufmann und Wang der Tiger. Letzterer steht dabei im Zentrum der Narration, während man vom Leben der beiden in der Heimatprovinz verbliebenen Brüder nur in gerafft erzählten Passagen erfährt (zumeist wenn Wang der Tiger, also der Protagonist des zweiten Bandes, an deren Hof zu Besuch ist): Wang der Grundherr pflegt einen dekadenten Lebensstil, während Wang der Kaufmann ein sparsames Lebensprinzip verfolgt und auf Profit und Rendite setzt. Mit dem Protagonist Wang dem Tiger können die Leser:innen erneut einen Aufstieg verfolgen: Mit Klugheit und Kampfesstärke arriviert er im Laufe der Erzählung und entwickelt sich vom einfachen Soldaten zum Herrscher über mehrere Städte. Um seine Macht auf Dauer zu sichern, entschließt sich Wang der Tiger – trotz seines bereits seit der Jugend bestehenden Desinteresses an (oder gar Ablehnung gegen) Frauen – sich mit zwei Frauen zu vermählen, die ihm die männliche Nachfolge garantieren sollen. Tatsächlich bekommt Wang der Tiger einen Sohn, den er gegen seinen Willen in eine Kriegsschule schickt, um ihn zum Soldaten ausbilden zu lassen. Dieses Projekt aber scheitert; am Ende des Romans kehrt der Sohn als Fahnenflüchtiger zurück und will sich im Lehmhaus des Großvaters verstecken. Wiederum dient dieses ‚Urhaus' der Familie als Ziel- und Fluchtpunkt aller individuellen Ambitionen.

Der Sohn Wang des Tigers, nun Yuan genannt, steht schließlich im Zentrum des dritten Bandes *Das geteilte Haus*. Nach dem Bruch mit seinem Vater geht Yuan nach Shanghai zu dessen zweiter Ehefrau. Das Leben dort könnte kaum kontrastreicher zu den vorangegangenen Erzählungen sein: Durch Yuan erfahren die Leser:innen von der modernen, sehr westlichen Lebensweise junger Chines:innen in der Großstadt. Verstrickt in kommunistische Putsch-Bestrebungen gerät Yuan in Gefangenschaft. Die Familie kauft ihn frei, er muss ins Ausland flüchten und verbringt schließlich sechs Jahre in den USA, wo er an einer Universität studiert. Zunehmend wird ihm dort seine chinesische Herkunft bewusst, die ihn schließlich, nachdem die Revolution erfolgreich war, zurück nach China treibt. In Nanjing wird er Lehrer im Dienst des neuen Staates und gründet eine Familie.

Obgleich die drei Bände auch einzeln gelesen werden können, da ausreichend Analepsen und (wiederholte) Figurencharakterisierungen geliefert werden, so dass der/die Leser:in der Erzählung problemlos folgen kann, zeichnet sich die Trilogie durch eine über Generationen fortgesetzte Handlung wie auch durch Strukturähnlichkeiten und Motivketten als zusammengehörig aus. Es sei auf einige Auffälligkeiten kursorisch hingewiesen, die man für eine Gesamtinterpretation weiter ausdeuten müsste: In allen drei Büchern werden jeweils Erfolgsgeschichten erzählt, sei es der soziale und finanzielle Aufstieg vom Bauern zum Grundbesitzer in Band 1, der politische Aufstieg vom Soldaten zum Machthaber in Band 2 oder die persönliche Entwicklung vom unzufriedenen Soldaten zum gebildeten Lehrer in Band 3. Einzelne Motive, etwa das Motiv der Erde, der Freiheit auf dem Land oder des Verhältnisses von Tradition und Moderne, sind in allen drei Bänden von zentraler Bedeutung. Das Lehmhaus Wang Lungs übernimmt für die Verknüpfung aller Handlungsstränge eine wichtige Funktion und wird für die Figuren zum symbolischen Gravitationszentrum; in allen drei Bänden ist das Lehmhaus zudem in zirkulärer Form Ausgangs- und Endpunkt der Narration.

In ihrem Zusammenspiel eröffnen die drei Bände ein breites Gesellschaftspanorama Chinas: Durch die unterschiedlichen Schauplätze gelingt es Pearl S. Buck mit ihrer Familiensaga drei verschiedene Lebensformen des (modernen wie des noch nicht modernen) Chinas – das Landleben, das Kriegerleben und das Stadtleben (mitsamt dem westlichen, modernen Leben der jungen Generation mit zahlreichen Auslandskontakten) – facettenreich darzustellen. Aber auch innerhalb der einzelnen Bände ist diese panoramatische Perspektive bereits angelegt, etwa wenn in Band 1 Wang Lung und O-lan, zunächst als Repräsentanten des bäuerlichen Lebens durch den sozialen Aufstieg ihren drei Söhnen ein Leben jeweils als Gelehrter, als Kaufmann und als Soldat ermöglichen. Im sozial aufgefächerten Figurenarsenal treten zudem Diener, Knechte und Sklavinnen aus der untersten Gesellschaftsschicht, diverse Reiche aus der obersten Schicht sowie Räuber und Revolutionäre auf, die gegen den etablierten Staat kämpfen.[62] Buck präsentiert also ein diversifiziertes Bild von China, indem sie das gesamte gesellschaftliche Leben in einen kleinen, überschaubaren Familienkosmos projiziert und so narrativ darstellbar macht. Die dabei vorgenommene Typisierung der Figuren zielt ergänzend auf einen Exemplaritäts- und Universalitätsanspruch.[63] In der deutschen Version wird diese Allgemeingültigkeit durch den dem ersten Band hinzugefügten Untertitel *Roman des chinesischen Menschen* bereits paratextuell markiert.

Buck realisiert auf diesem darstellerischen Weg ihr Anliegen, ihrer westlichen Leserschaft in literarischer Form ein möglichst facettenreiches Bild Chinas zu ver-

---

62 Vgl. zu den einzelnen Berufsständen in China in Bucks Kindheitserinnerungen auch ihre Ausführungen in der Autobiographie: Buck: Ruf des Lebens, S. 13.
63 Vgl. Phyllis Bentley: The Art of Pearl S. Buck, in: The English Journal 24.10 (1935), S. 791–800, hier: S. 800.

mitteln. Diesem Ziel dient auch die – vor allem im Vergleich zu anderen China-Romanen auffallende – sprachliche und narrative Gestaltung: Während etwa Alfred Döblin und Rudolf Brunngraber, die beide selbst China nicht bereisten, ihr angelesenes Chinawissen ausstellen, indem sie diverse chinesische Begriffe oder Namen (zumeist in Pinyin-Transkription) einflechten, den Leser:innen zusätzliche historische Hintergrundinformationen bereitstellen oder ausführlich chinesische Essgewohnheiten und rituelle Traditionen beschreiben und so zum einen Alterität behaupten, zum anderen sich selbst als China-Kenner installieren können, fehlen diese Verfahren bei Buck gänzlich. Sie vermeidet zum Beispiel jegliche chinesischen Begriffe, das Figurenpersonal trägt, abgesehen von den Protagonisten, entweder keine Namen und wird nur in der jeweiligen Familienfunktion (etwa Sohn von XY oder Mutter von XY) genannt oder den Figuren werden deutsche (bzw. im Original englische) metaphorische Namen verliehen; so erscheint etwa die jüngste Nebenfrau Wang Lungs als „Pfirsichblüte", was chinesische Assoziationen weckt ohne tatsächlich fremdsprachig zu sein. Die einzelnen Figuren werden so zu Typen, die jeweils einen Ausschnitt des gesellschaftlichen Panoramas repräsentieren. Auch chinesische Ortsnamen werden nicht genannt, sondern es wird immer generell von Nord- und Südchina oder einer „Küstenstadt", der „Hauptstadt" etc. gesprochen.

Bei Döblin, Brunngraber und anderen hat das ostentative Ausstellen ihres Chinawissens vor allem Legitimierungs- und Authentifizierungsfunktion, derer Buck nicht bedarf. Aufgrund ihrer persönlichen Lebensgeschichte, die auf dem Buchmarkt auch medial angepriesen und mit den Büchern beworben wurde,[64] erübrigte sich die Notwendigkeit, Kennerschaft zu belegen. Letzte verkörpert sich – außertextuell – in Bucks biografischer Bikulturalität. Zugleich stützt die bewusst ohne gelehrsame Attitüde daherkommende Gestaltung das Vermittlungsanliegen, das Buck zum Schreiben amerikanischer Bücher über China motivierte: Als sie während ihres Chinaaufenthalts in die USA kam, war sie

> appalled and oppressed by the discovery that American people are almost totally ignorant of China, nor have they any great desire to learn more about this ancient and mighty nation who will and must affect our own nation and people in the future more than any other.[65]

---

64 Vgl. auch Leong: The China Mystique, S. 24–26.
65 Zit. nach Sheila Melvin: Pearl's Great Price, in: The Wilson Quarterly (2006), S. 24–30, hier: S. 25. Vgl. auch die Erinnerungen Bucks an die Jahre im amerikanischen College, ihr erster längerer Aufenthalt in den USA: „Aber noch heute begreife ich nicht den völligen Mangel an Interesse oder auch nur an Neugier der Amerikaner gegenüber anderen Ländern und Völkern. Ich war aufs höchste erstaunt, daß die Mädchen in meiner Klasse mir niemals eine Frage über China stellten – ich hatte mir eingebildet, sie würden wissen wollen, was die Menschen dort äßen oder wie sie lebten und

So verfolgt sie mit ihren Romanen also verschiedene Ziele, was sich auch auf Textebene abzeichnet: Erstens will sie bei ihren amerikanischen Leser:innen grundsätzlich das Interesse an fremden Kulturen, insbesondere China, wecken und authentisch als Aufklärerin und Mittlerfigur zwischen den Kulturen auftreten. Zweitens setzt sie auf Universalismus in einem humanitären Sinne, der zwar kulturelle und nationale Grenzen überschreitet, Alterität und Differenz dadurch aber nicht ausblendet. Ich komme darauf noch genauer zu sprechen. Drittens intendiert sie mit ihren Büchern eine gewisse Selbstbespiegelung ihres westlichen Publikums: Dies manifestiert sich etwa in den Roman-Episoden, in denen nicht-chinesische Figuren auftreten, die aus chinesischer Perspektive humorvoll als ‚fremd' und ‚andersartig' beschrieben werden. Beispielhaft sei hier eine Episode aus dem dritten Band erwähnt, in der Yuan mit einem amerikanischen Missionarsehepaar einen christlichen Gottesdienst besucht:[66] Komik wird hier bereits durch die Beschreibungssprache des Erzählers erzeugt, etwa dadurch, dass zur Beschreibung des Gesehenen Yuans chinesisches Vokabular benutzt wird: so wird die Kirche etwa immer wieder als „Tempel" bezeichnet, mit dem Effekt, das die christlich-sozialisierte Leseerwartung unterlaufen wird. Zudem verfremdet das fehlende kulturelle Kontextwissen des Protagonisten, der die christlichen (metaphorischen) Aussagen wörtlich nimmt, die Erwartung der Leser:innen – etwa wenn er den christlichen Monotheismus nicht nachvollziehen kann. In Episoden wie diesen führt Buck in komischer Form ihren amerikanischen Leser:innen durch die fremde Perspektive die Eingeschränktheit ihres westlichen Standpunktes vor Augen: Für die Leser:innen durch ihre (westliche und christliche) Sozialisation alltägliche, schlüssige und unhinterfragbare Dinge, können aus der inszenierten fremden Perspektive doch sehr rätselhaft, wenn nicht gar skurril und absurd erscheinen.

Bucks Verfremdungs- und Vermittlungsstrategie scheint jedenfalls aufgegangen zu sein: Ihre Bücher fanden nicht nur breiten Anklang, sie trugen auch zur Veränderung des amerikanischen Chinabildes bei, wie dies die Forschung wiederholt nachgewiesen hat.[67] Buck wurde über die Literatur hinaus als China-Expertin wahrgenommen und deshalb immer wieder als politische, soziale und kulturelle Expertin für

---

ob China sehr viel anders als Amerika sei. Soweit ich mich erinnern kann, hat sich aber niemand je bei mir nach den vielen Millionen Menschen auf der anderen Seite des Erdballs erkundigt – nicht einmal ein Mitglied meiner Familie." (Buck: Ruf des Lebens, S. 56).
66 Vgl. Buck: Das geteilte Haus, S. 257–259.
67 Vgl. vor allem Leong: The China Mystique, zu Buck S. 12–56, hier v.a. S. 27. Vgl. darüber hinaus auch Conn: Rediscovering Pearl S. Buck, S. 1; Hunt: Pearl Buck – Popular Expert on China, v.a. S. 34; Hayford: *The Good Earth*, Revolution and the American Raj in China, S. 19f. und S. 22; Künnemann: Middlebrow Mission, S. 12 und S. 171.

China und als authentische Autorität befragt.⁶⁸ Zugleich ermöglichte oder erleichterte ihre universalisierende, auf Vermittlung von Fremdem zielende Darstellung den Büchern, die als sogenannte Middlebrow Literature⁶⁹ primär amerikanische Leser:innen erreichen wollten, auch eine erfolgreiche internationale Rezeption, etwa in Deutschland.

5.2 Pearl S. Buck in der deutschen Literaturkritik bis 1938

Um Bucks Texte „wetteifert[en]"⁷⁰ zwei deutschsprachige Verlage: Während Bucks Kassenschlager *The Good Earth* zwei Jahre nach der amerikanischen Erstveröffentlichung und nach Verleihung des *Pulitzer-Preises* unter dem wörtlich übersetzten deutschen Titel *Die Gute Erde*⁷¹ von Ernst Simon im *Zinnen* Verlag⁷² erschien, veröffentlichte im gleichen Jahr der Wiener *Paul Zsolnay*-Verlag,⁷³ bereits den zweiten Band

---

68 Vor allem in diversen Zeitungsbeiträgen wird sie immer wieder als Interviewpartnerin bzgl. aktuellen Entwicklungen in China oder zum amerikanisch-chinesischen Verhältnis herangezogen. Vgl. nur beispielhaft [Anonym]: Mrs. Buck Doubts China Will Go Red, in: New York Times, 22.8.1932, S. 17; [Anonym]: Pearl Buck, Writer, Is Back From China, in: New York Times, 4.8.1932, S. 21; S.J. Woolf: Pearl Buck Talks of Her Life in China, in: New York Times, 14.8.1932, S. 7; [Anonym]: Says No Treaties Can Stop Japanese, in: New York Times, 9.4.1933, S. 1 oder [Anonym]: Pearl Buck Sees China Moving West, in: New York Times, 14.3.1939, S. 27. Vgl. dazu auch ausführlicher Hunt: Pearl Buck – Popular Expert on China, v.a. S. 43–47.

69 Vgl. dazu Künnemann: Middlebrow Mission, die in ihrer Studie aufzeigt wie Buck versucht just jenen Adressatenkreis anzusprechen und wie sie so erfolgreich in diesem Bereich reüssieren konnte. Vgl. auch knapp Hayford: *The Good Earth*, Revolution and the American Raj in China, S. 19.

70 Margulies: Frauen schreiben gute Bücher.

71 Buck wollte den Roman zunächst nach dem Protagonisten *Wang-Lung* benennen, ihr amerikanischer Verleger riet ihr jedoch davon ab, vgl. Künnemann: Middlebrow Mission, S. 168: „in the Depression era, Americans were fundamentally concerned with the significance of the ‚earth' and the question of how to deal with a rural economy and its process of modernization. Marketing Buck's text as a novel of soil, the company animated Americans to reflect upon the shift from agrarian to urban life in their own society."

72 Der *Zinnen* Verlag war eine „Strohmann-Firma" der Verlage *Amonesta*, *Schidrowitz* und *Ullmann*. Das Programm konzentrierte sich vor allem auf Übersetzungen aus dem Amerikanischen und Englischen. Etwa dreiviertel aller zwischen 1932 und 1938 im Verlag herausgegebenen Bücher sind Übersetzungen. Vgl. zur Geschichte des *Zinnen* Verlags ausführlicher Bernd R. Gruschka: Der gelenkte Buchmarkt. Die amerikanische Kommunikationspolitik in Bayern und der Aufstieg des Verlages Kurt Desch 1945 bis 1950. Frankfurt am Main 1995, v.a. S. 99ff. sowie Murray G. Hall: Österreichische Verlagsgeschichte 1918–1938, Bd. 2: Belletristische Verlage der Ersten Republik. Graz, Wien, Köln 1985, S. 31–33.

73 Vgl. zur Geschichte des Verlags die umfassende Studie von Hall: Der Paul Zsolnay Verlag. Vgl. auch kürzer in ders.: Österreichische Verlagsgeschichte 1918–1938. Bd. 2, S. 482–530.

der Trilogie *Söhne*, unmittelbar nach der amerikanischen Veröffentlichung. Dieser Roman wurde übersetzt von *Zsolnays* „Stammübersetzer"[74], dem promovierten Juristen Richard Hoffmann. Neben einigen russischen und italienischen Texten übersetzte Hoffmann in der Hauptsache aus dem Englischen und betreute für *Zsolnay* über zwanzig Autor:innen.[75] Obgleich die Zusammenarbeit mit der amerikanischen Erfolgsautorin diverse Grundsätze der Verlagsarbeit außer Kraft setzte (Buck widersetzte sich beispielsweise, alle Exklusivrechte an den Verlag zu übergeben,[76] während *Zsolnay* in der Regel wie auch bei deutschen Autor:innen den Abschluss eines Generalvertrags forderte[77]), drängte *Zsolnay* den Schweizer Verlag *Zinnen* aus dem Markt: Nur ein weiterer Text Bucks (*The Young Revolutionist* [1934]; dt. *Der junge Revolutionär* [1934]) wurde noch in dem 1931 in Zürich gegründeten *Zinnen* Verlag aufgelegt, und dies, obwohl er sich hauptsächlich auf das Verlegen ausländischer Belletristik spezialisiert hatte. *Zsolnay* hingegen brachte noch sieben weitere Buck-Texte – darunter auch der dritte Trilogie-Band und fast alle von Richard Hoffmann übersetzt[78] – auf den deutschsprachigen Markt.[79] 1930 hatte *Zsolnay* einen Höhepunkt an englischsprachigen Publikationen erreicht, in den Folgejahren sank – in Relation zu anderer ausländischer und deutscher Literatur – der Anteil kontinuierlich ab.[80] Gleichwohl dominierten, vor allem nach der drastischen Reduzierung französischer Titel ab 1933, auch weiterhin Texte aus dem Englischen das Übersetzungsprogramm des Verlags und machten bis zum Ausbruch des Zweiten Weltkriegs gar 45 Prozent des Gesamtumsatzes aus.[81] Für *Zsolnay* war das Übersetzungsprogramm auch während des Nationalsozialismus kein „Nischenphänomen",[82] wie Christian Adam es für ausländische Literatur im sogenannten Dritten Reich generell feststellt, sondern einer der wichtigsten Absatzbereiche des belletristischen Verlags. Da der Verlagssitz in Wien *Zsolnay* de facto nicht der Kontrolle

---

74 Vgl. für das Verhältnis von Übersetzer:innen und Lektor:innen zum Verlag genauer Hall: Der Paul Zsolnay Verlag, S. 249–254, Zitat S. 252.
75 Vgl. ebd.
76 Vgl. ebd., S. 273.
77 Vgl. ebd., S. 254.
78 Einzig *Die Mutter* wurde von einer anderen Stammübersetzerin des Verlags, Anna Polzer, übersetzt (vgl. ebd., S. 274).
79 Es handelt sich dabei um die Titel *Söhne, Das geteilte Haus, Die Mutter, Die erste Frau. Novelle, Die Frau des Missionars* und *Gottesstreiter im Fernen Land*.
80 Hall stellt für diese Entwicklung verschiedene Hypothesen auf. So nimmt er an, dass es (1) generell mit der sinkenden Kaufkraft des Publikums einhergeht, (2) das Interesse für englische Romane rückläufig sei und/oder (3) auch ein größeres Angebot deutscher Klassiker zur Verfügung stand (vgl. Hall: Der Paul Zsolnay Verlag, S. 258).
81 Ebd., S. 248f. und S. 254.
82 Adam: Lesen unter Hitler, S. 230.

und Regulierung durch die Reichsschrifttumskammer entzog,[83] nahm man ab 1933 nur noch zögerlich neue ausländische Autor:innen ins Übersetzungsprogramm auf. Mit der Entscheidung für Buck bewies der Verleger jedoch Gespür für den Markt: Ihre Bücher wurden zu einem solchen „finanziellen und buchhändlerischen Erfolg", dass Buck das „vorerst höchste Honorar, das Zsolnay einem ausländischen Autor gewährte" erhielt.[84] Buck war ein Erfolgsgarant, was sich auch in der zeitgenössischen Literaturkritik abbildet.

Wie eingangs schon für die frühen 1930er-Jahre in den USA und China kursorisch gezeigt, wird Buck auch in den deutschsprachigen Medien vor allem als „eine der besten Kennerinnen des Reiches der Mitte" genannt, die „das Geheimnis dieses uralten Kulturvolkes wirklich mit der Seele"[85] erfasse und die aufgrund ihrer Herkunft als Vermittlerin zwischen Ost und West auftreten könne. So heißt es etwa, dass Buck „uns auf eindringlichste Weise China und die Chinesen verstehen und lieben lehrt",[86] sich in ihren Büchern „die chinesische Seele gleich ein geheimnisvoll vielfältiges Wunder" offenbare und sich so „als eine wahrhaft begnadete Erschließerin östlicher Psyche" zeige.[87]

Hermann Hesse, der aufgrund seiner eigenen Asienbeschäftigung sicherlich Vielen in diesem Zusammenhang als Autorität galt, schreibt ebenfalls Positives über Buck: „Ich habe das chinesische Alltagsleben unserer Zeit noch nie so genau und sympathisch dargestellt gesehen wie bei Pearl S. Buck."[88] Er würdigt Buck nicht nur als Vermittlerin bzw. Aufklärerin, sondern lobt auch die Form ihrer literarischen Darstellung. Auch diese Charakterisierung ist in diversen Rezensionen der frühen 1930er-Jahre im deutschsprachigen Raum wiederholt zu finden. In Abgrenzung zu wissenschaftlichen Texten,[89] (literarischen) Reiseberichten[90] oder anderen

---

83 So musste auch *Zsolnay* etwa neue Übersetzungsrechte bei der Reichsschrifttumskammer melden; vgl. Hall: Der Paul Zsolnay Verlag, S. 249.
84 Ebd., S. 274.
85 Margulies: Frauen schreiben gute Bücher.
86 Lt.: [Rez.] Büchertisch, in: Der Abend, 22.12.1932, S. 11.
87 Anonym: [Rez.] Pearl S. Buck: Söhne, in: Sport im Bild 17 (1933), S. 789.
88 Werbeanzeige, in: Buck: Das geteilte Haus.
89 Vgl. Margulies: Frauen schreiben gute Bücher.
90 Vgl. [Anonym]: [Rez.] Die gute Erde. Roman des chinesischen Menschen von Pearl S. Buck. Zinnen-Verlag Wien, in: Illustriertes Familienblatt. Häuslicher Ratgeber für Österreichs Frauen 13 (1933), S. 2.

China-Romanen[91] lege Buck „farbige[], fesselnde[], stellenweise hinreißend lebendige[]" Bücher vor.[92] Besonders betont wird in den kritischen Würdigungen die Typengestaltung der einzelnen Figuren. So heißt es in einer 1933 publizierten Rezension etwa, dass „[w]eniger die Handlung als die lebenswarme Schilderung chinesischer Volkstypen [...] das Interesse des Lesers in Anspruch"[93] nehmen, und ein anderer Rezensent betont, dass es der Dichterin mit *Der Guten Erde* gelinge, „uns nicht nur den Helden des Buches, den Bauern Wang Lung, und seine Welt lebendig zu machen, sondern gleichsam auch seine 400 Millionen Landsleute."[94] „Kein Wälzer hat jemals das Gesicht eines Vierhundertmillionenvolkes so plastisch erkennbar gemacht,"[95] wird Bucks Text auch in Werbeanzeigen präsentiert. Sowohl die literarische und ästhetische Gestaltung als auch ihre Kennerschaft Chinas lassen Bucks Bücher also – so die literaturkritische Einschätzung von Buck zu Beginn der 1930er-Jahre – zur „stärksten epischen Schöpfung des Jahrzehnts" werden, die „nur an den größten erzählenden Werken unserer Zeit, etwa an den Meisterroman Knut Hamsuns gemessen werden kann."[96] Es sei deshalb „[e]inmal eine Übersetzung, die besondere Beachtung verdient."[97]

In der vergleichenden Zusammenschau deutscher Kritiken zu Bucks Büchern zeigt sich, dass ab etwa Mitte der 1930er-Jahre die Besprechungen, die zunächst vor allem auf Authentizitätsfragen, auf die Buck'sche Ästhetik sowie auf die Verortung ihrer Texte in der Literaturgeschichte und im zeitgenössischen literarischen Feld eingingen, zunehmend mehr mit politischen Kommentaren und Wertungen durchsetzt werden. Dies ist kein reines (ns-)deutsches Phänomen: In China, wo in den 1930er- und 1940er-Jahren insgesamt acht Übersetzungen allein von Bucks *The*

---

91 Vgl. Felix Stiemer: [Rez.] Die Frau des Missionars. Von Pearl S. Buck, Wien 1936, in: Die Literatur 39.1 (1936), S. 180f., hier: S. 180.
92 [Anonym]: [Rez.] Pearl S. Buck: Söhne. Roman, in: Bildungsarbeit. Blätter für sozialistisches Bildungswesen 1 (1934), S. 26. Vgl. auch Werbeanzeige, in: Börsenblatt für den deutschen Buchhandel, 1.4.1933, S. 18: „Die Dichterin hat das herrliche, tiefe Atemholen großer Erzähler, sie hat die Schöpferhände, die Menschen formen. Man muß sie lieben als einen neuen, reichen Besitz."
93 [Anonym]: [Rez.] Die gute Erde. Roman des chinesischen Menschen von Pearl S. Buck.
94 Lt.: [Rez.] Büchertisch.
95 Werbeanzeige, in: Buck: Das geteilte Haus.
96 Lt.: Büchertisch. Vgl. auch Werbeanzeige, in: Börsenblatt für den deutschen Buchhandel, 1.4.1933, S. 17: „und auch die gesamte Kritik preist das Buch als eines der schönsten und stärksten Bücher unseres Zeitalters und stellt es den Meisterwerken Knut Hamsuns berechtigt an die Seite."
97 [Anonym]. [Rez] Pearl S. Buck: Der junge Revolutionär. Roman. Zinnen-Verlag. Berlin, Basel, in: Sport im Bild 2 (1934), S. 45.

Good Earth erschienen[98] und diese vorab seriell in Periodika publiziert wurden,[99] begegnete man Bucks Büchern – vor allem aus politischen Gründen – zunehmend kritischer: „Politicians in the image-conscious Nationalist government that ruled China from 1911 to 1949 were infuriated by *The Good Earth's* depiction of starving peasants, concubines, and banditry."[100] Auch hinsichtlich der chinesischen wissenschaftlichen und literaturkritischen Auseinandersetzung lässt sich dieser Wertungseinbruch beobachten: Während zu Beginn der 1930er-Jahre noch über 50 Artikel über Buck in chinesischen Zeitschriften erschienen, wurde es am chinesischen Literaturmarkt plötzlich still um die amerikanische Bestsellerautorin,[101] in den 1950er-Jahre verschwanden ihr Bücher dann ganz aus den Regalen.[102] Das politische Missfallen ging so weit, dass man Buck 1972 die Einreise nach China verweigerte, weil sie in ihren Büchern „an attitude of distortion, smear, and vilification towards the people of new China and its leaders" einnehme, so ein offizieller Antwortbrief auf ihre Visumsanfrage.[103] Erst in den späten 1980er-Jahren änderte sich dies wieder: Man begann Bucks Bücher als Darstellung des ‚alten', vorkommunistischen China und die Autorin selbst als „a friend of China and someone who has always been supportive of the Chinese people" zu sehen,[104] und leitete so eine literarische und literaturwissenschaftliche Phase der Buck-Rehabilitation ein.

Unter den Nationalsozialisten erfuhren Bucks Texte ebenfalls eine Politisierung – doch im Gegensatz zu China fiel diese positiv aus: *Die Gute Erde* wurde, wie bereits erwähnt, ein „wirklich deutsches Volksbuch". Zwar gab es auch in NS-Deutschland kritische Stimmen hinsichtlich des immer wieder gewählten Chinasujets, etwa wenn Werner Schickert noch 1934 verdeutlicht, dass ihre dritte Chinapublikation in Deutschland (*Der Junge Revolutionär*) nun der „Monotonie" zu verfallen drohe und ihr deshalb rät, „daß sie dieses abgebaute Feld verlasse, auf neuem

---

98 Vgl. Melvin: Pearl's Great Price, S. 27.
99 Vorabpublikationen von *The Good Earth* (chin. *Da di*) erschienen etwa in der Zeitschrift *The Oriental*. Vgl. Liu: Pearl S. Buck's Reception in China Reconsidered, S. 58.
100 Melvin: Pearl's Great Price, S. 27.
101 Vgl. Liu: Pearl S. Buck's Reception in China Reconsidered, S. 58. Vgl. zur chinesischen Kritik auch knapp Hunt: Pearl Buck – Popular Expert on China, S. 172f.
102 Im Jahr 1950 übersetzte man einen sowjetischen Artikel und publizierte ihn in einer chinesischen Zeitschrift mit dem Titel *Pearl Buck: An Old China Hand Gone Bankrupt*. Der Artikel attackierte ihre Familie sowie deren politische Ansichten. Vgl. Melvin: Pearl's Great Prize, S. 27; Liu: Pearl S. Buck's Reception in China Reconsidered, S. 61.
103 Zit. nach: Melvin: Pearl's Great Price, S. 25. Siehe auch Liu: Pearl S. Buck's Reception in China Reconsidered, S. 57.
104 Melvin: Pearl's Great Price, S. 29.

Früchte ihrer Dichterkraft ernte."[105] Auch Felix Stiemer urteilt, dass „es doch immer das Leben aus dem Blickfeld der Chinesen" war, „von dem Frau Buck bisher berichtete".[106]

In der überwiegenden Mehrzahl wurden Bucks Bücher jedoch positiv gewürdigt. Exemplarisch zeigen lassen sich die Gründe dafür an einer Rezension, die der Berliner Literaturkritiker Werner Schickert (1901–1944) über den dritten Teil *Das geteilte Haus* 1935 für die Zeitschrift *Die Literatur* verfasste.[107] Schickert platziert den neu auf Deutsch erschienenen Buck-Text für seine Leser:innen zunächst im werkgeschichtlichen Kontext: Der Roman schließe „sich würdig seinen Vorgängern an", aber „übertrifft sie an bedeutungsvoll zusammengefaßter Zeitgestaltung."[108] Dies manifestiert sich für Schickert in der Schilderung der nachrevolutionären Vorgänge und des politischen Kampfs um Vormacht zwischen chinesischen Kommunisten und Nationalisten. Es ist also die erst eine Dekade zurückliegende Geschichte, mithin das fast noch zeitgenössische China, die Schickert attrahiert. Um den Leser:innen diesen Reiz plausibel zu machen, zeichnet der Rezensent entlang der Erzähllorte die einzelnen Stationen des – so Schickerts Textsortenbestimmung – „fesselnden Entwicklungsroman ersten Ranges" und damit den „Weg des Jünglings zum Manne" nach.[109] Jede Station charakterisiert sich für ihn durch ein entscheidendes Ereignis: Die Auflehnung gegen den Vater zu Beginn des Romans deutet Schickert als Befreiung, die vor allem deshalb möglich sei, weil „der Vater der Zeit mehr und mehr weichen muß" und so zum „leer auftrumpfenden Greis" werde.[110] Die Lossagung vom Elternhaus des Protagonisten sei demnach nicht nur psychologisch motiviert, sondern spiegele eine Reaktion auf den nationalen Umbruch und die gesellschaftliche Modernisierung. In Shanghai studiert Yuan, „nähert sich", so Schickert, „kommunistischen Tendenzen, muß deshalb fliehen, obwohl eigentlich unschuldig".[111] Die Betonung der Unschuld erlaubt es dem Rezensenten, den Protagonisten trotz seiner kommunistischen Verwicklungen als positive Identifikationsfigur zu werten, die sich nur temporär politisch verirrt. Den USA-Aufenthalt deutet Schickert schließlich als zentralen Wendepunkt. Mehrfach erläutert Schickert die westliche Erziehung, die der Protagonist nun genieße, sowie

---

105 Werner Schickert: [Rez.] Der junge Revolutionär. Roman. Von Pearl S. Buck. Basel 1934, Zinnen-Verlag, in: Die Literatur 36.1 (1933), S. 418f., hier: S. 419.
106 Stiemer: [Rez.] Die Frau des Missionars, S. 180f.
107 Vgl. Werner Schickert: [Rez.] Das geteilte Haus. Roman. Von Pearl S. Buck. Deutsch von Richard Hoffmann. Berlin, Wien, Leipzig 1935, Paul Zsolnay, in: Die Literatur 38 (1935), S. 137.
108 Ebd.
109 Ebd.
110 Ebd.
111 Ebd.

ein „entscheidendes Erlebnis mit einem weißen Mädchen". Erst diese konkreten Erfahrungen im Umgang mit dem Westen lasse den Protagonisten reifen und „ganz im Bewußtsein zum Chinesen" werden.[112] Schickert folgt auch in diesem Punkt dem Romangeschehen, fokussiert aber vor allem eine für seine Deutung zentrale Episode, aus der er eine Stellungnahme Bucks zur Rassenfrage ableitet: „Hier berührt die Dichterin entschieden das Rassenproblem, Gelb soll nicht zu Weiß kommen, so will es beider gegensätzliches Wesen."[113] Die letzte Station – nun zurück in der chinesischen Heimat – zeichne sich laut Schickert schließlich dadurch aus, dass der Protagonist „immer bestrebt [bleibe], das gute Alte mit dem kommenden Neuen zu vereinen."[114] Und so bilanziert Schickert:

> Uns erscheint dieser Lebensgang eines begabten jungen Chinesen als exemplarisches Sinnbild, er beleuchtet grell die Tatsache, daß es im Grunde heute bei allen Nationen, die zu Neuem aufbrechen, um das gleiche geht: ein altes Haus neu und stark für alle Stürme umzubauen. Wobei es sich nicht nur ums Einreisen morscher Wände handeln darf, sondern ebensosehr ums Erhalten der noch tragfähigen Teile.[115]

Den Titel aufgreifend bemüht sich Schickert so am Ende seiner Rezension um eine universalisierende und damit transnationale (oder zumindest übernationale) Interpretation: In Bucks Roman werde China zu einem Beispiel, das sich strukturell auf alle im Umbruch befindlichen Länder – und damit auch auf NS-Deutschland – übertragen lasse. Die Parallelisierung von chinesischer und deutscher Lagen gipfelt in der abschließenden Würdigung von Bucks Roman als einem „heutigen chinesischen ‚Wilhelm Meister'".[116]

Schickert, so zeigt sich in dieser hier in exemplarischer Absicht analysierten Rezension, isoliert aus Bucks Text verschiedene Elemente, die mit Elementen der nationalistisch-deutschen Ideologie kompatibel sind und zudem auch Anschluss zu genuin nationalsozialistischen Ideologemen suchen: Nach seiner Lektüre geht es Bucks Narrativ im Allgemeinen um die Auflehnung der Jungen gegen die Vätergeneration, um einen Aufbruch zu Neuem, der ausgewählte familiäre und nationale Traditionen bewahrt, und um eine Affirmation der Rassenreinheit bzw. eine Ablehnung der ‚Rassenmischung', hier formuliert aus chinesisch-amerikanischer Perspektive. Der letzte Punkt offenbart in besonderer Weise die nicht nur nationalistische, sondern nationalsozialistische Wertmatrix der Rezension. Obgleich in Bucks

---

112 Ebd.
113 Ebd.
114 Ebd.
115 Ebd.
116 Ebd.

Buch explizit von China und den USA die Rede ist, verallgemeinert Schickert die Gegenüberstellung zu einer Konfrontation von Ost und West. Der östliche Protagonist gelangt durch den Kontakt mit dem Westen zu einem nationalen und auch rassischen Bewusstsein seiner eigentlichen ethnischen Identität. Schickerts literaturkritisches Urteil kann demnach als Leseempfehlung gelesen werden. Der starke analogisierende Übertrag sowie die Deutung Chinas als Exempel verdeutlicht, inwiefern die amerikanische Autorin mit ihren China-Romanen zur Autorin ‚echt deutscher Volksbücher' wurde und erklärt auch den schlagenden Erfolg, der ihr am ns-deutschen Buchmarkt zuteil wurde.

5.3 ‚Rassenerkenntnis'. Anschlussstellen für eine nationalsozialistische Lektüre

Ein Vergleich des amerikanischen Originals mit den Übersetzungen von Richard Hoffmann und Ernst Simon zeigt, dass die beiden Übersetzer sich sehr eng an den amerikanischen Originaltext hielten. Abgesehen von der oben bereits erwähnten Ergänzung des Untertitels *Geschichte des chinesischen Menschen* im ersten Band,[117] finden sich keine größeren markierten oder unmarkierten Eingriffe der Übersetzer in den Text. Auch der dritte, bereits während des ausgebauten Zensursystems im NS-Staat publizierte Band, weist keine größeren Veränderungen, Anpassungen oder Streichungen auf. Vor diesem Hintergrund wirft die ns-konforme Lektüre Schickerts Fragen zur Logik seines Deutungsmusters auf. Wie weit entfernt sich Schickert mit seiner kritischen Würdigung vom Text? Wieviel interpretatorische Anstrengung verlangt es, Bucks Bücher auf national-deutsche oder sogar nationalsozialistische Linie zu bringen? Diese Fragen können nur durch eine detaillierte Textanalyse beantwortet werden. Durch die Suche nach möglichen Anschlussstellen, etwa Themen, Motiven und Handlungssequenzen, die für eine bestimmte Leserschaft, bestehend aus deutschen, national und völkisch gesinnten Rezipient:innen, eine nationalsozialistische Lektüre des Romans anregen und plausibilisieren konnten.

Im Anschluss an Schickerts Interpretation des Romans lässt sich eine solche nationalistische bzw. nationalsozialistische Rezeption exemplarisch an zwei Entwicklungsstationen bzw. Handlungsorten des *Geteilten Hauses* zeigen, an denen sich die sukzessive Politisierung des Protagonisten nachvollziehen lässt.

In Shanghai angekommen trifft der Protagonist auf seinen Cousin Meng, den Sohn Wang des Grundherrn, der für eine kommunistische Untergrundorganisation

---

[117] Der Untertitel findet sich meines Wissens nicht in der amerikanischen Vorlage.

tätig ist. Vom ersten Aufeinandertreffen an, versucht Meng Yuan für ihre Sache zu gewinnen:

> „Sieh, dir den großen, fetten Mann an dort in dem Automobil. Sieh, wie er frißt und wie sein Fett wackelt. Er ist ein Ausbeuter: ein Wucherer oder ein Bankier oder er hat eine Fabrik. Ich kenne schon diese Art! Nun, er weiß nicht, daß er über einem verborgenen Feuer sitzt.[...] Sieh diesen Mann, der sich an seiner Riksha rackert – er ist halb verhungert. Sieh, er hat irgendeine kleine Übertretung begangen. [...] Sieh nur, was ich gesagt habe! Schau, wie der Polizist ihn schlägt – wie er die Riksha umstürzt und die Kissen hinauswirft! Jetzt hat der arme Mann sein Fahrzeug verloren und den Verdienst des Tages. Und doch muß er heute abends, dort wo er die Riksha gemietet hat, genau so zahlen wie sonst!"[118]

In seiner agitatorischen, auf Mitleid und Empörung zielenden Rede, die das beobachtete Geschehen sozialpolitisch kommentiert, versucht Meng Yuan auf die gesellschaftlichen Ungleichheiten und Ungerechtigkeiten aufmerksam zu machen. Die kontrastive Gegenüberstellung des „großen, fetten Mann[es]" mit dem „halb verhungert[en]" Rikschafahrer ist nicht nur ein gängiges Motiv auch in den anderen Bänden der Trilogie.[119] Der Rikschafahrer wurde auch, wie ich an anderen Stellen gezeigt habe,[120] in der deutschsprachigen China-Literatur allgemein zum (vulgär-)marxistischen Symbol kapitalistischer (und imperialistischer) Ausbeutung. Den darin symbolisierten Missständen hat die Gruppe um Meng den Kampf angesagt, sie streben nach einer kommunistischen Revolution, die den imperialistisch getragenen Kapitalismus, die koloniale Unterdrückung sowie auch die innerchinesischen sozialen Ungleichheiten beheben will. So äußert Meng an anderer Stelle gegenüber Yuan:

---

118 Buck: Das geteilte Haus, S. 110. Im englischen Original heißt es: „"Look at that great fat lord in that motor-car! See how he eats and how he lolls! He is an extortionist – a usurer or a banker or he has a factory. I know the very look! Well, he does not know he sits upon a hidden fire! [...] See that man toiling at his rickshaw – he is half-starved – look, he has broken some little law. [...] There, see what I said! Look at that policeman beat him – see him force the rickshaw down and seize its cushions! Now that poor man has lost his vehicle and his day's earnings. And yet he must pay out just the same to-night at the place where he hires the rickshaw!" (Buck: A House Divided, S. 81).
119 Vgl. beispielhaft die Figurencharakterisierung Wang des Grundherren, dessen Reichtum sich vor allem an der Gewichtszunahme abzeichnet; aus den vielen Passagen sei exemplarisch eine Episode aus dem zweiten Band genannt: „Er [d.i. Wang der Tiger; K.H.] blickte seinen älteren Bruder an und er sah ihn, einen großen schwammigen Mann, mit vollem und vor Fett hängendem Gesichte und mit dicken wulstigen Lippen und am ganzen Körper mit weichem, fahlem Fleisch, und nun spreizte Wang der Älteste [d.i. Wang der Grundherr; K.H.] die Finger, und seine Hände waren weich vor Fett wie die einer Frau, und die Nägel lang und weiß und die Handflächen rosig und rundlich und dick." (Buck: Söhne, S. 47f.). Vgl. auch die in Band 1 thematisierten Rikschafahrer als ausgebeutete Arbeiter, Buck: Die gute Erde, S. 100ff.
120 Vgl. dazu auch das Kapitel 4.2.2.2. Der Rikschakuli als Revolutionär.

„Diese Dinge werden nie besser werden, ehe unsere Sache gesiegt hat. Wir müssen die Revolution haben! Wir müssen alle die Reichen stürzen und die Fremden wieder hinausjagen, die uns unterdrücken, und die Armen sollen emporgehoben werden, und nur die Revolution kann das vollbringen. Yuan wann wirst du dieses Licht schauen und dich unserer Sache anschließen? Wir brauchen dich, unser Land braucht uns alle!"[121]

Das Shanghai der 1920er-Jahre ist eine moderne Weltstadt und wurde durch den Ausbau 1930 zur fünftgrößten Stadt der Welt: Die erzwungene Öffnung der Hafenstadt nach den Opiumkriegen führte zur Etablierung der britischen, amerikanischen (gemeinsam „internationales Settlement") und der französischen Konzessionen, wo sich sogenannte Shanghailänder (also ausländische Niedergelassene) wie geflüchtete bagdadische und russische, später auch deutsche, Juden niederließen und mehr oder weniger gemeinsam mit den Chinesen (in diesem Zusammenhang oft ‚Shanghainesen' genannt) lebten. Bis die Japaner Ende der 1930er-Jahre die Kontrolle übernahmen, forcierte die multilaterale Besatzung zahlreiche Kontakte zwischen West und Ost, führte zu einem regen Austausch und trug – so auch Bucks Darstellung – stark zur Modernisierung (im Zuge einer Verwestlichung) des chinesischen Lebens bei. Zugleich ging mit der ausländischen Besetzung jedoch auch die Unterdrückung der chinesischen Bevölkerung einher, die Meng in seiner Ansprache besonders heraustreicht.

Die postkoloniale Auflehnung gegen die imperialistischen Unterdrücker geht bei Meng mit einem expliziten Rassedenken einher, wie es sich vor allem in einer Episode verdeutlicht, in der Meng und Yuan auf einen „kleinen, zarten Mann" treffen, „dessen Haut weiß und dessen Nase groß war wie die eines Fremden, doch hatte er sehr schwarze Augen und Haare".[122] Meng sagt:

„Wenn er etwas gibt in dieser Stadt, das ich mehr als alles andere hasse, dann sind es solche Menschen wie dieser, die nichts zur Gänze sind, sondern gemischt in ihrem Blut und keines Vertrauens würdig und zwiespältig in ihrem Herzen! Ich habe nie verstanden, wie ein Mensch unserer Art, sei es nun Mann oder Frau, sich so weit vergessen kann, daß er sein Blut mit dem Blut von Fremden mischt. Ich würde sie alle als Verräter töten, und auch solche sollte man töten, wie der es war, an dem wir vorbeikamen."[123]

---

121 Buck: Das geteilte Haus, S. 113. Im englischen Original heißt es: „‚These things will never be better until our cause is gained. We must have revolution! We must have all the rich thrown down, and these foreigners who force us cast out again, and the poor shall be lifted up, and only revolution can do it. Yuan, when will you see this light and join our cause? We need you – our country needs us all!'" (Buck: A House Divided, S. 83).
122 Buck: Das geteilte Haus, S. 115.
123 Ebd. Im englischen Original heißt es: „If there is a thing I hate above another in this city, it is such men as these who are nothing wholly, but are mixed in blood and untrustworthy and divided

Yuan schreckt an dieser Stelle zurück und kontert das Rassedenken seines Cousins und insbesondere das Ideal der Rassereinheit mit moralisierenden, in dem Zwiegespräch aber eher naiv wirkenden Aussagen.[124] Zugleich wird deutlich, dass Meng und seine Gruppe in dieser Phase der Erzählung kommunistische Ziele (Herrschaft des Proletariats, Ende der Klassengesellschaft, Vergemeinschaftung des Besitzes) mit einem stark rassistisch-völkisch orientierten Nationalismus verbindet. Für nationalsozialistisch gesinnte Leser:innen mochte sich hier die Ablehnung des Bolschewismus mit der Sympathie für die völkische, wenn nicht antisemitische Ausrichtung mischen (die große Nase mochte an antisemitische Stereotype erinnern). Yuan äußert leise Zweifel an der Verknüpfung von Hautfarbe und Charakter: „Er sah recht gutartig aus. Ich kann nicht glauben, daß er bloß deshalb böse sein soll, weile seine Haut blaß ist und sein Blut gemischt. Er trägt doch keine Schuld an dem, was seine Eltern getan haben."[125] Die Erzählstimme hält sich aber mit politischen Bewertungen zurück. Dem angestrebten Gesellschaftspanorama entsprechend, verzichtet Buck in diesen Passagen auf eine kommentierende Erzählinstanz und spiegelt das konflikthafte Politische vornehmlich in direkter Figurenrede. Auf diese Weise stehen im Text agitatorische Reden, wie die Mengs, neben den Widerlegungsversuchen und Zweifeln Yuans und den warnenden konterrevolutionären Aussagen eines weiteren Cousins von Yuan. Buck zeigt so ein breites Spektrum unterschiedlicher politischer Ansichten auf, die im Roman zunächst wertungsfrei nebeneinanderstehen. Es lässt sich also festhalten: Das wertabsitente Erzählverfahren delegiert die politische Parteinahme an die Leser:innen.

Allerdings ändert sich im Verlauf der Handlung die Einstellung Mengs und seiner Revolutionäre. Sobald sie nämlich erfolgreich an die Macht gekommen sind, gibt sich Meng in der neuen Hauptstadt Nanjing gegenüber Yuan als politischer Zyniker zu erkennen, der von seiner einst solidarisch-fürsorglichen Haltung längst abgekommen ist und die ihn umgebende Armut nur noch als ärgerliches Hemmnis für seine politischen Ambitionen begreift:

---

in their hearts! I never can understand how any of our race can so forget himself, man or woman, as to mix his blood of foreigners. I would kill them all for traitors and kill such fellows as the one we passed'" (Buck: A House Divided, S. 84f.).

124 Auch Yuan äußert sich an einigen Passagen bereits zu diesem Zeitpunkt gegen Ausländer, jedoch explizit im Hinblick auf die imperialistische Unterdrückung, nicht in rassistischer Absicht (vgl. etwa Buck: Das geteilte Haus, S. 114).

125 Ebd., S. 115. Im englischen Original heißt es: „"He looked kind enough. I cannot think he must be evil only because his skin is pale and his blood mixed. He cannot help what his parents did.'" (Buck: A House Divided, S. 85).

„Ich weiß, daß das große Hindernis bei allem, was wir tun, eben diese Armen sind, für die wir es tun. Es sind ihrer zu viele – wer kann sie belehren? Für sie gibt es keine Hoffnung; darum sage ich: die Hungersnot soll sie alle hinwegraffen, die Überschwemmung und der Krieg. Wir wollen nur ihre Kinder behalten und sie formen nach dem Wesen der Revolution."[126]

Buck ,zeigt' durch diesen Meinungswandel die Fragwürdigkeit von Mengs vulgärmarxistischer Position und muss deshalb nicht expliziter werden. Ähnlich, d.h. auf Anschaulichkeit setzend, verfährt sie auch mit ihrem Protagonisten Yuan, der sich zwar vorübergehend von Meng politisch überzeugen lässt, aber dabei vor allem, wie in interner Fokalisierung erzählt wird, seinen Blick für die Armut der chinesischen Bevölkerung schult:

Und doch lernte Yuan durch solche Reden [d.i. Mengs; K.H.] sein Land zu schauen, wie er es noch nie geschaut. [...] Hier jedoch, in diesen städtischen Straßen, lernte er durch Meng die Seele des Landes zu sehen. [...] Denn immer sind dort, wo die Reichen sind, auch die sehr Armen, und so sah Yuan, wenn er über die Straßen kam und ging, viel mehr von diesen, denn die meisten Leute waren arm – überaus arm.[127]

Durch Meng sensibilisiert und politisiert, schließt sich Yuan in Shanghai Mengs kommunistischer Gruppe an, wobei er aber letztlich nicht durch politische Überzeugung, sondern durch eine Frau dazu motiviert wird.[128] Doch Yuan muss bald erkennen, dass er sich auf einen politischen Irrweg begeben hat: Die Frau verrät ihn, er gerät in Gefangenschaft, wird aber freigekauft und kann das Land für die USA verlassen. Buck legt also durch die Konstruktion der Handlung nahe, dass sich Yuan in Shanghai politisch fehlorientiert; die Erzählinstanz muss diese Wertung nicht aussprechen, vielmehr wird der Irrtum sukzessive aufgeklärt.

Die Reise unternimmt Yuan gemeinsam mit seinem Cousin Sheng, ebenfalls ein Sohn Wang des Grundherrn. Gleich zu Beginn des zweiten Buchkapitels, das den Auslandsaufenthalt Yuans fokussiert und parallel ausschnitthaft auch die gegensätzlich verlaufende Entwicklung Shengs erzählt, kündigt der Erzähler eine wesentliche Veränderung in Yuans Denken an. Das fremde, ganz anders organisierte

---

126   Buck: Das geteilte Haus, S. 406f.; vgl. auch ebd., S. 406. Im englischen Original heißt es: „But I know more than I used to know. I know that the chief hindrance against all we do is these very poor for whom we do it. There are too many. Who can teach them anything? There is no hope for them. So I say, let famine take them and flood and war. Let us keep only their children and shape them in the ways of revolution."' (Buck: A House Divided, S. 312).
127   Buck: Das geteilte Haus, S. 111f. Im englischen Original heißt es: „Yet through such talk Yuan learned to see his country as he had not. [...] But here in these city streets, Meng taught him how to see the country's soul. [...] Since always where the very rich are there are the very poor, too." (Buck: A House Divided, S. 82).
128   Vgl. Buck: Das geteilte Haus, S. 182f.

Umfeld der amerikanischen Gesellschaft konfrontiert Yuan mit seinem individuellen Anerkennungsbedürfnis wie mit seinem chinesischen Nationalstolz: „Sein [d.i. Yuans; K.H.] angeborener Stolz, der schweigende Stolz von Menschen, deren Rasse schon alt war, ehe die westliche Welt begann, wuchs nun in ihm zu voller Gestalt".[129] In gängiger Gegenüberstellung wird hier der ‚neue Westen' gegen den ‚alten, traditionsreichen Osten' aufgeboten.[130] Zugleich wird jedoch der ‚Nationalstolz' auf „angeborene[]", ‚rassische', mithin unveränderbare Merkmale zurückgeführt, die aber erst dann zur bewussten Entfaltung kommen, sobald Yuan mit einem kulturell und ethnisch anders kodierten Kollektiv, hier den Amerikanern, in Kontakt kommt und sich nicht angemessen anerkannt sieht. Im Erzählgeschehen lassen sich drei Missachtungsmomente ausmachen, die das Erstarken seines ‚Rassen-' und Nationalstolzes hervorrufen: Erstens sind dies rassistische Anfeindungen, die den beiden jungen Chinesen im Zufluchtsland USA entgegengebracht werden, etwa wenn sie bei mehreren Unterkünften mit der Begründung „‚[w]ir nehmen hier keine Farbigen'"[131] abgelehnt werden. Zweitens ist Yuan mit einem aus seiner chinesischen Perspektive verzerrten Bild von China konfrontiert, das in der amerikanischen Öffentlichkeit (vor allem durch Missionare[132]) zirkulierte. So wohnt Yuan in einer Episode einem Vortrag eines Missionars über China bei, dessen negative und einseitige Darstellung Yuan so verärgert, dass er aufsteht und seine Stimme erhebt, um eine Gegendarstellung zu liefern:

> „Es ist Lüge, was dieser Mann gesprochen und gezeigt hat. Es gibt solche Dinge nicht in meinem Vaterland! Ich selbst habe diese Dinge nie gesehen – ich habe solche Aussätzige nie gesehen – noch auch hungernde Kinder und auch nicht solche Häuser! In meinem Haus gibt es zwanzig Gemächer – und es gibt viele Häuser gleich dem meinen. Dieser Mann hat Lügen ersonnen, um euch Geld zu entlocken. Ich – ich spreche für mein Land! Wir brauchen diesen Mann nicht und wir brauchen nicht euer Geld! Wir brauchen nichts von euch!"[133]

---

129 Ebd., S. 213.
130 Vgl. auch ähnlich ebd., S. 223.
131 Ebd., S. 207f. Darüber hinaus wollen diverse Kaufleute sie nicht bedienen (vgl. ebd., S. 213) und auch im täglichen Umgang mit ihm merkte man diese Abneigung (vgl. ebd., S. 201).
132 Bucks Darstellung der Mission wurde bereits zeitgenössisch stark kritisiert und führte zu einem öffentlichen ‚Schlagabtausch' zwischen Pearl S. Buck und der *Presbyterian Mission*, die die Bücher Bucks in ihren Zirkeln verbieten wollten. Vgl. dazu etwa [Anonym]: Mrs. Buck's View Stir Presbytery, in: New York Times, 12.4.1933, S. 21.
133 Buck: Das geteilte Haus, S. 219. Ähnlich auch die erfahrenen Stereotypen Zuschreibungen, etwa als seine Gastgeberin sagt: „Aber Reis ist das Äußerste, was ich für Sie tun kann – Schnecken und Ratten und Hunde und alles, was Sie sonst noch essen, kann ich Ihnen nicht liefern." (Ebd., S. 209).

Selbstredend ist Yuans Gegendarstellung, wie Bucks Leser:innen wissen, ebenfalls stark überzeichnet, doch die Kommunikationssituation ermöglicht keinen ausbalancierten Austausch. Drittens schlägt ihm ein schwer erträgliches Desinteresse der Amerikaner:innen seinem Heimatland China gegenüber entgegen. So heißt es etwa:

> Denn nicht oft stellte ihm jemand eine Frage nach seinem Heimatland. Diese weißen Männer und Frauen lebten so eingehüllt in sich selbst, daß sie nicht zu wissen begehrten, was andere taten, oder wenn sie von etwas hörten, das anders war, lächelten sie nachsichtig, wie man jene belächeln mag, die aus Unwissenheit etwas schlecht machen.[134]

Die in dieser Passage geschilderte Ignoranz der US-Amerikaner:innen gegenüber dem ‚fremden' Osten erinnert stark an die oben zitierte Aussage Bucks, die sie zum Schreiben ihrer China-Romane für ein amerikanisches Publikum motivierte. Innerhalb der Erzählhandlung zieht der junge Yuan aus diesen Erfahrungen schließlich andere Konsequenzen, denn, wie der Erzähler herausstellt, „sein Stolz" hatte durch diese „kleinen Kränkungen" „[w]ieder und wieder […] einen Stoß erhalten",[135] den er mühsam zu lindern sucht. Yuan beginnt, alles selbst einst als Unrecht Empfundene in China zu verdrängen und stattdessen eine idealisierte Erinnerung an seine Heimat zu kultivieren, die ihn gegen die fortgesetzten Kränkungen immunisieren soll: „er begann jetzt selbst, […] sein Land so zu sehen, wie er es schilderte."[136] Je öfter er seinen amerikanischen Mitmenschen über sein Geburtsland berichtet, desto stärker affiziert ihn sein Idealbild, bis er schließlich das konstruierte Bild für eine wahre Erinnerung zu halten beginnt. So schreibt er etwa an seinen ihm verhassten Vater, dessen patriarchalem Handeln er nur einige Jahre vorher entflohen war:

> „Ich sehne mich oft danach, heimzukehren, denn kein Land scheint mir so gut zu sein wie meine Heimat. Unsere Sitten sind die besten und unseren Speisen die besten. Sobald ich nach China zurückkehre, will ich mit Freuden wieder zu dir kommen. Ich bleibe nur hier, um das zu erlernen, was es hier zu lernen gibt, und später für mein Land zu verwenden."[137]

Hatte er in Shanghai noch mit kommunistischen Ideen sympathisiert, führen seine Erfahrungen im Ausland, vor allem die als diskriminierend erlebte Haltung der US-Amerikaner:innen zu einer Politisierung Yuans, die sich mit Benedict Anderson als

---

134 Ebd., S. 213f.
135 Ebd., S. 216.
136 Ebd.
137 Ebd., S. 222.

Long-Distance Nationalism beschreiben lässt.[138] Damit wird eine besondere Form des Nationalismus benannt, die nicht im Heimatland selbst, sondern im Ausland, also aus der Distanz entwickelt und durch das Leben in der Fremde verstärkt wird. Yuan identifiziert sich in den USA nicht nur *mit* seinem Heimatland China, sondern versteht sich mehr und mehr *als Stellvertreter* Chinas. Seine personale Identität weitet sich zu einer imaginären kollektiven Identität: „[N]ach einer Weile begann er zu vergessen, daß er er war", kommentiert der Erzähler: „Er ging umher unter diesen fremden Menschen und sprach mit ihnen und sah sich nicht mehr als einen gewissen Wang Yuan, nein, er sah sich als sein Volk und sah sich als einen, der in fremdem Land für seine ganze Rasse einzustehen hat."[139] Während einige in der Forschung beschriebene Formen des *Long-Distance Nationalism* sich vor allem dadurch auszeichnen, dass sich Individuen im Ausland auf ethnischer Basis zusammenfinden, um gemeinsam für ein (zumeist konservatives und nationalistisch überzogenes) Image ihrer Nation einzustehen, das mit dem evolvierenden Herkunftsland und den dort kultivierten Images nicht mehr unbedingt deckungsgleich sein muss, bleibt Yuan in den USA alleine. Neben seinem Cousin Sheng trifft er dort nur auf zwei weitere Chinesen, die jedoch „aus einer südlichen Gegend" stammen, „wo die Männer leicht sind in Sprache und Herz und veränderlich im Gemüt".[140] Hier wie anderswo hält Buck die starke regionale Differenz zwischen Nord- und Südchinesen aufrecht. Zwischen den beiden Südchinesen und Yuan kommt es schließlich zum Streit, weil dieser die parodistisch-humorvolle Repräsentation Chinas, die die beiden vorführen, aus moralisch-politischen Gründen ablehnen muss: „Ich komme nur, euch zu sagen: ich halte für unrecht, daß ihr getan habt, was ihr heute tatet. Es ist keine wahre Liebe zur Heimat, sie so zum Gelächter hinzustellen für ein Volk, das immer allzu leicht bereit ist, uns zu verlachen."[141]

Yuan findet also keine ethnische Gemeinschaft, die sein konstruiertes Chinabild akklamieren und ihm so ein nationalistisch gefärbtes, aber amerikanisches Leben als Chinese in den USA erträglich gemacht hätte. Um seinen politischen Impulsen zu entsprechen, entschließt er sich daher, nach der erfolgten Revolution in China zurückzukehren und seinen Staat mit den im Ausland erworbenen Kenntnissen zu unterstützen. Er „beschloß, sich dem Dienst seines Vaterlandes zu weihen

---

[138] Vgl. z.B. Benedict Anderson: Long-Distance Nationalism: World Capitalism and the Rise of Identity Politics. Amsterdam 1992. Vgl. überblickshaft auch Nina Glick Schiller: Long-Distance Nationalism, in: Encyclopedia of Diasporas. Immigrant and Refugee Cultures Around the World, hg. von Melvin Ember, Calor M. Ember and Ian Skoggard. New York 2005, S. 570–580.
[139] Buck: Das geteilte Haus, S. 228.
[140] Ebd., S. 275.
[141] Ebd., S. 278.

wie noch nie".[142] Zudem ändert Yuan in den USA seine zuvor noch kritische Einstellung zum Rassedenken – auch dies ein typischer Effekt des *Long-Distance Nationalism*, der sich häufig über „ideas about common descent, blood, and ‚racialized' identities" aufbaut.[143] Dies zeigt sich besonders in einer, auch von Schickert in seiner Rezension aufgegriffenen Episode mit einer jungen amerikanischen Missionarstochter namens Mary; einer der wenigen amerikanischen Figuren, mit denen Yuan näheren Kontakt aufnimmt, da sie großes Interesse für China zeigt.[144] Yuan verspürt eine gewisse Anziehung zu dem Mädchen, die ihn vorübergehend vergessen lässt, „daß sie nicht von seiner Art" war.[145] Es stellt sich, wie es an anderer Stelle heißt, eine „Gleichheit" ein zwischen den „beiden, die zehntausend Meilen voneinander entfernt geboren waren und aus Blut, das sich nie vermischt hatte".[146] Der Erzähler erläutert diese interkulturelle Offenheit mit ihrer Jugend und der grenzüberschreitenden erotischen Energie: „Die Gleichheit der Jugend mit jeglicher Jugend in jeglichem Zeitalter, und das war eine Gleichheit in der Auflehnung, und dann eine andere Gleichheit, die zwischen einem Mann und einem Mädchen, trotz Zeit oder Blut."[147] Das über die Alliteration von Mann und Mädchen klanglich verstärkte Gefühl der Gleichheit überbrückt kulturelle und ethnische Differenzen, allerdings nur zeitweilig, in der Phase des erotischen Begehrens. Beim ersten konkreten Annäherungsversuch aber stößt Yuan Mary abrupt zurück:

> Warum er zurückschauern mußte, das hätte er nicht sagen können, denn auch in ihm war etwas, das das Verlangen fühlte, sich fester und fester anzupressen, innig und lange. Aber stärker als das Verlangen war ein Abscheu, den er nicht verstehen konnte, es sei denn, daß es der Abscheu des Fleisches vor Fleisch von fremder Art war.[148]

Die un- oder vorbewusste Antipathie des ‚Fleisches', die Yuans Zuneigung und Begehren unterbricht, wird kurze Zeit später auch kognitiv eingeholt, Yuan ist sich seines Handelns nun viel sicherer und trifft eine weitreichende Entscheidung:

> Er wußte: wenn er sich vermählte, mußte es eine Frau seines Blutes und seiner Rasse sein. […] Für ihn lag jetzt keine Lockung in weißer Haut und blassen Augen und lockigem Haar.

---

142 Ebd., S. 228.
143 Schiller: Long-Distance Nationalism, S. 574; vgl. Auch ebd., S. 572.
144 Vgl. Buck: Das geteilte Haus, S. 248. Eine zweite Figur, der Yuan in den USA zwischenzeitlich näherkam, ist Jim Barnes, ein Klassenkamerad, der sich ebenfalls sehr für China interessierte (vgl. ebd., S. 214–216).
145 Ebd., S. 249.
146 Ebd., S. 285.
147 Vgl. ebd., S. 285f.
148 Ebd., S. 294.

> Wer immer seine Gefährtin sein mochte, sie war gleich ihm, ihr Auge schwarz wie das seine, ihr Haar glatt und straff und schwarz, ihre Hautfarbe wie die seine. Er mußte seinesgleichen haben.[149]

Gegenüber Meng hatte Yuan das Ideal der ‚Rassenreinheit' noch explizit bezweifelt, doch mit dem im Ausland erwachten Nationalstolz und der körperlichen wie kognitiven Erfahrung von Fremdheit beginnt auch Yuan, in Kategorien der Rasse zu denken und zu handeln. Zwar spricht er sich an keiner Stelle für Suprematievorstellungen aus, die Überlegenheit einer Rasse über die andere wird nicht thematisiert. Doch ist für Yuan das Konzept der Nation nun aufs engste mit dem Konzept der biologischen Rasse verbunden, mit Implikationen für die persönliche Partnerwahl.

Die angeführten Textbeispiele lassen eine schrittweise politische Entwicklung des Protagonisten erkennen: War er in Shanghai noch ein unpolitischer Mitläufer, entwickelt sich Yuan im Verlaufe der Romanhandlung zu einem mehr und mehr überzeugten Nationalisten, der auch seine eigene Lebensführung in den Dienst Chinas und der chinesischen Rasse stellt. Er ist, wenn man so will, politisch ‚erwacht' und nun nach der vor allem negativen Erfahrung in den USA ein für seine Kultur, seine Nation und seine Rasse einstehender Chinese geworden, der politisch wie privat auf Gleichheit und Homogenität setzt.

Für eine:n nationalistisch oder sogar nationalsozialistisch eingestellte:n deutsche Leser:in des Romans lassen sich über die von Buck verwendeten Ausdrücke „Blut" und „Rasse", über die Figurenentwicklung des Protagonisten hin zu einer entschlossen nationalistischen Haltung und über dessen Entscheidung gegen die fremde und für die eigene Nation und deren ‚Reinheit' auch im Bereich des Privaten leicht Anschlüsse zwischen der Romanhandlung und der NS-Ideologie herstellen. Xenophobie, Abneigung gegen fremde Rassen, Hochschätzung der eigenen Nation – dies sind die mutmaßlichen Schnittmengen, die eine:n Leser:in des sogenannten Dritten Reichs für Bucks Roman empfänglich macht.

Allerdings muss Yuan nach seiner Rückkehr nach China das idealisierte Chinabild rejustieren:

> [J]etzt, da er sich heimwärts gewandt hatte, begann er sich gewisser Dinge zu entsinnen, die er vergessen. Er entsann sich seines Vaters und entsann sich enger, von Menschen überfüllter Straßen, die nicht sauber waren und nicht schön, und er entsann sich der drei Tage, die er einst im Kerker verbracht.[150]

---

149 Ebd., S. 302.
150 Ebd., S. 303.

Die inzwischen erfolgte Revolution aber lässt ihn auf Veränderung hoffen. Um seinen Teil zur Erneuerung des Landes beizutragen, tritt er als Lehrer in den Staatsdienst ein.

Motivisch wird hier am Ende der Handlung das Thema noch einmal aufgegriffen: Der von klein auf an Landwirtschaft interessierte Yuan[151] – hier wird stets die Analogie und Familienähnlichkeit zu seinem Großvater Wang den Bauern bemüht – hat aus den USA Pflanzensamen mitgebracht, die er in China anzubauen versucht: „Aber Erde und Klima waren nicht die der Heimat, und so hatte er keine tiefen, natürlichen Wurzeln geschlagen und lag verdorben da und verfaulte".[152] Im Bild des Samens wird hier also noch einmal Yuans Auslandsaufenthalt thematisiert. Aufgrund klimatischer und ökosystemischer Unterschiede kann die Pflanze sich nicht mit der fremden Erde durch Wurzelschlag verbinden, sich nicht im neuen Land verankern und so nicht gedeihen. Zum Ende des Romans wird so das zentrale, die drei Bände verbindende Motiv der Erde aufgegriffen und erneut variiert: Während in Band 1 die titelgebende Erde vor allem als Motiv für das Leben steht, indem „Land" als das „Fleisch und Blut des Menschen"[153] dargestellt wird, das Lebensgrundlage ist,[154] damit alle Menschen gleich macht[155] und im Gegensatz zu Reichtum und Besitz nicht vergänglich ist,[156] ist die Erde/das Land im Gegensatz dazu in Band 2 vor allem Motiv für Reichtum und Besitz.[157] Auch in Band 3 durchzieht die Erde leitmotivisch die Erzählung und wird hier zum Motiv der Freiheit: Während in der Stadt Shanghai Vergnügen und Kapitalismus vorrangig sind, in den meisten stadtnahen Regionen dagegen der Krieg, findet Yuan auf dem Land und in der Landwirtschaft – ganz dem Großvater gleich[158] – seine innere Ruhe. Nur das Anpflanzen amerikanischen Getreides scheitert und spiegelt Yuans im Ausland erworbene Einsicht in den Wert der Autochthonie. Auch in dieser motivischen Verkettung ließen

---

151 Schon als der Vater ihn in die Kriegsschule schickt, möchte Yuan lieber auf eine Landwirtschaftsschule gehen (vgl. Buck: Söhne, S. 561).
152 Buck: Das geteilte Haus, S. 463.
153 Buck: Die gute Erde, S. 50.
154 Vgl. etwa ebd., S. 66: Wang Lung äußert: „Wenn die Felder verhungern, so verhungern wir alle."
155 So äußert Wang Lung etwa: „Auch große Familien stammen vom Lande und wurzeln im Land." (Ebd., S. 299).
156 Vgl. z.B. ebd., S. 74: Wang Lung sagt: „Mein Land können sie mir nicht nehmen! Die Arbeit meiner Hände – das Ertägnis meiner Erde habe ich wieder zu Erde gemacht. Hätte ich viel Silber gehabt, sie hätten es mir genommen, hätte ich für das Silber Vorräte gekauft, sie hätten mir auch diese genommen. Die Erde aber können sie mir nicht nehmen, sie ist mein!"
157 Die Brüder verkaufen sämtliche Felder, da sie selbst nicht als Bauern arbeiten wollen und das Land so in monetären Reichtum umsetzen; vgl. etwa Buck: Söhne, S. 32–70.
158 So heißt es: „irgendeine Wurzel seines Wesens, so daß er nicht gleich vielen anderen in dieser Stadt wurzellos war und dahintrieb auf der Oberfläche des Lebens." (Buck: Das geteilte Haus, S. 127).

sich Überschneidungen zu deutschnationalen Motiven und Ideologemen finden und im Sinne der von den Nationalsozialisten gepriesenen Blut-und-Boden-Ideologie deuten: Die Erde erscheint als zentrales Motiv, das naturverbundenes Leben und den Bauern als tatkräftigen Arbeiter preist.

Sucht man in der Trilogie gezielt nach weiteren Motiven und Themen, die nationalsozialistische Leser:innen ansprechen können, wird man etwa beim Frauenbild[159] fündig. Hinzu kommt das Thema der Revolution und des Umgangs mit Tradition bei gleichzeitiger Modernisierung. Die Bücher ließen demnach durchaus für nationalsozialistisch und nationalistisch gesinnte Leser:innen eine affirmative Lektüre zu. Bedarf Schickerts ns-konforme Lektüre also kaum interpretatorischen Mehraufwand? Haben wir es in Bucks Texten tatsächlich mit einem zwar interkulturell angereicherten, aber letztlich nationalistischen Narrativ zu tun? Dienen die präsentierten kulturellen Differenzen doch mehr der Formung eines nationalen Bewusstseins als einem interkulturellen Dialog? Oder haben die Nationalsozialisten Buck nur missverstanden (oder missverstehen wollen)?

5.4 Anerkennungskonflikte in einer Welt von Differenzen

Meine Suche, Zusammenstellung und Deutung von Motiven, Themen und Episoden der Trilogie, die sich in eine ns-affine Lesart des Romans integrieren ließen, ist, wie eingangs bereits vorausgeschickt, stark selektiv und, wenn man so will, ‚beschreibungsopportunistisch' angelegt, insofern ich konkurrierende Lesarten und entsprechende Textstellen bewusst ausgeblendet und Bucks Schreibintention weitgehend ignoriert habe. Weitet man den Blick auf den gesamten Text aus – eine altehrwürdige hermeneutische Maxime – und berücksichtigt man den Kontext von Bucks Romanproduktion, dann lassen sich die vermeintlich ns-kompatiblen Episoden auch anders deuten. Zu Recht ist Bucks Romanwerk als ‚middlebrow literature' beschrieben worden, als Unterhaltungsliteratur, die auf eine breite, nicht-akademische Leserschaft zielt, um bei diesen Adressaten Interesse für das chinesische Leben zu wecken. Die ersten zwei Bände hatten dabei keinen explizit politischen Anspruch, nur der dritte Band sticht aufgrund seiner dezidiert politischen Anleihen heraus. Dies ist ebenso erklärungsbedürftig, wie die aufgezeigten ns-affinen Anschlussstellen und verhilft zu einer ausbalancierteren Deutung, die sich näher an die Wirkungsabsicht der Autorin hält.

---

159 Vgl. zum Frauenbild in Bucks Büchern vor allem Künnemann: Middlebrow Mission, S. 183ff., die anhand der Figur O-lan versucht, verschiedene Forschungsmeinungen hinsichtlich Bucks Gestaltung der Frauen zu vereinen.

Aufschlussreich für die Gesamtanlage des dritten Bandes ist eine bislang nur am Rande erwähnte Figur des Romans, die mit Yuan gemeinsam in die USA übersiedelt: sein Cousin Sheng, der – wie bereits angedeutet – eine gänzlich andere Entwicklung durchläuft als Yuan. Nach ihrer gemeinsamen Ankunft im neuen Land zieht Sheng alleine in eine entfernte Stadt, wo er seinen ganzen Auslandsaufenthalt verbringen wird.[160] Eines Sommers besucht ihn Yuan und stellt zu seiner Überraschung fest, dass Sheng sich im Gegensatz zu ihm selbst gut akkulturiert hat. Zwar war Sheng wie Yuan zu Beginn ihrer amerikanischen Zeit mit rassistischen Anfeindungen konfrontiert, doch Sheng reagierte nicht mit Verletzungsgefühlen oder einem kompensatorischen Nationalstolz: „Wir sind jetzt Fremde [...]. Alle Länder sind einander gleich, mein Vetter"",[161] hatte Sheng die Diskriminierungserfahrungen kommentiert und sie als erwartbare und universelle Fremdheitserfahrung herabgestimmt. Schon hier deutet sich an, was Shengs Lebensmaxime im Ausland werden sollte: „Sieh alles – geh überall hin", klärt er Yuan bei ihrem Wiedersehen einige Jahre später auf: „lerne alle Arten von Menschen kennen, so weit du kannst. Laß eine Weile von jenem Stück Land und von den Büchern. [...] Jetzt komm und laß dir zeigen, was ich gelernt habe.""[162] Sheng genießt die Konfrontation mit Neuem, Anderem und Fremdem – eine Haltung, die ihn selbst verändert: War er zuhause noch ein schüchterner, zurückhaltender Einzelgänger, sei er – so beobachtet Yuan – nun „rasch und lebhaft geworden, war erblüht im sicheren Bewußtsein seiner Schönheit und im Glauben an sich selbst. Eine Glut hatte ihn entfaltet".[163] Auch Sheng wird sich durch die Auslandserfahrungen seiner selbst bewusst, doch nicht als missachteter Vertreter seiner Ethnie, sondern als welt- und menschenfreundliches Individuum. Entsprechend erinnert er sein Heimatland auch anders als Yuan:

> „Die Wahrheit ist, und hier können wir ja sagen, was wir sonst vor Fremden nicht sagen könnten, daß es für Männer unserer Art keinen Platz in unserer Heimat gibt, an dem man leben könnte, außer in solchen Städten [d.i. Shanghai; K.H.]. Wo sonst sollte man Vergnügen finden, an denen ein intelligenter Mensch teilnimmt, und wo sonst genügend Sauberkeit, um dort zu leben? Das wenige, das mir von unserem Dorf in Erinnerung geblieben ist, genügt mir, daß ich es verabscheue – die Leute waren dreckig und die Kinder im Sommer nackt und die Hunde wild und alles war schwarz vor Fliegen, du weißt doch, wie das ist, ich kann und will nirgends

---

160 Sheng reiste auch nicht durchs Land, Yuan erklärte er dagegen: „Warum soll ich fort von hier – hier ist mehr, als ich je im Leben erlernen kann. Mir ist es lieber, diese Stadt genau zu kennen, als viele Städte ein wenig. Wenn ich diese Stadt kenne, kenne ich auch das Volk, denn sie ist das Sprachrohr der ganzen Rasse."" (Buck: Das geteilte Haus, S. 228).
161 Ebd., S. 202.
162 Ebd., S. 229.
163 Ebd., S. 230.

anders leben als in der Stadt. Schließlich und endlich haben die Leute hier uns doch einiges zu lehren, was Komfort und Vergnügen betrifft. Meng haßt sie, aber ich kann nicht vergessen, daß wir durch alle die Jahrhunderte allein für uns geblieben sind und weder an fließendes reines Wasser noch an Elektrizität oder Kino noch an irgendein einziges all dieser Dinge gedacht haben."[164]

Shengs weltbürgerliche Erfahrungen in den USA schärfen seinen kritischen Blick auf die Defizite Chinas. Zwar wahrt er das Ansehen Chinas in Gesprächen mit ‚Fremden', doch Yuan gegenüber, der doch das gleiche erfahren habe („du weißt doch"), meint er offen und die Vor- und Nachteile des Lebens in China abwägend gegenübertreten zu können. Allein die international durchmischte und moderne Weltstadt Shanghai scheint ihm für „Männer unserer Art" einen Lebensraum in China bieten zu können. Das ländliche, unterentwickelte China hingegen ist für Sheng, den „weltmännisch[en]"[165] Lebemann, keine Option. Sheng steht damit für die europäische und amerikanische Moderne und kritisiert mithin auch die (historisch bis zur erzwungenen Öffnung betriebene) systematische Abschottung Chinas, die eine Modernisierung behindert und verzögert habe. Er wird zur Gegenfigur Yuans, der China als das altehrwürdige, traditionsreiche Land dem ‚neuen', geschichtslosen Westen entgegenstellt und selbst die Missstände idealisiert. Sheng hingegen stürzt sich mit Vergnügen und Lebensfreude ins westliche Leben. Die Offenheit gegenüber der Fremde und die Bereitschaft, auf ‚Heimat' zumindest temporär zu verzichten, ermöglichen ihm Akkulturation und Integration. Im Unterschied zu dem introvertierten Yuan pflegt Sheng unzählige Freundschaften zu Männern wie Frauen, die ihn – äußere Anerkennung seiner Zugehörigkeit – „Johnnie"[166] nennen. Sheng lebt in den USA ein amerikanisches Leben.

Dennoch kehren beide Chinesen wieder nach China zurück, Yuan in der Erwartung, die Fremde hinter sich zu lassen und endlich wieder heimatlich gebunden zu sein, Sheng in der Erwartung, im nachrevolutionären China seinen individualistisch-modernen Lebensstandard nicht aufgeben zu müssen. So antwortet er auf Yuans Nachfrage bei seiner Rückkehr nach China, ob es ihm nicht leid täte, die USA zu verlassen: „O nein, ich war bereit, nach Hause zu kommen, es ist mir gleichgültig, wo ich bin."[167] Beide finden in China ihre Erwartungen nicht erfüllt. Yuan muss, wie erwähnt, erkennen, wie rückständig seine Heimat doch ist, und Sheng muss feststellen, dass er sich seiner Heimat entfremdet hat: „Bis auf die goldene Haut und

---

164 Ebd., S. 231.
165 Ebd., S. 229.
166 Ebd., S. 235.
167 Ebd., S. 441.

die dunklen, schmalen Augen hätte Sheng füglich ein Fremder sein können",[168] heißt es bei seiner Rückkehr.

Buck löst die konträre, doppelte Anlage von *Das geteilte Haus* auf Figurenebene nicht auf, stellt den Leser:innen aber zwei mögliche Lebensmodelle im Ausland einander gegenüber. Integration in der Fremde und ein kosmopolitisches Leben sind, wie Sheng belegt, durchaus möglich, haben aber ebenso ihren Preis wie Yuans nationalistische Separation. Bucks Erzählfigur be- und verurteilt das konträr angelegte Figurenverhalten nicht, sie behält sich die Perspektive der Beobachtung und Diagnose vor. Erzählperspektivisch wird diese diagnostische Erzählabsicht durch einen verstärkten narrativen Modus und introspektive Passagen realisiert, wohingegen die Episoden in Shanghai vornehmlich dramatisch-mimetisch erzählt werden. Insbesondere im Blick auf Yuan kommt sie dabei zu einer psychologisch sensiblen Darstellung, die indirekt deutlich werden lässt, wie sich das, was wir heute *Long-Distance Nationalism* nennen, ausbildet und zu individuellen und kollektiven Problemen beiträgt.

In ihren ausgestellten Extremen – Yuan als rassistischer Nationalist, Sheng als entfremdeter Kosmopolit – sind beide Positionen in sich problematisch. Buck selbst favorisierte, wie man ihren politischen Äußerungen entnehmen kann, einen Mittelweg, der kulturelle, auch ethnische Differenz anerkennt und zugleich das auf diesen Differenzen basierende interkulturelle und interethnische Miteinander befördert, ohne eine Nivellierung der Unterschiede Wort zu reden.[169] Dem von Schickert herausgestellten ‚Rassendenken' entspricht dies allerdings nicht. Entscheidend für Bucks Sicht auf ethnische Differenzen ist die minoritäre Position, aus der heraus sie ethnische Identität erwachsen lässt. Ihre Figur Yuan erlebt sich als Angehöriger einer Minderheit missachtet und reagiert auf diese Missachtungserfahrung mit einem überzogenen Nationalismus, um seine eigene Integrität zu wahren und individuelle und kollektive Anerkennung zu erringen.[170] Diese Anerkennung ist für Buck Basis interkultureller und interethnischer Wertschätzung.

Zur Veranschaulichung ihres auf Anerkennung setzenden Programms lohnt ein Blick auf Bucks frauenrechtliches Engagement, das in eine analoge Richtung zielt. Es ging ihr nicht um das ‚doing gender', sondern im Gegenteil darum dem „unberechtigten Anspruch auf männliche Vorherrschaft […] ‚ursprüngliche' und

---

168 Ebd., S. 445.
169 Vgl. dazu ausführlicher Leong: The China Mystique, S. 30f.; Stuby: Ich bin nirgendwo ganz zu Hause und überall ein bißchen, S. 96; John d'Entremont: Pearl S. Buck and American Women's History, in: The Several Worlds of Pearl S. Buck, S. 45–53.
170 Vgl. dazu Literatur und Anerkennung. Wechselwirkung und Perspektiven, hg. von Andrea Albrecht, Moritz Schramm und Tilman Venzl. Berlin 2017.

‚echte' weibliche Qualitäten" entgegenzusetzen, wie Anna Stuby treffend herausstellt. „Vermeintliche Vorzüge der Frau sind für sie ‚angeborene' weibliche Eigenschaften wie Duldsamkeit, Opferbereitschaft, Zähigkeit, Liebesfähigkeit und stiller Mut".[171] Diese Geschlechterdifferenz bildet sich auch in der literarischen Konstruktion ihrer Frauenfiguren ab, man denke nur an O-lan (Band 1) und die zweite Ehefrau Wang des Tigers (Band 3).[172] Das emanzipatorische Ziel besteht folglich nicht in einer Nivellierung der Geschlechterdifferenz, sondern in Gleichberechtigung und Gleichstellung.

Hinsichtlich der ethnischen Zugehörigkeit führt die Ausgrenzungserfahrung der beiden jungen Chinesen im Roman tatsächlich, wie auch Schickert dies liest, zu einem ethnischen (und im Fall Yuans auch nationalistisch-völkischen) Bewusstsein, doch dieses Bewusstsein entsteht aus einer Position der Schwäche, gleichsam als Kompensation, nicht aus einer Position der Suprematie und Dominanz. Folglich geht es Yuan auch nicht um eine rassistische Exklusion anderer, er sieht sich vielmehr genötigt, sich selbst aus dem amerikanischen Umfeld auszugrenzen und sich nach China zurückzuziehen. Seine Reaktion auf die Diskriminierung ist überzogen, doch sie fungiert auch als Schritt der Emanzipation in einer auf Ausgrenzung anderer angelegten Gesellschaft.

Während der Entstehungszeit des dritten Bandes der Trilogie beobachtete Buck starke Diskriminierungstendenzen in den USA, die sich nicht nur gegen Schwarze richteten, sondern vor allem auch gegen Chines:innen. Befördert wurde die gesellschaftliche Ausgrenzung politisch durch den seit 1882 gültigen sogenannten *Chinese Exclusion Act*, ein Gesetz, das zunächst Chines:innen die Einwanderung in die Vereinigten Staaten verwehrte, später nur unter erschwerten Bedingungen zuließ. In dem bis 1943 gültigen Gesetz wurde ‚Chinesisch' nicht im nationalstaatlichen Sinne definiert, sondern ethnisch aufgefasst – so wurde das Gesetz auch auf andere Staatsbürger:innen (sogar Amerikaner:innen) mit chinesischem Ursprung angewendet. Die faktischen Konsequenzen dieser auf Ethnizität fußenden Ausgrenzungs- und Diskriminierungspolitik waren im gesellschaftlichen Zusammenleben deutlich spürbar. Hinzu kamen Bucks eigene Erfahrungen als Angehörige einer Minorität, als „Fremde" in China.[173]

Bucks global oder zumindest bikulturell und international angelegter doppelter Blick, der China aus der Perspektive einer Amerikanerin und die USA aus der Perspektive einer in China akkulturierten Frau reflektierte, wurde auf diese Weise

---

171 Stuby: Ich bin nirgendwo ganz zu Hause und überall ein bißchen, S. 96.
172 Vgl. Künnemann: Middlebrow Mission, S. 183ff.
173 Vgl. auch die retrospektiven Darstellungen in ihrer Autobiographie Buck: Ruf des Lebens, v.a. S. 107.

zwangsläufig politisch. Sie konnte in beiden Ländern Diskriminierung und Suprematieansprüche beobachten und in Reaktion auf diese aus dem Vergleich geborenen Beobachtungen für ein möglichst gleichberechtigtes ethnopluralistisches Miteinander im In- wie im Ausland erwerben. Mit der von Schickert angepriesenen ‚Rassenerkenntnis' hatte Bucks Buch jedenfalls wenig zu tun.

5.5 Vom „echt deutsche[n] Volksbuch" zum ‚problematisierten' Bestseller

Spätestens mit der Verleihung des Nobelpreises 1938 wurde Buck zu einer *public intellectual*, einer weltweit bekannten Person, die sich als politische Expertin in der Öffentlichkeit für west-östliche Fragen Gehör verschaffen konnte und immer wieder als Expertin für China angefragt wurde. In NS-Deutschland allerdings war ihr Stern im Sinken. Obgleich ihre Bücher auch gegen ihre eigentliche Intention als ns-konforme Texte gelesen und geschätzt werden konnten, wurde es um 1938 plötzlich still um die zuvor viel gefeierte amerikanische Autorin. Mit dem Inhalt ihrer Bücher hing dies nicht zusammen, und selbst ihre politischen Stellungnahmen waren für die Nationalsozialisten so lange goutierbar, wie Buck gegen den sich in China ausbreitenden Kommunismus Stellung nahm. In ihrem antibolschewistischen Engagement ließ sich für die NS-Kulturpolitik noch ein gemeinsames Ziel ausmachen. Buck trat in dieser Zeit wohl weniger aus echter politischer Überzeugung denn aus Mangel an Alternativen öffentlich für die nationalistische Guomindang unter Chiang Kai-shek ein. Chiang Kai-shek war bis zum Abschluss des Antikominternpakts stets um eine mögliche Allianz mit NS-Deutschland bemüht.

Um 1938 allerdings begann Buck ihre internationale Reputation zu nutzen, um sich gegen die politischen Entwicklungen in Deutschland zu stellen. Es häuften sich Berichterstattungen über ihr antifaschistisches Engagement. So unterzeichnete sie etwa mit 35 Schriftstellerkolleg:innen ein Schreiben an den amerikanischen Präsidenten Franklin D. Roosevelt mit der Aufforderung, gegen die Nationalsozialisten und vor allem „the persecution in Nazi Germany" vorzugehen.[174] 1939 äußerte sie sich bei einer Kulturveranstaltung über die Einschränkung künstlerischer Kreativität durch das Leben in suppressiven Staaten; in einem Zeitungsreport in der *New York Times* heißt es dazu:

> Mrs. Buck criticized foreign dictatorships that are throttling creative literary production. She said „it seems a proved fact that creative writing is impossible in the totalitarian States," and

---

174 Vgl. [Anonym]: Catholic of U.S. Score ‚Atrocities', in: New York Times, 17.11.1938.

emphasized that it is chiefly in the English-speaking nations and in France that freedom of mind exists for the creative writers.[175]

Darüber hinaus trat sie in der Öffentlichkeit vor allem für die Unterstützung von vor den Nationalsozialisten geflüchteten Juden auf, wie besonders deutlich bei einer Veranstaltung zu Ehren ihrer Freundin und Kollegin Dorothy Thompson. „[T]he defense of freedom"[176] wird in den späten 1930er-Jahren zu Bucks erklärtem politischen Anliegen, auch wenn sie sich dabei nicht parteipolitisch einspannen ließ. Als sie im Rahmen ihrer Nobelpreisverleihung in Stockholm auch nach NS-Deutschland eingeladen wurde, schlug sie diese Einladung demonstrativ aus.[177]

Den Nationalsozialisten blieb das Engagement der Nobelpreisträgerin nicht verborgen. Im Februar 1939 erhielt der *Zsolnay*-Verlag einen Anruf vom *Reichsministerium für Volksaufklärung und Propaganda* (RMVP). „Frau Pearl S. Buck hat sich neuerlich in scharfer Weise gegen die autoritären Staaten geäussert," heißt es in dem Aktenvermerk zu dem Telefonat, und weiter:

> Unter der Voraussetzung, dass sie nicht den Nobel-Preis bekommen hätte, wäre bestimmt mit einem Verbot zu rechnen. So aber will man von Berlin aus einen unnötigen Skandal vermeiden. Eine Förderung von Frau Buck sei jedoch von Seiten des Reichspropagandaministeriums und von Seite der Reichsschrifttumskammer nicht erwünscht. Er bat auch die Propaganda für Frau Buck in mässigen Grenzen zu halten und vor allem bei Vergebung von Presseabdrucken äusserst vorsichtig zu sein. Die Erwerbung von neuen Romanen oder Novellen-Bänden können (sic) überhaupt nur mit Einverständnis des Propagandaministeriums vorgenommen werden. Wichtig wäre es im Propaganda-Ministerium bezw. dem Reichspropaganda-Amt, eine authentische Äusserung von Frau Buck zu haben, wie sie sich zum deutschen Volk, wie es jetzt im Nationalsozialismus jetzt (sic) erscheint, stellen würde oder dass der Verlag vielleicht einmal sich eine solche unverbindlich beschaffen könne.[178]

Man war sich also durchaus der internationalen Aufmerksamkeit bewusst, die ein Verbot der erst kürzlich mit dem Nobelpreis ausgezeichneten Autorin mit sich bringen würde, und suchte nun andere, klandestine Wege, der unliebsamen, sprich: nicht-konformen Autorin beizukommen. Der Fall Buck zeigt, wie die NS-Institutionen öffentliche, internationale und eigene ideologische Interessen abzuwägen versuchten. Hätte sich der Verlag eine wohlwollende Stellungnahme Bucks zum NS-Regime beschaffen können, hätten die Bücher womöglich weiterhin als „echt deut-

---

175 [Anonym]: Fine Arts Viewed as World Unifier, in: New York Times, 29.1.1939, S. 12.
176 [Anonym]: Dorothy Thompson Honored at Dinner, in: New York Times, 25.1.1939, S. 7.
177 Vgl. auch Stuby: Ich bin nirgendwo ganz zu Hause und überall ein bißchen, S. 104.
178 Zit. nach: Hall: Der Paul Zsolnay Verlag, S. 276. Vgl. dazu auch knapp Kate Sturge: „The Alien Within". Translation into German During the Nazi-Regime. München 2004, S. 36.

sche Volksbücher" vermarktet werden können und *Zsolnay* hätte, wie für Nobelpreisgewinner:innen üblich, Sonderauflagen, neue gesammelte Ausgaben etc. auf den Markt bringen können – aus buchhändlerischer Perspektive war der Verzicht auf diese Vermarktung natürlich ein massiver finanzieller Verlust. Buck aber scheint sich nicht zu einer solchen pronazistischen Stellungnahme bereit erklärt zu haben. Auch eine erneute Verlagsanfrage beim RMVP blieb daher ergebnislos:

> Auf Ihr Schreiben vom 3. ds. Mts. wird Ihnen mitgeteilt, dass eine Neuauflage der Bücher Pearl S. Buck (sic) nicht in Frage kommt. Eine Bekanntgabe dieser Tatsache an die Autorin ist jedoch nicht erwünscht. Der Autorin gegenüber verfahren Sie so, als ob die Auflage noch nicht ganz ausverkauft sei.[179]

Weitere Übersetzungen von Bucks Büchern erschienen erst nach 1945, darunter eine Vielzahl an Erzählungen, weiteren Romanen, ihren beiden Autobiographien und Kinderbücher etc. Der Erfolg Bucks in der deutschen Nachkriegszeit sollte jedenfalls auch trotz der zwischenzeitlichen Indienstnahme der Nationalsozialisten als auch des späteren ‚Verbots' in NS-Deutschland nicht geschmälert werden.

---

[179] Zit. nach Hall: Der Paul Zsolnay Verlag, S. 278.

6 Das „Neue China" in der deutschen Literatur

„[W]hoever talks about China talks about himself",[1] behauptete der belgische Sinologe Simon Leys im Jahr 1987. Für viele Zusammenhänge und auch für viele Schriftsteller:innen trifft diese Aussage sicherlich zu. Das Sprechen über China ist stets perspektivisch, dem Standort und der Interessenlage des Sprechenden verbunden. Dies trifft aber gewiss nicht nur auf das Sprechen über China zu. Mit Blick auf die von mir untersuchten Texte muss man die Allgemeinheit und Pauschalität der Aussage außerdem zumindest partiell in Frage stellen und differenzieren. Hat man in der Forschung bislang aus ganz verschiedenen Gründen Leys' These entsprechend angenommen, die deutsche Beschäftigung mit China sei in den 1920er- und 1930er-Jahren wie bereits in den Jahren zuvor vor allem einem eskapistischen Bedürfnis entsprungen, die ‚Exotik' des asiatischen Kontinents habe die Europamüden angezogen und der Raum des Fremden habe vorwiegend als Anlass deutscher Imaginationen gedient, habe ich anhand verschiedener Fallbeispiele dargelegt, dass viele Autor:innen diesen Tendenzen gerade nicht entsprachen: Sie verfolgten mit ihren China-Darstellungen vielmehr dezidiert informative, edukative und politische Ziele. China war dementsprechend kein beliebiger ‚Platzhalter' für die Fremde, das Andere, die Exotik allgemein. Zwar war der Blick nach China nicht losgelöst von der jeweiligen deutschen (bzw. im Fall Bucks der amerikanisch-chinesischen) Perspektive, im Gegenteil: In den meisten Fällen motivierten die deutschen Gegenwartsverhältnisse (bzw. im Fall Buck die amerikanischen Verhältnisse) die Autor:innen dazu, sich überhaupt China zuzuwenden. Doch das in den von mir untersuchten Texten gezeichnete Bild von China erweist sich nicht allein, wie in der Forschung allzu häufig angenommen wird, als eine Projektionsfläche für deutsche Wunsch- und Gefahrenvorstellungen. Die Autor:innen hatten vielmehr den Anspruch, sich mit dem realen China, seiner Kultur, seinen Traditionen, seiner Gesellschaft und seiner Politik von ihrem spezifischen Standpunkt aus auseinanderzusetzen. Das ‚Sprechen über China' zeigte sich spätestens ab dem Ersten Weltkrieg in meinen Fällen daher tatsächlich auch als ein *Sprechen über China*, nicht (nur) ein *Sprechen über sich selbst* – wenngleich natürlich Analogieschlüsse und Übertragungen von der chinesischen Welt auf die eigene deutsche Gegenwart und *vice versa* gewünscht bzw. intendiert waren.

---

[1] Simon Leys [d.i.Pierre Ryckman]: Peregrinations and Perplexities of Père Huc, in: ders.: The Burning Forest: Essays on Chinese Culture and Politics. New York 1987, S. 47–94, hier: S. 51.

6.1 Zu den Anfängen einer politisierten China-Literatur. Eine erste Bilanz

Mit dem einmal erwachten Interesse am gegenwärtigen China und seiner faktographischen Geschichte bereitete sich in den 1920er-Jahren eine Politisierung der China-Literatur vor, die sich dann aber der ‚Zäsur 1933' sowohl im nationalsozialistischen Deutschland als auch in dem von mir nicht untersuchten Exil noch deutlich verstärkte. Neben die weiterhin starken Absatz findende unpolitische und entpolitisierte Unterhaltungsliteratur traten nun also dezidiert politisch intendierte Texte über China. Dass die ‚Zäsur 1933' zwar keine die China-Beschäftigung stilllegende, doch aber auch in diesem Bereich mit Konsequenzen behaftete politische und gesellschaftliche Veränderung ist, konnte ich anhand eines exkurshaften Kapitels über die mediale Berichterstattung zeigen. Die hier im medialen Sektor detektierten Umgangsweisen hinsichtlich der neuen politischen Konstellation Nazi-Deutschlands und Chinas ließen sich auch in den literarischen Beispielen wieder finden.

Diese politisierte Ausrichtung brachte jedoch nicht nur inhaltliche und formalästhetische, sondern auch die Textproduktion betreffende Veränderungen mit sich: Denn die Auseinandersetzung mit dem ‚realen China' erforderte in vielen Fällen nicht nur ein intensives Quellenstudium, sondern auch das Sammeln persönlicher Erfahrungen im bikulturellen Austausch. Um die Ergebnisse dieser Recherchen zum historischen oder zeitgenössischen ‚realen China' literarisch auszugestalten, wählten Autor:innen ihrem Vermittlungsanliegen folgend dann nicht selten Genres, in denen sich Faktisches mit Fiktivem kombinieren ließ. Mit dem historischen Roman einerseits, Reiseberichten und Reportagen andererseits wurden in der vorliegenden Arbeit deshalb narrative Textsorten ins Zentrum der Aufmerksamkeit gerückt, die diese Verschränkung von Faktischem und Fiktivem besonders deutlich zutage treten lassen. Doch wie gestaltete sich das Verhältnis von Faktualität und Fiktionalität aus? Welche Konsequenzen brachte die Kombination von Wissen und Erfindung mit sich? Woher hatten die Autor:innen die notwendigen Informationen, worauf beriefen sie sich autoritativ und was war eigentlich das je konkrete Vermittlungsanliegen?

Dass sich diese Fragen nicht einheitlich (und auch nicht vereinheitlichend) beantworten lassen, liegt auf der Hand. In meinen Analysen und Deutungen habe ich im Einzelfall nach Antworten gesucht. Die noch ausstehenden vergleichenden Betrachtungen der einzelnen Fallbeispiele lassen aber – in aller Vorläufigkeit – Muster erkennen.

Alfred Döblins *Der Überfall auf Chao-lao-sü* (1921) sowie Rudolf Brunngrabers *Opiumkrieg* (1939) verhandeln jeweils eine Episode der chinesischen Geschichte, gestalten sie aber ganz unterschiedlich aus: Angeregt durch die Berichterstattung über die *Xinhai*-Revolution von 1911, über die sich Döblin durch deutsche Tageszeitungen informiert hatte, richtete er sein Leseinteresse mehr und mehr auf Schriften aus und über China.[2] Vor dem Hintergrund der deutschen Kriegs- und Nachkriegserfahrungen fand er in den Schriften der chinesischen Philosophen eine Antwort auf die Frage nach einer ‚idealen' Gesellschafts- und Staatsstruktur, die ihm vorbildhaft und erstrebenswert auch für das gegenwärtige Deutschland schien: Der Intellektuelle müsse politische Verantwortung übernehmen. Die zunächst als Eröffnungsepisode für seinen Erfolgs-Roman *Die drei Sprünge des Wang-lun* (1915) gedachte Erzählung nutzte Döblin, um an einem Beispiel der chinesischen Geschichte das Verfehlen eines Intellektuellen sowie das korrupte Verhalten von Politikern aufzuzeigen. Selbst nie in China gewesen, las sich Döblin hierzu ein breites und tiefgreifendes Wissen über das historische China und seine Philosophien an, das seinen literarischen Ausführungen als Fundament dienen sollte. Zwar verzichtete er in seiner historischen Kurzerzählung (wie übrigens auch im *Wang-lun*) auf das Nennen konkreter Daten, auf weiterführende Informationen zu historisch verbürgtem Figurenpersonal und auf weiterführende Lesehinweise, wie man dies in anderen historischen Romanen der Zeit finden kann. Das *setting* sowie diverse gesellschaftliche, rechtliche und politische Verhältnisse sowie die historische Episode an sich sind jedoch bis ins Detail recherchiert und werden im Text durch eine Vielzahl an (indirekten) Referenzen verbürgt. Es ließ sich zeigen, dass Döblins „Tatsachenphantasie" vor allem eine „Phantasie" über Tatsachen war, er sich in seiner erfundenen Erzählung also stark an historischem Faktenmaterial orientierte, dieses aber nur im Hintergrund, nicht an der Textoberfläche wirkte.

Weit augenfälliger ist das Verhältnis von Fakten und Fiktion dagegen in Rudolf Brunngrabers Text über die Episode der Opiumkriege in China. Der historische Tatsachenroman ist mit faktualen Elementen und Referenzen in Form von Zahlen, Daten, Statistiken, Referenzen, abgedruckten Zeitungsartikeln etc. durchsetzt. Brunngrabers Interesse an der historischen Periode entsprang, anders als bei Döblin, nicht einem genuinen China-Interesse. Für ein größeres Romanprojekt recherchierte er zum Thema Rauschgift und stieß so auf die Opiumkriege, die er ein paar Jahre später ins Zentrum seines eigenständigen Romans rückte. Wie gezeigt, ist dies vor dem Hintergrund der historischen Produktions- und Publikationsbedingungen kein Zufall: Die Darstellung des profitorientierten, imperialistischen Agierens der Briten eröffnete Brunngraber die Möglichkeit, seine sozialistischen Anschauungen literarisch weiterhin vertreten und öffentlich artikulieren zu können, obwohl er

---

2 Vgl. Sander: „Chinesischer Roman", S. 41.

sich zugleich mit den Nationalsozialisten arrangieren musste. Brunngraber identifizierte politische Interessenskonvergenzen und buchstabierte diese in seinem Roman historisch und narrativ aus. Er hielt sich dabei so nah an Fakten und an reale Gegebenheiten, dass einige Abweichungen selbst wohlinformierten Leser:innen womöglich nicht direkt auffielen. Doch waren diese Abweichungen für Brunngrabers Ansinnen nicht unwichtig: Er stattete seinen Protagonisten, sich sonst an die biographischen Fakten haltend, mit sozialrevolutionären Ansichten aus und zeigte so im Plot seines Romans eine mögliche Alternative zum historischen Verlauf der Opiumkriege auf. Zugleich ließ sich der Protagonist auf diese Weise auch als politisches Vorbild für die deutsche Gegenwart begreifen.

Dass Brunngraber und Döblin die faktualen Anteile in ihren historischen Erzähltexten auf unterschiedliche Weise dar- und ausstellen, hat verschiedene Ursachen. So kann man zum einen Brunngrabers Publikationsbedingungen, die Überwachung des deutschen Buchmarkts, anführen und die Wahl seines historischen Sujets als ‚Rückzug' aus der politischen Gegenwart verstehen – sein gegenwartspolitisches Ansinnen ließ sich so ‚verdeckt' artikulieren; Döblin unterlag als Autor der Weimarer Republik (und dann des französischen und amerikanischen Exils) keinen solch restriktiven Bedingungen. Doch scheint mir diese Begründung nicht hinreichend zu sein. Vielmehr waren auch unterschiedliche poetologische Vorstellungen vom historischen Erzählen, wie ich sie ausgeführt habe, leitend. Zentral ist vor allem die unterschiedliche Funktion, die das historische Erzählen über China – und damit auch die Beschäftigung mit China an sich – in den beiden Texten übernimmt. Döblin wollte mit seinen politischen Texten Wissen über die konfuzianische Gesellschaftsstruktur vermitteln und zugleich China bzw. das historische, konfuzianische China als Vorbild für Deutschland installieren. Die literarische Auseinandersetzung in der Erzählung diente zur Illustration dieser Intention. Döblin nutzte das einzelne Beispiel, um die Verfehlungen von Staatsbeamten aufzuzeigen und gleichsam durch das Negativbeispiel deutsche Leser:innen politisch und moralisch zu sensibilisieren. Auch für Brunngraber hatte die historische Episode Beispielfunktion, doch in einem anderen Verständnis: Hier illustriert das Erzählte nicht ausschließlich eine vorliegende Autorintention, die Leser:innen sollen vielmehr aus dem historisch konkreten Einzelfall eigene Schlüsse für ihre Gegenwart ziehen. Für die Legitimation seiner Aussagen ist es für Brunngraber demnach wichtig gewesen, dass sein Beispiel an der historischen Wirklichkeit überprüfbar ist. Die unterschiedliche Funktionsbestimmung interferiert in beiden Fällen mit der Textgestaltung, die ‚Form' folgt demnach der Funktion.

Ähnliches lässt sich auch an den untersuchten Reiseberichten bzw. Reportagen beobachten: In Egon Erwin Kischs *China geheim* (1933), einem im Vergleich zu Döblin und Brunngraber nun ganz ausdrücklich und offen politischen Text, fungiert

China ebenfalls als Beispiel, das Kischs marxistische Ansichten stützen, legitimieren und validieren soll. Bei Kisch reicht dies sogar noch einen Schritt weiter, denn die Exemplarizität bereister Orte wurde für ihn zum politischen und poetologischen Programm. Kisch bereiste die ganze Welt, fand an jedem Ort aber Gleiches: Die Unterdrückung der Arbeiter, imperialistische Ausbeutung und das aufkeimende Aufbegehren der unterdrückten Klasse. Das Beispiel China ist gleichwohl nicht arbiträr gewählt, sondern als kulturell fernliegendes Land – das sich zu dem Zeitpunkt seines Aufenthalts in einer politischen und gesellschaftlichen Umbruchphase befindet – von besonderer Relevanz für sein allgemeines politisches Anliegen. In der Gesamtbetrachtung seines Werks zeigt sich, dass Kisch durch eine Häufung von Beispielen seine marxistische Überzeugung induktiv demonstrieren, anreichern und seine politische Agitation schärfen und konkretisieren wollte. In dieser Hinsicht war für Kisch – anders als für Brunngraber – die Verallgemeinerung seiner jeweils angeführten Beispiele von größter Bedeutung. Und auch hier schlägt sich dieses Schreibinteresse in der Textgestaltung nieder: Kisch verzichtet auf Reisedaten, konkrete Orte, Karten, Bildmaterial, Namen oder Ähnliches. Denn diese textsortentypischen Detaillierungen hätten seine politische Agenda, die universelle Probleme in den Blick nimmt, behindert: Was er in China sieht, sieht er auch in der Sowjetunion, auch in Amerika, auch in Deutschland – diese Parallelen versuchte er offenzulegen und seinen Leser:innen zu vermitteln. Dennoch bildeten das persönliche Reisen sowie die eigene Erfahrung für ihn als Reporter die Legitimationsbasis seiner mit „logischer Phantasie" ausgestalteten Reportagen. Die Frage nach Fakten und Fiktionen ist hier also etwas anders gelagert. Zwar war das faktische Fundament für Kischs Anliegen zentral, es betraf aber vor allem die Glaubwürdigkeit seiner Person. Für die textuelle Vermittlung seiner Ansichten setzte er jedoch vor allem auf weltanschauliche Plausibilität; daraus resultierte der Verzicht auf konkrete Referenzen und die Lizenz zu weitgehend freier inhaltlicher und formalästhetischer Gestaltung.

Die Frage nach dem Verhältnis von Fakt und Fiktion ist nicht nur bei links und liberal orientierten Autor:innen fruchtbar: Unter politisch gänzlich anderen Prämissen wollte auch Colin Ross mit seinen Reiseberichten sein Lesepublikum von seinen – zunächst nationalkonservativen, dann nationalsozialistischen – Ansichten überzeugen. Formal gleichen Ross' Bücher jedoch weit mehr ‚traditionellen' Reiseberichten als den modernen, wenn nicht modernistischen Reportagen von Kisch. Auch bei Ross hatte die Präsentation von Fakten eine wichtige Legitimationsfunktion, doch der Erfolgsautor benötigte dafür keine verallgemeinernden Ableitungen. China ist hier nicht ein Beispiel unter mehreren, sondern ihm ging es konkret um Chinas Verortung in dem von ihm entworfenen weltpolitischen Gesamtbild. In seinen Reiseberichten *Das Meer der Entscheidungen* (1924 bzw. 1936) und *Das Neue*

Asien (1940) präsentierte Ross den deutschen Leser:innen seine persönlichen Reiseerfahrungen, aus denen er zugleich geopolitische Schlussfolgerungen für die Weltmachtverhältnisse zog und Handlungsappelle für Deutschland ableitete. Mehrfache Aufenthalte in den bereisten Regionen bestätigten ihn in seinen vorab getroffenen politischen Prognosen. Eine jede Region ist in Ross' Weltbild, seinen geopolitischen Überzeugungen entsprechend, sehr spezifisch und auch deshalb nicht beispielhaft oder verallgemeinerbar. Es geht folglich auch hier nicht um deutsche Projektionen, sondern – entlang chinesischer gegenwartspolitischer Entwicklungen – um China und dessen konkretes weltpolitisches Verhältnis zu Deutschland.

In beiden untersuchten Reisetexten spielen Fakten und Fiktionen – und vor allem deren Relationen – also eine wesentliche Rolle: Beiden Autoren dienen die geschilderten (vermeintlichen) Fakten als Legitimation ihrer Aussagen. Eine fiktive Ausgestaltung der Reiseerlebnisse nutzte vor allem Ross dazu, seine politischen Thesen in einem unterhaltenden Format für seine Leser:innen aufzubereiten, während Kisch seine „logische Phantasie" primär für die Vermittlung und Darstellung von Episoden nutzte, deren Glaubwürdigkeit sich am Maßstab des politischen Weltbild messen ließ.

Die letzte für die Arbeit exemplarisch ausgewählte Fallstudie liefert ebenfalls einen Blick in das ‚reale China': An Pearl S. Bucks Roman-Trilogie, die als historische Erzählung beginnt und im letzten Band das (fast noch) zeitgenössische China behandelt, zeigt sich ebenfalls, wie eng Textgestaltung und Schreibmotivation korrelieren: Die US-Amerikanerin wollte mit ihrer Romanreihe *The House of Earth* (1931–1935) in erster Linie fremdkulturelles Interesse wecken und aufklären, und zwar die USA bzw. ‚den Westen' insgesamt über das ihnen fremde, sie nach Meinung Bucks nicht ausreichend interessierende China. Dafür lieferte sie mehr als ‚harte Fakten', die auch über andere mediale Kanäle zugänglich waren, indem sie vom Leben abseits der (literarisch und medial) viel thematisierten Machtzentren Chinas erzählte. Wie Döblin verzichtete auch Buck auf konkrete Verweise, Daten, Zahlen oder Ähnliches. Ihr ging es um einen Einblick in das gesellschaftliche Leben in seiner Gesamtheit, das heißt so, wie sie es durch ihre jahrelange Erfahrung in China wahrgenommen hatte. Sie projizierte hierfür Leben und Geschichte des frühen 20. Jahrhunderts in einen kleinen, auf diese Weise überschaubar gemachten chinesischen Familienkosmos und hielt sich dabei, wie gezeigt, streng an die realgeschichtlichen Entwicklungen, ohne diese jedoch narrativ in den Vordergrund zu rücken. Entlang von Bucks Trilogie zeigte sich noch einmal ‚im Kleinen' die zunehmende Politisierung: Ihre Romane wurden sukzessive politischer bzw. bezogen das Politische zunehmend mehr in den Plot mit ein, doch die eigentliche politische Indienstnahme erfolgte von außen, in Deutschland durch die zeitweilige propagandistische Vereinnahmung durch die Nationalsozialisten.

Obgleich sich die literarischen Formate und die auktorialen Motivationen und Vermittlungsanliegen in den gewählten Fallstudien als divergent und vielfältig erwiesen haben, lassen sich dennoch einige typisierende Aussagen treffen: Auf der Grundlage meiner Untersuchungen lassen sich drei unterschiedliche Motivationskomplexe identifizieren, die zu einer literarischen Auseinandersetzung mit China führten: Man wollte (a) über das (gegenwärtige) China kulturell und politisch informieren und aufklären, (b) China als politisches Vorbild oder Schreckbild für Deutschland installieren oder (c) China als konkretes Beispiel für die Veranschaulichung umfassender kultureller oder politischer Zusammenhänge nutzen. Vor dem Hintergrund der deutschen Entwicklungen in den 1920er- und 1930er-Jahren wurde China dann entweder zur „Gefahr", etwa bei Colin Ross, oder zur „Hoffnung", wie sie Kisch etwa in den revolutionären Rikschakulis oder Döblin in dem konfuzianischen Staatssystem fanden. Auf der Darstellungsebene hatte dies vor allem hinsichtlich des Spannungsverhältnisses von Fakt und Fiktion Konsequenzen. Denn um als Beispiel, Vorbild oder Drohbild zu fungieren und um für die Wirkung Glaubwürdigkeit beanspruchen zu können, war eine gewisse Überprüfbarkeit der narrativ getätigten Aussagen oder aber eine starke, vertrauenswürdige *persona* des Autors notwendig.

Umsetzbar wurden die Schreibmotivationen der hier untersuchten Autor:innen erstens durch eine verbesserte Zugänglichkeit von Quellen, zweitens durch eine größere Mobilität, drittens durch einen gewissen ‚China-Trend' und die Popularität des China-Genres sowie viertens durch eine generelle Politisierung der deutschen Literatur in den Jahren der Weimarer Republik. Ein weiterer plausibler Grund liegt fünftens sicherlich darin, dass auch in anderen Bereichen das China-Interesse im Blick auf einen politischen, gesellschaftlichen, ideellen, militärischen, wirtschaftlichen oder kulturellen Austausch wuchs. Die (fiktionale) Literatur konnte daran diskursiv partizipieren.

Man kann sich nun fragen, wie singulär die von mir beobachtete breite Partizipation der China-Literatur am politischen Chinadiskurs war und wie es, nach dem einmal entfachten China-Interesse, in den Folgejahren literarisch, publizistisch und politisch weiterging. Diese Perspektive sprengt den Rahmen meiner Arbeit, doch ein paar weitergehende Beobachtungen und Fragen lassen sich an meine Befunde unschwer anschließen.

In der vorliegenden Studie wurde eine Zeitspanne fokussiert, in der aus verschiedenen Gründen zum ersten Mal das ‚reale China', ob nun das historische oder das zeitgenössische, als Erzählgegenstand in die Literatur Einzug fand. Die intensive, historisch kontextualisierte Einzelbetrachtung der Texte sowie die Ausweitung des untersuchten Materials sowohl um faktuale als auch um nicht-kanonisierte Literatur hat sich für die anvisierten Fragenkomplexe als fruchtbar erwiesen. Dennoch sind Fragen offengeblieben, die sich zum Teil erst aus den präsentierten Ergebnissen ergeben. Um die ersten Befunde an weiteren Beispielen zu überprüfen und zu erhärten, wären verschiedene anknüpfende Schritte denkbar. Nur einige Möglichkeiten seien hier genannt:

Erstens ließe sich der Untersuchungsbereich erweitern. Die im Anhang befindliche Bibliographie deutschsprachiger China-Literatur zwischen 1920 und 1940 kann einen Ausgangspunkt für vertiefende Studien zu dieser frühen Phase politisierter China-Literatur liefern. Ungemein viele dort genannte Texte sind bisher in der Forschung und auch in der vorliegenden Arbeit vollkommen unberücksichtigt geblieben. Über sie aber ließen sich meine Ergebnisse validieren und/oder differenzieren. Natürlich wäre auch an eine noch größere Ausdehnung des Untersuchungsbereichs zu denken; zum Beispiel in den Bereich der Unterhaltungsliteratur – sind Groschen- und Kolportageromane tatsächlich so weit von der Vermittlung eines ‚realen' Chinabildes entfernt, wie bislang angenommen? – oder in Bezug auf die hier unberücksichtigten Textsorten: Mit welcher Motivation widmeten sich Autor:innen lyrischer und dramatischer Texte China? Wie gestaltete sich in diesen Textsorten das Verhältnis von Fakt und Fiktion und wie das von Politik und Literatur?

Zweitens wäre die intensivere Betrachtung bilateraler Konstellationen sicherlich ertragreich, um die Studienergebnisse vergleichend analysieren zu können. Ansatzweise habe ich das im Kontext des deutsch-chinesisch-amerikanischen Verhältnisses getan. Doch wie gestaltet sich das chinesisch-französische, wie das chinesisch-englische Verhältnis in den 1920er- und 1930er-Jahren? Wie nehmen sich die China-Darstellungen aus chinesischer Perspektive aus? Im Kontext der *Global History* und mit Hilfe ihres Methodenarsenals ließe sich der methodische Nationalismus der germanistischen Literaturwissenschaft zugunsten eines geweiteten Blicks auf die Texte, ihre Zirkulation und Rezeption sukzessive überwinden und ein möglichst differenziertes Gesamtbild, zugeschnitten auf unterschiedliche Standorte und Perspektiven erarbeiten.

Drittens wäre auch eine Ausdehnung des Untersuchungszeitraums aufschlussreich, um die vorliegenden Ergebnisse auf ihre epochenübergreifende Geltung hin zu prüfen und die Frage zu klären, ob und falls ja inwiefern sich ähnliche Muster in anderen historischen Austauschkonstellationen ausfindig machen lassen. Es drängt sich die Vermutung auf, dass historische, vor allem gesellschaftliche und politische Umbruchszeiten besonders aufschlussreich für den deutsch-chinesischen Literaturaustausch bzw. die daran geknüpfte deutsche China-Literatur sind. Aus deutscher Perspektive wäre natürlich, anschließend an meine Beobachtungen, eine vergleichende Untersuchung für die Zeit nach 1945 interessant ist, die in der Fortsetzung auch über einen vermutlich divergenten literarischen Umgang mit China in der BRD und der DDR Aufschluss geben könnte. Aus chinesischer Perspektive scheinen die Jahre der ‚Kulturrevolution' sowie der Öffnungspolitik unter Deng Xiaoping nach 1979 oder der Zusammenbruch des kommunistischen Ostens 1989 interessante Wendepunkte zu markieren, die die deutsche literarische China-Beschäftigung womöglich dynamisierten.

Noch aktueller wäre es, auch auf die Entwicklung seit der Machtübernahme Xi Jinpings zu blicken, um argumentative, rhetorische und darstellungsästhetische Muster zu identifizieren, Zusammenhänge, Austauschverhältnisse und Abhängigkeiten der verschiedenen beziehungsprägenden Stränge zu erkennen und tradierte Zuschreibungen sowie Neudeutungen und Reinterpretationen auszumachen und zu rekonstruieren. Auch heute scheint jedenfalls das binationale Verhältnis Deutschlands und Chinas erneut in eine Phase geraten zu sein, in der Zuordnungen, Verhältnisse und Rahmenbedingungen sich auf eine Weise verändern, die eine Zäsur vorzubereiten oder bereits zu markieren scheint. Ich möchte dieser Beobachtung abschließend anhand einiger kursorischer Beispiele kurz nachgehen, um etwaige Gemeinsamkeiten, aber auch Unterschiede verflechtungsgeschichtlicher Literaturstudien am Anfang des 20. und am Anfang des 21. Jahrhunderts anzureißen.

6.2 Zur Dämonisierung und Idealisierung Chinas damals wie heute. Ein Ausblick

Auf den ersten Blick haben wir es derzeit mit einer ähnlichen Konjunkturlage, einem gesteigerten literarischen und publizistischen Interesse an China zu tun. Xi Jinpings totalitärer Machtausbau – die *Neue Seidenstraße*, das ‚soziale Bonitätssystem', der Ausbau des Digitalen, *Made in China 2025*, die Gleichschaltung der Medien, die *Great Firewall*, die Unterdrückung der Demokratiebewegung in Hongkong, das Hongkonger Sicherheitsgesetz, die sogenannte „Umerziehung" der Uiguren, die Versuche der Einverleibung Taiwans, etc. – scheint offenbar wieder einen erhöhten Auf- und Erklärungsbedarf der zeitgenössischen Entwicklungen Chinas auf deutscher Seite zu wecken.[3] Eine Statistik des *Spiegels* zeigt jedenfalls, dass die Berichterstattung aus und über China in periodischen Publikationen seit Mitte der 2010er-Jahre sprunghaft angestiegen ist.[4] Diese Entwicklung zeichnet sich auch am deutschen Buchmarkt ab, der gerade mit einer Fülle an deutscher China-

---

3 Das Kapitel wurde im Frühjahr 2022 abgeschlossen und für die Publikation nicht erneut aktualisiert. Die neuesten Entwicklungen wurden also (auch aufgrund des starken Dynamiken) nicht berücksichtigt.
4 [Anonym]: Berichtet. Über welche Länder außer der Bundesrepublik am häufigsten geschrieben wurde, nach Dekade, in: Der Spiegel, 20.12.2021, S. 55.

Literatur aufwartet. Seit 2018 – zeitgleich zur Amtszeitentgrenzung Xi Jinpings – steigt die Anzahl der Publikationen stetig an und seit 2020 wird der deutsche Buchmarkt zusätzlich mit teils obskuren Titeln zum chinesischen ‚Ursprung des SARS-Cov-2-Virus' regelrecht überschwemmt.[5]

Zwei ernst zu nehmende Beispiele aus dem Sachbuch-Segment können erste Umrisse für das Profil des neuen Interesses an China liefern: Um die Jahreswende 2018/2019 kamen nahezu zeitgleich zwei Bücher deutscher ‚China-Experten' auf den Markt, die dem deutschen Publikum bereits seit mehr als zwei Dekaden aus China berichten: Kai Strittmatters *Die Neuerfindung der Diktatur. Wie China den digitalen Überwachungsstaat aufbaut und uns damit herausfordert*[6] und Frank Sierens *Zukunft? China! Wie die neue Supermacht unser Leben, unsere Politik, unsere Wirtschaft verändert*.[7] Bereits die Titel legen das zentrale Thema der beiden Schriften offen: Es geht beiden Publizisten vornehmlich um Chinas Politik und deren Auswirkungen auf ‚den Westen' und insbesondere Europa bzw. die Europäische Union. Neben der Ortsmarkierung einerseits ist dies andererseits durch eine dichotomische Verwendung des Personalpronomens „uns" in beiden Titeln in den Vordergrund gerückt. Während in Strittmatters Titel die politischen Vorgänge in China, aversiv als „Neuerfindung der Diktatur" deklariert, kritisch als ‚Herausforderung' für die westlichen Demokratien gedeutet werden, setzt Sierens Titel – so legt das Frage-Antwort-Spiel nahe – optimistischere Akzente und assoziiert China mit ‚unserer' gesellschaftlichen, politischen und wirtschaftlichen Zukunft. Wiederum scheint hier die bereits in den 1920er-Jahren etablierte Polarität einer Idealisierung von China einerseits und einer Dämonisierung andererseits auf, wenn auch unter politisch gänzlich anderen Rahmenbedingungen, die auch dafür sorgen, dass die entsprechenden Zuschreibungen nun aus anderen politischen Milieus kommen. Tatsächlich bestätigt ein Blick in die beiden Sachbücher, dass China hier einmal als

---

5 Es gibt jedoch auch hier bereits literarische Beschäftigungen, die keinesfalls den konspirativen Erklärungsversuchen zuzuordnen sind; zu nennen wäre u.a. das in China nur auf der sozialen Plattform *WeChat* zirkulierende, in Deutschland bereits 2020 in Buchform und übersetzt erschienene Tagebuch während des ersten Wuhaner Lockdowns der chinesischen Autorin Fang Fang (vgl. Fang Fang: Wuhan Diary. Tagebuch aus einer gesperrten Stadt. Aus dem Chinesischen von Michael Kahn-Ackermann. Hamburg 2020) oder vor allem auch der „Dokumentarroman" des im Deutschen Exil lebenden, chinesischen Schriftstellers Liao Yiwu: Wuhan. Dokumentarroman. Frankfurt am Main 2021 [Original: Liao Yiwu: Dang Wuhan bingdu lailin. When the Wuhan Virus comes. Yunchen Wenhua (Taiwan) 2020 (neu aufgelegt 2021)]. Vgl. dazu etwas ausführlicher unten.
6 Kai Strittmatter: Die Neuerfindung der Diktatur. Wie China den digitalen Überwachungsstaat aufbaut und uns damit herausfordert. München 2018.
7 Frank Sieren: Zukunft? China! Wie die neue Supermacht unser Leben, unsere Politik, unsere Wirtschaft verändert. München [2019] ²2020.

akute Herausforderung und Gefahr für die europäisch-westlichen Demokratien und ihre Wertordnungen, einmal als Vorbild für die Zukunft, vor allem die technologische und digitale Zukunft Europas gedeutet wird.

Der Journalist und studierte Sinologe Kai Strittmatter (*1956), der mit Unterbrechung von 1997 bis 2018 als Korrespondent der *Süddeutschen Zeitung* in China war und heute in Dänemark tätig ist,[8] konzentriert sich in seinem als politische Warnung konzipierten Buch vornehmlich auf die (neuen) staatlichen Kontrollmechanismen Chinas: Propaganda, ideologische Reinterpretationen von Marx, Lenin und Konfuzius, das ‚soziale Bonitätssystem', die *Great Firewall*, etc. „Schaut nach China" ist deshalb sein mahnender Appell; seine Analysen wollen diesen Appell begleiten und orientieren.[9] Denn in China entstehe „gerade etwas, was wir so noch nicht kannten. Ein neues Land, ein neues Regime"[10] durch ein „Update" der Diktatur „mit den Instrumenten des 21. Jahrhunderts".[11] Auch Frank Sieren (*1967), der seit 1994 in Peking lebt, inszeniert sich mit seinem Buch als politischer Berater und Kenner einer „geschickte[n] Strategie",[12] mit der sich seiner Ansicht nach von europäischer Seite adäquat auf die chinesischen Expansionsbestrebungen und den seiner Meinung nach unabwendbaren Aufstieg Chinas reagieren ließe. Als Wirtschaftsjournalist konzentriert sich Sieren vornehmlich auf die ökonomische Rolle Chinas am globalen Markt (Investitionen in ausländische Firmen, die *Neue Seiden-*

---

8 Von 2005 bis 2012 war Strittmatter für die *Süddeutsche Zeitung* in der Türkei tätig, danach ging er wieder nach China.
9 So schreibt Strittmatter auch in seinem Vorwort ganz deutlich, dass er mit seinem Buch den europäischen Leser:innen eine „Weltenschau" ermöglichen möchte: „Wie wird China die Welt noch verändern? Und vor allem: Wie gehen wir damit um? Angesichts der Lemminghaftigkeit, mit der manche Bürger der westlichen Demokratien den Flötentönen der Rechtspopulisten und neuen Möchtegern-Autokraten verfallen, angesichts der Naivität und Weltblindheit vieler Europäer, die die Gemütlichkeit ihrer alten Welt für gottgegeben halten, hatte ich vor einiger Zeit schon einmal eine Idee: Man sollte die Leute hinauswerfen in die große, ungemütliche Welt, man müsste die Weltenschau zur Pflicht machen für all die arglosen Europäer, alle sollten sie einmal ein Jahr außerhalb ihrer Gemütlichkeitszone leben. [...] Und wer gerade unpässlich ist für sein Jahr in Peking, Shanghai, Hangzhou, Chengdu oder Shenzhen, der kann dieses Buch lesen." (Strittmatter: Die Neuerfindung der Diktatur, S. 14–16). Ganz ähnlich formuliert er auch in seinem aktuelleren, im Jahr 2020 erschienenen kleinen Büchlein, das eine Art Kurzzusammenfassung des knapp 300-Seiten starken Sachbuchs liefert, indem er 33 Fragen und Antworten zu *Chinas neue Macht*, so der Titel, liefert: „Da entsteht eine digitale Diktatur, die die Welt so noch nicht gesehen hat und auf die sie doch vorbereitet sein muss. Dazu soll dieser Band beitragen." (Kai Strittmatter: Chinas neue Macht. 33 Fragen, 33 Antworten. München 2020, S. 8).
10 Strittmatter: Die Neuerfindung der Diktatur, S. 8.
11 Ebd., S. 11.
12 Sieren: Zukunft? China!, S. 16.

straße, chinesische Startups, etc.). Will Strittmatter Europa an seine demokratischen Werte erinnern und zu ihrer Verteidigung aufrufen,[13] imaginiert Sieren ein Europa nach chinesischem Vorbild[14] und wirkt so teils eher als „parteiische[r] Sympathisant[]" denn als „wissenschaftlicher Beobachter", wie ein Peking-Korrespondent für die *Neue Zürcher Zeitung* treffend feststellt.[15]

Die Veröffentlichung der beiden einmal auf „Gefahr", einmal auf „Hoffnung" setzenden Bücher rief zahlreiche publizistische Stellungnahmen hervor. So konstatiert der eben bereits zitierte Peking-Korrespondent, dass man „beide Seiten", also „Bewunderung" und „Entsetzen" kennen müsse, „um dieses unfassbare Land besser zu verstehen."[16] Der Historiker Jürgen Osterhammel hingegen positioniert sich: Strittmatter und Sieren „liefern mit ihren Büchern erstaunlich unterschiedliche Zustandsbeschreibungen", schreibt er im Teaser zu seiner Rezension: „Eines von beiden [Büchern] lohnt die Lektüre."[17] Für welches Buch sich „auch diejenigen interessieren [sollten], denen China sonst egal ist", wird in seinem Beitrag für die *FAZ* rasch deutlich, denn Sierens Darstellung sei unoriginell, „wirr und widersprüchlich".[18] Dagegen

---

[13] So warnt Strittmatter auch abschließend mit martialischer Rhetorik mit einer Art ‚Weckruf': „Da wartet ein Kampf, der ausgefochten werden muss, zuallererst bei uns zu Hause und mit uns selbst. Ach, die zerstrittenen, müden, selbstgefälligen, weltvergessenen und gelähmten Europäer – würden sie bloß die Augen aufmachen und auf das entfesselte China schauen. Und zwar jetzt! Ihre Naivität und Schlafmützigkeit ablegen, schnell, dann zurückfinden zu Geschlossenheit – und zum Wissen um die Stärke und Leuchtkraft der Ideen, für die so viele Generationen gekämpft haben. [...] Eine Diktatur erfindet sich neu. Schafft sie den Staat, der den Westen überholen und sich an die Spitze der Welt schwingen wird? Die Antwort auf diese Frage wird von der Stärke Chinas abhängen – aber mehr noch von der Schwäche des Westens." (Strittmatter: Die Neuerfindung der Diktatur, S. 273). Auch hier antwortet er ähnlich, jedoch etwas pointierter in seinem neuen Buch auf die Frage „Müssen wir China fürchten?". Er beschließt seine Ausführungen mit den Worten: „Nein, fürchten müssen wir nicht China, fürchten müssen wir nur uns selbst." (Strittmatter: Chinas neue Macht, S. 115).
[14] So lautet Sierens abschließende Bilanz: „Im Grunde müssen wir noch einmal ganz von vorne anfangen: Wir müssen die Ausbildung unserer Kinder auf Kreativität und Erfindergeist ausrichten. Wir brauchen eine Industriepolitik, die diesen Namen verdient und so strategisch ist wie die chinesische. Wir brauchen Politiker mit Weitsicht. Wir müssen in Deutschland mit gutem Beispiel vorangehen und unsere europäischen Nachbarn überzeugen mitzugehen. Die Mühe lohnt sich, denn es steht zu viel auf dem Spiel." (Sieren: Zukunft? China!, S. 363).
[15] Michael Radunski: Zwischen Bewunderung und blankem Entsetzen, in: Neue Zürcher Zeitung, 28.2.2019.
[16] Ebd.
[17] Jürgen Osterhammel: Wie man gegen die Schwerkraft regiert, in: Frankfurter Allgemeine Zeitung, 18.12.2018, S. 10.
[18] Ebd.

verlasse sich Strittmatter „nicht auf seinen reichen Schatz an Impressionen und begnüge sich nicht mit einem forsch hingeworfenen Meinungsbeitrag in Buchlänge. Gründliche Quellenrecherchen machen seine prägnanten Schlussfolgerungen umso eindringlicher."[19] Osterhammel schließt sich letztlich den mahnenden Worten Strittmatters an:

> Xi Jinping und sein Apparat sind dabei, „den perfektesten Überwachungsstaat aufzubauen, den die Welt je gesehen hat". Pech für die Chinesen. Das wäre indes zu kurz gedacht. Es ist nämlich nicht viel unausweichlich Chinesisches an dieser *Brave New World*.[20]

Mit Anspielung auf Aldous Huxleys 1932 erschienene Dystopie *Brave New World*[21] – die wie George Orwells *Nineteen Eighty-Four* (1949)[22] mittlerweile zum Standardrepertoire literarischer Referenzen für Beschäftigungen mit Chinas Gegenwartspolitik zählt – warnt der Historiker seine deutschen Leser:innen, die besorgniserregenden Entwicklungen als ‚rein chinesisches' Phänomen zu deuten und somit die Risiken, die China für die ‚westlichen Demokratien' mit sich bringt, zu missachten.[23]

Ähnlich wie Strittmatter und Osterhammel sieht dies auch Franka Lu, eine chinesische Journalistin, die zum Schutz ihrer Person und Familie in China nur unter Pseudonym für die *Zeit* schreibt. Angeregt von Strittmatters Warnung und Sierens „absurd[en]" Äußerungen zu chinesischen Zensurmaßnahmen[24] erkennt auch sie eine Gefahr, die von China auf Europa ausgehe:

> China und jene, die das „chinesische Modell" voll und ganz unterstützen, drängen die Demokratien in eine bedenkliche Richtung. Die Europäer müssen sich gemeinsam der Dringlichkeit

---

19 Ebd.
20 Ebd.
21 Aldous Huxley: Brave New World. London 1932.
22 George Orwell: Nineteen Eighty-Four. A Novel. London 1949.
23 So schreibt Osterhammel weiter: „China ist potentiell überall. Künstliche Intelligenz muss nur in die Hände einer hemmungslosen natürlichen Intelligenz fallen. Das ist der dunkelste Abgrund, in den Kai Strittmatter uns blicken lässt." (Osterhammel: Wie man gegen die Schwerkraft regiert).
24 Kai Strittmatters *Neuerfindung der Diktatur* nimmt Franka Lu als Aufhänger: „Kai Strittmatter, langjähriger China-Korrespondent der *Süddeutschen Zeitung*, hat in seinem Buch *Die Neuerfindung der Diktatur* anschaulich gezeigt, wie die Kommunistische Partei unter Xi Jinping einen ‚Netzwerk-Totalitarismus' erschaffen hat. Nur dass dieser nicht auf das eigene Territorium begrenzt ist, sondern sich über die ganze Welt ausbreitet. Um besser zu verstehen, wie die Endphase des Kampfes aussehen könnte, sollten wir uns die Strategien der chinesischen Regierung genauer ansehen." Im Laufe ihrer Erläuterungen kommt sie dann auf Sieren und dessen positiven Aussagen zur chinesischen Zensur zu sprechen. (Franka Lu: Europa darf sich nicht aufgeben, in: Zeit, 15.7.2019).

dieses Problems gewahr werden, das sie selbst mitgeschaffen haben. [...] Wenn Europa sich seiner Verantwortung jetzt nicht stellt, ist es bald zu spät.²⁵

Weder Strittmatters und Sierens Sachbücher noch die genannten Rezensionen sind Einzelfälle. Es handelt sich vielmehr um typische Beispiele für eine Vielzahl von Schriften, die sich derzeit in politischer Hinsicht mit China auseinandersetzen und dabei – holzschnittartig – entweder Strittmatters oder Sierens Position zuzuordnen sind.²⁶

Auch in der sogenannten schönen Literatur spiegelt sich dieses neu entfachte Interesse – China hat hier ebenfalls wieder Hochkonjunktur. Beispielhaft zu nennen sind historische China-Romane, etwa Stephan Thomes *Gott der Barbaren* (2018)²⁷ oder Christoph Ransmayrs *Cox. Oder der Lauf der Zeit* (2016),²⁸ Reiseberichte, wie Ransmayrs *Atlas eines ängstlichen Mannes* (2012),²⁹ oder auch deutsche Übersetzungen internationaler China-Literatur, wie Ma Jians Satire *Traum von China* (2019),³⁰ Madeleine Thiens historischer Roman *Sag nicht, wir hätten gar nichts* (2017)³¹ oder Liao Yiwus *Wuhan* (2021).³² Fiktionale Texte über China und Chinas Geschichte erfreuen sich erneut großer Beliebtheit und finden einen breiten Absatz. Nicht immer ist diese Literatur politisch motiviert, einige Autor:innen widmen sich vor allem aus interkultureller Verständigungsabsicht ohne genuin politische Ambitionen an eine an China interessierte Leserschaft, wie etwa Jan-Philipp Sendker mit seiner China-Trilogie ³³ oder Rainer Kloubert mit seinen historischen

---

25 Ebd.
26 Beispielhaft ließen sich nur aus dem vergangenen Jahr folgende Titel nennen: Wieland Dietel: China auf dem Weg zur Weltmacht. Berlin 2021; Martin Winter: Chinas Aufstieg – Europas Ohnmacht. Das große Spiel um unsere Zukunft. München 2021; Anton Stengl: Chinas neuer Imperialismus: Ein ehemaliges sozialistisches Land rettet das kapitalistische Weltsystem. Wien 2021; Matthias Naß: Drachentanz. Chinas Aufstieg zur Weltmacht und was er für uns bedeutet. München 2021; Robert Fitzthum: Erfolgreiches China: Die Fakten zur Befreiung aus der Armut, zur grünen Umgestaltung und zu menschengerechten Städten der Zukunft. Berlin 2021; Uwe Behrends: Feindbild China: Was wir alles nicht über die Volksrepublik wissen. Berlin 2021; Frank Sieren: Zukunft made in China. München 2021; Hermann Rupold: Supermacht China. Die chinesische Weltmacht aus Asien verstehen. München 2021.
27 Stephan Thome: Gott der Barbaren. Berlin 2018.
28 Christoph Ransmayr: Cox. Oder der Lauf der Zeit. Frankfurt am Main 2016.
29 Christoph Ransmayr: Atlas eines ängstlichen Mannes. Frankfurt am Main 2012.
30 Ma Jian: Traum von China. Hamburg 2019; Original: ders.: China Dream. London 2018.
31 Madeleine Thien: Sag nicht, wir hätten gar nichts. München 2017; Original: dies.: Do Not Say We Have Nothing. New York 2016.
32 Liao: Wuhan.
33 Jan-Philipp Sendker: Das Flüstern der Schatten. München 2007; ders.: Drachenspiele. München 2009; ders.: Am anderen Ende der Nacht. München 2016.

Erzählungen.³⁴ Doch zugleich ist ein gewisser Trend zu einer im fiktionalen Gewand auftretende politische Stellungnahme nicht zu übersehen.

Ausgesprochen deutlich ist dies in dem erst kürzlich erschienenen, „bestürzend aktuellen Dokumentarroman"³⁵ *Wuhan* des in Berlin lebenden chinesischen Schriftstellers Liao Yiwu. Erzählt wird hier die Geschichte Wuhans vom 23. Januar bis 8. Juni 2020, also die Zeit des ersten totalen Lockdowns der Stadt. Es zeigt ein weit über die Grenzen der Stadt abgeriegeltes China und den Lebensalltag mit Internetzensur und Korruption im „Polizeistaat"³⁶ China unter dem nicht zu entthronenden „Kaiser"³⁷ Xi Jinping. Beschreibungen von Verhören und ‚Urteilen' kennzeichnen zudem Chinas fehlende Rechtstaatlichkeit, die explizite Darstellung der Internierungslager in Xinjiang die Unterdrückung von Minderheiten und Andersdenkenden und Zitate des Regierungsapparates und deren ‚Richtigstellung' entlarven die chinesische Propaganda. Entgegen der in der Literaturkritik weit verbreiteten These, Liao Yiwu ginge es um eine investigative Aufklärung über den Ursprung des Coronavirus,³⁸ zeigt eine genauere Lektüre, dass Liao mit seinem Gegenwartsroman im deutschen (sowie anderen westlichen Demokratien) Rezeptionskontext versucht, einer Aufeckung von Chinas Machtapparat zuzuarbeiten und die Gewissensfrage forciert: Können oder *dürfen* demokratische Rechtsstaaten mit einer Diktatur wie China kooperieren?³⁹

Ebenfalls auf die Aufklärung von Xi Jinpings nationalistischer Repressionspolitik setzt Ma Jians (马建;*1953) mit seiner Satire *Der Traum von China*. Der (von 1997 bis 1999 in Deutschland) exilierte Autor widmet sein Buch George Orwell, „der

---

34 Zum Beispiel Rainer Kloubert: Peking. Verlorene Stadt. Berlin 2016; ders.: Yuanmingyuan. Spuren einer Zerstörung. Berlin 2013.
35 Liao: Wuhan, Klappentext.
36 Ebd., S. 9.
37 Vgl. vor allem ebd., Kap 12: *Seine Hoheit der Kaiser war da*.
38 Vgl. beispielhaft Katja Eßbach: Wuhan: Spannender Mix aus Fiktion und Fakten, in: NDR, 31.1.2022; Cornelia Zetzsche: Auf der Suche nach den Ursprüngen des Coronavirus, in: BR Kultur, 27.01.22 oder dies.: Liao Yiwu und die Wirklichkeit von Wuhan: Ein Roman über Chinas Scheinerfolge in der Pandemie, in: SWR 2, 01.02.22.
39 Oder in Liao Yiwus eigenen Worten: „Es war meine Pflicht, das Buch zu schreiben, um diese Fakten, dieses Kapitel Geschichte zu dokumentieren, zu erzählen. Und ich hoffe, dass mehr Leute hier in der westlichen Welt, auch Politiker, das Buch lesen. Dann können sie sich der eigenen Vergangenheit bewusst werden und sich sagen: Wir haben bestimmte Wertvorstellungen, die wir schützen müssten. Das wäre meine Hoffnung." (Katrin Büchenbacher: Liao Yiwu: „Ihr westlichen Journalisten seid ziemlich dumm. Ich habe nie behauptet, das Virus sei aus einem Labor entwichen", in: Neue Zürcher Zeitung, 25.11.2021).

alles vorausgesagt hat",[40] und ließ den Einband von Ai Weiwei (艾未未; *1957) entwerfen, der sich ebenfalls für mehrere Jahre im deutschen Exil befand und heute in Portugal lebt.[41] Ma parallelisiert in seinem Text Xis Machtausbau mit dem ‚Großen Sprung nach Vorn' unter Mao Zedong (1958–1961). Gespickt mit einer Vielzahl tagesaktueller Referenzen, die seinem nicht-chinesischen, internationalen Publikum wohl kaum bekannt sein dürften,[42] warnt er vor Xis unkontrolliertem Machtausbau.

Die kanadische Schriftstellerin Madeleine Thien (*1974), Tochter malaiisch-chinesischer Einwanderer, geht in ihrem ebenfalls hochpolitischen Roman den Weg über die Geschichte. Sie erzählt die Zeitspanne von Maos Machtantritt bis zum Tian'anmen-Massaker und widmet sich damit vor allem den Episoden der jungen chinesischen Vergangenheit, die Xi Jinping und sein Machtapparat gerade konsequent neudeuten (etwa die ‚Kulturrevolution') oder ausblenden (etwa das Jahr 1989[43] sowie den ‚Großen Sprung nach Vorn').

Auch in den deutschsprachigen Publikationen findet die politische Gegenwart Eingang, und zwar selbst in Romane, die wie Ransmayrs (*1954) historischer Roman *Cox. Oder der Lauf der Zeit* in erster Linie ein ästhetizistisches, aus der Gegenwart entrücktes Chinabild zeichnen.[44] Alexander Košenina hat nachgewiesen, dass auch hier Machtfragen das Narrativ prägen, etwa die omnipräsente Macht des absenten Kaisers sowie dessen kapitalistische Machtdemonstrationen. Beides führe direkt in die Gegenwart: „It isn't hard to see that Ransmayr's thoughts reach far beyond the eighteenth century and actually concern modern China at its heart", so Košenina.[45] Insgesamt konstatiert er, dass „zwischen den Zeilen überall auch der

---

40 Ma: Traum von China, o.S.
41 Vgl. ebd., S. 189f.
42 So spielt er beispielsweise immer wieder auf den 2013 stattfindenden Besuch Xi Jinpings in einem kleinen Baozi-Restaurant zum Frühstück an, der in China hohe Wellenschlug und Xi Jinping unter Kritikern den Beinamen „Xi the Bun" einbrachte.
43 Vgl. dazu etwa die Studie von Louisa Lim: The People's Republic of Amnesia: Tiananmen Revisited. Oxford 2015.
44 Vgl. dazu ausführlicher zum Beispiel Doren Wohlleben: Christoph Ransmayr – Kalligraph und Kartograph. München 2018 (= Text + Kritik, 220).
45 Vgl. Alexander Košenina: An English Clockmacker in 19th Century China: Christoph Ransmayr's Novel *Cox oder der Lauf der Zeit*, in: Oxford German Studies 48.4 (2019), S. 505–516, hier: S. 511. Košenina bindet das u.a. auch an die Amstzeitentgrenzung Xi Jinpings zurück (vgl. ebd.) und schreibt weiter: „It is amazing how subtly Ransmayr juxtaposes Qiánlóng's cruel and ruthless monarchy with Chi [sic] Jinping's totalitarian state economy today, representing clearly a capitalist, rather that a socialist dogma." (Ebd.)

Machtgestus des neuen Reichs der Mitte hindurch" schimmere.[46] Ganz ähnliches lässt sich auch in Bezug auf den genannten Reisebericht von Ransmayr feststellen. Auch hier steht Politik nicht im Vordergrund seiner Beschreibungen, dennoch referiert er etwa in der Miniatur zu „Hongkong/China" auf die zeitgleich stattfindenden Volksproteste von 1989 und lässt einen Pekinger Dichter aus erster Hand von den Ereignissen berichten: „es war ein Frühling der Hoffnung", schließt die Passage im ostentativ gesetzten Präteritum.[47]

Offen politischer agiert Stephan Thome (*1972), der mit seinem historischen Roman *Gott der Barbaren* – genau wie mit seinem aktuellen Roman *Pflaumenregen* zu Taiwan[48] – ein dezidiert aufklärerisches und auf die Gegenwart bezogenes Anliegen verfolgt. Markiert ist die intendierte Aktualisierung des in der Mitte des 19. Jahrhunderts angesiedelten Geschehens um den Taiping-Aufstand formal durch einen ans Ende des Buchs gestellten Zeitungsartikel aus dem Jahr 2012, der über Festnahmen Hunderter Sektenmitglieder berichtet und damit die Leser:innen am Ende der Lektüre aus der Historie in die Gegenwart katapultiert. Auch hier drängt sich eine analogisierende und aktualisierende Lektüre zwar keineswegs auf, doch Thome regt durch das Arrangement Überlegungen zur Religionsfreiheit auch im heutigen China an. Explizit Bezug auf das gegenwärtige China nimmt der Autor dann in einer Art Vorwort seines 2021 erschienenen Taiwan-Romans *Pflaumenregen*, wenn er Taiwan als „eine ebenso lebendige wie gefährdete Demokratie" skizziert, da „das Regime in Peking […] die Insel – die nie zur Volksrepublik gehört hat – als Teil seines Staatsgebiets" betrachte und „eine notfalls gewaltsame Vereinigung« anstrebe: „In Taiwan will das so gut wie niemand".[49]

Generell und textsortenübergreifend scheint sich also auch ein Strang der literarischen Chinadiskurse in der Gegenwartsliteratur wieder zu politisieren und parallel zum Machtausbau Xis und die damit zusammenhängenden Verschiebungen im deutsch-chinesischen Beziehungsgeflecht die fiktionale Literatur als Reflexionsmedium zu nutzen. Dabei scheint es heute, anders als noch in den 1920er-Jahren, selbstverständlich zu sein, in der Fiktion das ‚reale China' zu fokussieren – die genannten Autor:innen nennen ihren Leser:innen mitunter sogar weiterführende Literatur, in denen sie sich über die faktographischen Gehalte der Texte informieren können. Zahlreiche Autor:innen bedienen aber neben den fiktionalen auch gleich

---

46 Alexander Košenina: Im Uhrwerk liegt die Erfindung der Welt, in: Frankfurter Allgemeine Zeitung (22.9.2018), S. 14.
47 Ransmayr: Atlas eines ängstlichen Mannes, S. 391.
48 Stephan Thome: Pflaumenregen. Berlin 2021.
49 Ebd., S. 7.

faktuale Textsorten mit. Was ich bei Ransmayr, der neben einem historischen Roman über China auch einen Reisebericht publiziert, bereits angedeutet habe, zeigt sich bei dem Sinologen Thome noch deutlicher: Neben einer wissenschaftlichen Abhandlung zur interkulturellen Hermeneutik[50] und seinen genannten historischen Romanen, verfasst Thome auch ‚journalistische' Texte, die gezielt Asienreisende adressieren, zum Beispiel die *Gebrauchsanweisung für Taiwan*.[51]

Ich kann den damit aufgeworfenen Fragen nach Formen und Funktionen des aktuellen Chinabildes an dieser Stelle nicht weiter folgen, kann auch keinen diachronen Vergleich zwischen diesen und meinen historischen Beispielen anstellen – dafür ist die Forschung noch nicht fortgeschritten genug. Zwischen meiner historischen und der Etappe unserer unmittelbaren Gegenwart wäre wohl, wie bereits angemerkt, eine weitere konjunkturelle Etappe politisch interessierter deutscher China-Literatur in den 1960er-Jahren zu vermuten, als Resonanz auf die chinesische ‚Kulturrevolution'. Damit hätte man immerhin ein grobes, dreischrittiges Gerüst für die eine, die deutsche Seite der noch zu schreibenden deutsch-chinesischen Verflechtungsgeschichte der Literatur. Trotz der derzeit eher unguten Aussichten im deutsch-chinesischen Verhältnis bleibt die Hoffnung, dass meine Studie eine Fortsetzung auch auf chinesischer Seite finden wird.

---

50 Thome (eigentlich Stephan Schmidt) wurde mit einer Arbeit zu *Die Herausforderung des Fremden: Interkulturelle Hermeneutik und konfuzianisches Denken* 2004 an der FU Berlin promoviert (Stephan Thome: Die Herausforderung des Fremden: Interkulturelle Hermeneutik und konfuzianisches Denken. Darmstadt 2005).
51 Stephan Thome: Gebrauchsanweisung für Taiwan. München 2021.

Anhang: Bibliographie deutschsprachiger China-Literatur 1920–1940

Die nachfolgende Bibliographie umfasst China-Literatur, also Texte nicht-chinesischer, deutschsprachiger Autor:innen, welche China zentral thematisieren, zum Schauplatz der Handlung machen und/oder ein gewisses chinesisches (und meist auch internationales) Figurenpersonal aufweisen, die zwischen 1920 und 1940 am deutschen Buchmarkt erschienen sind. Die Bibliographie erhebt dabei keinen Anspruch auf Vollständigkeit und kann sicherlich noch weiter ergänzt werden, liefert aber einen ersten breiten Überblick über das Korpus. Nicht mit in die Bibliographie aufgenommen wurden Lyrikbände (auch keine deutschen Nachdichtungen chinesischer Lyrik), Dramen-Texte, Übersetzungen und deutschsprachige Texte, die im Ausland publiziert wurden. Die Texte finden sich (1) in alphabetischer Reihenfolge sortiert. Im Anschluss an die Studien wurde sie (2) – chronologisch nach dem Erscheinungsjahr – nach Textsorten gegliedert: Historische Erzählungen und Romane über das Gegenwartschina (2.1), Reiseberichte und -reportagen (2.2) sowie Sachtexte über China (2.3).

1. Bibliographie (alphabetisch sortiert)

Lily Abegg: Chinas Erneuerung. Der Raum als Waffe. Frankfurt am Main: Societäts-Verlag 1940.
Hermann Albert und Sven Hedin: Lou-lan. China, Indien und Rom im Lichte der Ausgrabungen am Lobnor. Leipzig: Brockhaus 1931.
Gustav Amann: Im Spiegel Chinas. Vom Zusammenstoß unserer westlichen mit asiatischer Kultur und Bolschewismus. Berlin: Kurt Vowinckel 1925.
Frank Arnau: Die große Mauer. Leipzig: Goldmann 1931.
Erna Arnhold: Was ich in China sah. Breslau: Ferdinand Hirt 1927.
Hannah Asch: Fräulein Weltenbummler. Reiseerlebnisse in Afrika und Asien. Berlin: August Scherl 1927.
Werner Asendorf: Ferner Osten, jung erlebt. Zwei Fahrten 1935–1939. Hamburg: Broschek 1939.
Asiaticus [d.i. Nojzes Grzybb]: Von Kanton bis Schanghai 1926–27. Wien, Berlin: Agis 1928.
Reinhard Augustin: Durch Mandschuko. Abenteuerliche Erlebnisse im Lande des Opiums. Reichenberg: Kraus 1936.

Joachim Barckhausen: Das gelbe Weltreich. Lebensgeschichte einer Macht. Berlin: Schützen-Verlag 1935.
Hermann Becker: Was Gott getan hat. Ein Räuberüberfall und andere Geschichten aus China. Bad Liebenzell: Buchhandlung der Liebenzeller Mission 1920.
Arthur Berger: Mit Sven Hedin durch Asiens Wüsten. Nach dem Tagebuch des Filmoperateurs der Expedition Paul Lieberenz. Berlin: Wegweiser 1932.
Philipp Berges: Wunder der Erde. Reisetagebuch in fernen Breiten. Leipzig: Brockhaus 1926.

Friede Birkner: Die Gespenster vom Jang-tse-kiang. Heiterer Roman. Leipzig: Rothbarth 1935.
Werner Bondius: Die Ehe des Kung Ming. Roman aus dem nationalistischen China. Berlin: Eden 1933.
Gertrud von Brockdorff: Das Gelbe Gesicht. Roman. Berlin-Schöneberg: Oestergaard 1933.
Rudolf Brunngraber: Opiumkrieg. Berlin: Rowohlt 1939.
Marie von Bunsen: Im fernen Osten. Eindrücke und Bilder aus Japan, Korea, China, Ceylon, Java, Siam, Kambodscha, Birma und Indien. Leipzig: Koehler & Amelang 1934.
Bernhard Wilhelm Busz: De Fu. Chinesisches – Allzuchinesisches. Essen: Assinda 1937.

Josef Maria Camenzind: Ein Stubenhocker fährt nach Asien. Erlebtes und Erschautes einer Reise in den Fernen Osten. Freiburg: Herder 1939.
Grover Clark: China am Ende? Fünf Jahrtausende chinesische Kultur, Gesellschaft, Religion, Politik und Wirtschaft. Bern, Leipzig, Wien: Goldmann 1936.
Egmont Colerus: Zwei Welten. Ein Marco Polo Roman. Berlin, Wien, Leipzig: Zsolnay 1926.
Herman Consten: Der Kampf um Buddhas Thron. Berlin: Vossische Buchhandlung 1925.
Ernst Cordes: Das jüngste Kaiserreich. Schlafendes/Wachendes Mandschuko. Frankfurt am Main: Societäts-Verlag 1936.
Ernst Cordes: Peking – Der leere Thron. Ein Erlebnisbericht aus Nordchina. Berlin: Rowohlt 1937.

Theodor Deveranne: Von Tsingtau bis Peking. Streifzüge durch Nordchina. Berlin: Evangelische Missionsgemeinschaft 1927.
Johannes Dietrich: Wunderbar bewahrt. Erlebnisse während des Kommunisteneinbruchs in die chinesische Provinz Yünnan 1936. Marburg: Spener 1937.
Hans Dominik: Die Spur des Dschingis-Khan. Ein Roman aus dem einundzwanzigsten Jahrhundert. Berlin, Leipzig: Ernst Keisl 1923.
Hans Dominik: Der Befehl aus dem Dunkel. Berlin: August Scherl 1933.
Fritz Drexler: Als Missionsarzt mit der Kamera nach Innerchina. Reisebericht aus dem fernen Osten. Leutkirch: Allgäuer Volksfreund 1926.
Hans Driesch und Marianne Driesch: Fern-Ost. Als Gäste Jung-Chinas. Leipzig: Brockhaus 1925.

Kurt Eggers: Herz im Osten. Der Roman Li-Tai-Pes, des Dichters. Stuttgart: Deutsche Verlagsanstalt 1935.
Albert Ehrenstein: Pe-Lo-Thien. Berlin: Rowohlt 1923.
Albert Ehrenstein: Räuber und Soldaten. Frei nach dem Chinesischen. Berlin: Ullstein 1927.
Albert Ehrenstein: Mörder aus Gerechtigkeit. Berlin: Deutsche Buchgemeinschaft 1937.
Otto Eibuschitz: Memel und Shanghai. Wien: O. Eibuschitz 1932.
Werner Eichhorn: China. Gestern, Heute, Morgen. Leipzig: Hesse & Becker 1929.
Justus Eineg: Opium. Eine Erzählung. Dresden 1929/30.
Fritz Ewes: Ting, der „nur flüsternd Genannte". Roman eines chinesischen Napoleons, der keine Chronisten fand. Leipzig: Rekord 1939.

Hans Georg Faber: Die letzte Liebe des Kaisers Hüan Dsung. Roman. Dresden, Leipzig: Minden 1926.
Johann Fabricius: Die Prinzessin von China und der Drache. Stuttgart: Winkler 1920.
Karl Figdor: Der Schatz des Dschingis ghan. Eine Abenteuergeschichte aus unseren Tagen. Dresden: Berger 1929.
Wilhelm Filchner: Tschung-kue, das Reich der Mitte. Alt-China vor dem Zusammenbruch. Berlin: Deutsche Buchgemeinschaft 1925.

Wilhelm Filchner: Om Mani Padne Hum. Meine China- und Tibetexpedition 1925/26. Leipzig: Brockhaus 1926.
Wilhelm Filchner: Wetterleuchten im Osten. Erlebnisse eines diplomatischen Geheimagenten. Berlin-Schöneberg: Oestergaard 1928.
Wilhelm Filchner: In China. Auf Asiens Hochsteppen. Im ewigen Eis. Rückblick auf fünfundzwanzig Jahre der Arbeit und Forschung. Freiburg: Herder 1930.
Wilhelm Filchner: Bismallah. Vom Huang-ho zum Indus. Leipzig: Brockhaus 1940.
Otto Fischer: China und Deutschland. Ein Versuch. Münster: Aschendorffsche Verlagsbuchhandlung 1927.
Otto Fischer: Wanderfahrten eines Kunstfreundes in China und Japan. Stuttgart: Deutsche Verlagsanstalt 1939.
Ernst Fischle: Überwundenes Schicksal. Erzählungen aus dem Kriegsgebiet in Kwangtung. Stuttgart: Evangelische Missionsgesellschaft 1938.
Ernst Fischle und Ernst Walter: Sechzehn Monate in chinesischer Gefangenschaft. Stuttgart, Basel: Evangelische Missionsgesellschaft 1931.
Josef Maria Frank: Yung Fong-Ying. Ein kleines Fräulein aus China. Roman. Berlin: Sieben-Stäbe 1932.
Oskar Frohnmeyer: Kwangtung. Bern: P. Haupt 1930.

Norbert Garai: Ein Schuss fällt in China. Abenteuerroman. Berlin: Neufeld&Henius 1933.
Georg Edward Geilfus: Die chinesische Sklavin. Roman. Berlin: Globus 1940.
Anton Geldner: Krieg um Opium. Ein trübes Kapitel englischer Handelspolitik. Ein Tatsachenbericht vom englisch-chinesischen Opiumkrieg. Aalen 1940.
Albert Gervais: Ein Arzt erlebt China. Berlin: Goldmann 1937.
Otto Gmelin: Temudschin, der Herr der Erde. Jena: Eugen Diederichs 1925.
Ernst Grosse: Ostasiatische Erinnerungen eines Kolonial- und Ausland-Deutschen. München: Neuer Filser Verlag 1938.
Felix Gruse: China, Ereignisse und Zustände. Berlin: Stilke 1937.

Walter Hagemann: Das erwachende Asien. Arabien – Indien – China. Berlin: Germania 1926.
Otfrid von Hanstein: Die Sonnenjungfrau. Roman aus dem Kaiserreich Tahuantinsuyu. Stuttgart: Deutsche Verlagsanstalt 1922.
Otfrid von Hanstein: Der blutrote Strom. Roman aus der Zeit eines Titanen. Stuttgart, Berlin: Deutsche Verlagsanstalt 1924.
Otfrid von Hanstein: Beim Großkahn der goldenen Horde. Die Reisen und Erlebnisse des Venetianers Marco Polo in Asien und am Hofe des Mongolen-Großkhans Chubilai in Kambula (Peking) im 13. Jahrhundert. Leipzig: Leipziger Graphische Werke 1920.
Otfrid von Hanstein: Der Schmuggler von Hankau. Erzählung aus China. Berlin: Franke 1928.
Aimo M. Harm: In den Händen der Roten. Vom großen Vernichtungssturm in der deutschen Dominikanermission Tingchow (China-Fukien) im Jahre 1929. Vechta: Albertus Magnus 1930.
Erich Hauer: Chinas Werden im Spiegel der Geschichte. Ein Rückblick auf vier Jahrtausende. Leipzig: Quelle&Meyer 1928.
Sven Hedin: Von Peking nach Moskau. Leipzig: Brockhaus 1924.
Sven Hedin: Jehol. Die Kaiserstadt. Leipzig: Brockhaus 1932.
Sven Hedin: Die Flucht des großen Pferdes. Leipzig: Brockhaus 1935.
Sven Hedin: Die Seidenstraße. Leipzig: Brockhaus 1936.
Elisabeth von Heyking: Tagebücher aus vier Weltteilen 1886/1904, hg. von Grete Litzmann. Leipzig: Koehler 1926.

Arthur Holitscher: Das unruhige Asien. Reise durch Indien, China, Japan. Berlin: S. Fischer 1926.
Dorothea Hosie: Menschen in China. Die politische und soziale Umwälzung in China von dem täglichen Leben zweier chinesischer Patrizierfamilien aus gesehen. Stuttgart: Deutsche Verlagsanstalt 1926.
Richard Hülsenbeck: China frisst Menschen. Zürich: Orell Füssli 1930.
Richard Hülsenbeck: Der Sprung nach Osten. Bericht einer Frachtdampferfahrt nach Japan, China und Indien. Dresden: Wolfgang Jess 1928.
Vincenz Hundhausen: Schlaglichter auf China. Überlegungen eines unbefangenen Chinadeutschen aus den Jahren 1925 bis 1932. Peking, Leipzig: Pappelinsel 1932.
Martin Hürlimann: Tut Kung Bluff. Das unvermeidliche Buch eines Weltreisenden. Leipzig: Grethlein 1924.

Max Ilgner: China, Hongkong und Macao. Bericht über eine Reise nach Ostasien 1934/35. Berlin 1936.

Norbert Jacques: Auf dem chinesischen Fluß. Reisebuch. Berlin: S. Fischer 1921.
Norbert Jacques: Der Kaufherr von Shanghai. Berlin: Ullstein 1925.
Julius Jaspersen: Do Mau. Arbeit und Abenteuer eines deutschen Chinakaufmanns. Leipzig: E. A. Seemann 1936.
Peter Jessen: Japan, Korea, China. Reisestudien eines Kunstfreundes. Leipzig: E.A.Seemann 1921.
A. E. Johann: 40.000 Kilometer. Eine Jagd auf Menschen und Dinge rund um Asien. Berlin: Ullstein 1929.
A. E. Johann: Kulis, Kapitäne und Kopfjäger. Fahrten und Erlebnisse zwischen Peking und der Timor-See. Berlin: Ullstein 1936.
Ilse Jordan: Ferne blühende Erde. Berlin: Oestergaard 1939.

Alma M. Karlin: Mein kleiner Chinese. Ein China-Roman. Mit 6 Federzeichnungen. Dresden: Deutsche Buchwerkstätten 1921.
Alma M. Karlin: Drachen und Geister. Novellen aus China, Insulinde und der Südsee. Berlin: Frundsberg 1930.
Alma M. Karlin: Einsame Weltreise. Die Tragödie einer Frau. Minden: Koehler 1930.
Alma M. Karlin: Der Götze. Roman. Potsdam: Müller und Kiepenheuer 1932.
Richard Katz: Funkelnder Ferner Osten! Erlebtes aus China, Korea, Japan. Berlin: Ullstein 1931.
Bernhard Kellermann: Jang-tsze-kiang. Erzählung. Berlin: S. Fischer 1934.
Bernhard Kellermann: Meine Reise in Asien, Iran, Klein-Tibet, Indien, Siam, Japan. Berlin: S. Fischer 1940.
Herman Graf Keyserling: Reisetagebuch eines Philosophen. Duisburg: Otto Reichl 1919.
Otto Kindler: Opiumkrieg in China. Berlin: Otto Uhlmann 1940.
Egon Erwin Kisch: China geheim. Berlin: Reiss 1933.
Gustav Kreitner: Hinter China steht Moskau. Berlin: E. S. Mittler & Sohn 1932.

Arthur Landsberger: Asiaten. Ein Liebesroman aus zwei Welten. Leipzig: Leipziger Graphische Werke 1925.
Arthur Landsberger: Lachendes Asien. Fahrt nach dem Osten. München: Georg Müller 1925.
Ilse Langner: Die purpurne Stadt. Berlin: Suhrkamp 1937.
Joe Lederer: Blatt im Wind. Roman. Wien: Zeitbild 1936.
Joe Lederer: Fafan in China. Ein Roman für Kinder. Wien: Frick 1938.
Hans Leip: Die silbergrüne Dschunke. West-östliche Begegnungen. Hamburg: Asmus 1927.

Gertrud Lent: Der Wels. Eine chinesische Liebesgeschichte. Leipzig, Berlin: August Scherl 1922.
Felix von Lepel: Opium. Sensationsschauspiel aus China (unter Benutzung einer Erzählung von Justus Eineg). Dresden (Selbstverlag) 1933.
Friedrich Lichtkneker: Taifun über Shanghai. Roman. Berlin: Martin Maschler 1929.
Friedel Loeff: Der Teufel von Shanghai. Abenteuerroman. Leipzig: Rothbarth 1938.
Ernst F. Löhndorff: Der Narr und die Mandelblüte. Bremen: Schünemann 1935.
Ernst F. Löhndorff: Unheimliches China. Ein Reisebericht. Bremen: Schünemann 1939.
Ernst F. Löhndorff: Yangtsekiang. Ein Chinaroman. Bremen: Schünemann 1940.
Anton Lübke: Der Himmel der Chinesen. Leipzig: R. Voigtländer 1931.
Anton Lübke: Der lachende Pazifik. Bonn: Verlag der Buchgemeinde 1933.
Elli von Lüttichau: Das blinde Chineslein. Salzufen: MBK 1935.

Friedrich Wilhelm Mader: Von Hankou bis zum Kukunor. Kapitän Münchhausens Abenteuer auf einer Reise durch China nach Tibet. Erzählungen. Stuttgart: Deutsche Verlagsanstalt 1920.
Martin Maier-Hugendubel: In elfter Stunde. Die Geschichte eines Chinesen. Stuttgart: Oehler 1927.
Martin Maier-Hugendubel: Hinter der chinesischen Mauer. Geschautes und Erlebtes. Stuttgart, Basel: Evanglische Missionsgemeinschaft 1929.
Martin Maier-Hugendubel: Der Pechvogel und andere Geschichten aus China. Stuttgart, Basel: Evangelische Missionsgemeinschaft 1930.
Martin Maier-Hugendubel: Die Abenteuer des A-Aschin. Eine Erzählung aus China. Stuttgart: Evangelische Missionsgemeinschaft 1937.
Otto Mänchen-Helfen: China. Die Weltpolitik. Dresden: Kaden 1931.
Otto Mänchen-Helfen: Drittel der Menschheit. Ein Ostasienbuch. Berlin: Der Bücherkreis 1932.
Otto Marbach: Chinas Not und Japans Hoffnung. Reiseerinnerungen eines Ostasienfreundes. Bern, Leipzig: P. Haupt 1929.
Otto Marbach: 50 Jahre Ostasienmission. Ihr Werden und Wachsen. Berlin, St. Gallen: Ostasienmission 1934.
Hermann Maurer: In Banden frei! Tagebuch aus der Gefangenschaft bei den Kommunisten in China. Stuttgart: Evangelische Missionsgesellschaft 1930.
Hans Marschall: Die Truhe aus Peking. Berlin: Schaffer 1940.
Walter Meckauer: Die Bücher des Kaisers Wutai. Berlin: Deutsche Buchgemeinschaft 1928.
Willibrod Menke: Der gefesselte Schinfu. Erlebnisse eines deutschen Missionars unter chinesischen Räubern. Paderborn: Ferdinand Schöningh 1934.
Gerhard Menz: Flutwende. Die Entwicklung der Beziehungen Chinas zum Abendlande in den letzten 100 Jahren. Leipzig: Hinrich'sche Buchhandlung 1927.
Gerhard Menz: Der Kampf um Nordchina. Berlin: Goldmann 1936.
Victor Meyer-Eckhardt: Das Glückshündlein von Adana. Eine Erzählung aus dem Morgenlande. Berlin: Atlantis 1935.
Robert Mohl: Der Chinese und die gegenwärtige Entwicklung in China. Berlin: Hermann Hilliger 1930.

Anni Neumann-Hofen: Die chinesische Hochzeitstruhe. Berlin: Verlag moderner Lektüre 1935.
F. R. Nord: Das Land ohne Lachen. Eine Geschichte aus Chinesisch-Turkestan. Stuttgart: Deutsche Verlagsanstalt 1921.

Elisabeth Oehler-Heimerdinger: Der Maler von Tsiangkai. Eine Erzählung aus China. Stuttgart: Evangelische Missionsgemeinschaft 1921.

Elisabeth Oehler-Heimerdinger: Die Befreiung der Agiau. Eine Geschichte aus China. Stuttgart: Evangelische Missionsgemeinschaft 1921.
Elisabeth Oehler-Heimerdinger: Das Pfarrhaus am Schatzberg. Eine Geschichte aus dem jüngsten China. Stuttgart: Evangelische Missionsgemeinschaft 1922.
Elisabeth Oehler-Heimerdinger: Die Chinesin. Das Leben der Frau im Osten. Bramstedt: Elmshorn 1939.
Waldemar Oehlke: In Ostasien und Nordamerika als deutscher Professor. Reisebericht 1920-1926. Darmstadt: Hofmann 1927.
Waldemar Oehlke: Sechzig Reisejahre eines Danzigers. Durch die Welt und um die Erde. Danzig: Kafemann 1940.

Heinz von Perckhammer: Peking. Das Gesicht einer Stadt. Berlin: Albertus Magnus 1928.
Heinz von Perckhammer: Von China und Chinesen. Zürich: Orell Füssli 1930.
Walter Persich [d.i. Christoph Walter Drey]: Die Entscheidung fällt in Shanghai. Roman. Leipzig: Payne 1937.
Walter Persich [d.i. Christoph Walter Drey]: Der letzte Zug nach Schanghai. Roman aus kriegerischer Zeit. Berlin: Zeitschriftenverlag 1939.
Friedrich Perzynski: Von Chinas Göttern. Reisen in China. München: Kurt Wolff 1920.
Moritz Pfeiffer: Die Welt des Fernen Osten. Erlebnisse eines Deutschen in den asiatischen Ländern des Stillen Ozeans. Dresden: Deutsche Buchwerkstätten 1923.
Theodor Plivier: Des Kaisers Kulis. Roman der deutschen Kriegsflotte. Berlin: Malik 1930.

Rudolf Rauch: Herr der Horden. Ein Lebensbild Dschingis Khans. Leipzig: Altenburg 1940.
Hans Reinhard: „China, vergifte dich". Erzählungen aus dem Opiumkrieg. Berlin: Hanns-Jörg-Fischer 1940 (= Abenteuer aus aller Welt, 33).
August Reulecke: Tsingtaukämpfer. Oder: Deutsche Herzen im fernen Osten. Eine Heldengeschichte aus den Tagen von Tsingtaus Heimsuchung. Berlin: Artur Mahraun 1928.
Karl Rober [d.i. Karl Martin]: Die Experimente des Dr. Wan-Schi-Tin. Ein abenteuerlicher Roman. Leipzig: Curt Zschäpe 1936.
Paul Rohrbach: Erwachendes Asien. Geschautes und Gedachtes von einer Indien- und Ostasienreise 1932. München: Bruckmann 1932.
Fritz Rosenfeld: Der Goldfasan: Drei Legenden. Zürich, Wien, Prag: Büchergilde Gutenberg 1933.
Max Rosenfeld: Mitsanobu. Eine Legende. Berlin: Büchergilde Gutenberg 1929.
Colin Ross: Das Meer der Entscheidungen. Beiderseits des Pazifik. Leipzig: Brockhaus 1924.
Colin Ross: Das Neue Asien. Leipzig: Brockhaus 1940.
Anna von Rottauscher: Der Pantoffel der kleinen Yen-Dschi. Zwei chinesische Erzählungen aus alter Zeit. Wien: Frick 1940.
Axel Rudolph: Abenteuer im Osten. Berlin: Zeitschriftenverlag 1935.

Erich von Salzmann: YÜ Fong. Der Nephrit Phönix. Stuttgart: Deutsche Verlagsanstalt 1926.
Erich von Salzmann: Zeitgenosse Fo springt über den Schildkrötenstein. Berlin: Klemm 1927.
Erich von Salzmann: China siegt. Gedanken und Reiseeindrücke über das revolutionäre Reich der Mitte. Hamburg: Hanseatische Verlagsanstalt 1929.
Erich von Salzmann: Das Geheimnis des Nashornbechers. München: Georg Müller 1929.
Erich von Salzmann: Yolanthe Lewenegg reitet den roten Drachen. Leipzig: Goldmann 1932.
Alfred Schirokauer: Schüsse in Shanghai. Roman. Berlin: Bambach & Co. 1932.
Georg Schmauß: Auf Missionspfaden in China. Reiseeindrücke. Marburg: Spener 1937.

Josef Schmidlin: Von meiner Ostasiatischen Weltmissionsreise. Freiburg: Herder 1930.
Wilhelm Schmidtbonn: HüLü. Potsdam: Rütten&Loenning 1937.
Heinrich Schmitthenner: Chinesische Landschaften und Städte. Stuttgart: Strecker/Schröder 1925.
Heinrich Schmitthenner: China im Profil. Leipzig: Bibliographisches Institut 1934.
Peter Schmitz: Der Bolschewismus in China. Wien: Missionsdruckerei St. Gabriel 1931.
Gilbert Schneditz: Göttin Tschang. Untergang einer Dynastie. Wien, Leipzig: Johannes Günther 1940.
Heinrich Schnee: Völker und Mächte im Fernen Osten. Eindrücke von der Reise mit der Mandschurei-Kommission. Berlin: Deutsche Buchgemeinschaft 1933.
Hermann Schreiber: Opfergang in Peking. Ein Buch um das Sterben des Gesandten von Ketteler. Berlin: August Scherl 1936.
Bertram Schuler: Altes Erbe neues China. Ein Beitrag zur Verständigung von West und Ost. Paderborn, Zürich, Wien: Ferdinand Schöningh 1937.
Seestern [d.i. Ferdinand Grautoff]: Fü. Der Gebieter der Welt. Leipzig: Weichert 1925.
Oswald Arnold von Sein: Taian, der große Frieden: Ein chinesischer Roman. Frankfurt am Main: Frankfurt Societäts-Druckerei 1922.
Alfred Semerau [auch: Semrau]: Die Perlen der Chinesen. Roman eines Ruhelosen. Berlin: Hermann Hillger 1929.
M. Steinle: Mit der Nord-China-Expedition. Reiseerlebnisse, Sitten und Gebräuche der Chinesen und Mongolen. Hamburg: Weltbund 1921.
Emanuel Stickelberger: Der Reiter auf dem fahlen Pferd, ein Buch vom Mongolen Dschingis-Khan und seinem abendländischen Gegenspieler. Stuttgart: J.F. Steinkopf 1938.
Roland Strunk und Martin Rikli: Achtung! Asien marschiert. Ein Tatsachenbericht. Berlin: Drei Masken 1934.

Julius Tandler: Volk in China. Erlebnisse und Erfahrungen. Wien: Thalia 1935.
Max Thelemann: Der Friede des Dalai-Lama. Roman aus dem 3. Christlichen Jahrtausend. Nürnberg: Karl Borromäus Glock 1931.
Marie von Thurn und Taxis: Vom Kaiser Huang-Li. Märchen für erwachsene Kinder. Berlin: Chryselius & Schulz 1922.
Heinrich Tiaden: Die Handschrift des Kon-fu-tse. Abenteuerroman aus dem heutigen China. Reutlingen: Enßlin&Laiblin 1932.
Heinrich Tiaden: Die Teufel im Glas-Ei. Roman. Reutlingen: Enßlin&Laiblin 1932.
Emil Trinkler: Im Land der Stürme. Mit Yak- und Kamelkarawane durch Innerasien. Leipzig: Brockhaus 1930.

Georg Vasel: Flammen in der Wüste. Erlebnisse eines deutschen Flugpioniers in Innerasien. Berlin: Ullstein 1936.
Gerhard Venzmer: Aus Fernem Osten. Reiseeindrücke und Stimmungsbilder von Deutschlands erster Ostasienfahrt nach dem Weltkriege. Hamburg: Weltbundverlag 1922.
Waldemar Vollerthun: Der Kampf um Tsingtau. Eine Episode aus dem Weltkrieg 1914/1918 nach Tagebuchblättern. Leipzig: S. Hirzel 1920.
Georg von der Vring: Soldaten Suhren. Roman. Berlin: Universum Bücherei für alle 1928.

Heinrich Wahl: Frau General. Eine Erzählung aus Südchina. Berlin: Heimatdienst 1928.
P. Walter: Ins blumige Reich der Mitte. Tagebuchblätter des China-Missionars. Duisburg: Echo 1932.
Robert Walter: Der Kuss des Esels Wu. Seltsame Geschichten aus China. Hamburg: Vera 1924.
Heinz Waterboer: Der Bambus blüht. Roman. Berlin: Flatau 1937.

Heinz Waterboer: Im Banne Dschings-Khans. Auf den Spuren einer Forschungsreise zum Grabmal des großen Reiters. Roman. Berlin: Wegweiser 1939.
Heinz Waterboer: Das mongolische Abenteuer. Roman. München: Zeitgeschichte 1940.
Harald Weber: Die Weltdeuter des Ostens. Braunschweig: Westermann 1927.
Harald Weber: Das chinesische Horoskop. Leipzig: Astra 1930.
Harald Weber: Chinesisches Theater. Braunschweig: Westermann 1932.
Georg Wegener: Der Zaubermantel. Erinnerungen eines Weltreisenden. Leipzig: Brockhaus 1919.
Georg Wegener: Im Innersten China. Eine Forschungsreise durch die Provinz Kiang-si. Berlin: August Scherl 1926.
Georg Wegener: China. Eine Landes- und Volkskunde. Berlin, Leipzig: Teubner 1930.
Hedwig Weiß-Sonnenburg: Li. Das Buch vom kleinen Chinesen. Jugendbuch. Leipzig: Payne 1938.
M. C. Wendt: 25 Jahre im Reich der Mitte. Aus meinen Erinnerungen eines Weltreisenden. Leipzig: Heim-Verlag 1926.
Richard Wilhelm: Die Seele Chinas. Berlin: Reimar Hobbig 1926.
Walter Wilhelm: Das China von heute. Frankfurt am Main: Frankfurter Societäts-Druckerei 1932.
Carl Otto Windecker: Abenteuer in Schanghai. Kriminal-Roman. Berlin: Aufwärts 1939.
Johannes Witte: Sommer-Sonnentage in Japan und China. Reise-Erlebnisse in Ostasien im Jahre 1924. Göttingen: Vandenhoeck&Ruprecht 1925.
Karl August Wittfogel: Das erwachende China. Ein Abriß der Geschichte und der gegenwärtigen Probleme Chinas. Wien: Agis 1926.

Kurt Zimmermann: China – wie ich es erlebte. Geschautes und Erfragtes auf einer Besuchsreise durch Chinas Missionsfelder. Witten: Bundesverlag 1936.
Hans Zörner: Briefe aus China. Berlin: Paul Parey 1937.

2. Bibliographie nach Textsorten gegliedert (chronologisch)

2.1. Historische Erzählungen und Romane über das Gegenwartschina

Hermann Becker: Was Gott getan hat. Ein Räuberüberfall und andere Geschichten aus China. Bad Liebenzell: Buchhandlung der Liebenzeller Mission 1920.
Johann Fabricius: Die Prinzessin von China und der Drache. Stuttgart: Winkler 1920.
Otfrid von Hanstein: Beim Großkahn der goldenen Horde. Die Reisen und Erlebnisse des Venetianers Marco Polo in Asien und am Hofe des Mongolen-Großkhans Chubilai in Kambula (Peking) im 13. Jahrhundert. Leipzig: Leipziger Graphische Werke 1920.
Friedrich Wilhelm Mader: Von Hankou bis zum Kukunor. Kapitän Münchhausens Abenteuer auf einer Reise durch China nach Tibet. Erzählungen. Stuttgart: Deutsche Verlagsanstalt 1920.
Alma M. Karlin: Mein kleiner Chinese. Ein China-Roman. Mit 6 Federzeichnungen. Dresden: Deutsche Buchwerkstätten 1921.
F. R. Nord: Das Land ohne Lachen. Eine Geschichte aus Chinesisch-Turkestan. Stuttgart: Deutsche Verlagsanstalt 1921.
Elisabeth Oehler-Heimerdinger: Der Maler von Tsiangkai. Eine Erzählung aus China. Stuttgart: Evangelische Missionsgemeinschaft 1921.
Elisabeth Oehler-Heimerdinger: Die Befreiung der Agiau. Eine Geschichte aus China. Stuttgart: Evangelische Missionsgemeinschaft 1921.

Otfrid von Hanstein: Die Sonnenjungfrau. Roman aus dem Kaiserreich Tahuantinsuyu. Stuttgart: Deutsche Verlagsanstalt 1922.
Gertrud Lent: Der Wels. Eine chinesische Liebesgeschichte. Leipzig, Berlin: August Scherl 1922.
Elisabeth Oehler-Heimerdinger: Das Pfarrhaus am Schatzberg. Eine Geschichte aus dem jüngsten China. Stuttgart: Evangelische Missionsgemeinschaft 1922.
Oswald Arnold von Sein: Taian, der große Frieden: Ein chinesischer Roman. Frankfurt am Main: Frankfurt Societäts-Druckerei 1922.
Marie von Thurn und Taxis: Vom Kaiser Huang-Li. Märchen für erwachsene Kinder. Berlin: Chryselius & Schulz 1922.
Hans Dominik: Die Spur des Dschingis-Khan. Ein Roman aus dem einundzwanzigsten Jahrhundert. Berlin, Leipzig: Ernst Keisl 1923.
Albert Ehrenstein: Pe-Lo-Thien. Berlin: Rowohlt 1923.
Otfrid von Hanstein: Der blutrote Strom. Roman aus der Zeit eines Titanen. Stuttgart, Berlin: Deutsche Verlagsanstalt 1924.
Robert Walter: Der Kuss des Esels Wu. Seltsame Geschichten aus China. Hamburg: Vera 1924.
Herman Consten: Der Kampf um Buddhas Thron. Berlin: Vossische Buchhandlung 1925.
Otto Gmelin: Temudschin, der Herr der Erde. Jena: Eugen Diederichs 1925.
Norbert Jacques: Der Kaufherr von Shanghai. Berlin: Ullstein 1925.
Arthur Landsberger: Asiaten. Ein Liebesroman aus zwei Welten. Leipzig: Leipziger Graphische Werke 1925.
Seestern [d.i. Ferdinand Grautoff]: Fü. Der Gebieter der Welt. Leipzig: Weichert 1925.
Egmont Colerus: Zwei Welten. Ein Marco Polo Roman. Berlin, Wien, Leipzig: Zsolnay 1926.
Hans Georg Faber: Die letzte Liebe des Kaisers Hüan Dsung. Roman. Dresden, Leipzig: Minden 1926.
Erich von Salzmann: YÜ Fong. Der Nephrit Phönix. Stuttgart: Deutsche Verlagsanstalt 1926.
Albert Ehrenstein: Räuber und Soldaten. Frei nach dem Chinesischen. Berlin: Ullstein 1927.
Martin Maier-Hugendubel: In elfter Stunde. Die Geschichte eines Chinesen. Stuttgart: Oehler 1927.
Erich von Salzmann: Zeitgenosse Fo springt über den Schildkrötenstein. Berlin: Klemm 1927.
Otfrid von Hanstein: Der Schmuggler von Hankau. Erzählung aus China. Berlin: Franke 1928.
Walter Meckauer: Die Bücher des Kaisers Wutai. Berlin: Deutsche Buchgemeinschaft 1928.
August Reulecke: Tsingtaukämpfer. Oder: Deutsche Herzen im fernen Osten. Eine Heldengeschichte aus den Tagen von Tsingtaus Helmsuchung. Berlin: Artur Mahraun 1928.
Georg von der Vring: Soldaten Suhren. Roman. Berlin: Universum Bücherei für alle 1928.
Heinrich Wahl: Frau General. Eine Erzählung aus Südchina. Berlin: Heimatdienst 1928.
Justus Eineg: Opium. Eine Erzählung. Dresden 1929/30.
Karl Figdor: Der Schatz des Dschingis ghan. Eine Abenteuergeschichte aus unseren Tagen. Dresden: Berger 1929.
Friedrich Lichtkneker: Taifun über Shanghai. Roman. Berlin: Martin Maschler 1929.
Max Rosenfeld: Mitsanobu. Eine Legende. Berlin: Büchergilde Gutenberg 1929.
Erich von Salzmann: Das Geheimnis des Nashornbechers. München: Georg Müller 1929.
Alfred Semerau [auch: Semrau]: Die Perlen der Chinesen. Roman eines Ruhelosen. Berlin: Hermann Hillger 1929.
Richard Hülsenbeck: China frisst Menschen. Zürich: Orell Füssli 1930.
Alma M. Karlin: Drachen und Geister. Novellen aus China, Insuldine und der Südsee. Berlin: Frundsberg 1930.
Martin Maier-Hugendubel: Der Pechvogel und andere Geschichten aus China. Stuttgart, Basel: Evangelische Missionsgemeinschaft 1930.
Theodor Plivier: Des Kaisers Kulis. Roman der deutschen Kriegsflotte. Berlin: Malik 1930.

Frank Arnau: Die große Mauer. Leipzig: Goldmann 1931.
Max Thelemann: Der Friede des Dalai-Lama. Roman aus dem 3. Christlichen Jahrtausend. Nürnberg: Karl Borromäus Glock 1931.
Josef Maria Frank: Yung Fong-Ying. Ein kleines Fräulein aus China. Roman. Berlin: Sieben-Stäbe 1932.
Alma M. Karlin: Der Götze. Roman. Potsdam: Müller und Kiepenheuer 1932.
Erich von Salzmann: Yolanthe Lewenegg reitet den roten Drachen. Leipzig: Goldmann 1932.
Alfred Schirokauer: Schüsse in Schanghai. Roman. Berlin: Bambach & Co. 1932.
Heinrich Tiaden: Die Handschrift des Kon-fu-tse. Abenteuerroman aus dem heutigen China. Reutlingen: Ensslin&Laiblin 1932.
Heinrich Tiaden: Die Teufel im Glas-Ei. Roman. Reutlingen: Ensslin&Laiblin 1932.
Werner Bondius: Die Ehe des Kung Ming. Roman aus dem nationalistischen China. Berlin: Eden 1933.
Gertrud von Brockdorff: Das Gelbe Gesicht. Roman. Berlin-Schöneberg: Oestergaard 1933.
Hans Dominik: Der Befehl aus dem Dunkel. Berlin: August Scherl 1933.
Norbert Garai: Ein Schuss fällt in China. Abenteuerroman. Berlin: Neufeld&Henius 1933.
Felix von Lepel: Opium. Sensationsschauspiel aus China (unter Benutzung einer Erzählung von Justus Eineg). Dresden (Selbstverlag) 1933.
Fritz Rosenfeld: Der Goldfasan: Drei Legenden. Zürich, Wien, Prag: Büchergilde Gutenberg 1933.
Bernhard Kellermann: Jang-tsze-kiang. Erzählung. Berlin: S. Fischer 1934.
Willibrod Menke: Der gefesselte Schinfu. Erlebnisse eines deutschen Missionars unter chinesischen Räubern. Paderborn: Ferdinand Schöningh 1934.
Friede Birkner: Die Gespenster vom Jang-tse-kiang. Heiterer Roman. Leipzig: Rothbarth 1935.
Kurt Eggers: Herz im Osten. Der Roman Li-Tai-Pes, des Dichters. Stuttgart: Deutsche Verlagsanstalt 1935.
Ernst F. Löhndorff: Der Narr und die Mandelblüte. Bremen: Schünemann 1935.
Elli von Lüttichau: Das blinde Chineslein. Salzulfen: MBK 1935.
Victor Meyer-Eckhardt: Das Glückshündlein von Adana. Eine Erzählung aus dem Morgenlande. Berlin: Atlantis 1935.
Anni Neumann-Hofen: Die chinesische Hochzeitstruhe. Berlin: Verlag moderner Lektüre 1935.
Axel Rudolph: Abenteuer im Osten. Berlin: Zeitschriftenverlag 1935.
Joe Lederer: Blatt im Wind. Roman. Wien: Zeitbild 1936.
Karl Rober [d.i. Karl Martin]: Die Experimente des Dr. Wan-Schi-Tin. Ein abenteuerlicher Roman. Leipzig: Curt Zschäpe 1936.
Albert Ehrenstein: Mörder aus Gerechtigkeit. Berlin: Deutsche Buchgemeinschaft 1937.
Ilse Langner: Die purpurne Stadt. Berlin: Suhrkamp 1937.
Martin Maier-Hugendubel: Die Abenteuer des A-Aschin. Eine Erzählung aus China. Stuttgart: Evangelische Missionsgemeinschaft 1937.
Walter Persich [d.i. Christoph Walter Drey]: Die Entscheidung fällt in Shanghai. Roman. Leipzig: Payne 1937.
Wilhelm Schmidtbonn: HüLü. Potsdam: Rütten&Loenning 1937.
Heinz Waterboer: Der Bambus blüht. Roman. Berlin: Flatau 1937.
Joe Lederer: Fafan in China. Ein Roman für Kinder. Wien: Frick 1938.
Friedel Loeff: Der Teufel von Shanghai. Abenteuerroman. Leipzig: Rothbarth 1938.
Emanuel Stickelberger: Der Reiter auf dem fahlen Pferd, ein Buch vom Mongolen Dschingis-Khan und seinem abendländischen Gegenspieler. Stuttgart: J.F. Steinkopf 1938.
Hedwig Weiß-Sonnenburg: Li. Das Buch vom kleinen Chinesen. Jugendbuch. Leipzig: Payne 1938.
Rudolf Brunngraber: Opiumkrieg. Berlin: Rowohlt 1939.

Fritz Ewes: Ting, der „nur flüsternd Genannte". Roman eines chinesischen Napoleons, der keine Chronisten fand. Leipzig: Rekord 1939.
Walter Persich [d.i. Christoph Walter Drey]: Der letzte Zug nach Schanghai. Roman aus kriegerischer Zeit. Berlin: Zeitschriftenverlag 1939.
Heinz Waterboer: Im Banne Dschings-Khans. Auf den Spuren einer Forschungsreise zum Grabmal des großen Reiters. Roman. Berlin: Wegweiser 1939.
Carl Otto Windecker: Abenteuer in Schanghai. Kriminal-Roman. Berlin: Aufwärts 1939.
Georg Edward Geilfus: Die chinesische Sklavin. Roman. Berlin: Globus 1940.
Anton Geldner: Krieg um Opium. Ein trübes Kapitel englischer Handelspolitik. Ein Tatsachenbericht vom englisch-chinesischen Opiumkrieg. Aalen: Stierlin 1940.
Otto Kindler: Opiumkrieg in China. Berlin: Otto Uhlmann 1940.
Ernst F. Löhndorff: Yangtsekiang. Ein Chinaroman. Bremen: Schünemann 1940.
Hans Marschall: Die Truhe aus Peking. Berlin: Schaffer 1940.
Rudolf Rauch: Herr der Horden. Ein Lebensbild Dschingis Khans. Leipzig: Altenburg 1940.
Hans Reinhard: „China, vergifte dich". Erzählungen aus dem Opiumkrieg. Berlin: Hanns-Jörg-Fischer 1940 (= Abenteuer aus aller Welt, 33).
Anna von Rottauscher: Der Pantoffel der kleinen Yen-Dschi. Zwei chinesische Erzählungen aus alter Zeit. Wien: Frick 1940.
Gilbert Schneditz: Göttin Tschang. Untergang einer Dynastie. Wien, Leipzig: Johannes Günther 1940.
Heinz Waterboer: Das mongolische Abenteuer. Roman. München: Zeitgeschichte 1940.

2.2. Reiseberichte und Reportagen

Friedrich Perzynski: Von Chinas Göttern. Reisen in China. München: Kurt Wolff 1920.
Norbert Jacques: Auf dem chinesischen Fluß. Reisebuch. Berlin: S. Fischer 1921.
Peter Jessen: Japan, Korea, China. Reisestudien eines Kunstfreundes. Leipzig: E.A. Seemann 1921.
M. Steinle: Mit der Nord-China-Expedition. Reiseerlebnisse, Sitten und Gebräuche der Chinesen und Mongolen. Hamburg: Weltenbund 1921.
Gerhard Venzmer: Aus Fernem Osten. Reiseeindrücke und Stimmungsbilder von Deutschlands erster Ostasienfahrt nach dem Weltkriege. Hamburg: Weltbundverlag 1922.
Moritz Pfeiffer: Die Welt des Fernen Osten. Erlebnisse eines Deutschen in den asiatischen Ländern des Stillen Ozeans. Dresden: Deutsche Buchwerkstätten 1923.
Sven Hedin: Von Peking nach Moskau. Leipzig: Brockhaus 1924.
Martin Hürlimann: Tut Kung Bluff. Das unvermeidliche Buch eines Weltreisenden. Leipzig: Grethlein 1924.
Colin Ross: Das Meer der Entscheidungen. Beiderseits des Pazifik. Leipzig: Brockhaus 1924.
Hans Driesch und Marianne Driesch: Fern-Ost. Als Gäste Jung-Chinas. Leipzig: Brockhaus 1925.
Wilhelm Filchner: Tschung-kue, das Reich der Mitte. Alt-China vor dem Zusammenbruch. Berlin: Deutsche Buchgemeinschaft 1925.
Artur Landsberger: Lachendes Asien. Fahrt nach dem Osten. München: Georg Müller 1925.
Heinrich Schmitthenner: Chinesische Landschaften und Städte. Stuttgart: Strecker/Schröder 1925.
Johannes Witte: Sommer-Sonnentage in Japan und China. Reise-Erlebnisse in Ostasien im Jahre 1924. Göttingen: Vandenhoeck&Ruprecht 1925.
Philipp Berges: Wunder der Erde. Reisetagebuch in fernen Breiten. Leipzig: Brockhaus 1926.

Fritz Drexler: Als Missionsarzt mit der Kamera nach Innerchina. Reisebericht aus dem fernen Osten. Leutkirch: Allgäuer Volksfreund 1926.
Wilhelm Filchner: Om Mani Padne Hum. Meine China- und Tibetexpedition 1925/26. Leipzig: Brockhaus 1926.
Walter Hagemann: Das erwachende Asien. Arabien – Indien – China. Berlin: Germania 1926.
Elisabeth von Heyking: Tagebücher aus vier Weltteilen 1886/1904, hg. von Grete Litzmann. Leipzig: Koehler 1926.
Arthur Holitscher: Das unruhige Asien. Reise durch Indien, China, Japan. Berlin: S. Fischer 1926.
Dorothea Hosie: Menschen in China. Die politische und soziale Umwälzung in China von dem täglichen Leben zweier chinesischer Patrizierfamilien aus gesehen. Stuttgart: Deutsche Verlagsanstalt 1926.
Georg Wegener: Im Innersten China. Eine Forschungsreise durch die Provinz Kiang-si. Berlin: August Scherl 1926.
M. C. Wendt: 25 Jahre im Reich der Mitte. Aus meinen Erinnerungen eines Weltreisenden. Leipzig: Heim-Verlag 1926.
Erna Arnhold: Was ich in China sah. Breslau: Ferdinand Hirth 1927.
Hannah Asch: Fräulein Weltenbummler. Reiseerlebnisse in Afrika und Asien. Berlin: August Scherl 1927.
Theodor Deveranne: Von Tsingtau bis Peking. Streifzüge durch Nordchina. Berlin: Evangelische Missionsgemeinschaft 1927.
Waldemar Oehlke: In Ostasien und Nordamerika als deutscher Professor. Reisebericht 1920-1926. Darmstadt: Hofmann 1927.
Asiaticus [d.i. Nojzes Grzybb]: Von Kanton bis Schanghai 1926–27. Wien, Berlin 1928.
Wilhelm Filchner: Wetterleuchten im Osten. Erlebnisse eines diplomatischen Geheimagenten. Berlin-Schöneberg: Oestergaard 1928.
Richard Hülsenbeck: Der Sprung nach Osten. Bericht einer Frachtdampferfahrt nach Japan, China und Indien. Dresden: Wolfgang Jess 1928.
Heinz von Perckhammer: Peking. Das Gesicht einer Stadt. Berlin: Agis 1928.
A. E. Johann: 40.000 Kilometer. Eine Jagd auf Menschen und Dinge rund um Asien. Berlin: Ullstein 1929.
Martin Maier-Hugendubel: Hinter der chinesischen Mauer. Geschautes und Erlebtes. Stuttgart, Basel: Evangelische Missionsgemeinschaft 1929.
Otto Marbach: Chinas Not und Japans Hoffnung. Reiseerinnerungen eines Ostasienfreundes. Bern, Leipzig: P. Haupt 1929.
Erich von Salzmann: China siegt. Gedanken und Reiseeindrücke über das revolutionäre Reich der Mitte. Hamburg: Hanseatische Verlagsanstalt 1929.
Oskar Frohnmeyer: Kwangtung. Bern: P. Haupt 1930.
Alma M. Karlin: Einsame Weltreise. Die Tragödie einer Frau. Minden: Koehler 1930.
Hermann Maurer: In Banden frei! Tagebuch aus der Gefangenschaft bei den Kommunisten in China. Stuttgart: Evangelische Missionsgesellschaft 1930.
Heinz von Perckhammer: Von China und Chinesen. Zürich: Orell Füssli 1930.
Josef Schmidlin: Von meiner Ostasiatischen Weltmissionsreise. Münster: Herder 1930.
Emil Trinkler: Im Land der Stürme. Mit Yak- und Kamelkarawane durch Innerasien. Leipzig: Brockhaus 1930.
Hermann Albert und Sven Hedin: Lou-lan. China, Indien und Rom im Lichte der Ausgrabungen am Lobnor. Leipzig: Brockhaus 1931.

Ernst Fischle und Ernst Walter: Sechzehn Monate in chinesischer Gefangenschaft. Stuttgart, Basel: Evangelische Missionsgemeinschaft 1931.
Richard Katz: Funkelnder Ferner Osten! Erlebtes aus China, Korea, Japan. Berlin: Ullstein 1931.
Arthur Berger: Mit Sven Hedin durch Asiens Wüsten. Nach dem Tagebuch des Filmoperateurs der Expedition Paul Lieberenz. Berlin: Wegweiser 1932.
Sven Hedin: Jehol. Die Kaiserstadt. Leipzig: Brockhaus 1932.
Paul Rohrbach: Erwachendes Asien. Geschautes und Gedachtes von einer Indien- und Ostasienreise 1932. München: Bruckmann 1932.
P. Walter: Ins blumige Reich der Mitte. Tagebuchblätter des China-Missionars. Duisburg: Echo 1932.
Egon Erwin Kisch: China geheim. Berlin: Reiss 1933.
Anton Lübke: Der lachende Pazifik. Bonn: Verlag der Buchgemeinde 1933.
Heinrich Schnee: Völker und Mächte im Fernen Osten. Eindrücke von der Reise mit der Mandschurei-Kommission. Berlin: Deutsche Buchgemeinschaft 1933.
Marie von Bunsen: Im fernen Osten. Eindrücke und Bilder aus Japan, Korea, China, Ceylon, Java, Siam, Kambodscha, Birma und Indien. Leipzig: Koehler & Amelang 1934.
Sven Hedin: Die Flucht des großen Pferdes. Leipzig: Brockhaus 1935.
Julius Tandler: Volk in China. Erlebnisse und Erfahrungen. Wien: Thalia 1935.
Reinhard Augustin: Durch Mandschuko. Abenteurliche Erlebnisse im Lande des Opiums. Reichenberg: Kraus 1936.
Ernst Cordes: Das jüngste Kaiserreich. Schlafendes/Wachendes Mandschuko. Frankfurt am Main: Societäts-Verlag 1936.
Sven Hedin: Die Seidenstraße. Leipzig: Brockhaus 1936.
Max Ilgner: China, Hongkong und Macao. Bericht über eine Reise nach Ostasien 1934/35. Berlin 1936.
Julius Jaspersen: Do Mau. Arbeit und Abenteuer eines deutschen Chinakaufmanns. Leipzig: E.A. Seemann 1936.
A. E. Johann: Kulis, Kapitäne und Kopfjäger. Fahrten und Erlebnisse zwischen Peking und der Timor-See. Berlin: Ullstein 1936.
Georg Vasel: Flammen in der Wüste. Erlebnisse eines deutschen Flugpioniers in Innerasien. Berlin: Ullstein 1936.
Kurt Zimmermann: China – wie ich es erlebte. Geschautes und Erfragtes auf einer Besuchsreise durch Chinas Missionsfelder. Witten: Bundesverlag 1936.
Bernhard Wilhelm Busz: De Fu. Chinesisches – Allzuchinesisches. Essen: Assinda 1937.
Ernst Cordes: Peking – Der leere Thron. Ein Erlebnisbericht aus Nordchina. Berlin: Rowohlt 1937.
Johannes Dietrich: Wunderbar bewahrt. Erlebnisse während des Kommunisteneinbruchs in die chinesische Provinz Yünnan 1936. Marburg: Spener 1937.
Albert Gervais: Ein Arzt erlebt China. Berlin: Goldmann 1937.
Felix Gruse: China, Ereignisse und Zustände. Berlin: Stilke 1937.
Georg Schmauß: Auf Missionspfaden in China. Reiseeindrücke. Marburg: Spener 1937.
Ernst Fischle: Überwundenes Schicksal. Erzählungen aus dem Kriegsgebiet in Kwangtung. Stuttgart: Evangelische Missionsgemeinschaft 1938.
Ernst Grosse: Ostasiatische Erinnerungen eines Kolonial- und Ausland-Deutschen. München: Neuer Filser Verlag 1938.
Werner Asendorf: Ferner Osten, jung erlebt. Zwei Fahrten 1935–1939. Hamburg: Broschek 1939.
Josef Maria Camenzind: Ein Stubenhocker fährt nach Asien. Erlebtes und Erschautes einer Reise in den Fernen Osten. Freiburg: Herder 1939.
Otto Fischer: Wanderfahrten eines Kunstfreundes in China und Japan. Stuttgart: Deutsche Verlagsanstalt 1939.

Ilse Jordan: Ferne blühende Erde. Berlin: Oestergaard 1939.
Ernst F. Löhndorff: Unheimliches China. Ein Reisebericht. Bremen: Schünemann 1939.
Wilhelm Filchner: Bismallah. Vom Huang-ho zum Indus. Leipzig: Aschendorffsche Verlagsbuchhandlung 1940.
Bernhard Kellermann: Meine Reise in Asien, Iran, Klein-Tibet, Indien, Siam, Japan. Berlin: S. Fischer 1940.
Waldemar Oehlke: Sechzig Reisejahre eines Danzigers. Durch die Welt und um die Erde. Danzig: Kafemann 1940.
Colin Ross: Das Neue Asien. Leipzig: Brockhaus 1940.

2.3. Sachtexte

Waldemar Vollerthun: Der Kampf um Tsingtau. Eine Episode aus dem Weltkrieg 1914/1918 nach Tagebuchblättern. Leipzig: S. Hirzel 1920.
Gustav Amann: Im Spiegel Chinas. Vom Zusammenstoß unserer westlichen mit asiatischer Kultur und Bolschewismus. Berlin: kurt Vowinckel 1925.
Richard Wilhelm: Die Seele Chinas. Berlin: Reimar Hobbig 1926.
Karl August Wittfogel: Das erwachende China. Ein Abriß der Geschichte und der gegenwärtigen Probleme Chinas. Wien: Agis 1926.
Otto Fischer: China und Deutschland. Ein Versuch. Münster: Aschendorffsche Verlagsbuchhandlung 1927.
Hans Leip: Die silbergrüne Dschunke. West-östliche Begegnungen. Hamburg: Asmus 1927.
Gerhard Menz: Flutwende. Die Entwicklung der Beziehungen Chinas zum Abendlande in den letzten 100 Jahren. Leipzig: Hinrich'sche Buchhandlung 1927.
Harald Weber: Die Weltdeuter des Ostens. Braunschweig: Westermann 1927.
Erich Hauer: Chinas Werden im Spiegel der Geschichte. Ein Rückblick auf vier Jahrtausende. Leipzig: Quelle&Meyer 1928.
Werner Eichhorn: China. Gestern, Heute, Morgen. Leipzig: Hesse & Becker 1929.
Wilhelm Filchner: In China. Auf Asiens Hochsteppen. Im ewigen Eis. Rückblick auf fünfundzwanzig Jahre der Arbeit und Forschung. Freiburg: Herder 1930.
Aimo M. Harm: In den Händen der Roten. Vom großen Vernichtungssturm in der deutschen Dominikanermission Tingchow (China-Fukien) im Jahre 1929. Vechta: Albertus Magnus 1930.
Robert Mohl: Der Chinese und die gegenwärtige Entwicklung in China. Berlin: Hermann Hilliger 1930.
Harald Weber: Das chinesische Horoskop. Leipzig: Astra 1930.
Georg Wegener: China. Eine Landes- und Volkskunde. Berlin, Leipzig: Teubner 1930.
Anton Lübke: Der Himmel der Chinesen. Leipzig: R. Voigtländer 1931.
Otto Mänchen-Helfen: China. Die Weltpolitik. Dresden: Kaden 1931.
Peter Schmitz: Der Bolschewismus in China. Wien: Missionsdruckerei St. Gabriel 1931.
Otto Eibuschitz: Memel und Shanghai. Wien: O. Eibuschitz 1932.
Vincenz Hundhausen: Schlaglichter auf China. Überlegungen eines unbefangenen Chinadeutschen aus den Jahren 1925 bis 1932. Peking, Leipzig: Pappelinsel 1932.
Gustav Kreitner: Hinter China steht Moskau. Berlin: E.S. Mittler & Sohn 1932.
Otto Mänchen-Helfen: Drittel der Menschheit. Ein Ostasienbuch. Berlin: Der Bücherkreis 1932.
Harald Weber: Chinesisches Theater. Braunschweig: Westermann 1932.
Walter Wilhelm: Das China von heute. Frankfurt am Main: Frankfurter Societäts-Verlag 1932.

Otto Marbach: 50 Jahre Ostasienmission. Ihr Werden und Wachsen. Berlin, St. Gallen: Ostasienmission 1934.
Heinrich Schmitthenner: China im Profil. Leipzig: Bibliographisches Institut 1934.
Roland Strunk und Martin Rikli: Achtung! Asien marschiert. Ein Tatsachenbericht. Berlin: Drei Masken 1934.
Joachim Barckhausen: Das gelbe Weltreich. Lebensgeschichte einer Macht. Berlin: Schützen-Verlag 1935.
Grover Clark: China am Ende? Fünf Jahrtausende chinesische Kultur, Gesellschaft, Religion, Politik und Wirtschaft. Bern, Leipzig, Wien: Goldmann 1936.
Gerhard Menz: Der Kampf um Nordchina. Berlin: Goldmann 1936.
Hermann Schreiber: Opfergang in Peking. Ein Buch um das Sterben des Gesandten von Ketteler. Berlin: August Scherl 1936.
Bertram Schuler: Altes Erbe neues China. Ein Beitrag zur Verständigung von West und Ost. Paderborn, Zürich, Wien: Ferdinand Schöningh 1937.
Hans Zörner: Briefe aus China. Berlin: Paul Parey 1937.
Elisabeth Oehler-Heimerdinger: Die Chinesin. Das Leben der Frau im Osten. Bramstedt: Elmshorn 1939.
Lily Abegg: Chinas Erneuerung. Der Raum als Waffe. Frankfurt am Main: Societäts-Verlag 1940.

Quellen- und Literaturverzeichnis

Abkürzungen

DLA Marbach = Deutsches Literaturarchiv Marbach
BayHSta = Bayerisches Hauptstaatsarchiv

Ungedruckte Quellen

Brunngraber, Rudolf an Louise Brunngraber, o.D., in: DLA Marbach, D: Brunngraber.
Brunngraber, Rudolf an Louise Brunngraber, o.D. [vermutlich zwischen 8. und 12. März 1937], in: DLA Marbach, D: Brunngraber.
Brunngraber, Rudolf an Louise Brunngraber, 14.6.1938, in: DLA Marbach, D: Brunngraber.
Brunngraber, Rudolf an Louise Brunngraber, 17.5.1939, in: DLA Marbach, D: Brunngraber.
Brunngraber, Rudolf an Louise Brunngraber, 3.6.1939, in: DLA Marbach, D: Brunngraber.
Brunngraber, Rudolf an Kasimir Edschmid, 24.1.1934, in: DLA Marbach, D: Brunngraber.
Brunngraber, Rudolf an Herbert Nette, 13.4.1939, in: DLA Marbach, A: Nette.
Brunngraber, Rudolf an Herbert Nette, 16.6.1939, in: DLA Marbach, A: Nette.
Brunngraber, Rudolf an Herbert Nette, 2.10.1939, in: DLA Marbach, A: Nette.
Brunngraber, Rudolf an Herbert Nette, 20.10.1939, in: DLA Marbach, A: Nette.
Brunngraber, Rudolf an Herbert Nette, 30.10.1939, in: DLA Marbach, A: Nette.
Brunngraber, Rudolf an Herbert Nette, 5.11.1939, in: DLA Marbach, A: Nette.
Brunngraber, Rudolf an Herbert Nette, 20.11.1939, in: DLA Marbach, A: Nette.
Brunngraber, Rudolf an Herbert Nette, 1.1.1940, in: DLA Marbach, A: Nette.
Brunngraber, Rudolf an Herbert Nette, 9.2.1939, in: DLA Marbach, A: Nette.
Brunngraber, Rudolf an Herbert Nette, 13.2.1940, in: DLA Marbach, A: Nette.
Brunngraber, Rudolf an Herbert Nette, 3.3.1940, in: DLA Marbach, A: Nette.
Brunngraber, Rudolf an Herbert Nette, 10.4.1940, in: DLA Marbach, A: Nette.
Brunngraber, Rudolf an Ernst Rowohlt, 6.2.1950, in: DLA Marbach, A: Rowohlt, Autorenkonvolut Brunngraber.
Brunngraber, Rudolf an Ernst Rowohlt, 30.3.1950, in: DLA Marbach, A: Rowohlt, Autorenkonvolut Brunngraber.
Brunngraber, Rudolf: Tagebücher, in: DLA Marbach, D: Brunngraber.
Ledig-Rowohlt, H.M. an Rudolf Brunngraber, 7.9.1950, in: DLA Marbach, A: Rowohlt, Autorenkonvolut Brunngraber.
Ross, Colin: Politische Prognose, in: BayHSta, NL Colin Ross.

Gedruckte Quellen

Abteilung für Volksbildung im Magistrat der Stadt Berlin (Hg.): Verzeichnis der auszusondernden Literatur. Berlin 1946.
Adams, J. Donald: [Rez.] A Sequel to „The Good Earth": Pearl Buck's „Sons" Is a Vivid Chronicle of Revolutionary China, in: New York Times, 25.9.1932, S. 1.
Airy, Frederick W. I.: Pidgin Tailes and Others. Shanghai 1906.

Amann, Gustav: Im Spiegel Chinas. Vom Zusammenstoß unserer westlichen mit asiatischer Kultur und Bolschewismus. Berlin 1925.
Amann, Gustav: Zur Lage in China, in: Sinica 6 (1931).
Amann, Gustav: Zur Lage in China, in: Sinica 7 (1932).
Amann, Gustav: Zur Lage in China, in: Sinica 8 (1933).
Amann, Gustav: Zur Lage in China, in: Sinica 9 (1934).
[Anonym]: An unsere Leser, in: Ostasiatische Rundschau 4.1 (1923), S. 1.
[Anonym]: [Rez.] Colin-Roß-Film, in: Die Weltbühne, 6.1.1925, S. 64.
[Anonym]: [Rez.] Colin Roß Reise um die Erde, in: Reichspost, 14.6.1925, S. 13.
[Anonym]: Das Amstettener Abenteuer Colin Roß'. Der Dieb seines Koffers ausgeforscht, in: Reichspost, 11.10.1928, S. 8.
[Anonym]: Diebstahl eines wertvollen Autokoffers, in: Ybbstal Zeitung, 29.9.1928, S. 14.
[Anonym]: Ein Nachtrag zum Kofferdiebstahl im Hotel Sinner, in: Ybbstal Zeitung, 6.10.1928, S. 12.
[Anonym]: Schriftsteller Colin Roß – bestohlen, in: Tages-Post, 25.9.1928, S. 5f.
[Anonym]: St. Pölten. Der Diebstahl an dem Weltreisenden Colin Roß', in: Tages-Post, 15.11.1928, S. 12.
[Anonym]: Zum Diebstahl an Colin Roß, in: Tages-Post, 3.10.1928, S. 5.
[Anonym]: An unsere Förderer, Mitglieder und Freunde, in: Mitteilungen des China-Instituts 2 (1930).
[Anonym]: Aus der Ansprache des neuen Direktors des China-Instituts, Prof. Dr. Wilhelm Schüler, auf der Mitgliederversammlung vom 12. Mai, in: Mitteilungen des China-Instituts 3 (1930).
[Anonym]: Ein neuer Colin Roß, in: Hamburger Anzeiger 43.262 (1930), S. 35.
[Anonym]: Wechsel in der Leitung des China-Instituts, in: Mitteilungen des China-Institut 1 (1931).
[Anonym]: Der Lytton-Bericht, in: Wiener Zeitung, 4.10.1932.
[Anonym]: Mr. Rogers Turns Book Critic and Highly Recommends One, in: New York Times, 7.3.1932, S. 19.
[Anonym]: Mrs. Buck Doubts China Will Go Red, in: New York Times, 22.8.1932, S. 17.
[Anonym]: Pearl Buck, Writer, Is Back from China, in: New York Times, 4.8.1932, S. 21.
[Anonym]: China-Institut Frankfurt a.M., in: Ostasiatische Rundschau 14.23 (1933), S. 518f.
[Anonym]: [Rez.] Die gute Erde. Roman des chinesischen Menschen von Pearl S. Buck. Zinnen-Verlag Wien, in: Illustriertes Familienblatt. Häuslicher Ratgeber für Österreichs Frauen 13 (1933), S. 2.
[Anonym]: Dr. Erwin Rousselle, in: Ostasiatische Rundschau 14.11 (1933), S. 241.
[Anonym]: Gegen die Greuelpropaganda, in: Ostasiatische Rundschau 14.7 (1933), Titelseite.
[Anonym]: Mrs. Buck's View Stir Presbytery, in: New York Times, 12.4.1933, S. 21.
[Anonym]: [Rez.] Pearl S. Buck: Söhne, in: Sport im Bild 17 (1933), S. 789.
[Anonym]: Says No Treaties Can Stop Japanese, in: New York Times, 9.4.1933, S. 1.
[Anonym]: [Rez.] Pearl S. Buck: Der junge Revolutionär. Roman. Zinnen-Verlag. Berlin, Basel, in: Sport im Bild 2 (1934), S. 45.
[Anonym]: [Rez.] Pearl S. Buck: Söhne. Roman, in: Bildungsarbeit. Blätter für sozialistisches Bildungswesen 1 (1934), S. 26.
[Anonym]: Die Bewegung „Neues Leben" in China, in: Ostasiatische Rundschau 16.6 (1935), S. 143.
[Anonym]: Zur Greuelpropaganda, in: Ostasiatische Rundschau 14.14 (1933), S. 287f.
[Anonym]: Konfuzius und seine Staatslehre, in: Ostasiatische Rundschau 16.1 (1935), S. 26f.
[Anonym]: Professor Dr. Rousselle, in: Ostasiatische Rundschau 16.11 (1935), S. 304.
[Anonym]: Colin Roß aus Spanien zurück, in: Hamburger Anzeiger 49.269 (1936), S. 3.
[Anonym]: Die „Neue Lebensbewegung" in China, in: Hochschule und Ausland 14.11 (1936), S. 997–1002.
[Anonym]: German Tribute to China's Progress, in: The People's Tribune 15.4 (1936), S. 229–232.
[Anonym]: Young China Goes to Berlin, in: The People's Tribune 14.1 (1936), S. 11–14.

[Anonym]: Aus der Volksheimwoche. Einzelvorträge der Fachgruppe für Literatur, in: Gerechtigkeit, 2.4.1937, S. 12.
[Anonym]: Ein Chinese sieht Deutschland, in: Geist der Zeit, Wesen und Gestalt der Völker 15 (1937), S. 147f.
[Anonym]: Tang Leang-li über seine Reiseeindrücke in Deutschland, in: Ostasiatische Rundschau 18.1 (1937), S. 47f.
[Anonym]: Vorträge von heute, in: Neues Wiener Journal, 2.4.1937, S. 10.
[Anonym]: Award Perturbs Sweden. But Finns Accept Naming of Mrs. Buck for Nobel Prize Calmly, in: New York Times, 12.11.1938, S. 13.
[Anonym]: Catholic of U.S. Score ‚Atrocities', in: New York Times, 17.11.1938.
[Anonym]: Pearl Buck Wins Nobel Literature Prize. The Third American to Get the Swedish Award, in: New York Times, 11.11.1938, S. 1f.
[Anonym]: An unsere Leser, in: Ostasiatische Rundschau 20.19/20 (1939), S. 415.
[Anonym]: Dies Charges German Doctor with Espionage, in: The Mexia Weekly Herald, 29.12.1939, S. 1.
[Anonym]: Dies Probers Would Close Door on ‚Spy', in: Borger Daily Herald, 28.12.1939, S. 6.
[Anonym]: Dorothy Thompson Honored at Dinner, in: New York Times, 25.1.1939, S. 7.
[Anonym]: Espionage Allered, in: The News, 29.12.1939, S. 1.
[Anonym]: Fine Arts Viewed as World Unifier, in: New York Times, 29.1.1939, S. 12.
[Anonym]: Nazi Lecturer in United States Unmasked. Spy who „Doctored" Photographs, in: Nottingham Evening Post, 29.12.1939, S. 8.
[Anonym]: Pearl Buck Sees China Moving West, in: New York Times, 14.3.1939, S. 27.
[Anonym]: Ross as Spy, in: Escher Tageblatt, 29.12.1939, S. 4.
[Anonym]: Werbeanzeige Rudolf Brunngraber: Opiumkrieg, in: Börsenblatt für den deutschen Buchhandel, 15.9.1939.
[Anonym]: Aus dem deutschen Filmschatten, in: Salzburger Volksblatt, 30.8.1940, S. 5.
[Anonym]: [Rez.] Brunngraber, R.: Opiumkrieg, in: Bücherschau der Weltkriegsbücherei 20 (1940), S. 98.
[Anonym]: Colin Roß aus Ostasien zurückgekehrt. Mit Kind und Kegel, in: Hamburger Anzeiger 53.25 (1940), S. 2.
[Anonym]: Colin Ross Denies He's a Nazi Spy, in: The Milwaukee Journal, 30.8.1940, S. 12.
[Anonym]: Colin Roß wieder in Deutschland, in: Kleine Volkszeitung 86.30 (1940), S. 2.
[Anonym]: Colin Roß wieder in Deutschland, in: Neues Wiener Tagblatt (1940).
[Anonym]: Die Tobis in der neuen Spielzeit. Bekenntnisfilme im Vordergrund, in: Neues Wiener Tageblatt, 4.9.1940.
[Anonym]: Dies Says Nazi took Spy Film, in: The Shamrock Texan, 4.1.1940, S. 8.
[Anonym]: [Rez.] Opium, in: Wille und Macht 8.12 (1940), S. 25.
[Anonym]: [Rez.] Opiumkrieg, in: Sankt Wiborada 7 (1940), S. 121.
[Anonym]: Spy Change, in: The Dension Press, 4.4.1940, S. 4.
[Anonym]: Tobis 1940/41, in: Das Kleine Volksblatt, 30.8.1940, S. 11.
[Anonym]: Von der Weltreise zurück. Aus einer Unterhaltung mit Colin Roß, in: Neuigkeits-Welt-Blatt 67.68 (1940), S. 6.
[Anonym]: German Suicides, in: Courier and Advertiser, 14.6.1949, S. 3.
[Anonym]: Wir dürfen nicht verlieren, in: Der Spiegel, 30.6.1949.
[Anonym]: [Rez.] China in den 30ern. Ein Buch mit Bildern von Wilhelm Thiemann, Texten von Egon Erwin Kisch, in: taz, 6.12.1997, S. 22.
[Anonym]: Wie Sartre es sich anders überlegte. Anekdoten zum Literaturnobelpreis, in: Süddeutsche Zeitung, 10.10.2013.

[Anonym]: Kaum ein Text ganz wahr, aber „nie niederträchtige Absichten", in: Zeit Online, 1.6.2021, online abrufbar unter: https://www.zeit.de/gesellschaft/zeitgeschehen/2021-06/claas-relotius-faelschung-reportagen-spiegel (letzter Zugriff: 11.10.2021).
[Anonym]: All Nobel Prizes in Literature, online abrufbar https://www.nobelprize.org/prizes/lists/all-nobel-prizes-in-literature/ (letzter Zugriff: 2.6.2021).
[Anonym]: Nomination and Selection of Literature Laureates, online abrufbar unter: https://www.nobelprize.org/nomination/literature/ (letzter Zugriff: 29.6.2021).
[Anonym]: Berichtet. Über welche Länder außer der Bundesrepublik am häufigsten geschrieben wurde, nach Dekade, in: Der Spiegel, 20.12.2021, S. 55.
AP: Bar Colin Ross for Propaganda, Dies Group Asks: German Spy in Last War, Committee Report, in: Chicago Daily Tribune, 29.12.1939, S. 11.
AP: Members Dies Group Brand German Spy, in: Cumberland Evening Times, 28.12.1939, S. 1f.
AP: Nazis Protest Spy Label for German Author. Embassy Sends Denial of Charges to Dies Committee, in: The Capital Times, 30.8.1940, S. 2.
Arianus: Der Gelbe Kampf und eine rassisch begründete Neugestaltung europäischer Kolonialpolitik, in: Der Weltkampf 4.41 (Mai 1927), S. 193–214.

Balázs, Béja: [Rez.] Brülle China, in: Die Weltbühne 26.1 (1930), S. 586–589.
Bancroft, Griffling Jr.: Intrigue of Alleged Nazi Spy Disclosed. Dies Committee Names German Lecturer, Author as Master Mind, in: The Lima News, 27.12.1939, S. 13.
Behne, Adolf: [Rez.] Die Drei Sprünge des Wang-lun, in: Die Aktion 6 (1916), Sp. 631.
Bentley, Phyllis: The Art of Pearl S. Buck, in: The English Journal 24.10 (1935), S. 791–800.
Best, Werner: Der Krieg und das Recht, in: Krieg und Krieger, hg. von Ernst Jünger. Berlin 1930, S. 135–161.
Blotner, Joseph: Selected Letters of William Faulkner. London 1977.
Boerschmann, Ernst: Das neue China, in: Sinica 11 (1936), S. 99–127.
Brecht, Bertolt: Bemerkungen über die chinesische Schauspielkunst (1935), in: ders.: Werke. Große kommentierte Berliner und Frankfurter Ausgabe, Bd. 22.1: Schriften 2.1, hg. von Werner Hecht, Jan Knopf, Werner Mittenzwei und Klaus-Detlef Müller. Frankfurt am Main 1993, S. 151–155.
Brecht, Bertolt: Verfremdungseffekt in der chinesischen Schauspielkunst (1936), in: ders.: Werke. Große kommentierte Berliner und Frankfurter Ausgabe, Bd. 22.1: Schriften 2.1, hg. von Werner Hecht, Jan Knopf, Werner Mittenzwei und Klaus-Detlef Müller. Frankfurt am Main 1993, S. 200–210.
Brosius, Hans: Fern-Ost formt seine neue Gestalt. Berlin o.J.
Brunngraber, Rudolf: Karl und das 20. Jahrhundert. Frankfurt am Main 1932.
Brunngraber, Rudolf: Radium. Roman eines Elements. Berlin 1936.
Brunngraber, Rudolf: Völkerbund und Rauschgifte, in: Berliner Tageblatt, 28.1.1937.
Brunngraber, Rudolf: Die Engel in Atlantis. Frankfurt am Main 1938.
Brunngraber, Rudolf: Opiumkrieg. Stuttgart 1939.
Brunngraber, Rudolf: Opiumkrieg. Roman. Berlin: Deutsche Buch-Gemeinschaft 1940.
Brunngraber, Rudolf: Opiumkrieg. Roman. Leipzig: Tauchnitz 1941 (= Der deutsche Tauchnitz, 113).
Brunngraber, Rudolf: Zucker aus Cuba. Roman eines Goldrausches. Berlin 1941.
Brunngraber, Rudolf: Prozess auf Leben und Tod. Roman. Berlin, Wien, Leipzig 1948.
Brunngraber, Rudolf: Der Weg durch das Labyrinth. Wien 1949.
Brunngraber, Rudolf: Opiumkrieg. Wien: Danubia Verlag 1951.
Brunngraber, Rudolf: Der tönerne Erdkreis. Roman der Funktechnik. Hamburg 1951.
Brunngraber, Rudolf: Heroin. Roman der Rauschgifte. Hamburg 1952.

Brunngraber, Rudolf: Opiumkrieg. Reinbek bei Hamburg: Rowohlt 1963 (= ro-ro-ro-Taschenbuch-Ausgabe, 529).
Brunngraber, Rudolf: Opiumkrieg. Mit einem Nachwort von Thomas Lange. Hamburg: Edition Nautilus 1986.
Brunngraber, Rudolf: Wie es kam. Psychologie des Dritten Reichs. Wien 1946.
Buber, Martin: Ekstatische Konfessionen. Gesammelt von Martin Buber. Jena 1909.
Buber, Martin: Reden und Gleichnisse des Tschuang Tse. Leipzig 1910.
Büchenbacher, Katrin: Liao Yiwu: „Ihr westlichen Journalisten seid ziemlich dumm. Ich habe nie behauptet, das Virus sei aus einem Labor entwichen", in: Neue Zürcher Zeitung, 25.11.2021.
Buck, Pearl S.: The Good Earth. New York 1931.
Buck, Pearl S.: Die gute Erde. Roman des chinesischen Menschen. Übertragung aus dem Englischen von Ernst Simon. Basel u.a. 1933.
Buck, Pearl S.: Söhne. Deutsch von Richard Hoffmann. Berlin, Wien, Leipzig 1933.
Buck, Pearl S.: Sons. New York 1933.
Buck, Pearl S.: A House Divided. New York 1935.
Buck, Pearl S.: Das geteilte Haus. Deutsch von Richard Hoffmann. Berlin, Wien, Leipzig 1935.
Buck, Pearl S.: Fighting Angel. Portrait of a Soul. New York 1936.
Buck, Pearl S.: The Exile. Portrait of an American Mother. New York 1936.
Buck, Pearl S.: The Chinese Novel. Speech. 12 December 1938, online abrufbar unter: https://www.nobelprize.org/prizes/literature/1938/buck/lecture/ (letzter Zugriff: 1.12.2021).
Buck, Pearl S.: The Child Who Never Grew. New York 1950.
Buck, Pearl S.: My Several Worlds. A Personal Record. New York 1957.
Buck, Pearl S.: A Bridge Passing. New York 1962.
Buck, Pearl S.: Ruf des Lebens. Aus dem Amerikanischen übertragen von Hans B. Wagenseil. München, Wien [1977] 1980.
Bünger, Karl A.: Alte chinesische Rechtsgedanken in modernen chinesischen Grundstücksrecht, in: Sinica 8 (1933), S. 176–182.
Bünger, Karl A.: Die Familie in der chinesischen Rechtssprechung, in: Sinica 10 (1935), S. 22–31.

C.F.P.: [Rez.] „Reise um die Erde", in: Die Filmwelt 11 (1925), S. 10f.
Chiang Kai-schek: Leitfaden der Bewegung „Neues Leben". Übersetzt von Dr. Hans Wist, in: Ostasiatische Rundschau 17.15 (1936), S. 405.
Ching, M. Tseng: Mein siebenjähriger Studienaufenthalt in Deutschland, in: Ostasiatische Rundschau 20.1 (1939), S. 13–16.
Colerus, Egmont: Zwei Welten. Ein Marco Polo Roman. Berlin, Wien, Leipzig 1926.

Döblin, Alfred: An Romanautoren und ihre Kritiker. Berliner Programm (1913), in: ders.: Schriften zu Ästhetik, Poetik und Literatur, hg. von Erich Kleinschmidt. Frankfurt am Main 2013, S. 118–122.
Döblin, Alfred: Bemerkungen zum Roman (1917), in: ders.: Schriften zu Ästhetik, Poetik und Literatur, hg. von Erich Kleinschmidt. Frankfurt am Main 2013, S. 122–126.
Döblin, Alfred: Neue Zeitschriften (1919), in: ders.: Schriften zur Politik und Gesellschaft. Mit einem Nachwort von Torsten Hahn, hg. von Christina Alten. Frankfurt am Main 2015, S. 81–96.
Döblin, Alfred: Republik (1920), in: ders.: Schriften zur Politik und Gesellschaft. Mit einem Nachwort von Torsten Hahn, hg. von Christina Alten. Frankfurt am Main 2015, S. 117–125.
Döblin, Alfred: Wallenstein. Roman, 2 Bde. Berlin 1920.
Döblin, Alfred: Der Epiker, sein Stoff und die Kritik (1921), in: ders.: Schriften zu Leben und Werk. Mit einem Nachwort von Wilfried F. Schoeller. Frankfurt am Main 2015, S. 21–32.

Döblin, Alfred: Der Schriftsteller und der Staat, in: Die Glocke 7.7 (1921), S. 177–182 und 7.8 (1921), S. 207–211.
Döblin, Alfred: Der Überfall auf Chao-lao-sü, in: Genius. Zeitschrift für werdende und alte Kunst 3 (1921), S. 275–285.
Döblin, Alfred: Autobiographische Skizze (1922), in: ders.: Schriften zu Leben und Werk. Mit einem Nachwort von Wilfried F. Schoeller. Frankfurt am Main 2015, S. 32f.
Döblin, Alfred: Das Gespräch im Palast, in: Der Börsen-Curier, 16.4.1922, S. 5f.
Döblin, Alfred: Schriftsteller und Politik (1924), in: ders.: Schriften zur Politik und Gesellschaft. Mit einem Nachwort von Torsten Hahn, hg. von Christina Alten. Frankfurt am Main 2015, S. 235–237.
Döblin, Alfred: Der Kaiser und die Dsunguren, in: Das Kunstblatt 9 (1925), S. 135f.
Döblin, Alfred: [Das Recht auf Meinungsäußerung] (1927), in: ders.: Schriften zur Politik und Gesellschaft. Mit einem Nachwort von Torsten Hahn, hg. von Christina Alten. Frankfurt am Main 2015, S. 237–242.
Döblin, Alfred: Phantasie oder Vorbild (1927), in: ders.: Schriften zu Leben und Werk. Mit einem Nachwort von Wilfried F. Schoeller. Frankfurt am Main 2015, S. 76f.
Döblin, Alfred: Der Bau des epischen Werks (1928), in: ders.: Schriften zu Ästhetik, Poetik und Literatur, hg. von Erich Kleinschmidt. Frankfurt am Main 2013, S. 215–245.
Döblin, Alfred: Schriftstellerei und Dichtung. Redefassung (1928), in: ders.: Schriften zu Ästhetik, Poetik und Literatur, hg. von Erich Kleinschmidt. Frankfurt am Main 2013, S. 199–209.
Döblin, Alfred: Kunst ist nicht frei, sondern wirksam: Ars militans (1929), in: ders.: Schriften zu Ästhetik, Poetik und Literatur, hg. von Erich Kleinschmidt. Frankfurt am Main 2013, S. 245–251.
Döblin, Alfred: Alfred Döblin erzählt sein Leben (1930), in: ders.: Schriften zu Leben und Werk. Mit einem Nachwort von Wilfried F. Schoeller. Frankfurt am Main 2015, S. 179–182.
Döblin, Alfred: Gespräche über Gespräche. Döblin am Alexanderplatz (1931), in: ders.: Schriften zu Leben und Werk. Mit einem Nachwort von Wilfried F. Schoeller. Frankfurt am Main 2015, S. 200–204.
Döblin, Alfred: Die Fürstentochter, in: Das Kunstblatt 9 (1935), S. 136f.
Döblin, Alfred: Der historische Roman und wir (1936), in: Das Wort 4 (1936), S. 58–71.
Döblin, Alfred: The Living Thoughts of Confucius. London 1942.
Döblin, Alfred: Epilog [Manuskriptfassung] (1948), in: ders.: Schriften zu Leben und Werk. Mit einem Nachwort von Wilfried F. Schoeller. Frankfurt am Main 2015, S. 286–303.
Döblin, Alfred: [Bemerkungen über mein Leben und mein literarisches Werk] (1951), in: ders.: Schriften zu Leben und Werk. Mit einem Nachwort von Wilfried F. Schoeller. Frankfurt am Main 2015, S. 332–338.
Döblin, Alfred: Briefe, Bd. 1, hg. von Walter Muschg. Olten/Freiburg im Breisgau 1970.
Döblin, Alfred: Erzählungen aus fünf Jahrzehnten, hg. von Edgar Pässler. Olten 1979.
Döblin, Alfred: Varianten, in: ders.: Die drei Sprünge des Wang-lun. Chinesischer Roman, hg. von Gabriele Sander und Andreas Solbach. Düsseldorf 2007, S. 515–562.
Döblin, Alfred: Die drei Sprünge des Wang-lun. Chinesischer Roman. Frankfurt am Main 2013.
Domarus, Max: Hitler. Reden und Proklamation 1932–45, Bd. 2.1, kommentiert von einem deutschen Zeitgenossen. München 1965, S. 1482f.
Dröscher, Gustav: [Rez.] Colin Roß: Das Neue Asien, in: Die Bücherei 7 (1940), S. 321.

Edschmid, Kasimir: Gestern verboten – heute verboten: Brief an Rudolf Brunngraber, in: Die neue literarische Welt 3.17 (1952), S. 2.
Eickstedt, Egon Freiherr von: Über Herkunft und Typus der Miau-Stämme in Westchina, in: Sinica 17 (1942), S. 121–135.
Erkes, Eduard: August Conrady †, in: Artibus Asiae 1.2 (1925), S. 145–147.

Erkes, Eduard: Friedrich Hirth †, in: Artibus Asiae 2.3 (1927), S. 218–221.
Eßbach, Katja: Wuhan: Spannender Mix aus Fiktion und Fakten, in: NDR, 31.1.2022.
Eska: [Rez.] China daheim, in: Die Rote Fahne, 15.1.1933, S. 9.
Exner, A.H.: China. Skizzen von Land und Leuten. Mit besonderer Berücksichtigung kommerzieller Verhältnisse. Leipzig 1889.

Fallada, Hans: Ewig auf der Rutschbahn. Briefwechsel mit dem Rowohlt Verlag, hg. von Michael Töteberg und Sabine Buck. Reinbek bei Hamburg 2008.
Fang Fang: Wuhan Diary. Tagebuch aus einer gesperrten Stadt. Aus dem Chinesischen von Michael Kahn-Ackermann. Hamburg 2020.
Fichtner, Ullrich: *Spiegel* legt Betrugsfall im eigenen Haus offen, in: Spiegel Online, 19.12.2018, online abrufbar unter: https://www.spiegel.de/kultur/gesellschaft/fall-claas-relotius-spiegel-legt-betrug-im-eigenen-haus-offen-a-1244579.html (letzter Zugriff: 10.12.2020).
Fitzthum, Robert: Erfolgreiches China: Die Fakten zur Befreiung aus der Armut, zur grünen Umgestaltung und zu menschengerechten Städten der Zukunft. Berlin 2021.
Fochler-Hauke, Gustav: Sitten und Gebräuche einiger Urvölker Süd- und Westchinas, in: Sinica 10 (1935), S. 244–250.
Foreman-Lewis, Elizabeth: Ho-Ming. Eine kleine Chinesin studiert. Nach der amerikanischen Ausgabe ins Deutsche übertragen von Karl H. Coudenhove. Salzburg, Leipzig 1936.
Franke, Helmut: Der deutsche Faschismus, in: Internationaler Faschismus. Beiträge über Wesen und Stand der faschistischen Bewegung und über den Ursprung ihrer leitenden Ideen und Triebkräfte, hg. von Carl Landauer. Karlsruhe 1928, S. 40–65.
Franke, Otto: Die Chinakunde in Deutschland, in: Forschungen und Fortschritte 15.7 (1939), S. 85–88.
Freud, Sigmund: Totem und Tabu. Einige Übereinstimmungen im Seelenleben der Wilden und der Neurotiker. Leipzig, Wien, Zürich ³1922.
Fuchs, Walter: Fortschritte im Quellenstudium der Mandschu-Geschichte, in: Sinica 8 (1933), S. 192–195.

Galéra, Karl Siegmar von: Die Gefangene in der Opiumhöhle: Erzählungen aus dem englisch-chinesischen Kriege von 1856. Berlin 1941.
Garai, Norbert: Ein Schuss fällt in China. Berlin 1933.
Geldner, Anton: Krieg um Opium. Ein trübes Kapitel englischer Handelspolitik. Ein Tatsachenbericht vom englisch-chinesischen Opiumkrieg. Aalen 1940.
K. Gl.: [Rez.] Mit dem Kurbelkasten um die Erde, in: Berliner Morgenpost, 4.1.1925.
Glaser, Kurt: [Rez.] Die Drei Sprünge des Wang-lun, in: Das Literarische Echo 18 (1915/16), Sp. 1347f.
Goebbels, Joseph: Die Tagebücher von Joseph Goebbels, Teil 2, Bd. 7, hg. von Elke Fröhlich. München 1993.
Goebbels, Joseph: Die Tagebücher von Joseph Goebbels, Teil 1, Bd. 8, hg. von Elke Fröhlich. München 1998.
Goebbels, Joseph: Die Tagebücher von Joseph Goebbels, Teil 1, Bd. 6, hg. von Elke Fröhlich. München 2006.
Goepel, Kurt: [Rez.] Rudolf Brunngraber: Opium-Krieg, in: Geist der Zeit 18.8 (1940), S. 515f.
Grube, Wilhelm: Zur Pekinger Volkskunde. Berlin 1901.
Grube, Wilhelm: Religion und Kultus der Chinesen. Leipzig 1910.
Gundert, Wilhelm, Fritz Jäger und Otto Harrassowitz: Geleitwort, in: Asia Major Neue Folge 1.1 (1944), S. 3–7.
Gützlaff, Carl: Report of Proceedings on a Voyage to the Nothern Ports of China in the Ship Lord Amherst. Second Edition. London 1834.

Gützlaff, Carl: Das Leben des Kaisers Taokuang. Memoiren des Hofes zu Peking und Beiträge zu der Geschichte Chinas während der letzten fünfzig Jahre. Leipzig 1852.

H.H.: [Rez.] Achtung Australien! Achtung Asien!, in: Neues Wiener Tagblatt, 21.1.1931, S. 11.
Haering, Theodor: Philosophie und Biologie, in: Der Biologe 4 (1935), S. 393–397.
Haering, Theodor: Die deutsche und die europäische Philosophie. Über die Grundlagen und die Art ihrer Beziehungen. Stuttgart, Berlin 1943.
Hanstein, Otfrid von: Der blutrote Strom. Roman aus der Zeit eines Titanen. Stuttgart, Berlin 1924.
Hanstein, Otfrid von: Der Schmuggler von Hankau. Erzählungen aus China. Berlin 1928.
Haushofer, Karl: „Die suggestive Karte"?, in: Grenzboten 81.1 (1922), S. 17–19.
Haushofer, Karl: Geopolitik des Pazifischen Ozeans. Berlin 1924.
Hedin, Sven: Von Peking nach Moskau. Leipzig 1924.
Hedin, Sven: Jehol. Die Kaiserstadt. Leipzig 1932.
Hedin, Sven: Die Flucht des großen Pferdes. Leipzig 1935.
Hedin, Sven: Die Seidenstraße. Leipzig 1936.
Heiseler, Bernt von: Segen und Unsegen des historischen Romans, in: Das deutsche Wort 11.3 (1935), S. 6f. und S. 10f.
Hirth, Friedrich: Biographisches nach eigenen Aufzeichnungen, in: Hirth Anniversary Volume, Hirth Anniversary Volume, hg. von Bruno Schindler. London 1923, S. IX–XXXXVIII.
Hitler, Adolf: Mein Kampf. Eine kritische Edition, Bd. 1, hg. von Christian Hartmann, Thomas Vordermeyer, Othmar Plöckinger und Roman Töppel. München, Berlin 2016.
Hobart, Alice Tisdale: Petroleum für die Lampen Chinas. Übersetzt von Helene Schidrowitz. Leipzig 1935.
Holitscher, Arthur: Das unruhige Asien. Reise durch Indien, China, Japan. Berlin 1926.
Hülsenbeck, Richard: Der Sprung nach Osten. Bericht einer Frachtdampferfahrt nach Japan, China und Indien. Dresden 1928.
Huxley, Aldous: Brave New World. London 1932.

Jäger, Fritz: Die letzten Tage des Ku Schi-Si, in: Sinica 8 (1933), S. 197–207.
Jäger, Fritz: Zur Frage der chinesischen Juden, in: Ostasiatische Rundschau 15.7 (1934), S. 160–164.
Jäger, Fritz: Der gegenwärtige Stand der Sinologie in Deutschland, in: Ostasiatische Rundschau 17.21 (1936), S. 561–563.
Jäger, Fritz und Erwin Rousselle (Hg.): Forke-Festschrift. Frankfurt a. Main 1937 (= Sinica Sonderausgabe Jahrgang 1937).
Johann, A.E.: 40.000 Kilometer. Eine Jagd auf Menschen und Dinge rund um Asien. Berlin 1929.
Johann, A.E.: Kulis, Kapitäne, Kopfjäger. Fahrten und Erlebnisse zwischen Peking und der Timorsee. Berlin 1936.
Jott: [Rez.] Colin Roß: Mit dem Kurbelkasten um die Erde (Kammerlichtspiele), in: Filmkurier, 3.1.1925.

Kaiser, Josef: [Rez.] Rudolf Brunngraber: Opiumkrieg, in: Neue Volksbildung 5 (1955), S. 323.
Kalgren, Bernhard: Contributions á l'analyse des charactères chinois, in: Hirth Anniversary Volume, hg. von Bruno Schindler. London 1923, S. 206–221.
Karlin, Alma M.: Einsame Weltreise. Die Tragödie einer Frau. Minden 1930.
Karo, Georg: Der geistige Krieg gegen Deutschland. Halle 1924.
Katscher, Leopold: Bilder aus dem chinesischen Leben. Mit besonderer Rücksicht auf Sitten und Gebräuche. Leipzig, Heidelberg 1881.
Katscher, Leopold: Aus China: Skizzen und Bilder (nach den neuesten Quellen). Leipzig 1882.

Katz, Richard: Funkelnder Ferner Osten. Erlebtes in China – Korea – Japan. Berlin 1931.
Kellermann, Bernhard: Ein Spaziergang in Japan. Berlin 1910.
Keun, Irmgard: Gilgi. Eine von uns. Berlin [1931] 2018.
Kindler, Otto: Opiumkrieg in China. Berlin 1940.
Kindler, Otto: Unter dem Drachenbanner (Tschandu). Erzählungen aus dem Opiumkrieg. Berlin 1941.
Kisch, Egon Erwin: Feuilleton (1917), in: ders.: Mein Leben für die Zeitung, Bd. 1, hg. von Bodo Uhse und Gisela Kisch. Berlin 1983, S. 196–200 (= Gesammelte Werke in Einzelausgaben, 8).
Kisch, Egon Erwin: Das Wesen des Reporters (1918), in: ders.: Mein Leben für die Zeitung, Bd. 1, hg. von Bodo Uhse und Gisela Kisch. Berlin 1983, S. 205–208 (= Gesammelte Werke in Einzelausgaben, 8).
Kisch, Egon Erwin: Dogma von der Unfehlbarkeit der Presse (1918), in: ders.: Mein Leben für die Zeitung, Bd. 1, hg. von Bodo Uhse und Gisela Kisch. Berlin 1983, S. 208–216 (= Gesammelte Werke in Einzelausgaben, 8).
Kisch, Egon Erwin: Proletarier gegen die Revolution (1919), in: ders.: Mein Leben für die Zeitung, Bd. 1, hg. von Bodo Uhse und Gisela Kisch. Berlin 1983, S. 284 (= Gesammelte Werke in Einzelausgaben, 8).
Kisch, Egon Erwin: Der Fall des Generalstabschef Redl. Berlin 1924.
Kisch, Egon Erwin: Der Rasende Reporter (1924), in: ders.: Gesammelte Werke in Einzelausgaben, Bd. 5, hg. von Bodo Uhse und Gisela Kisch. Berlin, Weimar ²1974.
Kisch, Egon Erwin: Soziale Aufgaben der Reporter (1926), in: ders.: Mein Leben für die Zeitung, Bd. 2, hg. von Bodo Uhse und Gisela Kisch. Berlin 1983, S. 9–12 (= Gesammelte Werke in Einzelausgaben, 9).
Kisch, Egon Erwin: John Reed, ein Reporter auf der Barrikade (1927), in: ders.: Mein Leben für die Zeitung, Bd. 2, hg. von Bodo Uhse und Gisela Kisch. Berlin 1983, S. 91–104 (= Gesammelte Werke in Einzelausgaben, 9).
Kisch, Egon Erwin: Zaren, Popen, Bolschewiken. Berlin 1927.
Kisch, Egon Erwin: Gibt es eine proletarische Kunst? (1928), in: ders.: Mein Leben für die Zeitung, Bd. 2, hg. von Bodo Uhse und Gisela Kisch. Berlin 1983, S. 219f. (=Gesammelte Werke in Einzelausgaben, 9).
Kisch, Egon Erwin: Paradies Amerika. Berlin 1930.
Kisch, Egon Erwin: Welche neuen Gestaltungsmöglichkeiten geben Ihnen die neuen Inhalte, das außerliterarische Ziel der proletarischen Literatur (1930), in: ders.: Mein Leben für die Zeitung, Bd. 2, hg. von Bodo Uhse und Gisela Kisch. Berlin 1983, S. 268–269 (= Gesammelte Werke in Einzelausgaben, 9).
Kisch, Egon Erwin: Asien gründlich verändert. Berlin 1932.
Kisch, Egon Erwin: Telegramm aus Shanghai (1932), in: ders.: Mein Leben für die Zeitung, Bd. 2, hg. von Bodo Uhse. Berlin 1983 S. 310 (= Gesammelte Werke in Einzelausgaben, 9).
Kisch, Egon Erwin: China geheim. Berlin 1933.
Kisch, Egon Erwin: China geheim. Moskau 1933.
Kisch, Egon Erwin: China geheim. Berlin 1933 (=Universumsbücherei für Alle).
Kisch, Egon Erwin: In den Kasematten von Spandau. Aus den ersten Tagen des Dritten Reichs (1933), in: ders.: Mein Leben für die Zeitung, Bd. 2, hg. von Bodo Uhse und Gisela Kisch. Berlin 1983 S. 320–337 (= Gesammelte Werke in Einzelausgaben, 9).
Kisch, Egon Erwin: Silk er Kina! [China geheim]. Übersetzt von Hans Heiberg. Oslo 1933.
Kisch, Egon Erwin: Tajnoj Kini [China geheim]. Übersetzt von Branko Kojic. Zagreb 1933.
Kisch, Egon Erwin: Geschichten aus sieben Ghettos. Amsterdam 1934.
Kisch, Egon Erwin: Разоблачённый Китай (Razoblačënny Kitaj). Moskau 1934.

Kisch, Egon Erwin: [Die Reportage als Kunstform und Kampfform], in: Paris 1935. Erster Internationaler Schriftstellerkongreß zur Verteidigung der Kultur. Reden und Dokumente. Mit Materialien der Londoner Schriftstellerkonferenz 1936. Einleitung und Anhang von Wolfgang Klein, hg. von der Akademie der Wissenschaften der DDR, Zentralinstitut für Literaturgeschichte. Berlin 1982, S. 56–60.
Kisch, Egon Erwin: Le Chine secréte [China geheim]. Übersetzt von Jeanne Stern. Paris 1935.
Kisch, Egon Erwin: Secret China [China geheim]. Übersetzt von Michael Davidson. London 1935.
Kisch, Egon Erwin: Mimi de Zhongguo [China geheim]. Übersetzt von Zhou Libo. Bejing 1937.
Kisch, Egon Erwin: La China ensangrentada [China geheim]. Buenos Aires 1938.
Kisch, Egon Erwin: Karl May, Mexiko und die Nazis (1941), in: ders.: Mein Leben für die Zeitung, Bd. 2, hg. von Bodo Uhse und Gisela Kisch. Berlin 1983, S. 456–460 (= Gesammelte Werke in Einzelausgaben, 9).
Kisch, Egon Erwin: Briefe an den Bruder Paul und an die Mutter 1905–1936, hg. von Josef Poláček. Berlin, Weimar 1978.
Kisch, Egon Erwin: „China geheim". Eine illustrierte Reportage. Photographiert von Wilhelm Thiemann, hg. von Gerd Simon und Claudia Magiera. Nördlingen 1986.
Klabund: Der Kreidekreis. Spiel in fünf Akten nach dem Chinesischen. Berlin 1925.
Kloubert, Rainer: Peking. Verlorene Stadt. Berlin 2016.
Kloubert, Rainer: Yuanmingyuan. Spuren einer Zerstörung. Berlin 2013.
Kospach, Julia: Nobelpreis: An der „Lex Buck" kommt keiner vorbei, in: Berliner Zeitung, 10.12.2004.
Kracauer, Siegfried: Die Angestellten. Aus dem neuesten Deutschland. Frankfurt am Main 1930.
Kullak, Max: Heroische Weltanschauung im geschichtlichen Roman der Gegenwart, in: Zeitschrift für Deutschkunde 48 (1934), S. 163–169.
Kümmel, Otto: China im Rahmen der Weltkunst, in: Sinica 11 (1936), S. 97f.

Lassalle, Ferdinand: Die Feste, die Presse und der Frankfurter Abgeordnetentag: drei Symptome des öffentlichen Geistes. Eine Rede, gehalten in den Versammlungen des Allgemeinen deutschen Arbeiter-Vereins zu Barmen, Solingen und Düsseldorf. Chicago 1872.
Legge, James: The Sacred Books of China: The Texts of Confucianism. Oxford 1879.
Legge, James: The Chinese Classics. Oxford 1893.
Leibniz, Gottfried Wilhelm: Novissima Sinca. Historiam Nostri Temporis Illustratura. Leipzig [?] 1697.
Leibrecht, Ph.: [Rez.] Brunngraber, Rudolf: Opiumkrieg, in: Die Neue Literatur 41 (1940), S. 39.
Liao Yiwu: Wuhan. Dokumentarroman. Frankfurt am Main 2021.
Linde, Max: Die Entwicklung der kulturellen Beziehungen zwischen Deutschland und China, in: Hochschule und Ausland 14.11 (1936), S. 1020–1025.
Loeff, Friedel: Der Teufel von Shanghai. Abenteuerroman. Leipzig 1938.
Löhndorff, Ernst F.: Unheimliches China. Ein Reisebericht. Bremen 1939.
Löw, Wilhelm: Dichtung und Geschichte. Ein Rückblick, in: Nationalsozialistische Monatshefte Bibliographie 4 (1937), S. 61–64.
Lu, Franka: Europa darf sich nicht aufgeben, in: Zeit, 15.7.2019.
Lukács, Georg: Aus der Not eine Tugend, in: Die Linkskurve 4.11/12 (1932), S. 15–24.
Lukács, Georg: Reportage oder Gestaltung? Kritische Bemerkungen anläßlich des Romans von Ottwalt, in: Die Linkskurve 4.7 (1932), S. 23–30 und 4.8 (1932), S. 26–31.
Lukács, Georg: Der Meister der Reportage (1935), in: Kisch-Kalender, hg. von F.C. Weiskopf. Berlin 1956, S. 9f.
Luthner, Maria: Historische Romane als Mittel geschichtlicher Bildung in den Schulen. München 1937.
Lt.: [Rez.] Büchertisch, in: Der Abend, 22.12.1932, S. 11.

Dr. M.I.: [Rez.] Der Journalist als Kameramann. Zur Uraufführung des Colin-Roß-Films der Neumann-Produktion in den Kammerlichtspielen, in: Lichtbild-Bühne 1 (1925), S. 16f.
Ma Jian: Traum von China. Hamburg 2019.
Margulies, Hanns: Frauen schreiben gute Bücher, in: Der Wiener Tag, 19.3.1934, S. 4.
Martin, Walter: [Rez.] Rudolf Brunngraber: Opiumkrieg, in: Buchberichte für größere Büchereien 3.3 (1940).
Marx, Karl: Die Revolution in China und in Europa, in: The New York Daily Tribune, 14.6.1853.
Marx, Karl: Über China: Das Eindringen des englischen Kapitalismus in China, hg. von Marx-Engels-Lenin-Stalin Institut. Berlin 1955.
May, Herbert L.: Survey of Smoking Opium Conditions in the Far East. A Report of the Executive Board of the Foreign Policy Association. New York 1927.
Meckauer, Walter: Die Bücher des Kaisers Wutai. Berlin 1928.
Merzdorf, Helmut: Geschichtliche Romane, in: Nationalsozialistische Monatshefte 6 (1935), S. 374.
Mohr, F. W.: Erklärung des Reichsinnenministers zur Rassenfrage, in: Ostasiatische Rundschau 14.24 (1933), S. 521.
Mohr, F. W.: Die Bewegung „Neues Leben" in China (New life movement), in: Ostasiatische Rundschau 15.14 (1934), S. 315f.
Moreno, Juan: Tausend Zeilen Lüge. Das System Relotius und der deutsche Journalismus. Berlin 2019.
Münzenberg, Willi und John Heartfield: Das braune Netz. Wie Hitlers Agenten im Auslande arbeiten und den Krieg vorbereiten. Paris 1935.

Naß, Matthias: Drachentanz. Chinas Aufstieg zur Weltmacht und was er für uns bedeutet. München 2021.

Orwell, George: Nineteen Eighty-Four. A Novel. London 1949.
Osterhammel, Jürgen: Wie man gegen die Schwerkraft regiert, in: Frankfurter Allgemeine Zeitung, 18.12.2018, S. 10.
Ottwalt, Ernst: „Tatsachenroman" u. Formexperiment. Eine Entgegnung an Lukács, in: Die Linkskurve 4.10 (1932), S. 21–26.

P.K.: [Rez.] China geheim – Bilder aus dem vorkommunistischen China, in: Frankfurter Allgemeine Zeitung, 17.5.1997, S. B5.
Pernerstorfer, E.: [Rez.] Die Drei Sprünge des Wang-lun, in: Berliner Tageblatt, 27.2.1916.
Pinthus, Kurt: [Rez.] Colin Ross Weltreisefilm, in: Das Tagebuch 2 (1925), S. 68.
Prawdin, Michael: Der Tatsachenroman, in: Die Literatur 36 (1933/1934), S. 256–259.

Radunski, Michael: Zwischen Bewunderung und blankem Entsetzen, in: Neue Zürcher Zeitung, 28.2.2019.
Ransmayr, Christoph: Atlas eines ängstlichen Mannes. Frankfurt am Main 2012.
Ransmayr, Christoph: Cox. Oder der Lauf der Zeit. Frankfurt am Main 2016.
Ratzel, Friedrich: Die Gesetze des räumlichen Wachstums der Staaten. Ein Beitrag zur wissenschaftlichen politischen Geographie, in: Petermanns geographische Mitteilungen 42 (1896), S. 97–107.
Die Redaktion: Geleitwort, in: Unter dem Banner des Marxismus 1.1 (1925), S. 1–8.
Reinhard, Hans: „China, vergifte dich". Erzählungen aus dem Opiumkrieg. Berlin 1940 (= Abenteuer aus aller Welt, 33).
Rikli, Martin: [Rez.] Ein Film sagt mehr als 100 000 Worte, in: Filmkurier, 14.11.1930.

Rjasanoff, D.: Karl Marx: Über China und Indien, in: Unter dem Banner des Marxismus 2 (1926), S. 370–402.
Rocholl: [Rez.] Führer für chinesische Auslands-Studenten, in: Ostasiatische Rundschau 15.18 (1934), S. 431.
Rosenfelder, Karl: [Rez.] Völkerschicksale und Völkerfragen im Fernen Osten, in: Nationalsozialistische Monatshefte 11 (1940), S. 61–63.
Ross, Colin: Die ersten Tage der Revolution, in: Das Tagebuch 1.6 (1920), S. 208–214, 1.7 (1920), S. 246–252 und 1.8 (1920), S. 282–288.
Ross, Colin: Südamerika, die aufsteigende Welt. Leipzig 1922.
Ross, Colin: Das Meer der Entscheidungen. Leipzig 1924.
Ross, Colin: Heute in Indien. Leipzig 1925.
Ross, Colin: Mit dem Kurbelkasten um die Erde. Ein Film-Bild-Buch. Berlin 1925.
Ross, Colin: Die erwachende Sphinx. Durch Afrika vom Kap nach Kairo. Leipzig 1927.
Ross, Colin: Mit Kamera, Kind und Kegel durch Afrika. Leipzig 1928.
Ross, Colin: Mit Kind und Kegel in die Arktis. Leipzig 1928.
Roß, Colin: Wir reisen fürs „Tempo" nach Australien, in: Tempo, 31.12.1928.
Ross, Colin: Ostasien (China – Mandschurei – Korea – Japan). Leipzig 1929.
Ross, Colin: Der unvollendete Kontinent. Leipzig 1930.
Ross, Colin: Die Welt auf der Waage. Der Querschnitt von 20 Jahren Weltreise. Leipzig ^{6}1930.
Ross, Colin: Europa G.m.b.H. Sein oder Nichtsein eines ganzen Erdteils, in: Berliner Morgenpost, 26.2.1931, S. 1f.
Ross, Colin: Der Wille der Welt. Eine Reise zu sich selbst. Leipzig ^{6}1932.
Ross, Colin: Haha Wenhua – das Land, das ich gesucht. Mit Kind und Kegel durch die Südsee. Leipzig 1933.
Ross, Colin: Besuch bei Adolf Hitler, in: Berliner Morgenpost, 20.4.1934.
Ross, Colin: Gedanke und Tat im Weltgeschehen. Eine Auseinandersetzung mit Spengler, in: Zeitschrift für Geopolitik XI.I (1934), S. 126–131.
Ross, Colin: Amerikas Schicksalsstunde. Die Vereinigten Staaten zwischen Demokratie und Diktatur. Leipzig 1935.
Ross, Colin: Das Meer der Entscheidungen. Leipzig 1936.
Ross, Colin: Unser Amerika. Der deutsche Anteil an den Vereinigten Staaten. Leipzig 1936.
Ross, Colin: Erlebte Geopolitik, in: Zeitschrift für Geopolitik 16.2 (1939), S. 541f.
Ross, Colin: Das Neue Asien. Leipzig 1940.
Ross, Colin: Die Neugliederung der Erdräume. Organischer Großraum verdrängt Kontinentbegriff, in: Neues Wiener Tagblatt 74.356 (1940), S. 5.
Ross, Colin: Neugliederung der Erde, in: Hamburger Anzeiger 53.301 (1940), S. 1f.
Ross, Colin: Die Erschließung der Erde für Deutschlands Jugend, in: Ralph Colin Ross: Von Chicago nach Chungking. Einem jungen Deutschen erschließt sich die Welt. Mit einem Vorwort von Colin Ross. Berlin 1941, S. 7–14.
Ross, Colin: Die Neugliederung der Erdräume, in: Die Zeit 7.1 (1941), S. 6.
Ross, Colin: Die „Westliche Hemisphäre" als Programm und Phantom des amerikanischen Imperialismus. Leipzig 1941.
Ross, Ralph Colin: Von Chicago nach Chungking. Einem jungen Deutschen erschließt sich die Welt. Mit einem Vorwort von Colin Ross. Berlin 1941.
Rousselle, Erwin: Die Tätigkeit des China-Instituts in der Praxis (Aus den Darlegungen Erwin Rousselles vor dem Vorstand des China-Instituts in der Sitzung vom 15. Oktober 1930), in: Mitteilungen des China-Instituts 1 (1931).

Rousselle, Erwin: Vom Eigenwert der chinesischen Kultur, in: Sinica 8 (1933), S. 1–8.
Rousselle, Erwin: Zur Würdigung des konfuzianischen Staatsgedankens, in: Sinica 9 (1934), S. 1–8.
Rousselle, Erwin: Das China-Institut an der J.W. Goethe-Universität Frankfurt a.M., in: Mitteilungen der Akademie zur wissenschaftlichen Erforschung und zur Pflege des Deutschtums 12.1 (1937), S. 71–79.
Rupold, Hermann: Supermacht China. Die chinesische Weltmacht aus Asien verstehen. München 2021.

H.S.: [Rez.] Fern-Ost, in: Hochschule und Ausland 14.11 (1936), S. 1052f.
S.: „Lieber sterben als unterliegen". Colin Roß: Kenntnis der Welt und Ernst des Lebens, in: Salzburger Zeitung, 23.2.1943.
Salzmann, Erich von: Gelb gegen Weiß. Berlin 1925.
Salzmann, Erich von: Yü Fong. Der Nephrit Phönix. Stuttgart 1926.
Salzmann, Erich von: Zeitgenosse Fo springt über den Schildkrötenstein. Berlin 1927.
Salzmann, Erich von: China siegt. Gedanken und Reiseeindrücke über das revolutionäre Reich der Mitte. Hamburg 1929.
Salzmann, Erich von: Das Geheimnis des Nashorn-Bechers. München 1929.
Salzmann, Erich von: Yolanthe Lewenegg reitet den roten Drachen. Leipzig 1932.
Schickert, Werner: [Rez.] Der junge Revolutionär. Roman. Von Pearl S. Buck. Basel 1934, Zinnen-Verlag, in: Die Literatur 36.1 (1933), S. 418f.
Schickert, Werner: [Rez.] Das geteilte Haus. Roman. Von Pearl S. Buck. Deutsch von Richard Hoffmann. Berlin, Wien, Leipzig 1935, Paul Zsolnay, in: Die Literatur 38 (1935), S. 137.
Schickert, Werner: [Rez.] Rudolf Brunngraber: Opiumkrieg, in: Die Literatur 42 (1939/40), S. 154.
Schindler, Bruno: Remarks to the Essay by Zoltán v. Takács, in: Hirth Anniversary Volume, hg. von Bruno Schindler. London 1923, S. 640f.
Schindler, Bruno: Vorwort des Herausgebers, in: Hirth Anniversary Volume, hg. von Bruno Schindler. London 1923, S. LVIV–LXXV.
Schindler, Bruno: Der wissenschaftliche Nachlaß August Conradys. Ein Beitrag zur Methodik der Sinologie, in: Asia Major 3.1 (1926), S. 104–115.
Schindler, Bruno und Eduard Erkes: Zur Geschichte der europäischen Sinologie, in: Ostasiatische Zeitschrift 5/6 (1916/18), S. 105–115.
Schindler, Bruno und F. Hommel: List of Books and Papers of Friedrich Hirth, in: Hirth Anniversary Volume, hg. von Bruno Schindler. London 1923, S. XXXXIV–LVII.
Schindler, Bruno und Friedrich Weller: Vorwort der Herausgeber, in: Asia Major 1 (1924), S. III–V.
Schindler, Bruno und Friedrich Weller: In eigener Sache, in: Asia Major 2 (1925), S. 377.
Schindler, Leo: [Rez.] Rudolf Brunngraber: Opiumkrieg, in: Buch und Bücherei 3 (1952), S. 177.
Schirach, Henriette von: Der Preis der Herrlichkeit. Erfahrene Zeitgeschichte. München, Berlin ²1975.
Schmidt, Gerhart: Anmerkungen zum historischen Roman, in: Die neue Literatur 41 (1940), S. 132–137.
Schnee, Heinrich: Völker und Mächte im Fernen Osten. Eindrücke von der Reise mit der Mandschurei-Kommission. Berlin 1933.
Scholz, Wilhelm von: Der historische Roman, in: Europäische Literatur (1942), S. 4f.
Schreiber, Hermann: Opfergang in Peking. Ein Buch um das Sterben des Gesandten von Ketteler. Berlin 1936.
Schultze, Ernst: Weltwirtschaftliche Kapitalverflechtungen und Zahlungsbilanz Chinas, in: Sinica 13 (1938), S. 165–205.
Sendker, Jan-Philipp: Das Flüstern der Schatten. München 2007.
Sendker, Jan-Philipp: Drachenspiele. München 2009.
Sendker, Jan-Philipp: Am anderen Ende der Nacht. München 2016.

She Shao-pei: What Can China Learn from Germany?, in: The People's Tribune 15.4 (1936), S. 241–247.
Sieren, Frank: Zukunft? China! Wie die neue Supermacht unser Leben, unsere Politik, unsere Wirtschaft verändert. München [2019] ²2020.
Sieren, Frank: Shenzhen. Zukunft Made in China. München 2021.
Simon, Walter: Zur Bildung der antithetischen Doppelfrage im Neuhochchinesisch, in: Sinica 8 (1933), S. 216–220.
Simon, Walter: Obituary of Dr. Bruno Schindler, in: Asia Major N.F. 11.2 (1965), S. 93–100.
Spengler, Oswald: Der Untergang des Abendlandes, Bd. 1: Gestalt und Wirklichkeit. Wien, Leipzig 1918.
Spengler, Oswald: Jahre der Entscheidung. Deutschland und die weltgeschichtliche Entwicklung. München 1933.
srp: Krieg um Opium, in: Frankfurter Allgemeine Zeitung, Nr. 631, 10.12.1939, S. 1f.
Stengl, Anton: Chinas neuer Imperialismus: Ein ehemaliges sozialistisches Land rettet das kapitalistische Weltsystem. Wien 2021.
Stiemer, Felix: [Rez.] Die Frau des Missionars. Von Pearl S. Buck, Wien 1936, in: Die Literatur 39.1 (1936), S. 180f.
Strittmatter, Kai: Die Neuerfindung der Diktatur. Wie China den digitalen Überwachungsstaat aufbaut und uns damit herausfordert. München 2018.
Strittmatter, Kai: Chinas neue Macht. 33 Fragen, 33 Antworten. München 2020.

Tang Leang-li: China in Aufruhr. Mit einem Vorwort von Prof. Dr. H. Driesch und Dr. Tsai Yuan-Pei. Leipzig, Wien 1927.
Tang Leang-li: Wang Ching-Wei. A Political Biography. Tientsin 1931.
Tang Leang-li: Chinas Kampf um seine innere Freiheit, in: Ostasiatische Rundschau 17.12 (1936), S. 318–322.
Tang Leang-li: Die Grundsätze der nationalen Revolution in China. Aus der politischen Gedankenwelt Sun Yat-Sens, in: Hochschule und Ausland 14.11 (1936), S. 967–979 und S. 1032–1037.
Tang Leang-li: Some Impressions of International Affairs, in: The People's Tribune 15.5 (1936), S. 317–331.
Tang Leang-li: International Issues of To-Day, in: The People's Tribune 16.1 (Januar 1937), S. 11–24.
Tao Pung Fai: Hammer und Sichel in China?, in: Hochschule und Ausland 14.11 (1936), S. 979–988.
Thiemann, Wilhelm: China. Photographische Aufzeichnungen aus den Jahren 1929–1936. München 1982.
Thieme, Paul: Friedrich Weller zum 75. Geburtstag, in: Forschungen und Fortschritte 38 (1964), S. 222f.
Thien, Madeleine: Sag nicht, wir hätten gar nichts. München 2017.
Thome, Stephan: Die Herausforderung des Fremden: Interkulturelle Hermeneutik und konfuzianisches Denken. Darmstadt 2005.
Thome, Stephan: Gott der Barbaren. Berlin 2018.
Thome, Stephan: Gebrauchsanweisung für Taiwan. München 2021.
Thome, Stephan: Pflaumenregen. Berlin 2021.
Tretjakow, Sergej: Brülle China! Ein Spiel in 9 Bildern, übersetzt von Leo Lania. Berlin 1929.
Tretjakow, Sergej: Unser Gast Mei Lanfang (1935), in: ders.: Gesichter der Avantgarde. Porträts – Essays – Briefe. Übersetzt, herausgegeben und mit einem Nachwort, Chronik und Anmerkungen versehen von Fritz Mierau. Berlin, Weimar 1985, S. 380–383.
Tscharner, Horst Ed. von: China in der deutschen Dichtung des Mittelalters und der Renaissance, in: Sinica 9 (1934), S. 8–31.

Tscharner, Horst Ed. von: China in der deutschen Literatur des klassischen Zeitalters, in: Sinica 9 (1934), S. 185–198 und S. 269–280.
Tscharner, Horst Ed. von: Die Erschließung Chinas im 16. und 17. Jahrhundert, in: Sinica 9 (1934), S. 50–77.
Tscharner, Horst Ed. von: China in der deutschen Dichtung. Teil 1: Barock, in: Sinica 12 (1937), S. 91–129.
Tscharner, Horst Ed. von: China in der deutschen Dichtung. Teil 2: Aufklärung und Rokoko, in: Sinica 12 (1937), S. 181–207.
Tscharner, Horst Ed. von: China in der deutschen Dichtung bis zur Klassik. München 1939.
Tucholsky, Kurt: [Rez.] Auf dem Nachttisch, in: ders.: Gesammelte Werke, Bd. 8, hg. von Mary Gerold-Tucholsky und Fritz Raddatz. Reinbek bei Hamburg 1975, S. 76–84.
Tucholsky, Kurt: Gesamtausgabe, Bd. 18: Briefe 1925–1927, hg. von Renke Siems und Christa Wetzel. Reinbek bei Hamburg 2007.
Tylor, Edward B.: Die Anfänge der Cultur. Untersuchungen über die Entwicklung der Mythologie, Philosophie, Religion, Kunst und Sitte. Unter Mitwirkung des Verfassers ins Deutsche übertragen von J. W. Spengel und Fr. Poske. 2 Bde. Leipzig 1873.
Twitchett, Denis: Preface, in: Asia Major Third Series 1.1 (1988), S. iii–v.

UP: Dies Inquiry Asks Barring of Nazi Spy, in: Syracus Journal, 28.12.1939.

V.: [Rez.] Der neueste Roß, in: Rigasche Rundschau 273 (1933), S. 6.
Vare, Daniele: Die letzte Kaiserin. Der Dämon auf dem Drachenthron. Deutsch von Annie Polzer. Berlin 1937.
Vietta, Egon: Zum Tatsachenroman, in: Die Literatur 36 (1933/34), S. 453f.

Wang Ching Wei: Konfuzius und die moderne Gesellschaft, in: Hochschule und Ausland 14.11 (1936), S. 988–997.
Wehrenalp, Erwin Barth von: Volkstümliche Wissenschaft, in: Die Literatur 39 (1936/1937), S. 273–275.
Weiskopf, F.C.: [Rez.] China geheim, in: Berlin am Morgen 5.26 (31.1.1933), S. 6.
Werner, Joachim: Ein hunnisches Lager der Han-Zeit in Transbaikalien, in: Sinica 14 (1939), S. 193–196.
Werner, Ruth: Sonjas Rapport. Berlin 1977.
Wilhelm, Richard: Dschuang Dsi. Das Wahre Buch vom Blütenland. Aus dem Chinesischen verdeutscht und erläutert von Richard Wilhelm. Jena 1912.
Wilhelm, Richard: 1. Jahresbericht für 1928, in: Mitteilungen des China-Instituts 2 (1929).
Wilhelm, Richard: Zum Geleit, in: Sinica 3.1 (1928), S. 1–3.
Wilhelm, Richard: Das China-Institut in Frankfurt a.M., in: Forschungsinstitute. Ihre Geschichte, Organisation und Ziele, Bd. 2, hg. von Ludolph Brauer, Albrecht Mendelssohn Bartholdy und Adolf Meyer. Hamburg 1930, S. 418–422.
Wilhelm, Salome: Richard Wilhelm. Der geistige Mittler zwischen China und Europa. Düsseldorf, Köln 1956.
Windecker, Carl Otto: Abenteuer in Schanghai. Kriminal-Roman. Berlin 1939.
Winter, Martin: Chinas Aufstieg – Europas Ohnmacht. Das große Spiel um unsere Zukunft. München 2021.
Wirths, Werner: [Rez.] England im Spiegel I, in: Europäische Revue 16.1 (1940), S. 292–294.
Woolf, S.J.: Pearl Buck Talks of Her Life in China, in: New York Times, 14.8.1932, S. 7.

Yüan T'ung-Li: A Guide to Doctoral Dissertations by Chinese Students in Continental Europe, 1907–1962. Part 4, Germany, in: Chinese Culture 5.4 (1964), S. 65–133.

Zetzsche, Cornelia: Auf der Suche nach den Ursprüngen des Coronavirus, in: BR Kultur, 27.01.22.
Zetzsche, Cornelia: Liao Yiwu und die Wirklichkeit von Wuhan: Ein Roman über Chinas Scheinerfolge in der Pandemie, in: SWR 2, 01.02.22.

Forschungsliteratur

Adam, Christian: Lesen unter Hitler. Autoren, Bestseller, Leser im Dritten Reich. Köln 2010.
Adam, Christian: Der Traum vom Jahre Null. Autoren, Bestseller, Leser: Die Neuordnung der Bücherwelt in Ost und West nach 1945. Berlin 2016.
Albrecht, Andrea, Lutz Danneberg und Alexandra Skowronski: „Zwischenvölkisches Verstehen" – Theory and Practice of Knowledge Transfer between 1933 and 1945, in: Intellectual Collaboration with the Third Reich – Treason or Reason?, hg. von Maria Björkman, Patrik Lundell und Sven Widmalm. Abingdon, New York 2019, S. 21–36.
Albrecht, Andrea, Lutz Danneberg und Kristina Mateescu: „Zwischenvölkische Aussprache". Internationale Wissenschaftsbeziehungen in wissenschaftlichen Zeitschriften 1933–1945. Einleitung, in: „Zwischenvölkische Aussprache". Internationale Wissenschaftsbeziehungen in wissenschaftlichen Zeitschriften 1933–1945, hg. von Andrea Albrecht, Lutz Danneberg, Ralf Klausnitzer und Kristina Mateescu. Berlin 2020, S. 1–36.
Albrecht, Andrea, Lutz Danneberg und Alexandra Skowronski: „Zwischenvölkisches Verstehen" – Zur Ideologisierung der Wissenschaften zwischen 1933 und 1945, in: „Zwischenvölkische Aussprache". Internationale Wissenschaftsbeziehungen in wissenschaftlichen Zeitschriften 1933–1945, hg. von Andrea Albrecht, Lutz Danneberg, Ralf Klausnitzer und Kristina Mateescu. Berlin 2020, S. 39–82.
Albrecht, Andrea, Katrin Hudey und Wu Xiaoqiao: „Im Westen wie im Fernen Osten". Familie und Heimat, Flucht und Exil in Walter Meckauers China-Romanen, in: Das Gute Leben, hg. von Hans Feger und Natalie Chamat. Würzburg 2019, S. 137–162 (= Literaturstraße. Chinesisch-deutsche Zeitschrift für Sprach- und Kulturwissenschaften, Sonderband 1).
Albrecht, Andrea, Katrin Hudey, Wu Xiaoqiao und Zhu Yan: Chinesische Stimmen zum ‚Dritten Reich' – Wissenschaftlicher Austausch und Propaganda zwischen 1933 und 1945, in: Internationale Wissenschaftskommunikation und Nationalsozialismus. Akademischer Austausch, Konferenzen und Reisen in Geistes- und Kulturwissenschaften 1933 bis 1945, hg. von Andrea Albrecht, Lutz Danneberg, Ralf Klausnitzer und Kristina Mateescu. Berlin, Boston 2022, S. 367–394.
Albrecht, Andrea, Moritz Schramm und Tilman Venzl (Hg.): Literatur und Anerkennung. Wechselwirkung und Perspektiven. Berlin 2017.
Albrecht, Frank: Das 20. Jahrhundert 285, online abrufbar unter: https://www.antiquariat.com/antiquariat/kat/kat285.pdf (letzter Zugriff: 3.2.22).
Anderson, Benedict: Long-Distance Nationalism: World Capitalism and the Rise of Identity Politics. Amsterdam 1992.
Ash, Mitchell G.: Wissenschaft und Politik. Eine Beziehungsgeschichte im 20. Jahrhundert, in: Archiv für Sozialgeschichte 50 (2010), S. 11–46.
Augustin, Franz Xaver: Ideologische Gemeinsamkeiten zwischen den deutschen Beratern und der Kuomintang-Führung, in: Die deutsche Beraterschaft in China 1927–1938. Militär, Wirtschaft, Außenpolitik, hg. von Bernd Martin. Düsseldorf 1981, S. 272–287.
Aust, Hugo: Der historische Roman. Stuttgart 1994.

Bae Ki-Chung: Chinaromane in der deutschen Literatur der Weimarer Republik. Marburg 1999.

Barbian, Jan-Pieter: Literaturpolitik im NS-Staat. Von der „Gleichschaltung" bis zum Ruin. Frankfurt am Main 2010.
Bauer, Wolfgang (Hg.): China und die Fremden. 3000 Jahre Auseinandersetzung in Krieg und Frieden. München 1980.
Bauer, Wolfgang: Zeugen aus der Ferne. Der Eugen Diederichs Verlag und das deutsche China-Bild, in: Versammlungsort moderner Geister. Der Eugen-Diederichs-Verlag – Aufbruch ins Jahrhundert der Extreme, hg. von Gangolf Hübinger. München 1996, S. 450–486.
Bauerkämper, Arnd: Kulturtransfer und Barrieren zwischen China und Deutschland in der Zwischenkriegszeit. Theoretische und methodische Überlegungen aus geschichtswissenschaftlicher Perspektive, in: Deutsch-chinesische Annäherungen. Kultureller Austausch und gegenseitige Wahrnehmung in der Zwischenkriegszeit, hg. von Almut Hille, Gregor Streim und Lu Pan. Köln, Weimar, Wien 2011, S. 19–33.
Baumunk, Bodo-Michael: Ein Pfadfinder der Geopolitik. Colin Ross und seine Reisefilme, in: Triviale Tropen. Exotische Reise- und Abenteuerfilme aus Deutschland 1919–1939. Redaktion Jörg Schöning. München 1997, S. 85–94.
Baumunk, Bodo-Michael: „Eine Reise zu sich selbst". Der Drehbuchautor Colin Ross, in: G.W. Pabst, hg. von Wolfgang Jacobson. München 1997, S. 169–174.
Baumunk, Bodo-Michael: Colin Ross. Ein deutscher Revolutionär und Reisender 1885–1945. Berlin 1999 mit Korrekturen 2015, online abrufbar unter: http://colinrossproject.net/fileadmin/user_upload/baumunk_colin-ross_online2015.pdf (letzter Zugriff: 8.2.2019).
Becker, Sabina: Neue Sachlichkeit, Bd. 1. Köln, Wien, Weimar 1997.
Behrends, Uwe: Feindbild China: Was wir alles nicht über die Volksrepublik wissen. Berlin 2021.
Bentele, Günter: Reportage, in: Reallexikon der deutschen Literaturwissenschaft, Bd. 3, hg. von Jan Dirk Müller. Berlin 2007, S. 266.
de Berg, Anna: „Nach Galizien". Entwicklung der Reiseliteratur am Beispiel der deutschsprachigen Reiseberichte vom 18. bis zum 21. Jahrhundert. Frankfurt am Main 2010.
Berg-Pan, Renate: Bertolt Brecht und China. Bonn 1979.
Betta, Chiara: Silas Aaron Hardoon and Cross-Cultural Adaption in Shanghai, in: The Jews of China, Bd. 1, hg. von Jonathan Goldstein. Armonk, New York 1999, S. 216–229.
Bieg, Lutz: Der deutsch-chinesische Literaturaustausch im 20. Jahrhundert, in: Zeitschrift für Kulturaustausch 36.3 (1986), S. 333–337.
Blake, Alenka: Slovene Critical Responses to the Works of Pearl S. Buck, in: Acta Neophilologica 36 (2003), S. 27–39.
Bleifuß, Karl: „Es kann uns gleich sein, ob wir von amerikanischen, englischen, französischen oder deutschen Kapitalisten ausgebeutet werden". Kriegs- und Wirtschaftskritik in Erik Regeners „Union der festen Hand" und Rudolf Brunngrabers „Karl und das 20. Jahrhundert", in: Jahrbuch zur Kultur und Literatur der Weimarer Republik 16 (2013), S. 221–248.
Blum, Lothar: Das Tagebuch zum Dritten Reich. Zeugnisse der Inneren Emigration von Jochen Klepper bis Ernst Jünger. Bonn 1991.
Bohnert, Christiane: Brechts Lyrik im Kontext. Zyklen und Exil. Königstein im Taunus 1982.
Borowsky, Peter: Die Philosophische Fakultät 1933 bis 1945, in: Hochschulalltag im „Dritten Reich". Die Hamburger Universität 1933–1945, hg. von Eckart Krause, Ludwig Huber und Holger Fischer. Berlin, Hamburg 1991, S. 441–458.
Brandt, Marion: Interkulturalität, in: Döblin-Handbuch. Leben, Werk, Wirkung, hg. von Sabina Becker. Stuttgart 2016, S. 343–346.
Brekle, Wolfgang: Das antifaschistische Schriftstellerische Schaffen deutscher Erzähler in den Jahren 1933–1945 in Deutschland. Diss. HU Berlin 1967.

Broch, Jan: Poetik in der transkulturellen Moderne. Alfred Döblins *Die drei Sprünge des Wang-lun* (1915), in: Transkulturelle Perspektiven. Die deutschsprachige Literatur der Moderne in ihren Wechselwirkungen, hg. von Katarzyna Jastal u.a. Krakau 2009, S. 89–97.
Bucholz, Larissa: What Is a Global Field? Theorizing Fields Beyond the Nation-State, in: Sociological Review Monograph 64.2 (2016), S. 31–60.
Bussemer, Thymian: „Nach einem dreifachen Sieg-Heil auf den Führer ging man zum gemütlichen Teil über." Propaganda und Unterhaltung im Nationalsozialismus. Zu den historischen Wurzeln eines nur vermeintlich neuen Phänomens, in: Politikvermittlung in Unterhaltungsformaten. Medieninszenierung zwischen Popularität und Populismus, hg. von Christian Schicha und Carsten Brosda. Münster 2002, S. 73–87.

Ceballos Betancur, Karin: Egon Erwin Kisch in Mexiko. Die Reportage als Literaturform im Exil. Frankfurt am Main 2000.
Chakrabarty, Dipesh: Postcolonial Thought and Historical Difference. With a New Preface by the Author. New Jersey 2000.
Chrambach, Eva: Salter, Georg, in: Neue Deutsche Biographie 22 (2005), S. 397f.
Christie, Stuart: The Anachronistic Novel: Reading Pearl S. Buck Alongside Franco Moretti, in: Literature Compass 7.12 (2010), S. 1089–1100.
Clark, Katerina: Berlin – Moscow – Shanghai: Translating Revolution across Cultures in the Aftermath of the 1927 Shanghai Debacle, in: Comintern Aesthetics, hg. von Amelia Glaser und Steven Sunwoo Lee. Toronto, Buffalo, London 2020, S. 81–108.
Clark, Katerina: Eurasia Without Borders. The Dream of Leftist Literary Commons 1919–1943. Cambridge, London 2021.
Conn, Peter: Rediscovering Pearl S. Buck, in: The Several Worlds of Pearl S. Buck. Essays Presented at a Centennial Symposium, hg. von Elizabeth Lipscomb, Frances E. Webb und Peter Conn. Westport 1994, S. 1–5.
Conn, Peter: Pearl S. Buck. A Cultural Biography. Cambridge 1996.

Dabringhaus, Sabine: Geschichte Chinas im 20. Jahrhundert. München 2009.
Dabringhaus, Sabine: Geschichte Chinas 1279–1949. München ²2010.
Damerau, Burghard: Wahrheit/Wahrscheinlichkeit, in: Ästhetische Grundbegriffe, Bd. 6, hg. von Karlheinz Barck. Stuttgart, Weimar 2005, S. 398–436.
Danneberg, Lutz und Hans-Harald Müller: Wissenschaftliche Philosophie und literarischer Realismus. Der Einfluß des Logischen Empirismus auf Brechts Realismuskonzeption in der Kontroverse mit Georg Lukács, in: Exil. Forschung, Erkenntnisse, Ergebnisse (1987), S. 50–63.
de Klerk, Nico: Zum Stillstand kommen. Text und Bild in den Reisebüchern von Colin Roß, in: Fotogeschichte 38.147 (2018), S. 23–30.
Debon, Günther: China zu Gast in Weimar. Achtzehn Studien und Streiflichter. Heidelberg 1994.
Dengel, Barbara: China und Chinaerfahrung, in: Anna Seghers-Handbuch. Leben, Werk, Wirkung, hg. von Carola Hilmes und Ilse Nagelschmidt. Berlin 2020, S. 259–265.
Detering, Heinrich: „Nicht widerstreben". Alfred Döblins daoistischer Einspruch gegen den Buddha, in: Der Buddha in der deutschen Dichtung. Zur Rezeption des Buddhismus in der frühen Moderne, hg. von dems., Maren Ermisch und Pornsan Watanangura. Göttingen 2014, S. 140–166.
Detken, Anke: Zwischen China und Brecht. Masken und Formen der Verfremdung in Döblins „Die drei Sprünge des Wang-lun", in: Alfred Döblin. Paradigms of Modernism, hg. von Steffen Davies und Ernest Schonfield. Berlin u.a. 2009, S. 102–120.

Deupmann, Christoph: Chinoiserie und „Tatsachenphantasie". Alfred Döblins „Der Überfall auf Chao-lao-sü" und die Verflüssigung ethnographischen Wissens, in: China in der deutschen Literatur 1827–1988, hg. von Uwe Japp und Jiang Aihong. Frankfurt am Main 2012, S. 103–113.
Diederichs, Ulf: Annäherungen an das Sachbuch. Zur Geschichte und Definition eines umstrittenen Begriffs. Berlin, Hildesheim 2010.
Dietel, Wieland: China auf dem Weg zur Weltmacht. Berlin 2021.
Diner, Dan: „Grundbuch des Planeten". Zur Geopolitik Karl Haushofers, in: Vierteljahrshefte für Zeitgeschichte 32.1 (1984), S. 1–28.
Djukic-Cocks, Ana: Die Komposition der Kisch-Reportage in ‚Paradies Amerika', in: Focus on Literature: A Journal for German Literature and Language 1.1 (1994), S. 23–35.
Doppler, Bernhard: Hermann Broch und Rudolf Brunngraber. Romanästhetik und Literaturbetrieb, in: Hermann Brochs literarische Freundschaften, hg. von Endre Kiss, Paul Michael Lützeler und Gabriella Rácz. Tübingen 2008, S. 186–197.
Dscheng Fang-hsiung: Alfred Döblins Roman „Die Sprünge des Kaisers Wang-lun" als Spiegel des Interesses moderner deutscher Autoren an China. Frankfurt am Main [u.a] 1979.
Dumas, Christophe: Die Reportage Egon Erwin Kischs: eine Randerscheinung im literarischen Diskurs?, in: Germanistik in der Schweiz 10 (2013), S. 379–386.
Dürbeck, Gabriele und Axel Dunker (Hg.): Postkoloniale Germanistik. Bestandsaufnahme, theoretische Perspektiven, Lektüren. Bielefeld 2014.
Düsing, Wolfgang: Der Intellektuelle zwischen Ideologien und Institutionen. Döblins Essayistik in der Weimarer Republik, in: Alfred Döblin zwischen Institution und Provokation, hg. von Yvonne Wolf. Bern u.a. 2007, S. 153–165.

Eastman, Lloyd E.: Fascism in Kuomintang China: The Blue Shirts, in: The China Quarterly 49 (1972), S. 1–31.
Eberstein, Bernd: Der Ostasiatische Verein 1900–2000. Hamburg 2000.
Ehrke-Rotermund, Heidrun und Erwin Rotermund: Texte und Vorstudien zur ‚Verdeckten Schreibweise' im „Dritten Reich". München 1999.
Eilter, Heide: Intermezzo, in: Reallexikon der deutschen Literaturwissenschaft, Bd. 2, hg. von Jan Dirk Müller. Berlin 2007, S. 165–167.
Emmerich, Reinhard: „Ich fühle mich immer wieder angezogen von originellen und freien Geistern" – Alfred Forke (1867–1944), in: Chinawissenschaften – Deutschsprachige Entwicklungen. Geschichte, Personen, Perspektiven, hg. von Helmut Martin und Christiane Hammer. Hamburg 1999, S. 421–448.
d'Entremont, John: Pearl S. Buck and American Women's History, in: The Several Worlds of Pearl S. Buck. Essays Presented at a Centennial Symposium, hg. von Elizabeth Lipscomb, Frances E. Webb und Peter Conn. Westport 1994, S. 45–53.
Epkes, Gerwig: „Der Sohn hat die Mutter gefunden..." Die Wahrnehmung des Fremden in der Literatur des 20. Jahrhunderts am Beispiel Chinas. Würzburg 1992.
Espagne, Michel und Michael Werner: Deutsch-französischer Kulturtransfer im 18. und 19. Jahrhundert. Zu einem neuen interdisziplinären Forschungsprogramm des C.N.R.S, in: Francia 13 (1985), S. 502–510.

Fan Jieping: Zur Fortschrittskritik in der „Zueignung" des chinesischen Romans von Alfred Döblin, in: Literaturstraße 9 (2008), S. 173–187.
Fang Weigui: Das Chinabild in der deutschen Literatur, 1871–1933. Ein Beitrag zur komparatistischen Imagologie. Frankfurt am Main 1992.

Felbert, Ulrich von: China und Japan als Impuls und Exempel. Fernöstliche Ideen und Motive bei Alfred Döblin, Bertolt Brecht und Egon Erwin Kisch. Frankfurt am Main 1986.

Fischer, Ernst und Jan-Pieter Barbian (Hg.): Geschichte des deutschen Buchhandels im 19. und 20. Jahrhundert, Bd. 3.1: Drittes Reich. Berlin, Boston 2015.

Fliethmann, Axel: Fotografie und Literatur. Überlegungen zur Mediendifferenz am Beispiel von Foto-Texten, in: Groteske Moderne – Moderne Groteske: Festschrift für Philip Thomson, hg. von Franz-Josef Deiters, Axel Fliethmann und Christian Weller. St. Ingbert 2011, S. 389–406.

Florack, Ruth: China-Bilder in der deutschen Literatur? Überlegungen zur komparatistischen Imagologie, in: Literaturstraße 3 (2002), S. 27–45.

Franke, Herbert: Franke, Otto, in: Neue Deutsche Biographie 5 (1961), S. 346f.

Franke, Herbert: Forke, Alfred, in: Neue Deutsche Biographie. Bd. 5, Berlin 1961, S. 300.

Freyeisen, Astrid: Chinakunde oder Mittel zum Zweck für Propagandisten? Zur Funktion deutscher kulturpolitischer Institutionen in Shanghai während des Dritten Reiches, in: Chinawissenschaften – Deutschsprachige Entwicklungen. Geschichte, Personen, Perspektiven, hg. von Helmut Martin und Christiane Hammer. Hamburg 1999, S. 202–221.

Freyeisen, Astrid: Shanghai und die Politik des Dritten Reiches. Würzburg 2000.

Fuchs, Christoph: Rudolf Brunngraber, in: Literatur und Kritik 317 (1997), S. 103–109.

Furler, Bernhard: Augen-Schein. Deutschsprachige Reportagen über Sowjetrußland 1917–1939. Frankfurt am Main 1987.

Gassert, Philipp: Amerika im Dritten Reich. Ideologie, Propaganda und Volksmeinung 1933–1945. Stuttgart 1997.

Gebhardt, Lisette: Akademische Arbeit und Asienkult. Wilhelm und Rousselle als Vermittler asiatischer Religion, in: Wege und Kreuzungen der China-Kunde an der Johann Wolfgang Goethe-Universität Frankfurt am Main, hg. von Georg Ebertshäuser und Dorothea Wippermann. Frankfurt am Main 2007, S. 159–183.

Geisler, Michael E.: Die Signatur der Wirklichkeit. Heinrich Heine und Egon Erwin Kisch, in: Heine-Jahrbuch 24 (1985), S. 143–178.

Gess, Nicola: Halbwahrheiten. Zur Manipulation der Wirklichkeit. Berlin 2019.

Gleber, Anke: Die Erfahrung der Moderne in der Stadt. Reiseliteratur der Weimarer Republik, in: Der Reisebericht. Die Entwicklung einer Gattung in der deutschen Literatur, hg. von Peter J. Brenner. Frankfurt am Main 1989, S. 463–489.

Glick Schiller, Nina: Long-Distance Nationalism, in: Encyclopedia of Diasporas. Immigrant and Refugee Cultures Around the World, hg. von Melvin Ember, Calor M. Ember and Ian Skoggard. New York 2005, S. 570–580.

Gramatzki, Susanne: Traditionslinien? Vom fotografisch illustrierten Roman des 19. Jahrhunderts zum fotografischen Künstlerbuch des 20. Jahrhunderts, in: Bücher als Kunstwerke. Von der Literatur zum Künstlerbuch, hg. von Monika Schmitz-Emans und Christian A. Bachmann. Essen 2013, S. 121–151.

Grätz, Katharina: An Romanautoren und ihre Kritiker. Berliner Programm (1913), in: Döblin-Handbuch. Leben, Werk, Wirkung, hg. von Sabina Becker. Stuttgart 2016, S. 320–322.

Grätz, Katharina: Der Bau des epischen Werks, in: Döblin-Handbuch. Leben, Werk, Wirkung, hg. von Sabina Becker. Stuttgart 2016, S. 324f.

Greiner, Bernhard: Welttheater als Montage. Wirklichkeitsdarstellung und Leserbezug in romantischer und moderner Literatur. Heidelberg 1977.

Greiner, Bernhard: Welttheater, in: Reallexikon der deutschen Literaturwissenschaft, Bd. 3, hg. von Jan Dirk Müller. Berlin 2007, S. 827–830.

Grevel, Liselotte: Linke Poot: Der deutsche Maskenball, in: Döblin-Handbuch. Leben, Werk, Wirkung, hg. von Sabina Becker. Stuttgart 2016, S. 190–194.
Gruschka, Bernd R.: Der gelenkte Buchmarkt. Die amerikanische Kommunikationspolitik in Bayern und der Aufstieg des Verlages Kurt Desch 1945 bis 1950. Frankfurt am Main 1995.
Gruschka, Roland: Neue Gattungen der Reiseliteratur: Alpinistika und Filmbücher, in: F.A. Brockhaus 1905–2005, hg. von Thomas Keiderling. Mannheim 2005, S. 114–117.
Gruschka, Roland: Programmpolitik und Layout der Reiseliteratur, in: F.A. Brockhaus 1905–2005, hg. von Thomas Keiderling. Mannheim 2005, S. 107–114.
Grüttner, Michael: Gundert, Wilhelm, in: ders.: Biographisches Lexikon zur nationalsozialistischen Wissenschaftspolitik. Heidelberg 2004, S. 67.
Grüttner, Michael: Jäger, Fritz, in: ders.: Biographisches Lexikon zur nationalsozialistischen Wissenschaftspolitik. Heidelberg 2004, S. 82.
Grüttner, Michael: Biedermänner und Brandstifter: Deutschland 1933–1939. Stuttgart 2015.
Guimarães, Clara: Der „kalte Krieg" in der Germanistik. Studien zur unterschiedlichen Rezeption Egon Erwin Kischs in der BRD und der ehemaligen DDR, in: Die Germanistik in Portugal: Dialog und Debatte. Coimbra 1996, S. 257–263.
Gutjahr, Ortrud: Interkulturalität als Forschungsparadigma und Herausforderung der Germanistik, in: Interkulturalität als Herausforderung und Forschungsparadigma der Literatur- und Medienwissenschaft, hg. von Franciszek Grucza. Frankfurt am Main 2012, S. 17–22.

Haag, John: *Gone With the Wind* in Nazi Germany, in: The Georgia Historical Quarterly 73.2 (1989), S. 278–304.
Haenisch, Erich: Sinologie, in: Aus fünfzig Jahren deutscher Wissenschaft. Die Entwicklung ihrer Fachgebiete in Einzeldarstellungen, hg. von Gustav Abb. Berlin 1930, S. 262–274.
Haenisch, Erich: Conrady, August, in: Neue Deutsche Biographie 3 (1957), S. 341.
Haenisch, Erich: Bruno Schindler und die alte Asia Major, in: Oriens Extremus 12.1 (1965), S. 7–9.
Hahn, Torsten: Nachwort, in: Alfred Döblin: Schriften zur Politik und Gesellschaft. Mit einem Nachwort von Torsten Hahn, hg. von Christina Alten. Frankfurt am Main 2015, S. 492–510.
Hahn, Torsten: Politische Schriften, in: Döblin-Handbuch. Leben, Werk, Wirkung, hg. von Sabina Becker. Stuttgart 2016, S. 195–204.
Hahnemann, Andy: Texturen des Globalen. Geopolitik und populäre Literatur in der Zwischenkriegszeit 1918–1939. Heidelberg 2010.
Halbey, Hans Adolf: Der Erich Reiss Verlag 1908–1936. Versuch eines Porträts. Mit einer Übersicht über die Verlagsproduktion, in: Archiv für Geschichte des Buchwesens 21 (1980), Sp. 1127–1255.
Hall, Murray G.: Österreichische Verlagsgeschichte 1918–1938, Bd. 2: Belletristische Verlage der Ersten Republik. Graz, Wien, Köln 1985.
Hall, Murray G.: Der Paul Zsolnay Verlag. Von der Gründung bis zur Rückkehr aus dem Exil. Tübingen 1994.
Han Ruixin: Die China-Rezeption bei expressionistischen Autoren. Frankfurt am Main 1993.
Hansen, Flemming Finn: Daoismus, Individuum und Masse in Döblins „Die drei Sprünge des Wang-Lun" [sic], in: Argonautenschiff 21 (2012), S. 57–67.
Harper, Tim: Underground Asia. Global Revolutionaries and the Assault on Empire. Cambridge, MA 2020.
Harris, Theodore F.: Pearl S. Buck. A Biography. Written in Consultation with Pearl S. Buck. London 1969.

Hartmann, Philipp: *Marktplatz der Sensationen* als politisches Buch, in: Im Einzelschicksal die Weltgeschichte. Egon Erwin Kisch und seine literarischen Reportagen, hg. von Viera Glosiková, Sina Meißgeier und Ilse Nagelschmidt. Berlin 2016, S. 34–47.

Hausmann, Frank-Rutger: „Deutsche Geisteswissenschaft" im Zweiten Weltkrieg. Die „Aktion Ritterbusch" (1940–1945). Heidelberg ³2007.

Hayford, Charles W.: *The Good Earth*, Revolution and the American Raj in China, in: The Several Worlds of Pearl S. Buck. Essays Presented at a Centennial Symposium, hg. von Elizabeth Lipscomb, Frances E. Webb und Peter Conn. Westport 1994, S. 19–27.

Heizmann, Jürgen: „Die Wahrheit liegt in den Zahlen". Zur neusachlichen Poetik in Rudolf Brunngrabers Roman „Karl und das 20. Jahrhundert", in: Realistisches Schreiben in der Weimarer Republik, hg. von Sabina Kyora und Stefan Neuhaus. Würzburg 2006, S. 235–254.

Herbert, Ulrich: Wer waren die Nationalsozialisten? Typologien des politischen Verhaltens im NS-Staat, in: Karrieren im Nationalsozialismus. Funktionseliten zwischen Mitwirkung und Distanz, hg. von Gerhard Hirschfeld und Tobias Jersak. Frankfurt am Main 2004, S. 17–44.

Herbert, Ulrich: Best. Biographische Studien über Radikalismus, Weltanschauung und Vernunft 1903–1989. München 2016.

Herrera Fuentes, Adrián: „Dieses merkwürdigste Land zwischen den amerikanischen Wendekreisen". Deutsche Reiseliteratur über Mexiko im Nationalsozialismus. Colin Ross (1937) und Josef Maria Frank (1938). Frankfurt am Main 2016.

Herzog, Andreas: „Writing Culture" – Poetik und Politik. Arthur Holitscher „Das unruhige Asien", in: KulturPoetik 1 (2006), S. 20–37.

Heymel, Charlotte: Touristen an der Front. Das Kriegserlebnis 1914–1918 als Reiseerfahrung in zeitgenössischen Reiseberichten. Berlin, Münster 2007.

Hille, Almut, Gregor Streim und Lu Pan (Hg.): Deutsch-chinesische Annäherungen. Kultureller Austausch und gegenseitige Wahrnehmung in der Zwischenkriegszeit. Köln, Weimar, Wien 2011.

Hillenbach, Anne-Kathrin: Literatur und Fotografie. Analysen eines intermedialen Verhältnisses. Bielefeld 2012.

Hirsch, Klaus (Hg.): Richard Wilhelm. Botschafter zweier Welten. Sinologe und Missionar zwischen China und Europa. Frankfurt am Main, London 2003.

Hofmann, Fritz: Egon Erwin Kisch. Der rasende Reporter. Biografie. Berlin 1988.

Höft, Lena: Ein Sozialist schreibt Bestseller im Dritten Reich? Rudolf Brunngrabers Tatsachenromane während des Nationalsozialismus und sein literarisches Schaffen in der Nachkriegszeit, in: Ästhetik und Ideologie 1945. Wandlung und Kontinuität poetologischer Paradigmen in Werken deutschsprachiger Schriftsteller, hg. von Detlef Haberland. München 2017, S. 239–260.

Holdenried, Michaela: Künstliche Horizonte. Ein Beitrag zum Methodendiskurs in der Reiseliteraturforschung am Beispiel neuerer Reiseberichte, in: Zeitenwende – Die Germanistik auf dem Weg vom 20. ins 21. Jahrhundert, hg. von Peter Wiesinger. Bern u.a. 2003, S. 79–87.

Horch, Hans Otto: „Was heißt glauben? Das sind doch Tatsachen!" Zu den ‚Ghetto'-Geschichten Egon Erwin Kischs, in: Von Franzos zu Canetti. Jüdische Autoren aus Österreich, hg. von Mark H. Gelber, Hans Otto Horch und Sigurd Paul Scheichl. Tübingen 1996, S. 37–57.

Hsia, Adrian: Chinesien. Zur Typologie des anderen China. Mit besonderer Berücksichtigung des 20. Jahrhunderts, in: Arcadia 25 (1990), S. 44–65.

Hsia, Adrian: China-Bilder in der europäischen Literatur. Würzburg 2010.

Hudey, Katrin: „Das Verständnis und den Austausch zwischen Ost und West [...] fördern". Zur deutsch-chinesischen Zeitschrift *Sinica* (1925–1942), in: „Zwischenvölkische Aussprache". Internationale Wissenschaftsbeziehungen in wissenschaftlichen Zeitschriften 1933–1945, hg. von Andrea Albrecht, Lutz Danneberg, Ralf Klausnitzer und Kristina Mateescu. Berlin 2020, S. 299–324.

Hudey, Katrin: Visuelle Suggestionen: Fotografie und Reisebeschreibung in Colin Ross' Chinareportagen, in: Bildforschung aus interdisziplinärer Perspektive, hg. von Fan Jieping und Liu Yongqiang. Hangzhou 2021, S. 263–287.
Hudey, Katrin und Zhu Yan: Die Reportage – eine globale Gattung? Zur Rezeption von Egon Erwin Kischs *China geheim* (1933), in: Heteronomie als Programm: Reportage-Literatur in der DDR, hg. von Stephan Pabst und Andrea Jäger. Hannover [vorauss. 2023] (=Non Fiction. Arsenal der anderen Gattungen).
Hughes, Jon: Facts and Fiction. Rudolf Brunngraber, Otto Neurath, and Viennese „Neue Sachlichkeit", in: Interwar Vienna. Culture between Tradition and Modernity, hg. von Deborah Holmes und Lisa Silverman. Rochester 2009, S. 206–223.
Hunt, Michael H.: Pearl Buck – Popular Expert on China, 1931–1949, in: Modern China 3.1 (1977), S. 33–64.
Ihl, Daniela: Egon Erwin Kischs Reportagebuch „Landung in Australien". Eine historisch-literarische Studie. Frankfurt am Main 2010.
Impekoven, Holger: Die Alexander von Humboldt-Stiftung und das Ausländerstudium in Deutschland 1925–1945. Von der „geräuschlosen Propaganda" zur Ausbildung der „geistigen Wehr" des „Neuen Europa". Göttingen 2013.

Jachimowicz, Aneta: Kontroverse um die Innere Emigration in Österreich. Erika Mitterer als Fallbeispiel, in: Zwischen Innerer Emigration und Exil. Deutschsprachige Schriftsteller 1933–1945, hg. von Marcin Gołaszewski, Magdalena Kardach und Leonore Krenzlin. Berlin, Boston 2016, S. 161–176.
Jacobi, Jutta: Journalisten im literarischen Text. Studien zum Werk von Karl Kraus, Egon Erwin Kisch und Franz Werfel. Frankfurt 1989.
Jäger, Manfred: Das Klischee einer exemplarischen „Entbürgerlichung". Zum Kisch-Bild der DDR, in: Egon Erwin Kisch, hg. von Heinz Ludwig Arnold. München 1980, S. 27–34 (= Text + Kritik, 67).
Jahraus, Oliver: Chinoiserien, Chinawaren, chinesischer Roman. Döblins „Die drei Sprünge des Wang-lun" mit einem Seitenblick auf Bertoluccis „Der letzte Kaiser", in: Alfred Döblin, hg. von Sabine Kyora. München 2018, S. 66–77 (= Text und Kritik, 11).
Jakobi, Carsten: [Art.] Reportage, in: Handbuch der literarischen Gattungen, hg. von Dieter Lamping. Stuttgart 2009, S. 601–605.
Jansen, Thomas: Einige Hinweise und Fragen zur Arbeit des Deutschland-Instituts in Peking 1933–1945, in: Chinawissenschaften – Deutschsprachige Entwicklungen. Geschichte, Personen, Perspektiven, hg. von Helmut Martin und Christiane Hammer. Hamburg 1999, S. 185–201.
Japp, Uwe und Jiang Aihong (Hg.): China in der deutschen Literatur 1827–1988. Frankfurt am Main u.a. 2012.
Jehser, Werner: Friedrich Wolf. Leben und Werk. Berlin ²1977.
Joch, Markus: Der Platz des irdischen Friedens. Sommer 1912; Alfred Döblin beginnt die Arbeit am „Wang-Lun" [sic], in: Mit Deutschland um die Welt. Eine Kulturgeschichte des Fremden in der Kolonialzeit, hg. von Alexander Honold und Klaus R. Scherpe. Stuttgart u.a. 2004, S. 415–421.

Kaldewei, Gerhard: „Karl und das 20. Jahrhundert". Ein Roman von Rudolf Brunngraber (1932) als epische Form der statistisch-pädagogischen Denkweise Otto Neuraths, in: Österreich in Geschichte und Literatur mit Geographie 36.2 (1992), S. 82–92.
Kampen, Thomas: Chinesen in Europa – Europäer in China. Journalisten, Spione, Studenten. Grossenberg 2010.
Kang Liao: Pearl S. Buck. A Cultural Bridge Across the Pacific. Westport 1997.

Karnick, Manfred: Rollenspiel und Welttheater. Untersuchungen an Dramen Calteróns, Schillers, Strindbergs, Becketts und Brechts. München 1980.

Keller, Ernst: Nationalismus und Literatur. Langemarck, Weimar, Stalingrad. Bern 1970.

Keppeler, Lutz Martin: Oswald Spengler und die Jurisprudenz. Die Spenglerrezeption in der Rechtswissenschaft zwischen 1918 und 1945, insbesondere innerhalb der „dynamischen Rechtslehre", der Rechtshistoriographie und der Staatswissenschaft. Tübingen 2014.

Kiesel, Helmuth: Alfred Döblins „chinesischer" Roman „Die drei Sprünge des Wang-lun", in: Zhong De wenxue guanxi yanjiu wenji (2005), S. 202–214.

Kiesel, Helmuth: Geschichte der deutschsprachigen Literatur 1918–1933. München 2017.

Kiesel, Helmuth: Karl und das zwanzigste Jahrhundert: Rudolf Brunngrabers Beobachtungen der „heroischen Moderne", in: ders.: Geschichte der deutschsprachigen Literatur 1918 bis 1933. München 2017, S. 1223–1228.

Kirby, William C.: Images and Realities of Chinese Fascism, in: Fascism Outside Europe: The European Impulse Against Domestic Conditions in the Diffusion of Global Fascism, hg. von Ugelvik Larsen Stein. New York 2001, S. 233–268.

Kirchmeier, Christian: Der Journalist als Detektiv. Kischs „Der Fall des Generalstabschef Redl" und die Reportage der Neuen Sachlichkeit, in: Zagreber germanistische Beiträge 25 (2016), S. 63–81.

Klapper, John: Categories of the Non-Conformist: The Historical Fiction of Inner Emigration, in: German Life and Letters 67.2 (2014), S. 159–182.

Klaschka, Siegfried: Die chinesische Reportageliteratur. Das Genre *baogao wenxue* und seine politisch-gesellschaftlichen Bezüge. Wiesbaden 1998.

Klein, Thoralf: Geschichte Chinas. Von 1800 bis zur Gegenwart. Paderborn ²2009.

Koepke, Wulf: Döblin's Political Writings during the Weimar Republic, in: A Companion to the Works of Alfred Döblin, hg. von Roland Dollinger, Wulf Koepke und Heidi Thomann Tewarson. Columbia, SC 2004, S. 183–192.

Kohl, Karl-Heinz (Hg.): Entzauberter Blick. Das Bild vom Guten Wilden und die Erfahrung der Zivilisation. Berlin 1981.

Köhn, Barbara: Alfred Döblin und Buddha, eine west-östliche Begegnung, in: La fascination de l'Inde en Allemagne 1800–1933, hg. von Marc Cluet. Rennes 2004, S. 257–269.

Köhn, Barbara: Alfred Döblins provokatorische Beurteilung deutscher politischer Institutionen zum Zweck institutioneller Erneuerung, in: Alfred Döblin zwischen Institution und Provokation, hg. von Yvonne Wolf. Bern 2007, S. 99–138.

Kopp, Kristin: Weltbilder. Rassismus, Kolonialismus und Geopolitik in den kognitiven Karten des Weltreisenden Colin Ross, in: Mapping, hg. von Brigitta Schmidt-Lauber und Ingo Zechner. Bielefeld 2018, S. 57–74.

Koppen, Erwin: Literatur und Photographie. Über Geschichte und Thematik einer Medienentdeckung. Stuttgart 1987.

Košenina, Alexander: Im Uhrwerk liegt die Erfindung der Welt, in: Frankfurter Allgemeine Zeitung (22.09.2018), S. 14.

Košenina, Alexander: An English Clockmacker in 19th Century China: Christoph Ransmayr's Novel *Cox oder der Lauf der Zeit*, in: Oxford German Studies 48.4 (2019), S. 505–516.

Köster, Werner: Die Rede über den „Raum". Zur semantischen Karriere eines deutschen Konzepts. Heidelberg 2002.

Krause, Monika: How Fields Vary, in: The British Journal of Sociology 69.1 (2018), S. 3–22.

Kreuzer, Helmut: Biographie, Reportage, Sachbuch. Zu ihrer Geschichte seit den zwanziger Jahren, in: Arbeitsblätter für die Sachbuchforschung 8 (2006), S. 7–38.

Kubin, Wolfgang: Die chinesische Literatur im 20. Jahrhundert. München 2005.

Kühl, Stefan: Die Internationale der Rassisten. Aufstieg und Niedergang der internationalen eugenischen Bewegung im 20. Jahrhundert. Frankfurt am Main, New York ²2014.

Künnemann, Vanessa: Middlebrow Mission: Pearl S. Buck's American China. Bielefeld 2015.

Kuo Heng-yü (Hg.): Von der Kolonialpolitik zur Kooperation: Studien zur Geschichte der deutsch-chinesischen Beziehungen. München 1986.

Kuo Heng-yü und Mechthild Leutner (Hg.): Deutschland und China. Beiträge des Zweiten Internationalen Symposiums zur Geschichte der deutsch-chinesischen Beziehungen. München 1994.

Lang, Jochen von: Der Hitler-Junge. Baldur von Schirach. Der Mann, der Deutschlands Jugend erzog. Hamburg 1988.

Lange, Thomas: Literatur des technokratischen Bewußtseins. Zum Sachbuch im Dritten Reich, in: LiLi 10 (1980), S. 53–77.

Lange, Thomas: China als Metapher. Versuch über das Chinabild des deutschen Romans im 20. Jahrhundert, in: Zeitschrift für Kulturaustausch 3 (1986), S. 341–349.

Lange, Thomas: Rudolf Brunngrabers „Opiumkrieg" im deutsch-chinesischen Kontext, in: Rudolf Brunngraber: Opiumkrieg. Roman. Mit einem Nachwort von Thomas Lange. Hamburg 1986, S. 357–376.

Lange, Thomas: China: Fluchtort vor dem europäischen Individualismus. Über ein philosophisches und literarisches Motiv der zwanziger Jahre, in: Fernöstliche Brückenschläge. Zu deutsch-chinesischen Literaturbeziehungen im 20. Jahrhundert, hg. von Adrian Hsia und Sigfrid Hoefert. Bern 1992, S. 49–73.

Larson, Wendy und Richard Kraus: China's Writers, the Nobel Prize, and the International Politics of Literature, in: The Australian Journal of Chinese Affairs 21 (1989), S. 143–160.

Leong, Karen J.: The China Mystique. Pearl S. Buck, Anna May Wong, Mayling Soong, and the Transformation of American Orientalism. Berkeley 2005.

Lepschy, Christoph: Puppenspiel, in: Reallexikon der deutschen Literaturwissenschaft, Bd. 3, hg. von Jan Dirk Müller. Berlin 2007, S. 198–201.

Leutner, Mechthild: Deutsche Vorstellungen über China und Chinesen und über die Rolle der Deutschen in China 1890–1945, in: Von der Kolonialpolitik zur Kooperation. Studien zur Geschichte der deutsch-chinesischen Beziehungen, hg. von Kuo Heng-yü. München 1986, S. 401–442.

Leutner, Mechthild (Hg.): Politik, Wirtschaft, Kultur. Studien zu den deutsch-chinesischen Beziehungen. Münster 1996.

Leutner, Mechthild: Kontroversen in der Sinologie: Richard Wilhelms kulturkritische und wissenschaftliche Position in der Weimarer Republik, in: Berliner China-Hefte 23 (2002), S. 12–40.

Leutner, Mechthild: Richard Wilhelms chinesische Netzwerke: Von kolonialen Abhängigkeiten zur Gleichrangigkeit, in: Chinesische Literatur. Zum siebzigsten Geburtstag von Eva Müller, hg. von Mechthild Leutner und Jens Damm. Münster 2005, S. 70–95.

Leutner, Mechthild und Andreas Steen: Deutsch-chinesische Beziehungen 1911–1927. Vom Kolonialismus zur „Gleichberechtigung". Eine Quellensammlung. Berlin 2006.

Leutner, Mechthild und Dagmar Yü-Dembski (Hg.): Exotik und Wirklichkeit: China in Reisebeschreibungen vom 17. Jahrhundert bis zur Gegenwart. München 1990.

Leys, Simon [d.i.Pierre Ryckman]: Peregrinations and Perplexities of Père Huc, in: ders.: The Burning Forest: Essays on Chinese Culture and Politics. New York 1987, S. 47–94.

Li Changke: Der China-Roman in der deutschen Literatur 1890–1930. Tendenzen und Aspekte. Regensburg 1992.

Li Weijia: China und China-Erfahrung in Leben und Werk von Anna Seghers. Bern 2010.

Li Weijia: Von unmittelbarer Aktualität zu sinnbildlicher Gestaltung – Über die Segher'sche China-Rezeption, in: Argonautenschiff 21 (2012), S. 67–79.

Lim, Louisa: The People's Republic of Amnesia: Tiananmen Revisited. Oxford 2015.

Linke, Marlies: Einige Anmerkungen zu den deutschen Zivilberatern in China: Das Beispiel Gustav Amann, in: Politik, Wirtschaft, Kultur. Studien zu den deutsch-chinesischen Beziehungen, hg. von Mechthild Leutner. Münster 1996, S. 259–269.

Littlejohn, John: Identifying the Victim. Crime and its Causes in Friedrich Wolf's Late Weimar Dramas, in: Einspruch. Schriftenreihe der Friedrich-Wolf-Gesellschaft, hg. von Hermann Haarmann und Christoph Hesse. Marburg 2014, S. 45–62.

Liu Haiping: Pearl S. Buck's Reception in China Reconsidered, in: The Several Worlds of Pearl S. Buck. Essays Presented at a Centennial Symposium, hg. von Elizabeth Lipscomb, Frances E. Webb und Peter Conn. Westport 1994, S. 55–67.

Liu Jian: Eine Poetik der Fremdheit. Zur Verarbeitung von China-Motiven in der deutschsprachigen Gegenwartsliteratur im 21. Jahrhundert. Göttingen 2020.

Liu Qisheng: Aktive Wahrnehmung oder passive Akzeptanz. Eine kritische Betrachtung zur Bildung des China- bzw. Deutschlandbildes, in: Literaturstraße 12 (2011), S. 431–438.

Liu Weijian: Die daoistische Philosophie im Werk von Hesse, Döblin und Brecht. Bochum 1991.

Liu Weijian: Döblins Rezeption des Buddhismus in seinen Nietzsche-Abhandlungen, in: Ostasienrezeption zwischen Klischee und Innovation. Zur Begegnung zwischen Ost und West um 1900, hg. von Walter Gebhard. München 2000, S. 85–119.

Liu Weijian: Kulturelle Exklusion und Identitätsentgrenzung. Zur Darstellung Chinas in der deutschen Literatur 1870–1930. Bern 2007.

Lorf, Ira: Maskenspiele. Wissen und kulturelle Muster in Alfred Döblins Romanen „Wadzeks Kampf mit der Dampfturbine" und „Die Drei Sprünge des Wang-lun". Bielefeld 1999.

Lü Yixu: Die Schule der Fremdenfeindlichkeit – erdichtete China-Reisen um 1900, in: Literarische Entdeckungsreisen. Vorfahren – Nachfahren – Revisionen, hg. von Hansjörg Bay und Wolfgang Struck. Köln u.a. 2012, S. 307–323.

Lukas, Wolfgang: Individuelles „Schicksal" und überindividuelles „Leben". Zur Funktion von „Wissen" in Alfred Döblins ‚Berlin Alexanderplatz' und Rudolf Brunngrabers ‚Karl und das 20. Jahrhundert', in: Literatur und Wissen(schaften) 1890–1935, hg. von Christina Maillard und Michael Titzmann. Stuttgart 2002, S. 247–277.

Luo Wei: Die konfuzianischen Spuren in Döblins kulturpolitischem Programm „Staat und Schriftsteller", in: Literaturstraße 5 (2004), S. 101–114.

Luo Wei: „Fahrten bei geschlossener Tür". Alfred Döblins Beschäftigung mit China und dem Konfuzianismus. Frankfurt am Main 2004.

Luo Wei: Versuch über Alfred Döblins chinesische Erzählung „Der Überfall auf Chao-lao-sü", in: China in der deutschen Literatur 1827–1988, hg. von Uwe Japp und Jiang Aihong. Frankfurt am Main 2012, S. 115–124.

Machetzki, Rüdiger: Deutsch-Chinesische Beziehungen. Ein Handbuch. Hamburg 1984.

Mao Mingchao, Benjamin Langer und Michael Jäger (Hg.): Ost-westliche Erfahrungen der Modernität. Der chinesisch-deutsche Ideenaustausch und die Bewegung des 4. Mai. Berlin 2021.

Martin, Bernd: Deutsch-chinesische Beziehungen 1928–1937. „Gleiche" Partner unter „ungleichen" Bedingungen. Eine Quellensammlung. Berlin 2003.

Mateescu, Kristina: Engagement und esoterische Kommunikation unterm Hakenkreuz. Am Beispiel des *Hochland*-Kreises. Berlin, Boston 2022.

Mattl, Siegfried: „Space without People". Austro-German Filmmaker, Bestselling Author, and Journalist Colin Ross Discovers Australia, in: Journeys. Special Issue 2.17 (2016), S. 5–22.

Meier, Franz: Dichtung und Photographie. Überlegungen zur intermedialen Dimension von Bildlichkeit, in: Wechselwirkungen. Die Herausforderung der Künste durch die Wissenschaften, hg. von Renate Stauf und Cord-Friedrich Berghahn. Heidelberg 2014, S. 169–184.

Melvin, Sheila: Pearl's Great Price, in: The Wilson Quarterly (2006), S. 24–30.

Messmer, Matthias: China. Schauplätze west-östlicher Begegnungen. Wien, Köln, Weimar 2007.

Meyer, Urs: Tagebuch, Brief, Journal, Interview, Autobiografie, Fotografie und Inszenierung. Medien der Selbstdarstellung von Autorschaft, in: Medien der Autorschaft. Formen literarischer (Selbst-) Inszenierung von Brief und Tagebuch bis Fotografie und Interview, hg. von Lucas Marco Gisi, Urs Meyer und Reto Sorg. München 2013, S. 9–15.

Milde, David: Lernen von den Eskimos. Der Weltfahrer Colin Roß zwischen Moderne und Nationalsozialismus, in: Der Technik-Diskurs in der Hitler-Stalin-Ära, hg. von Wolfgang Emmerich und Carl Wege. Stuttgart, Weimar 1995, S. 146–158.

Moretti, Franco: The Novel: History and Theory, in: New Left Review 52 (2008), S. 111–124.

Moretti, Franco: Kurven, Karten, Stammbäume. Abstrakte Modelle für die Literaturgeschichte. Mit einem Nachwort von Alberto Piazza. Frankfurt am Main 2009.

Moretti, Franco: Distant Reading. London 2013.

Müller, Harro: Geschichte zwischen Kairos und Katastrophe. Historische Romane im 20. Jahrhundert. Frankfurt am Main 1988.

Müller-Salget, Klaus: Alfred Döblin. Werk und Entwicklung. Bonn ²1988.

Münch, Paul: Wie aus Menschen Weiße, Schwarze, Gelbe und Rote wurden. Zur Geschichte der rassistischen Ausgrenzung über die Hautfarbe, in: Essener Unikate 6/7 (1995), S. 87–97.

Nagl, Tobias: Die unheimliche Maschine. Rasse und Repräsentation im Weimarer Kino. München 2009.

Nate, Richard: Amerikanische Träume. Die Kultur der Vereinigten Staaten in der Zeit des New Deal. Würzburg 2003.

Nenguie, Pierre Kodjio: Interkulturalität im Werk von Alfred Döblin (1878–1957). Literatur als Dekonstruktion totalitärer Diskurse und Entwurf einer interkulturellen Anthropologie, 2 Bde. Stuttgart 2005.

Neuber, Wolfgang: Zur Gattungspoetik des Reiseberichts. Skizze einer historischen Grundlegung im Horizont von Rhetorik und Topik, in: Der Reisebericht. Entwicklungen einer Gattung in der deutschen Literatur, hg. von Peter J. Brenner. Frankfurt am Main 1989, S. 50–67.

Neumann, Michael: Eine Literaturgeschichte der Photographie. Dresden 2006.

Nowoitnick, Jule: Tschingis Khaan in der deutschsprachigen Literatur. Eine Geschichte des (Nicht-) Wissens. Heidelberg 2017.

Nyssen, Elke: Geschichtsbewußtsein und Emigration. Der historische Roman der deutschen Antifaschisten 1933–45. München 1974.

Oels, David: Der Tatsachenroman und seine Vorgeschichte, in: Wissenstexturen. Literarische Gattungen als Organisationsformen von Wissen, hg. von Gunhild Berg. Frankfurt am Main 2004, S. 277–296.

Oels, David: Rowohlts Rotationsroutine. Markterfolge und Modernisierung eines Buchverlags vom Ende der Weimarer Republik bis in die fünfziger Jahre. Essen 2013.

Öhlschläger, Claudia: Das ‚punctum' der Moderne: feuilletonistische und fotografische Städtebilder der späten 1920er und frühen 1930er Jahre: Benjamin, Kracauer, von Bucovich, Moï Ver, in: Zeitschrift für Germanistik 22.3 (2012), S. 540–557.

Oster, Sandra: Krieg und Frieden im Foto-Text-Buch der Weimarer Republik, in: Materialschlacht. Der erste Weltkrieg im Sachbuch, hg. von Christian Meierhofer. Hannover 2013, S. 125–145.

Osterhammel, Jürgen: Die Entzauberung Asiens. Europa und die asiatischen Reiche im 18. Jahrhundert. München 1998.

Ostheimer, Michael: „China, how far are you!" Alfred Döblins Konfuzius-Rezeption, in: Rückert Gesellschaft 17 (2006/2007), S. 251–275.

Patka, Marcus G.: Egon Erwin Kisch. Stationen im Leben eines streitbaren Autors. Wien, Köln, Weimar 1997.

Paul, Ina Ulrika und Richard Faber (Hg.): Der historische Roman zwischen Kunst, Ideologie und Wissenschaft. Würzburg 2013.

Paul, Ludwig: Zur institutionellen Geschichte der Asien-Afrika-Wissenschaften an der Universität Hamburg, in: 100 Jahre Universität Hamburg. Studien zur Hamburger Universitäts- und Wissenschaftsgeschichte in vier Bänden, Bd. 2: Geisteswissenschaften, Theologie, Psychologie, hg. von Rainer Nicolaysen, Eckart Krause und Gunnar B. Zimmermann. Göttingen 2021, S. 406–430.

Peitsch, Helmut: Engagement/Tendenz/Parteilichkeit, in: Ästhetische Grundbegriffe. Historisches Wörterbuch in sieben Bänden, Bd. 2, hg. von Karlheinz Barck u.a.. Stuttgart, Weimar 2010, S. 178–223.

Pissowotzki, Nicole: Colonial Fantasies, Narrative Borders, and the Canadian North in the Works of Germany's Colin Ross (1885–1945), in: Nordlit 24 (2009), S. 81–97.

Ploetz, A.G. (Hg.): Konferenzen und Verträge. Vertrags-Ploetz. Ein Handbuch geschichtlich bedeutender Zusammenkünfte und Vereinbarungen. Tl. II, Bd. 4a: Neueste Zeit 1914–1959. Zweite erweiterte und veränderte Auflage. Würzburg 1959.

Pregadio, Fabrizio: The Encyclopedia of Taoism, Bd. 1. London u.a. 2007.

Reif, Wolfgang: Zivilisationsflucht und literarische Wunschräume. Der exotische Roman im ersten Viertel des 20. Jahrhunderts. Stuttgart 1975.

Reif, Wolfgang: Exotismus und Okkultismus, in: Weimarer Republik – Drittes Reich: Avantgardismus, Parteilichkeit, Exil 1918–1945, hg. von Horst Albert Glaser. Hamburg 1983, S. 155–167.

Reif, Wolfgang: Exotismus im Reisebericht des frühen 20. Jahrhunderts, in: Der Reisebericht. Die Entwicklung einer Gattung in der deutschen Literatur, hg. von Peter J. Brenner. Frankfurt am Main 1989, S. 434–462.

Reuth, Ralf Georg: Goebbels. Stuttgart 1990.

Richards, Donald Ray: The German Bestseller in the 20th Century. A Complete Bibliography and Analysis, 1915–1940. Bern 1968.

Richter, Albrecht: China und „Chinesisches" im Werk von Anna Seghers. Chemnitz 1994.

Rizzon, Beverly: Pearl S. Buck: The Final Chapter. Palm Springs 1989.

Roetz, Heiner: Die chinesische Ethik der Achsenzeit. Eine Rekonstruktion unter dem Aspekt des Durchbruchs zu postkonventionellem Denken. Frankfurt am Main 1992.

Roetz, Heiner: Konfuzius. München 1998.

Sachslehner, Johannes: Führerwort und Führerblick. Mirko Jelusich – Zur Strategie eines Bestsellerautors in den Dreißiger Jahren. Königstein im Taunus 1985.

Sander, Gabriele: Interkulturelle Grenzüberschreitungen im Werk Alfred Döblins, in: Unbegrenzt. Literatur und interkulturelle Erfahrung, hg. von Michael Hofmann. Frankfurt am Main 2013, S. 139–149.

Sander, Gabriele: „Chinesischer Roman": Die drei Sprünge des Wang-lun (1915), in: Döblin-Handbuch. Leben, Werk, Wirkung, hg. von Sabina Becker. Stuttgart 2016, S. 41–50.

Sapiro, Gisèle: How Do Literary Works Cross Borders (or Not)? A Sociological Approach to World Literature, in: Journal of World Literature 1 (2016), S. 81–96.

Sapiro, Gisèle: Field Theory from a Transnational Perspective, in: The Oxford Handbook of Pierre Bourdieu, hg. von Thomas Medvetz und Jeffrey J. Sallaz. New York 2018, S. 161–182.

Saur, Klaus G.: Verlage im Nationalsozialismus, in: Verlage im „Dritten Reich", hg. von dems. Frankfurt am Main 2013, S. 9–15.

Schäfer, Hans-Dieter: Das gespaltene Bewusstsein. München, Wien ³1983.

Scharlau, Winfried: Der Missionar und Schriftsteller Karl Gützlaff. Ein biographischer Essay, in: Gützlaffs Bericht über drei Reisen in den Seeprovinzen Chinas 1831–1833. Mit einem biographischen Essay und einem Vorwort, hg. von Winfried Scharlau. Hamburg 1997, S. 7–51.

Schaub, Christoph: Proletarische Welten: Internationalistische Weltliteratur in der Weimarer Republik. Berlin, Boston 2019.

Schaub, Christoph: World Literature and Socialist Internationalism in the Weimar Republic: Five Theses, in: New German Critique 48.1 (2021), S. 153–180.

Schätz, Joachim: Strategie der Streuung. Das multimediale Geschäftsmodell des Reisefilmers Colin Ross (1885–1945) in den Protokollen des Brockhaus-Verlags, in: Filmblatt 61/62 (2017), S. 104–109.

Scherer, Stefan: Der Wiener Kreis und die Literatur der Zwischen- und Nachkriegszeit (Musil, Broch, Brunngraber, Bachmann), in: Der Wiener Kreis – Aktualität in Wissenschaft, Literatur, Architektur und Kunst, hg. von Ulrich Arnswald, Friedrich Stadler und Peter Weibel. Wien 2019, S. 157–178.

Schieder, Wolfgang: Mythos Mussolini. Deutsche in Audienz beim Duce. München 2013.

Schieder, Wolfgang: Benito Mussolini. München 2014.

Schlenstedt, Dieter: Egon Erwin Kisch. Leben und Werk. Berlin 1985.

Schmidt-Bergmann, Hansgeorg: Futurismus und Expressionismus, in: Naturalismus, Fin de siècle, Expressionismus 1890–1918, hg. von York-Gothart Mix. München 2000, S. 470–477 (= Hansers Sozialgeschichte der deutschen Literatur vom 16. Jahrhundert bis zur Gegenwart, 7).

Schmidt-Bortenschlager, Sigrid: Besinnung auf Tradition. Heimat und Geschichte im Roman des frühen 20. Jahrhunderts, in: Deutsche Literatur von Frauen, Bd. 2, hg. von Gisela Brinker-Gabler. München 1988, S. 235–248.

Schmidt-Dengler, Wendelin: Statistik und Roman. Über Otto Neurath und Rudolf Brunngraber, in: Ohne Nostalgie. Zur österreichischen Literatur der Zwischenkriegszeit, hg. von dems. Wien, Köln, Weimar 2002, S. 82–91.

Schmitt-Englert, Barbara: Deutsche in China 1920–1950. Alltagsleben und Veränderungen. Gossenberg 2012.

Schmitz-Emans, Monika (Hg.): Transkulturelle Rezeption und Konstruktion / Transcultural reception and / et Constructions transculturelles. Festschrift für Adrian Hsia. Heidelberg 2004.

Schmitz-Emans, Monika: Eine andere Art zu erzählen. Literarische Text-Photo-Kombinationen und die Frage nach ihrem „Realismus", in: Medialer Realismus, hg. von Daniela Gretz. Freiburg 2011, S. 271–293.

Schneider, Tobias: Bestseller im Dritten Reich. Ermittlung und Analyse der meistverkauften Romane in Deutschland 1933–1944, in: Vierteljahrshefte für Zeitgeschichte 52.1 (2004), S. 77–97.

Scholz, Beate: Italienischer Faschismus als ‚Export'-Artikel (1927–1935). Ideologische und organisatorische Ansätze zur Verbreitung des Faschismus im Ausland. Trier 2001.

Schuster, Ingrid: Vorbilder und Zerrbilder. China und Japan in der deutschen Literatur 1890–1925. Bern 1977.
Schuster, Ingrid: Faszination Ostasien. Zur kulturellen Interaktion Europa – Japan – China. Aufsätze aus drei Jahrzehnten. Bern 2007.
Schuster, Ingrid und Ingrid Bode (Hg.): Alfred Döblin im Spiegel der zeitgenössischen Kritik. Bern 1973.
Schütte, Hans-Wilm: Die akademische Etablierung der Chinawissenschaft. Mit einem Blick auf die Wissenschafts- und Kulturgeschichte, in: Chinawissenschaften – deutschsprachige Entwicklungen. Geschichte, Personen, Perspektiven, hg. von Helmut Martin und Christiane Hammer. Hamburg 1999, S. 19–26.
Schütte, Hans-Wilm: Die Asienwissenschaften in Deutschland. Geschichte, Stand und Perspektiven. Hamburg 2002.
Schütz, Erhard: Moral aus der Geschichte. Zur Wahrheit des Egon Erwin Kisch, in: Egon Erwin Kisch, hg. von Heinz Ludwig Arnold. München 1980, S. 38–47 (= Text + Kritik, 67).
Schütz, Erhard: Autobiographien und Reiseliteratur, in: Literatur der Weimarer Republik 1918–1933, hg. von Bernhard Weyergraf. München, Wien 1995, S. 549–600 (= Hansers Sozialgeschichte der deutschen Literatur vom 16. Jahrhundert bis zur Gegenwart, 8).
Schütz, Erhard: [Art.] Reportage, in: Metzler Lexikon Literatur. Begriffe und Definitionen, hg. von Dieter Burdorf, Christoph Fasbender und Burkhard Moennighoff. Stuttgart ³2007, S. 647.
Schütz, Erhard: Tatsachen oder Transzendenz. Zur Fortsetzung der neusachlichen Diskussion um die Faktographie nach 1933, in: Zum Tatsachenroman. Die Prawdin/Vietta-Debatte 1934. Berlin, Hildesheim 2007, S. 3–11.
Schütz, Erhard: Egon Erwin Kisch – Faktograph oder Fiktio-Fürst, in: Sachbuch und populäres Wissen im 20. Jahrhundert, hg. von Andy Hahnemann. Frankfurt am Main u.a. 2008, S. 183–200.
Schütz, Erhard: Wenn man mit Fakten Fußball spielt. Egon Erwin Kischs „Der Fall Redl" (1924), in: Kriminalfallgeschichten, hg. von Alexander Košenina. München 2014 (= Text + Kritik, 14), S. 179–191.
Schütz, Erhard: Auch er hatte ein Problem mit Fakten: Egon Erwin Kisch – ein früher Relotius?, in: Tagesspiegel, 18.1.2019, online abrufbar unter: https://www.tagesspiegel.de/kultur/auch-er-hatte-ein-problem-mit-fakten-egon-erwin-kisch-ein-frueher-relotius/23880246.html (letzter Zugriff: 3.12.2020).
Schütz, Erhard: Rückblick auf die Reportage unter gelegentlicher Rücksicht auf Kisch, Kommunismus und DDR, in: Heteronomie als Programm: Reportage-Literatur in der DDR, hg. von Stephan Pabst und Andrea Jäger. Hannover [vorauss. 2022] (= Non-Fiction. Arsenal der anderen Gattungen).
Seng, Thomas: Weltanschauung als verlegerische Aufgabe. Der Otto Reichl Verlag 1909–1954. Mit einer Bibliographie der Verlage von Otto Reichl und der Deutschen Bibliothek. St. Goar 1994.
Sheng Yinghong u.a.: The Representation of Modern Literary History in Zhao Jiabi's Editing Career, in: Proceedings of the 3rd International Conference on Art Studies: Science, Experience, Education (ICASSEE 2019), DOI: https://doi.orf/10.2991/icassee-19.2019.17.
Solbach, Andreas: Nachwort, in: Alfred Döblin: Die drei Sprünge des Wang-lun. Chinesischer Roman, hg. von Gabriele Sander und Andreas Solbach. Düsseldorf 2007, S. 638–670.
Spencer, Stephen: The Discourse of Whiteness: Chinese-American History, Pearl S. Buck, and *The Good Earth*, in: Americana. The Journal of American Popular Culture 1.1 (2002), online abrufbar unter: https://americanpopularculture.com/journal/articles/spring_2002/spencer.htm (letzter Zugriff: 6.8.2021).
Spies, Bernhard: Alfred Döblin und Heinrich Mann in der Weimarer Republik. Die „Geistigen" und die Demokratie, in: Alfred Döblin zwischen Institution und Provokation, hg. von Yvonne Wolf. Bern u.a. 2007, S. 139–152.

Sprengel, Peter: „Hier die schönsten Bilder aus meinem Kodak": Der Rekurs auf die Photographie in Reisebeschreibungen des frühen 20. Jahrhunderts, in: Poetik der Evidenz. Die Herausforderung der Bilder in der Literatur um 1900, hg. von Helmut Pfotenhauer, Wolfgang Riedel und Sabine Schneider. Würzburg 2005, S. 129–140.
Spurling, Hilary: Burying the Bones. Pearl Buck in China. London 2010.
Stadler, Ulrich: Bild und Text und Bild im Text. Photographien bei Tucholsky und Heartfield und die Prosaskizze ‚Hinter der Venus von Milo', in: Kunst im Text, hg. von Konstanze Fliedl unter Mitarbeit von Irene Fußl. Frankfurt am Main, Basel 2005, S. 69–87.
Stancic, Mirjana: Wissen und verändern! Offene Briefe an einen jungen Menschen (1931), in: Döblin-Handbuch. Leben, Werk, Wirkung, hg. von Sabina Becker. Stuttgart 2016, S. 205–209.
Stange, Hans: Die deutsch-chinesischen Beziehungen in Kultur und Wirtschaft, in: Mitteilungen der Akademie zur wissenschaftlichen Erforschung und zur Pflege des Deutschtums 12.1 (1937), S. 61–70.
Stirling, Nora: Pearl Buck. A Woman Conflict. Piscataway 1983.
Streim, Gregor: Das Erwachen der Kulis. China in den Reisereportagen der Weimarer Republik (Richard Huelsenbeck – Arthur Holitscher – Egon Erwin Kisch), in: Deutsch-chinesische Annäherungen. Kultureller Austausch und gegenseitige Wahrnehmung in der Zwischenkriegszeit, hg. von Almut Hille, Gregor Streim und Lu Pan. Köln, Weimar, Wien 2011, S. 155–171.
Strothmann, Dietrich: Nationalsozialistische Literaturpolitik. Bonn [1960] ⁴1985.
Stuby, Anna Maria: Ich bin nirgendwo ganz zu Hause und überall ein bißchen, in: Nicht nur Madame Curie...Frauen, die den Nobelpreis bekamen, hg. von Charlotte Kerner. Weinheim 1999, S. 84–110.
Studer, Brigitte: Reisende der Weltrevolution. Eine Globalgeschichte der Kommunistischen Internationale. Berlin 2020.
Sturge, Kate: „The Alien Within". Translation into German During the Nazi-Regime. München 2004.
Sun Lixin: Das Chinabild der protestantischen Missionare des 19. Jahrhunderts. Eine Fallstudie zum Problem interkultureller Begegnung und Wahrnehmung. Marburg 2002.
Sun Ying: Wandlungen des europäischen Chinabildes in illustrierten Reiseberichten des 17. und 18. Jahrhunderts. Frankfurt am Main u.a. 1996.

Taaks, Christian: Federführung für die Nation ohne Vorbehalt? Deutsche Medien in China während der Zeit des Nationalsozialismus. Stuttgart 2009.
Tan Yuan: Der Chinese in der deutschen Literatur. Unter besonderer Berücksichtigung chinesischer Figuren in den Werken von Schiller, Döblin und Brecht. Göttingen 2007.
Tatlow, Antony: Chinesische Gedichte, in: Brecht-Handbuch, Bd. 2: Gedichte, hg. von Jan Knopf. Stuttgart, Weimar 2001, S. 304–313.
Tatlow, Antony: Verfremdungseffekte in der chinesischen Schauspielkunst, in: Brecht-Handbuch, Bd. 4: Schriften, Romane, Briefe, hg. von Jan Knopf. Stuttgart, Weimar 2003, S. 188–192.
Taube, Manfred: Friedrich Weller (22.7.1889-19.11.1980). Ein Leben für die Erforschung der Asia Major, in: Jahrbuch der sächsischen Akademie der Wissenschaften zu Leipzig (1979/1980), S. 237–253.
Teller, Katalin: Der Weltreisende Colin Roß vor deutschem und österreichischem Publikum. Massenkulturelle Vermarktung von Kriegserfahrung und Abenteuer (1912–1938). Frankfurt am Main 2017.
Thomé, Horst: Weltanschauungsliteratur. Vorüberlegungen zu Funktion und Texttyp, in: Wissen in Literatur im 19. Jahrhundert, hg. von Lutz Danneberg und Friedrich Vollhardt. Tübingen 2002, S. 338–380.

Thomsen, Mads Rosendahl: Franco Moretti and the Global Wave of the Novel, in: The Routledge Companion to World Literature, hg. von Theo D'haen, David Damrosch und Djelal Kadir. London, New York 2011, S. 158–166.

Tilitzki, Christian: Die deutsche Universitätsphilosophie in der Weimarer Republik und im Dritten Reich, Bd. 1. Berlin 2002.

Treß, Werner: Egon Erwin Kisch (1885–1948), in: Bibliothek verbrannter Bücher, online abrufbar unter: http://www.verbrannte-buecher.de/?page_id=417 (letzter Zugriff: 4.12.2020).

Uecker, Matthias: The Face of the Weimar Republic. Photography, Physiognomy and Propaganda in Weimar Germany, in: Monatshefte für deutschsprachige Literatur und Kultur 99.4 (2007), S. 469–484.

Uerlings, Herbert: Die Erneuerung des historischen Romans durch interkulturelles Erzählen. Zur Entwicklung der Gattung bei Alfred Döblin, Uwe Timm, Hans Christoph Buch und anderen, in: Travellers in Time und Space. The German Historical Novel, hg. von Osman Durrani und Julian Preece. Amsterdam, Atlanta 2001, S. 129–154.

Uhse, Bodo: Vorbemerkung, in: Egon Erwin Kisch: China geheim, hg. von Bodo Uhse. Berlin 1949, nicht paginiert [S. 5–8].

Uhse, Bodo und Gisela Kisch: Nachbemerkung, in: Egon Erwin Kisch: Ausgewählte Werke in Einzelausgaben, Bd. 3, hg. von Bodo Uhse und Gisela Kisch. Berlin 1986, S. 583–588.

Uhse, Bodo und Gisela Kisch: Nachbemerkungen, in: Egon Erwin Kisch: Gesammelte Werke in Einzelausgaben, Bd. 4, hg. von Bodo Uhse und Gisela Kisch. Berlin ⁵1993, S. 585.

Unger, Thorsten: Erlebnisfähigkeit, unbefangene Zeugenschaft und literarischer Anspruch. Zum Reportagekonzept von Egon Erwin Kisch und seiner Durchführung in *Paradies Amerika*, in: Literatur und Journalismus. Theorie, Kontexte und Fallstudien, hg. von Bernd Blöbaum und Stefan Neuhaus. Wiesbaden 2003, S. 173–194.

Vallery, Helmut: Führer, Volk und Charisma. Der nationalsozialistische historische Roman. Köln 1980.

Van linthout, Ine: Das Buch in der nationalsozialistischen Propagandapolitik. Berlin, Boston 2012.

Vitthinghoff, Helmolt: Chinawissenschaften zwischen Deutschem Reich und Drittem Reich, in: Chinawissenschaften – Deutschsprachige Entwicklungen. Geschichte, Personen, Perspektiven, hg. von Helmut Martin und Christiane Hammer. Hamburg 1999, S. 146–159.

Waldinger, Ernst: Rudolf Brunngraber: Novelistic Innovator, in: Books Abroad 26.4 (1952), S. 340–344.

Wallrath-Janssen, Anne-M.: Der Verlag H. Goverts im Dritten Reich. München 2007.

Walravens, Hartmut: Sinica und andere periodische Publikationen des Frankfurter China-Instituts 1925–1942. München 1981.

Walravens, Hartmut: Kultur, Literatur, Kunst und Recht in der *Ostasiatischen Rundschau* (1920–1944). Eine Bibliographie. Berlin 1991.

Walravens, Hartmut: Erwin Rousselle. Notizen zu Leben und Werk, in: Monumenta Serica 41 (1993), S. 283–298.

Walravens, Hartmut: Asia Major (1921–1975). Eine deutsch-britische Ostasienzeitschrift. Bibliographie und Register. Wiesbaden 1997.

Walravens, Hartmut: Dokumente zur Geschichte des China-Instituts aus den Jahren 1930 bis 1949, in: NOAG 163/164 (1998), S. 77–171.

Walter, Hans Albert: Ein Reporter, der keiner war. Anmerkungen zu Egon Erwin Kisch, in: Horizonte. Festschrift für Herbert Lehnert zum 65. Geburtstag, hg. von Hannelore Mundt. Tübingen 1990, S. 205–213.

Wang Liying: Erfahrungen im Reich der Mitte. Deutsche Reiseberichte über China in der ersten Hälfte des 20. Jahrhunderts. Münster 2002.

Wei Maoping und Wilhelm Kühlmann (Hg.): Deutsch-chinesische Literaturbeziehungen. Vorträge eines im Oktober 2003 an der Shanghai International Studies University abgehaltenen bilateralen Symposiums. Shanghai 2005.

Werner, Michael und Bénédicte Zimmermann: Vergleich, Transfer, Verflechtung. Der Ansatz der Histoire croisée und die Herausforderung des Transnationalen, in: Geschichte und Gesellschaft 28.4 (2002), S. 607–636.

Werbick, Peter: Der faschistische historische Roman in Deutschland, in: Kunst und Kultur im deutschen Faschismus, hg. von Ralf Schnell. Stuttgart 1978, S. 157–190.

Werle, Dirk: Changieren. Ernesto Grassis Konzeption von ‚Humanismus' (1935–1942), in: Die akademische ‚Achse Berlin – Rom'? Der wissenschaftlich-kulturelle Austausch zwischen Italien und Deutschland 1920 bis 1945, hg. von Andrea Albrecht, Lutz Danneberg und Simone De Angelis. Berlin, Boston 2017, S. 183–202.

Werle, Dirk: Dokumente in fiktionalen Texten als Provokation der Fiktionstheorie, in: Faktualität und Fiktionalität, hg. von Marcus Willand. Hannover 2017, S. 85–108.

Westenfeld, Frank: Genese, Problematik und Wirkung nationalsozialistischer Literatur am Beispiel des historischen Romans zwischen 1890 und 1945. Frankfurt am Main 1989.

Wetterauer, Andrea: Lust an der Distanz. Die Kunst der Autoreise in der „Frankfurter Zeitung". Tübingen 2007.

Wilpert, Gero von: [Art.] Reportage, in: ders.: Sachwörterbuch der Literatur. Stuttgart [8]2001, S. 681.

Wilpert, Gero von: Sachwörterbuch der Literatur. Stuttgart [8]2001.

Wippermann, Dorothea, Klaus Hirsch und Georg Ebertshäuser (Hg.): Interkulturalität im frühen 20. Jahrhundert. Richard Wilhelm – Theologe, Missionar und Sinologe. Frankfurt am Main, London 2007.

Wippermann, Wolfgang: Geschichte und Ideologie im historischen Roman des Dritten Reiches, in: Die deutsche Literatur im Dritten Reich. Themen – Traditionen – Wirkungen, hg. von Horst Denkler und Karl Prümm. Stuttgart 1976, S. 183–206.

Wohlleben, Doren: Christoph Ransmayr – Kalligraph und Kartograph. München 2018 (= Text + Kritik, 220).

Wolf, Werner: Intermedialität: Ein weites Feld und eine Herausforderung für die Literaturwissenschaft, in: Literaturwissenschaft: intermedial – interdisziplinär, hg. von Herbert Foltinck und Christoph Leitgeb. Wien 2002, S. 163–192.

Wołkowicz, Anna: Wirken ohne zu handeln. Martin Bubers Taoismus-Rezeption als Kontext zu Döblins *Die drei Sprünge des Wang-lun*, in: IADK Warschau 2013. Bern u.a. 2015, S. 173–184.

Wu Xiaoqiao: Lili Körbers Netzwerk mit den chinesischen Kollegen in den 1930er Jahren, in: Akten des XIII. Internationalen Germanistenkongresses Shanghai 2015. Germanistik zwischen Tradition und Innovation, hg. von Zhu Jianhua u.a. Frankfurt am Main 2017, S. 203–207.

Würmann, Carsten: Entspannung für die Massen. Die Unterhaltungsliteratur im Dritten Reich, in: Zwischen den Zeiten – Junge Literatur in Deutschland von 1933 bis 1945, hg. von Uta Beiküfner und Hania Siebenpfeiffer. Berlin 2000, S. 9–35.

Würmann, Carsten und Ansgar Warner (Hg.): Im Pausenraum des ‚Dritten Reiches'. Zur Populärkultur im nationalsozialistischen Deutschland. Bern u.a. 2008.

Wutsdorff, Irina: An der Schnittstelle von Faktizität und Fiktionalität: Zum Grenzgängertum der Prager Autoren Jan Neruda und Egon Erwin Kisch zwischen Journalismus, Feuilleton und Literatur, in: Feuilleton. Schreiben an der Schnittstelle zwischen Journalismus und Literatur, hg. von Hildegard Kernmeyer und Simone Jung. Bielefeld 2017, S. 105–124.

Yü-Dembski, Dagmar: Traum und Wirklichkeit. Rezeption und Darstellung Chinas in der Weimarer Republik, in: Exotik und Wirklichkeit: China in Reisebeschreibungen vom 17. Jahrhundert bis zur Gegenwart, hg. von Mechthild Leutner und Dagmar Yü-Dembski. München 1990, S. 53–65.
Yü-Dembski, Dagmar: Die ferne Geliebte. China als Objekt männlichen Begehrens, in: Mein Bild in deinem Auge. Exotismus und Moderne. Deutschland – China im 20. Jahrhundert, hg. von Wolfgang Kubin. Darmstadt 1995, S. 103–119.
Yü-Dembski, Dagmar: West-östliche Spiegelungen. Kulturbegegnungen in der Zwischenkriegszeit (Klabund – Lin Fengmian – Li Jinfa), in: Deutsch-chinesische Annäherungen. Kultureller Austausch und gegenseitige Wahrnehmung in der Zwischenkriegszeit, hg. von Almut Hille, Gregor Streim und Lu Pan. Köln, Weimar, Wien 2011, S. 35–48.

Zhang Yi: Zur Reiseliteratur von Frauen im 18. Jahrhundert bis zum Anfang des 20. Jahrhunderts, in: Literaturstraße 14 (2013), S. 153–162.
Zhang Zhenhuan: China als Wunsch und Vorstellung. Eine Untersuchung der China- und Chinesenbilder in der deutschen Unterhaltungsliteratur 1890–1945. Regensburg 1993.
Zhang Zhenhuan: „Chinesen sind Chinesen, und damit war alles gesagt". Die Struktur der China- und Chinesenbilder in der deutschen Unterhaltungsliteratur, in: Fiktion des Fremden. Erkundung kultureller Grenzen in Literatur und Publizistik, hg. von Dietrich Harth. Frankfurt am Main 1994, S. 224–241.
Zhu Liangliang: China im Bild der deutschsprachigen Literatur seit 1989. Oxford u.a. 2018.
Zhu Yan: Geschichten aus China. Deutschsprachige historische Chinaromane des 21. Jahrhunderts [Dissertationsprojekt, Universität Heidelberg].

Abbildungsverzeichnis

Abb. 1: Schutzumschläge von Otfrid von Hanstein: Der Schmuggler von Hankau (1928) (Quelle: Privatbesitz); Ernst F. Löhndorff: Unheimliches China (1939) (Quelle: Privatbesitz); A.E. Johann: Kulis, Kapitäne, Kopfjäger (1936) (Quelle: The New York Library, Digital Collections, https://digitalcollections.nypl.org/items/510d47db-d843-a3d9-e040-e00a18064a99 [letzter Zugriff: 27.12.2021]).

Abb. 2: Buchumschlag *Das Meer der Entscheidungen* (Quelle: Ludwig-Boltzmann Institut für Geschichte und Gesellschaft).

Abb. 3: Buchumschlag von *Das Neue Asien* (1940) (Quelle: Ludwig-Boltzmann Institut für Geschichte und Gesellschaft) (links); erste Fotografie in *Das Neue Asien* (Quelle: Ross: Das Neue Asien, o.S.) (rechts).

Abb. 4: Fotografie aus *Das Neue Asien* (Quelle: Ross: Das Neue Asien, S. 152).

Abb. 5: Fotografie aus *Das Neue Asien* (Quelle: Ross: Das Neue Asien, S. 153).

Abb. 6: Schutzumschlag der Erstausgabe von *China geheim* (1933) (Quelle: Frank Albrecht: Das 20. Jahrhundert 285, S. 14, online abrufbar unter https://www.antiquariat.com/antiquariat/kat/kat285.pdf [letzter Zugriff: 3.2.22]).

Personenregister

Ai Weiwei 368
Frederick W. I. Airy 295
Gustav Amann 162, 163, 165

Georg Baus 209, 241, 243
Johannes R. Becher 265
Walter Benjamin 197
Werner Best 221
Ernst Boerschmann 165
Bertolt Brecht 12, 18, 30, 283, 288, 291, 305
Lujo Brentano 202
Carl Friedrich Brockelann 140
Rudolf Brunngraber 22, 26, 75–130, 131, 193, 320, 324, 354–357
Martin Buber 25, 28, 37
Pearl S. Buck 18, 24, 311–351, 353, 358

Chiang Kai-shek 155, 162–165, 176, 177, 223, 245, 349
William Cohn 134
Egmont Colerus 97
August Conrady 136, 138, 139, 141, 142

Daoguang 79, 113, 125
Arthur Dix 225, 229
Alfred Döblin 12, 22, 25–74, 97, 99, 101, 102, 105, 112, 114, 131, 193, 320, 324, 354–356, 358, 359
Hans Dominik 103
Hans Driesch 179
Gustav Dröscher 253

Wolfram Eberhard 8
Friedrich Ebert 203
Kasimir Edschmid 84, 85, 93
Alfred Ehrenstein 28
Albert Einstein 225
Eduard Erkes 140
Hans Heinz Ewers 194

Fang Fang 362
William Faulkner 313
John Calvin Ferguson 141
Hans Findeisen 160

Martin Fischer 162
Elisabeth Foreman-Lewis 18
Alfred Forke 144, 156, 160
Otto Franke 145, 146
Wolfgang Franke 8
Sigmund Freud 225, 227, 228
Walter Fuchs 8

Karl Siegmar von Galéra 77
Anton Geldner 76
Joseph Goebbels 76, 83, 88, 93, 203–205, 249, 318
Kurt Goepel 81
Eberhard Gothein 202
Hans Grimm 229
Wilhelm Grube 25, 40, 48, 238
Wilhelm Gundert 135, 144–150
Carl Gützlaff 104, 113, 121, 127

Erich Haenisch 133, 136, 143, 145, 150
Theodor Haering 167
Gustav Haloun 8, 140
Knut Hamsun 318, 329
Otfrid von Hanstein 1–3, 98
Silos Aaron Hardoon 287, 288, 298–301
Gerhart Hauptmann 64
Karl Haushofer 218, 225, 226, 229, 232–234, 243, 244
John Heartfield 170, 171, 189
Sven Hedin 196
Carl Georg Heise 29
Ernest Hemingway 316
Carl Hentze 159
Hermann Hesse 30, 328
Kurt Hiller 61
Friedrich Hirth 136, 137
Adolf Hitler 76, 80, 91, 119, 164, 166, 169, 170, 182–184, 188, 189, 203, 216, 229, 235, 236, 245, 247, 249, 250, 263, 318
Alice Tisdale Hobart 18
Richard Hoffmann 327, 333
Arthur Holitscher 5, 6, 124, 194, 196, 215, 218, 260, 292, 293, 297
Fritz Hommel 140

Lionel Charles Hopkins 141
Richard Hülsenbeck 195
Aldous Huxley 365

Doris A. Infield 65

Fritz Jäger 23, 135, 143–150, 158, 160, 161, 170, 190
A. E. Johann 1, 3, 215

Franz Kafka 12
Bernhard Kalgren 138, 139, 141
Alma M. Karlin 195, 217
Georg Karo 144
Leopold Katscher 25, 104
Richard Katz 196, 198
Bernhard Kellermann 194, 215
Alfred Kerr 193
Otto Kindler 76
Egon Erwin Kisch 6, 9, 23, 24, 101, 124, 197, 198, 263–310, 356–359
Gisela Kisch 269
Klabund 30, 45
Rainer Kloubert 366
Konfuzius 64–66, 126, 168, 169, 237, 238, 363
Lili Körber 309
Otto Kümmel 134

Laotse 151, 237
James Legge 65
Gottfried Wilhelm Leibniz 152, 153
Ph. Leibrecht 81
Wladimir Iljitsch Lenin 101, 363
Ferdinand Lessing 8
Liao Yiwu 362, 366, 367
Lin Zexu 79, 99, 125, 127, 128
Max Linde 172
Max Loehr 8
Ernst Friedrich Löhndorff 1–3
Lü Dongbin 127, 128
Franka Lu 365
Lu Xun 309
Georg Lukács 101, 303
Victor Bulwer-Lytton 272, 289

Ma Jian 366, 367
Bronislaw Malinowski 225

Karl Mannheim 63, 69
Mao Zedong 368
Hans Marderstein 29
Walter Martin 81
Karl Marx 101, 124, 299–301, 363
Herbert L. May 104
Walter Meckauer 97
Mei Lanfang 283, 284
Alfred O. Mendel 64
Agnes E. Meyer 141
Margaret Mitchell 317, 318
Friedrich Wilhelm Mohr 172, 175
Willi Münzenberg 170, 171, 189
Benito Mussolini 164, 188, 245

Julius Németh 141
Herbert Nette 75, 103–108, 129
Hans Neumann 208
Otto Neurath 84, 85, 103

George Orwell 365, 367
Jürgen Osterhammel 364, 365
Ernst Ottwalt 101

Edward Harper Parker 141
Kurt Pinthus 29, 208
Marco Polo 311
Michael Prawdin 101, 102

Qianlong 28, 33, 42, 45, 46, 48, 49, 368

Christoph Ransmayr 366, 368, 369, 371
Friedrich Ratzel 225, 229, 234
Otto Reichl 151, 152
Hans Reinhard 76
Otto Richter 175
Franklin D. Roosevelt 233, 349
Alfred Rosenberg 229
Karl Rosenfelder 81
Colin Ross 6, 23, 197, 198–262, 264, 271, 292, 293, 357–359
Ralph Colin Ross 253, 261
Erwin Rousselle 23, 151, 155–161, 165–170, 191

Georg Salter 267
Erich von Salzmann 6, 196, 215, 217, 218, 293
Karl Aloys Schenzinger 103

Werner Schickett   82, 330–333, 341, 344, 347–349
Bruno Schindler   8, 23, 135–144, 146, 148–150, 153, 171, 190
Leo Schindler   82, 83
Baldur von Schirach   80, 203, 204
Henriette von Schirach   204
Carl Schmitt   229, 233
Heinrich Schnee   273, 289
Arthur Schopenhauer   227
Hermann Schreiber   98
Wilhelm Schüler   155
Anna Seghers   12
Jan-Philipp Sendker   366
Frank Sieren   362–366
Ernst Simon   326, 333
Walter Simon   149, 160
Agnes Smedley   177, 273, 274
Oswald Spengler   225, 227, 228, 231, 232
Sir Marc Aurel Stein   141
John Steinbeck   316
Felix Stiemer   331
Kai Strittmatter   362–366
Rudolf Stübe   140
Sun Yatsen   7, 162, 163, 165, 179, 218, 223, 239, 320

Zoltán von Takács   141
Tang Leang-li   165, 178–189, 196
Wilhelm Thiemann   270
Madeleine Thien   366, 368
Stephan Thome   366, 369, 370
Dorothy Thompson   350
Sergej Tretjakow   17, 18, 21, 101, 283, 310
Horst Ed. von Tscharner   161
Kurt Tucholsky   198, 253, 279

Denis Twitchett   149
Edward B. Tylor   225, 228

Daniele Vares   18
Egon Vietta   101, 102
Ernst Arthur von Voretzsch   140

Herwarth Walden   36, 56, 58, 61
Ernst Waldinger   83
Arthur David Waley   141
M. Walleser   141
Wang Hsi-chih   141
Wang Jingwei   179
Max Weber   202
Gottfried André Wedemeyer   140
Friedrich Weller   135, 141–149
Ruth Werner   274, 309
Richard Wilhelm   19, 23, 25, 37, 132, 150–156, 171, 174, 190, 191
Joan Williams   313
Werner Wirths   81
Friedrich Wolf   18, 20

Xi Jinping   361, 362, 365, 367, 368
Xie Weijin   273

Z. L. Yih   141
Zhang Zongchang   290
Zhao Jiabi   311, 312
Zhuangzi   37
Anton Zischka   103

www.ingramcontent.com/pod-product-compliance
Lightning Source LLC
Chambersburg PA
CBHW061925220426
43662CB00012B/1805